长兴二轮修志丛书

CHANG XING ER LUN XIU ZHI CONG SHU

长兴县旅游志

《长兴县旅游志》编纂委员会 编

方志出版社

Publishing House of Local Records

图书在版编目(CIP)数据

长兴县旅游志 / 《长兴县旅游志》编纂委员会编
. -- 北京 : 方志出版社, 2020.7
ISBN 978-7-5144-4279-3

Ⅰ. ①长… Ⅱ. ①长… Ⅲ. ①地方旅游业-概况-长兴县 Ⅳ. ①F592.755.4

中国版本图书馆CIP数据核字(2020)第179801号

长兴县旅游志

编　　者:《长兴县旅游志》编纂委员会
责任编辑:李志瑜
出 版 者:方志出版社
地址　北京市朝阳区潘家园东里9号(国家方志馆4层)
邮编　100021
网址　http://www.zgfzcb.cn
发　　行:方志出版社图书经销中心
电话(010)67110500
经　　销:各地新华书店
印　　刷:杭州富春电子印务有限公司
开　　本:889×1194　1/16
印　　张:30.5
字　　数:607千字
版　　次:2020年7月第1版　2020年7月第1次印刷
印　　数:0001~1000册
ISBN 978-7-5144-4279-3　定价:228.00元

长兴县史志编纂委员会

主　　任　周卫兵　石一婷
常务副主任　何志强
副 主 任　沈洪峰　陈少鹏　王庆忠　陈　峰　李彩琴
办公室主任　吴连意

《长兴县旅游志》编纂委员会

主　　任　何杰雄
副 主 任　刘文献　包莲珠　于晓东　陈新国　孙　权　孙书文
　　　　　朱　磊　朱煜峰　许　慧
委　　员　池明丽　周淑娟　杨运山　王厚功　薛　虔　赵鸿飞
　　　　　蔡茵陶　王学勤　李婧凝　李家斌　武　俊　吕伟宏
　　　　　徐　栩　曹杨昱　卢有梅　吴　吉

《长兴县旅游志》编纂组

主　　编　何杰雄
副 主 编　孙书文　朱　磊　魏　燕
执行主编　李玉富
编　　辑　池明丽　杨运山　王厚功　蔡茵陶　李家斌　徐　栩
　　　　　曹杨昱　卢有梅　吴　吉

太湖日出

金钉子远古世界

新四军苏浙军区旧址群景区

仙山湖国家湿地公园

中国扬子鳄村

水口茶文化旅游景区

城山沟景区

▽太湖图影湿地文化园

十里古银杏长廊

龙山森林养生小镇

▽陈武帝故宫

七彩北汤

①	②
③	④

①顾渚风情　②毛草屋农家乐　③紫笋农家乐　④南山芭堤雅农庄

吕山荷博园

① ② ③ ④

①泊心千寻　②银杏故里　③云栖舍民宿　④百翠山居

画溪草莓节

吕山乡湖羊美食节

小浦镇银杏文化节

渚山杨梅节

国际大酒店

新紫金大酒店

紫金大酒店

金陵大酒店

泗安假日大酒店

康辉旅行社

天宏旅行社

天马旅行社

长兴中青旅

南京旅游推介活动月

序

仁者乐山，智者乐水，对大自然的向往追求召唤自由的心灵走出居室，远足闲游。2018年，长兴县第一部详细记录旅游事业发展的专业志书《长兴县旅游志》纂成付梓，邀余题序，深感荣幸。

长兴县位于苏、浙、皖边，东滨太湖，西接天目，湖山阻险，钟灵毓秀，自古物华天宝，地灵人杰。迄今已发现的包括七里亭、合溪洞等50多处石器时期遗址，证明十万年前，长兴这片沃土已有人类广泛活动的足迹。史前文明，马家浜、崧泽、良诸文化，叠加传承。三皇五帝，洪荒杳渺，夏禹在夏家山远眺太湖，立鼓预警；吴楚春秋，吴王夫概建长城与“三城三圻”，开启长兴县的确切人文历史记载；东晋时候，长兴籍帝王陈霸先的先祖陈达堪舆长兴山水，称赞“此地山水秀丽，当有王者兴”。奇幻秀丽的山水风光、三省通衢的区位优势、福泽丰厚的人文积淀，形成长兴县自然旅游资源的奇山异水，水乡古韵，气象万千；人文旅游资源的吴风越俗，帝乡佛国，红色革命，多彩纷呈。酷爱长兴山水，出生移居长兴的历史人物代有名人，吴均、陈霸先、徐惠、陆羽、皎然、陆龟蒙、吴琉、顾应祥、臧懋循、徐中行、归有光、吴承恩等，不胜枚举。历史的长河，群星闪耀，熠熠生辉。

优美的山水风光与深厚的人文历史，成就长兴县丰富独特的旅游资源，也为长兴县旅游业发展奠定坚实的基础。1996年，长兴县旅游局成立，标示着长兴县旅游从世世代代个人心灵感悟成长为一种产业。在长兴县历届党委、政府群策群力的推动下，在广大人民群众的积极参与及奉献下，长兴县旅游从无到有，从小到大，从弱到强，经历诸多艰辛，也创造出令人自豪的辉煌业绩。2007年至2009年连续三年，长兴县获得浙江省乡村旅游工作一等奖；2010年，长兴县成功创建浙江省旅游强县；至2015年，长兴县建成国家AAAA级景区6个、全国休闲农业与乡村旅游示范区1家、星级宾馆8家。通过政府引导，全县形成“茶文化圣地、乡村游天堂”的旅游品牌，各种特色旅游，如红色旅游、乡村旅游、滨湖旅游、茶文化旅游、帝乡佛国旅游、现代休闲农业观光体验游、时尚购物游等蓬勃发展，旅游景区景点星罗棋布。

盛世修志，惠泽千秋，新编《长兴县旅游志》系统整理了长兴县史上的旅游资源及旅游行为，特别是近二十年来长兴县旅游资源开发和旅游业发展取得的成就。产业上以史为鉴，为长兴县未来的旅游业发展提供借鉴；信息上引领旅途，为各地旅游爱好者游览长兴提供指南。

二〇二〇年六月三日

凡 例

一、本志以马克思列宁主义、毛泽东思想、邓小平理论、“三个代表”重要思想、科学发展观、习近平新时代中国特色社会主义思想为指导，坚持辩证唯物主义和历史唯物主义立场观点和方法。坚持实事求是的思想路线，运用辩证唯物主义和历史唯物主义观点方法，力求达到思想性、科学性、资料性的和谐统一。

二、本志是新中国成立后长兴县二轮纂修《长兴县志（1988—2012年）》，同期配套的旅游业专门志书的编纂。

三、本志是长兴县旅游业第一次修志，志书中所涉内容，地理范围界定为长兴县境发生的所有涉及旅游事件，时间范围不设上限，力求追溯县境所有旅游事件的发端；下限截至2015年12月31日。

四、本志采用以记为主，兼及述录、图表、照片等多种表述方式。述录原则略古详今。全书分为前言、正文、附录三部分。正文分旅游资源、旅游景观体验、旅游服务、旅游管理、旅游人物艺文等，共5编、16章、72节，正文前面的前言部分包括编纂委员会、序言、凡例。附录包括文件选录与索引，索引以音序为序，列举正文所列的主要条目，以备检索。

五、大事记以编年体为主，辅以纪事本末体，按时间为序，纵述长兴县域发生的与旅游相关的全部大事、要事、新事。

六、本志出现的历史纪年，民国以前以朝代加年号方式记录，括注公元纪年。括注仅录数字，省去“公元、年”三字。民国以后以公元纪年记录，直书阿拉伯数字。

七、本志采用第三人称志书通用述录方式记录，“述而不论”，直录史实，不加褒贬。

八、本志资料主要来源长兴县旅游委员会现存档案。其他主要参考书目有（宋）谈钥嘉泰《吴兴志》、清代各种版本《长兴县志》、1992年版《长兴县志》，以及《长兴县水利志》《长兴县交通志》《长兴县土地志》等；甚至长兴县境的社会调查、座谈会等口碑资料，若经考证属实，均可入志。资料来源因篇幅所限，一般不再详细标明出处，特殊情况或存疑资料采用本页脚注方式注释。

目 录

第二编　旅游景观体验

第三编　旅游服务

第四编　旅游管理

第五编　旅游人物艺文

附　录

综 述

一

长兴县位于浙江省西北角，面积1431平方千米。2015年人口64.2万人。辖4街道、9镇、2乡。县人民政府驻雉城街道。西晋太康三年(282)，分乌程县西境置长城县，以春秋时吴王阖闾弟夫概所筑城池狭长称长城，县以古城得名。五代后梁开平四年(910)，吴越王钱镠避后梁朱温庙讳，更名长兴县。

县东滨太湖，地处苏浙皖三省接壤点、杭嘉湖平原西北端，南、北、西三面为天目山余脉，属低山丘陵；中东部属平原河网，沼泽众多，比例六山三田一分水。气候属亚热带季风区，四季分明，温和湿润，光照充足。年平均气温16.3℃，1月平均气温3.4℃，7月平均气温28.5℃。年平均降水量1296毫米。县森林与矿藏资源丰富。林地面积66万公顷，森林覆盖率53.4%。已探明地下矿藏有煤、石灰石、硅灰石、英砂岩等26种，其中煤主要分布于煤山盆地，是浙江省最富地区。

2003年，长兴县旅游局开展第一次旅游资源普查，编制《长兴县旅游资源普查报告》，登记旅游资源单体270个，涵盖国家标准的旅游资源的8个主类、23个亚类、63个基本类型，其中三级以上优秀旅游资源单体35个，形成旅游资源集聚区7个。截至2015年，全县有国家级自然保护区长兴灰岩地质遗迹、浙江省级自然保护区尹家边扬子鳄自然保护区、长兴县自然保护区洞山自然保护区、顾渚山自然保护区，共4个自然保护区。有新四军苏浙军区旧址、顾渚贡茶院遗址及摩崖、城山古城遗址、七里亭遗址等全国重点文物保护单位4处。有朱氏宗祠、江家山遗址等省级文物保护单位12处。有长兴百叶龙、紫笋茶制作技艺等国家级“非物质文化遗产”2项，有林城舞狮、洪桥龙舟等省级“非物质文化遗产”7项。

二

长兴县古代旅游进程漫长。依据县境考古发掘的60余处石器时期遗址推断，约10万年前后，长兴县这片土地已有人类活动，该阶段称作史前文明时期。之后漫长的古代社会，缘于物质财富贫乏、交通阻塞，长兴县的旅游事件行为仅限于极少数脱离生产劳动、专事管理工作、具有旅游喜好的上层官宦与文人群体，此可看作现代旅游的启蒙期。据文献记载，长兴县的最早旅游事件始于三皇五帝传说，相传夏禹出巡江南，曾至长兴县东南夏家山(今李家巷镇范湾村杨家山)眺望太湖，立石鼓以预警战乱。之后春秋吴越争霸时期，相传范蠡携西施泛舟五湖(太湖)，修蠡塘；西施在太湖西岸艺香山(今水口乡后坟村艺香山)种植香草。至南朝梁时，文学家吴均定居故鄣县青山佛川寺(今和平镇韦山村)，撰《与施从事书》，以及歌颂长兴山水的诗歌若干，此可看作描写长兴山水、具有现代旅游价值的最早历史文献。

得益经济的发展，长兴县古代曾经出现两次官宦与文人宦游的高峰。第一次是中唐时期，约上元(760—761)元年，茶圣陆羽至长兴顾渚山培茶，撰写《茶经》，并荐顾渚紫笋为贡茶。大历五年(770)，朝廷在顾渚山建造中国历史上第一座贡茶院。因茶叶在古代是与盐、铁并列的国家三大主要商品之一，所以长兴县(时名长城县)自然成为全国重要经济中心之一。高度发达的商业经济刺激了官宦与文人旅游的繁荣，长城县(长兴县古名)在中晚唐期间汇集了大量摆脱生产劳动、嗜好旅游的官宦与文人，代表如颜真卿、皎然、陆羽、朱放、李季兰、袁高、裴汶、杜牧、张文规、陆龟蒙、皮日休等。同时，贡茶与文化名人的旅游行为还给长兴县留下丰富的古迹遗址主类旅游资源，代表如大唐贡茶院、唐宋茶文化摩崖石刻、古茶山等。两宋时期，长兴县的人文旅游仅限刘涛、范成大等人的零星诗文记载。元末明初，长兴县出现两位酷爱旅游的文士，一位是长兴籍隐士沈贞，另一位是客籍长兴、担任东湖书院山长三年的著名文人杨维桢。二人的旅游诗文大量记载了当时长兴县的山水风光、古迹宫观、民风物产。

明朝中后期，得益地方经济的繁荣，乡绅大族在科举上的成功，以及部分非长兴籍文化名人至长兴为官等众多原因，长兴县出现第二次官宦与文人旅游的高峰。长兴县部分大族耕读传家、宗亲固本，借助科举登第，经久不衰(部分名门望族甚至延至清末)，代表如鼎甲桥臧氏、吕山吴氏、夹浦蒋氏、南淙韦氏、夹浦丁氏、画溪姚氏、小沉渎钦氏、白溪朱氏、雉城王氏等。脱离生产劳动的文人及名宦致仕隐居乡里，闲游题咏是他们主要的精神生活，代表如吴珫、刘麟、顾应祥、姚一元、臧懋循等。同期，异地文化名人至长兴为官，也给长兴县留下丰富的旅游资源，代表人物如归有光、吴承恩、游士任、熊明遇等。

清朝官宦与文人旅游的代表人物是曾经两任长兴县令的鲍钤，其他如长兴籍著名学士王豫、丁璃等。同期，长兴县宗教祭拜与民俗节庆类旅游活动逐渐兴盛，如每年三度的观音会，每年二月二的祠山大帝庙会，每年七月半的仙山显圣寺地藏王诞辰，每年十二月初八各佛寺的腊八节，以及清明县城市民的郊外踏青，端午节水乡村民龙舟赛会等。种种活动，均可看作民间普通百姓参与旅游休闲的萌芽。

民国是长兴县现代旅游业的准备期，表现为经济与交通建设两方面。民国初，有四川籍商人刘万青、刘长荫等至长兴开设煤矿，多家商人合资成立公司，在长兴县各地兴办林场、石矿等，形成长兴县现代工商业的萌芽。其间，1924年，长兴籍著名藏书家王修题“长兴十景”。

1929年京杭简易公路建成，长兴县境设有线站，现代旅游的要素之一“行”，交通取得重大突破。

三

以1996年长兴县旅游局成立为界，中华人民共和国成立后长兴县的现代旅游业发展大致可分为两个阶段：前期1949年至1996年的现代旅游的自觉探索阶段，后期1996年后现代旅游快速发展阶段。

1949年中华人民共和国成立后，由于经济基础薄弱，百姓的衣食住行等基本生活尚难保障，又加国家户口制度制约、经济政策失误等多种因素，初期长兴县的现代旅游理念毫无物质基础，旅游行为仅限于少数政府官员的会务活动。相反，由于极“左”政策，政治运动频繁，以及缺乏文物与环境保护意识等，县内历史传承的旅游资源损毁严重，具体表现如千年的古城墙被拆除，无数古寺、野外不可移动文物被焚毁，大批百年以上古树被砍伐、水体资源严重污染等。1978年改革开放后，党的正确政策解放了生产力，长兴县更因区位优势明显，县境煤炭资源丰富，工业与交通运输基础设施在浙江省处于领先地位等因素，以致几年后，解决了温饱问题的长兴县百姓开始尝试现代旅游休闲的探索，长兴县的现代旅游理念，通过百姓对“行、吃、娱”的追求被逐渐唤醒。同期，长兴县开始探索真正的“游”。1990年，原仙山乡开发仙山景区，恢复显圣寺，建造景观道路。1991年，长兴县城建局组织编制完成“西太湖—兰香山旅游开发区规划”。1993年，为扶持发展全县旅游业，中共长兴县委专门邀请浙江省风景旅游专家对长兴县旅游资源进行普查，审查登记110个旅游资源单体，建立较完备的旅游资源库。1994年，长兴县人民政府批准建立“长兴县白岘洞山自然保护区”及开发管理委员会。同年，水口乡顾渚村农民筹资40万元，兴办全县首家股份合作制旅游企业“陆羽山庄”。

1996年8月，长兴县旅游局成立，旅游业作为一种产业正式被社会普遍接受，并逐渐形成完整体系。长兴县现代旅游业体系由旅游产品、旅游经营、旅游管理三部分构成，旅游产品包括景区景点、乡村旅游、旅游饭店、旅游商品等；旅游经营包括旅游公司、旅行社与导游、旅游营销等；旅游管理主要机构是长兴县旅游局，主要管理举措包括旅游竞训、旅游质监、安全管理等。至2015年，长兴县旅游业的各个领域发展迅猛。

景区（景点） 长兴县最主要的旅游产品是景区（景点）。1996年长兴县旅游局成立前后，全县开始组织景点建设。1997年，有民营资本兴建扬子鳄度假村，原仙山乡开发仙山旅游区。1999年，长兴县完成《长兴旅游发展总体规划（1999—2010年）》，提出建设重要景点概念，计有顾渚山景区、碧岩景区、新塘太湖乐园、陈武帝故宫、仙山景区、扬子鳄度假村、桃花岕森林公园、新四军苏浙军区纪念馆等。2004年，中共长兴县委、县政府专题研究旅游业未来发展道路，提出做好“人无我有”的旅游景点建设计划，以政府投资为主，招商引资，坚持多元投入，加快景区（景点）建设，力争使长兴县的旅游业有新的突破。同年9月3日，“金钉子”地质博物馆动工开建。2006年6月中国扬子鳄村被批准为AAA级景区，2007年形成景区建设规模；2008年大唐贡茶院建成对外开放，同年10月1日，仙山湖国家湿地公园建成对外开放。2009年2月，金钉子远古世界景区被评为国家AAAA级景区。2011年，中共长兴县委、县政府按照《长兴旅游业发展“十二五”规划》部署，启动十大景区建设，提出“景区建设135”行动计划，由县林业局等十余个责任单位联动，共同推进中国扬子鳄村等县境主要景区建设，按照“一年显雏形、三年见成效、五年出精品”的要求，全面推进景区建设提升工作。2013年，图影生态湿地文化建成对外开放。截至2015年，长兴县建成金钉子远古世界、新四军苏浙军区旧址群、中国扬子鳄村、仙山湖国家湿地公园、水口茶文化旅游景区、图影湿地文化园等国家AAAA级景区6个，城山沟景区、八都岕古银杏长廊国家AAA级景区2家，连同陈武帝故宫、龙山森林养生小镇，合称长兴县十大景区。此外，还建成南太湖海洋公园、朱氏宗祠、湖州清泉武校科普生态园、天能工业旅游示范基地、超威工业旅游示范基地等其他众多旅游景点。

乡村旅游　长兴县的乡村旅游由农家乐、休闲农业观光园、现代农事节庆三部分组成。得益古生态奇观及丰富的农特产品旅游资源，独特的区位优势，以及中共长兴县委、县政府多年来各项政策的及时扶持鼓励，长兴县乡村旅游发展迅速。农家乐，2002年，长兴县开始兴办农家乐，2005年全县有注册农家乐经营户50家，2007年至2009年农家乐工作考核连续三年获全省一等奖。至2015年，全县有农家乐经营户540余家，其中浙江省五星级农家乐4家、四星级11家、三星级45家，形成水口茶文化旅游景区、小浦镇八都岕两个农家乐集聚区。休闲农业观光园，2007年，长兴县根据中共浙江省委美丽乡村建设要求，开始建设休闲农业观光园。截至2015年，全县有省级示范休闲农业观光园3家，建成或在建的30余家，代表北汤七彩花卉、绿野仙踪等。农事节庆，2004年，长兴县举办第一个农事节庆“渚山杨梅节”。至2015年，全县有成熟的特色农事节庆16种，其中梅花节、桃花节、荷花节、银杏文化节等纯属旅游节庆。综合乡村旅游的成绩，2007年，长兴县成功创建全国农业旅游示范点1个。2011年，全县获“全国休闲农业与乡村旅游示范县”荣誉称号。至2015年，乡村旅游成为长兴县的主要旅游品牌及支柱产业，旅游品牌称“茶文化圣地、乡村游天堂”，形成成熟的“景区建设+农家乐”乡村旅游发展模式。

星级酒店　1996年，长兴县内的大型宾馆、酒店、旅行社等旅游企业均属国有事业单位，尚未建成市场化的旅游服务业态。2000年，金陵大酒店被评为国家三星级旅游饭店，成为长兴县首家星级饭店。2004年，长兴县创建三星级旅游饭店3家，另有10余家商务酒店被确定为旅游接待饭店。2007年12月，为进一步提升完善长兴县饭店星级评定管理体系与管理水平，长兴县旅游局成立长兴县旅游饭店星级评定委员会，全面负责全县旅游饭店的星级评定领导和组织与日常管理。2009年2月，长兴国际大酒店申请创建四星级饭店成功，成为长兴县首家国家四星级饭店。2013年12月，新紫金大酒店成功创建国家四星级饭店。2014年，新紫金大酒店获国家“金叶级绿色饭店”称号。至2015年，长兴县有星级饭店8家，其中四星级2家，国际大酒店、新紫金大酒店；三星级6家，金陵大酒店、紫金大酒店、华达和平宾馆、红玫瑰大酒店、维多利亚大酒店、华辰大酒店；客房数计990个、床位数1630张。此外，另有众多商务酒店，如浙江皇冠假日大酒店、长兴名豪大酒店、金缘大酒店，各种乡村精品酒店，如开元芳草地乡村精品酒店、太湖会、果圣山庄等从事旅游饭店服务。

旅游商品 1996年，长兴县旅游局成立之初，通过业务学习逐步形成旅游商品概念。2004年，长兴县提出利用该县独特的旅游商品资源开发，打造中国的古银杏之乡、贡茶之乡、青梅之乡、鳄鱼之乡、吊瓜之乡，树立旅游商品品牌。之后，长兴县一直出台优惠政策鼓励旅游商品发展，鼓励企业开发旅游商品，参加省、市举办各种旅游商品比赛展览。2014年，县风景和旅游管理局联合县农办等联合举办长兴县首届旅游商品大赛，有60余种商品参展，10家企业的商品获奖。截至2015年，长兴县主要旅游商品包括品茗三绝（紫笋茶、紫砂壶、金沙泉）、太湖四珍（银鱼、白虾、鲚鱼、太湖蟹）、长兴四宝（青梅、银杏、吊瓜籽、板栗）、太湖石，以及农特产品杨梅、蜜桃、雪梨、吕山湖羊、胥仓雪藕等。形成水口乡顾渚农特产品市场、和平镇白茶一条街、吕山湖羊美食街、白岘太湖石博览园、新塘渔市等旅游商品市场；长兴紫砂、东方梅园开发的“中国香”梅花香精、长兴天使之旅兰红手工绣品系列等在省旅游商品评比中获奖。

旅游公司 长兴县最早旅游公司是1984年成立的专门从事旅游经营服务的长兴县旅游发展中心。1996年，长兴县旅游局成立，旅游业开始作为一种产业被政府与社会普遍接受。县内铁路、交通、建设、粮食、商贸等部门，以及民营资本开始投资旅游业的“吃住行、游娱购”各领域，如景点、酒店、旅行社、游乐场等，形成专门的旅游企业公司。2006年后，长兴县建成的规模收费景点均相应成立经营管理景区的旅游公司，如金钉子旅游发展有限公司、顾渚茶文化旅游发展公司、仙山湖旅游发展有限公司等。2008年9月，长兴县旅游局成立长兴县旅游发展有限公司，成为长兴县旅游业首家中型国有股份制有限公司。同年11月，长兴县旅游局以长兴县旅游发展有限公司为主要控股公司，联合县内其他8家旅游企业参股，成立长兴县旅游营销公司，建成全县第一家专业旅游营销推介企业公司。2013年7月，长兴县人民政府整合县内主要旅游资源，成立长兴旅游集团有限公司，成为全县唯一的大型旅游服务企业。

旅行社 1993年5月，长兴县商业局投资成立长兴旅行社，成为长兴县第一家正规旅行社。之后，长兴县的主要政府部门如交通、建设、铁路等部门开始创办旅行社，至1997年，全县旅行社发展到5家，性质均属国有。2001年，长兴县推进国有企业体制改革，全县原属各部门创办的旅行社相继改制成为民营。2007年，长兴旅行社发展到8家，其中京兴、天马、万宏交通等3家旅行社年营业额超千万元。2009年，天马与万宏交通两家旅行社经过申报，同期被浙江省旅游局评定为三星级品质旅行社。2012年2月，长兴万宏交通旅行社被评为四星级旅行社，成为长兴县首家四星级品质旅行社。至2015年，全县有旅行社共28家（含县外旅行社在长兴县设立的分社、服务网点），其中天马、万宏交通、国信、康辉等4家为四星级品质旅行社，京兴、春秋假日、天宏3家为三星级旅行社。

导游 1996年长兴县旅游局成立前后，县内几家国营旅行社都没有持证职业导游，县旅游局通过组织理论学习与业务培训，逐步形成职业导游概念，并始培养业余导游。2000年，长兴县开始出现持证导游。2002年，湖州市旅游局对全市导游进行年检，长兴县参加年检导游24名。2003年3月，湖州市旅游局开展"2002年导游人员年度审核"，长兴县旅游局组织43名导游参加年检，并正式建立导游人员档案资料库。2005年，伴随县内主要景区逐步建成，遵照浙江省旅游局规定，长兴县开始在各景区培训讲解员。至2015年，长兴县全部旅游行有登记注册导游162人（不含景区），主要景区均按标准配备数名讲解员。

旅游营销 1996年，长兴县旅游局成立，开始有计划地组织全县旅游企业开展各种营销，2008年，长兴县旅游局成立长兴旅游营销公司，专门负责旅游营销。2013年，长兴县旅游集团有限公司专设营销部，负责公司的旅游营销。长兴县的旅游营销措施包括推介会、媒体宣传、召开专题研讨会等。

长兴县旅游营销大致分为三个阶段。第一阶段2000年至2008年，属政务手段推介长兴县旅游。2001年，长兴县旅游局组织县内5家旅行社开通至义乌、雁荡山、泰山等地的旅游专列，受到媒体关注。之后，县旅游局积极在长三角地区主要媒体，如南京广播电视台、扬子晚报、华东旅游报、旅游时报、江南游报、浙江电台旅游之声登载广告，初期主要宣传长兴全县形象，后期转入主要刊登旅游资源，并组织企业境外参加各种旅游推介会。2004年后，随着县境收费景区（景点）开始出现、农家乐发展迅猛，长兴县开始与上海旅行社合作，邀请至长兴县采风，组团至长兴旅游。2008年，随着县内景区（景点）建成，农家乐形成规模，长兴县开始通过媒体宣传、载体设计、合作互动、专项活动、鼓励地接等多种方式，实施全方位营销。推介会方面，2008年，长兴县旅游局成立旅游营销公司，在主要客源地上海、无锡、常州、杭州、南京等重点客源市场举行专题推介会70余场，重大营销活动有派送2009年长兴旅游券，2010年上海世博会专题。媒体推介方面，继续加强与长三角地区的40余家媒体合作，范围苏浙沪皖，媒体包括报纸、电视、刊物等。此外，县旅游局还通过邀请采风、策划媒体专项活动、参与节庆等形式，开展旅游营销。第三阶段2013年至2015年，针对旅游营销的完全市场化及同质化现状，长兴县改变市场营销策略，走专业化、个性化发展道路，开展"乘高铁，游长兴""四季诱惑"乡村旅游等专门旅游产品推介。此外，长兴县多年来一直利用优质旅游资源举办研讨会开展旅游营销。1999年，长兴县举办旅游茶文化研讨会，之后，陆羽茶文化、银杏、太湖石、金钉子、陈霸先、新四军苏浙军区等旅游资源被多次举办研讨会开展旅游营销，代表如2003年纪念陈霸先诞生1500周年研讨会、2008年5月的第十届国际茶文化研讨会暨浙江湖州（长兴）首届陆羽茶文化节。

旅游管理 长兴县的主要旅游管理机构是1996年成立的长兴县旅游局，其他还有很多专项或临时机构，如专门管理乡村旅游的县农业与农村工作办公室、管理旅游度假区的长兴县图影省级旅游度假区管委会、管理景区的各景区管理委员会，管理节假日旅游安全的长兴县假日旅游协调小组，以及各种旅游协会。长兴县的旅游管理随着旅游业的发展逐步拓展提升，县旅游局成立之初，仅仅开展旅游规划与旅游饭店管理；2001年长兴县旅游局独立建制，内设综合科和市场开发科，拓展到旅游资源普查、旅游规划、行业规范、旅游市场宣传、旅游人才培养等多方面。2007年5月，为进一步加强旅游市场监管，始设长兴县旅游质量监督管理所；2014年，针对乡村旅游的发展成果，设立长兴县乡村旅游事业发展中心。

长兴县的旅游管理大致分行业竞训、质量管理、安全管理三个区块。首先是行业竞训。长兴县旅游局成立之初，即组织旅游饭店参加行业培训。2004年后，县旅游局对旅行社、导游、农家乐等各种旅游业态员工组织培训，或组织参加省、市举办的各行业业务竞赛，其中多人获得省市旅游局、农办组织举办的竞赛奖项，如金牌导游、文明导游、星级饭店优秀服务员、十佳服务之星、农家乐菜肴与金勺等。其次是质量监管。1996年长兴县旅游局成立，开始接替工商、质监等部门对旅游业的产品及服务质量进行监管。2007年，长兴县设立旅游质量监督管理所，监管各项旅游产品及服务质量，重点规范各种旅游合同，处理旅游纠纷。截至2015年，县旅游质监所共处理各种投诉239起，游客满意率100%。第三是安全管理。1996年，长兴县旅游局成立，开始对旅游业主要是旅游饭店执行安全管理。2001年，长兴县成立假日旅游协调小组，由县委、县政府主要领导汇同涉及安全的主要职能部门组成，通过节前安全检查，活动期间严格管理的方式，杜绝安全事故。2003年，长兴县旅游局开始与旅游企业及重点旅游乡镇签订责任合同，每年制定安全规则、节假日安全检查。2006年，县旅游局出台《旅游突发事件应急预案》，并严格执行月报制度。至2015年，全县旅游安全工作规范有序，没有发生较大的安全事故。

经严格规范管理，长兴县旅游取得很多成绩，主要有2010年经过半年辛苦创建，长兴县被浙江省人民政府授予“浙江省旅游经济强县”称号；2012年因乡村旅游的巨大成绩，被农业部及国家旅游局联合授予“全国休闲农业与乡村旅游示范县”称号。

四

长兴县旅游制定的发展目标是依托乡村旅游现有成果，通过重大精品旅游项目建设，最终创建省级全域旅游示范县。

乡村旅游是长兴县的旅游特色与品牌，也是全县旅游支柱产业。2002年，中共长兴县结合美丽乡村建设，组织全县发展乡村旅游，经过十余年发展已形成农家乐、休闲农业观光园、农事节庆三位一体的乡村旅游以及“景点建设＋农家乐”长兴县模式。2015年，长兴县编制《浙江省长兴县旅游发展总体规划(2015—2020)》，提出“一轴两翼一区”旅游发展思路，依据总规，以打造乡村旅游升级版为目标，重点发展水口茶文化旅游景区、小浦八都岕十里古银杏长廊、泗安乡村旅游集聚区、龙山街道“一带两区”等重点乡村旅游区域。同时通过美丽新村建设与旅游紧密结合，美化优化全县乡村环境，深化农家乐（民宿）规范办证整治，引进推进中高端乡村休闲度假产品，打造景区型旅游村落。具体目标是创建AAA级乡村旅游村10个、A级乡村旅游村50个以上，创建省级旅游产业类特色小镇1个、省级旅游风情小镇1个、省级慢生活休闲旅游示范村1个，建设旅游休闲绿道100千米以上，形成美丽乡村全县全覆盖。

在美丽乡村普及的基础上，未来长兴县将通过发展高端精品旅游项目提升整体水平。2014年，中共长兴县委印发《长兴县旅游发展三年行动计划》，计划在2015年至2017年，每年通过发展重大旅游新项目提高全县旅游业态水平。2015年，“花间堂”禅茶文化精品酒店、隐居尚隐精品酒店、美合房车营地、东鱼坊历史文化街区、太湖（长兴）博物馆等一批重点旅游项目开工建设，不断丰富全县旅游产品业态。同年，特别是通过招商引资，超大型旅游休闲娱乐综合项目“龙之梦”落户长兴县太湖图影旅游度假区，标志着长兴县旅游实现从传统的景点建设向空间产业链布局的综合性大景区建设转变。

通过普及与提升，长兴县围绕浙江省全域旅游示范县创建要求，全力构建主客共享的全域旅游体系，深入推进全县旅游业“体制机制、业态产品、公共服务、环境品质、形象品牌”等五方面的创新发展，努力实现城市的公园、博物馆、纪念馆、文化馆、休闲广场等公共休闲常态化，乡村半数美丽乡村景区化，高端精品旅游设施服务的生活化，最终创建浙江省全域旅游示范县。

大 事 记

秦汉及以前

三皇五帝时期 相传夏禹出巡江南,在长兴县城东南十五里夏家山(今李家巷镇范湾村杨家山)眺望太湖,并立石鼓以预警战事。

春秋时期 吴楚争霸,吴王阖闾弟夫概在太湖西岸筑“长城”及“三城三圻”,开启长兴县有确切记载的人文历史。

春秋时期 吴越争霸越灭吴后,范蠡携西施泛舟五湖(太湖)。相传范蠡曾在太湖西岸长兴一带隐居,在虹星桥镇里塘村养鱼留下“蠡塘”遗址,在水口乡后坟村艺香山种花,留下“西施种香”遗迹。

西汉末年 钱林游江南,因爱长兴山水而隐居县西北十里上步村,后成江南钱姓始祖。

东汉末年 乌程豪强严白虎在长兴县南和平镇城山筑石城以抗孙策,形成今全国重点文物保护单位“城山古城遗址”。

东汉末年 相传孙权曾于庱亭(今煤山镇尚儒村悬脚岭)射虎,在长兴县留下“射虎亭”遗址(凉亭清末废弃)。

六朝时期

东晋咸康元年(335—) 陈达任长兴县令,爱长兴山水,称赞:“此地山水秀丽,当有王者兴,二百年后,我子孙必钟斯运”,遂定居长兴。后其十世孙长城下箬里人陈霸先创建陈朝。

南朝梁 吴均定居故鄣县东青山佛川寺(今和平镇韦山村),撰《与施从事书》及歌咏长兴县山水的诗歌多首。

陈永定元年(557) 长兴人陈霸先在建康禅梁称帝,创建陈朝,为长兴县奠定“帝乡佛国”的人文活动旅游资源。

陈光大元年(567) 太皇太后章要儿舍陈霸先旧宅建“天居寺”(民间俗称下箬寺),形成今陈武帝故居景区。

陈太建三年(571) 谢安墓从南京梅岭迁至长兴县西林城镇太傅村三鸦岗安葬,在今林城镇留下“谢安墓”古迹。

唐

唐初 长兴县城北忻湖(今龙山街道新湖居民区)才女徐惠被唐太宗封为贵妃。徐惠逝后被尊为"桂花神",留下"贤妃井"遗址。

唐上元年间(760—761) 茶圣陆羽至顾渚山植茶、培茶,荐顾渚茶为贡品,并撰《茶经》,顾渚山所产茶叶以"紫者上、笋者上"得名紫笋。

唐上元至大历年间 皎然与陆羽交往,在长兴县(时名长城县)共同研讨禅道、茶道、诗文,撰写歌咏长兴的诗歌20余篇。

唐广德年间(763) 陆羽推荐顾渚山茶为贡茶,与阳羡均贡。后历代湖州刺史每年清明时节均至长兴县督茶修贡,部分刺史甚至题刻摩崖石刻、赋诗以记,构成长兴县的贡茶历史文化。

唐朝中期 金沙泉成为贡品,与紫笋茶一同进贡。

唐朝中期 长兴县所产箬下春酒成为美酒,得著名诗人白居易、刘禹锡等题诗称赞。

唐大历五年(770) 朝廷在顾渚山建造贡茶院,为世界第一家专业制作茶叶的加工厂。

唐大历九年(774) 湖州刺史颜真卿携僚属至长兴县西竹山潭潘述宅结社,众人题诗连句,颜真卿书《竹山连句帖》。

晚唐时候 陆龟蒙、皮日休等至长兴县顾渚山培茶、宦游,并题诗多首。

宋 元

宋元时期 因为治水图腾,祭祀祠山大帝张渤成为长兴县重要庙会活动,形成长兴县浓厚的祠山大帝文化。

北宋时 著名道教人物——成都人杨仲庚隐居乌瞻山炼丹修行。

北宋熙宁至元丰年间 苏轼曾数次游览弁山,题诗及书摩崖"清空世界"①。

北宋崇宁四年(1105) 章惇逝世,葬水口乡顾渚村九龙山脚下,形成章惇墓古迹。

北宋宣和年间 宋徽宗赵佶喜爱太湖石,长兴县所产太湖石成为贡品,称"花石纲"。

南宋绍熙初年(1191) 抗金名将韩世忠长子蕲春侯韩彦直死后葬长兴县西泗安镇云峰村白杨岕,形成今"韩彦直墓"古迹。

南宋时期 长兴县西小浦镇光耀村一带以产陶瓷大缸闻名,与宜兴市丁山的陶窑齐名,称作"南窑",地方得名缸窑,后讹称"光耀"。

元至正四至六年(1344—1346) 文学家杨维桢就任长兴县北乡东湖书院院长,在任三年。其间杨维桢遍游长兴山水,题诗30余首,成为长兴县重要旅游文献。

元末明初 长兴籍隐士沈贞隐居横玉山、求诗巷、士林头等地,撰《茶山老人遗稿》,内含

---

① 一说为元初"寿岩老人"钦德载题。

状写长兴山水的诗文多篇。

明

明初 长兴县合溪出产的乌梅开始驰名国内，被誉为“合梅”。

明正德年间(1506) 长兴县著名学者、隐士吴琉爱家乡吕山山水，题“吕山十二景”，并一一题诗歌咏。该举属长兴县有史记载的最早景点归纳。

明正德(1506)至嘉靖(1522)年间 长兴籍学者吴琉与因爱长兴山水而隐居西苕溪北岸吕山之阴的刘麟友善。二人召孙一元、龙霓、陆崑等唱和，时称“苕溪五隐”，或“吕山五隐”，事见《明史·隐逸·孙一元传》。

明嘉靖年间(1522—1566) 长兴籍乡宦顾应祥喜爱游览家乡山水，题赞颂的山水诗歌多篇，内含“吴山八景”。

明嘉靖四十五年至隆庆二年(1566—1568) 小说家吴承恩任长兴县丞，与文学家县令归有光搭档共治长兴县。二人合作，归有光文、吴承恩书，成《圣井铭并序》《长兴知县题名录》《梦鼎堂记》等三块碑刻，并留传众多文史佳话。

明中后期至清初 长兴县西北山区罗岕所产岕茶“吴中所贵”，被尊为茶中极品，先后有十余人给予题记。代表著述：明朝有1597年许次纾的《茶疏·岕茶制法》，1608年熊明遇的《罗岕茶疏(论)》，1642年冯可宾的《岕茶笺》，1644年周高起的《洞山岕茶系》，时间不详周庆叔的《岕茶别论》；清朝有1683年冒辟疆的《岕茶汇钞》等。

明万历二十九年(1601) 江西豫章人熊明遇中进士，授长兴知县，在任七年，勤于治理，长于著录，为长兴县留下《罗岕茶疏》《箬下酒疏》等众多珍贵历史文献。但后世在长兴县民间熊明遇形象不佳，其治县功绩，不但未能传颂，反而流传着30余条“小熊县令破长兴县风水系列故事”，故事入浙江省第四批非物质文化遗产名录。

明末 游士任任长兴知县，遍游县境山水，撰写游记多篇，收入著作《水游诸记》。

清

清初 鲍钤曾经两度出任长兴知县，遍游长兴各地山水，留下描绘长兴景观的诗歌200余首。

清中期 长兴籍平民诗人王豫题赞颂长兴山水的诗歌多篇。

清光绪三十二年(1897) 湖州市至四安镇正式开通小型机械轮船客运班线。

清 长兴县太湖之滨所产莼菜成为著名特产。

民 国

民国元年(1912) 长兴商人钟仰贻在煤山四亩墩建矿采煤。

民国四年(1915) 李家巷人开采陈湾石矿。

民国五年(1916) 长兴人创办森森造林公司,在乡村荒山垦荒造林。

民国七年(1918)3月 刘长荫、刘万青、朱葆三等组建煤矿股份有限公司,在煤山建造煤矿开采煤炭。

民国十一年(1922) 长兴五里桥至煤山运煤铁路建成。

民国十三年(1924) 长兴籍藏书家王修归纳“长兴十景”(题款误写作杨位仁),敦请画家胡佩衡依其口述创作“长兴十景”画册一套,每副作品尺寸:32.5厘米×20厘米。十景名称依次为碧岩观瀑、下箬寻诗、顾渚吟茶、子山塔影、艺香避暑、故宫春晓、隔山夕照、静昼秋棹、弁峦烟雨、崇雅怀旧。

民国十三年(1924)12月 郭沫若到煤山尚儒村采访江浙战事。

民国十八年(1929) 南京至杭州的京杭公路(104国道前身)全线通车。在长兴县境设立线站。

民国二十年(1931) 煤山葆青的晚二叠纪灰岩,被国际地质学家命名为“长兴灰岩”——金钉子。

民国二十一年(1932) 宣城至长兴的湖芜公路建成通车。

民国三十二年(1943)秋 王必成率领新四军六师十六旅至长兴县西北一带开展抗日活动,开辟苏浙皖边抗日游击根据地。

民国三十四年(1945)1月6日 粟裕率新四军一师主力南下进驻长兴县西北槐坎仰峰岕,1月13日,在温塘成立新四军苏浙军区。

中华人民共和国

1950年

中华人民共和国成立后,依中华人民共和国政务院令,太湖西岸原属长兴县辖,北起大雷山,南止小雷山的约200平方千米水域,被划属太湖管委会统一管理。

1957年

林城镇天平桥村农民创立的“百叶龙”赴京参加全国民间音乐舞蹈演出,荣获文化部颁发的特别奖,其后成为长兴县知名文化节目,入国家级非物质文化遗产名录。

1958年至1961年

从1958年至1961年,长兴县古城墙被周边新办的集体企业以及百姓陆续拆除殆尽。

1964年

泗安水库竣工。

1966年

长兴县开始“破四旧”,县境无数文物、古迹等旅游资源遭人为破坏。

1975年

长兴电影院建成,其后20余年成为长兴县城的主要休闲娱乐场所。

1976年

1月 新四军苏浙军区旧址筹备组在煤山镇新槐村温塘自然村原一纵队司令部旧址设立接待处,正式对外开放。同年,设立新四军苏浙军区文物保管所,之后接待处更名新四军苏浙军区纪念馆。

1979年

6月 长兴县扬子鳄保护区设立。

1980年

3月14日 依据浙江省人民政府通知,长兴县在原槐坎公社青塘山设立“长兴灰岩保护区”标准地质剖面,保护长兴灰岩,建中英文两种文字的永久性二叠系国际标志。

5月 经中科院动物研究所专家考察确认,原管埭公社尹家大队被划为国家一类保护动物扬子鳄的保护点,称“长兴县尹家边扬子鳄自然保护区”。

1985年

1月13日 长兴县隆重举行纪念新四军苏浙军区成立四十周年活动,江渭清、铁瑛等原新四军苏浙军区老战士、浙江省领导,以及长兴县的地方干部群众共1300余人参加活动。

1987年

跨西苕溪,连接和平与虹星桥两镇的港口大桥建成通车。大桥结束了长兴县南部和平地区至县城千百年来乘船渡河的历史。

1992年

4月6日 中共长兴县委召开常委会,讨论香山风景区旅游开发规划、西太湖度假村旅游区建设、顾渚茶文化景区与白岘洞山的开发。

11月30日 环太湖大堤长兴段全线贯通,大堤长31.5千米。

1993年

5月 长兴县商业局投资成立长兴县旅行社，成为长兴县第一家旅行社。

1994年

1月27日 长兴县人民政府在白岘乡设立白岘洞山县级自然保护区，保护区以罗岕、庄头两村的辖区为主，面积5.5平方千米。

3月9日 国家环保局自然保护司刘玉凯一行到长兴顾渚山自然保护区考察，保护区规划总面积26平方千米。

7月1日 宣杭铁路建成，正式交付使用。

1996年

8月 长兴县旅游局成立。

1997年

9月5日 湖州市举办"1997年度湖州秋季旅游促销会"，长兴县旅游局组织景区、旅行社等旅游企业参展，以拓宽长兴市场，提高长兴县旅游知名度和影响力。

9月28日 长兴县旅游局联合浙江省第一测绘院编辑出版《长兴旅游指南》专业性地图，为到长兴观光旅游、洽谈商务、投资兴业的游客提供便捷咨询服务。

10月28日 长兴县会议中心暨扬子鳄度假村建成开业。

10月29日 为加速长兴县旅游业发展，推动长兴经济的发展和对外开放，长兴县旅游局成立旅游出租车队，为游客提供交通便利。

1998年

4月20—24日 长兴县旅游局赴海口参加"1998年度中国旅游经济与旅游文化研讨会"，开启长兴县与海南省之间的旅游交流合作。

4月25日 为强化全县旅游工作人员的安全和责任意识，切实将安全生产各项责任落到实处，长兴县旅游局印发《关于安全生产责任制内部考核实施办法(试行)的通知》。

1999年

4月3—4日 长兴县隆重举办"1999长兴——中国陆羽茶文化旅游节"，是长兴县首次举办旅游节庆活动。

6月28日 浙江长兴金沙贡泉饮料有限公司、湖州欢众酿酒集团有限公司被列为首批

“湖州市旅游商品定点生产企业”。

7月2日 长兴县长城宾馆客房服务员陈翠萍荣获“湖州市级优秀青年岗位能手”荣誉称号。

7月22日 顾渚山度假中心、长兴县大家乐餐饮娱乐有限公司被湖州市旅游局认定为“湖州市第三批国内旅游定点饭店(餐馆)”。

10月7日 小柏公路(小浦集镇至柏家村)沥青路面改造完成,道路全线贯通,成为十里古银杏长廊景区主要交通干道。

10月20日 长兴县旅游局完成《长兴县旅游发展总体规划》和《仙山旅游区规划》两项规划论证。

2000年

4月15日 长兴县为在国内外宣传茶文化,举办陆羽《茶经》问世1220周年“长兴问茶”一日游活动。活动内容包括游茶乡长兴、品紫笋贡茶、吃金陵茶宴、购品茗三绝等。

5月20日 长兴县旅游局组织全县5家旅行社联合开通至诸暨、义乌、泰山和温州雁荡山的旅游专列。活动在全国旅游界受到广泛关注,一度成为新闻热点。

6月28日 长兴金陵大酒店成功创建国家三星级旅游饭店,成为长兴县第一家星级酒店。

9月28日 长兴县旅游局联合安监、公安、市场监督管理等部门组成联合检查组深入全县景区(点)、星级酒店和旅行社,开展国庆假日旅游市场节前安全及服务接待质量大检查。

2001年

3月5日 在阿根廷国际地质大会上,“长兴县金钉子地质遗迹保护区”被国际地质委员会确定为全球二叠系与三叠系界线的标志暨中生界与古生界界线标志,简称“长兴灰岩”。

4月16日 长兴县物价局核定仙山旅游景区门票为每张10元。

5月14日 为加快培育旅游业,长兴县人民政府办公室印发《2001年全县第三产业重点工作任务分解表》,确定当年实现的目标为入境游客比上年增长20%,达48万人次,旅游收入1.13亿元,比上年增长50%;开展南太湖风景旅游度假区、古银杏、青梅生态观光游,以及大云教寺、陈武帝故宫、谢安墓等旅游景点的初期开发,进一步做好仙山风景旅游区、顾渚山旅游区、新四军苏浙军区纪念馆三大景点的深度开发。

6月 长兴县在新塘口举办望湖山庄奠基仪式,标志长兴县南太湖风景旅游度假区正式启动建设。

7月14日 陈武帝文化园一期工程(暨陈隍庙)举行奠基仪式。文化园位于县森林公园内,规划占地面积50亩,包括陈武帝文化园、大雄教寺、碑廊、陈隍庙,分三期建设。

8月15日 长兴县十二届人民政府第23次常务会议同意成立长兴县环太湖旅游开发办公室，隶属县开发区，专门负责环太湖旅游开发带的基础建设。

8月18日 长兴县承办二叠纪至三叠纪界线层型及重大事件国际学术研讨会。会议期间，长兴县金钉子纪念馆举办揭牌仪式。

8月18日 全国第十次银杏学术研讨会暨银杏研究会2001年年会在长兴召开，来自全国各地的专家学者300余人参加会议。

9月7日 长兴县举行“古生态一日游”首发仪式。景点包括扬子鳄自然保护区、古银杏长廊、金钉子遗址公园三处。

2002年

1月21日 浙江省旅游局公布新四军苏浙军区旧址为国家AA级旅游景点，成为长兴县第一家A级景点。

3月16日 经长兴县发展计划与经济委员会批准，浙江金诺房地产开发有限公司与加拿大迈克太国际公司合资，创办长兴南太湖旅游综合开发有限公司。

5月 小浦镇方一村蒋明堂与大岕口村柏成兴两村民同时创办农家乐，成为长兴县最早的农家乐。

7月4日 长兴县环太湖旅游开发领导小组成立，专门负责长兴县环太湖地区的旅游开发领导工作。

9月19日 长兴县旅游局开展环太湖开发带规划国际咨询，要求正确处理太湖旅游资源的度假、观光、居住、娱乐、商业等功能之间的关系，促进全县旅游经济持续发展。

9月29日 长兴县举办“2002中国·长兴金秋招商大会基础设施和旅游项目推介会”，县旅游局依托金秋招商大会平台，开展宣传、引进客商，努力促进全县旅游业和基础设施建设发展与提升。

2003年

1月9—10日 长兴县召开长兴环太湖开发带国际咨询评审会。开发带北起兰香山，南止弁山，岸线总长34千米，涉及夹浦、雉城、洪桥三镇，规划总面积60平方千米。

1月12—15日 长兴县旅游局带领全县主要旅游企业赴香港参加“香港·浙江周”旅游推介促销，活动促进了长兴县与香港在旅游方面的交流与合作。

2月10日 中共长兴县委印发《2003年县委、县政府工作要点》(县委〔2003〕6号)明确提出，发展特色旅游业，打响“西太湖”“古生态”两大旅游品牌，推进旅游业快速崛起，加大旅游促销力度，推出“西太湖主题山谷游”“太湖西岸古生态之旅”等旅游形象宣传口号。

2月18—19日 长兴县举办“长三角暨环太湖区域经济发展论坛”，重点考察环太湖开发带的工业、旅游、基础设施等项目。

8月4日 长兴县旅游局依据湖州市人民政府印发《关于湖州市旅游资源普查工作方案的通知》，正式启动全县旅游资源普查。

9月8日 为加快长兴县环太湖旅游开发建设，中共长兴县委印发《关于成立县环太湖旅游开发筹备组的通知》，任命熊全龙兼任县环太湖旅游开发筹备组组长，沈彬兴、朱建清、杨光祥三人任筹备组副组长。

10月28—30日[①] 长兴县人民政府举办"中国·长兴——纪念陈武帝诞辰1500周年国际学术研讨会暨文化经贸"系列活动，会议重点举办"陈武帝的历史作用及南朝史国际学术研讨会"。

12月6—10日 为提高城市广场旅游休闲形象品牌，丰富市民文化生活，长兴县旅游局联合县文化和体育局在县中心广场主办"长兴县首届中国风味小吃美食节"。

2004年

2月16日 长兴县人民政府印发《关于进一步加快发展第三产业的若干意见》，其中旅游业被纳入第三产业的奖励补助对象范畴。

4月1日 香港《文汇报》在"浙江制造"专刊用两整版刊发《去长兴喜仰四宝》，介绍长兴县的金钉子、扬子鳄保护区、古银杏长廊、新四军苏浙军区旧址群等四大景点。

6月17日 为保护利用水口乡生态环境资源，加快旅游业发展，长兴县人民政府研究决定，批准水口乡成立"水口乡旅游发展领导小组"。

6月20日至7月10日 雉城镇龙山新区在渚山村举办第一届杨梅节，是长兴县第一次举办现代农事节庆。

9月17日 长兴县对"中国扬子鳄村"景点进行挂牌。景点由1979年创建的长兴尹家边扬子鳄保护区发展创建。

10月14日 为全面、客观、准确地反映长兴县社会的自然景观和经济发展状况，长兴县旅游局联合浙江省测绘档案馆共同编印《长兴县交通旅游图》。

11月17—22日 长兴县旅游局组织县内景区、酒店等旅游企业参加在上海举行的"湖州市2004年接轨上海活动周"活动。参与旅游企业共发放各种宣传资料及纪念品1000余份，接待咨询人员8000余人。

2005年

3月21日 "长兴县金钉子保护区"通过国家级自然保护区专家组评审和国务院的审批，被公布为国家级地质遗迹自然保护区。

---

①一说时间为2003年11月27—30日。

4月22—10月22日 杭州市举办“休闲——改变人类生活”为主题的世界休闲博览会，京兴旅行社、天马旅行社、仙山湖景区三家企业作为长兴县旅游企业代表，与杭州市的企业签订多项合作协议。

5月1日 中国扬子鳄村景区建成，正式对外开放。

6月20日 仙山湖风景旅游区对外推出“清清凉凉游仙山湖”专线旅游热线。7月暑假期间，景区迎来众多旅游团组织的学生与家长组合的亲子游团队观光。

9月28日 为规范提升农家乐服务管理，给农家乐星级评定提供标准与依据，长兴县旅游局印发《长兴县农家乐星级评定标准（实行）及实施细则的通知》。

同日 长兴县人民政府启动雉城镇白溪村的重要古建筑朱氏宗祠保护维修工作。

10月23日 长兴县香溢大酒店沈慧峰参加“2005年浙江省饭店服务技能大赛”，获餐饮服务项目三等奖。

11月17日 水口紫笋茶荣获“2006年度中国国际茶艺博览会”金奖。

12月12日 根据浙江省旅游局《关于开展本年度期满五年星级饭店复评工作的通知》，湖州市星级饭店评审委员会对全市17家期满五年的星级饭店复评，长兴县金陵大酒店通过复评。

12月28日 长兴县农家乐发展工作获浙江省2005年度考核一等奖。

2006年

2月26日 林城镇举办“游红梅喷香雪海、引领春天百花开”，中国长兴林城首届梅花节。

3月7日 中共长兴县委召开县境八大景点建设以及现代农庄（农家乐）工作汇报会。

3月15日 为推动精神文明建设深入发展，湖州市文明办、市建设局、市旅游局等联合对长兴县风景旅游区文明创建工作实施验收，长兴中国扬子鳄村、新四军苏浙军区纪念馆被评为首批“市级创建文明风景区工作先进单位”。

6月6日 中国扬子鳄村通过浙江省旅游局评定，获AAA级景区称号，成为长兴县第一家AAA级景区。

6月7日 水口乡被授予“全国环境优美乡村”称号。

6月26日 “2006年杭州世界休闲博览会长兴古生态活动月”在杭州世界休闲博览园威尼斯水城举行，活动提高了长兴县旅游的知名度及与外界的旅游交流合作。

9月7日 长兴县按照“政府主导、市场运作、精品启动、依法监管”的要求，合力推进旅游景点建设，出台《关于加快全县旅游经济发展的若干意见》等一系列促进农家乐发展的配套优惠政策。

10月18日 煤山镇的金钉子远古世界景区建成对外开放。

10月20日 长兴县旅游局组织全县旅游企业参加在杭州市举行的第五届浙江省旅游

交易会，长兴县旅游企业共派送各种宣传资料1500余份，接待咨询1000余人，获最佳展台奖。

12月28日 湖州市旅游局休闲农业景区验收小组对长兴县进行实地考察验收，十里古银杏长廊、中国扬子鳄村被评为首批“湖州市休闲农业景区”。

2007年

1月20日 长兴县旅游局在上海市南京路步行街举行长兴乡村旅游推介活动，主题是“金猪旺旺、农家过年”。

4月15日 长兴县旅游局组织多家旅游企业参加在上海市黄浦区南京路新世纪广场举办的上海市“城乡和谐游”长三角主要景区（点）旅游形象展示和推介。长兴县与众多市县达成互送客源合作意向。

8月3日 长兴县旅游局编制出台《长兴县特色精品农家乐规范标准（试行）》，以进一步规范提升全县农家乐的发展水平。

8月5日 长兴县旅游局在中心广场举行向全县人民征求“长兴旅游形象标识和主题口号意见”推介，活动发放各种宣传资料1.7万份，广大市民积极参与并填写反馈表。

9月7日 为提高长兴县在上海市旅游市场的知名度和占有率，长兴县旅游局举办上海市旅行社与长兴新景点交流恳谈会，上海市30多家旅行社以及长兴县相关饭店、旅行社、景点主要负责人参加会议。

9月17—18日 长兴县旅游局在上海市虹口区和嘉定区举办“金秋浙江·长兴上海旅游推介会”，共有150余家上海市旅行社代表参加了长兴县丰富独特的旅游资源推介会。

11月9日 长兴县旅游局邀请来自上海、杭州两市旅游与广告界的7名专家，以及长兴县15家部门企业分管领导、公证处公证人员，在长兴国际大酒店召开长兴旅游形象标识与主题口号评审会。

12月12日 城山沟景区被国家旅游局评为“全国农业旅游示范点”。

12月16日 长兴县旅游局在和睦塘公园举办首届“宣酒杯”农家乐菜肴大赛，方苑、毛竹屋两农家乐夺得一等奖。

2008年

1月3日 城山沟桃源山庄、茅草屋两农家乐经营户被评为“浙江省五星级农家乐”。

3月20日 长兴县农家乐发展综合协调小组办公室在水口、小浦等乡镇30多家挂牌农家乐设置旅游投诉牌，以方便游客在遇到问题时能及时得到旅游监管部门支持，解决问题。

3月31日 长兴县人民政府在和平镇城山沟桃源山庄召开“休闲农业观光园建设工作现

场会”，来自县、乡镇有关部门，以及部分休闲农业观光园代表、三星级农家乐业主代表共120余人参加会议。

5月1日 大唐贡茶院建成对外开放。

5月27—30日 长兴县人民政府举办第十届国际茶文化研讨会暨浙江湖州（长兴）首届陆羽茶文化节。议程包括中国国际茶文化研究会成立十五周年纪念大会、大唐贡茶院落成典礼、电影《茶恋》首映式、国际茶道表演等多项活动。

7月11—19日 美国好莱坞摄影师拖德·贝勒和编辑丹·泰勒一行到长兴县拍摄以茶文化为主题的宣传片。拍摄重点贡茶院的炒茶表演、茶艺表演、古筝表演等，计划在美国公开放映。

8月 长兴县被中国经济林协会授予“中国红梅之乡”称号。同年，长兴县红梅种植面积达10191亩，占浙江省种植面积的85%，年产值6000万元。

10月1日 泗安镇的仙山湖国家湿地公园建成对外开放。

12月19日 国家旅游局“AAAA”景区评定组对长兴县金钉子远古世界景区的申报材料进行审核验收。评定组专家通过对景区景点、交通、安全、卫生等设施的全面考评，最后认定通过。

12月28日 浙江省农家乐休闲旅游工作现场会在金华市武义县召开，长兴县顾渚村顾渚风情农家乐获“浙江省五星级农家乐经营户”称号，长兴县旅游局局长沈彬兴代表长兴县就农家乐规范化、标准化管理进行交流发言，发言受到与会代表的充分肯定及高度赞赏。

同日 长兴县旅游局创新宣传推介思路，利用名人效应提升长兴县旅游在长三角地区的知名度，特邀著名笑星阿庆担任“长兴县旅游荣誉市民”。

2009年

2月1日 国家旅游局印发《关于批准北京西城区什刹海等147家景区为国家AAAA级景区公告的决定》，长兴县“金钉子远古世界”景区被授予AAAA级景区，成为长兴县第一家AAAA级旅游景区。

2月 国际大酒店被浙江省旅游局批准为四星级饭店，成为长兴县第一家四星级酒店。

3月6日 长兴县旅游局在上海市举行“神游长兴”旅游券派送新闻发布会。该次旅游券的派发活动主题为“赠你一券、穿越亿年”，计划共计派发5000万元的旅游券，以吸引长三角地区的游客到长兴县旅游消费。派送点包括上海、杭州、南京、湖州、无锡等多个城市，上海市为第一站。

3月12日 长兴县旅游局为进一步强化长兴旅游宣传，在和平镇的城山沟桃源山庄成立由湖州市及长兴县优秀作家组成的旅游宣传写作专家组。当日，专家组成员召开第一次例会。

3月26日　和平镇城山沟景区首次举办以“桃花看不够，爱在城山沟”为主题的“桃花节”。节庆开设桃花林寻宝、抓桃花鸡等旅游参与项目，首日2000余名县内外游客参与活动。

3月　长兴县启动二界岭休闲农业观光园建设。

5月7日　长兴县旅游局组织全县旅行社、景点代表至长兴县第一家正规旅游商品销售点——长兴山农土特产店考察旅游商品。长兴山农土特产店经营农特产品200余种，填补了长兴县旅游商品空白。

5月9日　中央电视台第7套《生活567》栏目组至水口乡，以大唐贡茶院为重点拍摄长兴县的端午节旅游特别节目。

5月25日　中国第一部全面展示歼击-10战机部队生活的电视剧《国家天空》在仙山湖景区开拍。影片由著名导演宋业明导演。

6月13日　长兴县开通往返南京、上海、杭州、常州等长兴县“四大旅游客源中心”的班车。

6月　长兴县天马、万宏2家旅行社同期被浙江省旅游局评为三星级旅行社，成为长兴县首批三星级品质旅行社。

8月25日　按照《长兴县旅游景区讲解员等级划分与考评总则》，长兴县旅游景区在大唐贡茶院正式启动讲解员等级考核试点，并实现讲解员工资与绩效挂钩。

11月18日　长兴县为发展旅游业，成立西太湖(长兴)科技生态城、仙山湖旅游度假区、二界岭乡旅游度假区、顾渚茶文化旅游度假区等四个建设领导小组，以加强景区建设。

2010年

1月10日　长兴县旅游局成立长兴县旅游咨询服务中心，同时举办长兴县被列入上海世博会旅游线路门票首发仪式。长兴县旅游咨询服务中心集旅游咨询、投诉受理、票务服务于一体，并取得2010年上海世博会代理权。

1月31日　长兴县旅游局在江苏省常州市南大街广场承办由长兴县人民政府主办、常州市旅游局协办，主题为“今年就到长兴农家过大年”的长兴县乡村旅游常州推介会。

3月12日　长兴县旅游局依据(长编〔2010〕05号)文件，更名为长兴县风景旅游管理局。

3月15日　长兴县旅游质量监督管理所组织全县旅游企业分别赴湖州市参加3·15旅游维权进社区大型咨询活动。

3月30日　由浙江省各市县旅游局相关领导、全省旅游资源相对丰富的乡镇长、村支书记和村主任组成的“2010年浙江省旅游特色村建设高级研讨班”61名学员到长兴县考察。

4月18—22日　长兴县风景旅游管理局在市政广场举行“第三届中国(长兴)陆羽国际茶文化(旅游)节——长兴接轨世博·茶文化体验之旅推介会”。活动为上海世博会各国展馆代表、上海市民长兴茶文化体验之旅启动仪式。

6月29日 长兴县风景旅游管理局选拔的旅游企业选手参加由湖州市旅游局主办的2010“旅游安全伴我行”演讲比赛,红玫瑰大酒店员工杨婷获二等奖、仙山湖景区员工黄琴获三等奖。

8月23—24日 第五届中日韩旅游部长会议日本与韩国政府和业界代表团一行,分两批分别在日本国土交通省观光厅长官沟田宏以及大韩民国文化体育观光部观光产业局局长赵显宰的带领下,到长兴县考察旅游工作,主要考察点大唐贡茶院。

9月26日 大唐贡茶院景区与长兴电视台联合举办“月满茶都”大型中秋赏月晚会。

11月16日 小浦镇在八都岕十里古银杏长廊举办“2010浙江·长兴首届银杏金叶旅游节”。

12月3日 长兴县通过半年努力,成功创建“浙江省级旅游经济强县”。

2011年

1月19日 长兴县风景旅游管理局为提高行业安全意识和防范技能,在长兴电视台演播大厅举办“长兴旅游行业安全知识竞赛”。

4月13日 长兴县人民政府专题召开由全县相关乡镇(街道、园区)党委、政府,县级机关部门参加的“全县旅游景区建设135行动暨创建工作”动员会,会上通过决议成立长兴城市旅游有限公司。

5月12日 新四军苏浙军区旧址群景区入国家级红色旅游经典旅游景区名录。

6月21日 经长兴县机构编制委员会批准,长兴县风景旅游管理局更名为长兴县风景和旅游管理局。

7月1日 长兴县金钉子远古世界景区被命名为第二批“国土资源科普教育基地”。

9月13—14日 浙江省旅游局在长兴县新四军苏浙军区纪念馆举办“2011年全省红色旅游管理人员培训班”。

9月25—26日 长兴县人民政府副县长闵云、县风景和旅游管理局局长王文中赴山西晋城参加由农业部、国家旅游局联合举办的“全国发展休闲农业与乡村旅游工作”会议。闵云在会上做经验交流发言,长兴县是全国唯一作经验交流发言的县级单位。

12月3日 浙江省中国旅行社有限公司与长兴县旅游营销公司合作成立浙江省中国旅行社长兴分社,它是省中旅在浙江省开设的第十一家分社。

12月31日 新四军苏浙军区旧址群景区被评定为国家AAAA级景。

2012年

1月7日 长兴县风景和旅游管理局率县内星级农家乐业主、旅游商品店主以及部分景点和旅游营销公司代表赴南京市步行街广场举行以“春暖长兴行,农家乐龙年”为主题的乡村旅游推介。

3月2日 长兴县风景和旅游管理局选拔推荐的导游孙佳，在湖州市“金牌导游”大赛中获得第一名。

4月18日 长兴县首次单独召开全县旅游工作会议，县四套班子领导列席会议，县委书记章根明出席会议并讲话，县委常委金淦英主持会议，分管副县长楼秋红作工作报告。

5月18日 长兴县风景和旅游管理局在人民广场举办以“健康生活欢乐旅游——绿色出行低碳旅游”为主题的旅游广场咨询展示活动。全县旅游景区（点）、旅行社、星级宾馆以及旅游咨询服务中心等30余家旅游企业参加活动。活动共接待参与群众5000余人，发放各种宣传资料3000余份。

7月16日 长兴县人民政府在长兴县第一中学召开水口乡农家乐整治提升动员大会，水口乡325家农家乐业主参加会议。

9月6日 国家旅游局景区评定验收专家组在中国扬子鳄村景区举行评审会，对中国扬子鳄村创建国家AAAA级景区的申报材料进行审核验收。

9月15日 长兴县旅游协会成立，长兴县人大常委会原主任朱根山担任会长。

9月29日 长兴县风景和旅游管理局推荐的导游孙佳参加“2012浙江省导游大赛”，获中文组二等奖，长兴县风景和旅游管理局获大赛优秀组织奖。

10月3日 泗安镇的中国扬子鳄村景区被评定为国家AAAA级景区。

12月18日 由长兴县风景和旅游管理局、水口乡人民政府牵头，联合县食品药监、卫生、公安、工商、城管等部门，针对水口乡整治不到位且不愿自愿关停的农家乐开展联合执法。

同月 长兴万宏交通旅行社被评定为四星级旅行社，成为长兴县第一家四星级品质旅行社。

2013年

3月10日 长兴县启动旅游业体制改革，由长兴县风景和旅游管理局牵头制定方案，筹备组建长兴旅游集团有限公司，实现政企分离，推进长兴县旅游市场化运作。

5月20日 长兴县风景和旅游管理局联合长兴县旅游协会、泗安镇人民政府、槐坎乡人民政府等单位共同举办“2013长兴乡村品质之旅嘉年华系列活动之二，中国旅游日·长三角百家重点旅行社乡村游”开幕式。

6月1日 长兴县风景和旅游管理局与长兴县委党校联合举办“2013年现代旅游业发展专题研讨班”，来自全县各乡镇（街道、园区）、县级机关有关部门旅游工作分管领导等共80余人参加培训。

7月26日 长兴旅游集团有限公司正式揭牌成立。

8月11日 长兴旅游集团有限公司为庆祝成立，开展答谢惠民活动，市民在活动期凭身份证游览旅游集团下属景区,可享受门票的五折优惠,活动截至9月30日,为期2个月。

8月28日 长兴县风景和旅游管理局组织全县主要景区、星级酒店、乡村民宿(农庄)等20余家单位在南京市郑和公园开展主题为“乘高铁,游长兴”的旅游推介。

9月15日 太湖图影生态湿地文化园建成正式对外开放营业。

10月31日 金钉子远古世界景区通过国家AAAA级旅游景区复评检查。

12月 长兴县风景和旅游管理局启动长兴高铁旅游咨询服务中心,提供旅游咨询,自助游、专题旅游、团队旅游等各类旅游服务,并可代订长兴各大景点门票、酒店、机票等,实现高铁游客与长兴旅游各要素之间的无缝对接。

2014年

1月20日 长兴县乡村旅游事业发展中心成立,单位性质国有服务性事业单位,编制2名。

1月28日 湖州市仙山湖国家湿地公园被评定为国家AAAA级景区。

1月 长兴旅游集团有限公司为提升景区的网络营销,创办启动长兴旅游集团官方网站、集团微信、手机短信等网络服务。

5月9日 长兴县风景和旅游管理局在传媒集团演播厅举行“农丰源杯”·2014长兴县“十佳旅游之星”导游(讲解员)决赛,金钉子远古世界景区钱佳荣获讲解员组冠军。

5月13日 长兴县风景和旅游管理局、水口乡人民政府、长兴旅游集团在大唐贡茶院联合主办长兴水口“八大碗”评选大赛。

5月19日 长兴县人民政府在水口乡举行“第六届中国·湖州国际生态(乡村)旅游节暨首届中国(长兴)民宿文化节”。国家旅游局副司长王润华出席节庆开幕式。

5月19日 陈武帝故宫景区正式启动开园仪式。

5月 长兴旅游集团有限公司成立长兴乐悠游电子商务有限公司,专业从事旅游商品销售。公司与同程、携程、驴妈妈、去哪儿、大家网、美景天下、领航假期等知名网络平台合作,当月与同程、驴妈妈各签订10万元的营销宣传费用和6000旅游人次的合作协议。

6月24日 长兴旅游集团有限公司与杭州开元酒店集团签署协议。开元集团租赁长兴旅游集团下属的水口天地酒店经营。杭州开元酒店集团计划投资2.2亿元,建造符合水口乡环境特色的开元高端文化主题五星级水准酒店,以推进长兴县高端旅游业发展。

7月26日 中原“细品江南”百家旅行社到长兴县采风,考察长兴旅游产品。参观团参观考察了图影生态湿地文化园、大唐贡茶院等景区。

8月30日 长兴旅游集团联合长兴传媒集团在国家AAAA级景区芜湖鸠兹风景区举办“2014长兴旅游走进芜湖” 推介会。

9月4日 浙江省旅游局党组书记王文娟到长兴县调研乡村旅游和景区建设工作。王文娟对长兴县乡村旅游品质、内涵给予高度评价，并对品牌提升提出要求。

9月20日 长兴县风景和旅游管理局推荐5名选手参加湖州市第三届金牌导游大赛总决赛。长兴县春秋假日旅行社导游郭文文获大赛第一名，长兴县风景和旅游管理局获优秀组织奖。

10月5日 和平镇城山沟风景区在景区举办"2014中国.长兴山地自行车速降国际邀请赛"，有来自全国的50余支专业队伍参与比赛。

12月25日 中共长兴县委办公室印发《长兴县旅游发展三年行动计划(2015—2017年)》，谋划长兴未来三年旅游发展措施与策略，推进旅游产业快速提升。

12月26日 长兴县人民政府召开"长兴县旅游发展大会"。浙江省旅游局副局长傅纬、湖州市旅游局局长干永福以及县四套班子主要领导出席会议，大会成立长兴县旅游发展委员会并予授牌。

12月31日 水口乡茶文化旅游景区成功创建国家AAAA级景区，是长兴县首个全乡域国家AAAA级旅游景区，也是浙江省首批全域开放性国家AAAA级景区。

2015年

1月13日 新四军苏浙军区旧址群景区在江南红村举办"纪念新四军苏浙军区成立70周年暨大型系列纪录片《红色地标》走进浙江开拍仪式"。中国人民对外友好协会原会长、陈毅元帅之子陈昊苏，北京军区原副司令员、粟裕将军长子、中将粟戎生，《红色地标》执行总制片、中国红色文化研究会影视委员会副会长顾辉，以及省市部分领导参与活动。

1月 太湖图影生态湿地文化园入选浙江省第六批省级生态旅游区。

4月26日 长兴花间堂项目开工仪式在水口乡顾渚村举行。项目一期投资1.5亿元，以禅茶文化为主题，是集休闲度假、文化交流、修身养性为一体综合性旅游项目。

4月 2014年浙江旅游总评榜揭晓，长兴县入选"浙江省旅游发展十佳县(市、区)"，长兴太湖会、长兴仙山湖国家湿地公园分别入选"十佳最具特色民宿"和"十佳特色景点"名录。

5月1日 长兴海洋城综合项目建成对外开业。项目以南太湖海洋公园为核心，集旅游、购物、娱乐为一体。

5月19日 长兴县人民政府印发长政办〔2015〕58号文件，设立长兴县旅游委员会。自此，长兴县风景和旅游管理局正式更名长兴县旅游委员会。

5月 国家旅游局公布首批"全国旅游价格信得过景区"，长兴县金钉子远古世界、江南红村、仙山湖、中国扬子鳄村、陈武帝故宫、大唐贡茶院等6个景区入选。

6月9日 长兴县旅委组织县内部分旅游企业参加在宁波市召开的中东欧国家旅游交流会，长兴"归园田居"项目在会上完成签约。

7月18日 由新华社、全国生态文明暨城市与景区生态文明建设协会等单位联合举办的

2015全国生态文明建设高峰论坛暨城市与景区生态文明成果发布会在北京举行，长兴县获“全国十佳生态休闲旅游城市”荣誉称号。

8月8—11日 长兴旅游集团有限公司在大唐贡茶院承办“巅峰布局·棋商论道”新财富杯中日围棋擂台赛30周年纪念赛。

8月22日 吕山乡在杨吴村吴村自然村“好山好水荷博园”举办首届荷花节。

8月 仙山湖国家湿地公园完成环北湖道路系列工程，荷博园、古潮观渔两个新园建成正式对外开放。

9月7日 2015长兴(杭州)旅游推介会在杭州举行，长兴县旅游委员会以“四季诱惑乡村度假”作为“精品线路”主题，推介长兴乡村旅游产品。

10月17日 长兴县旅委招商引资项目太湖龙之梦乐园在2015中国·太湖明珠——长兴国际投资贸易洽谈会上正式签约落户。项目由上海长峰集团投资兴建，预计总投资200亿元。

11月11日 浙江省旅游局、省经信委等部门组成验收组到长兴县考察验收浙江金巴开植物制品有限公司申报“省级旅游工业基地”的创建工作。

12月24日 长兴太湖会“四养度假空间”被评定为浙江省银鼎级特色文化主题饭店。

12月31日 太湖图影生态湿地文化园成功创建国家AAAA级旅游景区。

12月31日 中国扬子鳄村成功创建浙江省级生态旅游区。

2016年①

1月5日 上海市市长三角旅游发展研究中心与台湾观光局在上海市联合举行首届长三角民宿文化投资论坛暨两岸民宿文化推广与合作研讨会，会上授予长兴县“长三角首批两岸民宿产业合作试点县”称号。

1月13日 国家林业局印发《关于2015年试点国家湿地公园验收情况的通报》，批准长兴仙山湖等46处国家湿地公园试点单位通过验收。长兴仙山湖湿地公园正式成为“国家湿地公园”。

1月14日 “长兴人游长兴”惠民卡正式发行。长兴市民凭惠民卡全年可至大唐贡茶院、图影湿地文化园、仙山湖、海洋城、城山沟等九大国有及民营景区重复游览。惠民卡切实让长兴市民共享旅游发展成果，拉动景区二次消费。

1月29日 长兴县旅游质量监督管理所针对湖州春秋假日国际旅行社在尚未取得境外资质、营业网点还未办理变更手续等条件下便在微信公众号上宣传出境旅游产品事件，进行约谈，责令其对以上2项工作进行整改，并于15日内提交整改报告。

①《长兴县旅游志》时间下限为2015年12月31日，2016年至2019年的大事记为旅委要求的工作内容补充。

2月1日　长兴开元芳草地乡村酒店完成53幢度假酒店建设，正式对外试营业。项目总投资1.2亿元。

2月25日　长兴县人民政府召开第65次县政府常务会议，听取关于《加快旅游业发展若干政策意见》修改情况汇报，批准会议提出的星级饭店降低奖励标准，旅游厕所提高奖励标准的修改要求。

3月21日　中共长兴县委召开全县旅游发展三年行动计划推进工作例会。会议分两阶段。第一阶段现场推进龙山街道“一带两区”梅香飘舞景观节点及四季花卉主题公园、尚隐精品酒店、休闲绿道、绿野仙踪等项目建设，并实地推进水口元旧岕整治提升及花间堂禅茶文化精品酒店项目建设。第二阶段通报旅游发展三年行动计划一季度的工作情况，听取有关单位关于在建项目、前期项目、在谈项目、景区整治提升及其他旅游工作的推进情况并提出要求。

3月22—24日　长兴县旅委、县总工会在长兴联合举办“百名旅行社负责人、工会主席长兴行”活动，重点推介长兴县的“四季诱惑”以及“茶文化圣地”“太湖风情”等长兴特色旅游产品。

3月30日　长兴县旅游委员会联合中国旅行自媒体联盟、新华传媒、携程攻略社区、齐鲁晚报、旅友头条客户端等社团，在长兴县举办“中国旅行自媒体达人长兴微笑之旅暨中国旅行自媒体联盟成立大会”。活动主旨利用新媒体联盟资源开展长兴旅游宣传，尝试利用新平台开辟旅游营销。

4月8日　湖州市重大项目开工仪式在长兴县举行。上海长峰集团总投资200亿元的太湖龙之梦乐园项目正式在长兴图影旅游度假区开工建设。项目由长兴县旅委引进，落户太湖图影旅游度假区，于2015年10月17日签约。太湖龙之梦乐园是一个集星级酒店群、太湖古镇、动物世界、海洋世界欢乐世界、水上公园、大马戏、斗牛场、欢乐农场、飞禽湿地公园于一体的大型旅游目的地项目。项目规划客房2.5万间、演艺席位7万个、停车位2万个，设计成为全世界酒店客房、演艺席位最集中区域，太湖南岸世界级旅游休闲观光度假区。

4月29—5月1日　“2016中国第三届山地自行车速降国际邀请赛”暨首届山地越野自行车赛在和平城山沟景区举行。活动由长兴县旅委与和平镇联合举办，城山沟景区承办，有来自加拿大、美国、英国、法国、瑞士、俄罗斯、日本、中国的选手参加比赛。

5月4—5日　为迎接G20峰会，深入推介长兴县旅游新产品、新政策，扩大长兴旅游产品在杭州市场的影响力和知名度，长兴县旅委举办“迎接G20杭州品质联盟长兴踩线活动”。杭州市旅委处长许连红带领杭州品质联盟旅行社主要负责人实地考察了上泗安古村、仙山湖国家湿地公园、开元芳草地乡村酒店、绿野仙踪、梅朵朵、芭堤雅等休闲旅游点，并在大唐贡茶院内召开长兴旅游推介会。

5月19日　长兴县旅委举行“5·19中国旅游日”——文明诚信安全旅游伴我行活动，旅游企业包括A级景区、星级饭店以及旅行社共30家参与活动，活动主题宣传文明、诚信、安全旅游。

5月28日 2016年浙江·长兴林城蓝莓采摘节在林城镇上狮村举行。

5月28日 位于龙山街道川步村梅花坞的中国长兴古森林博物园举行开园仪式。

6月1日 中共长兴县委书记吕志良主持召开太湖龙之梦乐园项目第10次推进例会。太湖龙之梦乐园项目成为长兴县委重点全力助推建设项目。

6月18日 2016和平城山沟第十二届采桃节在长兴城山沟景区开幕,活动由和平镇人民政府、长兴县旅游委员会联合主办,城山沟景区、长兴传媒集团承办。节庆主要有开幕式、文艺节目、城山沟水蜜桃专场秀、蟠桃会、我是采桃王·城山沟桃子亲子采摘大赛等活动。

6月30日 太湖流域首个以太湖为主题的博物馆——长兴太湖博物馆举行开工仪式。长兴太湖博物馆占地面积145亩,分太湖、长兴、临展、特展四大展区,以及东方大泽、包孕吴越、太湖资源与环境、太湖明珠、太湖城市联盟特展、临时展厅等六大展厅,总投资2.2亿元,预计2018年10月建成投入使用。

7月8日 2016浙江旅游嘉年华G20湖州专场在杭州城西银泰城正式启动。长兴县旅委作为协办单位之一,带领长兴旅游企业参加该次活动。长兴县为杭州市民献上茶艺表演、小红军表演、太湖美歌曲表演等当地特色表演。其中,"杭州人游长兴"惠民卡是县旅委针对G20峰会重点推出的旅游产品,杭州市民100元办卡可以7—9月无限次畅游长兴十大景点。优惠卡受到杭州市民的普遍喜爱和赞扬。

7月13—14日 浙江省农家乐省级创建项目验收组对长兴县申报省级农家乐特色乡镇、省级农家乐精品示范区、省级精品项目村(点)、省级农家乐特色村(点)、省四、五星级农家乐经营户(点)等各项申报给予考核验收。

7月14日 中国·长兴第三届民宿文化节暨"上海村"过大年活动方案讨论会在长兴县旅委举行,水口乡、龙山街道相关领导、宁波恒河置业负责人参加会议。

7月20日 浙江省农家乐休闲旅游业安全生产工作抽查组到长兴开展护航G20农家乐休闲旅游业安全生产检查,重点检查农家乐消防安全、食品安全、住宿安全情况。抽查组对长兴县正在全面开展的农家乐规范办政,安装公安住宿APP等措施给予高度肯定。

7月29日 长兴东鱼坊历史文化街区品牌招商推介会在新紫金大酒店举行。东鱼坊历史文化街区位于长兴县主城区核心地段,是最老的商住街区,2013年启动建设。街区占地面积59377平方米,由零售、餐饮、娱乐、休闲、文化、休憩等六大业态组成,计划2017年10月建成开街。

8月2日 长兴县人民政府召开旅游发展三年行动计划半年度工作会议。1—6月,全县接待国内游客826.1万人次,同比增长19.9%,旅游总收入83.58亿元,与上年同比增长30.9%。2016年全县重点旅游项目共46个,总投资332亿元,1—6月已完成投资29.86亿元。

9月12日 湖州市委书记裘东耀到长兴县调研太湖龙之梦项目建设推进情况。太湖龙之梦项目自2016年4月启动建设,预计总投资200亿元,成功入选2016全国优选旅游项目、

“十三五”浙江省重大建设项目、2016年浙江省重大项目前期攻坚计划。

9月26日 水口乡召开“水口乡村民宿小镇”创建动员大会。创建特色小镇是浙江省委、省政府做出的重大决策部署。水口乡作为生态区和休闲旅游度假区，有着优良的生态、特色产业和深厚的文化底蕴。将水口乡特色小镇的创建定位为乡村民宿小镇，既符合水口乡实际，也有利于长兴县特色小镇创建。

9月28日 龙山街道川步村的绿野仙踪二期工程“漫筑度假区”正式对外营业。项目2015年10月动工建设，有住房18幢，餐饮中心1幢，另含户外瑜伽、露营地等，是一个集住宿、餐饮、会务、休闲等功能于一体的综合性休闲度假村。

10月1日 虹星桥镇举行“虹溪乡村一日游”开幕仪式。近年来，长兴县大力实施现代农业转型提升工程，经过两年多努力，集绿色、高效、生态和休闲、观光、体验于一体的农园新景实验示范带已初步建成，郑家村的“中国3D彩绘特色乡村”是其中代表。标志着长兴县在一产三产有效融合及打造特色乡村旅游的道路上实现新的探索。

10月6日 中央电视台《新闻联播》播放长兴县水口乡的生态旅游发展：“浙江省长兴县水口乡顾渚村的乡亲们把家门口的竹林、溪流和野菜等生态资源转变为商品，绿水青山给水口乡带来了源源不断的真金白银。2016年1—9月份，这个小山村接待游客量215万人次，实现旅游收入5亿元。”近几年，水口乡大力发展绿色生态，倡导乡村生态旅游，成为江浙沪周边闻名的休闲旅游目的地。

10月8日 国庆黄金周长兴县接待游客108.1万人次，实现旅游总收入10.72亿元。

10月19 长兴县逃牛岭葡萄酒庄项目开工仪式在泗安镇举行。逃牛岭葡萄酒庄项目规划用地540亩，总投资约5亿元，建设用地76.23亩。一期建设含东楼酒店和12栋森林养生公寓，是一个集休闲、度假、养生、体验、农耕文化展示为一体的旅游综合项目。

10月26日 长兴县旅委组织绿野仙踪、八都岕十里古银杏长廊申报湖州市创建AAA级旅游景区景观质量专家评审会，积极开展AAA级景区申报工作。

10月29日 应长兴县旅委、旅游集团邀请，长三角地区100家旅行社负责人到长兴县采风，在参观长兴古森林博物馆、大唐贡茶院等景点后，长兴县举办了长兴旅游专题推介会，县旅委及旅游集团分别向与会的旅行社老总宣传推介长兴旅游产品、线路及优惠政策，发放《遇见·长兴》旅游杂志，以及长兴旅游景点等宣传资料500余份。

10月30日 长兴县旅委完成浙江省旅游数据长兴旅游信息采集。历时两个多月的调查摸底，长兴县共采集旅游企业480余家，相关数据已录入省旅游信息系统，并同步上传至高德地图、百度地图。

同日 长兴旅游网、微信平台全新改版正式上线。改版后的长兴旅游微信特别增加周边定位功能，游客在关注微信后，即可一键查询长兴县的“吃住行、游娱购”信息。

11月1—2日 浙江省旅游统计工作暨县域旅游统计改革试点经验推广会在天台县召

开。作为2015年9月被浙江省确定的“县域旅游统计改革试点县”，长兴县副县长徐晓惠在会上作“长兴模式”旅游统计经验交流发言。

11月6日　第二届“全国生态文明建设高峰论坛暨城市与景区、美丽乡村成果发布会”在北京举行，长兴县获评“最美中国休闲胜地”称号。

11月11日　中央电视台《生财有道》栏目对水口乡村旅游、农家乐经营进行宣传拍摄。

11月12日　煤山镇生态馆举行启用仪式。煤山镇生态馆既长兴名特优产品体验中心，是长兴农业与观光旅游品牌形象店，由煤山创客社区和农商银行共同孵化。整个生态馆分地域文化展示区、特色产品销售区以及咖啡平台分享区，属旅游商品的集中展示销售馆。

11月28日　国家旅游局的“全国旅游改革创新”工作现场会部分议程在长兴县举行，参会的150名领导嘉宾代表在长兴县考察水口乡村旅游集聚示范区发展。国家旅游局副局长杜江参加相关活动。

12月8日　中国·长兴(水口)第三届民宿文化节暨“上海村”过大年活动开幕式在水口茶文化旅游景区举行。整个过大年活动分“上海村”购年货、“上海村”品年味、“上海村”享年俗三大主题内容。活动从12月8日开始，延至2017年2月3日(农历正月初七)结束。

2017年

1月5日　长兴县旅委联合县旅游集团、旅游协会、文联、作家协会、传媒集团等共同举办“听见最美的风景”长兴首届最美讲解词评选暨金牌导游大赛决赛。该比赛2016年6月启动，共有18篇景区讲解词、11篇线路讲解词参赛。

1月17日　长兴县人民政府与浙江省旅游集团项目合作签约仪式在杭州举行。长兴县人民政府与浙江省旅游集团签订《长兴水口贡茶小镇大唐贡茶院(四期)项目PPP投资合作框架协议》《长兴县综合福利中心项目投资合作框架协议》。

1月19日　长兴县旅委在泗安镇艳阳果圣山庄举办2017中国·旅游产业(民宿)高峰论坛。活动为期三天，长兴县作长兴民宿的介绍和相关招商推介，向与会300多位来宾发放《遇见长兴》杂志、“上海村”过大年地图等宣传资料。

1月22日　湖州市旅委对长兴泗安假日大酒店申报三星级酒店进行终评。

1月27日　长兴县开始举办“上海村”过大年活动。活动为期半个月，通过央视4套《传奇中国年》栏目进行全球播放，中国旅游报、湖州日报、湖州晚报等均进行整版宣传，取得良好宣传效果。

3月6日　长兴县旅委主持召开长兴县乡村旅游特色村创建工作会议，就《长兴县休闲旅游示范村认定办法(征求意见稿)》展开讨论交流。郑家村等11个乡村旅游特色村领导以及所属乡镇分管领导参加会议。

3月30—31日 国家旅游局副局长王晓峰一行到长兴县调研。调研组先后前往太湖龙之梦乐园项目现场、水口乡游客中心、百翠山居、顾乡民宿、古森林博物馆、泗安镇上泗安村等地实地调研。

4月19—20日 2017中国·长三角中小城市旅游峰会 暨百家媒体“醉长兴之旅”活动在长兴县举行。活动邀请百家长三角中小城市的电视台媒体以及中国旅游报、中新社等知名媒体到长兴县体验“春花醉人”。活动全方位展示美丽长兴整体形象，提升了“茶文化圣地、乡村游天堂”旅游品牌知名度和影响力，极大地促进了长三角地区中小城市旅游业的协同发展。

4月22—23日 中国旅游科学年会在北京市唐拉秀雅酒店隆重举行，长兴县旅游委员会主任何杰雄应邀出席会议，并就全域旅游产业统计的实践与思考做专题发言。

4月26日 由浙江省委组织部、省旅游局和省委党校联合举办的推进全域旅游发展专题研讨班到长兴县进行现场教学。研修班实地考察了洪桥田版里乡村休闲项目、太湖图影龙之梦项目、龙山慢生活体验区、水口乡村旅游集聚区等全域旅游业态及项目。

4月 长兴县旅委策划制作长兴全域旅游地图，将“吃住行、游购娱”等长兴旅游资源通过合理布局设计融入交通地图。

5月19日 长兴县召开“创建浙江省全域旅游示范县动员大会”。

5月26日 泗安镇在二界岭薰衣草风情园举行花开泗安·2017薰衣草风情旅游节开幕式。

5月26—29日 由国家旅游局、浙江省人民政府主办的第九届中国国际旅游商品博览会在义乌国际博览中心举办，展会主题为“旅游新品，智行天下”。长兴旅游集团、长兴开口香食品有限公司、浙江长兴韵之农业科技发展有限公司等企业参展的系列旅游商品深受市民喜爱。

6月19—21日 长兴县旅委在浙江大学西溪校区举办2017年长兴县互联网+特色民宿发展与创新专题研修班。长兴县各乡镇的相关业务负责人，特色民宿业主以及有意向经营特色民宿的业主30余人参加培训。

7月18日 长兴县旅委牵头举办长兴“游”好礼品——寻找我最喜爱的旅游商品座谈会。长兴旅游集团、浙江中帛服饰有限公司、长兴绿野仙踪生态农业开发有限公司等28家长兴本土旅游商品企业代表，江苏一席文体产业有限公司、苏州声声曼信息科技有限公司、上海无央文化传播有限公司等24家文创单位的代表以及12个乡镇(街道、园区)的分管领导参加座谈会。

8月2日 浙江省人民政府召开全省特色小镇规划建设工作现场推进会，公布浙江省级特色小镇第三批创建名单(共35个)，长兴太湖演艺小镇榜上有名。长兴太湖演艺小镇依托山图水影的湿地风光，以太湖文化为背景，以“旅游”+“演艺”为产业发展导向，打造以旅游演艺为重点，集旅游演艺、休闲游乐、生态度假于一体的特色小镇，争创国家AAAAA级景区，成为国内一流、世界知名的中国第一旅游演艺小镇。规划中的太湖演艺小镇包括太湖演艺中心、生态休闲度假区、欢乐世界酒店、欢乐世界、嬉水世界和购物中心等。

8月 由浙江省旅游局主办、浙江省旅游联合会、浙江旅游信息中心、浙报集团旅游全媒体中心联合承办的“2017浙江省旅游商品大赛”评选揭晓。在近300项、上千件参展作品中，长兴县的蜂状元牌蜂巢蜜、“古银杏长廊”的银杏果粉、远方的家的红曲酒、天然古银杏净纯臻颜面膜4件作品获奖。

9月5日 长兴县委书记周卫兵召开太湖龙之梦乐园项目第25次推进例会。

9月21日 参与“浙台合作周”的台湾专家李青松、林劭洁、陈美芬、蓝屏茜、陈丽安等一行到长兴县考察乡村旅游。专家组实地考察了小浦镇的泊心千寻、银杏故里等民宿，水口乡的水口茶文化旅游景区游客中心、元旧岕整治提升区、我行我宿民宿、百翠山居等业态，并在开元芳草地乡村酒店召开座谈会。台湾专家与长兴县乡村民宿业主作了深入的交流和互动。

9月22日 煤山镇在十月村举办2017长兴第二届猕猴桃采摘节开幕式，活动由浙江澜山农业开发有限公司承办。

9月24日 央视“发现之旅——走进太湖”，在龙之梦图影湿地举行开幕仪式。活动进行了2017CCTV发现之旅“环太湖魅力新十景”授牌仪式，分别授予太湖龙之梦乐园、太湖图影湿地文化园、小沉渎、水口乡等景区(点)“南太湖十大景点”称号。

10月13—15日 第二届“浙江符号”旅游商品展在杭州市滨江区白马湖国际会展中心举行。长兴县远方的家旅游商品有限公司代表长兴县参展，公司部分具有长兴特色的风味休闲食品，如银杏果粉、吊瓜子、帝皇菊等深受杭州市民喜爱。

10月29日 由湖州市农业和农村工作办公室、湖州市总工会、湖州市人力和社会保障局、湖州市乡村旅游协会联合主办的“湖州市首届农家乐特色菜大赛”在浙江信息工程学校举行。长兴县代表队夺得9个奖项，其中长兴绿野仙踪展台获展台二等奖及2个菜点奖，城山沟桃源山庄夺得2个菜点奖，百翠山居夺得4个菜点奖。长兴绿野仙踪取得代表湖州市参加浙江省农家乐特色菜大赛的参赛资格。

10月 长兴县旅委发布长兴旅游形象宣传片《遇见长兴》宣传片，以遇见为主题，通过一名游客在长兴两天一夜的休闲旅行体验为轴线，将长兴的美丽风情和吃住行、游购娱等特色元素融入其中，呈现出一个“茶文化圣地、乡村游天堂”的旅游目的地形象。

10月 为丰富关键词库，完善“一机游长兴”，长兴县旅委根据用户的意见建议和长兴旅游宣传需要，更新完善长兴旅游官方微信对应关键词库。截至10月底，已形成住宿、美食、通讯录、徒步等关键词40个，完善了“一机游长兴”。

11月8日 湖州市旅委对水口、吕山、林城、洪桥等乡镇的旅游厕所进行AAA级厕所评定。

11月22日 湖州市旅委对长兴县天宏旅行社申报四星级品质旅行社给予评定。

11月29—30日 浙江省旅游局、省经信委、省环保厅等省级部门对陈武帝故宫景区、大唐贡茶院景区申报文化旅游示范基地及中医药文化旅游示范基地进行验收

12月1—2日 浙江省旅委对2017年长兴县特色民宿星级申报进行评定。省内民宿领域的专家、学者、民宿经营者等共5人组成评定小组。历经业主申报、乡镇(街道)初评、县旅委复核、专家评审(入住体验、现场审核、集中评审)等环节,最终评定长兴县五星级特色民宿1家,县四星级特色民宿2家,县三星级特色民宿2家。

12月8日 浙江省旅游标准化技术委员会印发《关于命名第三批“浙江省果蔬采摘旅游基地”的通知》(浙旅标准〔2017〕5号),长兴县田版里农业有限公司获评“浙江省果蔬采摘旅游基地”称号。

12月11日 长兴县旅委参加浙江乡土特色菜肴培育大会,会上印发《浙江农家乐特色菜百味谱》。川步村绿野仙踪、城山村桃源山庄、太湖村太湖会庐舍、水口村南山农家乐(芭堤雅)的菜肴均入选浙江农家乐特色菜百味谱。

12月26日上午 湖州市旅委对泗安富民宾馆申报三星级酒店进行终评。

12月28—29日 长兴县旅委迎接省旅游业局对2017年农家乐省级创建项目进行验收。验收组组长由嘉兴市农办副主任张光根担任,验收组一行对长兴县的省级农家乐特色乡镇(小浦镇、泗安镇)、省级农家乐集聚村(上泗安村)、省农家乐四星级经营户(水口牛脚湾)进行实地验收,同时对首届、第二届、第三届省五星级经营户(点)(城山沟桃源山庄、毛草屋、顾渚风情)进行复核。

2018年

1月 根据《浙江省旅游发展领导小组办公室关于开展浙江省乡村旅游产业集聚区推荐认定工作的通知》,经县级申报、设区市旅游主管部门审核推荐、专家审核等程序,水口乡被认定为浙江省乡村旅游产业集聚区,也是浙江省首个被命名的乡村旅游产业集聚区。

3月3日 浙江省旅游集团党委书记、董事长方敬华到长兴县调研乡村旅游发展情况。

3月5日 龙山街道举办首届精品梅兰旅游文化节暨“全域旅游”提升发展三年行动计划启动开幕仪式。

3月9日 长兴县旅委组织长兴旅游企业参与“万名游客乐湖州”的杭州推介会,并做以龙之梦为主的长兴县旅游产品现场推介。

4月4日 长兴县旅委举办县全域旅游咨询点培训班,对全县乡镇(街道、园区)及所辖村、居、社区共208个点进行全域旅游村庄景区化建设、旅游咨询点设置、旅游咨询、惠民卡办理等相关培训,并启动建设全域旅游咨询点。

4月17日 长兴县旅委组织4支代表队参加湖州市星级饭店服务技能大赛。其中,国际大酒店张开英、新紫金大酒店丁丽萍获得中式铺床和夜床设计三等奖;开元芳草地乡村酒店

滕阳辉获中式铺床和夜床设计二等奖；新紫金大酒店程旭获中式宴会摆台三等奖；金陵大酒店吴胜军获饭店万能技工二等奖。

5月8日 长兴县小浦镇举行古银杏长廊自然风景区项目启动仪式。项目预计总投资5.5亿元，包括银杏谷酒店、银杏山庄、银杏古街三部分，是集住宿、餐饮、旅游等于一体的综合业态，部分项目预计于2018年银杏节前建成对外开放。

5月19日 “文明旅游、绿色出行”浙江启动仪式暨“湖州旅游月月红”之“5·19中国旅游日”长兴旅游惠民嘉年华活动在长兴县东鱼坊历史文化街区举行。浙江省旅游局副局长钟新章等参加启动仪式。

5月20日 林城镇举办“5·20世界蜜蜂日”庆典活动暨长兴县第二届蜂旅文化节，以助推长兴县蜂业发展。

5月20日 吕山乡在新建的吕蒙山公园举办首届乡村旅游文化节。

5月29日 全世界最大的马戏城之——“太湖龙之梦乐园国际马戏城”成功完成钢结构封顶。

6月8日 依据浙江省旅游局颁发的文件（浙旅办〔2018〕51号），吕山乡被列入第三批省级旅游风情小镇培育创建名单。

6月15日 湖州市旅游厕所革命暨观光大道建设现场推进会在长兴县召开，来自全市各县区的领导和首批旅游示范厕所建设单位的代表50余人到长兴太湖观光大道，对太湖观光大道的建设进行观摩学习，现场考察长兴县太湖百里观光大道和旅游示范厕所建设，表彰2018年第一批旅游示范厕所。

6月21日 小浦镇古银杏时光小镇参加AAAA级景区景观质量评价专家评审会。

6月29日 龙山街道渚山村的龙山玻璃悬索桥建成正式投入运营。

8月16—18日 长兴县旅委主任何杰雄带领开元旅业、海洋城控股有限公司、杭州华兴实业集团等企业相关负责人一行8人，实地考察庆元县旅游项目和资源，积极对接山海协作事宜，并初步确立项目合作内容。

8月21日—23日 长兴县旅委、县委组织部在浙江大学西溪校区举办全县民宿旅游人才专题培训班。培训班采取理论+现场教学的形式，全县相关乡镇旅游具体负责人、民宿业主共40人参加培训。

8月27日—30日 全省A级景区村庄创建培训会在长兴县召开，全省400余名乡镇分管领导、村两委人员参加培训。培训员现场考察了龙山街道川步村、水口乡顾渚村的乡村旅游发展。

9月5日 长兴县旅委召集相关旅游企业召开2018年国内旅游抽样调查工作布置会，并于9月底前完成2018年国内旅游抽样调查平日部分，更新完善浙江旅游统计网的旅游企业统计数据库。

10月18日 浙江省旅游局党组书记、局长谢济建到长兴县调研旅游。谢济建指出，长兴县在推动旅游业大发展、大提升上有决心、有决策，亮点纷呈，尤其是太湖龙之梦乐园项目的建设，将极大推动旅游产业的发展。希望能在现有基础上进一步丰富产品业态，加大宣传力度，发挥特色优势，全力推动长兴县全域旅游的提档升级。

10月19日 湖州市旅委组织星评员对东方明珠大酒店、光大旅行社申报星级饭店、星级旅行社进行评定。

10月25日 文化和旅游部文化产业项目服务平台第十期文化产业精品项目对接交流会暨华东地区文化产业重点项目推介会在太湖龙之梦乐园举行。文旅部党组成员于群，湖州市委常委、统战部部长李上葵等参加活动。

11月3日 水口乡大唐贡茶养生小镇项目举行开工仪式。

11月15日 浙江省委副书记、省长袁家军到长兴县调研太湖龙之梦乐园项目。

11月15日 浙江省旅游局星级饭店评定委员会对长兴县东方明珠大酒店申报省级绿色饭店给予评审。

11月16日 中国·长兴（小浦）第六届古银杏文化旅游节开幕。

12月11日 长兴县旅委组织长兴县导游参加湖州市第五届金牌导游（讲解员）大赛，长兴县推选的新四军纪念馆、金钉子景区讲解员徐丽霞、齐丹取得二等奖，中旅、康辉旅行社导游钱佳、唐智倩获得三等奖。

12月13日 长兴县林城镇北汤村、长兴县泗安镇上泗安村被认定为2018年度浙江省休闲旅游示范村（浙文旅〔2018〕8号）。

12月17日 浙江省旅游局星评专家对湖州春秋旅行社申报五星级品质旅行社进行评定。

12月18日 长兴县在太湖龙之梦钻石演艺中心举办“龙之梦太湖古镇招商大会”，来自全国各地的近3000名客商参加大会。

12月20日 虹星桥镇郑家村、吕山乡雁陶村、小浦镇大岕口村被评为浙江省第三批AAA景区村庄（湖旅〔2018〕91号）。

2019年

1月7日 中共长兴县委 长兴县人民政府颁发《关于印发〈长兴县机构改革方案〉的通知》（长委发〔2019〕4号），长兴县旅游委员会与长兴县文化广电新闻出版局（体育局）合并，成立长兴县文化和广电旅游体育局。

第一编

旅 游 资 源

第一章　长兴县旅游资源综述

1996年长兴县旅游局成立以前，长兴县没有开展过现代旅游资源普查，缺乏系统的旅游资源记录。1997年，长兴县旅游局尝试对顾渚山、仙山、碧岩、陈武帝故居等县境主要旅游资源开展定点旅游资源调查试点。2004年，长兴县旅游局根据浙江省人民政府的工作部署，开展第一次旅游资源系统普查，首次编制完成系统完备的全县旅游资源普查资料。

第一节　长兴县第一次旅游资源普查

2004年，湖州市旅游局依据《浙江省人民政府办公厅关于认真做好全省旅游资源普查工作的通知》（浙政办发〔2002〕51号）、《浙江省旅游局关于组织开展全省旅游资源普查工作的通知》（浙旅〔2003〕规划字第177号）、《浙江省旅游资源普查工作方案》等文件精神，成立湖州市旅游资源普查课题组，负责全市旅游资源普查工作。长兴县旅游局相应成立“长兴县旅游资源普查工作小组”，接受湖州市课题组的领导，开展对全县旅游资源的第一次普查。

一、长兴县旅游资源普查工作小组简介

长兴县旅游资源普查工作小组以张兴平为组长，由浙江大学的教授与学生8名，以及长兴县旅游局的5名工作人员组成。浙江大学方面的职责：牵头拟定全县整个普查工作的总体思路，根据2003年国家质监总局颁布的国家标准及浙江省普查方案安排普查程序，填写上报长兴县旅游资源单体（含集合区）调查表，编制长兴县旅游资源分布图，编写《长兴县旅游资源普查报告》。长兴县旅游局方面的主要职责：成立长兴县旅游资源普查小组，收集长兴县范围内旅游资源普查资料，分发和回收乡镇的旅游资源调查征询表，协助浙江大学撰写《长兴县旅游资源普查报告》。

二、普查目的

湖州市第一次旅游资源普查的目的是编制形成湖州市旅游资源总报告，各县（区）旅游资源分区域报告，编绘“湖州旅游资源地图”等，并以信息地理的所有资料，构建旅游资源资料

库，为旅游业的可持续发展提供全面便捷的电子数字化平台。长兴县的旅游资源普查目的是相应编制涉及长兴县旅游资源的报告与资料，绘制长兴县旅游资源地图。

三、普查标准与技术

长兴县第一次旅游资源普查以2003年3月24日，中华人民共和国国家质量监督检验检疫总局发布的《旅游资源分类、调查与评价》(GB/T18972-2003)为依据，以系统、科学的方法，通过全面的旅游资源详查与重点性资源筛查、资源评价相结合，对每个旅游资源单体进行“定位、定类、定性、定量、定级、定影”(“六定”)，系统登记全县旅游资源的数量、质量、性质、特点、价值和等级，客观分析评价全县旅游资源的现状，提出重点旅游资源密集区的资源利用、开发、保护建议，为未开旅游产业的建设与发展提供系统准确的基础资料和技术支持。

各旅游资源单体“六定”的具体做法：“定位”，利用全球定位系统确定旅游资源单体所在地的行政归属及经纬度(精确到秒)。“定类”，确定每一旅游单体的基本类别，依据2003年国家质监总局制定的《旅游资源分类、调查与评价》(GB/T18972-2003)标准，全国所有旅游资源单体被分成地文景观(A)、水域风光(B)、生物景观(C)、天象与气候景观(D)、遗址遗迹(E)、建筑与设施(F)、旅游商品(G)、人文活动(H)，共8个主类。同时8个主类再分为31个亚类、155个基本类别。“定性”，对每一旅游资源单体作具体描述，包括“性状与特征、所处环境、保护与开发现状”，合计三方面。“定量”，要求提供每个旅游资源单体的特征数据。“定级”，依据国家旅游资源普查标准，对每个资源单体进行等级评定①。“定影”，对每个资源单体从远、中、近三种不同的角度给予摄影取照，以获取全面反映旅游资源单体的多层级特征照片。

四、普查程序

2003年8月4日，长兴县旅游局依据湖州市人民政府印发《关于湖州市旅游资源普查工作方案的通知》(湖政办函〔2003〕29号)，正式启动全县旅游资源普查。长兴县第一次旅游资源普查工作程序分五个阶段：1.组织准备(2003年7.20—8.5)；2.实地调查(8.6—8.25)；3.室内整理与补漏(9.1—9.30)；4.初步成果完成(10.1—12.30)；5.最终成果验收(2004年1.1—5.10)。

---

① 国家旅游资源计算标准由观赏游憩使用价值(0—30分)、历史文化科学艺术价值(0—25)、珍稀奇特程度(0—15)、规模丰富与几率(0—10)、完整性(0—5)、知名度和影响力(0—10)、适游期或使用范围(0—5)、环境保护与环境安全(-5—3)等8项基本要素综合评价。单体旅游资源等级共分五级：五级旅游资源得分值域≥90分，四级旅游资源得分值域≥75-89分，三级旅游资源得分值域≥60—74分，二级旅游资源得分值域≥45—59分，一级旅游资源得分值域得分值域≥30—44分。此外总分≤29分的单体称为“未获等级旅游资源”或“等外旅游资源”。其中五级旅游资源又称“特品级旅游资源”，五级、四级、三级旅游资源统称为“优良级旅游资源”，二级、一级旅游资源统称为“普通旅游资源”。

五、普查特点及成果

长兴县旅游资源普查工作具有系统性、基础性、实用性三大特点。系统性：整个普查有严密的组织机构，先预设理论体系，普查内容基本包罗县境所有旅游资源，分门别类、层级清晰。基础性：旅游资源普查是每个旅游资源单体的最基本数据描述，不含专业理论分析。实用性：普查的数据紧密联系每一具体资源对象，完全是为未来开发利用预设，实用性极强。

形成成果四项：1.编写完成《长兴县旅游资源普查报告》，共7章、7万余字；2.登记著录旅游资源单体270个，所有条目汇成总表；3.编制旅游资源聚合体（集聚区）7个；4.形成1∶5000的旅游资源普查地图一副。

第二节　资源丰度综述

依据2004年编制《长兴县旅游资源普查报告》，长兴县旅游资源有270个单体，旅游资源的丰度暨单体在3个层次主类、亚类、基本类型与国家标准数目相比的覆盖率：主类，有8个主类，主类拥有率100%；亚类：有23个亚类，亚类拥有率为74.19%；基本类型：有63个，基本类型拥有率为40.65%。

长兴县各层次旅游资源数量与国家标准比较表

表1-1

项目	国家标准数目	长兴数目	比例(%)
主类	8	8	100.00
亚类	31	23	74.19
基本类型	155	63	40.65

270个旅游资源单体各层次分布个数及比例，属自然旅游资源4个主类的，地文景观27个，水域风光13个、生物景观16个、天象与气候景观1个，合计共有单体57个，占所有单体总数的21.11%。属于人文旅游资源4个主类的，遗址遗迹25个、建筑与设施161个、旅游商品10个、人文活动17个，合计共有单体213个，占全部单体总数的78.89%。从单体数量分布比例看，长兴县的旅游资源以人文资源为主，其中建筑与设施（F）主类数目最多，达161个，占单体总数比例的59.63%。

长兴县旅游资源单体各层次个数及比例表

表1-2

主类	亚类	单体数目	所占比例(%)	
			亚类	主类
地文景观	AA综合自然旅游地	17	6.30	10.00
	AB沉积与构造	4	1.48	
	AC地质地貌过程形迹	5	1.85	
	AD自然剧变遗迹	1	0.37	
	AE岛礁	0	0.00	
水域风光	BA河段	4	1.48	4.81
	BB天然湖泊与池沼	8	2.96	
	BC瀑布	0	0.00	
	BD泉	1	0.37	
	BE河口与海面	0	0.00	
	BF冰雪地	0	0.00	
生物景观	CA树木	15	5.56	5.93
	CB草原与草地	0	0.00	
	CC花卉地	0	0.00	
	CD野生动物栖息地	1	0.37	
天象与气候景观	DA光现象	1	0.37	0.37
	DB天气与气候现象	0	0.00	
遗址遗迹	EA史前人类活动场所	8	2.96	9.26
	EB社会经济文化活动遗址遗迹	17	6.30	
建筑与设施	FA综合人文旅游地	56	20.74	59.63
	FB单体活动场馆	3	1.11	
	FC景观建筑与附属性建筑	16	5.93	
	FD居住地与社区	21	7.78	
	FE归葬地	13	4.81	
	FF交通建筑	31	11.48	
	FG水工建筑	21	7.78	
旅游商品	GA地方旅游商品	10	3.70	3.70
人文活动	HA人事记录	9	3.33	6.29
	HB艺术	1	0.37	
	HC民间习俗	7	2.59	
	HD现代节庆	0	0.00	
合计		270	74.19	100.00

第三节 资源品质综述

依据2003年国家质监局颁布的《旅游资源分类、调查与评价》评价赋分标准，2004年《长兴县旅游资源普查报告》登记的270个旅游资源单体的等级评价为五级旅游资源单体4个、四级旅游资源单体9个，三级旅游资源单体23个，二级旅游资源单体73个，一级旅游资源单体146个，未获等级的15个。为体现旅游资源的不同价值，不同等级的旅游资源品质赋分算法为五级10分、四级7分、三级5分、二级3分、1级1分，等外级0分。长兴县270个旅游资源单体的总赋分为4×10＋9×7＋23×5＋73×3＋146×1＝583，平均分为583÷270＝2.16。略高于一级、低于二级。

从赋分标准可以看出，三级及以上的旅游资源单体赋分价值高些，称作优良级资源，而二级、一级，以及等外级旅游资源单体的赋分值低，属非优良级旅游资源。优良级旅游资源单体个数是地方旅游资源品质评价的主要标志。长兴县优良级旅游资源有36个，占全县旅游资源单体总数的13.3%(非优良级占单体总数的86.7%)。

长兴县36个优良级旅游资源单体，以类别分类，16个为自然景观旅游资源，20个为人文景观旅游资源，分属23种旅游资源基本类型，其中16个自然旅游资源分属11种基本类型，20个人文旅游资源分属12种基本类型。

长兴县旅游资源优良级单体名录表

表1-3

序号	单体名称	基本类型	类型代码	等级
1	长兴金钉子	地层剖面	ABD	5
2	南太湖	观光游憩湖区	BBA	5
3	八都岕古银杏长廊	林地	CAB	5
4	尹家边扬子鳄保护区	陆地动物栖息地	CDB	5
5	顾渚山	山丘型旅游地	AAA	4
6	长兴灰岩剖面(长兴阶层型剖面)	地层剖面	ABD	4
7	新四军苏浙军区纪念馆	名人故居与历史纪念建筑	FDD	4
8	顾渚紫笋茶	农林畜产品及制品	GAB	4
9	长兴紫砂壶	传统手工产品与工艺品	GAE	4
10	太湖石	其他物品	GAG	4
11	陆羽	人物	HAA	4
12	陈霸先	人物	HAA	4

续表1-3

序号	单体名称	基本类型	类型代码	等级
13	百叶龙	民间演艺	HCC	4
14	弁山碧岩	山丘型旅游地	AAA	3
15	泗安仙山	山丘型旅游地	AAA	3
16	北川岕	谷地型旅游地	AAB	3
17	浙苏皖三省交界点	自然标志地	AAF	3
18	陈湾漾	观光游憩湖区	BBA	3
19	盛家漾	观光游憩湖区	BBA	3
20	环太湖大堤池塘群	沼泽与湿地	BBB	3
21	水口金沙泉	冷泉	BDA	3
22	八都岕银杏王	独树	CAC	3
23	太湖日出	日月星辰观察地	DAA	3
24	贡茶院.吉祥寺遗址	废弃生产地	EBD	3
25	寿圣寺	宗教与祭祀活动场所	FAC	3
26	仙山显圣寺	宗教与祭祀活动场所	FAC	3
27	林城万亩青梅观光长廊	建设工程与生产地	FAF	3
28	泗安吊瓜基地	建设工程与生产地	FAF	3
29	陈武帝故宫	楼阁	FCC	3
30	城山石刻造像	摩崖字画	FCG	3
31	顾渚山摩崖题记	摩崖字画	FCG	3
32	泗安栝楼子	农林畜产品及制品	GAB	3
33	长兴银杏(白果)	农林畜产品及制品	GAB	3
34	太湖三白	水产品及制品	GAC	3
35	吴承恩	人物	HAA	3
36	归有光	人物	HAA	3

第二章　自然旅游资源

依据2003年国家质监局颁布的《旅游资源分类、调查与评价》国标分类，自然旅游资源包括地文景观（A）、水域风光（B）、生物景观（C）、天象与气候景观（D）四个主类。2004年《长兴县旅游资源普查报告》，长兴县自然旅游资源的基本情况本章以四个主类分为四节。

第一节　地文景观旅游资源

一、资源名录

地文景观分类号字母代码A。依据2004年编制的《长兴县旅游资源普查报告》，长兴县地文景观旅游资源有27个单体。

长兴县地文景观旅游资源名录表

表1-4

普查号	资源单体名称	地理位置	基本类型	类型代码	等级
1	白岘洞山	煤山镇①	山丘型旅游地	AAA	2
2	和平城山	和平镇	山丘型旅游地	AAA	2
3	弁山碧岩	洪桥镇	山丘型旅游地	AAA	3
4	弁山	洪桥镇	山丘型旅游地	AAA	2
5	夹浦香山	夹浦镇	山丘型旅游地	AAA	1
6	顾渚山	水口乡	山丘型旅游地	AAA	4

①《长兴县旅游资源普查报告》完成于2004年，原调查报告每个旅游资源单体所属乡镇地址栏采用的是2004年时的行政区划。2012年5月，长兴县进行行政区划调整，撤二界岭乡入泗安镇，撤吴山乡入和平镇，分雉城镇为雉城、画溪、太湖三个街道。2015年5月，长兴县再次执行行政区划调整，撤白岘乡、槐坎乡入煤山镇，分雉城街道北部组建龙山街道。因行政区划调整，致使旅游资源的地址栏发生相应变更。本志为统一标准，书中所涉行政区划地名若无特殊需要，均更改为以2015年5月13日最后一次行政区划调整后的结果为准。

续表1-4

普查号	资源单体名称	地理位置	基本类型	类型代码	等级
7	泗安仙山	泗安镇	山丘型旅游地	AAA	3
8	泗安空山	泗安镇	山丘型旅游地	AAA	1
9	义士岕	煤山镇	谷地型旅游地	AAB	1
10	诸葛岕	煤山镇	谷地型旅游地	AAB	1
11	浪川岕	煤山镇	谷地型旅游地	AAB	1
12	篾竹岭	煤山镇	谷地型旅游地	AAB	1
13	北川岕	夹浦镇	谷地型旅游地	AAB	3
14	周吴岕	林城镇	谷地型旅游地	AAB	2
15	吴山西沟	和平镇	谷地型旅游地	AAB	1
16	浙苏皖三省交界点	煤山镇	自然标志地	AAF	3
17	江浙两省分界岭	煤山镇	自然标志地	AAF	1
18	张公岭褶曲群	煤山镇	褶曲景观	ABB	1
19	五通组地层剖面	煤山镇	地层剖面	ABD	2
20	长兴金钉子	煤山镇	地层剖面	ABD	5
21	长兴灰岩剖面(长兴阶层型剖面)	煤山镇	地层剖面	ABD	4
22	洞山石林	煤山镇	石林	ACD	2
23	泗安龟山	泗安镇	奇特与象形山石	ACE	1
24	碧岩绿崖	洪桥镇	岩壁与岩缝	ACF	2
25	皂山丘陵	泗安镇	丹霞	ACI	1
26	洞山溶洞	煤山镇	岩石洞与岩穴	ACL	2
27	煤山乌石浪	煤山镇	重力堆积体	ADA	2

二、资源丰度

依据2004年《长兴县旅游资源普查报告》,长兴县地文景观主类旅游资源共有27个单体,单体个数占全县单体总数的10%。拥有综合自然旅游地、沉积与构造、地质地貌过程形迹和自然剧变遗迹四个亚类,占地文景观类全部亚类数的80%,占全县拥有亚类数的16.67%,占所有亚类数的12.9%。地文景观主类含山丘型旅游地、山谷型旅游地、自然标志地、褶区景观、地层剖面、石(土)林、奇特与象形山石、岩壁与岩缝、丹霞、岩石洞与洞穴、重力堆积体等11种基本类型,占155种基本类型的7.10%,占全县拥有基本类型数的16.67%。长兴县地文景观单体主要分布在综合自然旅游地亚类(AA),有单体17个,占地文景观类单体总数的62.96%,占全县单体总数的6.30%。

长兴县地文景观主类旅游资源单体统计表

表1-5

亚类	基本类型	单体数	比例
AA综合自然旅游地		17	6.30
	AAA山丘型旅游地	8	3.04
	AAB山谷型旅游地	7	2.66
	AAF自然标志地	2	0.76
AB沉积与构造		4	1.48
	ABB褶区景观	1	0.37
	ABD地层剖面	3	1.14
AC地质地貌过程形迹		5	1.85
	ACD石(土)林	1	0.37
	ACE奇特与象形石山	1	0.37
	ACF岩壁与岩缝	1	0.37
	ACI丹霞	1	0.37
	ACL岩石洞与洞穴	1	0.37
AD自然剧变遗迹		1	0.37
	ADA重力堆积体	1	0.37
合计		27	10.00

三、资源品质

长兴县地文景观主类的27个资源单体,按类别分为4个亚类、11种基本类型,品质平均分为3.04,也即平均等级近似二级。其中,只有地层剖面基本类型有五级单体1个、四级1个、二级1个,达到6.67分,平均分接近四级,超过平均分。具体来说,山丘型旅游地单体8个,平均品质分3.50,分别是仙山(三级)、顾渚山(三级)、碧岩(三级)、弁山(二级)、洞山(二级)、城山(二级)、空山(一级)和香山(一级);山谷型旅游地单体7个,平均品质分1.86,分别是八都岕古银杏长廊(四级)、北川岕(二级)、周吴岕(二级)、浪川岕(一级)、诸葛岕(一级)、义士岕(一级)和西沟(一级);自然标志地单体2个,平均品质分3.00,分别为浙苏皖三省界碑(三级)、江浙两省分界岭(一级);褶曲景观单体1个,平均品质分1,为张公岭褶曲群,等级一级;地层剖面单体3个,平均品质分6.67,分别为金钉子剖面(全球二叠/三叠层型剖面)、长兴灰岩剖面(长兴阶层型剖面）和五通组地层剖面，等级分别为五级、四级和二级，此反映出长兴的地层剖面等级高，具有国际或全国科学价值和旅游价值；石（土）林单体1个，平均品质分3，为洞山石林，等级为二级；奇特与象形山石单体一个，平均品质分0，为等外级的龟山；岩壁与岩缝单体1个，平均品质分为3，为二级的碧岩岩壁（陡壁）；丹霞单体1个，为皂山丹霞丘陵，等级为一级；岩石洞与洞穴单体1个，平均品质分3，为洞山溶洞，等级为二级；重力堆积体单体1个，平均品质分3，为乌石浪，等级为二级。

长兴县地文景观主类旅游资源品质分一览表

表1-6

亚类	基本类型	单体数	品质分	平均品质分
AA综合自然旅游地		17	46	2.76
	AAA山丘型旅游地	8	28	3.50
	AAB山谷型旅游地	7	12	1.86
	AAF自然标志地	2	6	3.00
AB沉积与构造		4	21	5.25
	ABB褶曲景观	1	1	1.00
	ABD地层剖面	3	20	6.67
地质地貌过程形迹		5	11	2.20
	ACD石（土）林	1	3	3.00
	ACE奇特与象形山石	1	1	1.00
	ACF岩壁与岩缝	1	3	3.00
	ACI丹霞	1	1	1.00
	ACL岩石洞与洞穴	1	3	3.00
AD自然剧变遗迹		1	3	3.00
	ADA重力堆积体	1	3	3
合计		27	81	3.04

四、优质资源

长兴县地文景观主类优良级旅游资源单体有7个，占全县优良级单体的20.59%，分属4种旅游资源基本类型。其中，山丘型旅游地3个，分别是顾渚山、仙山、碧岩。顾渚山为四级，其他两个为三级；地层剖面2个，五级1个（金钉子剖面）、四级1个（长兴灰岩剖面）；谷地型旅游地1个，即北川岕，等级三级；自然标志地1个，即浙苏皖三省交界点，等级三级。

长兴县地文景观类旅游资源优良级单体名录表

表1-7

单体名称	基本类型	类型代码	等级
长兴金钉子	地层剖面	ABD	5
顾渚山	山丘型旅游地	AAA	4
长兴灰岩剖面(长兴阶层型剖面)	地层剖面	ABD	4
弁山碧岩	山丘型旅游地	AAA	3
泗安仙山	山丘型旅游地	AAA	3
北川岕	谷地型旅游地	AAB	3
浙苏皖三省交界点	自然标志地	AAF	3

五、资源增补

旅游资源具有动态变化特性,会随着社会的发展新生或者消亡,如森林培育、水库修建、大型游乐场兴建会增加旅游资源;古建筑的焚毁、旅游商品开采枯竭会导致传统旅游资源消亡,所以特定地域的旅游资源名录时有增减。长兴县第一次旅游资源普查时,普查课题组也称:“由于时间仓促,难免挂一漏万,也难免出现错误和不足,之后仍需对本次工作成果不断充实和完善,以适宜旅游业和社会经济发展的需要①。”所以该次《长兴县旅游志》编写,针对10年来长兴县旅游业的发展,志书以2015年为下限,对每一类别的旅游资源述录,增设资源增补一目②。

长兴县地文景观主类旅游资源增补名录一览表

表1-8

序号	资源单体名称	地理位置	基本类型	类型代码	等级
1	独姥山	洪桥镇	山丘型旅游地	AAA	1
2	吕山	吕山乡	山丘型旅游地	AAA	1
3	霞幕山	和平镇	山丘型旅游地	AAA	1
4	九天山	和平镇	山丘型旅游地	AAA	1
5	吴山	和平镇	山丘型旅游地	AAA	2
6	龙山	林城镇	山丘型旅游地	AAA	1
7	方山	林城镇	山丘型旅游地	AAA	2

① 《长兴县旅游普查资料》第11页。

② 仅设旅游资源增加条目,而不设减少消亡的条目,目的是保留志书的文献资料价值。

续表1-8

序号	资源单体名称	地理位置	基本类型	类型代码	等级
8	岩山	小浦镇	山丘型旅游地	AAA	2
9	乌瞻山	小浦镇	山丘型旅游地	AAA	2
10	郎山	小浦镇	山丘型旅游地	AAA	1
11	互通山	煤山镇	山丘型旅游地	AAA	2
12	尧市山	水口乡	山丘型旅游地	AAA	1
13	岳飞场	小浦镇	山丘型旅游地	AAA	1
14	叉头坞	和平镇	谷地型旅游地	AAB	1
15	东沟	和平镇	谷地型旅游地	AAB	1
16	长山沟	泗安镇	谷地型旅游地	AAB	1
17	坟墩岕	泗安镇	谷地型旅游地	AAB	1
18	西道岕	泗安镇	谷地型旅游地	AAB	1
19	六都岕	煤山镇	谷地型旅游地	AAB	1
20	五冲岕	煤山镇	谷地型旅游地	AAB	1
21	罗岕	煤山镇	谷地型旅游地	AAB	2
22	大干岕	煤山镇	谷地型旅游地	AAB	1
23	桃花岕	龙山街道	谷地型旅游地	AAB	2
24	公司岕	水口乡	谷地型旅游地	AAB	1
25	人川坞	夹浦镇	谷地型旅游地	AAB	1
26	黄塔顶	煤山镇	自然标志地	AAF	2
27	三洲山	煤山镇	自然标志地	AAF	1
28	三山	和平镇	自然标志地	AAF	1
29	黄龙头	水口乡	自然标志地	AAF	1
30	关岭	和平镇	自然标志地	AAF	1
31	揽船石	水口乡	奇特与象形山石	ACE	1
32	乌龟山	吕山乡	奇特与象形山石	ACE	1
33	稻堆山	煤山镇	奇特与象形山石	ACE	1
34	老虎洞	李家巷镇	岩石洞与洞穴	ACL	1
35	地洞寺洞	李家巷镇	岩石洞与洞穴	ACL	1
36	仙人洞	泗安镇	岩石洞与洞穴	ACL	1
37	陈武帝钓台	小浦镇	岛区	AE	1

第二节　水域风光旅游资源

一、资源名录

水域风光主类旅游资源在旅游资源分类中字母代码为B。依据2004年《长兴县旅游资源普查报告》，长兴县水域风光主类旅游资源有单体13个。

长兴县水域风光主类旅游资源名录一览表

表1-9

普查号	资源单体名称	地理位置	基本类型	类型代码	等级
28	泗安溪	泗安镇	观光游憩河段	BAA	1
29	杨林涧	小浦镇	观光游憩河段	BAA	1
30	长兴港	雉城街道、太湖街道	观光游憩河段	BAA	1
31	合溪新港	龙山街道、太湖街道	观光游憩河段	BAA	1
32	陈湾漾	洪桥镇	观光游憩湖区	BBA	3
33	盛家漾	夹浦镇	观光游憩湖区	BBA	3
34	南太湖	太湖街道、洪桥镇	观光游憩湖区	BBA	5
35	虹星桥十八拐	虹星桥镇	沼泽与湿地	BBB	1
36	环太湖大堤池塘群	太湖街道、洪桥镇	沼泽与湿地	BBB	3
37	水口霸王潭	水口乡	潭池	BBC	2
38	丝沉潭	小浦镇	潭池	BBC	1
39	陈武帝钓鱼台①	太湖街道	潭池	BBC	1
40	金沙泉	水口乡	冷泉	BDA	3

二、资源丰度

依据2004年《长兴县旅游资源普查报告》，长兴县水域风光主类旅游资源资源丰度，有13个单体，占全县单体总数的4.81%。亚类：长兴县水域风光主类旅游资源拥有河段、天然湖泊与池沼、泉3个亚类，占水域风光主类全部亚类数的50%，占所有亚类数的9.68%，占全县拥有亚类数的13.04%。基本类型：长兴县水域风光主类旅游资源含观光游憩河段、观光游憩湖

① 陈武帝钓台位于太湖街道杨湾居民区的长兴港与横塘港分岔口，是两河港分岔口的一个土包，与《长兴县志》及《长兴县地名志》所记“陈武帝钓台”并非同一地点。县志与地名志所记“陈武帝钓台”位于县西三十里小浦镇合溪村，属河湾冲击巨岩，今湮入合溪水库成岛。

区、沼泽与湿地、潭池、冷泉共5个基本类型，占155种基本类型的3.2%，占全县拥有基本类型数的7.93%。整个主类中基本类型单体最多的是天然湖泊与池沼，有8个，占水域风光主类单体数的61.54%，占全县单体总数的2.96%。

长兴县水域风光主类旅游资源单体统计表

表1-10

亚类	基本类型	单体数	比例
BA河段		4	1.48
	BAA观光游憩河段	4	1.48
BB天然湖泊与池沼		8	2.96
	BBA观光游憩湖区	3	1.11
	BBB沼泽与湿地	2	0.74
	BBC潭池	3	1.11
BD泉		1	0.37
	BDA冷泉	1	0.37
合计		13	4.81

三、资源品质

长兴县水域风光旅游资源主类有13个单体，单体的品质平均分为3.08，也即平均等级高于二级。属于3个亚类、5种基本类型，其中观光游憩河段单体4个，平均品质分1.00，分别为泗安溪、长兴港、合溪新港和杨林涧，均为一级；观光游憩湖区单体3个，平均品质分6.67分，南太湖属五级，陈湾漾、盛家漾均为三级；沼泽与湿地单体2个，平均品质分3.00，分别为环太湖大堤池塘群（三级）和虹星桥十八拐（一级）；潭池单体3个，平均品质分1.67，分别为霸王潭（三级）、陈武帝钓鱼台（一级）和丝沉潭（一级）；冷泉单体1个，为金沙泉，等级为三级。

长兴县水域风光主类旅游资源品质分一览表

表1-11

亚类	基本类型	单体数	品质分	平均品质分
BA河段		4	4	1
	BAA观光游憩河段	4	4	1
BB天然湖泊与池沼		8	31	3.88
	BBA观光游憩湖区	3	20	6.67
	BBB沼泽与湿地	2	6	3.00
	BBC潭池	3	5	1.67

续表1-11

亚类	基本类型	单体数	品质分	平均品质分
BD泉		1	5	5.00
	BDA冷泉	1	5	5.00
合计		13	40	3.08

四、优质资源

长兴县水域风光主类旅游资源优良级单体有5个，占全县优良级单体的13.9%，分属三种旅游资源基本类型。其中，观光游憩湖区单体3个，分别是南太湖、陈湾漾和盛家漾，等级分别为五级、三级和三级；沼泽与湿地单体1个，环太湖大堤池塘群，等级为三级；冷泉类一个，金沙泉，等级三级。

长兴县水域风光主类旅游资源优良级单体名录一览表

表1-12

单体名称	基本类型	类型代码	等级
南太湖	观光游憩湖区	BBA	5
陈湾漾	观光游憩湖区	BBA	3
盛家漾	观光游憩湖区	BBA	3
环太湖大堤池塘群	沼泽与湿地	BBB	3
金沙泉	冷泉	BDA	3

五、资源增补

2004年第一次旅游资源普查后至2015年，伴随水域环境治理，长兴县的水域风光主类旅游资源有很大提高。

长兴县水域风光主类旅游资源增补名录一览表

表1-13

序号	名称	地理位置	基本类型	类型代码	等级
1	长水港	龙山街道、水口乡	观光游憩河段	BAA	1
2	甘家河	龙山街道	观光游憩河段	BAA	1
3	护城河	雉城街道	观光游憩河段	BAA	1
4	横塘港	太湖街道、洪桥镇	观光游憩河段	BAA	
5	西苕溪	和平镇、吕山乡	观光游憩河段	BAA	2
6	西庄漾	太湖街道	观光游憩湖区	BBA	1

续表1-13

序号	名称	地理位置	基本类型	类型代码	等级
7	环沉漾	夹浦镇	观光游憩湖区	BBA	1
8	周渎漾	洪桥镇	观光游憩湖区	BBA	1
9	七斗漾	洪桥镇	观光游憩湖区	BBA	1
10	大荡漾	洪桥镇	观光游憩湖区	BBA	2
11	鸭蓝漾	洪桥镇	观光游憩湖区	BBA	1
12	三乡荡	洪桥镇	观光游憩湖区	BBA	1
13	都家漾	洪桥镇	观光游憩湖区	BBA	1
14	东龙池	煤山镇	潭池	BBC	1
15	西龙池	煤山镇	潭池	BBC	1
16	沥泉水	煤山镇	冷泉	BDA	1

第三节　生物景观旅游资源

一、资源名录

生物景观主类旅游资源的字母代号为C。2004年《长兴县旅游资源普查报告》，长兴县该类旅游资源单体有16个。

长兴县生物景观主类旅游资源单体名录一览表

表1-14

普查号	资源单体名称	地理位置	基本类型	类型代码	等级
41	太阳岕竹林	泗安镇	林地	CAA	1
42	水口野生茶园	水口乡	林地	CAA	1
43	夹山杨梅林	龙山街道	林地	CAA	1
44	八都岕古银杏长廊	小浦镇	林地	CAA	5
45	庄头银杏丛	煤山镇	丛树	CAB	0
46	太阳岕古树群	泗安镇	丛树	CAB	2
47	荷花古松群	泗安镇	丛树	CAB	1
48	和平古银杏丛	和平镇	丛树	CAB	2
49	周吴岕古树群	林城镇	丛树	CAB	1
50	长潮古枫树群	泗安镇	丛树	CAB	1
51	长中古树群	泗安镇	丛树	CAB	1

续表1-14

普查号	资源单体名称	地理位置	基本类型	类型代码	等级
52	长兴第一中学古银杏群	雉城街道	丛树	CAB	1
53	周吴岕千年朴树	林城镇	独树	CAC	1
54	寿圣寺千年银杏	水口乡	独树	CAC	2
55	八都岕银杏王	小浦镇	独树	CAC	3
56	尹家边扬子鳄保护区	泗安镇	陆地动物栖息地	CDB	5

二、资源丰度

依据2004年《长兴县旅游资源普查报告》,长兴县生物景观主类旅游资源有16个单体,占全县单体总数的5.93%。亚类:拥有树木和野生动物栖息地两个亚类,占生物景观主类全部亚类数的50%,占国家标准全部亚类数的6.45%,占全县拥有亚类数的8%。基本类别:含林地、丛树、独树、陆地动物栖息地4种基本类型,占155种基本类型的2.58%,占全县拥有基本类型数的6.06%。其中,树木亚类就占15个,基本类型有林地、丛树和独树,单体数目分别为4个、8个和3个。该说明长兴县生物景观主类旅游资源主要以树木亚类的丛树基本类型为主。

长兴县生物景观主类旅游资源单体统计表

表1-15

亚类	基本类型	单体数	比例
CA树木		15	5.56
	CAA林地	4	1.48
	CAB丛树	8	2.96
	CAC独树	3	1.11
CD野生动物栖息地		1	0.37
	CDB陆地动物栖息地	1	0.37
合计		16	5.93

三、资源品质

依据2004年《长兴县旅游资源普查报告》,长兴县生物景观主类旅游资源16个单体的品质平均分为2.69,也即平均等级不足二级。其中,林地单体4个,平均品质分3.25,分别为八都岕古银杏长廊(五级)、夹山杨梅林(一级)、水口野生茶园(一级)、太阳岕竹林(一级);丛树单体8个,分别为太阳岕古树群(二级)、和平千年古银杏丛(二级)、长中古树群(一级)、长潮古枫树群(一级)、周吴岕古树群(一级)、荷花村古松群(一级)、长兴第一中学古银杏群(等外)和庄头银杏丛(等外);独树单体3个,分别为八都岕银杏王(三级)、寿圣寺千年银杏(二级)和周吴岕千年朴树(一级);陆地动物栖息地单体1个,为尹家边扬子鳄保护区,品质分10.00,等级为五级。

长兴县生物景观主类旅游资源品质分一览表

表1–16

亚类	基本类型	单体数	品质分	平均分
CA树木		15	32	2.20
	CAA林地	4	13	3.25
	CAB丛树	8	11	1.38
	CAC独树	3	8	3.00
CD野生动物栖息地		1	10	10
	CDB陆地动物栖息地	1	10	10
合计		16	42	2.69

四、优质资源

依据2004年《长兴县旅游资源普查报告》，长兴县生物景观主类优良级旅游资源单体共3个，占长兴县旅游资源优良级单体的8.33%，分属3种旅游资源基本类型。分别是八都岕古银杏长廊、尹家边扬子鳄保护区、八都岕银杏王，等级分别为五级、五级和三级。

长兴县生物景观主类旅游资源优良级单体名录一览表

表1–17

单体名称	基本类型	类型代码	等级
八都岕古银杏长廊	林地	CAA	5
尹家边扬子鳄保护区	陆地动物栖息地	CDB	5
八都岕银杏王	独树	CAC	3

五、资源增补

截至2015年，长兴县生物景观旅游资源没有删减条目，可补充条目很多，包括林地、丛树、珍贵动物栖息地等。

长兴县生物景观主类旅游资源增补名录一览表

表1–18

序号	资源单体名称	地理位置	基本类型	类型代码	等级
1	罗岕古银杏丛	煤山镇	丛树	CAB	1
2	茅山古树群	煤山镇	丛树	CAB	1
3	仰峰古银杏群	煤山镇	丛树	CAB	1

续表1-18

序号	资源单体名称	地理位置	基本类型	类型代码	等级
4	周坞山古树群	和平镇	丛树	CAB	1
5	翁家香樟树	林城镇	独树	CAC	
6	金村白鹭	吕山乡	陆地动物栖息地	CDB	1

第四节　天象与气候景观旅游资源

一、资源综述

天象与气候景观主类旅游资源的字母代码为D。2004年《长兴县旅游资源普查报告》，该主类旅游资源丰度长兴县仅有1个单体，即位于太湖西岸太湖街道新塘口的“太湖日出”。

长兴县天象与气候景观主类旅游资源名录一览表

表1-19

普查号	资源单体名称	地理位置	基本类型	类型代码	等级
57	太湖日出	太湖街道	日月星辰观察地	DAA	3

“太湖日出”的旅游资源等级分评价为三级。长兴县处于太湖西岸，最适合观赏太湖日出。太湖街道的新塘口正处环太湖大堤长兴段的中间地段及太湖大道东止点，是观看“太湖日出”的最佳地点。

二、资源增补

截至2015年，长兴县可入天象与气候景观的旅游资源增加两条：顾渚烟雨、合溪云霞。

长兴县天象与气候景观主类旅游资源增补名录一览表

表1-20

序号	资源单体名称	地理位置	基本类型	类型代码	等级
1	顾渚烟雨	水口乡	日月星辰观察地	DAA	1
2	合溪云霞	小浦镇	日月星辰观察地	DAA	1

第三章 人文旅游资源

依据2003年国家质监局颁布《旅游资源分类、调查与评价》(GB/T18972-20030),人文旅游资源包括遗址遗迹(E)、建筑与设施(F)、旅游商品(G)、人文活动(H)四大类。但根据中国的国情,该条基本分类规则有所改动。有中国特色的社会主义国家,革命主题必须放在首要位置,革命主题的旅游资源俗称“红色旅游资源”,是国家置于首位的重要旅游资源,国家设置红色旅游委员会专门管理。同样,中华人民共和国成立后,中国共产党领导全国人民进行社会主义建设形成的各种建筑设施旅游资源,它体现了党和人民的旅游建设成绩,须重点突出。于此,根据长兴旅游资源实际情况,本章对国家人文旅游资源的分类有着较大改动。首先提取红色旅游资源单独成为第一节,其次再分建筑与设施(F)主类为宗教与祭祀活动场所、公共服务设施、现代生产工程建筑三个小类,连同遗址遗迹、旅游商品、人文活动共七节。

第一节 红色旅游资源

一、资源名录

红色旅游资源以中国共产党领导的革命事业特定主题作为评定标准,与2003年国家质监局颁布的《旅游资源分类、调查与评价》(GB/T18972-2003)不太一致,所以红色旅游资源是各种人文旅游资源单独提取。1943—1945年,中国共产党领导的新四军在粟裕、叶飞、王必成等指挥下,曾在长兴县西北煤山一带开展革命活动、创建浙西抗日根据地(前期称苏浙皖边抗日根据地),留下许多革命旧址,形成长兴县丰富的红色旅游资源。依据2004年《长兴县旅游资源普查报》,长兴县红色旅游资源有23个单体。

长兴县红色旅游资源单体名录一览表

表1-21

普查号	资源单体名称	地理位置	基本类型	类型代码	等级
68	中共长兴县委旧址(泗安)	泗安镇	历史事件发生地	EBA	1

续表1-21

普查号	资源单体名称	地理位置	基本类型	类型代码	等级
142	横山新四军纪念碑	洪桥镇	塔形建筑物	FCB	1
143	泗安烈士纪念碑	泗安镇	塔形建筑物	FCB	1
161	新四军苏浙军区后方医院疗养所	煤山镇	名人故居与历史纪念建筑	FDD	2
162	新四军苏浙军区《苏南报》社旧址	煤山镇	名人故居与历史纪念建筑	FDD	2
163	新四军苏浙军区苏南行政公署	煤山镇	名人故居与历史纪念建筑	FDD	2
164	新四军苏浙军区被服厂	煤山镇	名人故居与历史纪念建筑	FDD	2
165	新四军苏浙军区报社编辑部	煤山镇	名人故居与历史纪念建筑	FDD	2
166	新四军苏浙军区鞋子厂旧址	煤山镇	名人故居与历史纪念建筑	FDD	2
167	新四军苏浙军区修枪所旧址	煤山镇	名人故居与历史纪念建筑	FDD	2
168	新四军苏浙军区纪念馆	煤山镇	名人故居与历史纪念建筑	FDD	4
169	新四军苏浙军区司令部旧址	煤山镇	名人故居与历史纪念建筑	FDD	2
170	粟裕宿舍及办公室旧址	煤山镇	名人故居与历史纪念建筑	FDD	2
171	新四军苏浙军区供给部旧址	煤山镇	名人故居与历史纪念建筑	FDD	2
172	新四军苏浙军区政治部旧址	煤山镇	名人故居与历史纪念建筑	FDD	2
173	中共长兴县委旧址(槐坎)	煤山镇	名人故居与历史纪念建筑	FDD	2
174	新四军苏浙军区兵工厂旧址	煤山镇	名人故居与历史纪念建筑	FDD	1
175	苏浙公学旧址	煤山镇	名人故居与历史纪念建筑	FDD	1
176	方司令、谭司令住所旧址	煤山镇	名人故居与历史纪念建筑	FDD	1
177	长兴县抗日民主政府	煤山镇	名人故居与历史纪念建筑	FDD	1
178	中共长兴县委秘密交通站旧址	画溪街道	名人故居与历史纪念建筑	FDD	1
182	潭(谭)家村新四军烈士墓	虹星桥镇	墓(群)	FEB	1
186	陈克昌烈士墓	泗安镇	墓(群)	FEB	1

二、资源丰度

2004年第一次旅游资源普查，长兴县红色旅游资源有23个单体，占长兴县单体总数的8.5%。亚类：红色旅游资源分属社会经济文化活动遗迹遗址(EB)、景观建筑与附属性建筑(FC)、居住地与社区(FD)、归葬地(FE)4个亚类，占全部亚类总数的12.9%，占全县拥有亚类数的17.4%。基本类别：红色旅游资源共有4个基本类型，占全部155种基本类型的2.58%，占长兴县拥有基本类型数的6.35%。红色旅游资源超过10个单体的基本类型有1个，即名人故居与历史纪念建筑(FDD)，共18条，占全县单体总数的6.67%。总体反映长兴县红色旅游资源的基本情况。

长兴县红色旅游资源单体统计表

表1-22

亚类	基本类型	单体数	比例
EB社会经济文化活动遗址遗迹		1	0.37
	EBA历史事件发生地	1	0.37
FC景观建筑与附属性建筑		2	0.74
	FCB塔形建筑物	2	0.74
FD居住地与社区		18	6.67
	FDD名人故居与历史纪念建筑	18	6.67
FE归葬地		2	0.74
	墓群	2	0.74
总计		23	8.5

三、资源品质

依据2004年《长兴县旅游资源普查报告》，长兴县红色旅游资源23个单体的品质平均分为2.3，低于二级。其中，社会经济文化活动遗址遗迹单体1个，平均品质分1；塔形建筑单体2个，平均品质分1；名人故居与历史纪念建筑18，平均品质分2.67；墓群2个，平均品质分1。长兴县的优良级红色旅游资源只有一个单体，新四军苏浙军区旧址（沈家大院），等级为四级。

长兴县红色旅游资源品质分一览表

表1-23

亚类	基本类型	单体数	品质分	平均分
EB社会经济文化活动遗址遗迹		1	1	1
	EBA历史事件发生地	1	1	1
FC景观建筑与附属性建筑		2	2	1
	FCB塔形建筑物	2	2	1
FD居住地与社区		18	48	2.67
	FDD名人故居与历史纪念建筑	18	48	2.67
FE归葬地		2	2	1
	墓群	2	2	1
合计		23	52	2.3

四、资源增补

2007年至2012年，长兴县完成第一次不可移动文物普查，补充登记包括“新四军江南银行”等一批红色旅游资源。

长兴县红色旅游资源单体增补名录一览表

表1-24

序号	资源单体名称	地理位置	基本类型	类型代码	等级
1	吕山侵华日军炮台工事遗址	吕山乡	历史事件发生地	EBA	1
2	新四军江南银行	煤山镇	名人故居与历史纪念建筑	FDD	1
3	古城公园烈士纪念碑	雉城街道	塔形建筑物	FCB	
4	白岕革命烈士墓	龙山街道	墓(群)	FEB	1
5	左安生烈士墓	和平镇	墓(群)	FEB	1
6	陈玉莲烈士墓	和平镇	墓(群)	FEB	1
7	胡桂才烈士墓	和平镇	墓(群)	FEB	1
8	泗安仙山烈士墓	泗安镇	墓(群)	FEB	1
9	张根满烈士墓	泗安镇	墓(群)	FEB	
10	俞扣成烈士墓	泗安镇	墓(群)	FEB	
11	陈忠达烈士墓	水口乡	墓(群)	FEB	1

第二节 遗址遗迹旅游资源

一、资源名录

遗址遗迹主类旅游资源，依据国家质监局的分类标准，字母代码为E。2004年《长兴县旅游资源普查报告》记录遗址遗迹类旅游资源单体24个①。

遗址遗迹主类旅游名录一览表

表1-25

普查号	资源单体名称	地理位置	基本类型	类型代码	等级
58	篁墩遗址	虹星桥镇	文化层	EAB	1
59	庄家村遗址	李家巷镇	文化层	EAB	1

① 普查号68中共长兴县委旧址(泗安)，被抽入红色旅游资源类，此处不计。

续表1-25

普查号	资源单体名称	地理位置	基本类型	类型代码	等级
60	高门楼遗址	林城镇	文化层	EAB	1
61	乌龟山遗址	泗安镇	文化层	EAB	1
62	台基山遗址	雉城街道	文化层	EAB	2
63	步云桥遗址	龙山街道	文化层	EAB	1
64	环沉遗址	夹浦镇	文物散落地	EAC	1
65	仙山遗址	泗安镇	文物散落地	EAC	1
66	煤山射虎亭	煤山镇	历史事件发生地	EBA	0
67	清风楼遗址	水口乡	历史事件发生地	EBA	1
69	小浦柏家祠堂	小浦镇	历史事件发生地	EBA	1
70	煤山古战场	煤山镇	军事遗迹与古战场	EBB	1
71	瞒王庙	泗安镇	废弃寺庙	EBC	0
72	大云寺遗址	林城镇	废弃寺庙	EBC	1
73	空隐教寺遗址	林城镇	废弃寺庙	EBC	1
74	佛川寺	和平镇	废弃寺庙	EBC	0
75	下箬寺	太湖街道	废弃寺庙	EBC	2
76	煤山煤矿遗址	煤山镇	废弃生产地	EBD	1
77	贡茶院.吉祥寺遗址	水口乡	废弃生产地	EBD	3
78	小浦南窑遗址	小浦镇	废弃生产地	EBD	1
79	长岭山窑址	龙山街道	废弃生产地	EBD	1
80	泗安古驿道	泗安镇	交通遗迹	EBE	1
81	方白古道	小浦镇	交通遗迹	EBE	1
82	岩山古道	小浦镇	交通遗迹	EBE	1

二、资源丰度

依据2004年《长兴县旅游资源普查报告》,长兴县遗址遗迹主类旅游资源的资源单体有24个,占全县单体总数的8.9%。亚类:长兴县遗址遗迹类旅游资源拥有史前人类活动场所、社会经济文化活动遗址遗迹两个亚类,含遗址遗迹的全部亚类,占国家标准所有亚类数的6.45%,占全县拥有亚类数的8.7%。基本类型:长兴县遗址遗迹类旅游资源含人类活动遗址、文化层、文物散落地、历史事件发生地、军事遗址与古战场、废弃寺庙、废弃生产地、交通遗迹,共8种基本类型,占全部155种基本类型的5.16%,占长兴县拥有基本类型数的12.7%。具体情形,史前人类活动场所亚类有8个、社会经济文化活动遗址遗迹亚类有16个单体。基本类型中文化层、文物散落地、历史事件发生地、军事遗址与古战场、废弃寺庙、废弃生产地、交通遗迹等各基本类型拥有的数目分别为6个、2个、3个、1个、5个、4个和3个，以文化层、废弃寺庙、历史事件发生地三种基本类型拥有单体最多。

长兴县遗址遗迹主类旅游资源单体统计表

表1-26

亚类	基本类型	单体数	比例
EA史前人类活动场所		8	2.96
	EAB文化层	6	2.22
	EAC文物散落地	2	0.74
EB社会经济文化活动遗址遗迹		16	5.96
	EBA历史事件发生地	3	1.11
	EBB军事遗址与古战场	1	0.37
	EBC废弃寺庙	5	1.85
	EBD废弃生产地	4	1.48
	EBE交通遗迹	3	1.11
总计		24	8.9

三、资源品质

长兴县遗址遗迹类24个单体、8种基本类型的品质分计算，品质平均分仅1.21，也即平均等级分略高于一级。其中，文化层单体6个，平均品质分1.33，分别为台基山遗址（二级）、步云桥遗址（一级）、乌龟山遗址（一级）、高门楼遗址（一级）、篁墩遗址（一级）和庄家村遗址（一级）；文物散落地单体2个，平均品质分1，分别为仙山遗址、环沉遗址，等级均为一级；历史事件发生地单体3个，品质分0.67，分别为清风楼遗址（一级）、柏家祠堂（一级）、射虎亭（等外）；军事遗址与古战场单体1个，煤山的古战场，等级为一级；废弃寺庙单体5个，平均品质分1，分别是下箬寺（二级）、空隐教寺遗址（一级）、大云寺遗址（一级）、瞒王庙（等外）、佛川寺遗址（等外）；废弃生产地单体4个，平均品质分2，分别为贡茶院．吉祥寺遗址（三级）、南窑遗址（一级）、长岭山窑址（一级）和煤山煤矿遗址（一级）；交通遗迹单体3个，平均品质分1，分别为泗安古驿道遗址、岩山古道、方白古道，等级均为一级。长兴县遗址遗迹类优良级旅游资源单体只有1个，为贡茶院．吉祥寺遗址。由于茶圣陆羽在此培茶，推荐紫笋茶为贡茶，并建中国第一个贡茶生产场所—贡茶院（吉祥寺），使贡茶院成为中外茶文化的重要拜祭场所。

长兴县遗址遗迹主类旅游资源品质分一览表

表1-27

亚类	基本类型	单体数	品质分	平均分
EA史前人类活动场所		8	10	1.25
	EAB文化层	6	8	1.33
	EAC文物散落地	2	2	1.00
EB社会经济文化活动遗址遗迹		16	19	1.19
	EBA历史事件发生地	3	2	0.67
	EBB军事遗址与古战场	1	1	1.00
	EBC废弃寺庙	5	5	1.00
	EBD废弃生产地	4	8	2.00
	EBE交通遗迹	3	3	1.00
总计		24	29	1.21

四、资源增补

由于历史文化悠久，长兴县拥有大量的历史文化遗址遗迹。2004年普查后，长兴县因为现代建设需要，陆续发掘出很多的遗址遗迹，代表如七里亭旧石器遗址、城山古城遗址、江家山遗址、合溪洞遗址等。前两处遗址2015年以前已被国务院公布为全国重点文物保护单位。2007年至2010年，长兴县开展第三次不可移动文物普查，登录大量具有旅游资源价值的遗址遗迹。

长兴县遗址遗迹主类旅游资源单体增补名录一览表

表1-28

序号	资源单体名称	地理位置	基本类型	类型代码	等级
1	七里亭遗址	泗安镇	文化层	EAB	1
2	城山古城遗址	和平镇	文化层	EAB	2
3	江家山遗址	林城镇	文化层	EAB	1
4	空山遗址	泗安镇	文化层	EAB	1
5	新安遗址	泗安镇	文化层	EAB	1
6	张家桥遗址	画溪街道	文化层	EAB	1
7	龙山窑址	林城镇	文化层	EAB	1
8	九龙山窑址	水口乡	文化层	EAB	1
9	凉亭遗址	泗安镇	文化层	EAB	0
10	方山窑址	林城镇	文化层	EAB	1

续表1-28

序号	资源单体名称	地理位置	基本类型	类型代码	等级
11	老坟山遗址	林城镇	文化层	EAB	0
12	牌坊遗址	林城镇	文化层	EAB	0
13	高家桥遗址	虹星桥镇	文化层	EAB	0
14	狮子山遗址	和平镇	文化层	EAB	0
15	月亮山窑址	夹浦镇	文物散落地	EAC	0
16	大干岕古村落遗址	煤山镇	历史事件发生地	EBA	0
17	董家油坊碾坊遗址	虹星桥镇	历史事件发生地	EBA	1
18	碧岩古道	洪桥、李家巷镇	交通遗迹	EBE	1
19	城山古道	和平镇	交通遗迹	EBE	1
20	杨岭古道	水口乡、煤山镇	交通遗迹	EBE	1
21	金山古道	水口乡	交通遗迹	EBE	1
22	回龙古道	小浦镇、龙山街道	交通遗迹	EBE	1
23	三洲古道	煤山镇	交通遗迹	EBE	1
24	方山古道	林城镇	交通遗迹	EBE	1
25	乌石古道	煤山镇	交通遗迹	EBE	1
26	霞幕古道	和平镇	交通遗迹	EBE	1

第三节　宗教与祭祀活动场所旅游资源

一、资源名录

宗教与祭祀活动场所类旅游资源的划分标准是建筑与设施主类旅游资源单体的具体功能属于宗教祭拜场所。县情独特的长兴县“帝乡佛国”旅游资源单独设节。2003年国家颁布的旅游资源分类标准，建筑与设施主类(F)旅游资源中的宗教与祭拜活动场所基本类型属于此类；同样，其他基本类型中若旅游资源单体的主要功能若属宗教祭拜场所，自然也属于此类，这样形成本类与国家标准的交叉现象。依据2004年《长兴县旅游资源普查报告》，长兴县登记的宗教与祭祀活动场所旅游资源单体24个。

长兴县宗教与祭祀活动场所旅游资源名录一览表

表1-29

普查号	资源单体名称	地理位置	基本类型	类型代码	等级
94	城山寺	和平镇	宗教与祭祀活动场所	FAC	2
95	云林禅寺	和平镇	宗教与祭祀活动场所	FAC	1
96	碧岩禅寺	洪桥镇	宗教与祭祀活动场所	FAC	1
97	觉成禅寺	洪桥镇	宗教与祭祀活动场所	FAC	1
98	龙华寺	李家巷镇	宗教与祭祀活动场所	FAC	1
99	龙泉寺	林城镇	宗教与祭祀活动场所	FAC	1
100	圆觉禅林	煤山镇	宗教与祭祀活动场所	FAC	2
101	应山寺	煤山镇	宗教与祭祀活动场所	FAC	1
102	寿圣寺	水口乡	宗教与祭祀活动场所	FAC	3
103	显圣寺(仙山)	泗安镇	宗教与祭祀活动场所	FAC	3
104	石佛寺	泗安镇	宗教与祭祀活动场所	FAC	1
105	头天门	泗安镇	宗教与祭祀活动场所	FAC	1
106	太乙(已)殿	小浦镇	宗教与祭祀活动场所	FAC	1
107	小浦关帝庙	小浦镇	宗教与祭祀活动场所	FAC	1
108	振天寺	小浦镇	宗教与祭祀活动场所	FAC	1
109	开元寺	小浦镇	宗教与祭祀活动场所	FAC	1
110	海安禅寺	太湖街道	宗教与祭祀活动场所	FAC	1
111	城隍庙	龙山街道	宗教与祭祀活动场所	FAC	1
112	大成殿	雉城街道	宗教与祭祀活动场所	FAC	1
113	圣旨庙	太湖街道	宗教与祭祀活动场所	FAC	1
139	萧太子庙	泗安镇	祭拜场馆	FBB	0
140	朱家祠堂	太湖街道	祭拜场馆	FBB	1
144	陈武帝故宫	太湖街道	楼阁	FCC	3
145	雉城钟楼	雉城街道	楼阁	FCC	2

二、资源丰度

长兴县宗教与祭祀活动场所旅游资源有24个单体，占全县旅游资源单体总数的8.9%。亚类，长兴县宗教与祭拜场所旅游资源共有3个亚类，占所有亚类数的9.6%，占长兴县拥有亚类数的13.0%。基本类型：长兴县宗教与祭祀活动场所类旅游资源含宗教与祭祀活动场所、祭拜场馆、楼阁3个基本类型；占155种基本类型的1.94%，占长兴县拥有基本类型数的4.91%。数据说明，长兴县宗教与祭祀活动场所类旅游资源非常丰富。

长兴县宗教与祭祀活动场所类旅游资源单体统计表

表1-30

亚类	基本类型	单体数	比例
FA综合人文旅游地		20	7.4
	FAC宗教与祭祀活动场所	20	7.4
FB单体活动场馆		2	0.74
	FBB祭拜场馆	2	0.74
FC景观建筑与附属性建筑		2	0.74
	FCC楼阁	2	0.74
总计		24	8.89

三、资源品质

长兴县宗教与祭祀活动场所的24个单体，品质平均分1.71，略高于一级。其中，宗教与祭祀活动场所20个单体，平均品质分1.6；祭拜场馆2个单体，平均分0.5；楼阁类2个单体，平均分4。总体上长兴县宗教与祭祀活动场所类旅游资源的等级分偏低。

长兴县宗教与祭祀活动场所旅游资源品质分一览表

表1-31

亚类	基本类型	单体数	品质分	平均分
FA综合人文旅游地		20	32	1.6
	FAC宗教与祭祀活动场所	20	32	1.6
FB单体活动场馆		2	1	0.5
	FBB祭拜场馆	2	1	0.5
FC景观建筑与附属性建筑		2	8	4
	FCC楼阁	2	8	4
总计		24	41	1.71

四、优良资源

长兴县宗教与祭祀活动场所类旅游资源有优良级单体3个，分别是仙山显圣寺、寿圣寺、陈武帝故宫，均为佛教寺庙，等级也均为三级。

长兴县宗教与祭祀活动场所类旅游资源优良级单体名录一览表

表1-32

单体名称	基本类型	类型代码	等级
仙山显圣寺	宗教与祭祀活动场所	FAC	3
寿圣寺	宗教与祭祀活动场所	FAC	3
陈武帝故宫	楼阁	FCC	3

五、资源增补

长兴县南朝陈时属于帝王陈霸先的故乡，包括陈朝的整个南北朝崇信佛教，所以陈朝为长兴县积淀了丰厚的佛教资源。唐宋至明清，长兴县经济发达，通常宗教是经济繁荣之后文化昌盛的必然产物，所以长兴县自古有“帝乡佛国”美誉。改革开放之后，长兴县寺院(包括道观)被迅速大量恢复，同时基督教在长兴县也得广泛兴办，形成长兴县丰富的宗教与祭祀活动场所类旅游资源。2004年，第一次旅游资源普查，长兴县的宗教与祭拜场所旅游资源建设已取得很大发展。2005年，长兴县提出打造“帝乡佛国”旅游品牌。2006年，长兴县人民政府启动四大名山、四大寺院建设，宗教与祭祀活动场所类旅游资源迅猛发展。截至2015年，长兴县已建成可列入旅游资源的寺院、道观、教堂有32处。

长兴县宗教与祭祀活动场所类旅游资源增补名录一览表

表1-33

序号	资源单体名称	地理位置	基本类型	类型代码	等级
1	法海禅寺	和平镇	宗教与祭祀活动场所	FAC	1
2	飞云寺	煤山镇	宗教与祭祀活动场所	FAC	1
3	正觉寺	李家巷镇	宗教与祭祀活动场所	FAC	0
4	艺香庙	水口乡	宗教与祭祀活动场所	FAC	1
5	法音寺	林城镇	宗教与祭祀活动场所	FAC	1
6	大云寺	林城镇	宗教与祭祀活动场所	FAC	1
7	净梵寺	林城镇	宗教与祭祀活动场所	FAC	1
8	空王教寺	林城镇	宗教与祭祀活动场所	FAC	2
9	横玉山寺	夹浦镇	宗教与祭祀活动场所	FAC	2
10	天圣禅寺	李家巷镇	宗教与祭祀活动场所	FAC	0
11	玉泉寺	煤山镇	宗教与祭祀活动场所	FAC	1
12	云峰禅寺	煤山镇	宗教与祭祀活动场所	FAC	1
13	文昌阁	雉城街道	宗教与祭祀活动场所	FAC	1
14	李王庙	太湖街道	宗教与祭祀活动场所	FAC	1

续表1-33

序号	资源单体名称	地理位置	基本类型	类型代码	等级
15	王二相公庙	太湖街道	宗教与祭祀活动场所	FAC	1
16	杨府庙	画溪街道	宗教与祭祀活动场所	FAC	1
17	都家太平庙	龙山街道	宗教与祭祀活动场所	FAC	1
18	五福庙	夹浦镇	祭拜场馆	FBB	0
19	临水宫	水口乡	祭拜场馆	FBB	0
20	长兴基督教堂	龙山街道	祭拜场馆	FBB	1
21	东门基督教堂	雉城街道	祭拜场馆	FBB	1
22	夹浦基督教堂	夹浦镇	祭拜场所	FBB	0
23	洪桥基督教堂	洪桥镇	祭拜场馆	FBB	0
24	李家巷基督教堂	李家巷镇	祭拜场馆	FBB	0
25	和平基督教堂	和平镇	祭拜场馆	FBB	0
26	虹星桥基督教堂	虹星桥镇	祭拜场馆	FBB	0
27	林城基督教堂	林城镇	祭拜场馆	FBB	0
28	泗安基督教堂	泗安镇	祭拜场馆	FBB	0
29	小浦基督教堂	小浦镇	祭拜场馆	FBB	0
30	煤山基督教堂	煤山镇	祭拜场馆	FBB	0
31	水口基督教堂	水口乡	祭拜场馆	FBB	0
32	吕山基督教堂	吕山乡	祭拜场所	FBB	0

第四节　公共服务设施旅游资源

一、资源名录

公共服务设施类旅游资源是现代社会因为公共服务需求而兴建的具有旅游价值的建筑与设施。此类社会服务行业包括文化、教育、卫生、体育、文物古迹、旅游、休闲等各种公共建筑场馆。依据2003年国家颁布《旅游资源分类、调查与评价》(GB/T18972-2003),主类为F,亚类则涵盖全部子类。依据2004年《长兴县旅游资源普查报告》,长兴县公共服务设施类旅游资源有74个单体。

长兴县公共服务设施类旅游资源单体名录一览表

表1-34

普查号	资源单体名称	地理位置	基本类型	类型代码	等级
83	湖州清泉武术学校	夹浦镇	教学科研实验场所	FAA	2
84	周坞山旅游开发区	和平镇	康体游乐休闲度假地	FAB	2
85	金钉子地质公园	煤山镇	康体游乐休闲度假地	FAB	2
86	长兴凤凰狩猎度假村	煤山镇	康体游乐休闲度假地	FAB	2
87	陆羽山庄	水口乡	康体游乐休闲度假地	FAB	1
88	扬子鳄度假村	龙山街道	康体游乐休闲度假地	FAB	2
89	长兴金陵大酒店	雉城街道	康体游乐休闲度假地	FAB	1
90	长兴紫金大酒店	雉城街道	康体游乐休闲度假地	FAB	1
91	长兴香溢大酒店	雉城街道	康体游乐休闲度假地	FAB	1
92	桃花山庄水上世界	龙山街道	康体游乐休闲度假地	FAB	1
93	长兴华兴宾馆	雉城街道	康体游乐休闲度假地	FAB	0
114	仙山森林公园	泗安镇	园林游憩区域	FAD	1
115	古银杏生态园	小浦镇	园林游憩区域	FAD	1
116	小浦银杏公园	小浦镇	园林游憩区域	FAD	1
117	龙山公园	龙山街道	园林游憩区域	FAD	1
118	古城公园	雉城街道	园林游憩区域	FAD	1
119	长兴博物馆	雉城街道	文化活动场所	FAE	2
137	仙山观景台	泗安镇	景物观赏点	FAK	2
138	新塘口	太湖街道	景物观赏点	FAK	1
141	长兴体育馆	龙山街道	体育健身场馆	FBD	1
146	城山石刻造像	和平镇	摩崖字画	FCG	3
147	顾渚山摩崖题记	水口乡	摩崖字画	FCG	3
148	泗安三块石碑	泗安镇	碑碣(林)	FCH	1
149	《圣井铭并序》碑	太湖街道	碑碣(林)	FCH	2
150	《长兴州修东岳行宫记》碑	雉城街道	碑碣(林)	FCH	2
151	《梦鼎堂记》碑	雉城街道	碑碣(林)	FCH	2
152	长兴人民广场	雉城街道	广场	FCI	1
153	仙山防空洞	泗安镇	人工洞穴	FCJ	1
154	回车岭七里亭	和平镇	建筑小品	FCK	0
155	胥仓花墙门	吕山乡	建筑小品	FCK	0
156	忘归亭	水口乡	建筑小品	FCK	1
157	新塘口建筑小品	太湖街道	建筑小品	FCK	0

续表1-34

普查号	资源单体名称	地理位置	基本类型	类型代码	等级
158	韦家老宅	和平镇	传统与乡土建筑	FDA	1
159	钱家老宅	小浦镇	传统与乡土建筑	FDA	2
160	蒋氏老宅	小浦镇	传统与乡土建筑	FDA	1
179	韩颜直墓	泗安镇	墓(群)	FEB	2
180	东村石马冲明墓	泗安镇	墓(群)	FEB	1
181	洪桥土墩墓葬	洪桥镇	墓(群)	FEB	1
183	谢安墓	林城镇	墓(群)	FEB	2
184	林城汉代古墓群	林城镇	墓(群)	FEB	1
185	石马头墓	水口乡	墓(群)	FEB	1
187	十里头村古墓群	泗安镇	墓(群)	FEB	1
188	画溪古墓群	小浦镇	墓(群)	FEB	1
189	九女冢	小浦镇	墓(群)	FEB	1
190	灵山古墓群	龙山街道	墓(群)	FEB	1
191	顾应祥墓	龙山街道	墓(群)	FEB	1
192	震泽桥	洪桥镇	桥	FFA	2
193	锁界桥	洪桥镇	桥	FFA	1
194	洪桥	洪桥镇	桥	FFA	1
195	永福桥	洪桥镇	桥	FFA	1
196	涧湾桥	洪桥镇	桥	FFA	0
197	宝庆桥	洪桥镇	桥	FFA	0
198	周安桥	虹星桥镇	桥	FFA	1
199	大国桥	虹星桥镇	桥	FFA	0
200	大路桥	煤山镇	桥	FFA	1
201	大乌桥	夹浦镇	桥	FFA	2
202	鼎甲桥	夹浦镇	桥	FFA	2
203	小乌桥	夹浦镇	桥	FFA	2
204	隆兴塘桥·太平塘桥	夹浦镇	桥	FFA	1
205	清仙桥	夹浦镇	桥	FFA	1
206	浣东桥	夹浦镇	桥	FFA	1
207	五泾桥	夹浦镇	桥	FFA	1
208	太平桥	夹浦镇	桥	FFA	1

续表1-34

普查号	资源单体名称	地理位置	基本类型	类型代码	等级
209	蒋埠桥	夹浦镇	桥	FFA	1
210	坛渎桥	夹浦镇	桥	FFA	1
211	德盛桥	夹浦镇	桥	FFA	1
212	盛家桥	夹浦镇	桥	FFA	1
213	畎桥	林城镇	桥	FFA	2
214	胥仓桥	吕山乡	桥	FFA	1
215	石佛桥	吕山乡	桥	FFA	1
216	接香塘桥	水口乡	桥	FFA	1
217	万安桥	泗安镇	桥	FFA	1
218	广安桥	泗安镇	桥	FFA	1
219	光阳桥	太湖街道	桥	FFA	2

二、资源丰度

长兴县公共服务设施类旅游资源有74个单体，占全县旅游资源单体总数的27.41%。亚类：长兴县公共服务设施类旅游资源拥有该主类的6个亚类，占国家标准亚类数的19.4%，占长兴县拥有亚类数的26.1%。基本类型：长兴县公共服务设施类旅游资源共有14个基本类型，占国家标准155种基本类型的9.03%，占长兴县拥有基本类型数的22.2%。其中，超过10个单体的基本类型有3个，分别是桥（28个）、墓群（13个）和康体游乐休闲度假地（10个）。此总体反映长兴县公共服务设施类旅游资源的分布情况。

长兴县公共服务设施类旅游资源单体统计表

表1-35

亚类	基本类型	单体数	比例
FA综合人文旅游地		19	7
	FAA教学科研试验场所	1	0.37
	FAB康体游乐休闲度假地	10	3.70
	FAD园林游憩区域	5	1.85
	FAE文化活动场所	1	0.37
	FAK景物观赏点	2	0.74
FB单体活动场馆		1	0.37
	FBD体育健身场馆	1	0.37

续表1-35

亚类	基本类型	单体数	比例
FC景观建筑与附属性建筑		12	4.44
	FCG摩崖字画	2	0.74
	FCH碑碣(林)	4	1.48
	FCI广场	1	0.37
	FCJ人工洞穴	1	0.37
	FCK建筑小品	4	1.48
FD居住地与社区		3	1.11
	FDA传统与乡土建筑	3	1.11
FE归葬地		11	4.44
	FEB墓(群)	11	4.44
FF交通建筑		28	10.37
	FFA桥	28	10.37
总计		74	27.41

三、资源品质

长兴县公共服务设施类旅游资源有74个单体、14个基本类型，品质分与平均分计算结果，单体的品质平均分为1.55，其中综合人文旅游地亚类单体19个，平均品质分1.79；单体活动场馆单体1个，品质分1；景观建筑与附属性建筑亚类单体12个，平均品质分1.91；居住地与社区亚类单体3个，平均品质分1.67；归葬地亚类单体11个，平均品质分1.36；交通建筑亚类单体28个，平均品质分1.32。

长兴县公共服务设施类旅游资源品质分一览表

表1-36

亚类	基本类型	单体数	品质分	平均分
FA综合人文旅游地		19	34	1.79
	FAA教学科研试验场所	1	3	3
	FAB康体游乐休闲度假地	10	17	1.7
	FAD园林游憩区域	5	5	1
	FAE文化活动场所	1	3	3
	FAK景物观赏点	2	4	2
FB单体活动场馆		1	1	1
	FBD体育健身场馆	1	1	1

续表1-36

亚类	基本类型	单体数	品质分	平均分
FC景观建筑与附属性建筑		12	23	1.91
	FCG摩崖字画	2	10	5
	FCH碑碣(林)	4	10	2.5
	FCI广场	1	1	1
	FCJ人工洞穴	1	1	1
	FCK建筑小品	4	1	0.25
FD居住地与社区		3	5	1.67
	FDA传统与乡土建筑	3	5	1.67
FE归葬地		11	15	1.36
	FEB墓(群)	11	15	1.36
FF交通建筑		28	37	1.32
	FFA桥	28	37	1.32
总计		74	115	1.55

四、优良资源

长兴县公共服务设施类旅游资源的优良级单体有2个,分别是城山石刻造像、顾渚山摩崖石刻,旅游资源等级均为三级。

长兴县公共服务设施类旅游资源优良级单体名录一览表

表1-37

单体名称	基本类型	类型代码	等级
顾渚山摩崖题记	摩崖字画	FCG	3
城山石刻造像	摩崖字画	FCG	3

五、资源增补

公共服务设施类旅游资源的增补通常最具变数。为了服务社会发展,满足公众需求,常有桥梁、广场、娱乐场所等重大服务设施建成,同样也有大量旧的建筑搬迁或者销毁。自2004年长兴县第一次旅游资源普查后至2015年,长兴县经济与城乡公共服务设施,如文化、教育、卫生、体育场所、各种旅游休闲、娱乐场所飞速发展,新增大量公共服务设施类旅游资源。2007年至2010年,长兴县开展第三次不可移动文物普查,新增大量旧未登记的不可移动文物,也入此类。截至2015年,长兴县新增公共服务设施类旅游资源单体42个。

长兴县公共服务设施类旅游资源增补名录一览表

表1-38

序号	资源单体名称	地理位置	基本类型	类型代码	等级
1	浙江大学农业科技园	泗安镇	教学科研实验场所	FAA	1
2	姚家桥农业研究所	画溪街道	教学科研实验场所	FAA	1
3	浙江省长兴中学	龙山街道	教学科研实验场所	FAA	1
4	绿野仙踪	龙山街道	康体游乐休闲度假地	FAB	1
5	果圣山庄	泗安镇	康体游乐休闲度假地	FAD	1
6	太湖会	洪桥镇	康体游乐休闲度假地	FAD	1
7	小浦林场	小浦镇	园林游憩区域	FAD	1
8	桃花岕森林公园	龙山街道	园林游憩区域	FAD	2
9	齐山植物园	龙山街道	园林游憩区域	FAD	1
10	花姑山公园	龙山街道	园林游憩区域	FAD	1
11	和睦塘公园	龙山街道	园林游憩区域	FAD	1
12	三河湾公园	太湖街道	园林游憩区域	FAD	1
13	长兴县图书馆	龙山街道	文化活动场所	FAE	1
14	长兴县文化馆	龙山街道	文化活动场所	FAK	1
15	长兴县大剧院	龙山街道	文化活动场所	FAK	1
16	长兴县档案馆	龙山街道	文化活动场所	FAK	1
17	浙江省体育职业技术学院长兴分校	龙山街道	体育健身场馆	FBD	1
18	清空世界	洪桥镇	摩崖字画	FCG	1
19	乌瞻山庙碑	小浦镇	碑碣(林)	FCH	1
20	法海禅寺碑	和平镇	碑碣(林)	FCH	1
21	市民广场	龙山街道	广场	FCI	1
22	中心广场	龙山街道	广场	FCI	1
23	周家凉亭	虹星桥镇	建筑小品	FCK	0
24	毛场里凉亭	小浦镇	建筑小品	FCK	0
25	石泉明代牌坊	李家巷镇	建筑小品	FCK	1
26	大岕口吴宅	小浦镇	传统与乡土建筑	FDA	1
27	西湾里王思高宅	和平镇	传统与乡土建筑	FDA	1
28	长城村古民居群	和平镇	传统与乡土建筑	FDA	1
29	范家村古民居群	洪桥镇	传统与乡土建筑	FDA	1

续表1-38

序号	资源单体名称	地理位置	基本类型	类型代码	等级
30	南蒋古民居群	吕山乡	传统与乡土建筑	FDA	2
31	横山土墩墓群	洪桥镇	墓(群)	FEB	1
32	西峰坝画像石墓	龙山街道	墓(群)	FEB	1
33	太平桥(太平村)	泗安镇	桥	FFA	1
34	包福桥	林城镇	桥	FFA	1
35	南畲塘桥	夹浦镇	桥	FFA	1
36	圣堂桥	虹星桥镇	桥	FFA	1
37	中和桥	和平镇	桥	FFA	1
38	三登桥	画溪街道	桥	FFA	1
39	生圣桥	太湖街道	桥	FFA	1
40	唐翁桥	水口乡	桥	FFA	1
41	六河桥	洪桥镇	桥	FFA	1
42	高宁塘桥	洪桥镇	桥	FFA	1

第五节 现代生产工程建筑类旅游资源

一、资源名录

现代生产工程建筑类旅游资源通常指中华人民共和国成立后在经济建设中修建的，主要功能经济生产，兼有旅游价值的景观建筑。建筑所在行业包括农业、林业、水利、商贸、交通等第一、第二产业。主类代码F，基本类别有农业、林业、商业、交通、水利、通讯等生产工程设施，以及服务经济生产的建筑小品等。依据2004年《长兴县旅游资源普查报告》，长兴县现代生产工程建筑类旅游资源有41个单体。

长兴县现代生产工程建筑类旅游资源名录一览表

表1-39

普查号	资源单体名称	地理位置	基本类型	类型代码	等级
120	泗安林场	泗安镇	建设工程与生产地	FAF	2
121	初康科技农场	泗安镇	建设工程与生产地	FAF	1
122	517雷达站	和平镇	建设工程与生产地	FAF	0
123	林城万亩青梅观光长廊	林城镇	建设工程与生产地	FAF	3

续表1-39

普查号	资源单体名称	地理位置	基本类型	类型代码	等级
124	林城玫瑰花基地	林城镇	建设工程与生产地	FAF	1
125	林城甲鱼养殖基地	林城镇	建设工程与生产地	FAF	1
126	长兴金沙贡泉饮料生产地	水口乡	建设工程与生产地	FAF	1
127	泗安吊瓜基地	泗安镇	建设工程与生产地	FAF	3
128	泗安万亩花卉苗木园区	泗安镇	建设工程与生产地	FAF	2
129	张岭茶场	泗安镇	建设工程与生产地	FAF	1
130	新世纪梨园基地	和平镇	建设工程与生产地	FAF	1
131	三矿花卉苗木基地	和平镇	建设工程与生产地	FAF	1
132	南淙水产养殖基地	和平镇	建设工程与生产地	FAF	1
133	小浦林场	小浦镇	建设工程与生产地	FAF	2
134	长兴经济开发区	太湖街道	建设工程与生产地	FAF	2
135	桃花岕有机茶园	龙山街道	建设工程与生产地	FAF	1
136	长兴农贸副产品综合批发市场	太湖街道	社会与商贸活动场	FAG	2
220	长兴火车站	雉城街道	车站	FFB	1
221	长兴汽车站	太湖街道	车站	FFB	1
222	长兴客运中心	雉城街道	车站	FFB	1
223	蒋板岕水库	煤山镇	水库观光游憩区段	FGA	1
224	二界岭水库	泗安镇	水库观光游憩区段	FGA	2
225	桐罗岕水库	泗安镇	水库观光游憩区段	FGA	0
226	和平水库	和平镇	水库观光游憩区段	FGA	2
227	横岕水库	煤山镇	水库观光游憩区段	FGA	1
228	六都水库	煤山镇	水库观光游憩区段	FGA	1
229	胜利水库	煤山镇	水库观光游憩区段	FGA	1
230	周吴水库	林城镇	水库观光游憩区段	FGA	1
231	霸王湖(胜利水库)	水口乡	水库观光游憩区段	FGA	1
232	泗安水库	泗安镇	水库观光游憩区段	FGA	2
233	宿子岭水库	泗安镇	水库观光游憩区段	FGA	1
234	长潮水库	泗安镇	水库观光游憩区段	FGA	1
235	青山水库	和平镇	水库观光游憩区段	FGA	1
236	合溪水库	小浦镇	水库观光游憩区段	FGA	2
237	蝴蝶水库	小浦镇	水库观光游憩区段	FGA	1
238	桃花岕水库	龙山街道	水库观光游憩区段	FGA	1
239	悬脚岭古井	煤山镇	水井	FGB	0
240	寿圣寺水井	水口乡	水井	FGB	1

续表1-39

普查号	资源单体名称	地理位置	基本类型	类型代码	等级
241	圣井	太湖街道	水井	FGB	2
242	小沉渎石堤岸	洪桥镇	堤坝段落	FGD	1
243	环湖大堤(长兴段)	夹浦镇、太湖街道、洪桥镇	堤坝段落	FGD	2

二、资源丰度

长兴县现代生产工程建筑类旅游资源共有41个单体，占全县单体总数的17.1%。亚类：现代生产工程建筑类旅游资源拥有3个亚类，占国家标准所有亚类数的9.7%，占长兴县拥有亚类数的13.0%。基本类型：长兴县现代生产工程建筑类旅游资源共有6个基本类型，占国家标准155种基本类型的3.8%，占全县拥有基本类型数的9.5%。其中，旅游资源单体超过10个的基本类型有2个：建设工程与生产地(16个)、水库观光游憩区段(16个)，此总体反映了长兴县现代生产工程建筑类旅游资源的分布现状。

长兴县现代生产工程建筑类旅游资源单体统计表

表1-40

亚类	基本类型	单体数	比例
FA综合人文旅游地		17	6.3
	FAF建设工程与生产地	16	5.93
	FAG社会和商贸活动场所	1	0.37
FF交通建筑		3	1.11
	FFB车站	3	1.11
FG水工建筑		21	7.78
	FGA水库观光游憩区段	16	5.93
	FGB水井	3	1.11
	FGD堤坝段落	2	0.74
总计		41	15.2

三、资源品质

长兴县现代生产工程建筑类旅游资源41个单体、6个基本类型，品质分计算结果，品质平均分为1.66，略高于一级。亚类：综合人文旅游地亚类有单体17个，平均品质分2；交通建筑亚类有单体3个，平均品质分1；水工建筑亚类有单体21个，平均品质分1.48。综合可知，长兴县的现代生产工程建筑类旅游资源等级分较低。

长兴县现代生产工程建筑类旅游资源品质分一览表

表1-41

亚类	基本类型	单体数	品质分	平均分
FA综合人文旅游地		17	34	2
	FAF建设工程与生产地	16	31	1.94
	FAG社会和商贸活动场所	1	3	3
FF交通建筑		3	3	1
	FFB车站	3	3	1
FG水工建筑		21	31	1.48
	FGA水库观光游憩区段	16	23	1.44
	FGB水井	3	4	1.33
	FGD堤坝段落	2	4	2
总计		41	68	1.66

四、优良资源

长兴县现代生产工程建筑类旅游资源有2个优良级单体，泗安吊瓜基地、林城万亩青梅观光长廊，级别均为三级。

长兴县现代生产工程建筑类旅游资源优良级单体名录一览表

表1-42

单体名称	基本类型	类型代码	等级
泗安吊瓜基地	建设工程与生产地	FAF	3
林城万亩青梅观光长廊	建设工程与生产地	FAF	3

五、资源增补

现代生产工程建筑类旅游资源具有变更性，它会伴随地方经济的发展迅速增长，也会随着某种行业经济的萎缩突然消亡。2004年第一次旅游资源普查后，长兴县经济生产建设进入高速发展时代，新生一批具有旅游资源价值的现代生产工程建筑，如和平万亩白茶园、百叶龙大桥、华能电厂、合溪水库等。

长兴县现代生产工程建筑类旅游资源增补名录一览表

表1-43

序号	资源单体名称	地理位置	基本类型	代码	等级
1	东方梅园	龙山街道	建设工程和生产地	FAF	2

续表1-43

序号	资源单体名称	地理位置	基本类型	代码	等级
2	桃花岕林场	龙山街道	建设工程和生产地	FAF	1
3	渚山杨梅休闲观光园	龙山街道	建设工程和生产地	FAF	1
4	吕山好山好水荷花博览园	吕山乡	建设工程和生产地	FAF	1
6	郑家村农园新景	虹星桥镇	建设工程和生产地	FAF	1
7	和平白茶园	和平镇	建设工程和生产地	FAF	1
8	百叶龙大桥	太湖街道	建设工程与生产地	FAF	2
9	太湖大桥	太湖街道	建设工程与生产地	FAF	1
10	华能电厂	吕山乡	建设工程与生产地	FAF	1
11	长兴电厂	太湖街道	建设工程与生产地	FAF	2
16	天能集团	画溪街道	建设工程与生产地	FAF	1
17	超威集团	画溪街道	建设工程与生产地	FAF	1
18	长兴立交桥	雉城街道	建设工程与生产地	FAF	1
19	画溪立交桥	雉城街道	建设工程与生产地	FAF	2
21	五里渡圩门群	泗安镇	建设工程与生产地	FAF	2
22	长兴汽车站	太湖街道	车站	FFB	1
25	杭宁高铁长兴站	太湖街道	车站	FFB	1
26	五峰水库	雉城街道	水库观光游憩区段	FGA	1
27	林山水库	龙山街道	水库观光游憩区段	FGA	2
28	上马坎水库	夹浦镇	水库观光游憩区段	FGA	1
29	太平桥水库	和平镇	水库观光游憩区段	FGA	1
30	三八水库	和平镇	水库观光游憩区段	FGA	1
31	云野水库	和平镇	水库观光游憩区段	FGA	1
32	迴龙山水库	小浦镇	水库观光游憩区段	FGA	1
33	大岕水库	煤山镇	水库观光游憩区段	FGA	1

第六节 旅游商品旅游资源

一、资源名录

旅游商品主类旅游资源按2003年国家质监局编制的旅游资源分类标准，字母代码为G。依据2004年《长兴县旅游资源普查报告》，长兴县旅游商品类旅游资源共有10个单体。

长兴县旅游商品主类旅游资源单体名录一览表

表1-44

普查号	资源单体名称	地理位置	基本类型	代码	等级
244	水口百合	水口乡	菜品饮食	GAA	2
245	长兴宫爆鳝丝	雉城街道	菜品饮食	GAA	2
246	长兴板栗	泗安镇	农林畜产品及制品	GAB	2
247	长兴青梅	林城镇	农林畜产品及制品	GAB	2
248	顾渚紫笋茶	水口乡	农林畜产品及制品	GAB	4
249	泗安栝楼籽	泗安镇	农林畜产品及制品	GAB	3
250	长兴银杏(白果)	小浦镇	农林畜产品及制品	GAB	3
251	太湖三白	太湖街道	水产品及制品	GAC	3
252	长兴紫砂壶	雉城街道	传统手工产品与工艺品	GAE	4
253	太湖石	煤山镇	其他物品	GAG	4

二、资源丰度

长兴县旅游商品主类旅游资源有10个单体，占长兴县资源单体总数的3.70%。亚类：长兴县旅游商品主类旅游资源有1个亚类，占国家标准全部亚类数的3.23%，占长兴县拥有亚类数的4%。基本类型：长兴县旅游商品主类旅游资源有5个基本类型，占国家标准155种基本类型的3.23%，占长兴县基本类型比例为7.58%。其中，菜品饮食单体2个，农林畜产品及制品单体5个，水产品及制品、传统手工产品与工艺品以及其他物品(太湖石)各1个，以农林畜产品及制品最多，占全县全部旅游商品单体总数的50%。此总体反映了长兴县旅游商品主类旅游资源的特点。

长兴县旅游商品主类旅游资源单体统计表

表1-45

亚类	基本类型	单体数	比例
GA地方旅游商品		10	3.70
	GAA菜品饮食	2	0.74
	GAB农林畜产品及制品	5	1.85
	GAC水产品及制品	1	0.37
	GAE传统手工产品与工艺品	1	0.37
	GAG其他物品	1	0.37
合计		10	3.70

三、资源品质

长兴县旅游商品主类旅游资源10个单体、5个基本类型的品质分计算，单体的品质平均分为5.3，品质分很高，平均等级超过三级。其中，菜品饮食单体2个，平均品质分3，分别为长兴宫爆鳝丝和水口百合，等级均为二级；农林畜产品及制品单体5个，平均品质分4.60，分别为顾渚紫笋茶（四级）、长兴银杏（白果）（三级）、栝楼子（三级）、长兴青梅（二级）和长兴板栗（二级）；传统手工产品与工艺品单体1个，品质分7.00，为长兴紫砂壶；其他物品单体1个，品质分7.00，为太湖石。

长兴县旅游商品主类旅游资源品质分一览表

表1-46

亚类	基本类型	单体数	品质分	平均分
FA综合人文旅游地		10	53	5.3
	GAA菜品饮食	2	6	3
	GAB农林畜产品及制品	5	28	5.6
	GAC水产品及制品	1	5	5
	GAE传统手工产品与工艺品	1	7	7
	GAG其他物品	1	7	7
总计		10	53	5.3

四、优良资源

长兴县旅游商品主类旅游资源有5个优良级单体，单体名称及等级依次是，顾渚紫笋茶（四级）、长兴紫砂壶（四级）、太湖石（四级）、长兴银杏（白果）（三级）、太湖三白（三级）。长兴县旅游商品主类旅游资源优良级单体达到本主类总数的50%，说明长兴县该类旅游资源总体上品质很高。

长兴县旅游商品主类旅游资源优良级单体名录一览表

表1-47

单体名称	基本类型	代码	等级
顾渚紫笋茶	农林畜产品及制品	GAB	4
长兴紫砂壶	传统手工产品与工艺品	GAE	4
太湖石	其他物品	GAG	4
长兴银杏（白果）	农林畜产品及制品	GAB	3
太湖三白	水产品及制品	GAC	3

五、资源增补

旅游商品是旅游业生产者与消费者生产与彼此交易的结果，会随着旅游市场需求相应开发和消亡，旅游商品的价值由历史积淀与市场供需两方面共同相互作用决定。2004年，长兴县大力发展现代农业，各种特色农产品种植与开发取得很大进步，许多农特产品成为新的旅游商品。如杨梅、樱桃、水蜜桃、雪梨、大闸蟹等。截至2015年，长兴县新增旅游商品主类旅游资源10个。

长兴县旅游商品主类旅游资源增补名录一览表

表1-48

序号	资源单体名称	地理位置	基本类型	类型代码	等级
1	箬下春	雉城街道	菜品饮食	GAA	1
2	胥仓雪藕	吕山乡	农林畜产品及制品	GAA	1
3	夹山杨梅	龙山街道	农林畜产品及制品	GAB	1
4	长兴白茶	和平镇	农林畜产品及制品	GAB	1
5	长兴黄茶	龙山街道	农林畜产品及制品	GAB	1
6	罗岕岕茶	煤山镇	农林畜产品及制品	GAB	2
7	吕山湖羊	吕山乡	农林畜产品及制品	GAB	1
8	火龙果	吕山乡	农林畜产品及制品	GAB	1
9	太湖蟹	洪桥镇	农林畜产品及制品	GAB	1
10	泗安酥糖	泗安镇	传统手工产品与工艺品	GAE	1

第七节　人文活动旅游资源

一、资源名录

人文活动主类旅游资源依据2003年国家质监局编制的旅游资源分类标准，字母代码为H。长兴县历史文化悠久，各种民间艺术、风俗礼仪复杂多样。2004年《长兴县旅游资源普查报告》登记人文活动主类旅游资源单体17个。

长兴县人文活动主类旅游资源单体名录一览表

表1-49

普查号	资源单体名称	地理位置	基本类型	代码	等级
254	陆羽	水口乡	人物	HAA	4
255	陈霸先	太湖街道	人物	HAA	4
256	吴承恩	雉城街道	人物	HAA	3
257	归有光	雉城街道	人物	HAA	3
258	徐惠	龙山街道	人物	HAA	2
259	臧懋循	夹浦镇	人物	HAA	2
260	道宣	雉城街道	人物	HAA	2
261	皎然	雉城街道	人物	HAA	2
262	顾应祥	雉城街道	人物	HAA	1
263	顾渚山文学艺术作品	水口乡	文学艺术作品	HBB	2
264	长兴开渔节	太湖街道	民间节庆	HCB	1
265	白岘十番锣鼓	煤山镇	民间演艺	HCC	2
266	百叶龙	林城镇	民间演艺	HCC	4
267	泗安旱船	泗安镇	民间演艺	HCC	2
268	小浦马灯	小浦镇	民间演艺	HCC	2
269	长兴滩簧戏	雉城街道	民间演艺	HCC	1
270	洪桥龙舟	洪桥镇	民间健身活动与赛事	HCD	2

二、资源丰度

长兴县人文活动主类旅游资源共有17个单体，占全县270个单体总数的6.30%。亚类，长兴县人文活动主类旅游资源有3个亚类，占国家标准全部亚类数的9.68%，占长兴县拥有亚类数的12%。基本类型：长兴县人文活动旅游资源共有5个基本类型，占国家标准全部155种基本类型的3.23%，占长兴县拥有基本类型数的7.58%。每种基本类型单体数，"人物"单体9个，文学艺术作品单体1个，民间节庆单体1个，民间演艺单体5个，民间健身活动与赛事单体各1个。其中，又以"人物"、民间演艺两种为主，"人物"占单体总数的50%以上，民间演艺占单体总数的25%，总体反映了长兴县名人辈出，民间演艺丰富多彩的旅游资源现状。

长兴县人文活动主类旅游资源单体统计表

表1-50

亚类	基本类型	单体数	比例
HA人事记录		9	3.33
	HAA人物	9	3.33
HB艺术		1	0.37
	HBB文学艺术作品	1	0.37
HC民间习俗		7	2.59
	HCB民间节庆	1	0.37
	HCC民间演艺	5	1.85
	HCD民间健身活动与赛事	1	0.37
合计		17	6.30

三、资源品质

长兴县人文活动主类旅游资源17个单体、5个基本类型的品质分计算结果，单体的品质平均分为3.59，超过二级，品质分较高。其中，人物单体9个，平均品质分4.11，分别为陆羽（四级）、陈霸先（四级）、吴承恩（三级）、归有光（三级）、皎然（二级）、道宣（二级）、臧懋循（二级）、徐惠（二级）和顾应祥（一级）；文学艺术作品1个，品质分3，为顾渚山文学艺术作品，等级为二级；民间节庆单体1个，品质分为1，为长兴开渔节，等级一级；民间演艺单体5个，平均品质分3.5，分别为百叶龙（四级）、小浦马灯（二级）、白岘十番锣鼓（二级）、泗安旱船（二级）、长兴滩簧戏（一级）；民间健身活动与赛事单体1个，品质分3，为洪桥龙舟，等级二级。

长兴县人文活动主类旅游资源品质分表

表1-51

亚类	基本类型	单体数	品质分	平均分
HA人事记录		9	37	4.11
	HAA人物	9	37	4.11
HB艺术		1	3	3
	HBB文学艺术作品	1	3	3
HC民间习俗		7	21	3
	HCB民间节庆	1	1	1
	HCC民间演艺	5	17	3.4
	HCD民间健身活动与赛事	1	3	3
合计		17	61	3.59

四、优良资源

长兴县人文活动主类旅游资源有5个优良级单体,单体的名称及等级依次为陆羽(四级)、陈霸先(四级)、百叶龙(四级)、吴承恩(三级)、归有光(三级),占该主类单体总数的31.25%。优良级单体在各类单体中品质较高,且主要集中在"人物"基本类型。说明长兴县名人辈出,历史文化名人旅游资源丰富。

长兴县人文活动主类旅游资源优良级单体名录一览表

表1-52

单体名称	基本类型	类型代码	等级
陆　羽	人物	HAA	4
陈霸先	人物	HAA	4
百叶龙	民间演艺	HCC	4
吴承恩	人物	HAA	3
归有光	人物	HAA	3

五、资源增补

人文活动主类旅游资源属于历史文化积淀。2008年,长兴县开展浙江省非物质文化遗产资源普查,整理发现部分重要"非物质文化遗产项目"具有一定的旅游资源价值,结合对历史文化的重新研讨,长兴县人文活动主类旅游资源可增补的单体有20个。

长兴县人文活动主类旅游资源单体增补名录一览表

表1-53

序号	资源单体名称	地理位置	基本类型	类型代码	等级
1	项　羽	洪桥镇、水口乡	人物	HAA	2
2	吴　均	和平镇	人物	HAA	2
3	陈叔宝	太湖街道	人物	HAA	2
4	徐　坚	画溪街道	人物	HAA	2
5	钱　起	画溪街道	人物	HAA	1
6	钦德载	洪桥镇	人物	HAA	1
7	岳　飞	龙山街道	人物	HAA	1
8	吴　琉	李家巷镇	人物	HAA	1
9	吴　琼	李家巷镇	人物	HAA	1
10	徐中行	雉城街道	人物	HAA	1

续表1-53

序号	资源单体名称	地理位置	基本类型	类型代码	等级
11	熊明遇	雉城街道	人物	HAA	1
12	芥里婚庆	小浦镇	民间节庆	HCB	1
13	紫笋茶制作技艺	水口乡	民间演艺	HCC	1
14	紫砂制品制作工艺	雉城街道	民间演艺	HCC	1
15	陈霸先的传说	太湖街道	民间演艺	HCC	1
16	小熊县令破长兴风水故事	雉城街道	民间演艺	HCC	1
17	吴十万的传说	李家巷镇	民间演艺	HCC	1
18	畎桥武术	林城镇	民间演艺	HCC	1
19	林城舞狮	林城镇	民间演艺	HCC	1
20	皮影戏	泗安镇	民间演艺	HCC	1

第四章　旅游资源集合区

旅游资源集合区指旅游资源相对集中的地区。2004年《长兴县旅游资源普查报告》整理全县所有旅游资源分布，大致以行政区划将全县所有旅游资源划分为西太湖休闲度假旅游资源集合区、雉城镇旅游资源集合区、水口乡顾渚山茶文化旅游资源集合区、泗安镇仙山旅游资源集合区、煤山镇科教旅游资源集合区、小浦镇银杏古生态旅游资源集合区、和平镇周坞山旅游资源集合区①，合计7个旅游资源集合区。

第一节　西太湖休闲度假旅游资源集合区

一、区域概况

西太湖休闲度假旅游资源集合区②指长兴县东部的环太湖开发带。辖区北起兰香山，南止弁山，太湖岸线总长约34千米，宽约3～10千米，陆域面积160平方千米，核心区块45平方千米，另有200平方千米水域面积可供开发利用。长兴县的环太湖开发带内维持着原始优质的生态景观，是整个太湖沿岸仅剩的待开发处女地。长兴县开发带内既有雄峻的山体气势，又有浩瀚的水景韵味，更具乡村田园气息。区内湖中有山，漾中有岛，烟波浩渺，天然沙滩，河网纵横，山谷幽深，构成一幅优美的自然画卷。范蠡西施留迹的凄美爱情传说，春秋吴楚争战的“三圻三城”遗址，陈朝开国皇帝陈霸先故居，养蚕织绸、采菱捕捞，吴歌越曲等，构筑开发带内浓厚的人文民俗氛围。

二、资源评价

资源丰度　根据2004年《长兴县旅游资源普查报告》，该旅游资源集合区共有旅游资源单体44个，分布区域包括夹浦和洪桥两镇全部以及雉城镇的太湖沿岸部分。单体共涉及除生物

---

① 以上旅游资源集合区名称，初以2004年旅游资源普查时原行政区划命名，今全部依据2015年5月最后一次行政区划调整后的乡镇名，作相应修改。

② 西太湖休闲度假旅游资源集合区重点建设区域图影区块。2012年4月26日，浙江省人民政府批准成立长兴太湖图影省级旅游度假区，重点发展旅游业。

景观之外的7大主类，13个亚类，20个基本类型。总体看，类型丰富多样，人文类资源仍是该区单体的主力军，其中仅建筑与设施主类旅游资源单体就有29个，占该区单体总数的69.91%。单体数目最多的基本类型为古桥，该区共有17个单体为古桥，此反映了西太湖沿岸江南水乡的特色。

资源品质 该区44个单体中，五级单体1个，即太湖；三级单体6个，二级单体10个，一级单体21个，等外单体6个。平均品质分2.07，与全县平均水平基本持平。综上数据，该区旅游资源类型丰富，总体品质一般，但由于有最高等级的优良级单体太湖，太湖因体量巨大，可以进行大规模旅游开发，因此该区是长兴县最具开发潜力的旅游区域。

三、建设规划①

2002年，长兴县人民政府完成环太湖开发带概念规划国际咨询，投资1亿元建成连接主城区与太湖湖滨的长8千米的太湖大道，环太湖大堤也已建成并可通车，各项配套基础设施正逐步完善，为环太湖开发带的发展奠定良好基础。

长兴县环太湖开发带设计为以旅游博览会主题为发展基础，配合市政基础建设及土地利用重新整合，发展成为环太湖地区城市架构，建成太湖沿岸最具魅力、最具国内影响力的核心城市，以吸引世界各地游客到长兴度假、观光、居住、娱乐、商务、会展、教育、科研、运动等综合型旅游休闲参与体验。

长兴县西太湖旅游资源开发功能规划分区表

表1-54

博览会类型	功能分区	所占重点面积
水上乐园旅游博览会	滨湖游乐园区、万人露营区、中国植物博览园、水岸商业中心、亲水公园、环湖绿廊广场	本区作为重点开发区域，面积共18.3平方千米
养生文化旅游博览会	漾岛养生园、奥林匹克度假村、国际武术交流学习园、度假别墅区	区域面积11.9平方千米
生态教育旅游博览会	北川原生态风景区、大雷山、小雷山生态探险岛、生态教育园区、碧岩弁山风景区、百年老矿旅游园区	区域面积15.35平方千米
产业生化科研博览会	学术交流园区、教育培训功能区、生化科技软件研究园区、水产观光区、农业生产观光区、会展功能区、大学城、陆羽茶叶纪念园	
中国风主题园旅游博览会	中国风主题馆、中国之窗主题园、游客服务中心	
民居区域	一般住宅、公共设施	

① 原小标题为“开发建设”，本章所属的七节均在每节第三目设此小标题，志书统一更改为“建设规划”。

第二节　雉城镇旅游资源集合区

一、区域概况

雉城镇旅游资源集合区包括原雉城镇全境（含雉城街道、画溪街道、龙山街道、太湖街道），区域面积197平方千米①。辖区土地肥沃，资源丰富，气候温润，素有“鱼米之乡”“丝绸之府”之称。集合区是长兴县政治、经济、文化、交通中心，也是长兴县各旅游资源集合区的中心及交通枢纽，东接西太湖旅游资源集合区，西南临小浦古银杏生态集合区和泗安仙山旅游资源集合区，向北接顾渚山茶文化旅游资源集合区，西北接槐坎、白岘科教旅游资源集合区，向南接周坞山旅游资源集合区。

二、资源评价

资源丰度　该集合区本次普查旅游资源单体有60个，占整个长兴县单体的22.81%。包含除地文景观外的其他7个主类旅游资源，共涉及15个亚类、34个基本类型。总体上看雉城镇的旅游资源以人文资源为主，其中建筑与设施主类和人文活动主类合计总单体数目达46个，占集合区单体总数的76.67%。反映了雉城的古镇利用特色。

资源品质　该集合区旅游资源品质略高于全县平均值，其中高于全县平均值的主类有水域风光、遗址遗迹、建筑与设施、旅游商品，低于全县平均值的主类有生物景观、人文活动，等同的是天象与气候景观主类。总体上看资源品质较好，但占雉城镇单体60%的建筑与设施主类旅游资源品质虽高于全县平均水平，但品质分较低。该集合区的旅游资源单体中，优良级单体9个，占单体总数的15%，高于全县的比例（12.93%），其中五级和四级单体各1个，三级单体7个。

总体来看，该集合区旅游资源反映出雉城的古镇特色和作为全县政治、经济、文化、交通中心等多功能特点，为全县旅游提供从吃、住、行，到购物、娱乐、信息、中转等系列服务。

三、建设规划

集合区的未来开发建设规划包括四个方面。1.进一步挖掘历史文化底蕴，提高长兴县旅游品位。充分围绕陈武帝故宫、台基山遗址公园、历史文化名人以及古建筑，发掘历史文化旅游资源，体现长兴县“帝乡佛国”、人杰地灵特色，依托长兴博物馆展现长兴历史文脉。2.强化

① 此雉城镇以2004年行政区划为准，其中东部原新塘乡一带沿太湖部分与西太湖休闲度假旅游资源集合区存在小部分重叠。

旅游中心职能，把雉城镇建设成为申苏浙皖重要的旅游服务中心。建设各类旅游服务设施，为全县乃至申苏浙皖提供旅游后勤保障服务，同时建设成申苏浙皖的旅游集散中心。3.配合西太湖开发，强化休闲度假旅游。围绕扬子鳄度假村和桃花岕森林公园的深度开发，加大雉城镇的公园建设力度，重点建设娱乐体育设施，为市民和游客提供全方位的休闲度假旅游服务。4.通过旅游节庆，打造长兴旅游品牌。长兴县还没有规模化的旅游节庆活动，可以借鉴杭州西湖博览会，举办"太湖博览会"，同时紧紧抓住上海举办世界园艺博览会、杭州举办世界休闲博览会的历史机遇，全面推介长兴旅游产品，力争在5到10年内，形成在华东乃至全国都具影响力的旅游产品。

第三节　水口乡顾渚山茶文化旅游资源集合区

一、区域概况

集合区位于长兴北部，包括水口乡全境，地域面积80平方千米。辖区104国道邻乡穿过，新长铁路贯穿乡境，设有货运站点，交通便捷。该集合区三面环山，东临太湖，境内山清水秀，岗峦叠翠，空气清新，环境幽雅，湖光山色，清丽优美，是陆羽《茶经》的撰写地。水口乡旅游资源独特，名品辈出。紫笋茶久负盛名，金沙泉四海享誉。据载，唐宋时期以包袱裹茶，银瓶盛水，进贡宫宴，盛况空前。紫笋茶被评为全国名茶，金沙泉经国家级检验定为优质矿泉，其他百合、杨梅、熟山笋等土特产有口皆碑；优质矿产页岩石储量丰富，开采前景诱人。顾渚山是著名的风景名胜区，优美的风光，淳朴的民风，唐贡茶院遗址等一大批历史悠久、富含文化底蕴的名胜古迹和景点，古代文人墨客留下的多处摩崖石刻，使之形成以茶文化为主体的独特的旅游资源，现已被列为全国重点文物保护单位和旅游开发区，每年吸引游客近万人，开发前景广阔。

二、资源评价

资源丰度　该集合区本次普查旅游资源单体21个，涉及地文景观、水域风光、生物景观、遗址遗迹、建筑与设施、旅游商品和人文活动等7个主类，包括13个亚类、20个基本类型。总体上看该集合区旅游资源类型丰富，资源数量以人文资源为主，遗址遗迹、建筑与设施、旅游商品和人文活动四个主类的单体数目达15个，占单体总数的71.43%。

资源品质　该集合区旅游资源品质高于全县平均值，除生物景观类外，其他各类均高于全县平均值，总体上看品质较高。该集合区的优良级单体有7个，占整个长兴县优良级单体的20%。突出反映了水口乡以顾渚山为中心，包含紫笋茶、金沙泉、茶圣陆羽、摩崖题记、贡茶院遗址、古茶山，以及各种咏茶诗文、茶人轶事，共同形成茶文化旅游资源。

三、建设规划

集合区是中国第一个紫笋贡茶的原产区，未来的开发建设当以紫笋茶为中心，重点做好五件事：1.恢复贡茶院和吉祥寺。现有遗址虽有一定纪念意义，但缺乏依托，必须建成实体建筑。2.做足茶文化的文章，从茶叶的生产、品茗名水金沙贡泉到饮茶器具紫砂壶，进一步宣传策划长兴县的“品茗三绝”。3.举办茶文化节庆活动，吸引国内外茶道茶艺和品茗者参与。文化品位要办成雅俗共赏、多层次、大众化的节庆活动。一方面要有雅的茶艺茶道活动、茶文化研讨与交流；另一方面也要有大众化情趣，适合更多人参与其中。在节庆的策划中可以追溯大唐时期茶叶采摘胜景。4.利用顾渚山这一知名品牌，充分发挥名人效应。包括陆羽、皎然等留下的关于茶叶的宝贵文学艺术作品，举办类似斗诗会、赛歌会等参与活动。5.提高陆羽茶庄的品位和档次，将其建成集品茗、旅游休闲、度假为一体的重要康体场馆。

第四节　泗安镇仙山旅游资源集合区

一、区域概况

集合区位于长兴县西南部，地处浙、皖两省，长兴、安吉、广德三县交界处，地理位置得天独厚。辖区包括泗安和二界岭两个乡镇范围①，区域面积197平方千米。318国道、204省道交汇于此，宣杭铁路复线穿镇而过并设有货物中转站，被誉为“东方小莱茵河”的长湖申水路航线支港泗湖线由泗安镇起始，沿途拥有水运码头20多座。辖区四周山丘连绵，中间泗安盆地，自然生态保存良好，环境优美；尤以盆地中央仙山，危峰兀立，绝无遮蔽，千百年来一直属于浙西重要宗教与祭祀场所，文化底蕴深厚。

二、资源评价

资源丰度　该集合区本次普查旅游资源单体41个，涉及地文景观、生物景观、遗址遗迹、建筑与设施、旅游商品5个主类，包括13个亚类、23个基本类型。总体看该集合区旅游资源类型较丰富，在资源数量上以人文资源为主，遗址遗迹、建筑与设施和旅游商品3个主类的单体数目达30个，占单体总数的73.17%。

资源品质　集合区旅游资源平均品质分低于全县平均值，各主类均低于全县平均值，总体上看品质较低。该集合区的优良级单体只有4个，占长兴县优良级单体总数的12%。优良

① 2012年5月二界岭乡并入泗安镇。

级的资源单体基本反映该区的资源特色在于尹家边扬子鳄保护区、仙山山体及仙山显圣寺，还有反映现代效益农业规模种植的泗安吊瓜基地。其中，扬子鳄保护区面临的问题是规模较小，仙山显圣寺在苏浙皖边有一定影响力，香火比较旺盛，所以该区最具吸引力的旅游资源还是佛教旅游资源。

三、建设规划

集合区未来的开发建设需以围绕优良级旅游资源深度展开，重点做好三件事：1.争取更多国家和省里支持，扩大扬子鳄养殖规模，把尹家边扬子鳄保护区建成一个集观赏、科研、科普教育为一体的保护区。2.继续提高显圣寺的知名度，同时利用仙山和下面的泗安水库开发参与性旅游项目，山水景观和佛教文化充分结合，吸引多层次游客参与游览，尤其要想办法吸引显圣寺的香客。3.利用二界岭的良好生态环境，开拓乡村生态旅游。

第五节　煤山镇科教旅游资源集合区①

一、区域概况

集合区位于长兴县城西北部，地处苏、浙、皖三省，长兴、宜兴、广德三县市交界处。地理位置得天独厚。范围包括槐坎和白岘两乡，以及煤山镇部分，区域面积197平方千米。该集合区为长兴西北山丘地区，地文景观资源丰富，有一定的特色。

二、资源评价

资源丰度　该集合区本次普查旅游资源单体有35个，涉及地文景观、生物景观、建筑与设施、旅游商品和人文活动5个主类，包括10个亚类、14个基本类型。总体上看该集合区旅游资源类型不算丰富，在资源单体数量明显集中在地文景观和建筑与设施两大主类上，单体数目分别为10和21个，共占单体总数的88.57%；其中，仅新四军苏浙军区旧址群单体就有17个，成为最大的单体群。

资源品质　该集合区旅游资源平均品质分明显高于全县平均值，除生物景观类外，其他各类均高于全县平均值。总体上看品质较高。该集合区的优良级单体有6个，占全县优良级单体的17.65%。优良级的资源单体基本反映该区的资源特色，包括金钉子剖面（全球二叠/三

---

① 2004年《长兴县旅游资源普查资料》题名为“白岘、槐坎科教旅游资源集合区”。2015年，长兴县行政区划调整，煤山、白岘、槐坎三乡镇合并组建新的煤山镇，此处更名为煤山镇科教旅游资源集合区。

叠层型剖面)(五级)、新四军苏浙军区纪念馆(四级)、长兴灰岩剖面(长兴阶层型剖面)(四级)、太湖石(四级)、浙苏皖三省界碑(三级)和栝楼子(三级)。

三、建设规划

该区开发建设的重点仍是世界级的金钉子剖面和全国重点文物保护单位新四军苏浙军区旧址群。随着社会经济的发展,人们生活水平提高,旅游品位的提高,对自然和历史的探求将成为旅游新的热点。该区未来规划应从高起点出发,从以下四方面做好开发建设:

1.将金钉子景点建成湖州市甚至浙江省重要科普基地。通过广大学生的学习,培养普通民众的科学旅游兴趣,可组织类似夏令营的活动,把具有世界级地质学意义的金钉子推向以学生为主的大众游客群体。

2.保护修复新四军苏浙军区旧址群的各处纪念性建筑,除继续抓好已有一定特色的新四军苏浙军区纪念馆外,还要加大对其他旧址(点)的修复与保护。为能更集中展现新四军苏浙军区旧址群的整体风貌,建议扩建新四军苏浙军区纪念馆,把其他各点的重要历史文物在纪念馆集中展现,便于游客参观学习。

3.开辟三省交接点边缘地区旅游线路,攫住游客的好奇心理,利用“一掌压三省”来吸引周边县市热爱户外活动游客。可考虑让白岘洞山的溶洞,借助紧邻的江苏省宜兴市善卷洞、安徽省广德县太极洞已成熟的品牌效应,三家溶洞联合开发。

4.继续做强做优栝楼子这一长兴县独具特色的旅游商品生产销售。由于太湖石对环境有一定破坏,建议限制开采规模,通过制定保护规划来引导合理开发。

第六节　小浦镇银杏古生态旅游资源集合区

一、区域概况

该集合区位于雉城镇西部,包括小浦镇全境,面积96平方千米,人口2.7万人。辖区宣杭铁路同新长铁路在境内并轨,301省道过境,长湖申航道从境内开始。区域主要自然资源是八都岕中12.5千米的古银杏长廊,内生100年以上野生银杏2700余株,可称为世界银杏的故乡。

二、资源评价

资源丰度　该集合区本次普查旅游资源单体23个,占长兴县旅游资源单体总数的8.75%。旅游资源单体涉及地文景观、水域风光、生物景观、遗址遗迹、建筑与设施、旅游商品和人文活动7个主类,包括10个亚类、14个基本类型。总体看该集合区旅游资源不够丰富,在资源数量上以人文资源为主，遗址遗迹、建筑与设施和人文活动3个主类的单体数目达17个，占集合区单体总数的73.91%，其中仅建筑与设施主类的单体数就超过一半。

资源品质 该集合区旅游资源品质低于全县平均值，其中高于全县平均值的主类只有地文景观主类和生物景观主类，其他5个主类均低于全县平均值，总体看品质较低。该集合区优良级单体只有3个，即八都岕古银杏长廊、长兴银杏（白果）和八都岕银杏王。突出反映了小浦镇旅游资源以古银杏景观为主的特点。

三、建设规划

该集合区古银杏旅游资源国内少有，如此长的一个幽深山谷野生2000多株植物活化石银杏，此在国内外实属罕见。未来的开发应侧重从解决银杏山谷的问题出发，建议从以下三方面入手：1. 改善银杏林品相，增强色彩冲击效果，形成以银杏为主，毛竹、杂木为辅的一体化景观。2. 尽早出台和实施八都岕古银杏长廊控制性规划，并以此来整顿农居布局的杂乱局面，建设与银杏林品相协调的农居风格，充分体现山谷的幽静情趣。3. 制订科学合理的银杏采摘计划，保护银杏这一宝贵的植物活化石，避免盲目采摘导致资源的毁灭性破坏。

第七节　和平镇周坞山旅游资源集合区

一、资源概况

集合区包括和平全镇。和平镇素有长兴县南大门之称，东接湖州市区，南临天目山脉，西近安吉县，北靠西苕溪，中贯浙江省道鹿唐线，水陆交通十分便利。地域面积142.8平方千米，人口4.2万。农业主产水稻、蚕茧、水产、茶叶、水果、竹木；工业以矿山建材为主，轻纺、竹木加工业蓬勃发展。先后被评为浙江省级卫生镇、省级体育先进乡镇、省级教育强镇、市级东海明珠工程先进镇、市级文明单位等。1999年被列入浙江省级现代化建设示范镇。

二、资源评价

资源丰度 该集合区本次普查旅游资源单体9个，占全县单体总数的3.42%，旅游资源单体涉及地文景观、生物景观、建筑与设施3个主类，共包括5个亚类、8个基本类型。总体看和平镇旅游资源类型比较贫乏，旅游资源基本类型数量上以人文资源为主，建筑与设施主类的单体数目达7个，占单体总数的77.77%。

资源品质 和平镇旅游资源的平均品质分略高于全县平均值，生物景观类平均分高于全县平均值，另外两个主类低于全县平均值。总体看品质一般，和平镇只有一个优良级单体，即城山石刻造像。总体来看,和平镇旅游资源种类较少,品质一般,其主要分布于城山、和平水库和霞幕山三个点位。

三、建设规划

集合区虽然单体数目不多,但具有一定的开发潜力,未来开发建设应从以下三方面考虑:1. 重点依托城山寺景区,完善旅游设施,逐步形成集宗教民俗风情、农业园区、娱乐购物为一体的景区;2. 开发以和平水库为中心的周坞山景区,进一步完善景区功能,把周坞山景区建设成集水上运动、观光、野营、生态农业观光为一体的多功能景区;3. 开发霞幕山旅游资源,目前的问题是如何和吴兴区协调,尽早开发霞幕山。

第二编

旅游景观体验

长兴县旅游产品的景观体验分为景点游览与乡村旅游两部分。景点游览场所包括景区、景点、公园等。1996年长兴县旅游局成立后，开始实施现代景区（景点）建设，经过20年发展，至2015年，长兴县建成成熟景区10处，以及众多独立的旅游景点与城镇休闲公园。乡村旅游原创于湖州市，2002年，长兴县在景区建设基础上，以兴办农家乐为起点发展乡村旅游，之后通过农家乐、休闲农业观光园、农事节庆的综合建设，建成系统成熟的旅游产品。至2015年，长兴县获得“全国乡村旅游示范县”称号，形成“景区建设＋农家乐”独特的乡村旅游发展模式，成为长三角地区重要的乡村旅游目的地。

第一章　景区、景点、公园

民国以前,历代《长兴县志》未见对全县山水所谓的“八景、十景”的归纳,县境被称作景点的是众多热爱旅游的文人对家乡风光的零星题点,代表有明正德年间(1506—1521),长兴籍著名学者吴琉题“吕山十二景”,名称依次为蒙山峙翠、葛阜遗丹、平冈走马、古渎舣舟、龟山烟雨、董坞松涛、茶磨晚岚、姑岭晴云、星墩竹墅、掌峰朝雪、黄公石璧、白鹤仙坛;嘉靖年间(1522—1566)长兴籍大司寇顾应祥题“吴山八景”,名称依次为玉楼浮碧、普门胜览、双条旧砌、庭际仙池、溪喷巨石、丝螺无尾、乌鱼有信、只履空坟;万历年间(1573—1620)张睿卿题“碧岩十二景”,名称依次为龙口、七星岩、石壁、瀑布泉、珠帘水、金莲池、砚池、香炉峰、酌泉亭、不朽木、舍身崖、望湖亭;清朝吴标题“乌瞻山十八景”,名称依次为梅花坞、礼斗台、龙王池、龙盘岗、上玉峰、下玉峰、盘陀石、淬剑石、塔顶山、环翠屏、仙人岭、桃花坞、狮子岩、象王峰、白云坞、伏虎池、八角井、明月坡等。清末,长兴吕山人蒋价归纳家乡吕山乡濒临西苕溪的两岸风光,题“苕溪十景”,含金斗朝阳、葛径芳津等。民国十三年(1924),长兴籍学者王修归纳“长兴十景”,计有碧岩观瀑、下箬寻诗、顾渚吟茶、子山塔影、艺香避暑、故宫春晓、隔山夕照、静昼秋棹、弁峦烟雨、崇雅怀旧。

长兴县现代旅游的景观体验场所建造始于改革开放前后。1976年,长兴县对新四军苏浙军区旧址群实施统一保护,成立新四军苏浙军区旧址文物保护所对外开放,具有一定景点特征。1988年,长兴县建成第一座现代城市休闲公园“古城公园”。1996年,长兴县旅游局成立,开始着手景区建设。2003年,长兴县地方文化人士归纳全县具有景区(景点)意义的主要旅游资源,提出“长兴十景”的景观体验概念,十景依次是温塘怀烈、清空碧岩、故宫残月、顾渚茗香、尹家观鳄、仙山梵钟、金钉朝阳、太湖帆影、周坞流云、银杏长廊。2005年,长兴县人民政府提出建设八大景点概念,依次是中国扬子鳄村、金钉子自然保护区、古银杏长廊、顾渚茶文化景区、陈武帝故宫、朱氏宗祠、图影旅游度假区、仙山湖景区。2006年更改为十大景点,依次是金钉子遗迹国家级自然保护区、顾渚茶文化景区、古银杏长廊、图影旅游度假区(宏普文化)、滨湖景观大道(梅庄线)、仙山湖景区、中国扬子鳄村、陈武帝故居、四座文化名山(此归纳异常杂乱,如滨湖景观大道不可看作景点,四大名山分属四处,更不可看作一处景点)。从该命名可以看出,直至2006年,长兴县还未形成明确的十大景区概念。2008年,长兴县人民政府再次提出十大景点建设概念,名称依次是顾渚山风景区、太湖风光、碧岩风景区、城山风景区、仙山风景区、新四军苏浙军区纪念馆、陈武帝故宫、朱家祠堂、四大名寺等。2011年，长兴县提出建设“十大景区”旅游概念，十大景区依次为金钉子远古世界、中国扬子鳄村、新四军苏浙军区旧址群、大唐贡茶院、仙山湖国家湿地公园、城山沟风景区、陈武帝故宫、八都岕古银杏长廊、二界岭普罗旺斯休闲农业观光园、清泉武校科普生态园等。2013年，图影生态湿地文化园代替二界岭普罗旺斯休闲农业观光园入长兴县十大景区名录。2014年，龙山森林养生小镇成为长兴县重要旅游景区之一。截至2015年，以获得国家AAAA级景区称号的先后排序，长兴县十大景区名称定为金钉子远古世界、新四军苏浙军区旧址群（江南红村）、中国扬子鳄村、仙山湖国家湿地公园、水口茶文化旅游景区（含大唐贡茶院）、图影生态湿地文化园、城山沟景区、十里古银杏长廊、陈武帝故宫、龙山森林养生小镇等。

第一节　金钉子远古世界

一、概述

金钉子远古世界景区位于长兴县西北山区煤山镇槐坎村青塘山南麓，地理位置苏浙皖边三省接壤点。景区依托“金钉子长兴界”建造，“金钉子长兴界”属于世界地质遗迹，是全球最完整的二叠系—三叠系界线层型剖面和点位。2001年3月，国际地质科学联合会在阿根廷举行会议，会上正式确定其为全球对比标准点位，是地球史上三个最重要的断代界线之一，也是地球历史上六次生物大绝灭中最大的一次绝灭事件和全球变化相关联系点位。长兴金钉子的意义相当于大英博物馆的铂金米达尺，具有世界标准的衡量意义，是中国乃至世界不可多得的珍贵地质学资源。它为地球的演化历史提供直接的科学证据，也为人类探索地球的演变和人类自身的生存、消亡的自然生态环境研究提供信息借鉴。

金钉子远古世界景区位处青塘山南坡，2003年倚靠青塘山延伸山岭建造。景区形状呈长条形，长约1.5千米，宽100至500米不等，占地面积50公顷。景区是长兴灰岩国家级地质遗迹（自然）保护区、国家AAAA级景区、全国科普教育基地、李四光中队科普教育基地、中国地质大学长兴野外教学和研究基地。景区主要功能承担国家地质遗迹保护，同时提供旅游观光，科普教育，并为生态环境教育、对外交流提供一个真实直观的天然实验基地。

二、建设规划

建设历史　1923年，国际著名地质学家Grabau（葛利普），研究长兴县煤山地区的Oldhamina腕足类化石，并命名这一动物群的地层时代为长兴期。1931年，Grabau（葛利普）提出“长兴灰岩”一词，开启中国地质学界对“长兴灰岩”的系统研究。1959年，在第一届全国地质会议上，长兴灰岩被正式命名为长兴组，并设立长兴阶。1980年3月14日，浙江省人民政府批准建立“长兴灰岩标准地质剖面保护区”（浙政发〔1980〕31号），并与长兴县人民政府共同立碑公示。1999年，《浙江省自然保护区发展规划》将“长兴灰岩剖面保护区”列入“拟建国家级自然保护区”重点项目之一。同年10月，长兴县成立“地质遗迹保护区协调小组”，下设“地质遗迹保护区办公室”，挂靠于长兴县国土资源局，正式对长兴灰岩进行保护管理。2001年3月，国际地质科学联合会在阿根廷举行，会上正式通过全球二叠—三叠系界线层型剖面和点位，确定在浙江省长兴县煤山镇青塘山D剖面的27c层底部，俗称“金钉子”，长兴“金钉子”正式确立。2002年，长兴县金钉子遗址保护区建成。2003年5月9日，长兴县发展计划与经济委员会批复“金钉子”地质遗迹保护区建设项目立项（长计经发〔2003〕356号，俗称二期项目），项目包括设立保护区、建造地质博物馆等。保护区范围：东接煤槐公路24千米处，南临槐煤公路，西近青塘坝，北靠三狮水泥有限公司矿山南界，总用地面积为0.7123平方千米。2004年9月3日，地质博物馆开工建设。2005年8月5日，国务院批准公布长兴灰岩标准地质剖面为国家级地质遗迹自然保护区（国办发〔2005〕40号），成为全球地质遗迹地层三大“金钉子”之一，也是唯一剖面确立两枚金钉子的地方。2006年，由长兴县国土资源局负责建造的长兴金钉子地质博物馆竣工，建筑面积4512平方米，总投资8000万元，同年10月18日，博物馆正式对外开放。2007年6月16日，为提升“金钉子”品质，更好开发旅游，根据长兴县人民政府专题会议纪要（长政〔2007〕20号），长兴县旅游局成立“长兴金钉子景区旅游发展有限公司”正式接管长兴金钉子地质公园，负责长兴县金钉子景区的日常旅游经营和管理，景区命名为“金钉子远古世界”。2008年12月19日，金钉子远古世界景区通过国家AAAA景区申报验收。2009年2月1日，国家旅游局印发《关于批准北京西城区什刹海等147家景区为国家AAAA级景区公告的决定》（旅发〔2009〕4号），确认金钉子远古世界被批准为国家AAAA级景区，成为长兴县首家国家AAAA级旅游景区。2009年5月26日，长兴县人民政府批准设立长兴“金钉子”国家级地质遗迹保护区管理处（长编〔2009〕08号），办公室位于地质博物馆东侧。2014年8月8日，景区的地震火灾逃生体验馆建成并对外开放。2015年，景区启动三期体验活动基地建设。

规划　金钉子远古世界景区的创建缘起国家级地质遗迹自然保护区，主管部门为长兴县国土资源局，所以规划主要立足土地保护使用。2004年5月，龙安—泛华建筑工程顾问有限公司编制完成《浙江省长兴县“金钉子”地质遗址保护区总体规划》，规划也可认定为旅游规划。

三、主要景点

金钉子远古世界景区2002年年初建金钉子地质广场，2004年启动二期工程建设。截至2015年，景区分为三个区块，第一区形象门，景点有形象门、古银杏化石、景观大道、二叠纪岛、CS彩弹射击中心等。第二区地质博物馆，景点有地质博物馆、4D电影厅、地震火灾逃生体验馆、华东第一井、碳化木群、植物迷宫等。第三区金钉子广场，景点有金钉子广场、金钉子等。

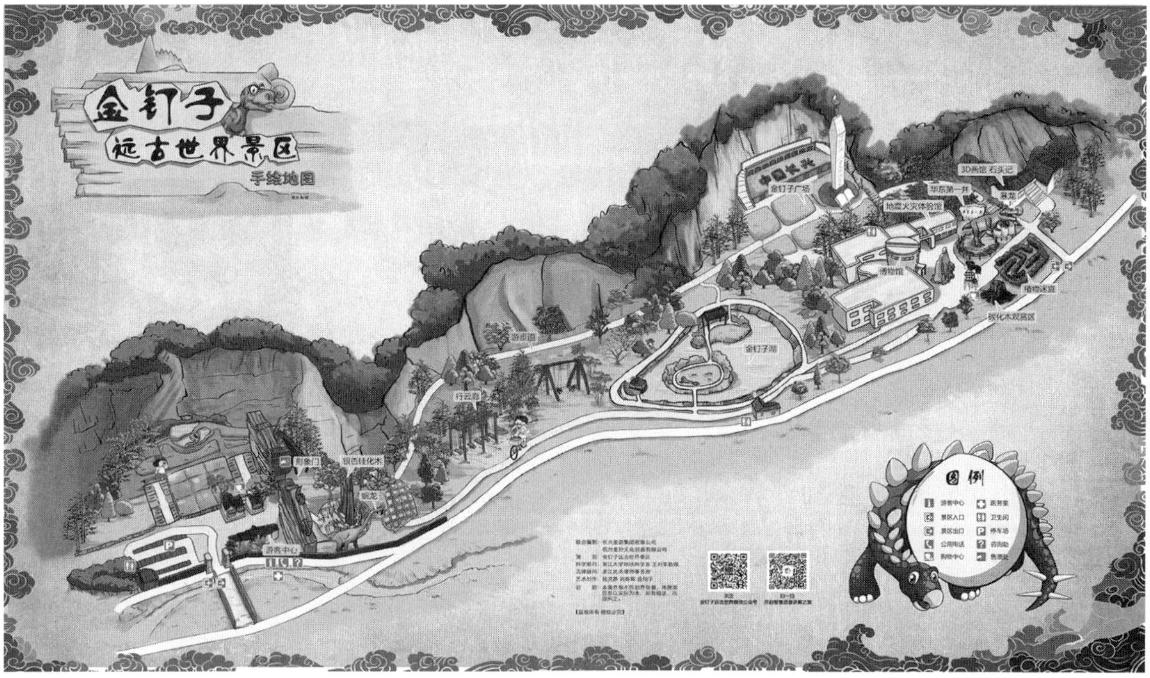

图2-1 金钉子远古世界景区

(一)第一区、形象门

形象门 即景区正大门,仿古生代和中生代地层建造,上面嵌刻古生代和中生代两个时期的各种代表性生物模型,被誉为"华东第一门"。门楣题名"国家级地质遗迹保护区",由著名地质学家杨遵仪题写。

古银杏化石 在景区大门前50米,由三棵古银杏树化石组成(有围栏环护),一棵高3米,另两棵高约2米。

景观大道 从形象门至地质博物馆,长约1.2千米的林荫路,两旁绿树,竹林夹道,步行或乘坐观光车均可通达。

二叠纪岛 在景观大道尽头北侧,依据天然池塘建造。小岛位处池塘中间,四面环水,以木桥接外面小路。池塘总占地面积5亩,岛屿1亩,内设二叠纪时代各种生物模型。

CS彩弹射击中心 在二叠纪岛北侧,西近山麓,分室内和野外两个场地,属参与体验场所。详见后文参与体验的"CS彩弹射击"条。

(二)第二区、地质博物馆

地质博物馆 2004年9月3日始建,2006年竣工。由1号厅——宇宙地球厅、2号厅——生命进化厅、3号厅——金钉子厅,合计3部分组成,总建筑面积4500多平方米。3个展厅均为基本陈列:宇宙地球厅展示宇宙与太阳系的形成及特征,地球的构造与物质构成,地质作用形成矿产资源、地貌景观和物质灾害等。生命进化厅展示地球历史上生物的起源、爆发、进化的各个重要阶段,以及各阶段的标志性代表化石。金钉子厅剖析二枚金钉子落户长兴的奥秘，阐述金钉子的研究历程及其重要意义，展示研究长兴“金钉子”专家的风采，金钉子界限标志性化石——牙形石，以及地球史上6次生物大灭绝。

华东第一井 位于地质博物馆南侧，是民国时候煤山地区开采煤矿遗留的矿井，深约300米，故称华东第一井。古井因属矿井类危险区域，已围栅，不允许游客下井参观。

碳化木群 是远古时期，木头碳化形成的乌黑木头化石，也是植物演化变为煤炭前的雏形，共七株。碳化木属于地球进化的重要年代证据。

植物迷宫 在碳化木群东侧，是2006年地质博物馆修建时利用柏树丛人工修建的迷宫。初期植物较矮，树间错综复杂道路可以目视。现柏树高度近2米，完全遮蔽了前面道路，形成迷宫。景点属儿童团队游戏场所，需要按照一定线索才可走出迷宫。

（三）第三区、金钉子地质广场

金钉子广场在金钉子地质博物馆西侧，位于山体六个剖面中的D剖面，是整个景区的核心，主要景点有金钉子广场、金钉子、时空滑索（详见下文参与体验）等。

金钉子广场 2001年3月，在阿根廷举行的国际地质科学联合会正式确定“长兴灰岩剖面”为全球二叠系至三叠系分界线，并定位长兴界的层序和点位，俗称“金钉子”，长兴“金钉子”正式确立。2003年5月9日，广场紧邻金钉子开始建造，占地面积3亩，其中主要建筑有3根高9米的汉白玉玉锥形器、纪念碑、地球仪模型，以及长20余米，镶刻地球地质演变历史的浮雕长廊等。

金钉子 在山崖D剖面，共有两颗。具体位置：大金钉子位于广场正面高6米的山崖上，小金钉子位于广场东侧高5米的山岩内。

其他景观 景区沿山有人工开凿的山体剖面A、B、C、D、E、Z，共6组，其中D剖面为两颗金钉子所在。同时，景区为营造远古世界文化氛围，采用钢筋泥胶等材料合成大小与样式各异的仿真恐龙16组，置于景区不同空余地方烘托氛围。恐龙模型具有光电效果，微风吹拂便会发出呜咽之声。

四、参与体验

金钉子远古世界景区主要参与体验有CS彩弹射击、4D电影、地质火灾逃生体验、时空滑索，合计4种项目。

CS彩弹射击 CS彩弹射击运动是一项具有真实战场环境的军事射击运动，具有极强的冒险性和刺激性。2008年，金钉子远古世界景区策划的CS彩弹射击运动项目获浙江省公安厅审核通过，2009年7月1日，项目竣工营业。CS彩弹射击场总占地面积40亩，依山而建，分室内与室外两个场地。热爱运动的游客，尤其CS射击爱好者可在此参加全真军事化培训和体验，同时场所会给游客提供最专业的彩弹射击教官。景区CS彩弹射击收费方式以参与体验时间长短与等级综合评定定价，一般每半小时30发子弹收费80元，属景区内设另外收费项目。

4D电影　小电影院在地质博物馆东侧，内设52个座位，放映科普影片《生命大灭绝》，时间长度12分钟。电影引用动感立体高科技手段，让游客身临其境的领略地球史上生物的演变、灭绝、进化的全部历程，以及金钉子的重大意义。小电影院2006年随地质博物馆一同建成开放，放映时间依据游客购买门票而定，属游览门票的内含服务体验。

时空滑索　是景区利用山体海拔落差修建的缆车观光索道，2008年由新乡市三鑫体育游乐设备有限公司提供设计和施工图，长兴县雉城建筑工程公司承建。索道起点金钉子广场，终点二叠纪岛，有四根铁索架设两条滑道，滑索水平长280米，高度落差20米，收费标准30元/人次。2014年，项目因建筑老化，已停止营业。

地震火灾逃生体验　场馆在地质博物馆东侧，2014年8月8号建成开业，占地面积400平方米。体验馆分隔成两块内容区间，一是地震馆，参与者观看12分钟的立体电影《灾难警示录》。电影模拟重现地震来临时引发灾难的危险场景，使人在紧张的氛围中学会逃生知识，掌握逃生技能。二是火灾馆，火灾馆与地震馆互相衔接，设置逼真的建筑应急疏散通道和相关设施，运用多媒体技术人造逼真的火场烟雾环境，让参与者在烟雾弥漫、能见度很低的模拟火场通道内，体验学习逃生自救全过程，掌握火灾环境下逃生的基本方法和技能，以及培养面对火灾时，沉着冷静的心理素质。项目属另行收费体验，20元/人次。

五、游客、门票、旅游线路

游客　金钉子远古世界2006年10月建成对外试营业，2007年6月交由长兴县旅游局管理。初期游客人数缺乏统计。2008年，景区接待游客91556人次，其中国外入境游1623人次。2009年，接待游客125804人次，其中国外入境游1462人次。2015年，金钉子远古世界景区年接待游客50.17万人次。客源地以长三角地区为主，年龄与职业结构以学生团体为主，达20万人次，接近半数，其余为旅游团队和散客。

门票　2007年，景区初定门票80元/人次。2012年6月改为72元/人次。体验活动除4D电影含于门票外，其他均属另外收费凭票参与项目。科教参观团队门票半价，学生科教团队依据国家相关政策给予相应优惠。

旅游线路　金钉子远古世界景区依托南北向山坡建造，整个景区呈长条形。旅游线路依景区形状仅有一条，即从形象门大门口进入，观古银杏树化石群，通过景观大道，至正景点地质博物馆参观展览，约2小时；再至金钉子广场参观浮雕、金钉子，约用半小时；游完观看4D电影，时间1小时。之后，游客自由活动或自选参与体验，如CS彩弹射击、地震火灾逃生体验等。

六、推介会、宣传册、旅游产品

2008年，金钉子远古世界景区自正式开业便积极参加县旅游局组织或举办的各种推介。2013年，景区划属长兴旅游集团有限公司辖属，接受集团领导统一推介行动，不再独立参加旅游推介。景区编辑的宣传材料有景区导览折页。

七、组织机构与荣誉称号

组织机构　2006年10月开放之初，景区组织机构设综合管理部、接待服务部和市场营销部。2008年11月3日，金钉子远古世界景区印发文件(长金〔2008〕14号)文件，对内部原有的三部室设置进行调整，将原接待服务部的部分职能划出，新增项目工程部，负责整个景区的水电管网、展馆设备、户外项目设施等维护保养、安全操作及运营管理等。景区因隶属关系，初为长兴县国土资源局挂靠单位。2007年6月旅游职能移交长兴县旅游局管理，成立长兴金钉子景区旅游发展有限公司。公司历任总经理或法人依次是许慧(2007.6.20至2009.12.27)、潘星星(2009.12.28日至2013.4)、张玲(2013.4至2013.12.5)、徐迎东(2013.12.6至2015.2)、丁建和(2015.2至2015.8)、张新富(2015.8—)。

集体荣誉　2005年8月5日，国务院批准公布“长兴灰岩标准地质剖面”为国家级地质遗迹自然保护区，成为全球地质遗迹三大“金钉子”之一。2009年，金钉子远古世界景区被国家旅游景区质量等级评定委员会评为国家AAAA级旅游景区。2011年，金钉子远古世界景区被国土资源部评为“国土资源科普基地”。2012年，长兴金钉子被中国科学技术协会评为“全国科普教育基地”。

个人荣誉　2009年12月31日，景区的三名讲解员在长兴县“2009年度第二届讲解员(导游)技能大赛”决赛中获奖。2012年6月14日，景区接待服务部讲解员齐丹、韩婷参加县风景和旅游管理局在红玫瑰大酒店举办“安全生产月”活动——“旅游安全无小事”主题演讲比赛中，获第一名和优胜奖。2012年12月28日，景区讲解员钱佳参加第三届长兴县导游(讲解员)技能大赛获一等奖。

第二节　新四军苏浙军区旧址群景区(江南红村)

一、概述

新四军苏浙军区旧址群景区位于长兴县西北山区煤山镇，是利用1943年秋至1945年10月，新四军苏浙军区在长兴县开展抗日斗争遗留的革命旧址群创建的红色旅游景区。景区是江南地区保存最完整、规模最大、内涵最丰富的革命旧址群，被誉为“江南小延安”。2001年6月，新四军苏浙军区旧址(含15个点)被国务院公布为全国重点文物保护单位。景区接待处是原新四军苏浙军区一纵队司令部旧址，也称长兴县新四军苏浙军区纪念馆。截至2015年，新四军苏浙军区纪念馆获全国爱国主义教育示范基地、全国青少年教育基地、国家国防教育示范基地、全国红色旅游经典景区、国家AAAA级旅游景区等多项荣誉。

二、建设规划

建设历史 1943年秋，王必成率新四军六师十六旅挺进长兴县，驻仰峰岕，开创苏浙皖边抗日游击根据地。1945年初，粟裕率领新四军一师主力渡江到仰峰岕与王必成部汇合。1945年1月13日，新四军苏浙军区成立，司令部设沈家大院。1945年10月，新四军苏浙军区北撤。1959年，中共长兴县委成立长兴县搜集革命历史文物小组，在煤山地区征集当年新四军开展抗日活动所遗留的革命资料文物，成为后期创办新四军苏浙军区纪念馆的基础。1961年4月15日，浙江省人民委员会公布长兴县温塘革命旧址为第一批浙江省重点文物保护单位。同年5月20日，长兴县人民政府公布新四军苏浙公学、江南银行、兵工厂、后方医院(疗养所)、煤矿、粟裕司令员住所、方司令谭司令住所、被服厂、修枪所等9处革命旧址为第一批长兴县重点文物保护单位。1974年10月，浙江省文物管理委员会、嘉兴地委领导赴旧址考察，审定旧址维修计划，决定馆址设在长兴温塘，并设立"长兴县新四军苏浙军区司令部旧址陈列筹备小组"临时管理机构，负责征集革命文物史料和旧址保护。1976年1月，旧址对外开放。同年，成立新四军苏浙军区文物保管所。之后，文物保管所开始利用国有房屋，举办小型陈列展览，陈列新四军苏浙军区抗日斗争史料、照片及革命文物。1984年，文物保管所对温塘革命旧址所有房屋进行大规模复原维修。同年4月26日，粟裕部分骨灰由粟寒生护送，撒于温塘一纵队司令部旧址门前广场，建立"粟裕部分骨灰敬撒处"纪念碑。1989年12月12日，经浙江省人民政府公布，旧址命名为"新四军苏浙军区革命旧址(含温塘及沈家大院)"。2001年6月21日，依国务院国发〔2001〕25号文件，旧址被公布为全国重点文物保护单位。2002年1月，旧址被浙江省旅游局命名为国家AA级旅游景区(点)。2005年9月，旧址群被共青团浙江省委员会、浙江省旅游局命名为浙江省青少年红色之旅经典景区。2008年10月，被浙江省旅游局命名为国家AAA级旅游景区。2009年5月，被中宣部命名为第四批全国爱国主义教育示范基地。2011年5月12日，被国家发改委、中宣部、国家旅游局、国家文物局4部委联合印发《通知》，公布为第二批全国红色旅游经典景区。2011年12月31日，景区通过国家景区评审组审核验收，正式获国家AAAA级旅游景区称号。

规划 2005年，长兴县旅游局根据中宣部印发的《2004—2010年全国红色旅游发展规划纲要》(中办发〔2004〕35号)，申请浙江省旅游局将新四军苏浙军区司令部旧址群作为"全国红色旅游经典景区"候补申报。2006年，由长兴县建设局牵头，邀请浙江大学建筑工程学院区域与城市规划系、浙江大学城市规划工程与信息技术研究所编制完成《长兴县新四军苏浙军区旧址群红色旅游经典景区规划》《长兴县新四军苏浙军区旧址群红色旅游规划——新四军苏浙军区一纵队司令部旧址，新四军苏浙军区司令部旧址修建性详细规划》，规划总面积为80平方千米。规划目标：以新四军红色旅游产品为核心，以休闲及各类体验、参与性旅游产品为配套，集爱国主义教育、社会实践、参观游览、文化体验等多功能于一体的综合型红色旅游经典景区。2008年，浙江省旅游局召开“关于下一步如何加快推进新四军苏浙军区红色旅游经典景区建设会议”，形成《关于新四军苏浙军区红色旅游经典景区建设项目推进工作协调会议纪要》(浙旅办〔2008〕第3号)，将长兴县新四军苏浙军区旧址群定为浙江省“十一五”红色旅游发展规划重点培育和建设对象。2015年11月，新四军苏浙军区旧址群景区编制完成《长兴县“江南小延安”红色旅游景区提升方案》(详见第四编第二章)。

三、主要景点

新四军苏浙军区旧址群景区由18个文保点组成，每个文保点可认作一处独立景点，参观内容多数含古建筑与基本陈列两部分，少数仅存建筑，尚未布展。截至2015年，18处旧址中保存相对完好，特征明显、旅游价值较高的旧址有四处：新四军苏浙军区一纵队司令部(纪念馆)、新四军苏浙军区司令部(沈家大院)、新四军苏浙公学、新四军后方医院(疗养所)。

新四军苏浙军区旧址群景区18处旧址名录一览表

表2-55

序号	旧址名称	位置	史迹陈展	文保级别
1	新四军苏浙军区一纵队司令部	新槐村温塘自然村	系统陈列	国保
2	新四军苏浙军区司令部	仰峰村仰峰自然村	专项陈列	国保
3	新四军苏浙公学	十月村台基自然村	专项陈列	国保
4	长兴县抗日民主政府	新槐村桥下自然村	专项陈列	国保
5	新四军苏浙军区兵工厂	新槐村石臼里自然村	专项陈列	国保
6	粟裕宿舍和办公室	仰峰村仰峰自然村	专项陈列	国保
7	方司令谭司令北山园住所	东风村北山园自然村	无	国保
8	中共长兴县委	新槐村桥下自然村	专项陈列	国保
9	新四军后方医院(疗养所)	三洲山村茅山自然村	专项陈列	国保
10	苏南区行政公署	三洲山村尚阳自然村。	专项陈列	国保
11	新四军苏浙军区被服厂	和芥口村横岭芥自然村	无	国保
12	新四军苏浙军区修枪所	和芥口村水曲芥自然村	无	国保
13	新四军苏浙军区鞋子厂	白岘村丁芥自然村	无	国保
14	新四军《苏南报》社	五通山村缠岭自然村	无	国保
15	新四军苏浙军区报社编辑部	五通山村庄头自然村。	无	国保

续表2-55

序号	旧址名称	位置	史迹陈展	文保级别
16	新四军苏浙军区政治部	仰峰村仰峰自然村	无	县保
17	新四军苏浙军区供给部	仰峰村仰峰自然村	无	县保
18	新四军江南银行	新槐村温塘自然村	专项陈列	县保

新四军苏浙军区一纵队司令部(江南银行)　位于煤山镇新槐村温塘自然村。旧址原系清末咸丰年间王氏大户民宅,砖木结构楼房,正屋设一门楼,以前堂后寝的传统格局,按中轴线及东西两组,纵深两进排列。中轴线主体建筑规模宏大,构造精致。古建筑融文学、绘画、雕刻、戏剧、书法于一炉,体现清代徽派宅第建筑古朴、庄重、典雅的艺术风格。现旧址占地面积1276.69平方米,计有大小房间46间。1945年2月5日,新四军苏浙军区成立大会在旧址前原新四军练兵场召开,时有近1万名新四军指战员参加成立大会。军区成立后,苏浙军区一纵队(原六师十六旅改编)司令部设此,司令员王必成曾在第二进厢房办公。1976年,新四军苏浙军区纪念馆建成对外开放,该旧址因紧邻集镇,交通便利,被启用为接待处,称新四军苏浙军区纪念馆(后沿用至今)。1984年4月26日,粟裕部分骨灰敬撒于旧址门前西侧。同年,长兴县人民政府竖碑纪念。2012年,旧址西侧的新四军江南银行旧址恢复,同期两处旧址连为一处。

新四军苏浙军区司令部　位于煤山镇仰峰村,西以仰峰岭与安徽省广德县毗邻,北靠江苏省宜兴市。旧址原为清代光绪年间沈氏大户民宅,属徽派建筑,砖木结构楼房,正屋为三进五间两厢房,西面有十一间侧屋。整幢房屋有三条与侧屋贯通的备弄,与正屋前后三进相互连接,占地面积1129.69平方米。1943年秋,新四军六师十六旅王必成率部挺进长兴,旅部曾

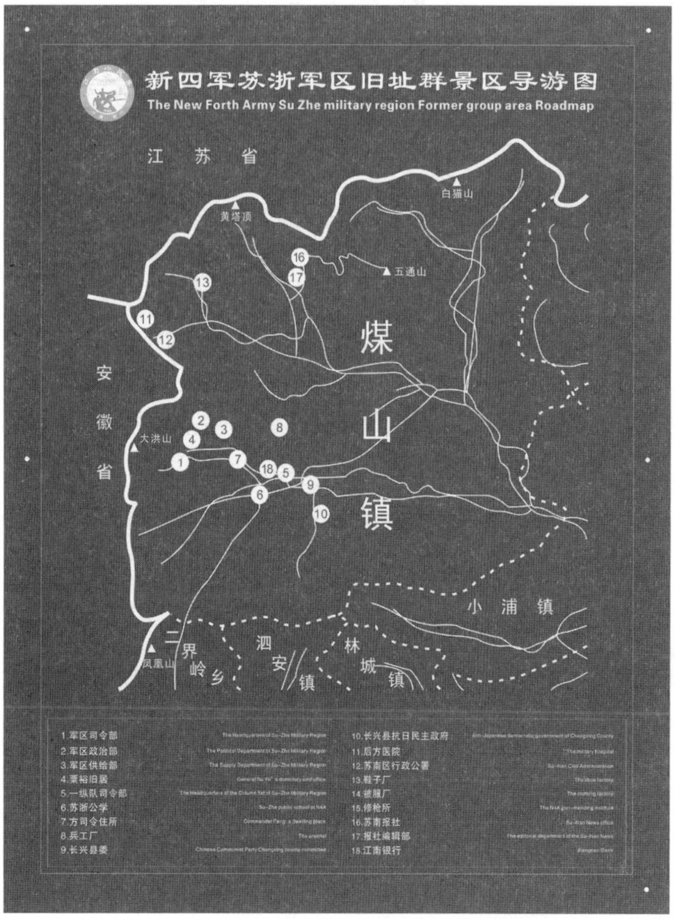

图2-2　新四军苏浙军区旧址群景区

驻此。1945年1月13日新四军苏浙军区成立，司令部设于大院内，司令部主要领导粟裕、刘先胜等曾在这里办公，后成为抗战后期粟裕固定定居的主要场所。旧址四周现均为民宅，门前以及周边有很多古老的银杏树；民宅错落有致，其中部分为清代至民国时期建筑，凸显古朴沧桑氛围。旧址坐落仰峰山下，具有浓厚的革命老区风貌。

新四军苏浙公学 位于煤山镇十月村台基自然村，原为清末大户张氏民宅。房屋坐北朝南，为五开间两栊梢外加一字墙的砖木结构楼房。现旧址占地面积633.68平方米。1945年2月10日，新四军苏浙军区在此创办苏浙公学，粟裕任校长，江渭清、骆耕漠任副校长，周林、张日清、吴肃任教育长。直至新四军北撤前，学校共培养干部1200余名。至今旧址内墙上仍保留当年新四军苏浙公学学员写下的宣传标语："革命熔炉""这里没有黄埔军官，只有身经百战的老战士；这里没有学士博士，只有宝贵经验的革命者"。外墙书写"遵守纪律、自强自治、团结互助的学风；学用一致、实事求是、埋头苦干的精神"。

新四军后方医院（疗养所） 位于煤山镇三州山村茅山自然村的半山腰上，南以白岘岭与安徽省广德县交界，北以三洲山与江苏省宜兴市太华镇接壤。旧址原为清末施氏祠堂，为前后二进三开间，外加一字墙徽派古民宅，倚山拾级而上，是硬山顶木结构房屋。现旧址占地面积382.71平方米，西北所靠是著名的"一脚踏三省"的三洲山。1944年，新四军六师十六旅在此创办后方医院，1945年年初扩大为苏浙军区后方医院兼疗养所。现旧址左侧外墙至今仍保留1939年抗战期间浙江省政工队队员书写的抗战标语："老百姓会打仗，才能保住家乡。"旧址群山环抱，古树参天，修竹遍野，环境幽静，山清水秀，四季分明，且地势险要。因附近村民在20世纪90年代陆续从山上迁往山脚居住，因而现旧址所在村庄较为萧条，残墙断壁随处可见。

四、参与体验

新四军苏浙军区旧址群景区的主要特色参与体验有红色宣讲、夏令营"当一回新四军小战士"、微电影摄影、重走红色步道等。

红色宣讲 是景区作为经典红色旅游景区的主要职能。每年清明节、"七一"党的生日、"八一"建军节，以及其他节庆日，旧址群景区均会迎来以长三角地区为主的无数社会团体前来参加红色宣讲教育，这其中又以"七一"前夕最为盛况。1991年7月1日中国共产党诞生70周年前夕，旧址群日接待参与活动的党员团队逾万人。新四军苏浙军区纪念馆开展的红色宣讲包括回忆新四军苏浙军区革命斗争史、重温入党宣誓、粟裕骨灰敬撒处祭奠、党课、入伍宣誓、走红色革命旅途等。参与体验者主要是党员干部、军人、大中学校学生等。2009年后，景区开始执行免票参观，年接待游客50余万人次。

夏令营（当一回新四军小战士） 1997年创办，是长兴县新四军苏浙军区纪念馆策划的专门服务少年儿童的革命教育宣讲活动。活动方式，新四军苏浙军区纪念馆通过宣传推介，联系少年儿童，以学校、教育培训机构，或者旅行社组团等多种形式，来纪念馆模拟体验当年新四军的艰苦生活，接受革命教育。具体程序：参与少年儿童至新四军苏浙军区纪念馆生活数日，穿纪念馆专用的仿新四军军装，模拟当年新四军的野营、打靶、唱革命歌曲等艰苦生活，后期逐步增加推石磨、打草鞋、烧竹筒饭、唱红歌、担架抬伤员急行军、送粮上前线、看红色电影等体验环节。以现场教学、体验教学、访谈教学等多种教学方式开展教育体验。活动时间：学生暑假期间，时间3～10天，活动规模以班集体为主，每班10～20人为适。2001年，夏令营的特色教育活动获浙江省委宣传部颁发的“浙江省爱国主义教育基地活动创意奖”。2011至2015年，新四军苏浙军区纪念馆共接待来自长兴实验二小、实验小学、湖州青少年宫、长兴一小、德清洛舍小学，以及苏州、无锡等少年儿童团队参加夏令营活动，共计38批、1620人。

微电影拍摄　新四军苏浙军区旧址群具有迥异其他景区（景点）的独特景观，即18处形式各样保存完整的徽派古建筑，无数栩栩如生的革命主题建筑与雕塑、革命文物展品、各种现代退役武器，以及系列传奇感人的革命故事，为游客拍摄微电影，尤以反映革命战争或者山区乡村生活题材的影片提供了丰富的场景与素材。游客可根据需要，自由摄影、编导、制作各种红色革命主题或反映山区乡村生活的微电影。

重走红色步道　2012年，新四军苏浙军区旧址群景区从中宣部提出的“重走长征路”政治活动中得到启发，设计创办景区自己的红色旅游步道。具体线路：从新四军苏浙军区纪念馆出发，经新四军苏浙军区司令部旧址、金钟岭、白岘岭、将军山，止茅山后方医院旧址，全程30余千米，时间一天。

五、游客、门票、旅游线路

游客　景区自1976年对外开放接待游客参观。初期因交通不便，客源以湖州地区的干部群众及中小学生团队为主，参观目的接受革命传统教育和爱国主义教育。1991年，景区开始对外售票，游客职业结构扩展到以党员干部、中小学生为主的各种社会团体以及个人。2009年8月，景区执行中共中央红色旅游政策，实施免票参观。2011年景区接待游客34.6万人，游客结构以党员干部、高等院校、中小学校学生团队为主，民间社会团体与个人其次，主要客源为长三角地区。截至2015年，景区累计接待游客870余万人次。

门票　新四军苏浙军区纪念馆1991年开始对外售票，门票1元，团体及学生票减半。2002年，更改为纪念馆门票成人10元/人，儿童5元/人；司令部旧址门票6元/人次，儿童2元/人次，联票15元/人次（长物价〔2002〕9号）。2006年改为联票成人40元/人次，儿童6元/人次（长物价〔2006〕5号）。2009年7月18日，依据中宣部、财政部、文化部、国家文物局联合下发《关于全国博物馆、纪念馆免费开放的通知》（中宣发2008〔2〕号），新四军苏浙军区旧址群景区开始免门票对外开放。

旅游线路 新四军苏浙军区旧址群景区设计旅游线路四种：1.参观新四军苏浙军区纪念馆内基本陈列以及紧邻的江南银行、江南红村等。2.参观新四军苏浙军区纪念馆及苏浙军区司令部旧址。3.专题参观，针对特定主题选择对应的旧址做专题参观调研，如医卫团队专门参观新四军后方医院，干部培训团队专门参观新四军苏浙公学等。4.重走红色步道，详见上文“参与活动”。

六、推介会、宣传册、旅游产品

2003年，新四军苏浙军区旧址群景区创建网站，成为景区的主要旅游推介平台，同时参与长兴县旅游局主办的各种旅游推介活动。此外，景区还借助各种媒体宣传报道革命宣讲活动，实施旅游推介。新四军苏浙军区旧址群景区编辑的宣传折页有《“江南小延安”——新四军苏浙军区纪念馆》《红色之旅——新四军苏浙军区旧址》；刊物有《仰峰》（已举办3期）；连环画《仰峰》等；宣传文集有《纪念新四军苏浙军区成立四十周年纪念册》。

七、组织机构与荣誉称号

组织机构 2015年，新四军苏浙军区旧址群景区的管理机构是“长兴县新四军苏浙军区纪念馆”，组织结构分办公室、宣教部、安保部，有员工11人。历任法人即纪念馆的馆长，依次是雷兴祖（1983—1989.10）、刘九彬（1989.10—1994.4）、梁奕建（1994.4—2003.05）、吕伟宏（2003.8—2012.06）、姜金泉（2012.06—2012.12）、甘宏伟（2013.01—2013.12）、赵慧仙（2014.01—2014.06）、秦桂芹（2014.07—）。

集体荣誉 截至2015年，新四军苏浙军区旧址群景区获得的主要荣誉称号：2001年6月，被国务院公布为全国重点文物保护单位；2005年9月，被公布为浙江省红色旅游经典景区；2009年5月，被中宣部命名为第四批全国爱国主义教育示范基地；2009年11月，被国家国防教育委员会命名为首批国家国防教育示范基地；2011年5月12日，被国家旅游局评定为第二批全国红色旅游经典景区；2011年12月，被国家旅游局正式批准为国家AAAA级旅游景区。

个人荣誉 新四军苏浙军区旧址群景区重视讲解员的业务能力培训。2012年3月2日，景区导游孙佳参加湖州市旅游局主办的“天下湖品”杯第二届金牌导游大赛获得冠军；同年9月29日，孙佳代表湖州市参加浙江省旅游局、共青团浙江省委员会、浙江省妇女联合会在萧山联合举办的“2012浙江省导游大赛”获第八名、二等奖（共92名选手）。此外，景区其他选手，胡莎、徐丽霞、吕玉蒨、史佳璐等也多次在湖州市旅游局、长兴县旅游局举办的各类景区讲解员技能比赛中获奖。

八、江南红村

概况 位于煤山镇新槐村温塘自然村，是附属新四军苏浙军区旧址群景区的旅游配套乡村酒店建筑群。整个江南红村占地面积3.13公顷，总面积建筑28386平方米，含餐厅、展览厅、宿舍三幢主体建筑，以及大型绿色生态停车场一座，可满足游客吃、住、行、游、购、娱等全方位需求，为党员干部开展教育培训、青少年接受爱国主义思想教育、群众进行红色文化熏陶提供强有力保障支持。

建设简史　2009年，长兴县文广新局为进一步开发新四军苏浙军区旧址群景区红色旅游资源，在正对新四军苏浙军区纪念馆的南涧南岸建造配套服务乡村酒店，命名江南红村。2010年10月18日，由长兴县文广新局牵头，成立长兴红村旅游发展有限公司（简称红村），注册资金1000万元，机构设置含综合办公室、餐饮部、客房部，合3个科室。2011年7月1日，江南红村建成正式对外营业。2013年7月，依据长兴县委相关文件指示，江南红村与新四军苏浙军区纪念馆管理体系分离，被从长兴县文广新局划出，移交给新成立的长兴旅游集团有限公司管理，成其下属子公司。

旅游服务　江南红村建筑服务功能分为餐饮、会展、住宿三个区块。餐饮中心拥有宴会大厅1座、豪华包厢11个，可同时容纳500人就餐。大厅装潢考究，包厢典雅温馨，是单位、个人举办活动和宴请宾客的理想场所。酒店菜肴力求精细，讲究色香味形器的完美统一。会展中心展出新四军苏浙军区十八处革命旧址的历史"江南小延安"基本陈列，融入声、光、电等现代科技，通过场景、文字、文物、图片等各种载体，艺术再现当年新四军苏浙军区军民团结抗日的生动历史画面。另会展中心拥有大、中、小会议室各一个，兼有展览、会议、影视等多种服务功能，可承办各种规格的会议或演出。住宿区又名新四军营房，有客房23间，营房39间，可同时容纳近300名游客住宿。此外，江南红村旅游配套设施还包括红色运动场、景区绿化、涧滩整治、红村菜地等，可为军事训练、生产生活体验、培训教育活动等提供服务。江南红村特色餐饮模仿当年新四军艰苦生活，备有忆苦思甜回忆性套餐，代表如"竹筒饭、南瓜汤"等。

第三节　中国扬子鳄村

一、概况

位于长兴县西南部，跨林城和泗安两镇，是一个以扬子鳄保护繁殖为主，辅以科研、旅游、生态保护为一体的扬子鳄自然保护区。保护区的旅游功能集珍稀野生动物观赏、生态旅游观光、科普教育、互动体验、农事休闲等一体。景区占地面积500余亩，由一期、二期两个建设项目组成。一期工程2004年建成开放，以楼台亭阁、廊桥轩舫的江南古园林建筑风格为主。二期工程2009年启动建设，2012年建成对外开放，主要功能扬子鳄野外放归和游客游览观光参与体验。截至2015年，景区养殖扬子鳄5000余条，暹罗鳄5条，尼罗鳄2条，湾鳄4条，其他如天鹅、鸳鸯、孔雀等珍稀鸟类10余种，是国家AAAA级景区、全国科普教育基地、浙江省长兴扬子鳄省级自然保护区、浙江省林业观光园、浙江省青少年科普教育基地、浙江省生态旅游示范区。

二、建设规划

建设历史 1979年6月,中国科学院动物所爬行类动物专家提议在浙江省创建扬子鳄自然保护区。1988年11月,浙江省林业厅批准在浙江省长兴县管埭乡尹家边自然村创建“长兴尹家边扬子鳄保护区”。1999年6月,长兴县人民政府批准保护区更名为“浙江省长兴县扬子鳄保护区”。2001年6月,国家林业局正式立项“浙江省长兴县扬子鳄种源自然繁殖扩建工程”并启动建设。2005年5月,保护区建成对公众开放,占地面积10公顷。2006年6月6日,保护区通过浙江省旅游局综合评审,获国家AAA级旅游风景区称号。2009年,长兴县人民政府启动在紧邻保护区的林城镇新星村开建二期“扬子鳄放归自然项目”,项目占地面积343亩。2010年2月,为规范景区旅游管理,经长兴县人民政府批准,长兴县林业局在保护区成立长兴扬子鳄旅游发展有限公司,公司性质国有独资有限责任公司,注册资本50万元,专门经营扬子鳄自然保护区旅游市场开发与营销。2012年9月25日,中国扬子鳄村二期项目工程“扬子鳄野外放归”建成对外开放。同年10月3日,中国扬子鳄村通过国家AAAA级旅游景区的申报评定,被批准为国家AAAA级旅游景区。

规划 2011年,景区配合浙江省长兴县扬子鳄自然保护区完成《浙江省扬子鳄放归自然建设项目》规划设计。景区在总体规划编制基础上,完成整个景区及周边范围内的生态旅游总体规划(包括林城新星村、泗安管埭村,规划总面积约200公顷),内容包括道路交通、核心区、附属区、辐射区的规划布局。2012年,景区在《浙江省扬子鳄放归自然建设项目》基础上,完善旅游景区内部及周边的配套设施建设规划,完成二期鳄鱼表演场所、观鳄长廊、停车场、旅游集散中心、科普展馆等主体工程建设。

三、主要景点

中国扬子鳄村景区由2004年、2012年两个不同时段建成的两块景区组成。西区为一期,景点有鳄鱼岛、亲鳄长廊、凶猛鳄族、王者归来,以及科研基地、扬子鳄繁殖基地(后两处属扬子鳄自然保护区核心区域,2013年后禁止游客参观)。跨尹家河进入东区二期,二期景点依地形建造,形状如勺,主要景点有高亭茶楼、影友驿站、竹博园、梅园、鳄作剧场、百果趣园、小动物园、趣味垂钓园、石书博览、密窟家园、龙岛、芳荷清韵、科普馆等。

(一)一期景点

鳄鱼岛 2004年建成,属中国扬子鳄村初建时核心景点。景点属人工湖,旧名“一号生态池”,占地面积2公顷,养育成年鳄鱼100余条,以供游客观赏。湖中央有小岛半亩,长条形,仿鳄鱼身形,称鳄鱼岛,是一号生态池中鳄鱼的主要陆地活动场所。

亲鳄长廊　是扬子鳄人工湖中间的人造景观长廊，由西向东，环绕鳄鱼岛，游客漫步长廊，可欣赏人工湖中的鳄鱼游泳休憩景象，称亲鳄长廊，长200余米。

凶猛鳄族　在西部园区中部，又名热带鳄鱼馆。2005年9月，景区从东南亚引进三种热带鳄鱼，计有暹罗鳄5条，尼罗鳄2条，湾鳄4条。因此类鳄鱼体格庞大，性情凶猛，称作凶猛鳄族。

王者归来　在西区的东南侧，是原一期的第二块鳄鱼饲养池，饲养成年鳄鱼70余条，内含美国扬子鳄5条。因美国扬子鳄前身系从中国引进，2007年再从美国迎归，得名“王者归来”。

（二）二期景点

高亭茶楼　2009年随二期项目一同建成，是饮茶休闲场所，内有包厢10个，大厅一座，可供近百人同时品茗休憩。

图2-3　中国扬子鳄村

影友驿站　2009年随二期项目一同建成，是景区开展微电影拍摄场所。游客在此可自由拍摄扬子鳄生活场景，制作微电影。

竹博园　2009年随二期项目一同建成，是沿尹家港利用各种景观竹作为绿化树种，修建的景观步道。内有各种彩色景观竹30余种。

梅园　在东区的西南角，占地面积2亩，种植梅树100余株，以红梅为主。春天梅花开放时，红花绿树映衬，成园中一景。

鳄作剧场　在东区的西南端，是景区内小型游客参与体验场所，详见本节第四目“参与体验”。

百果趣园　在东区西南端梅园东侧，是沿人行步道种植的果园，长约200米。果园依季节种植不同果树十余种，称作百果园。

小动物园 是东区的中心。2015年，景区根据自身旅游资源特点修建，养育羊驼两只、梅花鹿3只、孔雀30余只，形成一座小型动物园，以丰富景区的旅游景点及参与体验。

石书博览 2015年修建，由各种橡皮轮胎组成的儿童团队活动场所，包括一座轮胎墙、一座轮胎滑梯、五组轮胎桥等。

窑窟家园 在石书博览东北侧，2009年随同二期项目一同建成，是一座占地面积半亩、高7米的人造石窟。石窟外形仿小鳄鱼破壳而生形貌，内部雕刻全球23种主要鳄鱼的形貌，是一座小型鳄鱼知识科普馆。

龙岛 在北区东北角，紧邻南大门，以扬子鳄古属龙的一种命名。该景点是东区旅游集散中心，在此可乘坐游船抵达景区东区的全部水域。

芳荷清韵 在东区东北角，由两块河塘组成，占地面积20亩，种植各种荷花10余种，似一处小型荷花博览园。

科普馆 在东区东大门入口区，旧在西区一期茶楼，2011年随东区二期建成迁现址。科普馆占地面积280平方米，分图片室与标本室两个展厅。图片室展示图片70余张，描述扬子鳄从蛋到成年的一生成长过程。标本室展出各种标本10余件，用实物展览形式向学生科普鳄鱼的生命周期。

四、参与体验

中国扬子鳄村景区的特色游客参与体验围绕扬子鳄保护主题，以科普教育为主。项目包括扬子鳄放生大自然、微电影拍摄、科普夏令营、科普创作、鳄鱼表演、龙船观鳄等。游客通过游览保护区，了解有关鳄鱼的自然分布、生活习性、经济价值等知识，培养保护扬子鳄的意识。

扬子鳄放生大自然 此为整个二期项目主题，是国家林业局批准的“浙江省扬子鳄放归自然建设项目”。2012年4月15日，景区承办浙江省林业局组织的“浙江省野生动物保护宣传月暨扬子鳄放归自然启动仪式”，邀请国家林业局、浙江省林业厅等相关部门领导参加启动仪式剪彩，全国政协委员、中国野生动物保护协会会长赵学敏，浙江省人大常委会副主任程渭山等参加启动仪式。当日，共有120条扬子鳄被放归到长兴扬子鳄自然保护区实验区，之后这些扬子鳄每年仅在6月繁殖期、8月小扬子鳄孵化器、11月冬眠前喂食3次，其余时间进入野生自然状态，不再给予人工饲养管理。

微电影拍摄 2006年3月，景区完成长兴县人民政府投资拍摄的以宣传保护扬子鳄为目的的儿童故事片《亲亲鳄鱼》。影片的主题素材是国家一级保护动物——扬子鳄，选景、拍摄和活体扬子鳄的抓捕均在景区内完成，当年6月在全国公映。同年10月，中央电视台4套在景区拍摄“鳄鱼也温柔”纪录片，后在全国各地公影。此外，景区完成的官方影视作品还有宣传片《中国扬子鳄》《长兴尹家边扬子鳄自然保护区》，民间业余爱好者制作的扬子鳄微电影更是不计其数。

夏令营　2005年8月，景区先后与杭州师范大学附属中学、浙江省自然博物馆、上海市数家中小学校联合举办夏令营活动，主题“拯救中国龙——扬子鳄”。2006年12月2日，长兴县扬子鳄保护区管理处因科普夏令营事迹受到国家林业局、中央电视台青少年部、中宣部文艺局影视处、共青团中央宣传部等四部委的联合嘉奖，被授予“全国未成年人生态道德教育先进单位”。之后，景区的科普夏令营每年定期举办。

科普作品创作　2011年5月21日，景区举办首届“扬子鳄科普文化节”。文化节举办科普讲座、播放科普电影、指导学生参与撰写保护扬子鳄作文等系列活动。活动期间，景区还推出“诱鳄体验”“锦鲤喂食”“捕鱼活动”等互动体验，吸引数千名游客参与。

中国扬子鳄村科普作品创作一览表

表2-56

类别	主题或内容	数量
竞赛	野生动物保护作文大赛	800份
报刊	关于扬子鳄保护相关新闻报道	1000份
电影	讲述保护扬子鳄的儿童故事片	1部
纪录片	讲述最温顺鳄鱼——扬子鳄的成长史	1部
宣传单	野生动物保护知识宣传单	5000份

鳄鱼表演　在二期鳄作剧场，2012年创办，由景区工作人员训练鳄鱼表演人鳄亲吻、鳄鱼攀登等各种滑稽动作，同时其他小动物，如猴子、山羊、鹦鹉等一同参与。表演每天四场，时间为9时、10时，14时、15时。

人鳄同游　2012年创办，整个东区二期项目水域面积200余亩，是一块四通八达的环形水网人工湖，自然放归的鳄鱼生活其中。景区购置无污染电动游船两只，可携带游客穿行整个二期湖面。游客可以在水面近距离欣赏鳄鱼，体验“人在船中坐、鳄在水中游”的人鳄同嬉。乘船时间半小时，项目属门票之外另行收费项目，票价20元/人次。

五、游客、门票、旅游线路

游客　中国扬子鳄村景区实行全年开放（特别区域科研室、实验室、扬子鳄繁育区2013年后谢绝参观）。游客结构主要为亲子游与团队游，各占四成，散客较少。2005年后，保护区年接待游客10万人次，其中青少年5万人次、林业工作者2000人次、普通游客4万人次、当地农民1万人次。2012年，二期项目建成开放，景区游览面积增加近两倍，且整个二期建造设计充分考虑到保护区的旅游休闲功能，所以游客数量成倍增长，同年接待游客17万人次。2015年，景区接待游客61.24万人次。此外，自2006年开放至2015年十年间，景区接待国外游客，含国际鳄类组织、国际鳄鱼专家，以及美国、澳大利亚、英国、荷兰、韩国、泰国、日本等国鳄鱼爱好者共6万人次。

门票 2005年景区开放之初门票35元/人次。优惠政策：中小学生10元/人次，大学生及60至69周岁老人半价，现役军人、重点优抚对象，以及70周岁以上老人免票参观。2012年5月，景区门票提升为80元/人次，优惠政策不变。

中国扬子鳄村景区开放场所、时间、收费标准一览表

表2-57

场所（科普基地）	开放时间	收费标准
中国扬子鳄村	7:30～17:00 （节假日照常开放）	80元
鳄鱼繁育区	7:30～17:00 （节假日照常开放） 每年7至9月关闭	免费
鳄鱼标本馆	全天	免费
放影宣传厅	8:00～16:30	免费

旅游线路 中国扬子鳄村二期项目2012年建成前，景区面积狭小，旅游线路：科研基地、1号生态池、亲鳄长廊、凶猛鳄族、王者归来、科普馆（30分钟微电影教育）。整个游览时间两小时。2012年，东区二期项目建成开放后，旅游线路改由东大门进入，线路为东大门入口—科普馆—游船码头—小路口，进入谜窟家园（鳄嘴进鳄尾出）—垂钓区—孔雀梅花鹿园—古木灵洞—百果趣园—鳄作剧场—下游船码头；进入西区：美国扬子鳄—热带鳄—观鳄长廊—古今一脉—扬子鳄繁殖中心外围；回到东区：惺惺茶楼—下码头栈道—银杏林—东门出口。此外，若游客自由选择线路，一般不再进入西区，线路为科普馆—龙岛游船、微电影拍摄、垂钓、参观保护中心等。

六、推介会、宣传册、旅游产品

景区的旅游推介活动主要借助各种媒体宣传报道，如电影《亲亲鳄鱼》，介绍保护扬子鳄的书籍，以及中央媒体、浙江省媒体的报道。截至2015年，已有100多家新闻单位发表有关扬子鳄保护的新闻报道1000多篇次。景区自制的旅游宣传品仅有导览折页，2005年第一次制作，截至2015年已更新3次。景区旅游推介活动，2013年以前，景区参加长兴县旅游局组织的各项旅游推介。2013年，景区改制为长兴旅游集团有限公司下属子公司，受集团领导，统一参加集团组织的旅游推介。景区开发的旅游产品紧密联系扬子鳄保护主题，包括扬子鳄橡胶模型、扬子鳄吉祥物毛绒玩具、扬子鳄挂件等。

七、组织机构与荣誉称号

组织机构　中国扬子鳄村景区2010年前隶属扬子鳄自然保护区，没有成立专职旅游公司。2010年，长兴县林业局成立长兴扬子旅游发展有限公司，与扬子鳄自然保护区实行两家单位，同一班子，法人是方黎明。2013年，中国扬子鳄村景区改制，与扬子鳄自然保护区分离，成为长兴旅游集团有限公司的子公司，公司法人依次是许慧、施超、丁洁。至2015年，中国扬子鳄村旅游有限公司组织结构分为接待、综合两个部门，接待部负责办公室、财务、导游、车船、票务等；综合部负责检票、安保、商店、绿化、卫生等。合计员工20人，其中讲解员4人。

集体荣誉　1988年11月，浙江省林业厅批准在浙江省长兴县管埭乡尹家边自然村创建"长兴尹家边扬子鳄保护区"。2006年5月，中国扬子鳄村旅游景区通过浙江省旅游局综合评审，获得国家AAA级旅游风景区，同年12月13日，被浙江省林业厅批准为浙江省首批林业观光园(全省共82家)。2010年12月3日，景区被浙江省环境保护厅批准为第四批浙江省生态环境教育示范基地；同月，又被浙江省科协、教育厅、科技厅等四家单位考核评为"浙江省科普教育基地"。2011年1月21日，景区被中共浙江省委宣传部命名为浙江省科普教育基地。2011年6月22日，被浙江省环境保护厅批准为首批"浙江省生态文明教育基地"。2012年10月3日，景区通过国家AAAA级旅游景区的申报评定，被批准为国家AAAA级旅游景区。10月15日，中国科协办公厅印发《中国科协办公厅关于命名全国科普教育基地的通知》，长兴扬子鳄保护区被命名为全国科普教育基地。

第四节　仙山湖国家湿地公园

一、概况

位于长兴县西部泗安镇，景区以泗安集镇与仙山湖为中心，包括柴湾社区，上泗安、仙山三村，以及长丰、五丰、庆丰、初康、东村等五村各一部分，规划总面积约55平方千米。核心区域为环仙山与泗安水库区域，由仙山(显圣寺)和仙湖湿地(泗安水库)两部分构成，面积约10平方千米。是一个集旅游、休闲、湿地保护、宗教祭拜等功能于一体的生态旅游景区。2008年10月1日，景区由长兴仙山湖旅游投资开发有限公司建成对外营业，2009年被批准为国家级湿地公园试点单位。截至2015年，景区获得国家AAAA级旅游景区、国家湿地公园、全国科普教育基地、浙江省生态旅游度假区等多项荣誉称号。

二、建设规划

建设历史 仙山湖国家湿地公园由仙山与泗安水库(俗称仙湖)两个区块构成,又景区属国家级湿地公园,湿地的培育、保护、管理是景区另一重要功能。景区的建设历史分为三个区块。

(一)仙山

仙山历史悠久,古代以苏浙皖边重要宗教祭祀场闻名四方。相传唐朝时山顶既建有寺院,称集云寺(一说名空隐教寺);又传宋元时期仙山曾为长兴县治水大神祠山大帝张渤道场。明朝时,仙山之巅逐渐发展为地藏王道场,建有显圣禅寺,相传具有仙气,得名仙山。清顺治十三年(1656),僧孤标重建地藏大殿于山巅,成为苏浙皖边祭拜地藏王菩萨著名道场,被誉为"小九华"。

寺院在"文化大革命"中毁坏,1990年寺院重建,复名显圣禅寺。1998年有当地村民组建仙山旅游开发中心,1999年在仙山森林公园入口搭建简易门楼围墙,建成收费景点。2002年,复有泗安镇当地村民在显圣寺的入口山路黑松林修建山道与牌楼、栅栏,做成收费景点,后因个人原因,景点建设废止。2005年,有泗安镇数位私人业主再次组建杭州友联旅游开发有限公司,在黑松林建吊床休闲区,在水库南区建设鹅卵石浅滩,在显圣寺山门入口处设栅售票收费,法人代表为安吉人周星。同年,泗安镇在长兴县旅游局指导下完成《仙山湖景区规划》,规划首次使用"仙山湖"名称,提出景区的五大建设项目:显圣寺、黑松林度假村、湿地、天然盆景园、水库管理处农庄。2008年年初,长兴县启动四大名山(四大寺院)建设,内含仙山与显圣寺。同年2月,泗安镇人民政府收回仙山显圣寺的门票经营权,结束了私营业主的旅游开发。5月14日,显圣寺完成观音殿开光,正式对外售票开放。2009年,长兴县交通局投资重建的仙山显圣寺竣工,交由长兴县民宗局负责管理。2010年8月21日,仙山显圣寺举行观音大殿落成暨佛像开光仪式。2011年,经过多方调解,显圣寺佛教文化景区与仙山湖湿地景区合并交由长兴仙山湖景区经营管理有限公司统一管理,建成统一景区。2014年5月4日,国家旅游局全国旅游景区质量等级评定委员会公告(旅发〔2014〕第2号),湖州市仙山湖景区被评定为AAAA级景区。

(二)仙湖(泗安水库)

仙湖景区的基础是泗安水库。1964年,泗安水库建成,初为蓄水、防洪、灌溉、发电的综合水利工程。2005年,当地数位民间私营业主成立杭州友联旅游开发公司,在水库南岸滩涂建造宝塔、船坞,开发旅游。2006年,泗安镇人民政府注册成立长兴仙山湖旅游投资开发有限公司,编制旅游规划,预备开发仙山湖旅游区。2008年2月,泗安镇人民政府从私营业主手中收回泗安水库连同仙山显圣寺的旅游开发及门票经营权。4月,在长兴县人民政府领导统筹下,由长兴县旅游局主管,联合泗安镇人民政府、县水利局,以及社会股东参与,组建长兴仙山湖旅游投资开发有限公司开发泗安水库(仙湖)旅游。为了宣传推介需要,泗安水库正式更名仙湖。4—9月，公司投入2000多万元建设停车场、游客中心、索桥、上山旅游步道、临湖茶吧、游船码头、候船大厅等设施，完善游览线路。10月1日，仙山湖旅游景区对外开放试营业。

2010年年初，长兴县委、政府决定加快发展仙山湖旅游度假区，成立长兴县仙山湖景区开发建设领导小组，以县属企业农丰源股份有限公司联合长兴县旅游发展有限公司、泗安镇村镇建设开发有限公司，以及长兴县水利局所辖的泗安水库管理所，共同投资发展仙山湖旅游，收购原仙山湖旅游投资开发有限公司股份，原公司退出经营管理。4月12日，景区顺利完成新老公司交接。8月公司基本完成重组。9月6日，仙山湖景观大道动工兴建。2011年4月16日，依据县委指示，景区交由农丰源股份有限公司独家投资开发建设和经营管理。长兴仙山湖旅游投资开发有限公司原有的四家股东，长兴县旅游发展有限公司、泗安镇村镇建设开发有限公司、泗安水库管理所，以及私营业主全部退出股权。

2011年5月1日，经多方协调，仙山显圣寺与仙湖景区统一旅游管理。景区对2008年兴建的从游客中心门前广场上山旅游步道进行维修，真正实现仙山、仙湖同步经营、同步发展的格局，让仙山湖在原有的基础上增加知名度，提升景区形象。8月10日，为进一步明晰产权关系，提高管理效率，根据中共长兴县委协调会议《关于仙山湖国家湿地公园景区实施建管分离的要求》，对公司原有五个股东进行收购，经过四个月的协调，完成股权收购，由农丰源股份有限公司独家控股，变更法人代表并将注册资本增资到3000万元，重新组建长兴仙山湖旅游投资开发有限公司，负责整个仙山湖的开发建设。原由长兴旅游发展有限公司出资组建的长兴仙山湖景区经营管理有限公司仅负责经营，整个景区实行建、管分离。

2012年5月9日，仙山湖景区成立科普工作领导小组，开始全国科普教育基地和浙江省科普教育基地创建申报。6月，农丰源股份有限公司开始对景区进行“五个一工程”建设，包括景区停车场、游客中心、广场、游船码头、厕所和大堤。同年，景区成功创建浙江省科普教育基地。2013年7月，长兴旅游集团有限公司成立，长兴仙山湖景区经营管理有限公司被划拨为长兴旅游集团有限公司的子公司。10月12日，农丰源股份有限公司接管仙山湖景区的经营权，原长兴仙山湖景区经营管理有限公司注销，仙山湖景区主管公司改称长兴仙山湖旅游投资开发有限公司。2014年1月28日，景区迎来国家AAAA级旅游景区验收创建。5月4日，国家旅游局全国旅游景区质量评定委员会发布公告(〔2014〕第2号)，湖州市仙山湖国家湿地公园被批准为国家AAAA级景区。浙江省旅游局规划发展处张雄文、李剑锋等参加验收工作。2015年8月8日，荷博园、古潮观鱼两处新景点建成正式开园。

(三)湿地

2000年左右，泗安水库启动湿地保护。2008年，仙山湖景区成功创建浙江省生态旅游区。2009年，泗安水库由长兴县林业局牵头编制国家湿地公园总体规划，并通过国家林业局专家组论证，仙山湖景区(泗安水库)被正式批准为“国家湿地公园建设试点单位”。2010年，仙山湖国家湿地公园（试点）被列入2011年中央财政湿地保护补助项目。2011年4月17日，长兴仙山湖旅游投资开发有限公司制定《仙山湖生态旅游区135行动方案》，提出之后五年奋斗目标：一年打基础，三年出形象，五年基本建成国家级湿地生态旅游示范区。2013年11月11日，“中德湿地合作项目”的湿地培训在仙山湖景区进行。2014年9月11日，湿地迎来“仙山湖国家湿地公园”国家试点单位验收，浙江省林业厅相关领导参加。12月10日，浙江省湿地保护工作现场会在仙山湖景区召开，全省各市县区林业局的分管副局长、各湿地保护区和湿地公园负责人一行140余人参观仙山湖国家湿地公园。2015年2月3日，国家林业局湿地办主任马广仁一行到仙山湖湿地考察调研。

（四）规划

仙山湖国家湿地公园完成的规划主要三次：2006年的泗安镇旅游规划，2009年的湿地规划，2011年的旅游远景规划。至2015年，景区执行规划为2011年旅游景区建设概念规划。2010年，仙山湖景区委托北京杨振之来也旅游咨询策划有限公司制定《仙山湖旅游度假区总体规划》，6月下旬，中国美术学院建筑设计院副建筑师，国家一级建筑师郑捷等5人组成仙山湖景区总体规划论证专家评审小组，对《仙山湖旅游度假区总体规划》进行初审。2011年，景区对《仙山湖旅游度假区2010—2020年总体规划》结合实际进行修订完善。同时，对以湖面为核心的10平方千米景区委托杭州汉嘉设计集团有限公司编制概念规划。杭州汉嘉设计集团有限公司规划设计人员多次深入仙山湖库区以及周边村落进行现场勘察，掌握第一手资料。根据保护性开发的原则，坚持仙山湖生物的多样性和生态的原始性，规划主要内容：环湖市政道路以及秋枫渔火、苇海寻踪、荷风醉月、云水仙林、浮波采青等八大公园。同年，景区精心设计工程方案，委托包括北京多义景观规划设计事务所在内的多家国内顶级景观设计单位，对景区的公园、道路等单个工程项目给予精心设计。

三、主要景点

仙山湖国家湿地公园景区分为仙山、仙湖两个游览区，同时独特的湿地生态系统也是重要的景观之一，合计3个游览区块。

（一）仙山游览区

仙山游览区包括仙山（山体）、显圣寺、（瞭望台）、其他庙宇群、森林公园、综合服务区等参观景点。

仙山　位于泗安镇西北2千米仙山村，东南临泗安镇，西近泗安水库。山形如金字塔，以形势秀美险峻，为佛教地藏王菩萨道场，传说具有仙气得名。历史上仙山又以其四方平广，遥望如卓笔，紧邻泗安镇，称南方山、尖山、四安山等。清同治《长兴县志》“卷十·山”载：“四安山在县西南八十四里，高一百丈，周十里，以其四方平旷，故名，或称南方山，遥望如卓笔，又谓尖山（张志）。”海拔162米，周5千米。仙山以山体俊秀著称，独处旷野，危峰兀立。

显圣寺 是仙山游览区的主要景点，属宗教祭拜场所，主要景观是显圣寺的寺庙建筑群。寺庙建筑群依仙山山势逐级建造。仙山海拔不高，仅162米，但在平原旷野间危峰兀立，如焰天火。正门在西山脚，依次是山门牌坊、黑松林步道、一级庙宇、二级庙宇、地藏宝塔。显圣寺重要景观是登高望远，瞭望点两处：第一处是位于第一级庙宇西侧的养心亭观景台，从观景台向西眺望，可见整个仙湖景观，延伸至浙皖边境。第二处是山顶的地藏宝塔，仙山自平川拔地而起，周围无遮蔽，在山巅地藏宝塔眺望，四方一览无余，晴明日子可以眺望周边数十千米美景。

其他庙宇群 仙山古代以宗教祭拜场所闻名，除山上主庙显圣禅寺外，周边另有众多零散庙宇。如西麓山腰的半山亭、东麓山腰的白云庵、西山脚的阎王殿、三天门等。甚至更远上泗安街的头天门、二天门、祠山庙等。众多庙宇形成仙山周边丰富的宗教文化。

图2-4 仙山湖国家湿地公园

森林公园 在仙山西南麓。仙山西南山麓为平缓山坡，1970年前后的大集体时代，山坡植被破坏严重。1990年后整个山体封山育林，形成300余亩以松树为主的自然林带，如一处天然森林公园。

综合服务区 在仙山西南麓。1990年后，仙山之巅开发旅游，周边各种配套服务设施逐步修建，包括度假酒店、文创基地、旅游商业街、禅修书院、农家小院、户外拓展中心、休闲农业观光园等，属仙山湖国家湿地公园景区的附属旅游设施。

（二）仙湖游览区

仙湖景区即泗安水库，2005年当地为开发旅游，改称仙湖。主要景点包括2008年建造的游船码头区块，以及2011年之后建造的“一路五园”。

仙湖 仙湖暨泗安水库。泗安水库以泗安镇内最大水利工程命名，1959年1月开工修建，1964年12月竣工。集雨面积108平方千米，总库容5000万立方米，正常水面东西长2

千米，南北宽3.5千米，水面面积6000余亩，平均水深3米，最大水深6米，坝长1550米，高10.3米。是集灌溉、居民生活用水、发电、防洪、水产养殖、旅游为一体的综合型水利工程。泗安水库以陈仙线跨泗安水库的“金桥仙堤”将库区分为南湖与北湖两个区块。南湖约占总湖面的三分之一，现为规划区，尚未开发。北湖约占总面积的三分之二，基本开发完毕，主要景点是湖东的游船码头区块与水库大坝，以及其他三面以环护公路连为一体的“一路五园”。

游船码头区块　在仙湖东岸，紧邻仙山，2005年，当地村民开始开发，2008年由仙山湖旅游公司继续开发，逐步建成游客中心、大禹像、浮云索桥、滑草等旅游景观设施。主要景点大禹像、浮云索桥。

大禹像　在渔船码头南侧100米处，2006年建成，是一尊石像。石像底座占地面积10平方米，高9米，重约120吨，祭古代治水神灵大禹。祭祀原因，泗安水库2008年以前是长兴县最大的水利工程，古代泗安一带土质属于红壤，不但土质贫瘠，红壤不能贮水，降雨落在地面会立即流走，不能渗入地下贮藏，所以干旱严重，十年九不收，建大禹像体现地方祈求神灵治水的愿望。[①]

浮云索桥　2008年建成，跨两座小山，长150米，是用绳索相拉，上铺木板，两旁辅以绳索网格护栏的绳索桥梁。索桥下临河塘，落差近30米，云雾天气，犹如浮在云端，称浮云索桥。

一路五园　在环抱仙湖的西北侧。“一路五园”，暨环湖公路，以及由环湖公路连接的五片园林：烟雨滩、仙柳湾、荷花博览园、仙鹤渡、古潮观鱼的合称。

环湖公路　又名仙山湖景观大道，2010年9月6日始建，2014年建成，长5166米（其中主干道4635米），宽12米，总投资3000万元。沿途景观主要有五园：烟雨滩、仙柳湾、荷博园、仙鹤渡、古潮观鱼。

烟雨滩　在仙湖北湖的西南角，东接金桥仙堤，南临环湖公路，是紧邻环湖公路的一条带状滩涂湿地。滩涂既有疏林草坪、天然水上丛林，又有后来补种的各种花卉林木，占地面积700亩。

仙柳湾　在仙湖北湖的西角，南邻烟雨滩，东接仙鹤渡，以数百株生于湿地中的柳树形成的森林公园命名，面积8公顷。春夏柳林随风摇动，清晨雾起湖面，水雾袅绕，无数柳枝倒影湖中犹如仙境。近年来，仙柳湾的水上柳树林面积正在扩大，预计建成占地面积600亩的水上森林公园。

---

① 从唐朝开始，长兴县包括泗安地区供奉的治水大神是祠山大帝张渤。张渤为大禹在苏浙皖边地方化的治水神灵，拥有浓厚的文化基础。仙山湖国家湿地公园建大禹像祭拜而非张渤，是设计者不熟悉地方文化疏忽而致。

荷博园 在仙湖北湖的西北角，东接仙鹤渡，2015年建成，以在湿地遍种荷花命名，占地面积600亩。整个荷博园荷花种植面积300余亩，种类200余种，花时季节长达3个月。荷池之间，以桥梁、画廊相接，亭台楼阁错落有致，小桥流水，曲径通幽，整个建筑风格古朴典雅，具有典型江南水乡园林神韵。

仙鹤渡 在仙湖北湖的北部，东距古潮观鱼1千米，西近荷博园，初为北靠环湖公路，南连仙湖的大片沼泽湿地，占地面积400亩。湿地遍生芦苇，芦荡众多，栖息着以白鹤为主的众多水鸟，得名仙鹤渡。2013年，景区在沼泽改造芦苇、林地，修建观鸟台，成为景区主要水鸟观测地。

古潮观鱼 在仙湖北湖的东北部，旧为大片湿地浅滩，占地面积500亩。2015年，景区围绕渔耕文化主题，在滩涂建成鱼文化展示馆、阳光沙滩、赏鱼池、嬉鱼滩、垂钓园、鱼宴街、观鱼回廊、手划游船等众多小景点，形成典雅古朴的渔村风貌，取名古潮观鱼。

(三)湿地景观

仙山湖湿地景观包括湿地、仙柳湾的杨柳林、白鹭岛等景观。

湿地，是整个景区所有滩涂、池塘、河网总称，面积约10平方千米，主要位于泗安水库水面以及陆地的结合带。仙山湖国家湿地公园景区主要功能是湿地保护，2014年，景区通过国家生态湿地公园验收。仙湖湖水清澈，属国家一级二类水标准，是泗安镇的饮用水源。以仙湖为核心，形成华东地区最具生物多样性与生态原始性的湿地系统，有着独特的自然环境，面积=1393.33公顷，占总面积的61.5%，分落叶阔叶林湿地、高草湿地、低草湿地、浅水植被湿地等4种湿地类型，物种资源有植物212种、动物206种。

杨柳林 即仙山湖景区的水上森林公园，属湿地主要植被类型，共120亩。以杨柳为主的植物直接生长水中，形成大片原始森林。

白鹭岛 白鹭岛是仙山湖湿地水鸟的主要活动保护区域，禁止游客入岛参观。岛上共生活有100多种水鸟，其中黄嘴白鹭、白琵鹭、小天鹅、斑嘴野鸭等10余种水鸟属国家二级保护动物。

四、参与体验

仙山湖国家湿地公园主要参与体验有仙山朝圣、游船泛湖、铁人三项体育比赛、滑草滑水等。此外，景区还临时举办各种季节性应景节庆，如帐篷节、荷花节等。

仙山朝圣 仙山是长兴县重要宗教祭拜场所，宗教祭拜朝圣历史悠久。唐宋时期，仙山一带主祭治水大圣祠山大帝张渤。明朝中期，安徽省九华山作为地藏王菩萨道场名扬天下，各地主祭地藏王菩萨，自称“小九华”的寺庙风起云涌，长兴县苏浙皖三省接壤的仙山寺院也被赋予地藏王道场美名，成为主祭地藏王的重要道场之一，并形成每年七月半地藏王诞辰日朝圣祭拜盛况。清康熙年间，曾任长兴县令的诗人鲍钤《四安山》记其盛况：“乱山杂沓一枝峰，石戴山椒寺绕松。一自窃名标九子，年年香火赛吴侬。”该民俗在“文化大革命”时废，20世纪

90年代后随着显圣禅寺恢复而复苏。

游船泛湖 属景区传统特色项目。2008年景区对外开放后，一直是景区的主要参与体验。游客经游船码头乘船，经过湿地、水上柳林（2010年前，时常让游客登岛逗留半个小时自行开展活动）、荷博园、古潮观鱼，登岸参与体验古潮观鱼设置的各种项目，时间1至2小时，再登上游船，返程回到游船码头，全程时间3.5小时。

铁人三项体育比赛 是利用仙山湖的山、水、公路举办的游泳、自行车、长跑综合型体育比赛项目，称铁人三项。2014年，景区第一次邀请嘉兴地区铁人三项体育比赛活动爱好者参赛，尝试第一次举办，有来自嘉兴地区的选手40余人参赛。2015年5月16日，赛事首次正式承办，有来自杭州、嘉兴、长兴三地的60余名选手参加首届"仙山湖"杯铁人三项。预决赛包括2千米跑步、10千米骑行、1千米游泳，共三段赛程。景区规划未来将比赛建成游客的一项重要参与体验。

滑草滑水 场所在游船码头东北侧，是景区利用山丘地形创办的一项参与体验。游客从海拔40余米山丘，乘坐滚筒橡皮艇、碰碰车等，通过柔软的草甸速降滑至湖边；或乘坐封闭滚筒、开放橡皮艇在湖边水池滑水。整个项目体验惊险刺激，2015年建成对外开放，门票25元/人。项目现承包给个体经营，收费不包含在整个景区门票内。

五、游客、门票、旅游线路

游客 仙山湖国家湿地公园景区的游客情况分仙山、仙湖两个区块。仙山，古属苏浙皖边重要宗教朝圣祭拜场所，游客的主要旅游行为为宗教朝圣。约宋元时期，苏浙皖边地区信奉祭祀治水大神祠山大帝张渤，仙山曾为祠山大帝道场。明清时期，九华山地藏王道场兴盛，江南各地出现诸多"小九华地藏王菩萨道场"，仙山成为其中之一。清顺治年间，泗安镇地藏王道场更加鼎盛，仙山成为苏浙皖边重要朝圣地，"文化大革命"后仙山寺院焚毁。1990年后，仙山再次成为香客朝圣及游客游览观光所在。2000年左右，有当地村民开发显圣寺为旅游场所，后仙山显圣寺的管理权反复变更，现为免费游览景点。

仙湖，2008年10月1日，仙山湖旅游景区建成对外开放。2009年，因长兴县委、县政府对仙山湖旅游事业的重视，以及景区通过媒体宣传、发放旅游券等有效营销策略，景区游客数量增长迅速，达10万人次，2010年达15万人次。2011年5月1日，经多方协调，仙湖、仙山两个区块统一经营，从游客中心至显圣寺的直接登山旅游步道建成，真正实现仙山、仙湖同步经营、同步发展格局。仙湖接待游客150178人次（不含仅游显圣寺的免票游客）。2015年6月，仙湖新建的两个园区古潮观鱼、荷博园开园，景区影响力和知名度进一步提升，年接待游客60.29万人次。

门票 仙山湖国家湿地公园景区的两个区块仙山、仙湖，因不同的设立历史与管理方式，采用不同的管理及门票收费方式。仙山，1994年显圣寺建成，开始接待各地游客，1999年，有当

地村民修建山门开始收费，门票10元/人次，2004年提高至20元/人次。2008年仙山湖景区重组，显圣寺停止收费。2009年仙山景区交给仙山湖旅游经营管理公司统一管理，门票39元/人次。2011年，仙山湖景区由于无法与民宗局及所辖的显圣寺宗教管理处协调，仙山不再收费。

仙湖　2008年10月1日景区建成对外开放，湖区入园门票20元/人次，游船60元/人次，合计80元。2015年8月8日，古潮观鱼、荷博园两园建成开放，每园单独收费50元/人次，若与整个景区联票，则总共120元/人次。

旅游线路　截至2015年，仙山湖国家湿地公园景区的两个区块以游客中心为起点，各有旅游线路。仙山旅游线路两条：一是传统旅游线路，1999年建成，从牌坊大门—黑松林步道—显圣寺—地藏宝塔—返程。另一条新建旅游线路，2010年上山台阶建成开通，景区游客中心—接待广场—登山步道—显圣寺—地藏宝塔—返程。两种线路预计时间都需1小时。仙湖景区采用封闭收费接待方式。初期旅游线路单一，为浮云栈道—游船码头—乘船游湖—水上柳林（登岛）—返航—大禹像—游客中心，全程需用时间2小时。2015年8月8日，荷博园、古潮观鱼建成开园，游览线路改为三条：1.乘船游览：游客中心售票处—索道（索桥）—渡船码头（游船码头）—乘船游湖—荷博园—古潮观鱼—乘船返航，全程需要时间3～4小时。2.外湖游览：环湖公路—荷博园—古潮观鱼，时间3小时。3.全景游览：游客中心售票处—渡船码头（游船码头）—乘船游湖—荷博园—古潮观鱼—环湖公路—游客中心。全程需用时间1～2天。

六、推介会、宣传册、旅游产品

推介会　2008年10月，仙山湖国家湿地公园建成开放，景区积极参加县旅游局组织的旅游推介，赴杭州、南京、上海等地参加旅游景点营销推介。同时，景区在长兴电视台、长兴广播电台、《湖州日报》等媒体全方位登载广告宣传；利用政府、旅游部门官方网站发布公司最新动态，借助网络宣传；或自行组织在上海、安徽等社区，以及长兴县的水口大唐贡茶院、城区中心广场等举办“登仙山、游仙湖、入仙境、沾仙气”为主题的旅游推介。2009年，景区向国家商标总局申请注册“仙山湖”品牌，通过品牌文化运作进行品牌宣传。2012年，景区拍摄旅游宣传片，设置电脑触摸屏，让游客全方位了解景区游览及景点情况。

宣传册　景区编辑的宣传材料有《印象仙山湖》《仙山湖湿地科普教育手册》，以及旅游导览折页等。

旅游产品　景区设置第三产业，其中渔业组负责泗安水库的日常维护和打鱼卖鱼工作，古潮观鱼的鱼宴馆可就地选择新鲜湖鱼食材，仙山湖鱼宴成为重要特色餐饮。

七、组织机构与荣誉称号

组织机构　仙山湖国家湿地公园景区的组织管理机构仙山、仙湖两个区块各不相同。仙山区块的组织管理机构简单：景点从1994年年初建开始，先期归属修建的地方村民及僧人共同管理。2009年后，寺院经地方政府重建，管理权隶属长兴县民族与宗教局以及直接事务管理机构显圣寺宗教事务管理处。

仙湖区块因开发管理权的多次变更，组织管理机构变化复杂，大致可分为民间企业开发阶段、多组织联合开发阶段、农丰源介入阶段、划属长兴旅游集团阶段，合四个阶段。

一、民间企业开发阶段。2000年左右，有当地村民在泗安水库湖滨开发旅游。2005年7月25日，有三个自然人合股注册成立杭州友联旅游开发有限公司，曾用名长兴仙山湖旅游开发有限公司，开发景区。2008年2月景区的开发管理权被泗安镇收回，公司注销。

二、五单位联合开发阶段。2006年12月5日，泗安镇注册成立长兴仙山湖旅游投资开发有限公司预备开发泗安水库旅游。2008年年初，泗安镇、泗安镇仙山村、长兴县水利局泗安水库管理处、长兴县旅游局，以及一位私营业主，五家单位（个人）联合，在改组原长兴仙山湖旅游投资开发有限公司基础上，成立仙山湖发展有限公司，联合开发仙山湖景区，企业法人管会斌。5月22日，因投资人（股权）变更，企业法人为严江。10月1日，景区建成对外开放。公司组织机构设总经理办公室、营销接待策划部、经营部、水上项目部、后勤部，合计一办四部，有员工55人。2010年4月12日公司重组，完成新老公司交接。新公司由农丰源股份有限公司、县旅游发展有限公司、泗安镇村镇建设开发有限公司和泗安水库管理所共同投资组成。

三、农丰源股份有限公司介入阶段。2011年8月25日，依据中共长兴县委、长兴县人民政府指示，景区建、管分离，由农丰源股份有限公司出资建设仙山湖景区，原公司仅负责旅游经营。后期，因多家单位合资难以协调，由长兴旅游发展有限公司出资成立长兴仙山湖景区经营管理有限公司负责经营管理。

四、长兴旅游集团有限公司管理时期。2013年7月，长兴旅游集团有限公司成立，仙山湖国家湿地公园景区旅游经营划属总公司统一领导。2015年6月17日，长兴旅游集团有限公司和农丰源股份有限公司合并为一套班子，统一管理仙山湖景区，企业法人变更为严江。至2015年，景区管理组织机构实行总经理负责制，下辖办公室（观光车队、营运管理）、后勤部（安保、航运、保洁）、财务部、项目部（古潮观鱼、荷博园）、票务部、导游部、三产部，合计7个部室，有员工130余名。

荣誉称号 集体荣誉。2009年，景区获浙江省旅游局、浙江省环境保护厅授予的“浙江省生态旅游区”称号。同年，由县林业局牵头编制国家湿地公园总体规划，通过国家林业局专家组论证，被正式批准为“国家湿地公园建设试点单位”。2010年，景区获浙江省林业厅授予的“浙江省林业观光园区”称号。同年，成为首届中国湿地类博物馆联谊会16家成员单位之一。2012年，景区成功创建浙江省级科普教育基地。2014年，景区成功创建国家AAAA级旅游景区，同年，通过国家湿地公园评审验收。

个人荣誉，2010年景区讲解员黄琴在湖州旅游系统“安全伴我行”和泗安镇“做一个可爱的泗安人”演讲比赛均获奖项。2011年4月14日，景区讲解员周甜参加湖州“十大美丽仙子”总决赛获最佳气质奖。2012年6月14日，景区讲解员李天月、丁文静参加长兴县风景和旅游管理局举办的“旅游安全无小事”演讲比赛齐获第二名。

第五节 水口茶文化旅游景区

一、概况

位于长兴县西北部苏、浙两省交界地区。旅游全域为水口乡全境，总面积80平方千米，属全域开放性景区。景区核心区含顾渚、金山、水口三村，面积约16.8平方千米。主要景观由顾渚山的自然景观和唐宋贡茶文化人文景观两部分组成，被誉为“世界茶文化的发源地”“茶文化圣地”。2002年，景区核心区域发挥区位、生态、文化资源优势，创造性的利用“农家乐”形式发展乡村旅游。至2012年，景区发展全产业链式“乡村休闲度假型”旅游，成为长三角地区最大的乡村旅游目的地。2014年，景区被评为国家AAAA级旅游景区。

二、建设规划

建设历史 景区历史最早可追溯至中唐贡茶时代。唐上元(760—761)初，陆羽隐居苕溪，往来顾渚山中植茶、培茶，撰《茶经》及《顾渚山志》两篇。永泰二年(766)常州刺史李栖筠邀陆羽品茶，陆羽品顾渚山所产佳茗，认为“芳香甘洌，冠于他境、可荐于上”。当年顾渚山贡茶进万两，遂为“任土之贡”。唐大历五年(770)长城与宜兴分山析造，并在顾渚山麓造贡茶院，始岁贡紫笋茶五百串。贞元十七年(801)，刺史李词从武康县移吉祥寺至顾渚山作为贡茶制作场所，称“大唐贡茶院”。其间，湖州、常州刺史多次至顾渚山督造贡茶。之后，唐至清，贡茶院屡废屡建。清顺治三年(1646)罢贡。清朝末年，贡茶院废弃，称贡茶院遗址。

1984年，长兴县人民政府建忘归亭，疏浚金沙泉，开始恢复顾渚山的贡茶文化。1994年，寿圣寺恢复。1995年，霸王潭被围栅建成收费景点。1997年，地方修建陆羽山庄(2008年废弃、2011年拆除)。2002年，水口乡创办第一家农家乐。2005年，长兴县人民政府批准水口乡成立顾渚山风景区管理委员会。2006年，长兴县人民政府重建大唐贡茶院，2008年，大唐贡茶院建成对外开放。2010年10月29日，长兴县人民政府成立浙江顾渚山陆羽茶文化风景区管委会(长政办〔2010〕07号)。2012年，长兴县人民政府开展对水口乡农家乐集中整治。2013年，水口茶文化旅游景区成立公司，公司设水口茶文化景区管理办公室，有员工4名。同年12月31日，浙江省旅游局、浙江省老年工作委员会授予长兴县水口乡顾渚村“浙江省老年养生旅游示范基地”称号。(浙旅政法〔2013〕256号)。2014年，水口茶文化旅游景区举办“八大碗”农家乐菜系大赛，提升景区农家乐的服务水平。同年12月31日，浙江省旅游局公布浙江省旅游区（点）质量等级评定委员会公告（浙旅质评〔2014〕16号），批准湖州水口茶文化旅游景区为国家AAAA级旅游景区（全省13家）。

规划 水口茶文化旅游景区作为长兴县旅游资源最丰富的旅游资源集合区，很早即被列入旅游开发规划。1996年，长兴县旅游局联合水口乡完成景区的第一次规划。2000年9月，上海交通大学安泰管理学院编制《浙江长兴县水口乡旅游发展总体规划》[①]，2002年长兴县旅游局编制的顾渚山景区旅游规划方案。2003年后，景区完成的规划：委托北京大学环境学院、浙江大学城乡规划设计研究院、中建国际等专业规划机构编制的《顾渚山风景区总体规划》《水口乡生态环境规划》《长兴县水口乡生态集镇建设规划》等。2011年4月，浙江大学环境与资源学院编制《水口集镇风情街概念规划》。2013年7月，北京某旅游规划咨询有限公司编制《顾渚山风景区总体规划》。2014年2月，为申报AAAA级景区，水口茶文化旅游景区编制《长兴顾渚山茶文化旅游景区（核心区）创国家AAAA级旅游景区提升方案》。

三、主要景点

水口茶文化旅游景区属全域开放型景区，景区内主要景点（含小景区）有大唐贡茶院、寿圣寺、霸王潭、顾渚摩崖石刻与贡茶院遗址、九龙山景区等。其他景点，如忘归亭与金沙泉、顾渚水库、古茶山、贡茶古道、农耕博物馆（在建）等也较有名气。

（一）大唐贡茶院

位于水口乡顾渚村龙头上自然村。2006年1月，长兴县人民政府为弘扬茶文化，开始重建大唐贡茶院，2008年5月28日项目竣工。整个景区占地面积110亩，建筑面积1.5万平方米，是一处专门弘扬贡茶文化，仿唐朝建筑风格的古文化建筑群。

建设规划 景区历史可上溯至唐朝中期贡茶时代。唐贞元十七年（801）刺史李词以原贡茶院简陋，从武康县移吉祥寺至顾渚山作为贡茶制作场所，后称“大唐贡茶院”。清同治《长兴县志》记：“贡茶院在县西北四十五里，贞元十七年刺史李词置，以吉祥寺东廊为院，修贡堂在院内，有唐贡茶刺史题名二十八人刻石堂上。”顾渚山产紫笋茶入贡从中唐开始，一直延至清顺治三年（1646）。期间贡茶院屡废屡建，清朝末年，贡茶院废弃，称贡茶院遗址。2006年1月，长兴县人民政府重建大唐贡茶院，2008年建筑竣工。同年6月21日，根据长兴县人民政府〔2008〕27号专题会议纪要，长兴县旅游局正式接管大唐贡茶院，组建长兴顾渚茶文化旅游发展有限公司负责景区的日常管理与经营。2011年3月，长兴县人民政府出资兴建大唐贡茶院

---

① 该规划将水口茶文化旅游景区的旅游资源开发设计为六区：陆羽山庄景区、霸王潭景区、寿圣寺景区、竹茶谷景区、虎头岩景区、接待中心景区。

三期工程，建成鸿渐楼、桑苎台、御羁园、燕乐园等建筑。截至2015年，大唐贡茶院共有九幢建筑，建筑面积2万平方米，成为一处集建筑景观与茶文化宣传的综合性旅游景点。

主要景点　大唐贡茶院景区为仿唐古建筑群，包括2008年完成的一期建筑，含陆羽阁、西廊、吉祥寺、东廊等。2012年完成的三期建筑，含鸿渐楼、桑苎台、御羁园、燕乐园、紫笋加工厂等，共九幢建筑。

陆羽阁　在景区入口，是三层楼阁式建筑。第一层阐述大唐贡茶院的建筑历史及地位。第二层述"茶圣"陆羽的旷世名著《茶经》。第三层竖陆羽铜像，讲述陆羽的生平，以及与顾渚山深厚的贡茶情缘。

西廊　是顾渚山贡茶文化的内容集锦，含贡茶文化典故、摩崖石刻、唐二十八刺史考等。进入西廊，序曲是循环播放的讲述茶圣陆羽在顾渚山培茶的电影《茶恋》。正景第一组是贡茶文化典故，由六组铜像展示，依次是陆羽荐茶、急程递送、宫廷清明茶宴、竹山联句、雪域问茶、历经沧桑等。第二组是顾渚山中现存的唐宋摩崖石刻仿制，共三组九方。第三组，顾渚山茶诗摘抄。第四组是唐二十八刺史展区①。

吉祥寺　吉祥寺是长兴县古代著名寺院。清同治《长兴县志》载："吉祥教寺在县西北四十五里顾渚山，唐贞元十七年刺史李祠表奏自武康县移置此处，置贡茶院。会昌中废。大中八年刺史郑禺奉敕重建。元末又废。明洪武元年重建，并广惠寺。今有司采茶俱寓此。(顾志)。有息躬亭、忘归亭(张志)。"古代吉祥寺与贡茶院实为同一建筑，平常为寺，修贡为院，2008年大唐贡茶院复建，吉祥寺缩小为院中独栋建筑。

东廊　是紫笋茶的模拟制作及品茗场所。第一场景展示的是唐朝紫笋茶制作的八道工序：依次是采茶、洗茶、蒸茶、捣茶、拍茶、焙茶、穿茶、封茶，完全按照陆羽《茶经·茶之造》所述步骤进行；第二场景为茶艺表演，详见后文"参与体验"条目。

鸿渐楼　以陆羽字鸿渐得名，是精致的茶具、茶器、竹制品和丝织品的展示场所。主要展品为茶壶、茶盏、茶盅、茶杯、茶玩等各种精品紫砂茶具和瓷器。

桑苎楼　以陆羽的号"桑苎翁"得名，是品茗顾渚贡茶紫笋茶的场所。品赏茶类有紫笋绿茶、紫笋红茶、花茶等。

燕乐园　以唐代宫廷宴饮时伴奏的歌舞"燕乐"得名。场所功能：订制茶餐茶宴，以及销售农特产品等。

御羁园　"御羁"二字综合西晋陈寿《三国志·吴志》所记吴主孙皓为保护大臣韦曜，特准他"以茶代酒"典故，以及南朝宋山谦之《吴兴记》所载："乌程县西二十里，有温山，出御羁"典

---

① 二十八刺史名录资料来源谢文柏著《唐二十八刺史考》。编者认为，资料正确性值得商榷，谢文柏的考证存在重大逻辑缺陷。主要两点：一、表中所有刺史均为湖州刺史，缺常州刺史；二、时间跨度太大，许多是唐贞元十七年贡茶院修建以前人物。

故，合两个典故命名。是大唐贡茶院举办各种祭拜仪式及会议的场所。

紫笋茶制作厂 又名皇家茶厂，在贡茶院东南角，为现代平房，展示现代紫笋茶的制作。

参与体验

大唐贡茶院举办的参与体验有茶艺表演、中秋赏月、围棋比赛、影视拍摄，紫笋茶制作等。此外，长兴县许多重大禅茶文化活动，如陆羽茶文化节、禅茶大会等，也常放在大唐贡茶院内举办。

茶艺表演 属大唐贡茶院的特色表演项目，2008年创办，地点在西廊。每天表演4场，时间分别为上午9时20、10时20，下午2时、3时，每次持续时间15分钟，由高级茶艺师展示演艺富贵华丽的“宫廷茶礼”“品茗三绝”，以及长兴县的“三道茶礼”，让游客在品茗过程中欣赏学习古代茶艺。游客也可参与模拟演艺。

中秋赏月 2008年9月12—14日第一次举办，活动主题“品千年贡茶、赏中秋明月”，提供给游客一种明月山空、时空转换的环境。活动时间一般为期三天，重点月圆之夜。之后形成景点主要的节庆活动，每年中秋节至准时举办，特邀重要游客嘉宾参与体验。

围棋赛 2015年8月8—11日，长兴旅游集团有限公司在大唐贡茶院举办“巅峰布局·棋商论道”新财富杯中日围棋擂台赛30周年纪念赛。活动由中国围棋协会、《新财富》杂志社主办，中国上市公司发展联盟、江芮围棋文化传播公司协办。活动分纪念赛与队际赛两个赛程，中方参赛选手聂卫平、马晓春、江铸久、俞斌、常昊；日方参赛选手武宫正树、依田纪基、小林觉、山城宏、今村俊也等。围棋国手们以棋会友，手谈心声，加深中日传统文化的传承与交流。赛后，大唐贡茶院与国家“围甲”签订协议，确定未来每年大唐贡茶院举办中国围棋甲级联赛部分场次的比赛。

影视拍摄 大唐贡茶院利用独特的自然景观与文化传承从事影视拍摄。作品有2008年拍摄的宣传片《茶恋》，2009年央视四套“中华情”栏目摄制组拍摄的《诗意清明》专题片等。

紫笋茶制作 是大唐贡茶院推出的特色参与体验，地点在皇家茶厂。活动过程：游客采购新鲜茶叶，在工作人员指导下，亲自参与炒茶活动，活动时间1小时，制成的茶叶归属游客自主享用。

游客、门票、旅游线路 游客，2008年6月21日，长兴县旅游局正式接管大唐贡茶院对外开放，同年接待51862人次，2009年接待游客11.74万人次，2012年接待游客12.10万人次，2015年接待游客17.2万人次。门票，2008年开业，景区门票80元/人次，2011年更为60元/人次（残疾人、军官证、年满70周岁老人免票）。旅游线路，景区属院落结构，内部建筑呈环形分布，2008年开业时旅游线路为陆羽阁、西廊、吉祥寺、东廊。2012年三期建成后，旅游线路更为陆羽阁、西廊、吉祥寺、东廊、鸿渐楼、桑苎台、御羁园。紫笋加工厂（皇家茶厂）为游客自选场所。

推介会、宣传册、旅游产品 推介会，大唐贡茶的旅游推介方式很多，一是参加长兴县旅游局及长兴旅游集团组织的推介会，如2012年，参加山东济南旅游推介会和青岛国际旅游交易会、义乌国际旅游商品交易会、长三角城市群茶乡文化体验之旅示范点活动等。二是通过各种媒体专题报道，如2012年先后接待中央电视台第十套《创新无限》、天津卫视《茶》大型专题栏目组以及上海、深圳、杭州等省内外知名电台、报纸、杂志媒体的采访报道等。三是协助参与承办县级的陆羽茶文化活动、禅茶大会等，通过大型会议节庆宣传推介。

宣传册　大唐贡茶院编制的宣传册是折页，以及各部门、文化爱好者编写的宣传景区的文史资料，代表有张加强编写的《顾渚山传》、谢文柏主编的《顾渚山志》、张全镇主编的《历代紫笋茶诗文集》等。

旅游产品　大唐贡茶院充分利用茶文化影响，开发品茗旅游商品。主要旅游商品有紫笋绿茶、紫笋红茶、紫笋桂花茶，以及紫砂壶等。

组织机构与荣誉称号　组织机构，2008年9月，长兴县旅游局依据中共长兴县委指示成立长兴顾渚茶文化旅游发展有限公司，负责景区的日常管理和特色经营。公司下设办公室、综合部、经营部、营销部四个部门。公司历届法人有许慧（2009年12月—2012年）、施超（2013年—2014年）、汪晴美（2014年—至今）。

荣誉称号　集体荣誉　截至2015年，大唐贡茶院取得的荣誉称号有：2011年获由湖州市旅游局颁发的十大“游客喜爱的旅游品牌”称号；获长三角城市群“主题+体验”系列旅游产品领导小组办公室颁发的长三角城市群茶香文化体验之旅示范点、长三角城市群茶香文化体验之旅礼茶品牌称号。2012年，获由杭州、湖州、嘉兴、绍兴，四市旅游局联合颁发的“最美乡村”—杭州都市经济圈“百佳”乡村旅游点称号；获得浙江省老干部局评选的“浙江省十大老年养生旅游示范基地”称号。

个人荣誉　2009年第二届导游技能大赛，景区共有5位讲解员入围，获得二等奖1人、三等奖2人、优胜奖2人。2009年，景区讲解员参加湖州市旅游协会举办的湖州市乡村旅游形象代言人“美丽乡村十仙子”评选，获“贡茶仙子”1人、“最佳气质奖”1人。2012年，景区茶艺表演员参加长兴县人力资源和社会保障局主办的长兴首届“贡茶院”杯茶艺师职业技能大赛，获第一名、第二名的好成绩，以及国家高级茶艺师证书。

（二）寿圣寺

位于水口乡顾渚村水顾公路北侧，南临九龙山，北靠金山。清同治《长兴县志》“卷三十二.辨正”记，寺院始建于三国赤乌年间，已有1700余年历史。又“卷十五.寺院”记载：“寿圣寺在县西北三十五里金山，元至正元年建，佛阁甚壮，为丛林（顾志），今毁（张志）。国（清）朝顺治八年，僧寂莹字圆如者徒手结构，不募一人，而精蓝严洁，祖席重恢。康熙十二年，知县韩应恒诣顾渚山采贡茗，归途游憩其中，时修篁蔽天，新筍森拔，梨云落寞，徘徊久之，邑人朱升为之碑记（韩志）。同治十年，邑人臧葆莹、陈伦、臧炳镕、宁振声、王涟、宁宝元重修。”民国期间，寺院没落，香火日下。改革开放初期，有护法居士发菩提心，建三圣殿与寮房20余间，1997年再建大雄宝殿，后由圆成方丈主持，寺院再兴。

寺院占地面积20余亩，主建筑形成四合院结构，依中轴线，由南往北依次为天王殿、大雄宝殿、三圣殿、七如来殿、五佛楼等；东西配殿分别是钟楼、鼓楼、客堂、大悲殿、功德堂、念佛堂等。寺院主要遗址与景点有千年古井一口，刻有"古寿圣寺"字样石砖墙一处，宋代柱基数根，以及雌雄千年古银杏树各一株（群）。2005年，寺院开始建造寿圣宝塔，2007年建成，宝塔层高十一层（9加2），径高60余米，塔顶供奉圆成老和尚手书《妙法莲华经》一部，成寺院又一重要景点。寺院属水口茶文化旅游景区内重要景点之一，主要功能宗教祭拜与观瞻，年接待游客100万人次。

（三）霸王潭

位于水口乡西北顾渚村元旧自然村。景点地形两山夹涧，古名明月峡，唐至清，是长兴县贡茶紫笋的主要产区；在古代漫长的徒步交通时代，又是从浙江省长兴县达江苏省宜兴市的主要官道之一。明月峡更名为霸王潭，最迟不晚于清朝中期，清同治《长兴县志》记载："霸王潭在顾渚明月峡，相传项羽过此，曾饮水潭中，壁上下有唐宋人题名（邢志）。"景点两山夼交汇处有一水潭，直径1米左右，深约15厘米。水潭旁有一对巨大膝迹，于是民间附会为霸王项羽饮水所留，并衍生出众多关于西楚霸王项羽的故事。景点建设历史短暂，1990年前后，随着公路普及，步行与水运萎缩，明月峡官道不再成为南北交通要道，仅有黄龙头山岭南北两地的少数山民偶尔通行。1995年，地方上有民办老师祁广连投资，拦路建栅开发旅游，以霸王潭为中心，取唐宋摩崖石刻作亮点，建沐浴亭，枕流亭，茗香桥、精业桥、霸王项羽像等建筑，点缀其间，做成收费景点。门票10元/人次，后稍有上涨。截至2015年，景点仍属凭票收费参观点，属水口茶文化旅游景区内重要游览点之一，年接待游客约1万人次，游客构成主要为仰慕摩崖及茶文化的中老年人群。

（四）九龙山景区

九龙山景区是水口茶文化旅游景区内的小景区，包括九龙山窑址、章惇墓两个主要景点。2000年左右，景区曾被编制规划预备开发，后因迁移至顾渚山周围建设，原规划废弃。

九龙山窑址 位于水口乡顾渚村石马头自然村九龙山东北部竹林中，有4座龙窑，一字排开，长15~25米、宽7~8米不等，窑上长有毛竹、茶树。上方及周边发现大量青瓷碗罐残片及窑汗。2008年发掘采集到大量青瓷碗罐残片及窑汗，器形以碗为主，釉色以青、影青为主，少许白瓷，胎质中密、坚硬。依采集标本判断，窑址发生期唐五代时。2011年，窑址被公布为浙江省文物保护单位。

章惇墓 在水口乡顾渚村石马头自然村。清同治《长兴县志》"卷十三·陵墓"记为"宋学士章惇墓。"墓葬古代曾被盗掘，坐西朝东，墓丘已被平整，墓前有墓道，残留有石像生、石翁仲4尊。1995年再被盗掘，穴内墓志铭已失，被遗弃的棺板保存尚好。2010年，墓葬被公布为长兴县文物保护单位。

（五）其他景点

顾渚贡茶院遗址与摩崖 顾渚贡茶院遗址与摩崖是水口茶文化旅游景区作为唐宋贡茶文化的标志，属重要历史古迹，2006年5月被国务院公布为全国重点文物保护单位。顾渚贡茶院遗址位于大唐贡茶院内，属唐宋贡茶文化遗址。摩崖属水口茶文化旅游景区内部重要茶文化遗址。顾渚摩崖石刻共三组九方，三组分别为白洋山摩崖石刻（西顾渚山摩崖石刻）、五公泉摩崖石刻（老鸦窝摩崖石刻）、霸王潭摩崖石刻。白洋（羊）山摩崖石刻在水口乡金山村白羊山上，文字三组，分别是袁高、于迪、杜牧三位曾任湖州刺史至长兴（时称长城县）督造贡茶时题记，属唐朝贡茶文化遗址。五公泉摩崖石刻在水口乡顾渚村罗家自然村五公泉旁，共三组，分别是裴汶、张文规等曾任湖州刺史至长兴县督造贡茶题记，属唐朝贡茶文化遗址。霸王潭摩崖石刻在水口乡顾渚村霸王潭旁，共三处，分别是唐朝杨汉公、宋朝汪藻、韩允寅等题记，属唐宋长兴县贡茶文化遗址。

古茶山 水口茶文化旅游景区内古茶山现有多处，属唐宋传承的历史文物。比较成片的四处，依次是漫石坞紫笋贡茶园，在水口乡顾渚村斜备自然村，茶园沿山坡呈梯阶分布，坡度30～40度，分布在约长80米、宽60米范围内，茶树长势良好。山桑坞紫笋贡茶园，在水口乡顾渚村叙午岕自然村，茶园分布在长200米、宽20～30米的范围内，地形呈阶梯状，该处紫笋茶树原为野生，后经品种改良，长势良好。斫射山紫笋贡茶园，在水口乡顾渚村罗家自然村，分布在长约140米、宽约20米的狭长山谷中，茶园后期曾经人工修整，长势良好。狮坞岕紫笋贡茶园，在水口乡顾渚村罗家自然村，茶园东西宽50～80米，南北长1500米左右。茶树野生，长势良好。唐时狮坞岕称獳狮坞，是紫笋茶的主产产区之一，曾被陆羽《茶经》明确记载，也是当地海拔最高，分布面积最广的古茶园。

忘归亭与金沙泉 忘归亭与金沙泉两处景点都在水口乡顾渚村龙头上自然村南侧茶园中，两景点紧邻合为一处。

忘归亭 忘归亭以茶圣陆羽在顾渚山培茶，痴而忘归故事命名。亭为1984年恢复，内有碑刻数通，含《重建忘归亭记》、茶学专家庄晚芳先生题诗等碑。

金沙泉 紧邻忘归亭，唐代因“碧泉涌沙，灿若金星”得名，是唐代专门品瀹紫笋贡茶和随茶并贡的泉水。唐代著名诗人杜牧《题茶山》有佳句：“泉嫩黄金涌，芽香紫璧裁”给予称赞。元朝时，因相传每逢修贡祭拜即出，贡毕泉水立涸，又名瑞应泉。现金沙泉为1984年疏浚，与泉边忘归亭同期恢复。

霸王湖 水利部门称作顾渚水库①，位于水口乡顾渚村元旧自然村入口处，是一座风光旖旎的人工修建水库，地方以位于霸王潭下游，俗称霸王潭水库。水库1975年建成，集雨面积2.97平方千米，库容36万立方米，功能初为农业灌溉，现为村民饮用水源及重要旅游景点。

① 初建时名胜利水库，后因县内重名，更名顾渚水库。

2008年，为开发旅游，更名霸王湖。

茶山古道 水口茶文化旅游景区内古代采茶、邮驿的古道很多，现仍保存较好的6条，依次是啄木岭古道，从金山外岗自然村达啄木岭，越岭至江苏省宜兴市境，全长7千米。明月峡古道，从霸王潭达黄龙头，越岭至江苏省宜兴市境，全长8千米。九龙山古道，从石马头越九龙山，抵江排村排岭脚自然村，长3千米。尧市山古道，从顾渚村石马头自然村越尧市山，止江排村董家庄自然村，全长6千米。尧王庙古道，从顾渚村叙坞岕越石门山，止江排村施家自然村八角庙，长约7千米。斫射岕古道，从顾渚村罗家自然村越跑虎顶，止煤山镇东川村蒋笪自然村，长约6千米。此外，景区内部也有数条保存较好的区间古道，如老鸦窝、慈云寺的登山岩道等。

带缆石 又名带练石、缆船石等，在金山村尧市山北麓。遗址是一块嶙峋巨石，远望似缆船石，故名。缆船石历史悠久，清同治《长兴县志》"卷十四·古迹"记载："尧时洪水，居民于此作市。有缆船石，石上多孔，人以为缆船处。"带缆石作为旅游资源单体基本类型是奇特与象形山石，从尧市山古道可以近处凭眺。

陈忠达烈士墓 在水口乡顾渚村前塔场自然村，1981年立，墓丘坐北朝南，石砌，墓前石碑书："陈忠达烈士之墓"，两侧有两石狮。墓东侧有大理石石刻一方，介绍烈士生平："陈忠达，生于1920年，江苏南通人，抗战时任长兴县鼎新区区委组织委员、区大队长。1945年4月，日伪盘踞水口集镇，5月，陈忠达与鼎新区区委书记徐一平至水口执行任务，在灵官殿(今水口顾渚村九龙岭)附近遇日伪伏击。为掩护徐一平脱险，不幸被捕牺牲，时年25岁。"墓前挽联为"忠魂坚贞惊天地，碧血丹心耀古今。"西南角建有六角凉亭"崇义亭"。

四、参与体验

水口茶文化旅游景区属于全域开放景区，参与体验项目场所很多，最有特色是农家乐，其他禅茶大会、上海年、微电影拍摄、花间堂、仙露茶业、休闲农业观光园等。

农家乐 农家乐是水口茶文化旅游景区最大的游客参与体验以及特色。水口农家乐前身是上海市民至顾渚山的疗休养场所。1999年，顾渚村张松林引荐上海市退休老军医吴瑞安先生在顾渚村创办申兴康复疗养院，有床位30余张，疗养院通过《新民晚报》等媒体宣传，在上海市形成效应，成为专门接待上海地区中老年群体的康复疗养基地。2001年，张松林联合村民采取众筹合股方式承包陆羽山庄，同时疗养院周边村民将自身空余房间改造成客房，出租给疗养院的游客，收费为每床5元/夜，形成游客吃在疗养院、住在农户、游玩在周边的局面，此属于顾渚村农家乐发展的前身。2002年，长兴县八都岕村民创办农家乐，顾渚村前往观摩学习，事后依据学得的经营模式，结合自身条件，改原疗休养游客资源为农家乐，当年形成5户。2005年，水口乡农家乐发展到34户，在此基础上成立水口乡农家乐协会，制订农家乐接待标准，开始行业监管和规范管理。该时段水口农家乐主要集中于顾渚村的王塔、龙头自然村。2006年至2010年，水口乡农家乐迅猛发展，遍布景区各地，至2010年全乡农家乐达250余家，既解决了农户的劳动力，同时方便了水口地方农副产品，如茶叶、竹笋、水果等销售。2011年，水口乡农家乐从集中于顾渚村向水口村、金山村拓展，经营形式从单纯的包吃、包住，发展成一批省市级精品农家乐，如毛草屋、紫笋、木家庄等。2012年，长兴县人民政府对水口农家乐开展整治。2014年，水口乡农家乐开展精品提升，举办第六届"中国·湖州国际生态(乡村)旅游节暨首届中国(长兴)民宿文化节"。2015年，水口乡有各类农家乐500余家，床位2万多张，餐位2.2万多个，直接从业人员2000多人。全乡全年农家乐共接待游客310万人次，实现收入5.8亿元，成为长兴县主要旅游产业之一。

禅茶大会 水口茶文化旅游景区的禅茶文化历史悠久，最早可上溯至唐朝。禅茶创始人为唐朝著名诗僧皎然。皎然是长兴人，茶圣陆羽的老师与益友，中唐著名高僧，其首次将禅与茶合为一体。同时顾渚山出品的紫笋茶，以及顾渚山中寿圣寺、吉祥寺等著名寺院，为顾渚山积淀了浓厚的禅茶文化，成为世界禅茶文化的发祥地。

2000年前后，随着紫笋茶的发掘，寿圣寺重建，水口顾渚山的禅茶文化逐步发掘恢复。2010年4月29日，大唐贡茶院举办"禅茶千秋·寿圣吉祥"禅茶大会，来自全国各地寺院的40多位大德高僧，在寿圣寺主持界隆法师引领下，将"禅茶一味"演示的淋漓尽致，使观礼的茶人、游客叹为观止。2012年6月23日，吴越吉祥茶会在大唐贡茶院举行。之后，禅茶大会成为水口茶文化旅游景区的重要特色。2013年，水口茶文化旅游景区以寿圣寺与大唐贡茶院为场所，举办第八届世界禅茶文化交流大会，有来自世界各地200余名茶人及茶文化爱好者参加活动。

上海年 属水口茶文化旅游景区的参与体验。2014年，景区农家乐策划举办"上海村过大年"，邀请上海中老年游客除夕之夜在景区的农家乐过年。当年有1万余名上海游客参与活动，在景区的农家乐过农历新年，参与体验除夕乡村民俗演艺，称作"上海村过大年"。2015年，活动继续举办，参与游客2万余人，成为景区一项特色体验。

八大碗 为提高各农家乐菜肴加工水平，2014年水口茶文化旅游景区举办水口"八大碗"农家乐菜肴大赛，从全国各地各大菜系中提炼出八种菜肴精华，称水口"八大碗"(具体详见第十一章第四节"旅游品牌")。2015年，菜肴大赛继续举办，成为景区重要餐饮特色。

微电影拍摄 水口茶文化旅游景区属于全域开放景区，景色优美，旅游资源丰富，适宜摄影爱好者微电影拍摄。2014年，水口乡举办第一届中国·长兴(水口)民宿文化节·微电影大赛。次年，再次举办，形成游客微电影的参与活动。

花间堂 全名花间堂禅茶精品度假酒店，位于水口乡顾渚村，2015年4月26日举行开工奠基仪式。项目以禅茶文化为主题，合禅、茶、泉、园为一体，规划包括精品度假酒店、文化休闲，以及健身娱乐、餐饮会议等旅游服务。项目总投资2亿元，占地面积30亩，预计建成客房

96套,属休闲养心的高端民宿。酒店建成后,将成为集休闲度假、文化交流、修身养性为一体的唯美人文客栈。

仙露茶业 全称天缘仙露度假酒店。位于水口乡顾渚村,项目是以茶文化为主题,集茶叶种植、加工体验等为一体的体验式茶文化旅游综合观光休闲园,2012年通过招商引资,由香港环球和益投资有限公司投资建设。项目2014年开始建设,规划分为酒店科研园与茶叶种植基地两部分。酒店科研园区块占地面积25亩,建筑面积约1.5万平方米,有茶叶加工体验馆、世界茶文化会馆、综合艺术展厅等设施。茶叶种植园占地面积150亩,规划种植多种品系茶叶,提供给游客采摘体验。项目预计总投资800万美元,至2017年全部建成运营。

五、游客、门票、旅游线路

游客 2000年左右,水口茶文化旅游景区开始形成景点概念,接待各种疗休养的零散团队及个人。2002年随着农家乐兴起,景区游客逐年增长。2008年大唐贡茶院建成,景区逐渐成熟,同年接待游客约50万人次。2010年,在农家乐的促动下,景区年接待游客达100万人次。2012年,水口乡成立水口茶文化旅游景区,开始实施公司化管理,统计游客数量,同年接待游客140万人次。2014年,景区接待国内外游客250万人次。2015年,景区接待国内外游客310万人次,实现旅游收入5.8亿元。水口茶文化旅游景区游客结构以客源地划分,主要来自长三角地区,尤以上海为主,占比55%,江苏省游客占30%,安徽省游客占5%,浙江省游客占5%,其他地区游客占5%。

门票 水口茶文化旅游景区属于开放型景区。景区内除大唐贡茶院、霸王潭两处景点收取门票费外(详见各自条目),其他区域均属免费参观体验区域。

旅游线路 水口茶文化旅游景区属于全域开放景区,景区以游客接待中心为交通枢纽四散分布。旅游线路四通八达。经典一日游旅游线路:大唐贡茶院—霸王湖—寿圣寺—摩崖石刻。其他景点,如古茶山、陈忠达烈士墓、章惇墓、茶山古道等,均为游客自选景点。

六、推介会、宣传册、旅游产品

推介会 水口茶文化旅游景区属全域开放景区,2000年左右,一直作为长兴县生态文明建设窗口单位,被国内主要媒体频繁报道。2008年大唐贡茶院建成对外开放,该景点开始参与长兴县举办的各种旅游推介会。 2012年,水口茶文化旅游景区旅游公司成立,开始全域参与县风景和旅游管理局举办的各种旅游推介,如长兴乡村品质旅游嘉年华(杭州)主题推介会、长三角百家重点旅行社长兴推介会,2014年的浙江(山东)旅游交易会、海峡两岸民宿交流会等。2015年,景区多次被国家主要媒体,如中央电视台、《中国旅游报》《浙江日报》报道,成为国家级主流媒体的直接推介景区。

宣传册　景区自编的宣传册为宣传折页。但作为中国茶文化的发祥地，景区多年来积淀的茶文化研究书籍很多，主要有吴建华主编的《长兴紫笋茶文化概览》、张全镇主编的《历代紫笋茶诗文录》、张加强著的《顾渚山传》（又名《旷世风雅》）、谢文柏编著的《顾渚山志》、张梦新主编的《长兴茶文化碑刻集》、张全镇著的《茶香飘紫笋》等。

旅游产品　景区主要旅游商品为各种农特产品，如茶叶、猕猴桃、干笋、百合等，重点是品茗相关的旅游商品，如紫笋绿茶、紫笋红茶、紫笋桂花茶、紫砂壶、紫笋茶饼、紫笋茶香饼等。

七、组织机构与荣誉称号

组织机构　2012年，水口茶文化旅游景区成立旅游公司，开始实施公司化管理，公司法人刘炜（2012—2015）。

荣誉称号　景区获得的荣誉有国家AAAA景区、“浙江省非物质文化遗产旅游景区非遗主题小镇”“浙江省级农家乐特色乡镇”“全国环境优美乡镇”、第六届中华宝钢环境奖（国家）、第二届“长三角十佳乡村旅游景区”“浙江省级旅游强乡”、浙江省“最佳宜居示范乡镇”、首届“浙江最美乡镇”“浙江省老年养生旅游示范基地”等多项荣誉称号。

第六节　图影生态湿地文化园

一、概况

位于长兴县洪桥镇东南部长兴西太湖图影省级旅游度假区内。景区东临太湖，东南接国内首家白金级七星酒店——月亮湾温泉酒店，南临弁山，总面积5000余亩，其中水域面积3000亩，属典型的湖泊型湿地。景区水域与太湖连通，水质清澈，以四大漾荡景观为主体，结合白鹭洲、农耕岛、芦漫岛、陌桑岛、杉影岛等20余个小岛，以及鱼塘、河道、芦苇丛、纵横阡陌的河网港汊，形成“天然、野趣、清幽、闲逸”的曼妙意境。景区是集原生态湿地展示、农耕文化、旅游观光、民俗风情体验、休闲度假于一体的综合性旅游景区。景区2013年9月建成对外开放，2014年获“浙江省级旅游示范区”称号，2015年被评定为国家AAAA级旅游景区。

二、建设规划

建设历史　长兴县环太湖带一直是长兴县重点旅游开发区域。1930年民国时期，有学者提议在太湖西岸兰香山建造旅游度假区。1992年香山风景区被列入长兴县人民政府旅游发展重点规划。2002年，长兴县人民政府设立长兴环太湖旅游开发办公室，提出西太湖山谷旅游概念,开始着手太湖西岸旅游资源的开发。2008年,长兴县设立长兴县西太湖图影旅游度假区。2009年,长兴县人民政府开始对景区规划立项。2012年,长兴县发展和改革委员会颁布《关于长兴图影生态湿地文化园一期项目的批复》(长发改投资〔2012〕97号)开始建造西太湖图影生态湿地文化园。至2013年8月,累计投入资金1.65亿元,完成一期项目建设,包括大地景观、码头区、生态岛(农耕岛、白鹭洲岛)三部分,景区行政管辖隶属长兴太湖图影旅游度假区管委会,日常运营管理与旅游资源开发归属新成立的长兴太湖图影景区经营管理有限公司。同年9月15日,景区一期项目建成对外开放。2014年,长兴县人民政府再次投资1亿元,完成二期项目,主要是在原生态基础上因地制宜地进行水体、林相、旅游线路梳理;点缀文化休闲节点及特色水岛活动项目,如水上迷宫、水上拓展、草地露营等,重点建设杉影岛、芦漫岛、陌桑岛的建造,整体打造图影湿地二期九岛景观,形成一岛一品,岛岛皆景的构架。同年12月,景区成功创建浙江省生态旅游示范区。2015年12月30日,景区成功创建国家AAAA级旅游景区。

规划　2002年9月,长兴县环太湖旅游开发办发布《长兴环太湖开发带概念规划暨滨湖重点区块土地利用规划方案国际咨询文件》,委托美国EDSA事务所、澳大利亚HRP集团、美国HHCP公司、北京达沃斯景观设计研究院、美国ECGIUTERNATIIONAL公司,共五家公司开展咨询服务。在规划评审的基础上,以美国KOLLCONTRUCTION公司和ECGIUTERNATIIONAL衍生国际工程顾问公司编制的优选方案为基础进行规划成果整合,编制《浙江长兴环太湖旅游开发概念规划暨重点地区空间形态规划方案》,提出将长兴环太湖开发带建成一个面向长江三角洲和海内外市场,太湖沿岸最具魅力、最宜居,具有世界影响力、可持续发展的,集度假、观光、居住、娱乐、商务、会议、教育、科研、运动于一体的综合型旅游度假区和居住带。2005年8月,由美国洛杉矶LA-LYAA(金石)建筑设计事务所编制的《浙江长兴环太湖图影旅游度假区控制性详规及城市设计》通过县政府规划例会,该规划提出图影区块的功能定位为湖漾山麓度假居住区和滨湖健身参与性现代新型游乐区,力求建设一个环境以自然生态野趣为特色、建筑以现代舒适为特征、功能以休闲运动健身为中心的新型旅游度假区。

2012年10月,由上海奇创旅游景观设计有限公司编制的《长兴太湖图影省级旅游度假区旅游总体规划》通过长兴县人民政府规划例会,规划提出立足原生态环境,以本土文化为基础,通过健康医疗与养生产业的注入,打造以“健康”为主题特色的长三角滨湖高端休闲旅游度假第一目的地,建成现代康体休养之区、低碳运动娱乐之区、秀美生态观光之区和国际会议会展之区。2012年10月,太湖图影旅游度假区的核心景区《长兴图影生态湿地文化园一期设计方案》通过长兴县人民政府规划例会,同年启动建设。

三、主要景点

图影生态湿地文化园景区属湿地景观,分陆地与荡漾两部分。陆地部分占地面积2000亩,分大地景观、码头区、生态岛(包括农耕岛、白鹭洲岛、杉影岛、芦漫岛、陌桑岛)共3个区块。荡漾部分包括鸭卵漾、周渎漾、大荡漾、陈湾漾等4块互相连通的水域，占地面积3000亩。整个景区水陆面积合计5000亩，以旅游线路分为大地景观、码头区、生态岛、荡漾、湿地慢行系统，共五部分。

大地景观　在图影生态湿地文化园大门广场对面，南临图影大道，北靠河港，占地面积20余亩。景点是一处人工建造的巨大草坪，中间点缀数种绿化灌木，排成“太湖望县，锦绣长兴”8个字的巨幅宣传标语(口号为2011年时中共长兴县委的宣传口号)。巨幅大字镶嵌大地，因气象阔大，得名大地景观。草坪是景区踏青、郊游、游戏的重要场所，属免费开放自由活动区域。

码头区　包括景区大门周边全部建筑及园林设施，属免票参观区域，含码头、售票处、办公区，餐饮部、停车场、栈道、林园等，占地面积200余亩。主要是进入景区的办公、服务场所。

栈道林园　在售票处东侧，长约1千米，属图影生态湿地文化园培育的林荫景观，为不乘船登岛的游客提供临时游览观光、休闲娱乐场所。

生态岛　是湖中所有岛屿的统称，包括农耕岛、白鹭洲岛、芦漫岛、杉影岛、陌桑岛、乌柏岛，藕香岛、竞舟岛、柳浪岛、野菱岛、绿幽岛等，共11大小不等岛屿。生态岛是整个景区核心和主要游览区，整个生态岛被鸭卵漾、周渎漾、大荡漾、陈湾漾等四大荡漾包围，游客需购票乘坐游船方可登岛浏览。

生态岛以建设先后分一期、二期两部分。一期项目2013年建成，包括农耕岛与白鹭洲此景区内面积最大的两座岛屿。农耕岛上有近百亩农田与池塘，具有典型的农耕色彩；白鹭洲以荷塘为主，柳林草甸适合鸟类活动。景区规划时依据自然条

图2-5　太湖图影生态湿地文化园

件，保留其农田与荷塘的本色，开发成荷塘月色、田园风情、鹭舞燕翔、湖漾泛舟、黑天鹅园等小景点。用曲折回旋的木制长廊穿插其间，形成农业的二十四节气，西南角有茅屋两间，古朴自然，被设计布展成小型农耕博物馆。二期项目2015年建成，包括芦漫、陌桑、杉影、柏影、藕香等五岛，建设时设计者严格遵循一岛一景原则，在原有生态基底上因地制宜地进行水体、林相、旅游线梳理改造，并形象命名。此外，现大荡漾中还有竞舟、柳浪、野菱、绿幽等四座小岛，尚未开发。

荡漾　荡漾是景区11个岛屿的主要载体，包括鸭卵漾、周渎漾、大荡漾、陈湾漾4个连通的水域。鸭卵漾，以水绿似鸭蛋色得名，又名鸭兰漾。面积350亩，水深4米，漾面呈椭圆形，水源由横山港注入。周渎漾，原弁山双井岭下有周湾庙，漾以正对周湾庙得名。漾呈长条形，面积525亩，平均水深4米，水源由横山港注入。大荡漾，漾以在当地面积最大得名，面积1050亩。清同治《长兴县志》“卷十一·水”记载：“大荡漾，在县东南四十里，受泗安、梅溪诸水，东过七斗漾入太湖。”漾旧为种菱、养鱼水域。总面积3000亩。陈湾漾在景区东南侧，以河港与景区相连，不属于景区范畴。四大荡漾是景区内重要景点之一，游船徜徉清澈湖面，烟波浩渺，同时两岸垂柳夹岸，倒影水中，水天一色，形成景区最美的自然景观。

湿地慢行系统　湿地慢行系统是一条漫长的人造徒步长廊，属景区三期建设项目。2015年新建，项目被设计为环绕四大荡漾的步行道路，长约5千米。步道自身每处都是湿地景观，中间每个节点更是独立的小型湿地公园，同时也可欣赏水上风光，景观在建设中。

四、参与体验

图影生态湿地文化园的游客参与体验项目含景区常规特色活动与游客自选活动，共两大类。景区常规活动有清风游园会、稻草人节，以及每年协办的太湖图影国际半程马拉松赛。

清风游园会　每年4月举办，至6月止，时间3个月。景区邀请游客在春风和煦、杨柳依依的美景下游览湿地生态风光。年参与游客1万人次。

稻草人节　又名稻草人嘉年华，每年9月晚稻收割后开始举办，至当年12月结束。基本程序游客利用农耕园农业收割后生成的稻草，在田间自我设计制作各种稻草人，模拟人物、小动物、各种工具、建筑等。游客在设计制作中若遇到困难可请求景区工作人员随时指导帮助。活动可以唤起游客对乡村农事的向往，年参与体验游客3000余人。

太湖图影国际半程马拉松赛　属体育赛会类重大节庆活动。赛事是在中国田径协会注册，并经过中国田径协会赛道认证的环太湖周边唯一以太湖命名的马拉松赛，简称“太马”。赛事由长兴县人民政府、欧迅体育以及FM93浙江交通之声联合主办；由长兴县文广新局（体育局）、长兴太湖图影旅游度假区管委会以及长兴传媒集团联合承办。2015年10月18日第一次举办，比赛设男女半程、男女迷你（4.2千米），共4个组别比赛。同年参加人员3000余人（含国外选手100余人）。

游客自选活动 景区利用资源开拓其他参与体验，包括自助烧烤、帐篷露营、篝火晚会、鸬鹚捕鱼、CS激战、皮划艇、湖漾泛舟、水上拓展等。自助烧烤是游客自我参与活动，在农耕岛东部。帐篷露营与篝火晚会属外地旅游团队与景区预约休闲活动，活动场地与自助烧烤一致。鸬鹚捕鱼岛上有两处，一在白鹭洲、一在杉影岛，景区饲养有12只鸬鹚，专供游客观赏鸬鹚的捕鱼表演。CS激战与皮划艇在水上迷宫，主要参与者少年儿童，游客可以享受水上闯关或者持枪（仿真水枪）激战的乐趣。此外，景区还与各种社会机关团体临时联合举办其他活动，如和爱奇艺合作举办"奔跑卡路里"综艺节目，与湖州市微途户外协会合办"孤岛历险记"等。

五、游客、门票、旅游线路

游客 景区游客主要来源于长三角地区，覆盖面涉及上海、南京、无锡、杭州等长三角主要城市，以及部分湖州、长兴等地方游客。游客没有年龄、性别区分，男女、老少比例相当。2014年，景区累计接待游客13.6万人次。2015年，景区年接待游客52.57万人次，其中主要为团队游客。

门票 2013年9月营业初，图影生态湿地文化园门票80元/人，湖州市居民凭身份证半价40元/人。2014年至今，景区项目二期建成，门票调整为100元/人次，湖州市包含三县两区户籍游客50元/人。

旅游线路 景区的参观线路可分为登岛游览和环湖游览。登岛游览：即主码头乘船—鸭卵漾—周渎漾—芦漫岛水榭码头—登岛（乘船时间15分钟）、岛上自由游览、休闲观光（一般两小时），返程码头乘船—主码头（乘船15分钟）。环湖预览：即主码头乘船—周渎漾—大荡漾—周渎漾—鸭卵漾—主码头（全程乘船，约需40分钟）。此外，若游客不登岛屿，可选栈桥林园自由参观游览。

六、推介、宣传、旅游产品

推介会 图影生态湿地文化园景区重视宣传推介，景区积极参加长兴县旅游委员会组织的各种推介，如参加江西南昌旅游景区推介会、义乌旅游商品博览会、深圳旅游度假区招商推介会等。此外，景区还推出五种特色自我推介措施。1.与其他企业合作，实现资源共享、广铺渠道。景区建成后，主动邀请120家旅行社代表到景区踩点，同时拜访酒店20家、景区同行20家；特别是与杭州铭山、浙江海外、上海不夜城、江阴天马等大型旅行社合作，与杭州海外旅行社、江苏徐霞客联盟等达成协议，利用他们的广阔平台优势主推图影旅游线路。2.利用媒体扩大影响。景区通过浙江经视、《湖州日报》等省市县媒体对图影进行全方位宣传报道，与长兴传媒集团合作，拍摄新的宣传片，特别是"绿水青山就是金山银山"专题报道组多次到度假区取景，《人民日报》头版刊登图影生态湿地文化园全景图，进一步向社会公众展示度假区的生态治理成果和发展理念。3.办好节庆活动。通过举办“太湖马拉松”“清风游园会”“赏荷采莲节”“稻草人嘉年华”“奔跑吧，卡路里”等健康休闲娱乐活动，提升图影旅游知名度。4.利用网络电商平台推介。景区积极与综合性旅游网站合作，利用大型电商平台进行网络推广及电子票务销售，至2015年，景区签约合作的大型旅游网络平台有6家。同期，景区建立图影生态湿地文化园微信公众号，及时推送各类活动信息、优惠资讯，提升景区的品牌形象。5.景区积极与水口农家乐合作。2015年旅游淡季，水口农家乐向景区输送游客2.85万人，文化园成为水口农家乐送客的首选景区。

七、组织机构与荣誉称号

组织机构 景区的行政管理隶属长兴太湖图影旅游度假区管委会，由管委会成立的长兴太湖图影景区经营管理有限公司负责日常运营及旅游开发。2013年9月15日景区开业之初组织机构设人事行政部、景区管理部、市场营销部、计划财务部共4个部门，有员工40余人。2014年二期项目完成后，园林面积增大，组织机构增设园务部，员工增至60人。长兴太湖图影景区经营管理有限公司的历任法人依次是郑亮（2012年10月—2013年12月）、杨恢群（2014年1月10日—2015年1月）、李晓敏（2015年2月—）。

荣誉称号 2015年，景区讲解员王露萍获长兴县景区（景点）讲解员实战技能大赛二等奖，讲解员查芬获长兴县景区（景点）讲解员实战技能大赛三等奖。

第七节 城山沟景区

一、概况

位于和平镇东南部城山村城山沟自然村，是一处集农业生产、休闲观光、果蔬采摘、宗教祭拜为一体的综合性旅游景区。景区占地面积1.5平方千米，建筑面积5000余平方米，拥有小型水库一座，桃园2000余亩，果园与茶园100余亩，松林与竹林数百亩，以及千年古刹一座。景区内山水相依，风景秀丽，文化底蕴深厚。景区以农业生产、休闲旅游为基础，以农耕文化展示、农事活动体验和宗教祭拜为核心，集休闲、度假、餐饮、垂钓、农事体验、果园采摘等内容为一体。是全国农业旅游示范点、国家AAA级旅游景区。

二、建设规划

建设历史 城山沟风景区的历史最早可追溯至城山古城遗址的初创时期。东汉末年，乌程豪强严白虎在城山垒石城以拒孙策，形成古代石城山遗址。南朝宋元嘉六年（429）城山之巅建成寺院，后一直是长兴县南境重要的宗教祭拜场所。1991年，当地城山村村民陈小究承包城山沟内小片荒山，种植1400株水蜜桃桃苗，开始第三次创业。数年后，陈小究的桃园产生效益，产出的水蜜桃品质优良，畅销市场。之后，陈小究引进20余种优良水蜜桃品种，建立水蜜桃种植基地，通过早熟、中熟、晚熟等多种品种合理搭配，将原先1个月的鲜桃生产供应期延长至3个月，桃园面积由最初的50亩扩大至200余亩，初步建成规模农特产品种植采摘基地。

2005年，为更好发挥农特产品资源作用，陈小究在长兴县旅游局的指导帮助下，依托已形成的农特产品旅游资源举办第一届和平采桃节，创办城山沟桃园山庄农家乐，尝试将特色农业与乡村旅游有机结合增效发展。同年，采桃节取得巨大成功，实现了现代农业与乡村旅游的可持续发展及有效融合。年末，为更好发展旅游业，陈小究开始对桃园围栅，建造景区。2007年12月12日，城山沟景区被国家旅游局授予"全国农业旅游示范点"称号。同年，城山沟桃源山庄农家乐被评为浙江省首批五星级农家乐，城山村相应被评为"2007浙江省最佳农业（渔业）村"。2009年3月，景区在和平镇人民政府、长兴县旅游局等部门领导下，利用城山沟千亩桃园举行首届桃花节。2010年，景区被评定为AAA级景区。2013年，景区举办首届山地自行车速降比赛。

规划　2010年8月，景区在长兴县旅游局、和平镇的指导下，委托浙江茗苑旅游规划设计研究中心编制《长兴城山桃园风情小镇旅游开发策划》。规划确定景区的总体布局"一带四区"：一带是城山沟乡村景观带，四区是桃文化体验区、乡村度假区、乡村垂钓区、康体养生区。

三、主要景点

城山沟景区的景点布局可归纳为"一带四区"：一带为何吴（何家西—吴村）乡村公路带，是贯穿景区的中轴线。四区：依次是水上活动区、游客服务区、果园采摘区、城山寺宗教文化区等，四区的旅游功能各不相同，各具特色。

（一）水上活动区

桃花湖　是城山沟景区水上活动区域的称谓。景区入口有一座面积200亩的小型水库，水利部门的正式地名称"平桥水库"，古以水库修建前，跨城山涧有座古平桥命名。水库1959年9月开工建设，1978年建成，初为蓄洪、灌溉水库，集雨面积3.5平方千米，水面面积200余亩，总容量174.9万立方米，坝长220米，宽4米，平均水深7.5米，最大水深15米。2005年，景区开发旅游资源，将平桥水库更名桃花湖。现湖面开设的主要水上旅游项目为垂钓休闲、赏景观光。湖滨有个小型公园，建有云梯桥、独木桥、五环桥、篱笆桥等八座趣味桥，是儿童、青少年体验拓展的娱乐场所。因湖水太深，湖中除极少专业人士偶尔开展水上运动外，暂不允许普通游客入湖游嬉。

图2-6　城山沟风景区

（二）游客服务区

包括旅游服务中心、游客购物中心、城山沟广场，以及城山沟桃源山庄、梦萦山庄两家农家乐。旅游服务中心与游客购物中心在桃花湖西侧，2005年兴建，是景区的交通中心。城山沟广场占地面积5亩，是城山沟景区举办如桃花节、采桃节等大型节庆活动主会场。

城山沟桃源山庄　在游客服务区的城山沟广场北侧，2000年兴建乡村饭店，2005年改建注册为农家乐，是景区的主要休闲娱乐、餐饮住宿场所。桃源山庄地理位置优越，东临平桥水库，西靠城山寺。依山傍水，风景秀丽，气候怡人，拥有优越的自然生态环境。山庄建筑面积3200平方米，加上亭阁等附属建筑，总面积达6000平方米。住宿设有标准套间50间，餐饮设有大厅及18个包厢，可容纳450人同时就餐，备有多功能厅，配备3个停车场，集会务、卡拉OK、电影放映于一体，是整个景区的主要餐饮住宿场所，年接待游客3万人次。2008年1月3日，浙江省农业和农村工作办公室印发《浙江省农家乐经营户（点）旅游服务质量星级评定办法的通知》（浙农办〔2008〕3号），城山沟桃源山庄被评为浙江省第一批五星级农家乐。

梦萦山庄　位于桃花湖西侧、何吴公路东侧，原名望湖农家乐，以部分建筑延伸入桃花湖，可在用餐时同时眺望湖景命名。山庄2008年创办，建筑面积4000平方米，现有19个房间（含14个标准间、4个单间、1个套间），可容纳37人住居，另有15个包厢、1个大厅，可容纳200

人同时就餐,年接待游客1.5万人次。2014年,梦萦山庄被浙农办〔2014〕30号文件评定为省四星级农家乐经营户。

泽农山庄 在桃花湖的东南侧,农家乐2006年创办,占地面积5亩。现有10个包厢、8间客房,可容纳100人同时进餐。2010年后,农家乐因多次易主及更换法人,经营状况一般,2015年,农家乐缺失在旅游管理部门的登记注册及长兴县农家乐评定委员会的星级评定登记。同年,山庄接待游客近1万人次。

(三)果园采摘区

又名休闲观光区,位于何吴公路西侧、城山东麓,是整个景区的核心部分,占地面积1000余亩,属收费景点。园区1991年兴建,初为50亩水蜜桃桃园,2000年发展到200亩,并逐渐引进油桃、蟠桃、黄桃等品种及其他水果。2005年开始围栏,2007年建成景区,依据游览顺序,自景区入口主要景点有百果园、九脉龙茶馆、九龙塔、桃园结义、石城山迷宫、静心亭、红满坡、兰花涧、鱼米之香(传统土灶)、七十二弄等。

百果园 在采摘区的入口,2008年兴建,种植各种季节性水果,包括杨梅园、琵琶园、梨园等,号称百果园,占地面积100余亩。

九脉龙茶馆 在果园采摘区东南角,是原木结构建筑,由露天茶廊和室内茶馆两部分组成。露天茶廊在一片竹林里,在建造时特意将地板镂空,让竹子能在茶廊之中生长,成为天然的遮阳伞。一楼室内茶馆设计别具匠心,具有小桥流水人家的江南风味,二楼是一个小型会议室,环境优雅、幽静。在这里可品尝长兴县的各种特产茶叶,如顾渚紫笋、和平白茶、有机黄茶等,特别是"桃源三宝"之一的"九脉云雾茶",入口清香,回味悠长。

九龙塔 是依托山势搭建的石结构建筑,以城山东麓的九龙吐水故事命名。相传城山古代因为多石少泉,干旱缺水,后来得八仙之一吕洞宾点化,城山九龙合力吐水,在石窟中掘出水源。后人祭拜九龙的吐水之功,建成九龙塔。

桃园结义 是一片桃林,内有凉亭,取刘关张在桃园三结义故事命名。景点的最佳观赏时节,是初春桃花盛开季节。

石城山迷宫 城山古名石城山,以西汉末年新莽时居民为避战乱而垒石为城得名。相传三国时,湖州乌程豪强严白虎据此为城,设石城山迷阵以抗孙策,与东吴骁将吕蒙相抗,后被吕蒙以野牛群所破。2006年,城山沟借古人遗迹,恢复石城山迷宫,使游客可探险游戏其间。

静心亭 在景区西北部半山腰。整个城山沟景区有6座凉亭,该亭位置最高,可俯瞰整个城山沟景致,微风吹拂,心静神宁,得名静心亭。

红满坡 实为映山红公园。映山红别称杜鹃,素有"木本花卉之王"美称。2014年,景区为衔接三月桃花、五月果熟,而中间四月少景的缺憾,在景区的西北山坡建成映山红公园,称红满坡。公园占地面积100余亩,人间四月天,映山红盛开,如朝霞般红到天际,灿如云霞,热情奔放，形成一种云蒸霞蔚的景观。

兰花涧 在景区中部，是一条长500米的溪涧，道路因溪流曲折回环，夹岸参天大树，两旁种植以兰花为主的各种花卉，得名兰花涧。溪水潺潺、古木参天，春季更有兰花芳香。

鱼米之香(传统土灶) 是一排备有全套厨房餐具的农家小屋，共12组，每组由一口井、一个灶、一捆柴、一条船组成。游客可参与体验自制农家饭菜，回归自然。鱼米之香是以江南丰富的鱼米文化为基础，配以极具乡村艺术气息的传统土灶，每间小屋包厢墙体均绘有不同渔耕文化的彩画，游客可亲身感受江南鱼米文化，也可亲手在传统土灶上烹饪出最原汁原味的农家美食。

七十二弄 又名七十二猕猴弄，是用72根石柱排列组合，辅以猕猴桃藤爬满支架，形成的长约200米的弄堂。长兴县民间相传《西游记》作者吴承恩城山捕盗，擒盗匪陈秀亮残部赵大德，七十二弄文化创意源于《西游记》故事，寓意孙悟空的七十二变、取经之路的九九八十一难，以及人生的阴阳五行变化。同时，两旁爬满支架的猕猴藤也与孙悟空的性喜吃桃互相呼应。

(四)城山寺宗教文化区

位于景区西侧的城山之巅。城山是长兴县古代名山，山顶古代筑有石城，古名石城山，简称城山，海拔265.5米。城山属自然景观与人文景观兼备的旅游综合体。自然景观：城山之巅竹林掩映，古木参天，寺院精致典雅，门前百年银杏、朴树数株，泉池清澈；人文历史景观两条：清凉禅寺与城山古城遗址。

清凉禅寺 又名城山教寺，属宗教与祭祀活动场所。寺院为长兴县史上著名古寺，清同治《长兴县志》“卷十五·寺观”记有城山教寺与清凉禅寺两条，城山教寺记为“城山教寺在县南五十里城山，旧名慈氏院，晋日南太守莫封舍宅创建。”清凉禅寺记为“清凉禅寺唐武德中建，明嘉靖间废，万历乙丑年重建。”城山之巅寺院屡废屡建，明朝时曾为道教法场，相传嘉靖隆庆之交，《西游记》作者长兴县丞吴承恩曾协助县令归有光在城山剿灭大盗陈秀亮部属的赵大德残部。寺院“文化大革命”时遭破坏，仅存清代建筑六间。1900年后，寺院被逐步恢复对外开放。现寺院分山顶、山下两处庭院，是长兴县南部地区最主要的佛教祭拜场所。

城山古城遗址 由于历史传承，城山之巅形成丰富的历史文化遗址。遗址现存土城墙、城门、蓄水池、弩台、烽楼、走马埒、擂鼓墩、滚石、演兵场等遗迹，面积约12万平方米。土城墙是遗址主体，有内外两层，总长1800米，其中外城墙有夯土与石块堆垒，环山顶一周，保存较完整。遗址内有始建于南朝宋元嘉六年(429)的古寺一座，西侧山道有元朝石刻造像十尊，称“城山石刻造像”。依史籍记载，城山古城遗址发生于东汉末年(建安初)，为乌程豪强严白虎所筑，时孙策平定江东，严白虎不愿归附，据此城以拒孙策。西侧山道的城山石刻造像是城山古城遗址的一部分，由三组共十尊石像组成。组一：一佛二弟子像，人物为阿弥陀佛、观世音、大势至；组二：一佛二菩萨像，人物为毗卢舍那、文殊、普贤，以及石头灯碗一盏；组三：三佛像：

过去佛、现在佛、未来佛。石像群初断为元朝石刻。2013年,城山古城遗址被公布为全国重点文物保护单位。

四、参与体验

城山沟景区的参与体验,每年定期举办的有桃花节、采桃节、山地自行车速降比赛、城山沟乡村音乐啤酒节等四项。游客自选或临时举办的参与体验,包括桃花湖上休闲垂钓、登城山的登山比赛、烧烤、微电影拍摄,游客利用传统土灶自做饭菜,清凉禅寺礼佛祭拜等。

桃花节 2009年第一次举办,截至2015年已举办7届。举办时间,每年3月中旬桃花开放至4月初桃花凋谢时段,持续时间1个月。节庆开幕式景区举办大型实景歌舞会、万人相亲结缘会、桃花仙子评比、桃园看戏、听古筝、品龙茶等系列活动。节庆期间,景区还会穿插举办相亲会、摄影比赛、诗词创作等文艺娱乐活动,以丰富内容。

采桃节 城山沟景区主要旅游休闲体验是以采桃为主的农业休闲观光,采桃节是景区主要的旅游参与体验。节庆2005年创办,之后每年举办一次,截至2015年,已办11届。活动从每年6月水蜜桃成熟开始,持续至8月鲜桃下市结束,共3个月。其间,年接待游客5万~10万人次。

山地车速降比赛 由景区与北京雅逸企业管理有限公司联合举办。赛道设施:景区建有一条与周围环境融为一体的国内首条以山地速降世界杯赛事标准设计的文化主题公园赛道,该赛道以山地自行车丛林体验道、丛林速降道、山地比赛道、场地赛道为主,是中国大陆难度最大、长度最长(2.5千米)、跳台最高(3.5米)的唯一人车分行赛道。比赛方式:自行车选手各骑自选特制单车,从海拔262米的城山顶直接速降至山脚,落差200余米,上演“速度与激情”。2014年10月首次举办比赛,有来自美国、法国、英国、意大利、瑞士等国的上百名山地自行车速降高手参加赛事。后确定赛事每年举办一次,时间初定于每年五月中旬,参赛选手来自世界各地,一般数量为100余名。2015年,城山沟山地自行车速降比赛被浙江省体育局评定为“省级体育休闲示范赛事”。

乡村音乐啤酒节 2011年首次举办。采桃节结束后,景区缺乏特色参与,为进一步延长景区的旅游休闲时间,景区每年8月举办乡村音乐啤酒节,时间1周左右,活动期间,景区下午与夜晚均会举办各种音乐会,配合野炊、啤酒节等活动,促使游客体验乡村的自由休闲生活氛围。

五、游客、门票、旅游线路

游客 城山沟景区果园采摘休闲区属凭票收费景区,其余区块属开放性免费参观区。2007年以前,景区实施开放式农业休闲观光,尚未完成景区建设,没有游客统计。2008年,在长兴县大力发展乡村旅游的良好环境下,城山沟桃源山庄景区准确结合农业采摘与旅游休闲,完成传统农业生产向现代农业与乡村旅游融合转型,建成围栅,开始执行游客统计,同年接待游客11万人次。2010年,城山沟景区游客统计数据纳入长兴县整体旅游统计。当年景区接待国内游客6万人次。2015年，景区接待游客42万人次。景区游客依客源地分类，主要来自长三角地区，以上海、杭州、苏南等大中城市为主；按旅游产品需求分类，主要为乡村农业休闲观光；按组织结构分类，散客占80%以上，其中家庭亲子游占很大比例。

门票 2008年，城山沟景区果园采摘区建成栅栏，开始收取门票费，门票35元/人次，2013年调整为50元/人次，2017年改为80元/人次。其中，1.2米以下儿童、残疾人免票，1.2米～1.4米儿童、60周岁以上老年人半价。

旅游线路 城山沟景区旅游线路两种：一种在开放免费区自由休闲，即在除果园采摘区以外的景区其他地域开展活动，如观光、垂钓、烧烤、农家乐就餐等。一种是购买门票进入果园采摘区休闲观光，旅游线路依次为百果园—桃园结义—九脉龙茶馆—清凉禅寺（参观祭拜完返程）—九龙塔—石城山迷宫—静心亭—红满坡—兰花涧—鱼米之香（传统土灶）—七十二弄—出口。整个行程需三小时，若旅游不愿选择至清凉禅寺拜祭，可节约1～2小时，期间可以至九脉龙茶馆品茶。

六、推介会、宣传册、旅游产品

推介 城山沟景区重视旅游推介，景区除参加长兴县旅游局（旅游委员会）组织的各种推介会外，还自觉利用新闻媒体、组织赛事、举办节庆等参与推介。

宣传册 城山沟景区编制的宣传册有景区宣传折页。

旅游产品 景区主要旅游产品是水蜜桃，2005年景区年产水蜜桃20万千克，2015年达50万千克。其他旅游产品有桃花鸡、桃花酒、九脉云雾茶等。

七、组织机构与荣誉称号

组织机构 城山沟景区的产权主体隶属长兴城山沟桃源山庄生态农业有限公司，法人为景区的创始人陈小究。此外，景区内的两家农家乐则各有独立法人。三家均属民营企业。

荣誉称号 2007年12月12日，城山沟景区被国家旅游局评定为“全国农业旅游示范点”（全国农业点179个，浙江省3家）。2008年2月29日，城山村被浙江省农办评为“浙江省三星级乡村旅游点”；同年11月，城山沟桃源山庄菜肴“桃花鸡”在全省第二届农家乐大赛中获得金奖。2009年3月24日，景区被浙江省旅游局评定为国家AAA级旅游景区。2010年2月3日，景区被浙江省农办授予“省级休闲观光农业示范园区”。2011年1月1日，景区桃源山庄农家乐代表长兴县参加省农家乐菜肴大赛获三金、两银的好成绩，主要菜肴有“桃花鳜鱼肥”“火踵石笋干”“溪石长寿肉”等。2014年7月，“城山沟”牌水蜜桃被评定为浙江省绿色食品。2015年9月，景区的山地速降自行车比赛被浙江省旅游局评定为“省运动休闲旅游优秀项目”。

第八节　十里古银杏长廊

一、概况

位于长兴县西10千米小浦镇八都岕，是一处以古银杏林保护为主，集生态保护、旅游休闲、宗教祭拜等于一体的综合性景区。景区总占地面积32平方千米，包括方一、潘礼南、方岩、大岕口4个行政村，10多个自然村。核心区域是一条长约12.5千米，宽100～1000米不等的狭长山谷。山谷形如长廊，遍生野生银杏3万余株，其中100年以上的古银杏2348株，300年以上有376株，500年以上11株，得名古银杏长廊，又名十里银杏长廊。景区属全域开放景区。截至2015年，景区获国家AAA级景区、浙江省旅游特色村、浙江省农家乐特色村等多项荣誉称号。

二、建设规划

建设历史　古银杏长廊景区所在地明清时期属长兴县平辽乡第八都，得名八都岕。早年八都岕地区以出产杏仁、合梅闻名。改革开放后，岕里的原生态野生银杏林逐渐显现出巨大的旅游资源价值。2000年，长兴县开始发掘八都岕内的古银杏旅游资源，完成12.5千米的八都岕小柏公路砂改沥青工程。同年，长兴县旅游局开始编制岕内古银杏的保护开发旅游规划。2002年，小浦镇对八都岕中的4个行政村进行环境整治，在方一村建造银杏公园；同年引导村民创办全县最早的农家乐。2003年，因景区奇特的银杏资源，长兴县被林业部授予"中国古银杏之乡"称号。2005年，景区完成第一次旅游规划，并围栅建成古银杏天泉凭票参观成熟景点。2006年，景区开始筹建古银杏山庄。2008年，方一村银杏公园发展成熟，成为景区样板。2010年景区首次举办中国长兴(小浦)古银杏文化节，获得巨大成功。2015年，景区建成潘礼南公园、橡树公园、槿树潭公园，老虎潭公园等多个景点，并申报批准为AAA级景区。

规划　2002年，长兴县对全县古生态旅游产品进行整体策划，编制古银杏长廊总体规划及重点地区(方一村)的建设规划，完成古银杏长廊内重点地区1∶500的地形图测绘。对八都岕十里古银杏长廊内10个村的环境进行整治，初步完成建设方一村银杏公园的规划。2004年，长兴县旅游局与小浦镇合作，完成八都岕古银杏长廊的控制性规划。2008年，景区由浙江大学编制《古银杏长廊旅游区建设控制规划》，确定"一廊一涧四景三配套"的开发思路。

三、主要景点

八都岕古银杏长廊属于全域开放性景区，主要景点有银杏公园(含银杏王)、太乙殿、潘礼南公园、南俞钱宅、槿树潭公园、大岕口吴宅、橡树公园(含银杏后、大岕口古树丛、空王寺、关

图2-7 八都岕古银杏长廊

帝庙等小景点）、虎头涧公园、古银杏天泉、柏家村丛树林、振天寺等。

银杏公园（含银杏王） 在八都岕入口方一村杨岭自然村小柏公路两侧，占地面积100余亩。公园是景区最早规划景点，2002年筹建，2008年建成，初期仅在公路两侧，面积仅50余亩，内有野生古银杏200余株，是景区五大古银杏集中区之一。2010年，公园作为景区主要景点改造提升，向南延伸至小柏公路南侧杨林涧，人工培育银杏林500余亩，成为景区内最主要的银杏主题公园。

银杏王 在银杏公园内，以景区内体型最大、年龄最古老的雄性银杏得名。银杏王树龄测定有1300年历史，高26米、胸径4米，属生物景观主类独树基本类型三级旅游资源单体。银杏王是景区每年银杏文化节举行祭祀的祭拜对象，是景区银杏文化的标志形象。

太乙殿 在方一村至画溪街道白阜村的排旗岭岭头①，以祭拜太乙真人命名。太乙殿始建年代不详，以庙宇四周现存的古银杏推测，历史至少500年以上。相传明清时候，殿宇规模宏大，有宫观建筑百余间。“文化大革命”时，殿宇废弃，仅存古建筑数间及古银杏十余株。2000年后，道观被地方逐步恢复开放。2010年，道观曾经举行法会，现宫观仍处待建中。

① 排旗岭古名彭耆岭。相传明末清初，八都岕柏家村豪强柏相甫以“反清复明”口号，起兵造反称王，在彭耆岭岭头阅兵，旌旗排列整个岭头，岭因此更名排旗岭。

潘礼南公园　在潘礼南村南俞村自然村，是依托银杏丛建造的公园，是整个景区古银杏最集中的区块之一，内有古银杏200余株。此外，公园依托杨林涧延伸，杨林涧两岸的杨树林，以及溪涧也成公园主要景观。

南俞钱宅　在潘礼南村南俞自然村，清末建筑，以旧为地方大户钱氏老宅命名。古建筑坐北朝南，三进各五开间，马头墙，内八字门楼，天井鹅卵石铺地。东有侧屋12间，正屋各进门廊处均有廊与侧屋相连。古建筑现为长兴县文物保护单位。

槿树潭公园　在方岩村许家自然村，是依托古树丛与溪涧、水潭建造的森林公园，以河岸滩涂曾经生长有大片槿树命名。公园呈长条形，长约1000米，宽100米，有河岸、溪涧、银杏丛、枫杨丛等，是整个景区重要的银杏林观赏摄影点之一。

大岕口吴宅　在小浦镇大岕口村大岕口自然村，清代建筑，以明清时代大岕口自然村主姓吴姓的宗祠命名。古建筑坐东朝西，门楼高大，有辅鸡，结构两进，各五开间，硬山顶，有门廊，带卷棚。第二进带两厢，主体建筑两侧各有侧房，南侧有民国砖木建筑绣楼。古建筑现属长兴县文物保护单位。

橡树公园　在大岕口村大岕口自然村，是整个八都岕景区旅游资源单体最集中的区域，含银杏后、大岕口古树丛、空王寺、关帝庙等众多小景点，以公园内部的古橡树丛命名，占地面积100余亩。公园原为众多零散旅游资源单体，包括银杏后、古银杏丛、关帝庙、橡树丛、空王寺等，众旅游资源单体被民宅与溪涧分割成许多彼此孤立的小点。2014年，小浦镇为创造大旅游景点效应，通过拆迁当地民居、改造溪涧流向、修筑景观道路等措施，将零散景点组在一起，融成一个集古树观赏、宗教祭拜、乡村旅游休闲的综合性公园小景区。

空王寺　在橡树公园的东北侧。空王寺为长兴县古代著名寺院，唐朝时已经存在，古代一直位于小浦集镇西一千米的山岕中。清同治《长兴县志》"卷十五·寺观"载："空王教寺在县西北二十里，旧在县东九里，名天居寺，即陈武帝故宅。陈光大元年诏立为寺。唐武德六年为辅公祏焚毁。明洪武二十四年立为丛林（按陈武帝故宅已改为广惠寺，又迁为空王寺，是一寺分为二寺也）。今废。（谭志）。国朝乾隆六十年僧绪正募建大殿五间，又建侧屋十间。（邢志）。""文化大革命"时寺院废弃，被改造成长兴县小浦林场总部。2000年，大岕口村民要求兴建寺院，空王寺寺名被长兴县宗教主管部门批复迁至大岕口恢复重建，数年成佛阁数幢，占地面积10亩。2015年，寺院大雄宝殿落成。

银杏后　在橡树公园内，公园内部有古银杏近百株，形成景观古银杏丛，其中最大的一株银杏树，也是整个八都岕古银杏长廊最大的一株，属雌树，称银杏后，树龄1300米，胸径1.6米、高30余米。

关帝庙　在景区南侧入口处，是一座道教祭祀场所。以主祭关羽（关帝）命名，宫观是一座小四合院，占地面积半亩。

橡树丛 在景区中部，由数株百年老橡树组成。橡树古代是最常见树种之一，一般高大成片丛生。公园内橡树丛约有“10”余株橡树，树高均在20米以上。

虎头涧公园 在大岕口村王家头自然村，是依托银杏丛建造的小公园，以横穿公园的溪涧古名虎头涧命名。虎头涧公园包括小柏公路南北两侧银杏林景观，占地面积10余亩，是整个景区野生银杏最集中的区块之一，内有古银杏100余株。

古银杏天泉 在大岕口村柏家村自然村小柏公路南侧山岕，曾属八都岕十里古银杏长廊景区内重要精品景点，占地面积1000余亩。景点依托小柏公路南侧山岕内一处天然水潭创建。水潭古名丝沉潭，或丝竹潭、施沉潭，以潭水很深，当地用丝绳系上石头方能测量深度得名。清同治《长兴县志》“卷十一·水”载：“施沉潭在八都岕底，广十余亩，深不可测，生龙子，如蜥蜴”。面积约10亩，水深10～20米。2003年，当地大岕口村始对施沉潭围栅建造景点。建造者依托施沉潭幽幽竹径、深邃潭水的天然生态环境，略做人工修饰雕琢，增建钓鱼台、休闲亭、嘉木堂茶楼，临水品茗台、眺望台、汉光武帝像，清空胜景、天泉瀑布等景观，同时移植三位帝王汉光武帝刘秀、南朝陈开国皇帝陈霸先、明末柏家村地方豪强柏相甫的故事入景区[①]，建成景区内精品景点，并更名“古银杏天泉”或“太湖泉”。2004年，景点建成对外开放，门票25元/人次。2013年，景点因经营困难，逐步废弃。

柏家村丛树林 在大岕口村柏家村自然村。柏家村有古树数百株，分布在村内以及至长岭和先锋岭的山路上。古树以银杏为主，另有橡树、朴树、榉树、枫树等几十株，形成茂密的古丛树林，成景区重要景观。

振天寺 在大岕口村柏家村自然村北侧岩山之巅，属于佛教拜祭场所。岩山海拔520米，有盘旋环复的古道从先锋岭绕行抵达山巅。寺院有殿宇数间，简朴、素洁。此外岩山西麓至六都岕路上有小庙四方堂，属振天寺下院。

四、参与体验

岕里婚庆 景区的主要特色参与体验有岕里婚庆、京剧票友会等。岕里婚庆属八都岕内民间古老婚庆礼仪，经过数百年的演变，形成了一种与外界不同的民俗。婚庆的不同之处，在于独特的迎亲、送亲仪式。喜庆仪式场面壮观，富有浓厚的乡土气息，深受广大村民喜爱。2008年，该民俗入选湖州市非物质文化遗产名录。

京剧票友会 属人文活动主类旅游资源。小浦镇八都岕内村民古有京剧表演传统，改革开放后，八都岕中的传统京剧演艺被逐步恢复。1997年，当地开始组织京剧票友会与长兴县城、宜兴市等地京剧票友联谊，同时在原八都岕小学组建小浦镇小京剧班，形成浓厚的京剧文

① 三位帝王的故事依次是刘秀在岕里逃难，八次躲过王莽追兵的搜捕；少年陈霸先施沉潭钓鱼；柏相甫聚蚁兵造反，湖州称王。三则故事均为民间传说，缺乏严格的史实依据。

化氛围。截至2015年，经过多年培育，八都岕中能够演唱京剧的近百人，普通京剧爱好者更是多达千人，形成具有浓厚群众基础的京剧票友会。票友会经常举办各种演出，成为景区一项特色活动。

五、游客、门票、旅游线路

游客　十里古银杏长廊景区游客的主要参与体验是欣赏银杏。景区因受银杏的生长期影响，属季节性景观。景观的参观时间4—11月，最佳时段两个：一是每年4月杏叶初长时节，古树吐新，绿叶青翠欲滴，充满勃勃生机。一是11月杏叶染红时节，金黄的杏叶映红整个山谷。期间景区的行政管理部门小浦镇人民政府均会举办银杏文化节以示庆祝，持续时间3周左右。2015年，整个景区杏叶染红季节，日接待游客3万人次，晴朗周末日接待游客超过5万人次。且根据2010年至2015年历年初略统计，古银杏长廊景区在杏叶染红时节，游客呈历年上升趋势，正逐渐成为长三角地区最火热的季节性景点之一。

门票　古银杏长廊景区因面积广阔，内有近万口村民定居，属全域开放免费参观景区。2004年，景区内“古银杏天泉”建成精品景点，开始单独收费，门票25元/人次（2013年后景点废弃，不再收费），其余区间均属免费开放区域。2013年，小浦镇成立古银杏长廊景区管理委员会，规划将整个景区建成能够实现收费的众多小景点。2014年，长兴县物价局印发《关于八都岕十里古银杏长廊景区景点门票价格的通知（试行）》（长价发〔2014〕46号），规定古银杏长廊景区内景点门票价格实行政府指导价管理，门票基准价：银杏盆景园10元/人次、秋景摄影写生基地10元/人次、钱氏老宅乡居生活馆20元/人次、乡村运动基地10元/人次、古银杏天泉30元/人次、吴昌硕祖居文化馆20元/人次、槿树潭戏剧公园10元/人次、梅林雅筑智红园10元/人次、江南长兴书院2元/人次、岩山胜境10元/人次。联票为120元/人次。景点在基准价基础上，可上下浮动，在不超过20%幅度内可自行定价，并报县物价局备案。

旅游线路　景区旅游线路一般三种：第一种经典参观，参观银杏公园、橡树公园两个主要景点，时间半天。第二种全景参观，从银杏公园、南俞村、槿树潭公园、橡树公园、大岕口吴宅、柏家村、先锋岭、振天寺，时间两天。第三种选择性参观，主要参观银杏公园，其他选择性参观，时间一天。

六、推介会、宣传册、旅游产品

景区属于免费参观全开放式景区，没有直接的管理与责任单位部门。景区的旅游推介一般由长兴县旅游局代为负责，宣传册编制一般附属长兴县旅游，尚未编制专门的旅游宣传资料。景区旅游产品丰富，代表的是各种农特产品，如银杏、合梅、笋干等。

第九节　陈武帝故宫

一、概述

位于太湖街道杨湾居民区杨湾自然村。景区以长兴县历史文化名人南朝陈开国皇帝武帝陈霸先的故居得名，原名陈武帝故居，又名天居寺、广惠教寺、下箬寺等。现景区2008年建造，2011年竣工，总投资1.8亿元，占地面积8.4公顷，建筑面积10361平方米，属历史文化名人故居及佛教与宗祠祭拜场所。

二、建设规划

建设历史　景区旧为南朝陈开国皇帝陈霸先的故宅。清同治《长兴县志》"卷十四·古迹"记载："陈武帝故宅在县东九里，即今广惠寺。"寺院南朝陈光大元年(567)，太皇太后章要儿舍宅为寺，得名天居寺，后曾易名广惠教寺，民间俗称下箬寺。长兴县历代县志均称"广惠教寺"，清同治《长兴县志》"卷十五·寺院"记为"广惠教寺，陈光大元年(567)临海王诏立为天居寺。唐初辅公祏毁，唐僖宗时重建，改名崇光院。宋治平二年(1065)更名广惠禅寺。元末毁于兵火。明洪武四年(1371)重建，二十四年立为丛林。俗呼为下箬寺。"相传明清鼎盛时期寺院曾受三代皇上"天赐圣旨"，为五进大院，占地面积36亩，四面环水。寺正中自山门入，有天王殿、大雄宝殿、观音殿和小西天、如来观音、三尊紫佛，皆佛中之圣，佛像魁凛，气势磅礴。以致明清文史皆赞长兴"帝乡佛国"。

中华人民共和国成立后，寺院受极"左"宗教政策影响逐渐衰败，"文化大革命"时寺院被征作国家粮库(隶属雉城粮管所)。1987年，长兴县有民间善士着手恢复下箬寺，1993年建圣井凉亭，立碑保护。同年5月，陈立夫为天居寺题名"陈武帝故宫"。1996年农历六月，寺院管理小组举行陈武帝神像开光祭祀活动，邀请陈姓后代浙江金义集团董事长陈金义、中国古生物研究院院长陈立夫的侄儿陈旭等参加。2003年11月28日，长兴县人民政府举行纪念陈朝开国皇帝陈霸先诞辰1500周年活动，其间立陈霸先铜像、成立"长兴陈霸先研究中心"，海外陈皇子孙齐聚长兴县陈武帝故居祭祖朝圣。2004年，著名社会活动家、美籍华人、陈霸先研究中心名誉主席陈香梅为研究中心题词："陈宗长兴，万世灵光。"

2008年，长兴县人民政府立项重建寺院，复名天居寺。2012年12月29日，陈武帝故居竣工，建筑方永兴公司将天居寺移交给长兴县民族宗教局、将陈武帝故居陈列馆移交给文广新局分别管理，景点试开放。2013年4月16日，长兴县人民政府在陈武帝故居举行陈武帝诞辰1510周年纪念大会。8月，天居寺移交长兴旅游集团有限公司管理，成为长兴县一处以历史文化名人观瞻，兼及宗教祭拜、宗亲祭祀、城市休闲的综合旅游景区。2014年5月，陈武帝故宫正式对外营业，开设禅茗堂、佛教绘画室、文艺大舞台、陈氏留名处等系列参与体验，着力将景区打造成具有南朝建筑风格与时代风情的新景点。2015年7月18日，长兴佛文化研究会成立授牌仪式在陈武帝故宫举行。

规划　景区数次编制旅游规划，代表如1993年原下箬寺乡编制的《陈武帝故宫建造规划》，2004年长兴县文化局编制的《陈武帝故宫建设规划》，2008年长兴县人民政府编制的《长兴县天居寺建设文案》等。

三、主要景点

陈武帝故宫景区属历史文化名人观瞻及宗教祭拜、宗亲朝圣类的人文旅游景点。景区分为遗址公园（含圣井、碑林）、陈武帝故居陈列馆、天居寺三个区块，全部属人造景观。

遗址公园　在景区院门南侧，属景区一部分，因未设立栅栏，属开放免费参观区域，面积约50亩。公园内有老树数百株，古木参天，氛围幽静，内有陈武帝铜像、圣井、碑林等数处小景点。

陈武帝铜像　2003年，长兴县人民政府举办"纪念陈武帝诞生1500周年"，为服务祭祀活动铸造陈武帝铜像。铜像由著名艺术家雕刻，为头像，高1米，重300千克，底座高2米，刻有纪念陈霸先历史功绩的祭文。

圣井　在遗址公园中，相传六朝时为陈霸先先祖所掘。陈霸先出生时，井泉沸腾，家人汲水给陈霸先浴身，后人称作"圣井"。圣井历史长达1500年，明隆庆元年（1567），时任长兴县令的著

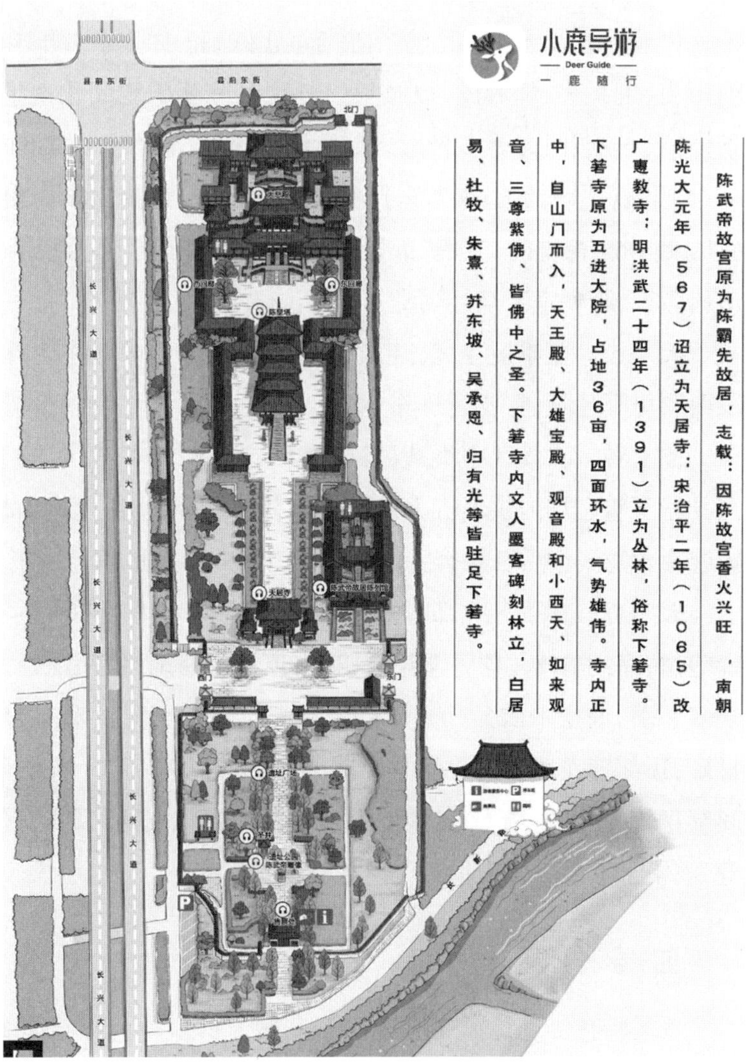

图2-8　陈武帝故宫

名散文家归有光撰文，县丞著名小说家《西游记》作者吴承恩手书，成《圣井铭并序》碑刻。今吴承恩手迹保存完好，碑刻存长兴县博物馆。清同治《长兴县志》“卷十一·水”记载：“圣井在县东广惠院，高祖初生，井泉涌出，家人汲以浴之，今谓之圣井（《舆地纪胜》）。”1987年，长兴县粮食局批文填埋“圣井”，用以建造粮库库房，指令被时下箬寺乡文化干部黄墨林等抗辩抵制，“圣井”得以保存。2011年，“圣井”被公布为浙江省文物保护单位。

碑林 2002年，长兴县将无处存放的零散石碑统一放置天居寺遗址。2008年，陈武帝故宅重建，建筑方将原先置此的30余通石碑，整齐排列，建成碑林。碑林主体为清朝时期长兴县署公布的各种文诰，内容涉及治安、田赋、社会礼仪等各方面，是明清时代珍贵实物史料。

陈武帝故居陈列馆 位于景区院内东部，2011年建成，永久展示陈朝的历史文化。陈列馆布局结构呈“回”字形，共分成五个展厅，左龙、右虎护卫着整个陈列馆的安全。五个展厅依次：1. 正门“千秋门”，属门厅格局，雕刻十尊陈朝开国功臣木刻雕像，左右各五尊，展示陈朝千秋伟业。2. 太极殿，是整个陈列馆正殿，正中竖陈朝开国皇帝陈霸先的铜像，周边展示陈朝历史、世系表、疆域图，以及长兴县现存陈朝历史文化遗址等。3. 云龙门，主题帝乡，用场景模拟、彩绘、图文等多种形式展示整个陈朝五位帝王的不同人生故事，拼接全部陈朝历史。4. 宣福殿，主题佛国，展览采用图文并茂形式，选择主要历史画卷，展示陈朝以及长兴县的佛教历史。5. 神虎门，主题“天下陈姓是一家”，属于陈氏宗亲文化，内容囊括陈姓起源、发展、历代名人、陈朝宗亲祭拜祠堂等。

天居寺 是景区主体，建筑格局寺院，包括山门、陈皇塔、东西回廊、大悲殿、讲堂、经堂、东西厢房等建筑，主要建筑陈皇塔、大悲殿等。

陈皇塔 在景区中央，以祭奠陈武帝命名，高5层、周30余米，登塔远可眺太湖，近可俯长兴县城全貌。塔内供奉五方佛及众多菩萨，展示佛法之宇宙世界，凸显其位于空间中心格局，内容隐含龙华会后三教合一的佛教义理，以及天居、净土，通达佛之宇宙世界概念。

大悲殿 在景区北部，是整个天居寺正殿。大殿中央供奉站立式脚踏莲花宝座的千手观音塑像，高约10米，身后莲花衬托，头顶祥云修饰，象征观音大士的佛教理念。两侧浮雕供奉众多菩萨，前摆木质案几方便信士礼佛。殿堂空间以木饰为主，结合铜饰、金箔、彩绘等多元材质，顶部莲花造型内设灯光俯照主体观音，从上而下，光影间显现观音的微妙和庄严。梁柱间穿插多姿轻舞飞天，美轮美奂，仿若佛国妙音萦绕梁宇。大殿两旁摆设观音菩萨33种化身，属中土大慈大悲观世音菩萨视觉盛宴。

四、参与体验

景区特色参与体验为陈氏宗亲朝觐。其他特色参与体验有庙会、民间艺术团表演、古玩市场、小吃节等。

陈氏宗亲朝觐 属景区最主要特色参与体验。谚语“天下陈姓出江州,江州陈姓起长兴”。长兴县作为陈姓创建王朝的诞生地,景区作为陈武帝的故宅,是天下陈姓最重要的朝觐之地。2003年、2014年,长兴县人民政府两次举办隆重祭祀陈霸先诞辰活动,之后活动成为传统,祭祀时间一般定于冬至陈霸先生辰或清明祭祖时节。2015年4月6日,陈武帝故宫举办一场寓意深刻的仿汉代“陈姓祭祖”祭拜,以弘扬传统文化,缅怀一代帝王陈霸先的丰功伟绩,提升陈氏后裔的凝聚力。

其他参与体验 陈武帝故宫景区位于城区,参与体验活动很多。庙会,景区又名天居寺,本属庙宇,举办庙会是景区特色。民间艺术表演,景区与长兴县多家民间艺术团体合作,经常举办各种文艺表演。2014年6月22日,百里公益协会成立仪式在陈武帝故宫景区大舞台盛大开幕。2015年2月19日—3月5日,陈武帝故宫景区举办2015年“帝乡佛国”长兴春节文化灯会活动。小吃节(美食节),景区利用位于城区的地利优势,每年举办美食节。2015年1月1—6日,“2015长兴首届陈武帝故宫新年庙会暨中华美食节”在陈武帝故宫举行,节庆分为吃、玩、看、听、赏、购六部分,让市民通过具体活动找到渐被现代科技冲淡的新年气象。

五、游客、门票、旅游线路

游客 景区游客主要来源长三角地区,以历史文化爱好者为主,其次是全国各地的陈姓宗族朝圣。2013年景区试开放,初期以散客为主,8月景区移交给长兴旅游集团有限公司后,在旅游集团统一调配下,景区开始接待大规模团队游客。2015年,景区年接待游客2万人次。

门票 景区门票为50元/人次。景区所在地杨湾村居民凭身份证可免票参观。

游览线路 景区旅游线路分两种,一种是购票区旅游线路:陈武帝故居陈列馆—陈皇塔—大悲殿—遗址公园。一种是院外免票区旅游线路,即遗址公园,含陈武帝铜像、圣井、碑林等。

六、推介会、宣传册、旅游产品

景区2012年建成,2013年对外试开放,隶属长兴旅游集团有限公司,由总公司负责旅游推介。景区编辑的宣传材料有宣传折页,书籍类有《长兴陈氏宗谱概略》《图说陈霸先》、长篇章回体小说《陈朝演义》等。景区主要旅游产品是与民营企业联合开发的“长兴帝皇菊”。

七、组织机构

景区2013年建成对外开放,初由长兴县文广新局、长兴县民族与宗教局各自管理相应区域。同年7月,景区交由长兴旅游集团有限公司管理,法人徐迎东。2014年景区合并入大唐贡茶院管理机构,由贡茶院代为管理,法人汪晴美。

第十节　龙山森林养生小镇

一、概况

在龙山街道西北部川步、渚山两村，是以生态保护、森林养生、休闲娱乐、康体健身、现代农业观光采摘于一体的开放性景区，总占地面积20余平方千米。景区核心区域以龙山绿道为环线，环抱东方梅园、绿野仙踪、渚山杨梅园、桃花岕森林公园、桃花岕水库等众多景点，面积10余平方千米。截至2015年，景区获得“浙江省森林养身小镇”称号。

二、建设规划

建设历史　龙山森林养生小镇古属长兴县城北郊重要隐逸修行之所。依清同治《长兴县志》记载，景区的士林头是古代官宦、学者重要隐逸之地，代表如东汉钱林、元末沈贞、明朝丁元荐等都曾隐居于此；桃花岕有响水泉、沉香潭、桃花庵等重要景观；川步村的二十里梅花美丽壮观。中华人民共和国成立后，渚山、川步一带以传统农业为主。1956年，原后漾乡在桃花岕修建桃花岕水库。1965年，长兴县小浦林场接管桃花岕以及周边荒山土地封山育林，培育小浦林场桃花岕林区。1997年，桃花岕森林公园被确立为长兴县最具开发潜力的十大旅游资源之一。1999年，有民间人士在桃花岕水库下游修建综合游乐场“桃花岕水上世界”。2002年，长兴县为加速城市建设需要，在县城所在地雉城镇北部置龙山新区，川步、渚山两村被划属龙山新区，规划建成城区市民未来的主要休闲场所。2003年，长兴籍企业家吴晓红在川步村白岕筹建东方梅园。2004年，渚山村利用山林果园举办杨梅节，成为长兴县第一个成功举办的现代农事节庆。2009年，长兴县龙山新区编制《渚山杨梅休闲观光园建设规划》，初步确立建成景区理念。2012年，浙江省绿野仙踪生态农业发展有限公司承包青稞岕300亩土地，兴建绿野仙踪旅游度假村。2014年，长兴县提出建设龙山新区森林养生小镇规划，并启动龙山绿道建设，形成景区概念。2015年5月13日，龙山街道正式从雉城街道分出，独立建制。同年，环桃花岕森林公园龙山绿道初步建成。

规划　景区完成的规划有2009年龙山新区编制的《渚山杨梅休闲观光园》建设规划；2014年，龙山新区完成《龙山新区森林小镇建设规划》。

三、主要景点

龙山森林养生小镇属全域开放性景区，以龙山绿道贯通全部区域，包含渚山杨梅休闲观光园、绿野仙踪、东方梅园（梅朵朵有限公司）、桃花岕森林公园、长寿寺、黄金沙滩、云梯栈道、

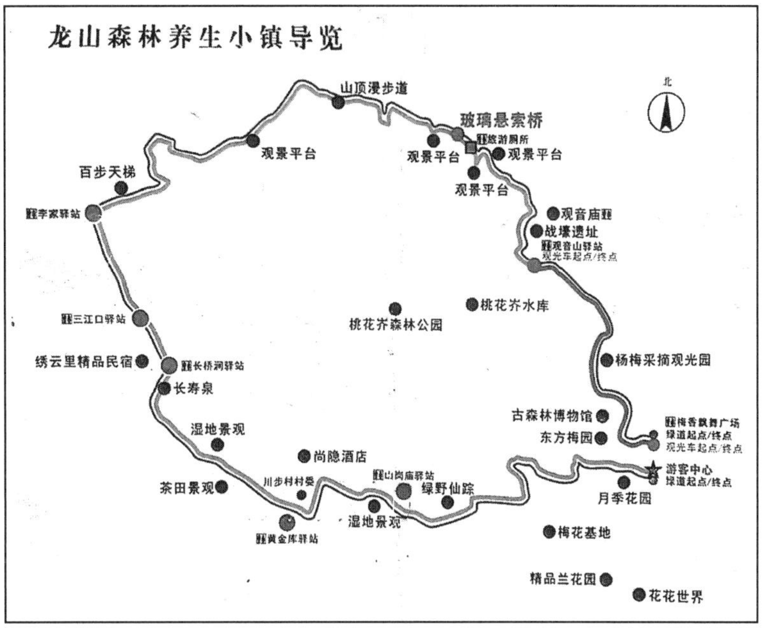

图2-9　龙山森林养生小镇

观音庵、轩瑞堂等。此外，在建的景点以及参与体验场所，还有休闲农业观光园类月季园、四季花卉，酒店类龙山尚隐、绣云里，建筑类玻璃桥等。

龙山绿道　在龙山街道西北部，跨渚山、川步两村，以及水口乡水口村的部分山林，起点渚山村村委会，再分为山下、山上两条线路。山下线路：渚山村委会—东方梅园—桃花岕岕口（入桃花岕森林公园）—绿野仙踪—长寿寺（山岗庙）—黄金沙滩—土地庙—李家自然村—云梯栈道—山顶绿道，长约5千米，步道数次跨越长桥涧，沿途竹林溪涧、曲径通幽。山上绿道：渚山村委会—环绕东方梅园分岔：一条向西，环桃花岕森林公园—玻璃桥—云梯栈道—土地庙，长约6千米；一条向东，环绕渚山杨梅观光园—观音庙—轩瑞堂，长约3千米。整个绿道在桃花岕森林公园与渚山杨梅休闲农业观光园中穿行，山回路转，景观层出不穷。

渚山杨梅休闲观光园　在龙山街道渚山村，1995年，渚山村发展现代农业，尝试在村庄原荒山上种植杨梅，以振兴当地曾经闻名四方的品牌杨梅“夹山杨梅”。2004年，渚山村举办第一届杨梅节获得巨大成功，品牌效应推动地方扩大杨梅种植面积，筹划旅游，建设休闲观光园。2009年，龙山新区完成《渚山杨梅休闲农业观光园建设规划》。为方便采摘，开拓旅游休闲业务，渚山村规划在杨梅种植区修建步道。至2015年，渚山村杨梅种植面积发展至3平方千米。渚山杨梅休闲观光园的旅游功能以杨梅采摘为主，发生期在每年6月末杨梅成熟时节，持续时间10～15天，具有很强的季节性。在杨梅成熟时节，休闲农业观光园日接待游客1万人次。

东方梅园（龙山街道①）　位于龙山街道川步村八十亩自然村白岕，又名梅朵朵有限公司、花溪谷等。1990年，长兴县本土企业家吴晓红成立长兴县东方梅园有限公司，经营观赏梅的种植、培育、销售。2003年，公司迁现址白岕兴建红梅培育基地，成为一家集“梅花苗木及盆景

① 长兴县称作“东方梅园”的景点两处，一处在龙山街道川步村白岕，一处在林城镇连心村，均为长兴籍企业家吴晓红创办。本处指龙山街道川步村白岕的东方梅园。

培育销售、园林造景施工、优质品种资源保护、梅花香料香水产品研发生产”等于一体的省级农业科技先进单位。经过数年发展，公司用来培育梅花的园圃逐渐发展成一处具有季节性梅花观赏的重要景点。2015年，景点发展成全球最大的红梅基地，下属湖州古木化石博物馆、长兴东方梅花研究所、长兴木克斯洁具有限公司等分支机构，并成为浙江大学、浙江农林大学的教学科研实习基地，得名东方梅园。

东方梅园景点是一条长1千米、宽约100米的山涧，内含梅文化馆、古木化石博物馆、梅花研究所、梅花谷等数处小景点，其中梅花谷种植各类梅花优良品种60余种、3000余株。景区梅花观赏具有很强的季节性与时效性，仅限每年2—3月梅花开放季节，长约20天。梅花开放时，景点日接待游客5000人次。客源主要是长兴县市民，约占八成，其他为来自上海、杭州、南京、湖州等地的梅花爱好者。截至2015年，景点实行免门票参观。景区主要旅游产品：梅花观赏、各种红梅苗木供应、规格园林绿化用红梅苗木、盆景盆栽，以及香料香水系列产品等。2005年以来，公司先后承担“杭州西溪国家湿地公园梅花景观”等10余家国家级公园大型梅花景观工程施工。2009年，公司自主培育的红梅新品种——“东方朱砂”登录国际市场，同时利用高新科技成功提取天然新鲜梅花中的香味精华，世界首创研发出梅花香料香水，命名为“中国香”，并形成系列产品。2015年，景点新建的古木化石博物馆竣工，预备发展成综合性凭票参观旅游景区。

桃花岕森林公园　在龙山街道川步村桃花岕，景区产权隶属小浦林场桃花岕林区。1965年后，长兴县筹办利用县境荒山建造林场，桃花岕内的荒山被划属小浦林场统一经营管理，经过50年的封山育林，林区森林占地面积约5平方千米，覆盖率达到90%以上，育成原始森林形貌，与桃花岕水库共同组成湖光山色的大型森林公园。1997年，森林公园被确定为长兴县最具开发潜力的十大旅游资源之一。2008年，公园立碑题名，现属免费、限制规模参观型的生态保护公园。

桃花岕水库　在龙山街道西北部川步村，以位处桃花岕内命名，始建于1956年，1960年建成，集雨面积3.55平方千米，坝长110米，高16米，正常库容104万立方米，水面长1千米、宽0.1千米，等级为小(1)型水库。水库主要功能旧为蓄水灌溉，1999年，水库下游曾利用水库水源建造游乐场“桃花岕水上乐园”（游乐场2007年因经营不善关闭）。桃花岕内没有村民定居，也无工业污染，水库水质清澈，周围湖光山色，秀美异常。

绿野仙踪

概况　位于龙山街道川步村青稞岕，占地面积302亩，是一处集住宿、用餐、娱乐、休闲于一体的休闲农业观光园式综合性旅游度假村。青稞岕山谷植被保护完好，四周均为国家公益林，一条清澈的小溪贯穿整个山谷，景色优美。景点分绿野区和仙踪区两个区块，绿野区设施的主要功能有农林植物栽培、展示、推广、实践及采摘体验；仙踪区主要是艺术农业展示与农业休闲观光。景区配有餐厅、木屋住宿区、森林酒吧、露营基地，以及户外采摘基地等休闲观光点。园区2013年始建，二期已建成对外开放，建有农产品展示中心、接待中心、旅游餐厅、个性驿站以及立体植物工厂、UFO根限栽培示范温室以及10多个景观节点。

主要景点 截至2015年，景区主要景点有立体植物工厂、情人湾、绿野仙踪主题园、紫笋茶文化区，共4个点。立体植物工厂位于景区主干道左侧，占地面积576平方米，采用基质土栽培种植以及半智能管理，免除土壤污染，避免传统种植带来的环境污染，同时提高土地的集约利用率，是景区在现代农业展示方面的重要场所。情人湾是径流园区溪涧的一段弯曲河道，内有一口清澈见底的小池，生长大片天然水草。水草随着四季更替，呈现不同颜色，得名情人湾。绿野仙踪主题园根据美国童话故事建造，故事情节为少女多罗茜的“奥芝国”历险记。紫笋茶文化区是利用长兴县特产紫笋茶建造的文化茶园，配种其他果蔬，游客可自由采摘体验。

参与体验 景区设置五种参与体验：1. 农事采摘。园区根据季节定期举行茶叶采摘、挖笋比赛、桃梨采摘等农事体验。2. 文化社交。园区利用独特的地理位置组织茶文化交流，举办相亲会、同学聚会、生日宴会、草坪婚礼等活动。3. 植物科普教育。园区建有立体植物工厂、农业种植示范温室，可向青少年开展各种植物认知教育。4.养生膳食。园区倡导健康养生理念，利用园区原生态农产品，开发出系列养生菜系，让游客吃到原汁原味的菜肴。五、运动健身。园区内设竹林瑜伽台，露营基地、泳池、温泉、养生步道等，让游客参与各种健康养生体验。

游客、门票及其他 景点客源主要为江浙沪长三角地区的旅游度假，以亲子、中老年游为主。2015年，景点接待游客约8.5万人次。景点门票初定为100元，现调整为80元，目前处于优惠期，为30元/张。若在景区住宿、餐饮，门票费可折算入账。景点隶属浙江省绿野仙踪生态农业发展有限公司，公司2011年成立，法人张文华。公司所获荣誉有全国四星级乡村旅游和休闲农业企业、浙江省生态文化基地、浙江省休闲农业与乡村旅游示范点、浙江省果蔬采摘示范基地等称号。

长寿寺 在龙山街道川步村牛步墩自然村。古名山岗庙，依清同治《长兴县志》“卷三十一.杂识”记载，明朝时当地常有老虎出没伤人，县令命当地山民在山岕的入口要路山冈建庙以镇，庙名山岗庙，虎患遂绝。“文化大革命”时寺院毁，2000年左右恢复。又因当地村民健康长寿，得名长寿寺。寺院前有古树遮蔽，后倚修竹林立山冈，长桥涧环绕南去，树林荫翳，溪水潺潺，自然天趣。

黄金沙滩 在川步村，由西向东流向的长桥涧，在此折向南，在涧边形成一段长约数百米的宽阔沙滩，以位于黄金库自然村命名。岸滩有天然河湾、沙滩、山泉，以及人工修建的拦水坝、锦鲤池、水车、竹筏等，游客在此可以嬉戏、烧烤、野营。景点属景区一处较大的开放性区块。

云梯栈道 在龙山街道川步村土地庙自然村，川步至江排公路北侧，是整个龙山绿道西端连接山下与山上绿道的登山台阶。台阶的山脚与山顶海拔落差近200米，故整个台阶漫长陡峭，攀越如同攀登云梯，得名云梯栈道。栈道长约1千米，常人攀登时间约20分钟，及抵达山巅，俯视山谷，林壑优美。

观音庵　在东方梅园北侧山冈观音山的北侧，东接轩瑞堂、西近玻璃桥，山顶绿道可以直接通达，地方属水口乡水口村，历史传承不详。庵堂坐落在一座独立的支峰上，四周橡树丛林遮蔽，幽静古朴。

轩瑞堂　位于龙山街道涧塘村长水公路西侧雪子坞，是长兴县轩瑞堂茶业有限公司创建的集紫笋茶栽培新技术示范、烘焙新技术推广、茶文化培训，以及慢生活旅游休闲观光于一体的茶文化综合旅游休闲项目。2013年修建，2015年建成对外营业。项目分民宿与茶园两个区块，民宿区占地面积8亩，餐饮设有豪华餐饮客厅1间、包间5个，以及室外露天餐位若干；住宿建有精致客房14套，可容纳28人定居，客房平常480元/日，周末节假日稍高。茶园区分布于雪子坞后面山麓，种植最新培育的紫笋茶品种300余亩。2015年，轩瑞堂接待游客3000人次，主要参与活动有茶叶、杨梅采摘。公司法人朱逸云。

四、参与体验

龙山森林养生小镇景区除绿野仙踪属收费景点外，其他广阔的区域均属全域开放区域。因无具体经营管理的责任企业公司，所以缺乏系统规范的游客参与体验，游客体验活动都属自发组织，零散自由。主要参与活动有绿道漫步，其他杨梅采摘、微电影拍摄、自行车骑行、河滩烧烤、蔬果采摘等。

五、游客、门票、旅游线路

游客　龙山森林养生小镇为服务长兴城区市民郊外休闲养生建造，客源主要是长兴县城区市民，约占总数90%以上，其他有来自长三角其他地区的零散休闲观光团队。2010年以前，景区年接待游客10万人次，主要集中于杨梅采摘时节。2014年后，伴随东方梅园、绿野仙踪、龙山步道等相继建成，景区成为长兴城区市民的主要康体健身、休闲观光场所，游客成倍增长。2015年，景区年接待游客约100万人次。游客结构以亲子与家庭游为主，尚无规模团队的旅游地接。

门票　截至2015年，景区唯绿野仙踪景点收取门票费，门票30元/人次。其余景点均属免费开放场所，免收门票。

旅游路线　龙山森林养生小镇属全域开放景区，根据旅游休闲目的差异，游客旅游线路选择各不相同，可分常规、季节、度假三种类型。常规型，此旅游线路再分两种，第一种休闲类，游客选择山下绿道自由漫步。第二种骑行，游客可绕行整个龙山绿道一圈。季节型，游客只为特定季节的休闲观景、采摘前往。景区有两段游客特别惊爆的时令季节：一是每年3月“东方梅园”一日游，一是每年6月末渚山杨梅采摘一日游。度假型，游客选择景区内的绿野仙踪、龙山尚隐、轩瑞堂等精品酒店、民宿定居，再参观其他景点。

六、推介会、宣传册、旅游产品

景区主体属于开放景区，截至2015年整个景区没有参加推介，未编制综合免费发放的宣传册，未开发特色旅游产品。但景区内两民营景点旅游仙踪、东方梅园拥有部分旅游推介与旅游商品开发。绿野仙踪编有宣传折页，东方梅园编有折页与宣传画册。2010年，东方梅园开发旅游产品红梅新品种“东方朱砂”，利用高新科技成功提取天然新鲜梅花中的香味精华，世界首创研发出梅花香料香水“中国香”。

第十一节 其他景点

长兴县除十大景区外，另有很多具有旅游观光功能的场所，如规模休闲农业观光园、工业旅游示范基地、经典佛教祭拜场所等。截至2015年，长兴县除休闲农业观光园外的其他重要旅游景点有朱家祠堂、湖州市清泉武校科普生态园、南太湖海洋公园、天能工业旅游示范基地、超威工业旅游示范基地等。

一、白溪朱氏宗祠

概况 位于太湖街道白溪居民区白溪自然村，是古代宗族祭拜文化形成的家族祠堂。依白溪村朱氏家藏《长兴紫阳朱氏宗谱》记载，宗祠初建于南宋，宋端平年间(1234—1236)，理学家朱熹孙朱钰任长兴县令，卸任后定居白溪始建宗祠。明嘉靖年间(1522—1566)伍溪公朱时忠扩建，崇祯末(约1641年)隐士朱升重修，初名画庄。清顺治八年(1651)朱升裔孙朱之黯醿金修葺，改今名。宗祠旧有厅堂三楹，规制宏大，族人呼为“大厅屋”。康熙二十七年(1688)朱宏轩重修宗祠并白溪朱氏家谱。中华人民共和国成立后，宗祠曾被征作国家粮库。2000年长兴县开始将宗祠定为文保单位并予保护。2005年，朱氏宗祠被公布为浙江省级文物保护单位。2006年长兴县人民政府对其全面维修，2008年修缮展陈完毕，对外免费开放。

建筑结构 朱氏宗祠主建筑属明清时代遗留古迹，占地面积4000余平方米，建筑面积1265平方米，坐北朝南，门前有清代所立牌坊两座，题名“修德”“凝道”，书法隽永浑厚。主体建筑呈四合院结构，由中路和东路两组建筑组成。中路自南至北依次置门厅(两侧耳房)、正厅、东西两厢房及西附屋等。正厅面积阔大，是整个建筑核心，也是古代朱氏家族举行重大典礼的场所。东路建筑三进，相传是朱氏的最早祠堂，为南宋朱钰初建，共三进，由门屋、门厅、后厅及连廊等组成。庭院西北角有后花园一处，占地面积1亩。整个建筑规模宏大，内以大厅正中四根径围1.5米左右楠木柱，以及门厅墙壁内所嵌两块清代碑刻最为珍贵。

展陈 朱氏宗祠每幢建筑均设基本展陈，重点大厅、东、西厢房三处。大厅陈列朱氏历代家规家训，东厢房展陈“长兴紫阳朱氏宗谱图”，记载白溪朱氏先祖人物六十余位。西厢房为长兴县古代名人馆，列举长兴县历代进士、举人、知县、文化名人等四类人物名录，资料均来源清同治《长兴县志》。白溪朱氏宗祠是杭嘉湖平原保存相对完整的明代宗祠建筑之一，属免费参观人文景点，游客主要为接受科普教育的中小学生及古建筑爱好者，年接待游客5000人次。

二、湖州市清泉武校科普生态园

概况 位于夹浦镇父子岭村斯圻自然村湖州市清泉文武学校校园内。湖州市清泉文武学校北靠兰香山风景区，东临太湖，创办于1994年，曾用名“华东八三文武学校”“华东清泉武术学校”等。校园占地面积560亩，建筑面积9万平方米。湖州市清泉武校科普生态园是校园的内设景点，位于校园西部，夹两山岭中间，是利用山岭的坡度，人工建造的内部结构仿溶洞景观。2009年建成对外开放，现为国家级科普教育基地、浙江省社科联爱国主义教育基地。

建设历史 2005年3月，根据浙江省教育厅关于对中小学生实施科普教育“各市县均应建造校园科普基地”的文件精神，湖州市清泉文武学校承担长兴县教育局的科普基地创建任务，在校园西侧筹建科普生态园。同年5月基地动工，2008年12月15日竣工，全部建筑占地面积地下5000余平方米，地面1万余平方米，总投资3200万元，现为国内规模最大的溶洞式科普生态园。2009年3月1日，生态园正式对外开放。2012年，湖州市清泉文武学校科普网站建成，生态园作为主要栏目，成为集科普、时效、观赏、公益于一体的现代科普宣传平台。

主要景点 清泉武校科普生态园夹两山岭间，是利用山岭坡度人工建造的内部结构仿溶洞式地下景观。地下溶洞占地面积3500多平方米，顺山势坡度景点回环推进，共设三层，隔成三个区间，再划为16个分馆。从洞口入，依次是第一区间：隧道、地球馆、地形地貌馆、海洋馆、热带雨林馆、生物化石馆、时光隧道。第二区间：生态科技馆、兽类标本馆、海贝馆、蝴蝶馆、两栖鸟类馆、雪山。第三区间：石林、世界地理文化长廊、瀑布（清泉池）等。科普生态园景观依中小学生科普知识设计，内容主要限于生物、地理两科。生物学以生物图像与化石形式展示，生物类型陈列于生态标本馆，从非生物到生物、从无脊椎动物到脊椎动物、从12亿年前的远古生命到现代生物，共2000余种，系统展示生物进化、动植物类型、生态环保等知识。地理学则侧重自然地理与天文地理两个分支，用各种人造模型模拟大自然的壮美和神奇，展示各种地质奇观。

附属景观 清泉武校科普生态园有两个附属景点：第一是生态园所在湖州市清泉武术学校建筑，校园是一座6万平方米的宫殿式建筑群，整个建筑群均仿宫殿建筑，错落有致、鳞次栉比，风格独树一帜，堪称当代中国校园最美丽的宫殿式建筑群，气势磅礴，有“天下第一景观武校”之称。第二是校园西侧倚靠的兰香山。兰香山由南部的香山及北部的兰山两座山丘构成，最高海拔101米，风景秀丽，称“兰香山风景区”，是整个环太湖地区观赏“太湖日出”的最佳场所。2014年，湖州市清泉文武学校在兰香山环校园山岭间建成长12千米的登山绿道，成为徒步旅游观光的良好场所。

参与体验（旅游线路） 湖州市清泉文武学校科普生态园的特色参与体验为武术表演，此也属整个旅游线路重要行程之一。学生旅游团队的基本行程为第一步，参观校园，时间1小时。第二步，跟随学校武术教练学习武术，时间1小时。第三步，参观科普生态馆，时间1.5小时。第四步，中餐。第五步，综合互动，包括猜谜语、参观后的科普知识问答，参观团队跟随教练学习武术、本校学生表演武术等，时间2小时，最后返程。另学校设有学生食堂，可供3000人同时就餐；设有招待所、会议室，有客房48间（套），可为游客提供住宿。

游客与门票 湖州市清泉武校科普生态园的游客主要三类：一、长兴籍中小学生，景点建造的基本功能是在长兴县教育局领导下，为全县中小学提供科普教育基地。每年县教育局均会组织县内中小学生分批、分校来基地开展科普活动，凡长兴县籍学生，义务教育阶段均会至基地学习参观1～2次，参与学生年龄结构为小学三年级至初中二年级，人数每年约20000人次。二、长三角地区非长兴籍其他学校中小学生，科普生态园开园之初每年接待长三角地区来自上海、无锡、常州、南京、杭州、湖州等地的中小学生1万～2万人次。2012年后，由于各学校从安全角度考虑，禁止学校组织学生团队外出参观学习，科普生态园接待外地学生参观学习数量锐减。三、社会团体及成人参观，每年2万～3万人次。

湖州市清泉武校科普生态园普通旅游门票定价80元/人次，长兴县籍学生团体票15元/人次，非长兴县籍学生团体票25元/人次。

组织机构与荣誉称号 湖州市清泉武校科普生态园隶属湖州市清泉文武学校，2009年以来，生态园法人即学校法人周清泉。2009年被评为“浙江省科普教育基地”，2011年被评为“国家级科普教育基地”，2012年被浙江省社科联授予“浙江省爱国主义教育基地”称号。

三、南太湖海洋公园

概况 位于龙山街道忻湖居民区长兴海洋城商业中心（三至四楼位置），是中国首个与ShoppingMall完美结合的海洋主题公园。景点始建于2014年4月，2015年2月7日建成正式对外开放，总面积近1.17万平方米，作为长兴海洋城的主力旗舰品牌，是浙北地区规模最大、品种最多、最具观赏性的海洋生物主题公园。

景点 南太湖海洋公园由奇趣世界、梦幻剧场、太湖畅想、雨林奇观、珊瑚花园、极地探秘、射水鱼部落、鲨鱼隧道、美人鱼剧场，共9大场馆组成。馆内饲养展示600余种、8000多条（只）海洋生物，拥有鱼池数量74个，水体总重量达1200吨，并推出美人鱼表演，海底大马戏表演、海狮表演等互动节目。

参与体验 南太湖海洋公园举办的特色参与体验两种,一、美人鱼剧场,包括人鲨共舞、万鱼争食、人鱼传说三个项目。活动时间:周一至周五,每天举办两次,时间10:30、14:30;周六、周日、节假日,每天举办三次,时间10:30、13:30、15:30;每场活动持续时间半小时。二、梦幻欢乐剧场,有海狮秀、儿童舞台剧《糖果大冒险》两个项目。海狮秀活动时间,周一至周五,每天举办两次,时间11:00、15:30;周六、周日、节假日,每天举办三次,时间11:00、14:00、16:00。儿童舞台剧《糖果大冒险》仅限周六、周日、节假日举办,每天两次:时间11:00、14:00。

游客与门票 南太湖海洋公园开放营业时间每天9:30—17:00(16:30后停止售票及入园),全年无休。游客组成结构以儿童与亲子游为主,纯粹成人团队与散客较少。门票:成人票,100元/人次;儿童票,身高1.1~1.4米的儿童,需由成人陪同,60元/人次,身高1.1米以下儿童(须一位成人陪同)可享受免票优惠。优惠票:70岁以上老人、现役军人、武警、残疾人(凭有效证件)60元/人次。 2015年,景点接待游客133487人次。景点法人谢军斌。

四、天能工业旅游示范基地

位于画溪街道包桥路18号天能工业园区内。工业旅游示范基地占地面积1800平方米,2010年筹建,2013年12月17日,景点被浙江省旅游局、省经信委授予第二批"浙江省工业旅游示范基地"称号。天能工业旅游示范基地附属天能集团,天能集团成立于1986年,主要从事铅酸、镍氢以及锂离子等动力电池、电动车用电子电器、风能与太阳能储能电池的研发、制造和销售,是中国最大的动力电池生产商。基地前身为天能集团企业文化展览馆,又名绿色能源科普教育基地,2011年申报浙江省工业旅游示范基地,更现名。整个旅游示范基地是一幢精美现代建筑,含能量、使命、绿色三个小展厅。能量厅介绍电池行业知识,使命厅介绍天能集团的发展概况,绿色厅则是天能集团对未来生活蓝图的畅想。基地融合现代科技表现形式和企业文化形象于一体,具有电池产业博物馆功能。旅游示范基地的游客参与体验有手动蓄电池、发电自行车、辉光球及风力发电、太阳能发电等科普体验,具有科普性、文化性、教育性和趣味性等众多特点。

天能工业旅游示范基地年接待游客5万人次,实行免票参观。普通参观需用时1~2小时。游客职业结构包括各类政府组织的参观团队、天能集团的产品客户、学校与学习培训机构组织的参观团队。旅游示范基地现有讲解员(含兼职)7名。2015年12月基地获"浙江省科普教育基地"称号。

五、超威工业旅游示范基地

在画溪街道画溪工业功能区超威集团工业园区内,占地面积20000平方米。基地前身为超威集团企业文化中心，2014年12月2日，被浙江省旅游局、省经信委依据浙旅政法〔2014〕39号文件，授予"浙江省工业旅游示范基地"称号。超威工业旅游示范基地隶属浙江省超威电源有限公司，公司创立于1998年，是一家专业从事动力型和储能型蓄电池研发、制造、销售的高新技术企业。2014年，企业入选中国民营企业500强(第215名)。

旅游示范基地由科技中心、能量广场、文化中心、党建中心，共四部分组成，附属机构是超威购物中心。整个参观过程需用时80～105分钟。基地开设的旅游参与体验是企业自主开发的新能源汽车试驾。基地年接待游客10万人次，实行免票参观。游客职业结构含各类政府参观团队、企业客商、湖州市(以长兴县为主)的中小学校与学习培训机构组织的学生参观团队。旅游示范基地有讲解员(含兼职)3名，开发的主要旅游产品是超威充电宝。

第十二节　公园

公园是城镇市民的重要旅游休闲场所，现代城市的必备户外生活设施。长兴县第一家休闲公园是1988年建成的古城公园。2002年后，伴随城市发展需要，长兴城区开始大规模建造与城市基础设施建设相配套的休闲公园。截至2015年，长兴县建成挂牌规模公园13处，依次是古城公园、台基山遗址公园、长兴港公园、三河湾湿地公园、湖滨公园、花菇山公园、画溪湿地公园、龙山公园、齐山植物园、和睦塘公园、桃花岕森林公园(详见第二编第一章)、银杏公园、槿树潭公园、橡树公园等(详见第二编第一章)。长兴县主要公园情况简介如下：

一、古城公园

在雉城街道高阳桥社区人民南路东侧。公园1988年6月建成开放，是长兴城区最古老的公园。古城公园初为收取门票公园，每人次一元，儿童减半。2003年9月公园扩建，实行免票开放，占地面积4万平方米。公园总体布局仿苏州园林，兼具杭州园林风格，内有二龙抢珠、假山瑶琳、革命烈士纪念碑等主要景点，是集游乐、健身、休憩、革命宣讲于一体的江南城市园林公园。

二、台基山遗址公园

在雉城街道台苑新村社区西侧，是利用台基山地势与生态建造的城市居民休闲公园。台基山古名子山，清同治《长兴县志》"卷十·山"记为"子山在县北一里，高一丈，周五里，与雉堞相接"。子山古为长兴县城北郊主要郊游场所，曾建有寺院、书院、塔亭等(今皆不存)。中华人民共和国成立后更名台基山，20世纪70年代，山上曾出土从新石器至明清各种不同时期历史文物，后被确定为新石器时期遗址。1983年，台基山遗址被公布为长兴县文物保护单位。2004年，为更好保护历史文化，遗址被改建成公园，主要景点有遗址广场、汉白玉玉锥群、长兴名人塑像群（共12尊）等。

三、长兴港公园

位于雉城街道西部水木花都社区解放西路南侧。公园在长兴港北岸，利用长兴港的水上景观及沿河空余地带，2006年建造，长约1千米，宽10～30米不等，内有绵长沿河长廊及临港小景，是城西市民主要休闲场所。

四、三河湾湿地公园

在太湖街道陆家圩居民区，以位处三河湾得名。公园占地面积20亩，2012年规划始建，以三河湾水域为中心，荡漾四周建成亭台雕栏，辅以园林绿化，属经典小型湿地公园。

五、湖滨公园

在太湖街道新塘村太湖大道与滨湖大道交汇点，紧邻百叶龙大桥，以濒临太湖得名。2011年长兴县建太湖大道，在太湖大道东起点建成以滨湖为主题的景观公园，含观景台、环湖长廊、湖滨广场、芦苇丛、百叶龙大桥等主要景点，占地面积30余亩。湖滨公园因区位优势，拥有全县天象与气候景观主类旅游资源的唯一单体“太湖日出”，为长兴城区市民近距离眺望太湖，观看太湖日出的主要观景点。周末以及夏夜，休闲市民每天超千人。

六、花菇山公园

在龙山街道双拥社区，东接金陵北路。公园依托花菇山自然地貌及植被建造，由两座紧邻小丘组成，两丘顶各有凉亭一座，2003年12月建成，占地面积70余亩。公园主要景点有大门广场、南北凉亭等，属长兴城区市民重要户外休闲场所。

七、画溪湿地公园

在龙山街道西部高山岭居民区，南临菱山路，西近画溪大道，是长兴县主城区重要山水合一湿地公园。公园2009年建成对外开放，初名菱山湿地公园，2011年以紧邻画溪大道，更现名，占地面积32万平方米，其中水域面积占四分之一。主要景观有湖心岛、望湖亭、九曲回廊、金桂园等。公园属长兴城区市民重要户外休闲场所，年接待市民10万余人次。

八、龙山公园

在龙山街道龙山社区，东接齐山植物园，北靠齐山路。公园2006年依托龙山①自然地形与植被建造，占地面积1平方千米。公园内设梅花公园、南北凉亭、古木长廊等小景点。梅花公园占地面积30亩，属草坪式公园，是长兴市民户外亲子团队休闲的重要场所。南、北凉亭以明朝嘉靖至隆庆年间，《西游记》作者小说家吴承恩与散文家归有光曾经共治长兴故事，分别命名为有光亭、承恩亭。龙山公园是长兴城区市民重要户外休闲场所，年接待市民近百万人次。

九、齐山植物园

在龙山街道龙山社区，公园依托齐山的自然地貌及植被建造，规划种植各种植物1000余种，形成齐山植物园。公园2004年建成，占地面积12万平方米，主要景点有开放广场、齐山飞瀑、瞭望台、环山步道等。

十、和睦塘公园

在龙山街道龙山社区，南临龙山大道，北靠龙山雅苑小区。公园依托甘家河两岸人造景观建造，以跨甘家河上的和睦桥得名，2004年10月建成，长约2千米，宽20～100米不等，主要景点有十二生肖牌坊、和睦桥雕塑、环河长廊等。

---

① 龙山古名陈墓山，清同治《长兴县志》"卷十·山"记载："陈墓山在县北三里，高五十二丈，周五里，下有陈后陵墓"。2002年，长兴县在城北建龙山新区，更名龙山。

第二章 乡村旅游

中国乡村旅游的发源地是浙江省湖州市，长兴县是其重要组成之一。乡村旅游是长兴县特色旅游产品，湖州市归纳辖区三县两区各自乡村旅游的特点模式，长兴县模式被总结为“景区建设＋农家乐”，即通过在景区中发展农家乐，促进二者共同发展。长兴县乡村旅游包括农家乐、休闲农业观光园、农事节庆，共三个领域。

2002年，长兴县在八都岕古银杏长廊首次开办农家乐。2004年，长兴县原雉城镇渚山村举办第一场现代农事节庆杨梅节。2006年，长兴县旅游局委托浙江大学制定《长兴县乡村旅游发展总体规划》，确定全县“五区四带”的休闲农业与乡村旅游发展布局。2007年，根据浙江省委农业与农村工作办公室新农村建设文件精神，长兴县开始筹建休闲农业观光园。2009年，中共长兴县委、长兴县人民政府将现代农业发展和乡村旅游工作纳入对乡镇和部门的年度综合考核，长兴县财政每年安排6000万元用于扶持发展现代农业；设立农家乐发展扶持专项资金100万元/年。2007年至2009年，长兴县连续三年获得浙江省农家乐工作考核一等奖。2011年，长兴县提出“乡村游天堂”的旅游品牌口号。2012年，农业部与国家旅游局印发《关于认定全国休闲农业与乡村旅游示范县示范点的通知》（农企发〔2012〕9号），长兴县被授予“全国休闲农业与乡村旅游示范县”荣誉称号。同年，《长兴县探索“四个三”融合发展机制推动休闲农业与乡村旅游快速崛起》，获得湖州市委领导好评。2013年12月31日，为更好的服务发展乡村旅游，长兴县委编办印发长编〔2013〕39号文件，设立长兴县乡村旅游事业发展中心，专门负责乡村旅游工作。当日，浙江省旅游局老龄工作委员会命名长兴县水口乡顾渚村为“浙江省老年养生旅游示范基地”（浙旅政法〔2013〕256号）。2014年，水口乡作为浙江省最大的农家乐集聚区被评为全域开放AAAA级景区。2015年，长兴县有10家农家乐经营户被授予“国家金牌农家乐”称号，成为长三角地区最主要的乡村旅游目的地。

第一节　农家乐

一、发展简史

长兴县农家乐(含民宿)的发展分初创、规范、特色创建、综合整治、转型升级五个阶段。

初创阶段(2001—2004年)　2001年,为促进新农村建设,长兴县旅游局谋划发展乡村旅游。6月,长兴县旅游局联合小浦镇,组织八都岕中3户农民至安吉县大溪村参观学习农家乐的经营经验。2002年5月,小浦镇八都岕方一村的蒋明堂和大岕口村的柏成兴两农户首次在自家开办农家乐。年末,八都岕农家乐发展到12家。同年,水口乡顾渚、水口二村在参观学习小浦镇八都岕农家乐创办与经营经验的基础上也始兴办农家乐。年末,水口乡农家乐发展到18家。之后,长兴县农家乐发展迅猛,2003年,全县注册农家乐经营户达到37家,2004年达到66家。

规范阶段(2005—2006年)　2005年,长兴县注册登记的农家乐经营户98家(另有约100家未注册登记),同期,农家乐特色村、农家乐特色点、休闲农业庄园、农土特产品市场等业态相继出现,初步形成完善的"吃住行、游娱购"乡村旅游产品体系。2005年9月11日,中共长兴县委针对全县农家乐迅猛发展县情,由县委办印发《关于促进农家乐发展的若干意见》,首次提出符合长兴县情的"农家乐"定义:以农民家庭为基本接待单位,以农业、农村、农事为主要载体,以利用农村环境资源、农民生活资源、体验农村生活为主要手段,以"吃农家饭、住农家屋、干农家活、享农家乐"为主要内容,以旅游经营为目的的旅游服务项目。同年,长兴县委、政府,以及旅游管理部门长兴县旅游局联合出台系列政策与管理措施(详见第十三章"旅游意见、办法"),组建"长兴县农家乐发展综合协调小组"以及各级农家乐协会,以加强对农家乐的规范管理。2006年,根据长兴县委建设精品农家乐示范点的指示,长兴县旅游局投资20万元,对水口乡的毛草屋、小浦镇的银杏林、银桂山庄等三家农家乐进行精品农家乐示范户改造,给其他经营户提供示范引导。

特色创建阶段(2007—2010年)　2007—2009年,长兴县农家乐发展迅速,工作连续3年获浙江省农家乐休闲旅游工作考核一等奖。长兴县委、政府针对农家乐的迅猛发展态势开展积极鼓励引导,出台系列文件加以管理提升。2007年,长兴县对农家乐经营户开展精品示范户改造,规范提升农家乐经营户39户,其中特色精品改造户11家、示范户4家。2008年8月27日,长兴县农家乐协会协调办公室印发《关于在全县农家乐中实施规范提升工程和特色精品工程的通知》(长农协调办〔2008〕1号),文件从外围环境、设施布置与卫生、特色餐饮、农事体验、服务质量、安全管理等6方面确立标准,指导农家乐经营户创建特色精品。

综合整治阶段（2011—2013年） 2011年，针对全县农家乐证照不全，存在卫生、消防安全隐患问题情况，长兴县风景和旅游管理局汇同相关乡镇，对水口乡、小浦镇八都岕两个农家乐集聚区近100家经营户开展整治，督促办理证照，改造消防卫生设施。2012年，中共长兴县委、政府针对全县农家乐重点区域水口乡开展规范整治（详见第十四章第三节质量监督）。

转型升级阶段（2014—2015年） 2014年，针对全县农家乐的同质化、低层次，直接影响发展，成为乡村旅游发展瓶颈现状，中共长兴县委、政府颁发出台各种政策，鼓励提倡农家乐向特色民宿转型。同年，有水口芭堤雅、紫茗山庄、紫笋、明轩等农家乐申请改造，提升为民宿。2015年，长兴县人民政府办公室印发《长兴县特色民宿暂行办法》，鼓励农家乐向精品民宿转型，提升乡村旅游品质。截至2015年，长兴县的两个主要农家乐集聚区，有40余家农家乐申请提升改造为民宿，全县已建成精品民宿有邻居、轩瑞堂、百翠山庄（居）、上泗安隐居乡宿等。截至2015年，长兴县登记注册农家乐500余家，重点集中于水口乡西南部（含顾渚、金山、水口三村），以及小浦镇的八都岕两大区块。

截至2015年长兴县历年农家乐经营户发展统计表

表2-58

年份	累计户数	星级认定数	年份	累计户数	星级认定数
2002	30	未认定	2009	260	6家
2003	37	未认定	2010	300	3家
2004	66	未认定	2011	325	5家
2005	98	未认定	2012	354	2家
2006	101	16家	2013	420	2家
2007	180	14家	2014	510	3家
2008	220	12家	2015	530	3家

二、政策扶持

作为促进美丽乡村建设重要策略，长兴县乡村旅游农家乐业态的发展得益各级政府的政策扶持，政府部门希望通过扶持农家乐发展改善农村面貌、提升农村就业，二者相辅相成。承担政策扶持的政府部门含浙江省、湖州市、长兴县三级。主管部门包括政策制定部门各级农业和农村工作办公室、政策的执行与业务指导管理部门各级旅游局。此外，因经济、环境、消防、治安等因素，各级财政、质监、消防、交通、公安等部门，也多方参与整个农家乐的政策扶持支持。

（一）浙江省农办与省旅游局的政策扶持

浙江省对长兴县农家乐政策扶持包括农家乐特色村的评定，星级农家乐的评定，以及各种政策奖项及荣誉表彰等。2007—2009年，长兴县农家乐发展迅速，工作连续3年获浙江省农家乐休闲旅游工作考核一等奖。2013年4月26日，浙江省农业和农村工作办公室印发“2012年度全省农家乐休闲旅游工作考核”，长兴县再获一等奖。

浙江省农家乐特色村的评定 2005年，浙江省农业与农村工作办公室为拓展新农村建设，开始鼓励农村创办农家乐发展乡村旅游。之后，省农办对农家乐的扶持主要表现为对各市县农家乐的综合考评与奖励，以及农家乐特色村、星级农家乐经营户的评定。2006年8月16日，浙江省农业和农村工作办公室印发《浙江省级农家乐特色村认定办法的通知》，长兴县水口乡顾渚村被认定为第一批省级农家乐特色村。2007年，长兴县小浦镇方一村被认定为浙江省农家乐特色村。截至2015年，长兴县有农家乐特色村7个。

长兴县浙江省级农家乐特色村名录一览表

表2-59

序号	名称	地址	获评时间	文号
1	顾渚村	水口乡	2006年	浙农办〔2006〕2号
2	方一村	小浦镇	2007年	浙农办〔2007〕4号
3	水口村	水口乡	2009年	浙农办〔2009〕67号
4	金山村	水口乡	2011年	浙农办〔2011〕8号
5	仰峰村	槐坎乡	2012年	浙农办〔2012〕55号
6	城山村	和平镇	2014年	浙农办〔2014〕29号
7	仙山村	泗安镇	2015年	浙农办〔2015〕63号

（二）长兴县省级农家乐特色村简介

顾渚村 在水口乡西北部，村域面积18.5平方千米，地貌三面环山，仅东南出口稍微平坦，村以辖区的名山顾渚山命名，辖前塔场、石马头、尧王庙、苗山、龙头、王塔、斜备、六十亩、下洞、元旧、叙坞、包大、罗家，共13个自然村。有761户，2567人。村旅游资源丰富，是国家AAAA级景区水口茶文化旅游景区的核心区域，有大唐贡茶院、寿圣寺、霸王潭、唐宋摩崖石刻、古茶山、章惇墓等众多景点。村庄2002年始办农家乐，2005年全村农家乐注册经营户72家。2006年8月16日，浙江省农业和农村工作办公室印发《浙江省级农家乐特色村认定办法的通知》，水口乡顾渚村被认定为第一批省级农家乐特色村。截至2015年，全村半数家庭开办农家乐，超过300户，成为长三角地区最大的农家乐聚集区。代表农家乐有省五星级经营户顾渚风情、四星级经营户紫茗阁，以及香草、颜板桥、香樟树等。

方一村 在小浦镇西部八都岕中，村域面积3.5平方千米，属山丘地貌，以在合作化时曾属方岩乡一村命名，辖乌川岕、杨岭两自然村，有280户，923人。行政村是著名景区八都岕十里古银杏长廊的核心区域，有主要古银杏观赏摄影点银杏公园与银杏王。行政村2002年创办全县第一家农家乐。2007年，小浦镇方一村被认定为浙江省农家乐特色村。截至2015年，全村有农家乐经营户20余家,代表有成兴、银杏林,精品民宿邻居等。

水口村 是水口乡政府所在地,村域面积11.76平方千米,辖尧天堂、木家庄、茄茄树、南山脚、杨林塘等17个自然村,有1184户,3788人。行政村是国家AAAA级景区水口茶文化旅游景区一部分,是长兴县最早兴办农家乐经营户的行政村之一,2002年始办农家乐。2009年,村被浙江省农办授予第四批“浙江省农家乐特色村”(浙农办〔2009〕67号)。至2015年,全村有农家乐经营户40余家,代表经营户省五星级农家乐木家庄、南山芭堤雅、竹楼等,以及休闲农业观光园百翠山庄。

金山村 在水口乡西北部“顾渚山风景区”的东部,村域面积17.07平方千米,地貌三面靠山,东属平坦山谷,以村中当地名山金山命名,辖同塔弄、金山、雷坞、外岗等7个自然村,有756户,2392人。行政村属国家AAAA级景区水口茶文化旅游景区的核心区块,拥有寿圣寺、唐贡茶文化摩崖石刻等景点,是长兴县最早兴办农家乐的行政村之一,2002年始办农家乐。2011年,村被浙江省农办授予第五批“浙江省农家乐特色村”(浙农办〔2011〕8号)。至2015年,全村有注册农家乐经营户50余家,代表经营户省五星级农家乐毛草屋。

仰峰村 在煤山镇西部,西近安徽省广德县新杭镇,村域面积9.4平方千米。村属丘陵山岕地貌,以主体山势向东南方高高仰望形貌命名,现有535户,1399人。村属革命老区,有丰富的红色旅游资源与森林资源。抗战后期,粟裕曾率新四军苏浙军区在此开展抗日斗争,并留下新四军苏浙军区司令部、政治部、供给部等革命旧址。2005年后,村依托发展红色旅游,创办数家农家乐。2012年,行政村被浙江省农办授予第六批“浙江省农家乐特色村”(浙农办〔2012〕55号),代表经营户省三星级经营户民乐农家乐。

城山村 在和平镇东南部,村域面积6.9平方千米,属丘陵地貌,以村后长兴县古代历史名山城山命名,辖城山沟、何家西、五棵松、城山寺等11个自然村,有545户,2003人。村有国家AAA级旅游景区城山沟景区。1998年,为方便水蜜桃销售,城山沟景区兴办农家饭店桃源山庄,2004年注册为农家乐。2014年,城山村被浙农办授予第八批“浙江省农家乐特色村”(浙农办〔2014〕29号),代表经营户浙江省五星级农家乐桃园山庄、四星级农家乐望湖阁、三星级农家乐泽农山庄等。

仙山村 在泗安镇西部,村域面积4.7平方千米,丘陵地貌,以紧邻仙山命名,辖陈家弄、枫树岗、八里棚、庙西沟等13个自然村,有558户,1882人。村紧邻国家AAAA级景区仙山湖国家湿地公园,2000年建有乡村饭店,2005年部分乡村饭店注册改为农家乐。2015年村被浙江省农办授予第六批“浙江省农家乐特色村”(浙农办〔2015〕63号),代表经营户省四星级经营户仙农阁农家乐。

省五星级农家乐的评定 浙江省农办对星级农家乐经营户的评定晚于省级农家乐特色村评定。2008年1月3日,浙江省农业和农村工作办公室印发《关于浙江省农家乐经营户(点)旅游服务质量星级评定办法的通知》(浙农办〔2008〕3号),开展全省农家乐星级认定。同年,长兴县有和平镇城山村城山沟桃源山庄和水口乡金山村毛草屋农家乐2家被认定为五星级农家乐(全省首批认定五星级农家乐经营户仅7家)。之后,浙江省的星级农家乐评定每年评定一次。截至2015年,长兴县共认定省五星级农家乐4家,另有2家申请待定。

长兴县省五星级农家乐名录一览表

表2-60

序号	农家乐经营户名称	地址	星级	获评时间	文号
1	城山沟桃源山庄①	和平镇城山村	省五星级	2008年	浙农办〔2008〕3号
2	毛草屋农家乐	水口乡金山村	省五星级	2008年	浙农办〔2008〕3号
3	顾渚风情农家乐	水口乡顾渚村	省五星级	2009年	浙农办〔2009〕66号
4	南山芭堤雅农庄	水口乡水口村	省五星级	2015年	浙农办〔2015〕62号
5	竹楼农家乐(紫笋)	水口乡水口村	省五星级	2016年	浙农办〔2016〕68号②
6	木家庄农家乐	水口乡水口村	省五星级	2016年	浙农办〔2016〕68号

(三)长兴县浙江省五星级农家乐经营户(含精品民宿)简介

毛草屋(茅草屋)农家乐 位于水口乡金山村同塔弄自然村,又名茅草坞农家乐,2004年始营业,是长兴县创办最早的农家乐之一,2008年被评定为浙江省首批五星级农家乐经营户。农家乐总占地面积3560平方米,其中房屋占地面积为800多平方米,菜园面积200平方米,花园面积1300多平方米,庭院面积1200平方米。食宿设床位70张,餐位300个,有从业人员20人。农家乐房前屋后种植果树和蔬菜,营造一种良好的乡村农家休闲环境,客人可品尝野味与农家菜肴,享受山村田园风光及世外桃园风情。2010—2015年,农家乐年接待游客均超3万人次。负责人,陈会棠。

顾渚风情农家乐 位于水口乡顾渚村下洞自然村,2004年创办,占地面积3480平方米,其中房屋面积800多平方米,菜园面积1000平方米,树林面积280平方米,花园面积200多平方米,庭院面积1200平方米。顾渚风情农家乐客房类型齐全,有标准间、普通房、钟点房、套房等不同类型客房20余间,床位50张。房间装饰典雅、温馨整洁,配有彩电、空调、独立的卫生间等设施。餐饮有餐位80个,菜肴以自产为主,汇集山林自然生长各种野菜,经传统农家厨师精心烹饪,色、香、味俱全,可满足不同层次消费者需求。农家乐有从业人员10人。负责人倪丽萍。

---

① 此处省略简介,详见第二编第一章第七节。

② 竹楼农家乐(紫笋)、木家庄农家乐原为省四星级农家乐。2016年被评定公布为浙江省五星级农家乐,材料申报为2015年上交批复。此处为方便修志,对志书下限稍有突破。

南山芭堤雅农庄 在水口乡水口村南山自然村，是长兴县起步最早的农家乐之一，浙江省五星级农家乐，湖州市农家乐休闲旅游示范户。农家乐占地面积50亩，接待用房建筑面积3000平方米，有客房30间，床位60个，餐位160个；有40人席位的会议室1个、茶室1个，配套的活动设施有健身房、棋牌室、弹子房、卡拉OK室，以及户外休闲活动设施设备。整个农家乐依山傍水，四周竹林掩映，附属菜园、果园30余亩，可从事户外农事及采摘体验，具备休闲农业观光园及旅游度假村功能。2015年，农家乐年接待游客3万人次，被浙江省农办评定为省五星级农家乐(浙农办〔2015〕62号)。

竹楼农家乐 在水口乡水口村，初名(紫笋)农家乐，2004年建成营业，现有从业人员15人。是长兴县起步最早的农家乐之一，浙江省五星级农家乐、湖州市农家乐休闲旅游示范户。农家乐主楼为四层洋房，另有竹楼、竹亭、欧式休闲走廊等风格独特建筑，占地面积5000多平方米。住宿有标准间、普通房、钟点房、套房等不同类型客房20多间，床位40张。房间装饰典雅、温馨整洁，配有彩电、空调、独立的卫生间等设施设备。餐饮能容纳200余人同时就餐，菜肴以自产为主，汇集山林自然生长各种野菜，经过农家厨师精心烹饪，色、香、味俱全。农家乐根据环保部门的要求，设有会议室、大型停车场，以及生态污水处理池等附属设施，日常管理规范有序。负责人林瑞华。

木家庄农家乐 位于水口乡水口村木家庄自然村，2003年开办，是长兴县起步最早的农家乐之一，浙江省五星级农家乐、湖州市农家乐休闲旅游示范户。农家乐房间类型齐全，有标准客房14间，床位28张。房内装饰典雅、温馨整洁、并配有彩电、空调、独立的卫生间等设施。餐饮有室内外餐厅6个，可同时容纳200余人就餐。菜肴以自产为主，汇集山林自然生长各种野菜，经传统农家厨师精心烹饪，色、香、味俱全。农家乐为方便客人会议需要，设有会议室1处。

邻居 位于小浦镇方一村十里古银杏长廊，紧邻银杏公园。民宿2015年9月建成开业，为长兴县首家创办的乡村精品民宿。民宿占地面积400平方米，建筑面积500平方米，主楼3层，有客房8间，设有大床、标间、套房等多种房间，房间平常均价880元/晚。辅助设施有吧台、茶室、图书角等，可供客人使用。院内有精品餐厅一间，可容纳12人就餐，烧烤区可接待小型游客团队。民宿经营户旅居海外多年，致力提供给游客极致的入住体验，建筑重视环保生态，居室选用高端进口床垫与卫浴，养生膳食均选用本地自种有机食材。邻居作为长兴县精品民宿的先行者，2015年投入运营半年即接待游客1000人次。法人罗立权。

浙江省四星级农家乐的评定 长兴县省四星级农家乐与省五星级农家乐同期评定。2008年1月3日，浙江省农业和农村工作办公室印发《浙江省农家乐经营户(点)旅游服务质量星级评定办法的通知》，长兴县水口乡水口村的木家庄，小浦镇大岕口村的振兴，小浦镇方一村的银杏林、银桂山庄，槐坎乡仰峰村的仰峰等5家农家乐被认定为全省首批四星级农家乐经营户(全省仅42家)。之后，省四星级农家乐的认定与五星级农家乐认定同期，每年认定一次。截至2015年，长兴县经省农办认定，有省四星级农家乐11家。

截至2015年长兴县省4星级农家乐名录一览表

表2-61

序号	农家乐经营户名称	地址	星级	获评时间	文号
1	银杏林农家乐	小浦镇方一村	省四星级	2008年	浙农办〔 2008〕3号
2	振兴农家乐	小浦镇大岕口村	省四星级	2008年	浙农办〔 2008〕3号
3	银桂山庄农家乐	小浦镇方一村	省四星级	2008年	浙农办〔2008〕3号
4	仰峰农家乐	煤山镇仰峰村	省四星级	2008年	浙农办〔2008〕3号
5	仙农阁农家乐	泗安镇仙山村	省四星级	2009年	浙农办〔2009〕66号
6	清香园	水口乡水口村	省四星级	2011年	浙农办〔2011〕9号
7	民乐农家乐	煤山镇仰峰村	省四星级	2011年	浙农办〔2011〕9号
8	方苑农家乐	小浦镇方一村	省四星级	2014年	浙农办〔2014〕30号
9	望湖农家乐	和平镇城山村	省四星级	2014年	浙农办〔2014〕30号
10	紫茗阁农家乐	水口乡顾渚村	省四星级	2015年	浙农办〔2015〕62号
11	陈家小院农家乐	小浦镇方一村	省四星级	2015年	浙农办〔2015〕62号

(四)长兴县省四星级农家乐经营户选介

银杏林农家乐 在小浦镇方一村银杏公园,2002年6月创办,以被银杏林环抱命名。有大小包间6间,厅堂两间,营业面积300平方米,可容纳近百人同时就餐。2008年农家乐被浙江省农办评定为省四星级农家乐经营户(浙农办〔 2008〕3号)。经营人蒋学强。

银桂山庄农家乐 在小浦镇方一村,2002年3月创办,是长兴县创办最早的农家乐。农家乐有包厢6个,大厅2个,可同时接待近百人就餐,同时出售笋干、白果、茶叶等农特产品。2008年农家乐被浙江省农办评定为浙江省四星级农家乐经营户(浙农办〔2008〕3号)。经营人蒋明堂。

仙农阁农家乐 在泗安镇仙山村,以毗邻仙山湖国家湿地公园命名,2006年开办营业,2007年成为长兴县农家乐提升改造对象。占地面积1280平方米,建筑面积405平方米,有最大餐位数95个,平均餐位数70个;另农家乐提供蔬菜采摘以及农事参与体验。2009年农家乐被浙江省农办评定为省四星级农家乐经营户(浙农办〔2009〕66号)。经营人杨培德。

方苑农家乐 位于小浦镇十里银杏长廊风景区方一村,2005年创办,总面积1800平方米,有餐位100多个。2007年接受长兴县农家乐改造,同年,获得长兴县农家乐菜肴大赛一等奖。2014年被浙江省农办评定为省四星级农家乐经营户(浙农办〔2014〕30号),同年,被湖州市农办评定为"湖州市农家乐十佳示范点"。经营人蒋建东。

陈家小院农家乐 位于小浦镇方一村八都岕十里古银杏长廊景区,2010年创办,总面积800平方米,有餐位数130个,以餐饮、住宿为主。年接待游客1万人次。农家乐曾获长兴县三星级乡村旅游示范点及菜肴大赛优秀奖。2015年被浙农办评定为省四星级农家乐经营户(浙农办〔2015〕62号）。经营人陈海红。

清香园农家乐 位于水口乡水口村沉其岭自然村，2007年创办，2009年成为长兴县农家乐改造提升对象，占地面积2000平方米，最大餐位数40席，房间数20间。2011年被浙农办评定为省四星级农家乐经营户（浙农办〔2011〕9号）。经营人唐吉英。

紫茗阁农家乐 位于水口乡顾渚村龙头自然村，2009年创办，2010年成为长兴县农家乐提升改造对象。占地面积3600平方米，有餐位数30席，住房数11间。2015年被浙农办评定为省四星级农家乐经营户（浙农办〔2015〕62号）。经营人郑云芳。

香草农家乐 位于水口乡顾渚村前塔场自然村，2014年创办，占地面积3330平方米，有餐位数70席，房间数22间。2016年被浙农办评定为省四星级农家乐经营户（浙农办〔2016〕68号）①。经营人邵云峰。

（五）湖州市农办与旅游局的政策扶持

湖州市是全国乡村旅游的发源地。2006年，为配合浙江省农业和农村工作办公室开展农家乐特色村认定，湖州市也相应开展市级农家乐特色村、农家乐经营示范户的认定。2006年，湖州市农办评定第一批《湖州市农家乐休闲示范户》，长兴县水口乡的毛草屋、木家庄、茗即茶、紫藤阁，小浦镇的银杏林、银桂山庄、成兴、泗安镇的仙农阁、和平镇的城山沟等10家农家乐被认定为湖州市首批农家乐休闲旅游示范户②；同期顾渚村被认定为农家乐特色村。之后，湖州市农办每年评定认定一次，如2009年，湖州市农办颁布《关于命名第四批湖州市农家乐特色村（点）的通知》（湖农家乐办〔2009〕1号），长兴县水口乡金山村、长兴县小浦镇大岕口村获评为湖州市农家乐特色村，长兴县夹浦镇凤辉渔家乐、长兴县吴山乡东沟农家乐获评为湖州市农家乐特色点。

2013年，湖州市旅游局联合市农办，以及农业、林业、国土、环保、水利等局通过规划在全市设置首批乡村旅游集聚区建设，重点推进首批5个乡村旅游集聚示范区，长兴县水口茶乡乡村旅游集聚示范区被确定为第二集聚区，牵头单位政府长兴县人民政府。集聚区范围：水口乡顾渚村、金山村、水口村等，共16平方千米。主要特色：以茶文化、生态文化、农家乐为主要休闲特色的乡村旅游集聚示范区，打造“景区+农家乐”品牌。培育重点顾渚村以毛草屋、竹楼等为代表的近300家农家乐，以及恒德园林，南山天芭堤雅为代表的乡村旅游度假村等。2014年，湖州市开始评定湖州人家，长兴县有25个农家乐经营户被定为“湖州人家”称号。经营户名依次是芭堤雅农庄、百翠山居、陈家小院、城山沟桃源山庄、方苑农家客栈、顾渚风情农家客栈、牛脚湾农家客栈、木家庄农家客栈、茅草屋农家客栈、清香园农家客栈、香樟树农家客栈、望湖农家客栈、颜板桥农家客栈、银杏林农家客栈、竹楼（紫笋）农家客栈、古寺农家乐、神塘农家乐饭店、艳

---

① 该条目突破志书的时间下限。

② 湖州市农家乐又属浙江省三星级农家乐，见后面表格

阳果圣山庄、溪畔居农家乐、仙农阁农家乐饭店、逍遥谷农家客栈、尧韵山庄，有空来农家客栈、旺缘阁农家乐、泽农农家客栈。同年，石培华主编《中国乡村度假新模式——湖州乡村度假的实践探索与理论观察》，该书归纳认定长兴县的乡村旅游特色为"景区建设+农家乐"模式。至2015年，长兴县有市级农家乐星级经营户（暨浙江省三星级农家乐经营户）45户。

截至2015年长兴县省三星级农家乐经营户名录一览表

表2-62

序号	农家乐经营户名称	地址	星级	获评时间	文号
1	茗即茶农家乐	水口乡顾渚村	省三星级	2008年	湖农家乐办〔2008〕2号
2	毛竹屋农家乐	水口乡顾渚村	省三星级	2008年	湖农家乐办〔2008〕2号
3	翠竹林农家乐	水口乡顾渚村	省三星级	2008年	湖农家乐办〔2008〕2号
4	紫藤阁农家乐	水口乡顾渚村	省三星级	2008年	湖农家乐办〔2008〕2号
5	仰天佛农家乐	水口乡顾渚村	省三星级	2008年	湖农家乐办〔2008〕2号
6	张家大院农家乐	水口乡顾渚村	省三星级	2008年	湖农家乐办〔2008〕2号
7	嘉木园农家乐	水口乡顾渚村	省三星级	2008年	湖农家乐办〔2008〕2号
8	颜板桥农家乐	水口乡顾渚村	省三星级	2008年	湖农家乐办〔2008〕2号
9	翠竹园农家乐	水口乡金山村	省三星级	2008年	湖农家乐办〔2008〕2号
10	茄茄树农家乐	水口乡水口村	省三星级	2008年	湖农家乐办〔2008〕2号
11	成兴农家乐	小浦镇大岕口村	省三星级	2008年	湖农家乐办〔2008〕2号
12	恬园农家乐	小浦镇方岩村	省三星级	2008年	湖农家乐办〔2008〕2号
13	鳄鱼村农家乐	泗安镇管埭村	省三星级	2008年	湖农家乐办〔2008〕2号
14	北川园林农家乐	夹浦镇北川村	省三星级	2008年	湖农家乐办〔2008〕2号
15	仙山湖农家乐	泗安镇仙山村	省三星级	2009年	湖农家乐办〔2009〕3号
16	顾渚山农家乐	水口乡顾渚村	省三星级	2010年	湖农家乐办〔2010〕1号
17	龙头农家乐	水口乡顾渚村	省三星级	2010年	湖农家乐办〔2010〕1号
18	毛竹园农家乐	水口乡顾渚村	省三星级	2010年	湖农家乐办〔2010〕1号
19	柏家村农家乐	小浦大岕口村	省三星级	2010年	湖农家乐办〔2010〕1号
20	随缘农家乐	和平镇和平村	省三星级	2010年	湖农家乐办〔2010〕1号
21	湘琳农家乐	夹浦镇月明村	省三星级	2010年	湖农家乐办〔2010〕1号
22	清河漾渔家乐	水口乡后坟村	省三星级	2011年	湖农家乐办〔2011〕2号
23	古寺农家乐	水口乡金山村	省三星级	2011年	湖农家乐办〔2011〕2号
24	香樟树农家乐	水口乡顾渚村	省三星级	2011年	湖农家乐办〔2011〕5号
25	溪畔居农家乐	泗安镇上泗安村	省三星级	2011年	湖农家乐办〔2011〕5号
26	良缘农家乐	夹浦镇月明村	省三星级	2011年	湖农家乐办〔2011〕2号

续表2-62

序号	农家乐经营户名称	地址	星级	获评时间	文号
27	尧韵农家乐	水口乡顾渚村	省三星级	2013年	湖农家乐办〔2013〕1号
28	湖滨农家乐	水口乡顾渚村	省三星级	2014年	湖农家乐办〔2014〕1号
29	牛脚湾农家乐	水口乡顾渚村	省三星级	2014年	湖农家乐办〔2014〕1号
30	旺缘阁农家乐	水口乡顾渚村	省三星级	2014年	湖农家乐办〔2014〕1号
31	逍遥谷农家乐	水口乡顾渚村	省三星级	2014年	湖农家乐办〔2014〕1号
32	窑头山农家乐	水口乡顾渚村	省三星级	2014年	湖农家乐办〔2014〕1号
33	有空来农家乐	水口乡顾渚村	省三星级	2014年	湖农家乐办〔2014〕1号
34	竹茶农家乐	水口乡顾渚村	省三星级	2014年	湖农家乐办〔2014〕1号
35	蔡家农家乐	小浦镇高地村	省三星级	2014年	湖农家乐办〔2014〕1号
36	泽农农家乐	和平镇城山村	省三星级	2014年	湖农家乐办〔2014〕1号
37	龙溪山庄	泗安镇五里渡村	省三星级	2015年	湖农家乐办〔2015〕1号
38	农林农家乐	水口乡顾渚村	省三星级	2015年	湖农家乐办〔2015〕1号
39	好心情农家乐	水口乡顾渚村	省三星级	2015年	湖农家乐办〔2015〕1号
40	绿山农家乐	水口乡顾渚村	省三星级	2015年	湖农家乐办〔2015〕1号
41	明月农家乐	水口乡顾渚村	省三星级	2015年	湖农家乐办〔2015〕1号
42	亲水美味农家乐	水口乡顾渚村	省三星级	2015年	湖农家乐办〔2015〕1号
43	清水源农家乐	水口乡顾渚村	省三星级	2015年	湖农家乐办〔2015〕1号
44	秋云农家乐	水口乡顾渚村	省三星级	2015年	湖农家乐办〔2015〕1号
45	先凤农家乐	小浦镇方一村	省三星级	2015年	湖农家乐办〔2015〕1号

（六）长兴县的政策扶持

长兴县对农家乐的政策扶持机构单位很多，既包括政策制定部门长兴县委与政府，也包括实际执行与管理机构县农办、县旅游局等。2001年，长兴县旅游局首次组织农户至安吉县考察，随后引导村民兴办农家乐。2005年，针对长兴县农家乐的蓬勃发展，长兴县出台管理农家乐的相关意见办法，以及各种鼓励政策。2005年9月28日，长兴县旅游局印发《长兴县农家乐星级评定标准（试行）及实施细则的通知》，提出农家乐按星级进行规范化管理，推进农家乐标准化建设，并启动认定农家乐服务点，首批认定24家。同年，长兴县农家乐发展到98家。

2006年4月12日，长兴县专门成立农家乐评定委员会，由县旅游局牵头，联合卫生、环保、工商、地税、消防大队、质量监督等六部门共同组成，评委会办公室设在县旅游局，具体负责牵头开展农家乐星级评定工作，同时公布首批星级农家乐名单，毛草屋等7家农家乐入选。同年，长兴县出台系列优惠政策给予扶持，县政府每年拨款100万元作为农家乐发展专项基金，明确规定获得“农家乐”认定授牌的经营户3年内按照政策规定，返还证照办理相关费用，税收按县得部分全额补助，同时对申报星级评定的农家乐，根据获得星级给予1万~3万元补助。

2007年12月28日，长兴县农家乐协调办公室公布长兴县第二批星级农家乐名单(长农协调办〔2007〕3号)，竹楼、顾渚风情、木家庄、钱聚信、方苑、陶家湾渔庄、仰峰等8家为县三星级农家乐经营户；仙山湖、仙农阁、望湖山居等3家为二星级农家乐经营户。同年，为加强农家乐管理，长兴县旅游局对新申办的农家乐执行前置审核，严格按照农家乐的申办程序和要求，把好农家乐用地、安全、建筑、卫生、环保等准入关。同时多次牵头组织卫生、工商、环保等部门进行联合执法，对水口等地的农家乐安全管理进行集中整治。

2009年起，长兴县财政每年安排100万元对农家乐进行奖励和补助。2012年，长兴县人民政府领导各相关部门开展对水口乡农家乐联合整治。2013年，长兴县财政局联合县风景和旅游管理局印发《关于拨付2013年度省级农家乐创建项目补助资金的通知》(长财农〔2013〕199号)，确定对农家乐的政策扶持。

2014年，长兴县对照《2014年湖州市推进省级乡村旅游提升发展专项改革重点工作实施方案》《湖州市乡村旅游集聚示范区产业发展专项规划》，推进省级乡村旅游改革提升，推动完善长兴水口茶乡乡村旅游集聚示范区和长兴泗安乡村旅游集聚示范区两大乡村旅游集聚示范区的旅游规划，有序推进区域内顾渚茶文化景区污水纳管工程、顾渚茶文化景区一体化供水工程、国际文化交流中心、仙山湖景区等12个乡村旅游项目建设；同时制定《长兴县民宿规范管理暂定办法》《长兴县乡村民宿星级服务质量评定标准》，引导乡村旅游产品差异化发展。2015年，长兴县积极鼓励引导农家乐向高端民宿发展，全县出现邻居、百翠山庄、上泗安隐居乡宿等高端民宿。

第二节 休闲农业观光园(含省级特色旅游村)

一、发展简史

休闲农业观光园隶属各级党委政府所属的农业和农村工作办公室管理，是美丽乡村建设工作的一部分，旅游部门仅承担业务技术指导。2007年7月5日，长兴县人民政府执行浙江省委、省政府的新农村建设政策，印发《关于举办农业观光节庆活动和建设休闲农业观光园有关事项协调会议纪要》，在全县范围内全面开展休闲农业观光园建设。同年，全县申报休闲农业观光园40余家。同年12月12日，城山沟桃源山庄被评定为“全国农业休闲观光示范基地”。之后，长兴县各乡镇开始全面推广休闲农业观光园建设。

2009年，长兴县建成渚山杨梅休闲观光园、陶家湾休闲鱼庄、吴山东沟公社3处较为成熟的休闲农业观光园。同期，长兴县在原二界岭乡启动超大规模休闲农业观光园二界岭现代农业观光园建设。同年，浙江省农办印发《关于公布浙江省休闲观光农业精品线路及优秀线路的通知》(浙农产发〔2009〕10号)，“长兴县竹乡生态品茗游”入选浙江省休闲观光农业精品线路名录。2010年，长兴县在太湖沿岸启动“太湖风情带”大型综合休闲农业观光园建设。同年，浙江省农办发布《关于公布省级休闲观光农业示范园名单的通知》(浙农产发〔2010〕4号)，长兴城山沟桃源山庄被评为省级休闲观光农业示范园。2013年，二界岭现代农业观光园因为主体经营困难，改制转为民营。2014年，长兴县在318国道两侧启动大型休闲农业观光园“农园新景”建设。截至2015年，长兴县获得省级休闲观光农业示范园3个，建造成熟或在建的休闲农业观光园30多处，形成江南茶乡、岕里人家①、太湖风情(带)、农园新景等四大休闲农业观光园集聚区。

二、省级政策扶持

浙江省主管休闲农业观光园的部门是浙江农业与农村工作办公室与浙江省旅游局。浙江省农业与农村工作办公室对休闲农业观光园的政策扶持包括政策引导与各种荣誉评比。2006年，浙江省农办提出“百千工程”，要求各地启动休闲农业观光园建设。2007年，浙江省旅游局发布《关于公布“浙江省休闲渔业示范基地”名单的通知》(浙海渔业〔2008〕3号)，长兴蠡塘渔村被评为“2007年度浙江省休闲渔业示范基地”。2009年，浙江省农办颁布《关于公布浙江省休闲观光农业精品线路及优秀线路的通知》(浙农产发〔2009〕10号)，“长兴竹乡生态品茗游”列入浙江省休闲观光农业精品线路名单。2010年，浙江省农办印发《关于公布省级休闲观光农业示范园名单的通知》(浙农产发〔2010〕4号)，长兴城山沟桃源山庄获评为省级休闲观光农业示范园。2011年，浙江省农办颁布《关于公布省级休闲观光农业示范园的通知》(浙农产发〔2011〕20号)，长兴县二界岭现代农业观光园获评为省级休闲观光农业示范园。2015年，浙江省旅游标准化技术委员会公布《关于命名首批浙江省果蔬采摘旅游基地的通知》(浙旅标准〔2015〕1号)，长兴县绿野仙踪与长兴县桃园山庄入选(全省67家)。截至2015年，长兴县有省级休闲农业示范园3处，长兴城山沟桃源山庄(详见第二编第一章第七节)、长兴县大唐贡茶院(详见第二编第一章第五节)、二界岭现代农业观光园。

---

①岕里人家实验示范带，是泗安镇北部所有休闲农业观光园合称(非八都岕十里古银杏长廊)，是长兴县规划的第二大乡村旅游示范带。示范带以长岗岭为轴，包括东侧的长潮岕，西侧的青东涧岕，共两个山岕，面积约100平方千米，主要休闲农业观光园有仙山村的浙大科技园、罗家地村的薰衣草风情园、二界岭村的大地说书、毛家村的果圣山庄等。该示范带2008年始建，主体是二界岭现代农业观光园。2013年，长兴县因建设休闲农业示范区宣传需要，更现名。

长兴县省级休闲农业示范园名录一览表

表2-63

序号	名称	地址	获评时间	文号
1	城山沟桃源山庄	和平镇城山村	2010年4月14日	浙农产发〔2010〕4号
2	二界岭现代农业观光园	泗安镇二界岭、罗家地等村	2011年12月29日	浙农产发〔2011〕20号
3	大唐贡茶院	水口乡顾渚村	2011年12月29日	浙农产发〔2011〕20号

浙江省旅游局在浙江省农办领导下负责休闲农业观光园的技术指导管理。为配合省农办工作，促进乡村旅游发展，2007年，浙江省旅游局出台印发《关于开展旅游“十百千”旅游工程创建活动的通知》（浙旅局〔2007〕169号），鼓励各市县的旅游资源相对丰富、旅游发展相对成熟的乡镇、村，申报创建浙江省旅游强镇（乡）、浙江省级旅游特色村。长兴县先后有水口乡、和平镇、槐坎乡、泗安镇被评为省级旅游强镇（乡），有10个村被授予省级旅游特色村①。

长兴县省级特色旅游村名录一览表

表2-64

序号	名称	地址	获评时间	文号
1	顾渚村	水口乡	2008年	不详
2	方一村	小浦镇	2008年	不详
3	水口乡	水口乡	2008年	不详
4	金山村	水口乡	2010年1月21号	浙旅局〔2010〕年15号
5	大岕口村	小浦镇	2010年1月21号	浙旅局〔2010〕年15号
6	和平镇	和平镇	2011年1月7号	浙旅局〔2011〕年3号
7	槐坎乡	槐坎乡	2011年1月7号	浙旅局〔2011〕年3号
8	渚山村	龙山街道	2011年1月7号	浙旅局〔2011〕年3号
9	仰峰村	槐坎乡	2011年1月7号	浙旅局〔2011〕年3号
10	水口村	水口乡	2011年1月7号	浙旅局〔2011〕年3号
11	城山村	和平镇	2011年12月31号	浙旅局〔2011〕年293号
12	泗安镇	泗安镇	2012年12月26日	浙旅局〔2012〕年336号
13	毛家村	泗安镇	2012年12月26日	浙旅局〔2012〕年336号
14	仙山村	泗安镇	2012年12月26日	浙旅局〔2012〕年336号

①浙江省农家乐特色村与省旅游特色村的评选分属浙江省农办与浙江省旅游局，一般农家乐特色村多数又是旅游特色村，二者存在大量重评现象。长兴县10个旅游特色村与农家乐特色村重复7条，下文重复的行政村若在“农家乐特色村”已作简介，则省旅游特色村从略，不再重复。

三、长兴县省级休闲观光农业示范园与省级特色旅游村简介

二界岭现代农业观光园 位于泗安镇西北部，以原属二界岭乡命名，2009年创建，园区融合原二界岭乡的众多传统农业园，同时增设新的园区与农特产品，形成超大型的现代农业观光园。整个观光园分樱桃园、休闲茶园、大地说书、旺湖杜鹃园、薰衣草风情园、板栗观光园、玫瑰观光园等，共七大园区。

1. 樱桃园，在毛家村，2000年左右，当地为发展现代农业，在荒山种植樱桃，2006年达到1500亩，2007年举办首届樱桃节，2009年增加800亩新品种，整个种植面积达到2300亩，旅游产品樱花欣赏与樱桃采摘。2. 休闲茶园，主要在泗安林场，以及二界岭村，泗安林场有5000亩茶园，2009年成功举办首届二界岭采茶秀。3. 大地说书（园区），在二界岭村，是整个二界岭现代农业观光园的中心，规划种植各种观赏植物，绣成彩色图案。2008种植"2008奥运"彩色水稻图案，2009年完成彩色水稻图案种植，2010年完成590亩彩色油菜种植，组图成和平鸽，以及400亩向日葵景观。4. 旺湖杜鹃园，在大地说书园区西部与北部，共种植1500亩杜鹃，以致二郎山山麓，每年3月杜鹃花开放季节，山麓成为红色的海洋。5. 薰衣草风情园，在罗家地村初台线两侧，种植面积600亩，种植各种薰衣草20余种，是长兴县普罗斯旺的主要参观摄影点。6. 板栗观光园，在二界岭北部，主要为云峰村。二界岭旧为长兴县板栗主要种植区，村民在荒山大量种植板栗，有数千亩板栗园，2008年，二界岭现代农业观光园建成，板栗园被规划其中。7. 玫瑰观光园，在初康村，初康村旧为长兴县玫瑰种植基地，二界岭现代农业观光园建设，原玫瑰园被纳入其中。

2011年，长兴县为扩大二界岭现代农业观光园影响，举办二界岭山地自行车比赛。同年8月，主景点大地说书项目的向日葵开放季节，园区尝试对游客实行收费参观体验，门票30元/人次，日接待游客数百人次。同年12月29日，二界岭现代农业观光园以规模宏大、品类众多、特色新颖等特点，被浙江省农办评为省级休闲观光农业示范园（浙农产发〔2011〕20号）。2012年，原二界岭乡并入泗安镇，同期观光园因经营乏力，面临困境。2013年，二界岭现代休闲农业观光园改制，分解为多个独立园区，交给私人个体承包经营，园区名注销。

渚山村 在龙山街道西北部，村域面积4.9平方千米，地形以丘陵为主，仅东南小片属河网地貌。辖车渚里、前夹山、后夹山3自然村，有509户，1484人。该村旅游资源为渚山杨梅（古名夹山杨梅）。2004年，渚山村举办长兴县第一个现代农事节庆渚山杨梅节获得成功。2009年，渚山村建设杨梅休闲观光园。2011年1月7号，村被浙江省旅游局授予"省级特色旅游村"称号（浙旅局〔2011〕3号）。至2015年，渚山村有休闲农业观光园5平方千米，以及民宿轩瑞堂。每年6月末杨梅上市季节，杨梅园吸引数万游客参观采摘，日接待游客5000人次。

大岕口村　在小浦镇最西端八都岕谷底，村域面积10.2平方千米。辖大岕口、王家头、柏家村3个中心自然村17个村民组，有739户，2185人。大岕口村属长兴县著名景区十里古银杏长廊的主要组成，旅游资源丰富。景点有橡树公园（包括银杏后）、虎头涧公园、古银杏天泉，古建筑有长兴县文物保护单位大岕口吴宅，宗教与祭祀活动场所有空王寺、振天寺、关帝庙，以及众多百年以上古树。2010年1月21号，该村被浙江省旅游局授予“省级旅游特色村”称号（浙旅局〔2010〕15号）。至2015年，村建成参观景点橡树公园、虎头涧公园、古银杏天泉、振天寺等，年接待游客约100万人次。

毛家村　在泗安镇北部，村域面积12.9平方千米，系丘陵地区。辖毛家、郎村、周家、竹丝岕等11个自然村，有572户，1897人。村主要旅游资源为2000多亩的樱桃园，以及乡村酒店果圣山庄。2006年4月，该村举办首届樱桃节，后每年举办一次。2012年12月26日，该村被浙江省旅游局授予“省特色旅游村”称号（浙旅局〔2012〕336号）。

上泗安村　位于泗安镇集镇西2千米，古名上泗安街，1957年曾更名新联村，2013年恢复旧名，村域面积1.74平方千米，百姓民宅呈带状，分布在上泗安老街两侧。村历史文化悠久，明清至民国时期，村庄作为泗安塘上游航船起点，是浙、皖两省边境重要的水码头、商贸重镇，曾有“十里荷花古板道”之称。上泗安村的旅游业起源2000年左右，比邻国家AAAA级景区仙山湖国家湿地公园。明清时期古石板桥、古运河码头、航运休息驿站以及凹凸不平的石条商贸古道仍保存完好。2002年，上泗安村利用毗邻AAAA级景区仙山湖国家湿地公园的区位优势开始发展生态旅游业。村庄从挖掘历史文化遗迹入手，对原有的古石桥、古石板路、古码头等遗迹进行修复完善，统一修缮村中的老街古民宅。2005年，启动美丽乡村建设，街路两旁的古建筑，民居以及楼台亭阁等，被依据徽派建筑风格统一修缮，2007年，该村被评为浙江省全面建设小康示范村，2008年被评为省级文化示范村，省级绿化示范村，2010年被评为中国魅力乡村。2014年，上泗安村引进全国知名乡村旅游品牌“隐居集团”，投资500万元，建成占地面积1000多平方米的高端乡村民宿“上泗安乡宿”。同年7月，泗安古镇漂流等旅游项目进入试运营。2015年，上泗安古码头及古桥群被确定为长兴县文物保护单位。同年，上泗安村年接待游客5万人次。

四、长兴县的政策扶持

长兴县休闲农业观光园建设是美丽乡村建设的重要组成部分。2007年7月5日，长兴县人民政府印发《关于举办农业观光节庆活动和建设休闲农业观光园有关事项协调会议纪要》，对休闲农业进行专门研究。会议明确规定长兴县农业和农村工作办公室为休闲农业观光园的牵头管理部门，负责对休闲农业观光园建设的前置审核及奖励政策实施；长兴县旅游局负责规划的指导和审核，配合长兴县农业和农村工作办公室进行前置审核和奖励政策实施；乡镇为日常监管单位，负责项目初审和申报，督促业主按规划进行建设，确保在规划地区不出现乱搭乱建现象，做好休闲农业观光园生产、建设、经营及发展过程中的协调和服务工作；长兴县交通部门对休闲农业观光园道路的建设给予支持；县农业局、林业局、水利局对相关产业的发展进行规划和指导。对实际投资在200万～300万元的，经认定后，给予10万元补助；对实际投资在300万～500万元的，经认定后，给予15万元补助；对实际投资在500万元以上的，经认定后，给予20万元补助。对休闲农业观光园配套设施建设用地可作国有划拨，也可作经营性出让，涉及村集体土地的，只能作为村产业基地用地。优先安排休闲农业观光园配套设施建设用地指标，土地指标费收取按农业龙头企业标准执行，每亩1.5万元。对建成的休闲农业观光园，可按照农家乐星级评定标准申报星级农家乐，达到四星级标准可享受农家乐优惠政策。

依据会议纪要，长兴县农办要求每个乡镇建成2～3个休闲农业观光园。于是全县各乡镇均开始执行休闲农业观光园建设任务，基本举措都是将原先的农产品生产基地更名，或者稍微改观上报。至2009年，长兴县各乡镇建成的比较成熟的休闲农业观光园仅有虹星桥镇蠡塘渔庄、夹浦镇陶家湾凤辉渔家乐、吴山乡东沟公社等极少案例。同年，针对全县休闲农业观光园小、散、单一等缺点，长兴县人民政府启动二界岭现代农业观光园建设。2010年，长兴县以大唐贡茶院为基础创建茶香人家，以泗安镇北部的农场、林场为基础创办岕里人家，以滨湖大道为基础创办太湖风情带三个休闲农业观光园集聚区。2014年，长兴县沿318国道，在国道两旁乡村启动“农园新景”休闲农业观光带建设。2015年，长兴县鼓励规模成熟的休闲农业观光园向景区发展。2015年年末，有12家休闲农业观光园申请建立A级景点。

2015年年末长兴县休闲农业观光园申报创建A级景区名录一览表

表2-65

园区名称	基本情况
芩源生物科技有限公司	位于画溪街道三新村，占地面积200亩，注册资本1000万元，总投资1500万元，2010年始建。项目为高档水果药材种植园，全部搭建高标准连栋钢管大棚，属于湖州市农业大好高项目。2015年，基地获浙江省无公害农产品产地认证及全国有机农产品认证。项目法人倪永国
绿野仙踪精品园	位于龙山街道川步村，详见第五章第十节龙山森林养生小镇的“绿野仙踪”条
德润土之圆农耕文化园	位于和平镇便民桥村许家自然村，占地面积360亩，项目总投资1500万元，农业观光园集葡萄、黄桃等多种水果采摘、垂钓、农事体验、餐饮于一体。园内餐饮区面积约400平方米，建有餐饮包厢5个，可容纳300人用餐。项目隶属长兴德润土之圆生态农业发展有限公司

续表2-65

园区名称	基本情况
佰福石榴园	位于泗安镇二界岭村，种植面积550余亩，种植以石榴为主的各种农特产品。项目旧为2009年创建的二界岭现代农业观光示范区“大地说书”项目。2013年，原休闲农业观光园改制，分解给私营业主承包。浙江长兴佰福生态农业发展有限公司承包二界岭乡休闲农业观光园“大地说书”项目，种植以石榴为主的农产品，规划以二界岭为基点，辐射带动周边，形成石榴产业带，带动乡村经济发展，打造集旅游观光、农业生产、采摘体验于一体的综合旅游园区
山伯伯仙果园	位于泗安镇上泗安村，详见下文“山伯伯仙果园”条
月季园项目	位于龙山街道川步、渚山二村，长水公路西侧，由长兴泛亚园艺有限公司兴建，占地面积190亩，总投资3000万元。以月季花种植休闲观光为主业，其他兼及园林绿化、施工技术服务、有机肥、花卉、盆景、园林景观石销售等。企业法人吴晓红
四季花卉基地项目	位于龙山街道川步、涧塘二村，长水公路两侧，由长兴花花世界农业发展有限公司创建，占地面积296亩，注册资金3500万元，总投资8000万元。项目以特色四季花卉欣赏为主，是汇集特色文化演艺、科普教育、旅游观光、休闲度假为一体的大型综合农业休闲基地
水口乡金山花园	位于水口乡金山村银山脚下，占地面积1000余亩。园区旧为金山村种植铁皮石斛、红豆杉的农场。2010年，由浙江宝积山旅游有限公司承包，设计改建为休闲农业观光园。截至2015年，园区投入6000多万元，已建成阳光餐厅、停车场、垂钓区、采摘园、石斛种植基地；另其他苗木园、百花园正建设中
水口长乐谷草莓基地	位于水口乡顾渚村六十亩自然村，由水口乡长乐谷农家农场创办，占地面积80亩，总投资300万元。园区包括时令鲜果采摘、野生动物养殖、农副产品特卖三个专区。观光园秉承绿色生态和健康环保理念，致力打造集绿色蔬果采摘、生态旅游观光、大自然情景教学实践于一体的农事体验基地
长兴林城蜂情小镇	位于林城镇，由浙江蜂谷农业发展有限公司创建。观光园含三个点，分别位于林城镇的方山窑村红梅基地、林城集镇、畎桥集镇，合计占地面积150亩。园区主业蜜蜂饲养，兼及为农户散养蜜蜂提供授粉服务及育苗。核心中蜂授粉基地占地面积20亩，饲养蜜蜂1000箱。园区通过把第一产业（养蜂）、第二产业（蜂蜜加工）、第三产业（旅游业）结合，形成产业链，给游客提供蜜蜂文化科普教育及蜂产品生产体验
长兴林城绿健蓝莓专业合作社	在林城镇上狮村上阳自然村康庄道路西侧，由长兴林城绿健蓝莓专业合作社创建，占地面积500亩，总投资700万元。蓝莓基地主打奥尼尔、布鲁吉他、安娜、薄雾等精选品种，果实饱满，口味清甜。2015年，蓝莓基地基础设施竣工，辟有小型休闲公园，增设游乐设施，成为集采摘、旅游、观光为一体的休闲农业观光园

五、长兴县主要休闲农业观光园简介

蠡塘渔庄 位于虹星桥镇白水村费家自然村，全称茹（如）兴休闲渔业观光园，以位于原蠡塘乡，相传春秋时范蠡曾在此养鱼命名。渔庄2002年利用天然池塘创办，2005年建成规模水产养殖基地，总占地面积500多亩，包括高标准垂钓池塘10个，养殖各种淡水鱼20余种，面积200亩；特种水产养殖基地一个，面积200亩；水果采摘基地一个，面积100余亩。同时渔庄建有可供200人同时就餐的餐饮中心，是一家集水产养殖、餐饮、垂钓为一体的综合性渔村。2006年9月26日，虹星桥镇利用渔庄举办首届蠡塘垂钓节。2008年1月18号，浙江省旅游局公布"2007年度浙江省休闲渔业示范基地"（浙海渔业〔2008〕3号），渔庄入基地名录。之后，渔庄一直是湖州市重要休闲渔业基地。

陶家湾凤辉渔家乐 在夹浦镇滨湖村陶家湾自然村。2006年兴建，是以垂钓为主，集休闲、餐饮、住宿为一体的多功能休闲渔业庄园。渔庄有鱼塘30亩，各式包厢12间，客房数套，合计建筑面积3000平方米。2008年，渔庄经营良好，曾为长兴县休闲农业观光园的典型。但至2015年，渔庄因经营困难，基本萎缩歇业。

东沟公社 位于和平镇三矿村东沟，是通过承包租赁，利用二十世纪五六十年代村集体林地住房，改建创办的集采摘、休闲、餐饮于一体的休闲农业观光园。观光园因开办的农家乐餐饮完全模仿人民公社时期文化氛围，得名东沟公社。休闲农业观光园初属集体林场厂部，2004年改制，被个体承包。2006年兴办餐饮业，业主将主体建筑及周边环境以人民公社时期的时代风貌加以改造，营造独特氛围；有经营用房1200平方米，餐位180个。2008年，园区开始申报筹建休闲农业观光园，改造梨园150亩、白茶100亩、苗木100亩，以及部分旱笋园，同时提供垂钓、水果采摘、白茶采摘等农事参与体验。园区主要特色是梨园、苗木、茶园等自然景观，以及人民公社文化元素形成的浓厚乡村气息。

神塘生态鳖特色精品园 位于和平镇横山村，是一处集垂钓休闲、果园采摘、餐饮为一体的休闲农业观光园，以紧邻神塘湖命名。2007年7月，有当地数名私营业主联合成立长兴和平神塘甲鱼养殖专业合作社，专营生态甲鱼养殖。2008年，合作社提升品质，开拓业务，建成休闲农业观光园。现观光园分为三个功能区：垂钓区、果园采摘区、餐饮服务区。垂钓区：观光园建有80亩鱼塘、10个钓鱼台，并为游客提供垂钓工具。采摘区：观光园有果蔬面积150余亩，四季都种有新鲜蔬菜，随时为广大游客提供采摘体验。餐饮区：总占地面积5000平方米，主体建筑400平方米，设有10个包厢，可同时容纳100人就餐。主要特色宴席有甲鱼宴、全羊宴、和平狗肉、神塘河鲜、本地土莱等特色农家菜肴。此外，观光园附有多功能厅一个，配备全套多媒体设备，可举办30人左右的小型会议。2012年，神塘农家乐被评为浙江省旅游特色经营户。

太湖风情带 位于长兴县东部太湖沿岸的滨湖大道两侧，包括太湖街道与洪桥镇的众多乡村，以紧邻太湖命名，是一条长10余千米，宽1千米至3千米不等的滨湖长廊。园区与"江南茶乡”“岕里人家”同为长兴县新农村建设的主要三条农业实验示范带①。太湖风情带休闲农业观光园示范带2010年随滨湖大道新建，园区利用湖滨的河网、荡漾、植被建造。示范带东临太湖，以纵横交错河网荡漾连接水乡，含彭城、新塘、金星，太湖、东王、小沉渎、图影等村。截至2015年，风情带建有太湖会精品酒店、南天湖跑马场、芦圻漾水上公园、七抖漾水上公园、小沉渎美食街、洪桥河蟹养殖基地等众多旅游休闲场所。

农园新景 全名长兴县农园新景实验示范带，位于长兴县南部318国道沿线，涉及吕山、虹星桥、林城、泗安等4乡镇、15个行政村，有12个现代农业种植园区。2014年，中共长兴县委、政府继创建“太湖风情”“江南茶乡”“岕里人家”三条农业实验示范带后，提出建造“农园新景”规划，意图在沿318国道两侧，建造长兴县现代农业景观长廊与展示台，称农园新景。农业景观长廊占地面积10000余亩，累计总投资2.19亿元，是长兴县高效、生态、绿色农业的窗口。截至2015年，农园新景已完成土地扭转7642亩，发展特色产业4213亩，落实具体经营主体3000亩，主要涉及花卉苗木、大棚蔬菜、特种水产、水果葡萄等特色农业，已建成吕山村果蔬精品园、虹溪水果精品园等11个园区，成为集休闲农业观光、体验、购物等功能为一体的休闲农业实验示范带。

北汤七彩生态园 位于林城镇北汤村，是一个主营苗木花卉培植的农业生态园，占地面积500亩，辐射范围2000亩，主要功能定位乡村旅游观光。2010年，林城镇北汤村进行新农村建设，对原先分散的自然村落及乡村土地进行统一规划整治。2014年8月18日，北汤村以对外招商引资形式，引入香港永兴生态公司与国内优势企业联合，组建浙江长兴七彩农林科技有限公司，承包北汤村流转土地1039亩（包括水面300亩），进行花卉生态园建设。浙江长兴七彩农林科技有限公司响应国家提出的退耕还林政策，对流转土地进行生态改造，结合现代苗圃管理，运用自身在花卉栽培、种子、种苗领域的优势，兴办农业生态园。旅游方面，生态园整体布局围绕美丽乡村小镇打造，重点进行一年四季各类花卉展览，结合乡村民宿，乡村观光等发展乡村旅游。截至2015年，生态园已建成菊艺展园、精品展园、立体花坛展园、大棚展园、花坛展园、小木屋展园、亭台水榭展园等特色景观。景区日常属免费开放旅游参观点，举办花卉展览期间收取门票费。2015年，园区共举办樱花、月季、荷花、菊花四次大型花卉展览，全年累计接待游客2万人次，主要是散客，少量旅游团队。景区及企业法人陈英。

百翠山庄 位于水口乡水口村杨林塘自然村，全称浙江百翠山庄原生态农业科技有限公司，2009年由上海翰椎投资有限公司投资创办，2012年始营业，2015年更名百翠山居。生态园是国内首家限量会员制私人农场，有从业人员9人。整个农业生态园总占地面积2800多亩，分蔬菜种植基地、村舍、民宿三个区域。蔬菜种植基地属于原生态山村山地，面积约1500

---

① “江南茶乡”指水口茶文化景区，“岕里人家”指泗安镇北部山岕。

亩。村舍是过去村民住宅，占地面积100余亩。民宿是休闲观光园的接待处，餐厅可容纳50人用餐，客房有12间，同时附属会务、烧烤，篝火，露天KTV等系列活动设施。整个生态园有山有水有田，配有停车场，即适合农业生产，也适合生态农业的乡村度假。白翠山庄最大特点是立足上海市中高端消费市场，有专门的营销和物流管理中心，主业为客人提供农场生产的无公害有机农产品配送服务。企业法人，郭立新。

山伯伯仙果园 位于泗安镇仙山村仙山脚下，2008年由长兴龙湖农业发展有限公司创办，占地面积450亩，是一个集观光、生产、休闲采摘、旅游、住宿、餐饮为一体的综合性果园。园区采用原生态有机种植方式，生产绿色健康的葡萄、水蜜桃、火龙果、草莓、杨梅、猕猴桃等有机农产品。2012年，园区从台湾引进红瓤火龙果、艾文杧果，芭乐番石榴、木瓜等热带水果，并专门和浙江大学农业与生物学院合作，对长兴现有葡萄品种进行提早栽培和延后栽培科学试验，努力打造长兴首家“四季水果采摘园”。近年来，园区陆续推出众多旅游参与体验，包括亲子活动区和桃园旅社，以土灶柴火饭为亮点，穿插亲子游戏节目。园区开放时间，每天8:00—17:00，门票50元/人次。2015年，园区接待游客1万人次。

薰衣草风情园 位于泗安镇罗家地村初台线两侧，总面积500亩，2009年创办，初为二界岭现代农业休闲观光园的薰衣草园。2013年二界岭现代农业休闲观光园改制，分包给私营业主经营，薰衣草风情园始独立建园。风情园占地面积500亩，分为香草生活馆、展示中心、香草DIY活动体验区、香草观赏区，香草盆景销售区等。主要香草观赏区种植普罗旺斯薰衣草、西班牙薰衣草长兴香、向日葵、波斯菊、柳叶马鞭草、猫薄荷、迷迭香等几十种香草观赏植物。2014年，园区建成对外开放。景点属季节性旅游点，观景时间，每年5—10月各种香草开放时段。景点开放时间，每天8:00—17:00，门票60元/人次。2015年，园区举办首届长兴县薰衣草风情游园会。同年，景点接待游客3万人次。

吕山荷博园 位于吕山乡杨吴村吴村自然村，占地面积3000余亩，由加拿大华侨徐国梁创办的湖州好山好水园林工程有限公司和长兴吕山胥仓雪藕专业合作社共同投资兴办，2013年筹建，2015年建成开业，总投资约1亿元。项目分三期，包括育苗科普区、荷花观赏区、莲文化展示区、休闲互动娱乐区、商务会议接待区、蔬果采摘区等六个区块。园区是以荷花观赏为主题，是集休闲赏花、农业采摘、廉政科普教育、乡村旅游、餐饮美食、休闲娱乐为一体的综合型绿色生态农业基地。观光园主题荷花欣赏，占地面积500亩，有荷花品种200多个，夏季7至8月，黄绿色的友谊牡丹莲、紫色的印第安纳、桃红色的中国古代莲，满园荷花竞相开放，是观景主要时段。2015年8月23日，荷博园举办主题“荷乡莲韵·和美长兴”的“2015中国·长兴（吕山）首届荷文化节”，旨在宣传“荷以吕山美、莲子清如水”的吕山乡独特荷莲文化。荷花节当日吸引来自长兴及湖州的数千游客游园观赏，另有来自北京、杭州等地的18位专业摄影师到该地取景。当日，荷博园被授予“国家摄影基地”称号。现吕山荷博园已成为长三角地区重要赏荷景点。园区法人徐国梁。

南太湖马场 位于洪桥镇太湖村钱家渡自然村,2012年创办,2014年初步建成对外营业,属休闲、康体、餐饮为一体的休闲农业观光园。园区占地面积70亩,分休闲康体、餐饮两个区块。休闲康体区块开设骑马、越野卡丁车、马车三种娱乐方式,各种娱乐方式票价,骑马每人每圈80元、卡丁车每人每圈50元、马车每人每圈20元,联票每人120元。餐饮区块有各种包间10余间,可同时服务100人就餐,菜肴主打山东驴肉,新鲜味美。此外,园区还提供烧烤、篝火野营、烤全羊的其他休闲娱乐活动。园区因旅游项目的特殊性,开园初期,得益宣传推介及游客新奇,曾经红火过一段时间,年接待游客近万人次。但至2015年,园区因经营乏力,游客稀疏惨淡。

第三节 农事节庆

一、发展简史

农事节庆是中共长兴县委、县政府为发展现代农业,庆祝农特产品丰收,促进农特产品销售而举办的一种现代乡村节庆活动。2000年左右,长兴县农业生产开始由传统农业向现代农业的产业化、特色化、精品化转型。2004年,长兴县为方便龙山新区渚山村的杨梅销售,举办"渚山杨梅节"取得巨大成功,此为长兴县委、政府提高农特产品的产业化与销售提供启示。同年,长兴县委、政府出台方案,积极构建"政府引导、乡镇搭台、农民唱戏,一月一节庆"的乡村农特产品销售机制。方案决定由县委、县政府牵头,整合各类资源,精心设计载体,要求各乡镇组织各自的农事节庆活动,以此来弘扬和发掘本地乡土文化、展示长兴现代农业的发展成果,拓展农特产品市场销售渠道,促进农业转型升级,推动农业增效、农民增收。2005年,长兴县旅游局联合和平镇举办水蜜桃节,形成长兴县农事节庆的示范。之后,各乡镇开始纷纷依托自身的特色农产品与特色产业优势举办农事节庆,如梅花节、茄子节、蜜梨节、花鳖节等。2010年10月,泗安镇承办中国(长兴)花木大会,同年11月,小浦镇承办第一届中国银杏文化节,两次节庆都产生了全国性影响,成为长兴县乡村农事节庆典范。

中共长兴县委、县政府举办农事节庆最初目的是帮助农民销售农特产品,增收致富。但从旅游业角度看,所有农事节庆的景观美景、游客参与、休闲旅游、旅游商品等均被赋予了旅游业的内容与形式,甚至部分农事节庆,如红梅节、樱花节、桃花节、薰衣草风情游园会、银杏节等纯属旅游活动。每种节庆均会吸引来自江苏、安徽、上海、杭州的大量游客,成为长兴县乡村旅游的重要组成和亮点。至2015年,长兴县各种农事节庆经社会的酝酿、选择、淘汰,共形成成熟规范的农事节庆16种,按每年举办时间先后顺序,依次是梅花节、草莓节、樱花节、桃花节、樱桃节、薰衣草风情节、杨梅节、采桃节、荷花节、葡萄节、蜜梨节、太湖捕鱼节、河蟹节、花木节(中国花木大会)、银杏文化节、湖羊美食节，形成长兴县“一乡一节，一品一节，一月一节”的经典乡村旅游农事节庆品牌。

截至2015年长兴县成熟现代农事节庆一览表

表2-66

节庆名	内容简介
梅花节	位于林城镇连心村的万亩梅海，2006年由林城镇首次举办，后定于每年2月至3月梅花开放季节。开幕式举办赏梅游园、品梅、采梅、梅花摄影及作品展等活动，主要旅游产品梅花欣赏与摄影
草莓节	在画溪街道白阜村草莓基地，2013年由画溪街道首次举办，后定于每年2月草莓成熟时节。启动仪式举办与草莓相关文艺活动，活动延至4月。主要旅游产品草莓采摘
樱花节	在林城镇北汤村，2015年3月由林城镇与浙江七彩农林科技有限公司联合举办。启动仪式举办各种花卉展览，主要旅游产品樱花观赏
桃花节	在和平镇城山沟景区，2009年由和平镇、县旅游局、城山沟景区首次联合举办，后定于每年3月桃花开放季节。开幕式举办赏桃花、看表演、千人相亲、桃花摄影大赛、亲子游等参与体验。活动延至4月花谢，主要旅游产品桃花观赏
樱桃节	在泗安镇毛家村，2007年由原二界岭乡首次举办，后定于每年4月樱桃成熟宜摘季节。启动仪式举办文艺演出、农副产品展销会、民俗表演等，主要旅游产品樱桃采摘体验
薰衣草风情旅游节	在泗安镇罗家地村，2015年5月由泗安镇与薰衣草风情园联合举办，后定于每年5月，活动截至当年10月。启动仪式举办各种文艺活动。主要旅游产品园区仙草观赏。景点属收费观赏点
杨梅节	位于龙山街道渚山村，2004年龙山新区首次举办，后定于每年6月末杨梅成熟时节。启动仪式举办多种文艺活动，主要旅游产品杨梅采摘与休闲观光。2014年，夹浦镇父子岭村斯圻也始举办杨梅节
采桃节	位于和平镇城山沟桃源山庄，2005年由和平镇与城山沟景区首次联合举办，后定于每年6月水蜜桃成熟时节。开幕式举办采摘体验、农产品展销、摄影和文体演出等系列活动。活动持续至8月，主要旅游产品水蜜桃采摘
葡萄节	在画溪街道曹家桥村，2009年由画溪街道(时名雉城镇)首次举办，后定于每年7月。启动仪式有葡萄采摘、展销、摄影展等系列参与体验，活动延至9月葡萄下市
蜜梨节	在和平镇韦山村，2010年由和平镇(2012年前属吴山乡)首次举办，后定于每年7月蜜梨成熟时节。启动仪式有蜜梨品种展、梨文化宣讲等活动，活动延至8月蜜梨下市。主要旅游产品蜜梨采摘体验
荷花节	在吕山乡杨吴村吴村自然村，2015年8月23日吕山乡第一次举办。启动仪式举办国家摄影基地授牌仪式、“荷你有约”心莲心交友会等文艺活动。主要旅游产品荷花观赏

续表2-66

节庆名	内容简介
太湖捕捞节	在太湖街道新塘村，属民间传统节日。现代太湖捕捞节定于每年9月1日举办。2012年第一次举办，启动仪式举办品尝“太湖三白”、码头现场交易等。主要旅游产品太湖水产品尝、销售
河蟹节	在洪桥镇太湖村七坞漾，2010年由洪桥镇首次举办，后定于每年10月太湖蟹成熟上市时节。启动仪式举办文艺演出与河蟹游戏。主要旅游产品湖蟹品尝、销售
花木节	在泗安镇白莲村，2010年由浙江省林业厅、中国花卉协会绿化观赏苗木分会、泗安镇首次联合举办，称“中国花木大会”，后定于每年10月举办。启动仪式举办花卉、苗木展览与文艺表演。主要旅游产品花木观赏与销售
生态花鳖节	在虹星桥镇虹溪休闲垂钓长廊，2012年由虹星桥镇首次举办，后定于每年11月举办。启动仪式有趣味竞技秀、休闲垂钓等。主要旅游产品垂钓休闲与水产品尝
银杏文化(旅游)节	在小浦镇八都岕方一村，2010年由县旅游局与小浦镇首次联合举办，后定于每年11月杏叶染色变成金黄时节。启动仪式有民俗表演、拜祭树王、烘炒白果、景区寻宝等。主要旅游产品杏叶观赏
湖羊美食节	在吕山乡集镇，2011年由吕山乡首次举办，后定于每年农历年末。启动仪式举行湖羊美食大赛、湖羊争霸赛、赶羊大赛以及湖羊产业发展论坛等。主要旅游产品以湖羊为主的美食品尝

二、长兴县涉旅游农事节庆简介

杨梅节 龙山街道举办，长兴县杨梅种植历史悠久，古代优良品种有斯圻杨梅与弁山杨梅。前者相传曾受乾隆皇帝称赞，后者传说三国名将太史慈的后人为祭奠葬于弁山的太史慈自浙东余姚引种培育。2000年左右，长兴县渚山村的夹山杨梅被逐渐恢复。为方便杨梅销售，2004年，长兴县举办第一届杨梅节，成为全县第一个成功举办的现代农事节庆，截至2015年，共举办13届。基本程序是开幕式之前有计划地利用《湖州晚报》《宜兴日报》等新闻媒体宣传渚山杨梅。开幕式当日举办丰富多彩的文艺节目，以及“印象长兴”摄影、美术写生、欢乐采摘等，让游客领略别具韵味的长兴渚山风情，同时散发各种杨梅节宣传资料，活动高潮是游客参观杨梅园并采摘杨梅。整个采摘活动持续时间约15天，参与体验游客每日2000～5000人次，整个节庆活动接待游客5万～10万人次。

梅花节 林城镇举办。林城镇有16800亩梅园，其中嫁接红梅达10800亩，分布于周吴岕的梅花坞、山泉，连心村的新山、路东香雪海，石英村的龙四自然村，太傅村的西姑庵等六个基地。2006年2月28日，林城镇联合长兴县林业局、旅游局、长兴东方梅园有限公司、林城镇梅农协会等，利用辖区万亩梅园首次举办“中国长兴(林城)第一届梅花节”，后每年定时举办。截至2015年，节庆已举办10届。节庆活动程序，开幕式前期进行旅游推介招商，开幕式当天举办丰富多彩的文体节目，如第一届梅花节有各种文艺节目12个，参与观众三五千人。开幕式之后是长达一个月的赏梅旅游，园区安排游客至观梅亭、忘归亭、梅苑雪景、红梅基地、青梅基地、梅林盆景等风景区赏梅踏青，直至梅花凋谢。节庆期间园区还穿插各种民间艺术表演、现场诗画采风、诗会、摄影比赛交流、猜灯谜等参与体验。梅花节主要参与体验是赏梅摄影，游客来自杭州、上海、苏南、安徽等周边地区，以及长兴县本地。日均接待2000~3000人次。旅游产品是红梅苗木及地方传统手工艺品的销售。

银杏节 在小浦镇八都岕十里古银杏长廊景区，由小浦镇举办。长兴县野生银杏分布广泛，重点在小浦镇西侧的八都岕，是中国杏仁主要产地之一。2000年前后，长兴县八都岕中野生银杏树逐渐显现巨大的旅游价值，尤其11月杏叶金黄时节，美丽异常，吸引无数游客前来观赏。长兴县“古银杏之乡”的旅游品牌渐被长三角地区市民熟知，八都岕因野生银杏而成景区，称“十里古银杏长廊”。2010年10月16日，小浦镇在古银杏公园举行“中国长兴(小浦)首届古银杏文化旅游节”。截至2015年，节庆已举办6届。基本程序是，选定每年初冬杏叶金黄时节(一般为每年11月某个周末)举行开幕式，开幕式举办各种文艺节目，以增进节日气氛，随即是游园欣赏尽染金黄的银杏长廊美景。整个活动持续20天，直至杏叶全部凋谢。游园期间，穿插举办各种文化旅游走亲、杏叶图片展、猜灯谜等系列活动，同时利用各种媒体给予宣传推介。2010年“中国长兴(小浦)首届古银杏旅游节”，吸引包括新华社以及各省、市媒体记者100多人到长兴采访报道。节庆当日游客多达2万人次，后期日人均5000人次以上。节庆主要旅游产品除杏叶观赏外，还有杏仁、青梅、笋干等农特产品销售。

桃花节 举办地和平镇东南部城山沟景区。1995年，城山沟村民陈小究承包城山沟荒山种植水蜜桃，2000年后渐成规模，形成500亩山坡桃园，每年3月桃花盛开时节，漫山桃花美丽争春，成为独特旅游资源。2009年，和平镇党委政府联合城山沟休闲农庄举办首届桃花节，以桃花作为本镇对外宣传名片，开展招商。截至2015年，桃花节共举办七届。节庆的基本程序为前期筹备借助媒体宣传，开幕式当日是整个节庆活动高潮，表演各种文体节目，一般12个节目，随即举办湖州市相亲大会，然后是观赏桃花、摄影比赛等。开幕式结束之后是桃花欣赏，一般延至桃花凋谢为止，持续时间约15天，接待游客约5万人次。

开渔节 又名太湖捕捞节，是长兴县流行于太湖沿岸渔民为祭祀湖神，祈祷渔业丰收，每年举办的民间节庆。开渔节旧为长兴县湖滨渔民民间举办的古老节庆，明清两朝非常流行，每年两次：一是每年6月夏至的开网捕鱼祭祀，一是每年腊月冬至的渔业丰收庆祝庙会，祭祀之神为湖上保平安的水神王二相公。2000年前后，由于渔业资源大幅减少，为保护太湖生态及渔业资源，环太湖地区各地政府联合明文规定，太湖仅限每年9月1—31日为捕捞时间，其余时间禁捕。于是每年9月1日开渔之日，湖滨新塘口渔民便举办“开渔节”，形成现代“开渔节”。现代开渔节的仪式是9月1日长兴太湖沿岸各村渔船齐至太湖街道新塘口集合，届时甚至还会邀请江苏、安徽的渔民前去助兴，数百条渔船停泊湖口，众渔民在鱼头率领下至湖口海安禅寺和王二相公庙祭拜，祈祷湖上平安，捕捞丰收。祭祀完毕，便至湖上捕鱼，下午至夜晚，渔民捕鱼归来,开渔节进入高潮,所有渔船将捕获的鱼在新塘口叫卖,以吸引来自长三角各地的鱼贩采购、游客观光。参与游客一般在附近餐馆品尝新鲜的太湖水产,同时捎购湖鲜。整个活动持续1月,参与游客10万人次。

河蟹节　又名大闸蟹节,举办地洪桥镇。洪桥镇河蟹节是伴随螃蟹成为美食后产生的现代农事节庆。2000年左右,洪桥镇太湖沿岸的村民简单利用漾荡放养蟹虾供自家尝鲜,因品质良好,渐成长三角地区重要农特产品。洪桥镇为进一步推动当地河蟹产业发展,以蟹为媒,申请品牌为"荡漾牌"河蟹,或称太湖蟹,并举办河蟹节。2010年10月30日,2010中国长兴(洪桥)首届西太湖大闸蟹暨洪桥镇投资贸易洽谈会在七𣳾漾举行。之后,每年金秋10月菊黄蟹肥河蟹上市时节,节庆都会定期举办。截至2015年,共举办六届。洪桥镇河蟹节的主要目是销售大闸蟹,基本议程为选定10月大闸蟹成熟季节,举办一个隆重的开幕式,开幕式上表演水乡与地方文艺节目,同时举办"生态洪桥、太湖大闸蟹"摄影(绘画)现场展示等系列文化活动。开幕式结束是大闸蟹的捕捞销售,时间持续1月左右,主要旅游产品洪桥镇本地的农特产品"荡漾牌"大闸蟹。

湖羊节　又名"湖羊美食文化节",举办地吕山乡。湖羊是一种稀有白色羔皮羊种,长兴县最早养殖历史可追溯到1800年前的三国时期,相传当时蒙古羊随北方移民南下,被带入江浙之交太湖流域饲养繁衍,后经多年气候、食材与民间圈育驯化,原蒙古羊逐渐适应了太湖地区高温、潮湿气候,褪去原有的好斗野性,形成一种新的具有太湖生态特征的特色品种,称湖羊。长兴县东南部的吕山乡是湖羊的重要养殖基地之一,千百年来一直保有饲养湖羊传统。2011年,为进一步振兴湖羊产业,推动长兴县生态农业发展,推广"吕山湖羊"品牌,吕山乡在龙溪村举办首届湖羊美食文化节,后移至吕山集镇举办。截至2015年,共举办五届。湖羊美食文花节的基本议程是,首先举办节庆启动仪式,表演与湖羊及地方历史文化相关的文艺节目,之后是湖羊养殖基地参观及湖羊美食品尝。主要旅游商品是湖羊、湖羊美食等,节庆持续至阴历年末。

第三编

旅游服务

第一章　餐饮、住宿、采购设施

长兴县旅游的餐饮、住宿、商品采购类基础设施，包括宾馆、饭店、旅游商品、特色旅游商店等。此外，农家乐及休闲农业观光园两类旅游设施也属此类，因这两类设施隶属长兴县旅游主品牌“乡村游天堂”，已独立成章，在第六章“乡村旅游”作专题记述，此处省略。

长兴县古代官宦与文人宦游时期的餐饮与住宿设施　古代与旅游相关的餐饮、住宿设施称邮驿、迎宾馆等，一般地方志常单独设置条目作专题记载。长兴县相关记载最早见南宋谈钥嘉泰《吴兴志》。谈志“邮驿·长兴县”记为：箬溪亭在尉南厅，后改名按节亭，南浦亭在冲真观东，以上在县治，皆迎栈过客之所。画溪亭在罨画溪（今废），五劝亭在回溪桥西南，皇祐中县令许尊建（今废），木瓜堂在金砂泉上，枕流亭、自躬亭、忘归亭、金砂亭（以上见《统计》）云）亭堂并废。披云亭、境会亭、仰高亭（以上三亭见《旧志》），云披云亭在官山上，境会亭在啄木岭，仰高亭在顾渚山顶，唐刺史于迪建，取白居易“贾常州崔湖州诗题其上”。广德铺、周渎铺、白羊铺、钮店铺、四安铺。明清时期长兴县的邮驿，清同治《长兴县志》“卷三·公署”记：“清风轩在县治东崇仁坊，洪武六年（1373）知县萧洵建，以馆往来使客，今废（顾志）。府馆在县治嘉会门内（顾志），今废（张志）。寅宾馆嘉靖三十七年（1558）知县黄豙建于谯楼之左（顾志），今改征收地丁银房六间（谭志）”。

民国期间，长兴县基本是自足自给的自然经济，仅雉城、泗安两个主要集镇有部分商贸设施，没有大型饭店、旅馆。中华人民共和国成立至改革开放时期，国家处于计划经济模式，缺乏商贸与现代旅游需求，只有长兴县人民政府与少数国营单位建有政府部门创办的招待所。1978年改革开放以后，具有现代旅游服务理念的餐饮、住宿、旅游商品采购等逐渐萌芽。

第一节　星级饭店

一、概况

星级饭店指三星级及以上级旅游饭店。1999年以前，长兴县没有星级饭店，接待重要游客主要是长兴县人民政府招待所、长兴县烟草宾馆、长兴县金陵大酒店等三家规模型社会饭店。1999年,长兴县举办"1999长兴—中国陆羽茶文化旅游节",众多参会嘉宾的造访对长兴县餐饮、住宿设施和服务水平提出较高要求,长兴县开始引导规格饭店向星级饭店发展。同年,长兴县旅游局编制5家旅游定点单位社会饭店作为星级饭店的发展计划,同时指导金陵大酒店申报三星级饭店。2000年6月,金陵大酒店被正式授牌,成为长兴县第一家三星级饭店。同年,原长兴县烟草宾馆开展硬件设施改造,并更名香溢大酒店。

2002年,香溢大酒店创建国家三星级饭店。2004年,原长兴县人民政府招待所改制更名为紫金大酒店。4月16日,湖州市旅游局公布湖旅〔2004〕38号文件,批准紫金大酒店为三星级旅游饭店。2005年5月27日,湖州市旅游饭店星级评定委员会公布湖星评委〔2005〕2号文件,批准和平镇华达宾馆为三星级旅游饭店,华达宾馆成为全市首家坐落于乡镇的三星级饭店。2005年12月12日,湖州市旅游饭店星级评定委员会印发《关于本年度期满五年星级饭店复评工作的通报》(湖星评委〔2005〕4号),批准长兴金陵大酒店通过复评。2006年7月12日,长兴县人民政府办公室印发《关于促进旅游业快速发展的优惠政策的通知》(长政办〔2006〕110号),提出"加快星级饭店建设的优惠政策"。2006年11月3日,长兴红玫瑰大酒店被批准为三星级旅游饭店。

2007年12月18日,为进一步完善长兴县星级饭店评定管理体系,全面推进全县饭店星评工作与管理水平,长兴县旅游局印发《关于成立长兴县旅游饭店星级评定委员会的通知》(长旅发〔2007〕39号),成立长兴县旅游饭店星级评定委员会,全面负责全县饭店星级评定的领导和组织工作。长兴县旅游饭店星级评定委员会负责县内二星级旅游饭店的评定,以及三星级及以上旅游饭店的推荐申报指导。成立当日,长兴县旅游饭店星级评定委员会印发《关于同意长兴兴悦大酒店、新世界大酒店为二星级旅游饭店的批复》(长星评委〔2007〕1号),同意长兴兴悦大酒店、新世界大酒店为二星级旅游饭店①。

2008年4月,中国联合村镇银行长兴分行租用香溢大酒店办公场所,香溢大酒店主动停止星级饭店称号。2009年2月,长兴国际大酒店第二次申请创建四星级饭店成功,成为长兴县首家国家四星级饭店。2010年11月17日,长兴维多利亚大酒店创建三星级饭店。2011年7月1日,长兴县旅游饭店星级评定委员会为加强管理,维护星级标准的严肃性,鉴于新世界大酒店未参加2010年星级饭店年度复核,且酒店租房即将到期,根据酒店提出的自愿放弃二星级饭店资格申请,颁布长旅发〔2011〕24号文件,取消新世界大酒店二星级饭店资格,同时收回星级标志和证书。至2012年,长兴县共有星级饭店6家,其中四星级饭店1家,三星级饭店5家,拥有客房数共计700个,床位数1116张。

2013年12月,建成开业一年的新紫金大酒店成功创建国家四星级饭店。2014年,新紫金

---

① 长兴县普通饭店(旅馆)的管理权隶属长兴县商务局,长兴县旅游饭店星级评定委员会对普通饭店没有行政管理权,所以普通饭店对县内的星级评定积极性不高。

大酒店获得“金叶级绿色饭店”称号。2015年，长兴华辰大酒店被评定为三星级饭店。截至2015年，长兴县有星级饭店8家，其中四星级2家、三星级6家。拥有客房数共计990个，床位数1630张。

截至2015年长兴县星级饭店一览表

表3-67

饭店名称	星级	评定时间	客房间数	地址
国际大酒店	四星级	2009.2	296	太湖街道太湖东路1号
新紫金大酒店	四星级	2013.12	188	太湖街道明珠路1268号
金陵大酒店	三星级	2000.6	106	雉城街道金陵南路89号
紫金大酒店	三星级	2004.4	76	雉城街道县前中街328号
华达和平宾馆	三星级	2005.5	53	和平镇和兴小区58号
红玫瑰大酒店	三星级	2006.11	96	雉城街道明珠二路298号
维多利亚大酒店	三星级	2010.11	75	龙山街道龙山大道179号
华辰大酒店	三星级	2014.12	100	太湖街道图影大道329号

二、长兴县星级饭店简介

国际大酒店　全称长兴国际大酒店有限公司，位于太湖街道太湖东路1号，企业性质民营股份制，由温州市国正房地产开发有限公司与香港中国丰扬实业投资集团有限公司合资兴建，2004年1月16日建成开业，注册资本304万美元，总投资600万美元。饭店占地面积3.3公顷，总建筑面积6.5万平方米，主楼高21层（含地下一层），建筑面积4.2万平方米。饭店是一家集客房、餐厅、会议中心、康乐、商场、银行等综合性服务于一体的四星级旅游饭店。作为长兴县主要对外接待窗口，历年来，饭店承办长兴县的人代会、长洽会等各种重要级大型会议，是长兴县最高规格的星级饭店。2013年，饭店年接待游客18.9万人次，2015年17.4万人次。

饭店组织结构分客房、餐饮、会务、营销等多个部门，现有员工280余人。客房：饭店有装饰豪华的客房300间（套），含特别精心配备的女士专用房，残疾人专用房等，房型丰富，装饰典雅，设施齐全。每间客房均配有高速互联网接入系统，卫星电视收视系统（饭店特备有HBO英文电影频道、CNN美国有线新闻频道和 NHK日文频道等众多境外电视频道），数字电视及VOD视频点播系统等。餐饮：饭店拥有宴会厅3个，包厢16个（含二楼豪华VIP包厢7个），西餐厅（咖啡厅）1个，大堂吧1个，行政酒廊1个，可容纳1500人同时就餐。饭店菜品汇集长兴本地菜、杭帮菜、温州菜、粤菜、川菜等全国各地高中档美食，同时经营西餐。多年来，饭店饮食一直被省、市、县卫生监督所评为餐饮量化A级，以及“五常”服务先进单位。会务：饭店配有现代化设施的大型多功能厅及会议中心5个，总面积达650平方米，可满足各类演出及会议活动。四楼为KTV包厢，可适合私人商务活动。饭店附设室外网球场、室内游泳池、健身房、桑拿足浴、按摩、桌球、棋牌、美容美发、商务、商场购物、银行等服务设施；另有地下停车库和地上停车场各1个，可提供停车泊位180个。饭店安保设施齐全，有24小时保安巡逻护卫。公司文化口号："竭诚、同心、求实，打造国际高星品牌饭店。"

2006年，饭店获"湖州市十大旅游品牌饭店"称号；2009年，饭店被评定为国家四星级饭店。其他，饭店连续多年被湖州市人民政府评为"现代服务业龙头企业""湖州市服务业百家优强企业"、湖州市十大旅游品牌饭店等荣誉称号。联系电话，0572—6266155。历任法人郑邦国、季海杰、潘利芬等。

新紫金大酒店 位于长兴县太湖街道明珠路1268号，由长兴紫金实业有限公司投资建设，性质民营企业。2009年兴建，2012年7月28日建成开业，总投资1亿元。饭店总占地面积8.07亩，主楼单体楼层23层，建筑面积3.1万平方米。饭店提供客房、餐饮、会议、KTV、棋牌、足浴等各种服务，是长兴县高规格会务与旅游团队的最主要接待场所。2014年饭店接待游客约30万人次，2015年约35万人次。

饭店组织架构设办公室、财务、营销、餐饮、客房、工保、采购，共7部室，有员工200人。客房：饭店有豪华客房187间，每间客房内部设施齐全，配有品牌起居用品、独立冲淋设备、中央空调、客房小冰箱、Wifi、点播电视、长途电话、书桌、休闲沙发等。另有1间豪华套房和4套行政套房。饭店经营淡季为春季，入住率约59%，其余均为旺季，入住率均在85%以上。餐饮：饭店有宴会厅3间，以及各种包厢20余个，可供1500人同时就餐。三个主宴会厅拥有全县最大的无柱多功能厅，可容纳45桌同时摆席；其他餐厅与包厢包括分隔式中餐厅和各种规格的中小型宴厅、西餐厅、咖啡厅、大堂吧及行政酒廊等，可满足宾客的不同宴席选择。菜肴以浙帮菜为主，配以风味独具的农家土菜等。会务：饭店设有各式风格的会议厅8间，配套设施齐全，其中最大的多功能厅能容纳600人开会。在会议服务方面，由厅堂经理管家式一对一服务，将前厅服务和会议团队跟踪服务结合，制订会议团队接待服务流程，会议团队可享受一站式服务。休闲娱乐设施：饭店设娱乐包厢（KTV、足浴、棋牌）60间，有KTV包房、足浴保健、棋牌活动室、健身房、购物商场等服务设施。商务中心可打印及代办各项票务、租车、订房服务。饭店配备专门饭店管理软件、监控系统，数字电视、虚拟网通信、无线WIFI等现代通信设施。自2012年起，饭店加入携程网络销售。安保，饭店配有12名保安人员，实行24小时轮流值岗。公司文化口号："品质服务，新紫金永远都亲切。"

饭店获得主要荣誉：2013年7月，在长兴县首届"金蓝领杯"餐饮技能大赛荣获最佳创意奖，12月被浙江省饭店星级评定委员会评定为"国家四星级旅游饭店"。2014年12月19日，被浙江省星级饭店评定委员会评定为"金叶级"饭店（浙旅星评〔2014〕21号）。2015年，参加湖州市第三届"六个十大游客喜爱的旅游品牌"评选，获"品牌旅游饭店"称号。饭店菜肴"太湖蒸三鲜”参加湖州市餐饮商会举办的“舌尖上的湖州”大赛获第三名；安全生产，被浙江省食品药品监管局评为“省级餐饮服务食品安全示范单位”。饭店联系电话0572-6622999。法人代表：金梅。

金陵大酒店 全称长兴县金陵大酒店有限公司，位于雉城街道金陵南路89号。饭店初属长兴县粮食贸易局，始建于1995年4月，1997年11月26日建成开张试营业，投资5000多万元。1998年改制成为民营，隶属浙江天能集团(控股)公司。饭店占地面积14800平方米，总建筑面积2万多平方米，含主楼、副楼各一幢。主楼17层，副楼4层，是集餐饮、客房、会务、娱乐为一体的商务型饭店。2000年6月，饭店被评为国家三星级饭店，成为长兴县第一家国家三星级标准城市商务饭店。2007年8月饭店整体装修，2009年9月19日重新开业。2014年饭店接待游客数8万人次，2015年8.5万人次。

饭店组织结构实行总经理负责制，下辖行政人事办公室、财务、客房、餐饮(营销、商务中心)、厨房、工程安保等部室，有员工108人。客房：饭店拥有各种户型客房106间，其中行政套房、豪华套房、情侣房、标准房均配有高档进口洁具、IDD、DDD系统、卫星电视系统和宽带网；暖色调的柚木地砖和质感醒目的墙纸，宽大柔软的大床，敞开式的浴室，独具匠心的选址与设计，为客人提供宾至如归的享受。餐饮：饭店餐饮设在一楼与二楼，可容纳1200余人同时就餐。一楼是新古典主义浪漫风格的西餐厅，提供自助餐、西餐与各式饮品；同时包厢、迷你酒吧更是商谈友聚、独酌小憩之佳选；二楼是雍容优雅、极具气派的餐饮包厢。商务会议：饭店拥有5个大、中、小型会议厅，宽带视音频转播系统、多媒体演讲系统、幻灯、投影、电子白板等现代商务会展设备一应俱全。大会议厅可承接400人的会议，也可承办35席的大型宴会；中小会议厅功能齐全、格调高雅，可以满足不同层次规格会议的需要。前厅、商务洽谈室和商务中心按现代化标准配置及装潢，为商务活动提供最完善的服务。其他服务：饭店设有棋牌室、美容中心、KTV等休闲场所，为高尚人士提供放松身心、张扬个性的健康享受；同时提供送餐服务、预订服务、洗衣服务等。饭店参与电子商务网络平台营销，加盟携程、艺龙、美团等网络营销平台。公司文化口号：“精致金陵、温馨港湾。”

饭店所获荣誉：2011年1月获湖州市品质提升示范饭店，同年11月被评为绿色旅游饭店；2012年获“湖州市优秀星级饭店”称号、湖州市服务业百强优强企业称号。法人佘杰。

香溢大酒店 位于雉城镇金陵南路1号，饭店前身为长兴烟草宾馆，由长兴县烟草局1994年投资兴建，建筑面积4100余平方米，楼高7层。2001年，饭店进行内部全面改造提升，建成标准房和豪华套房40间，其中标准房26间，普通套房3间，豪华套房8间，普通单间3间。饭店大小会议场所齐全，娱乐设施丰富多彩，有棋牌室、舞池、桑拿房、KTV等。饭店还有配套的精品商场、商务中心、票务中心、互联网等设施，集会议、商务、娱乐、餐饮、住宿于一体。2003年饭店被评为国家三星级饭店。2008年4月，中国联合村镇银行长兴分行租用香溢大酒店场所办公，饭店停止营业，并被取消三星级饭店称号。

紫金大酒店 位于雉城街道县前中街328号，饭店前身为长兴县人民政府招待所。2002年7月28日建成开业，占地面积2.25亩，主楼高12层，建筑面积12000平方米。投资总额3000万元。2004年改制，由长兴紫金实业有限公司收购，更现名。2004年，饭店被评为国家三星级饭店，成为集住宿、商务、休闲娱乐、餐饮于一体的商务型综合饭店。

饭店组织结构分客房、餐饮、营销等多个部门，有员工155人。客房：饭店拥有不同类型房间77间(套)，包括行政商务标准房、单人间、普通套房、豪华套房等。每个客房均设有独立卫生间、冷暖空调、程控直拨电话、数字电视接收系统以及无线上网系统等相关设施，为宾客营造便捷、温馨的家的享受。餐饮：饭店有各种大小宴会厅、包厢40余个，可同时提供1500个餐位。会务及其他：饭店设有大小会议室若干，同时附属休闲吧、卡拉OK厅、舞厅、商务中心、健身、美容美发、桑拿、商场等设施。此外，饭店提供夜宵特色服务，四楼水鲜啤酒吧面积1000平方米，设有180个餐位，主营晚餐和夜宵，有胖头鱼、小龙虾、烧烤、蒸海鲜等特色美食，是客人晚餐和夜宵的首选之地。饭店加盟美团、艺龙、携程等网络平台实施营销。公司文化口号：“细心温馨，家一样的紫金。”

饭店所获荣誉称号：国家特级饭店、中华餐饮名店、浙江省绿色饭店、浙江省餐饮行业先进企业、湖州市诚信旅游企业、湖州市文明示范窗口单位等多项荣誉；连续多年被评为浙江省食品卫生量化A级单位。此外，饭店拥有一支出色的厨师队伍，自2000年以来，在国家、省、市、县组织的烹饪技能比赛中多次获奖。历任法人丁骏、范国英。

维多利亚大酒店 全称长兴维多利亚大酒店有限公司，位于龙山街道龙山大道179号，2009年9月建成对外营业，投资总额4000万元，占地面积2700平方米，建筑面积7200平方米，主楼高5层。是一家集客房、餐饮、会议、商务等多种服务于一体的商务型三星级饭店。年接待游客数2011年1.5万人次，2015年2.2万人次。

饭店的组织架构设为总经办、市场营销、前厅、餐饮、财务、客房、工程安保、采购、婚庆，合计8部1办，有员工101人。客房：饭店有豪华客房69间(套)，客房内部设施齐全，配有用料考究的起居用品、独立冲淋设备、中央空调、客房小冰箱、互联网宽带、长途电话、书桌、休闲沙发等。饭店入住率约58%。餐饮：有5个宴会大厅，以及各种餐厅、包厢20余间，可供1000人同时用餐。五个宴会大厅含可摆设50桌的鸿运宴会厅，可容纳30桌的印象厅和20桌的花海厅等，不同规格的中小型包厢可满足宾客不同的选择。菜肴主要以杭帮菜及粤菜为主，另有风味独特的农家土菜。饭店配备各种规格的会议室多个，可满足不同类别会议需要。会议服务：饭店特设接待部，将前厅服务和会议团队跟踪服务紧密结合，制订会议团队接待服务流程，会议团队可享受一站式服务。其他服务：饭店设有棋牌室、茶室、理发美容、足浴、婚庆服务，以及可代办各项票务、租车及订房服务。安保，饭店实行24小时轮流值岗，在众多场所设有感应夜视探头，以保障游客安全。公司文化口号：“宾客至上、质量第一。”

饭店获得的主要荣誉有：2010年11月17日被湖州市旅游局星级饭店评定委员会评为国

家三星级饭店(湖星评〔2010〕7号);12月,获中华人民共和国第8届残疾人运动会"优秀服务接待单位"称号;同年获湖州市公共场所卫生监督量化分级"A级单位"。法人代表臧树良。

红玫瑰大酒店 位于雉城街道明珠二路298号,由长兴振宇集团有限公司投资建设。饭店占地面积4000平方米,建筑面积1万平方米,拥有各种规格客房96间、大小餐厅20余间,可供500人同时就餐。2006年11月3日,湖州市旅游局星级饭店评定委员会印发湖星评〔2006〕5号文件,同意红玫瑰大酒店为三星级饭店。2009年,饭店被评为浙江省最佳品质饭店。2015年,饭店更名金玫瑰大酒店,星级等级不变。

华达和平宾馆 位于和平镇和兴小区,由杭州华达企业在长兴县和平镇投资兴建,是一家集餐饮、娱乐、休闲、住宿为一体的综合性旅游饭店。2004年建成,总投资4000万元,建筑面积1.04万平方米。拥有各种客房53套,餐厅包厢16个,可同时接待300人就餐。2005年,饭店被湖州市旅游局星级饭店评定委员会评为国家三星级饭店,2012年被浙江省旅游局星级饭店评定委员会评为"银叶级绿色旅游饭店"。

华辰大酒店 位于太湖街道图影大道329号,全名长兴海厦(华辰)大酒店,饭店2008年左右修建,初名长兴华辰大酒店,2014年由长兴旅游集团有限公司租赁经营。饭店有不同类型客房100间,餐位300个,以及娱乐、会议等设施,装饰高贵典雅,风格独特温馨。2015年,饭店对客房重新改造装修,所有房间均配备数字电视,并实现全店WIFI覆盖,设大小2个会议室,增添多媒体投影等设施。此外,饭店附属可停泊40车的院内停车场一座。2014年12月31日,饭店被湖州市旅游局星级饭店评定委员会评定为三星级饭店(湖星评委〔2014〕6号)。

第二节 普通饭店

一、概况

长兴县的普通饭店、宾馆业态民国至改革开放前的基本情况见谢文柏主编《长兴县志》第八章"饮食服务"。1978年改革开放后,长兴县城的旅馆业发展很快,先后办起17家旅馆(招待所),其中春楼饭店是劳动服务公司建造的五层旅馆,钟楼饭店是雉城镇建造的六层宾馆。1985年,长兴旅游服务公司建成设施比较完善的长兴宾馆。同年,国营饮食业缩小到5个网点,而个体饮食业则迅速发展到120余家。1990年后,乡镇企业、建设与水利等部门新建的餐饮、住宿业态有装修高档,设施齐全的建业大酒店、水利大酒店等;个体经营的煲店、火锅店、大排档生意红火;相反国营和供销社的餐饮业则因体制制约而逐渐萎缩。同期,在318国道、104国道、长牛公路沿线,服务交通运输的个体民营乡村饭店(旅馆)发展迅猛。

1998年,长兴县旅游局编制《浙江省长兴县旅游发展总体规划(1999—2010年)》统计全县以雉城镇为主的饭店业态发展现状。在雉城镇，一档酒店三家：金陵大酒店、紫金宾馆、扬子鳄度假村，共有套房与单人间300余套；二档酒店四家，烟草宾馆、长兴宾馆、花园宾馆、汾阳楼宾馆，拥有较完备设施客房250多套；其他饭店有金都大酒店、祥达大酒店、钟楼饭店、稻香村饭店等，计有210个床位。以客房入住率75%计算，全部宾馆、饭店年接待住宿可达35.6万人，雉城镇的宾馆接待游客能力基本富足。同年，金陵大酒店改制转为民营，并申请创建星级酒店，此标志长兴县饭店旅馆开始向高端、星级标准发展。2002年后，由于高速公路出现、国道等级提升，以及新的乡村旅游设施农家乐的诞生发展，长兴县原国道及重要公路沿线，服务交通运输的饭店旅馆急骤萎缩。

2007年，长兴县旅游局完成《2007长兴县酒店发展调查调研》。调查报告引用全县饭店在长兴县公安局登记备案数据①：全县有规模登记酒店316家，正常营业的301家(9家由于经营不善已经停业)。其中，位居县城的196家，共有房间3428间，位居乡镇的105家，共有房间1922间，其中高级度假村一家(保利凤凰山庄)。

2013年7月，浙江大学饭店研究干理所、长兴县风景和旅游管理局、长兴县商务局联合编制《长兴县住宿业现状调查及发展对策》。调查统计全县的住宿业态数据，2012年年末，全县共有餐饮住宿设施590家，包括星级宾馆10家、社会旅馆189家、经济型连锁店2家、农家乐(乡村旅社)383家。社会饭店是长兴县商务旅游的主要服务设施。其中，专职旅游服务的有经济连锁店2家：如家快捷酒店、锦江之星酒店；政府公务接待饭店一家，水口天地酒店；乡村高端私人会所一家，百翠山庄；红色主题住所设施一家，江南红村。其他较有影响的饭店有古银杏山庄、果圣山庄、金缘大酒店等。

二、长兴县部分社会饭店简介

长兴宾馆 又名春天宾馆，位于雉城镇人民中路南门大桥南堍西侧，1985年由长兴旅游服务公司兴建，占地面积2万平方米，有客房80余套，其中较高级的客房25套，床位193个，配有彩电、电话机、沙发等设备；顶级套房4个，配有空调等设施。宾馆配有大型旅游车2辆、面包车1辆。1996年，长兴县旅游局成立前，是长兴县旅游行业的主要服务接待场所。2001年，宾馆改制成为民营，次年更名春天宾馆，2005年，因旧城改造，宾馆停业拆除。

扬子鳄度假村 位于龙山街道高山岭居民区灵山冲内，属长兴县人民政府主要公务接待宾馆，始建于1992年，投资3000万元，由扬子鳄酒店和周围别墅群两部分组成，占地面积380亩。度假村按景区级别规格建造，四面环山，内有林山水库，设别墅群、林荫道、扬子湖、鳄鱼潭、中国古木艺术博物馆、东方虹珠盆景园等小景点。住宿建有套房标准间65套，大小会议

①长兴县普通饭店(旅馆)管理权隶属长兴县商务局，长兴县旅游局没有普通饭店的行政管理权限与统计数据，所以本志关于普通饭店的数据，均引自其他管理部门对外公布数据。

室8间,大小餐厅包厢7间,可容纳300人同时就餐,并设有商务中心、网球场、篮球场、垂钓台等配套服务休闲设施,是一家集旅游、餐饮、会议、休闲娱乐为一体的度假中心。2002年,扬子鳄度假村在“青山秀水靓湖州”优秀旅游景点评选中获“优秀旅游景点”称号。2004年,因旧城改造,度假村停业,后改建成居民小区。

陆羽山庄 在水口乡顾渚山风景区龙头上自然村。1984年,水口乡在当地重建忘归亭,1988年长兴县城建环保局与水口乡合建陆羽茶室。1994年,水口乡与顾渚村联合建造陆羽山庄,1996年由长兴县粮食局注资扩建,山庄占地面积70余亩,建筑面积4500平方米。由紫笋院、陆羽茶室、忘归亭、忘归楼等单元构成。其中紫笋院占地面积30余亩,位于山庄南部,有标准房10间,单人房12间,3～5人房14间。是集度假、休闲、旅游、会议为一体的综合性服务中心。山庄周围山峦绵延,岕深林茂,涧水中流,景色秀丽。1999年,山庄年接待游客6万人,多为上海游客。2005年,山庄因经营不善,歇业废弃。

凤凰狩猎度假村 在煤山镇五通村301省道北侧、五通山南麓,全称保利凤凰度假村,由香港保利集团与煤山当地私营业主合资开发。2002年筹建,2004年5月1日建成正式开业。度假村占地面积2000亩,建筑面积约5.9万平方米,总投资2亿元。整个度假村三面环山,包括100余间客房,十几幢别墅,一个狩猎区,一座小型高尔夫球场,以及跑马场等,是一座集狩猎、度假、观光等为一体的康体游乐休闲度假地。但山庄因周边水泥厂矿众多,空气环境较差,游客较少,其间曾与长兴县教育局合作举办学生夏令营活动。2012年后,山庄逐步改制,不再经营旅游业态。

兴悦大酒店 位于雉城街道人民北路,由朱月华等二位自然人投资创办,成立于2004年12月,2005年6月建成试营业,总投资1000余万元,主要从事宾馆客房和茶室、棋牌室、美容美发等服务。饭店占地面积500平方米,建筑面积2300平方米,楼高9层,其中包括地下车库一层。酒店内部装修豪华,有客房35间,包括豪华套间5间,配备日本进口的TOTO高级卫生洁具、品牌电脑、25寸彩色电视机及中央空调,一切设施均按三星级宾馆要求配置。饭店2007年被评为二星级旅游饭店,2010年通过星级复核。2015年,饭店因经营模式变更,经自我申请被取消二星级饭店称号。

新世界大酒店 位于雉城街道人民北路58号南门桥北堍,建造时间不详,主楼高五层。餐饮,饭店拥有2个宴会厅,以及风格迥异的餐饮包厢30余个。住宿:饭店拥有各种规格客房30余间。其他饭店有可容纳60人左右的会议室1个,附属大型停车场一个,是集餐饮、住宿、会议、休闲为一体的综合性商务饭店。2007年,饭店被评为二星级旅游饭店。2010年,饭店因房租即将到期,申请自愿放弃二星级饭店资格,未参加星级酒店复核,长兴县旅游饭店星级评定委员会根据国家相关规定,取消其二星级旅游饭店资格。

皇冠假日大酒店 全名浙江皇冠假日大酒店,位于画溪街道长和路1号,是一家中外合资,按五星级标准设计建造,集餐饮、客房、商务、娱乐、休闲为一体的超豪华酒店。饭店总建筑面积7万多平方米，总投资2980万美元。酒店住宿设有总统套房、商务套房、标准客房共565套（一期107套，二期458套），房间配套设施齐全。餐饮由名厨掌勺，中餐厅汇集南北各大菜系，可遍尝中华传统美食；西餐厅提供正宗欧式西餐、美味西点及东南亚特色小吃；可同时容纳1200人就餐，是商务宴会与百姓家宴的理想饭店。此外，酒店另设一流桑拿洗浴中心，配备先进的健身设施及器材，可完成太空舱、蒸汽浴、漩涡池及多种按摩服务。2012年12月31日，饭店被浙江省旅游局饭店星级评定委员会评定为“银叶级绿色旅游饭店”（浙旅星〔2012〕20号）。

金缘大酒店 位于林城镇集镇上，由杭州华兴实业集团有限公司投资建造，总建筑面积1.9万平方米，2012年建成开业，是一家集餐饮、住宿、会议、娱乐为一体的准四星级商务酒店。饭店拥有各类客房84间，客房配备完善的服务设施，设有中央空调、程控电话、100兆光纤高速宽带等服务项目，宽敞舒适、高雅温馨。饭店餐饮拥有装饰时尚的豪华宴会厅，可同时容纳300人就餐，包厢区有20间装修精致、风格迥异的包厢；名厨掌勺，奉献正宗徽、粤、湘、浙、沪等地方特色菜肴。

果圣山庄 全称长兴艳阳果圣山庄，在泗安镇北部毛家村。山庄初名“金钉子山庄”，是地方村民利用原长岗岭农场闲置建筑创办的乡村旅馆。2010年，上海艳阳（中国）度假连锁集团收购山庄，建成艳阳集团下属的八大度假基地之一。山庄因紧邻南宋名将韩世忠长子蕲春侯韩彦直墓。韩彦直著有《橘经》，称“果圣”，山庄以名人雅号得名。山庄三面环山，一面临湖，总面积约1050亩。住宿现有环湖别墅13栋，丛林别墅11栋、绿荫别墅18栋、各种标间和客房70套，合计房间194间，可同时接纳300人入住，会务设有接待400人、70人的大、小会议室各一个，KTV大小包厢7个。山庄周围生态环境优美，森林覆盖率超过70%，群山叠翠，溪涧清澈，鸟语花香，兼营无公害蔬菜种植、生态养殖、生态果林等。服务项目包括餐饮、娱乐、住宿、会务、垂钓、采摘、篝火及草坪婚礼等。山庄年接待游客约6万人次，客源主要来自上海，其他南京、杭州、湖州等周边地区。

赛梦庄园 位于泗安镇浙皖两省交界点，紧邻二界岭水库。庄园藏于密林之中，群山环绕，犹如私藏秘境。2009年始建，主体建筑3300平方米，有标准套间40个，床位60张，餐饮有主餐厅以及各种包间20余个，可满足300人同时就餐。特色菜肴野味及野生鱼，附属KTV、影院、茶酒吧、棋牌室、会议室等娱乐和工作场所。此外，山庄因远离尘嚣，户外场所宽敞多样，可以提供野营烧烤、野湖垂钓、品味茶园、农夫果园、越野徒步、天台观星等系列绿色养生活动。

太湖会 全称“爱必侬.太湖会精选度假村”，位于洪桥镇太湖村滨湖大道西侧，是集度假、观光、美食、艺术、会展于一体的乡村精品酒店。酒店2011年兴建，2014年8月建成试营业，占地面积42亩，由精选客房、礼堂、书院、博物馆、文化园，合五大建筑群组成。组织机构由房务、餐饮、总经办、财务、工程安保，合5个部室组成，有员工52人。酒店拥有房型不一的美庐精舍28间（套）、33个房间、47个床位，内饰全部由法国著名设计师精心打造，简约淡雅、清新温馨。客房周中入住率19.23%，周末入住率61.89%。餐厅由宽敞明亮可同时容纳350人欢宴的宴会厅及11个风格迥异的包厢组成。食材利用长兴县“鱼米之乡”特产，创意发掘长兴后现代菜系，独创一套融美食与养生一体的时令菜谱。太湖会礼堂客厅面积400平方米，有座位200余个，以及可移动座位若干，可容纳500人参加会议，同时酒店另设4个功能各异的小会议厅。太湖会博物馆占地面积1317平方米，属清代东阳木雕古建筑，其雕刻之作形象真实、惟妙惟肖。园内另有15幢风格各异的别墅群，占地面积4578平方米，合整个绿化、景观，组成太湖会文化园。2014年开业以来，酒店举办的特色活动有著名教授葛剑雄的《移民与湖州地域文化》讲座、法国百年珠宝品牌会、红山文化权威刘国祥老师的红山文化讲座、国际健康管理高层论坛，以及少儿国学、太极、瑜伽、书法等活动。荣誉称号：酒店2014年获“浙江省十佳民宿”称号，2015年获“浙江省银鼎级特色文化主题酒店”“中国微电影创作影视基地”等称号。企业法人金恂华。

开元芳草地　位于水口乡徽州庄村，是开元酒店集团推出的“芳草地”乡村民宿品牌首家乡村酒店。酒店前身是长兴县水口天地酒店，2010年建造，2013年建成对外营业，占地面积400亩，属长兴县人民政府公务接待酒店，初由长兴旅游集团有限公司负责管理。2014年7月7日，杭州开元酒店集团注资租赁，更现名。酒店分客房区和餐饮区两个区块，客房区有各类客房180余间(套)，每套客房各自独立，均为木屋，错落林荫之中，种植各类树木、草坪、果树、鲜花，乡村风格浓郁。客房精致处在于每套均有宽敞的木结构露台，远处青山，绵延茶树，遥相辉映。餐饮区既有清新自然的全日制餐厅“野炉”，又有雅俗别致的“七分田”与“半亩塘”包厢，以及装饰豪华的宴会厅，共设520个餐位。主楼一楼的野炉全日制餐厅，拥有餐位180个，食材结合当地优质农家果蔬，提供精致早餐及休闲餐饮，精致西式自助餐。此外，酒店还有1.6万平方米的开阔草坪和多个80～225平方米的会议室。无论是户外头脑风暴会、培训拓展会，还是浪漫优雅的草坪婚礼，都能在芳草地开阔和煦的氛围中举办。同时，酒店还提供儿童乐园、帐篷露营、草坪野餐、户外烧烤、网球场、泳池、森林瑜伽、棋牌等休闲娱乐场地设施。

长兴名豪酒店　位于雉城街道长安路271号，企业性质民营股份制有限公司。2014年1月1日建成开业，占地面积2610平方米，建筑面积19953平方米，总投资1.3亿元，是一家按四星级标准设计改造的商务型酒店。酒店组织结构分总经理办公室、餐饮、客房、浴场、财务等，有员工180人；提供住宿、餐饮、足浴、棋牌等旅游服务。住宿：饭店拥有各式客房129套，包括套房4间、豪华单间7间、豪华标间8间、普通单间31间、普通标间61间、商务单间10间、休闲棋牌间8间。每个房间均配备电视与网络，饭店全年客房入住率达80%以上，房价平均每间260元。餐饮，酒店三四楼有豪华VIP宴会包厢35个，各包厢装饰风格迥异、特色鲜明，可容纳1000人同时就餐。顶楼拥有多功能大厅(宴席、会议)，可同时容纳60席，拥有婚庆设施和司仪，以及宽带4KLED视、音频转播系统、电视电话会议系统、多媒体演讲系统等现代商务会展设备，可承办各类大型宴会及会议。足浴，饭店一楼有特色“浅深”足浴会所，让游客体会全新的“养身”服务。配备各式包厢53间，可同时容纳130人休闲娱乐。此外，五楼有商务包间5间，属于小型多功能厅，是绝好的私密性商务会所。饭店加盟携程、美团、去哪儿等网站电子商务网络平台合作营销。酒店特色服务是每天从上海转运的新鲜大海鲜，其他长兴十大名菜“黑叉”“手工粉”，特色湘菜、杭帮菜等。公司文化口号“以情服务，用心做事”。酒店获得荣誉：2014年长兴县食品安全监督量化分级管理A级单位，2015年酒店作品“黑叉”入长兴帮十大推荐名菜，“手工粉”在“渔得水万达杯”青年名厨厨艺菜肴展示品鉴会上获金奖。法人莫国方。

三、长兴县饭店扶持政策

长兴县的旅游饭店飞速发展与地方政策支持扶持相关，长兴县人民政府对地方饭店、宾馆的政策鼓励扶持分为两类：一是整个旅游业态优惠政策中涉及餐饮部分，二是针对饭店、宾馆的专项政策。

(一)旅游业涉饭店优惠政策

2006年，为促进全县旅游业发展，长兴县人民政府办公室印发《关于印发长兴县促进旅游业加快发展的优惠政策的通知》，之后在2008年、2009年、2012年、2014年，文件又被四次修订。但每次修订，饭店、宾馆都是政策扶持重点对象，如2008年的旅游业优惠政策涉及饭店有4条，依次是1.税收。三星级、四星级、五星级饭店自获得批文后，首次取得星级有效期内，所缴纳的企业所得税县财政分别按县得部分30%、35%、40%奖励给企业。现有三星级以上(含三星级)饭店自本政策发文之日起享受至星级有效期满。第二次取得同星级有效期内，减半享受。2.鼓励创星。新建宾馆，获得五星级饭店批文和挂牌后奖励50万元；获得四星级饭店批文和挂牌后，奖励30万元；获得三星级饭店批文和挂牌后，奖励15万元，获得二星级饭店批文和挂牌后，奖励5万元。原二星级、三星级、四星级饭店经改造、扩建分别晋升到三星级、四星级、五星级饭店的，待饭店获星级批文和挂牌后分别奖励10万元、15万元、20万元。3.品牌建设和引进。星级饭店获得省级以上政府或旅游管理部门评定的年度“优秀饭店”(或同等级别称号)或者“绿色饭店”荣誉称号的，奖励3万元；获市级“优秀饭店”(或同等级别称号)荣誉的，奖励2万元。对新引进或委托全球酒店集团300强、中国酒店业集团20强的著名酒店集团，管理期限在3年以上的高星级旅游酒店分别给予40万元、20万元的奖励。4.用水、用电、用气。旅游星级饭店的用水、用电、用气实行工业企业同等价格。星级饭店自发电部分享受工业企业同等补贴政策。

(二)饭店、宾馆的专项优惠政策

2009年7月23日，长兴县人民政府颁布《长兴县人民政府关于高星级酒店优惠政策协调会议纪要》(长政办发〔2009〕44号)，专门出台政策扶持县内星级饭店业态。政策主要四项：

1.关于高星级酒店的基本要求。高星级酒店须达到以下要求方可享受优惠政策:一是客房数在200间以上,平均每间客房建筑面积不低于110平方米。二是总投资在2.5亿元人民币以上。三是设施设备配置符合国家五星级酒店及以上评定标准。四是取得土地使用权三年内完成建设并投入使用。2.关于优惠政策。对符合上述基本要求的高星级酒店项目实施如下优惠政策:一是对酒店项目给予相当于净土地出让金100%的奖励。按公开出让程序取得项目用地后,给予相当于净土地出让金50%的奖励;酒店设计方案通过政府规划例会,给予相当于净土地出让金10%的奖励;酒店土建完成基础工程,给予相当于净土地出让金10%的奖励;酒店建成开业,给予相当于净土地出让金20%的奖励;开业两年内成功申报五星级酒店并挂牌,给予相当于净土地出让金10%的奖励。二是在酒店项目附近奖励酒店总造价20%的配套用地(通过土地评估折算成亩数),投资方只承担土地取得成本,并可用于商业地产或住宅地产开发。三是酒店建成后引进国内外著名酒店集团进行经营管理的,酒店建筑营业税县得部分全额奖励,分两年实施。3.关于制约措施。会议强调,酒店项目未能按要求完成建设并投入使用,取消一切优惠政策,并追回已奖励的资金直至收回土地使用权。4.关于其他事项。会议明确,酒店项目特殊情况可采取“一事一议”的办法进行处理。土地的取得必须依法依规操作。优惠政策由长兴县人民政府负责解释,政策有效期至2012年12月31日。

第三节　特色餐饮

一、概况

长兴县特色餐饮成为旅游概念形成于长兴县旅游局成立之后,现代旅游消费包括“吃、住、行、游、购、娱”六大要素,“吃”的要素虽排在首位,但在长兴县,它远滞后于“游”,2000年左右,“吃”作为旅游要素开始被社会接受。2003年,国家旅游局组织“烹饪王国游”特色餐饮活动,长兴县旅游局组织县内旅游饭店参加湖州市旅游局举办的“太湖名菜、名点、名宴”认定比赛,紫金大酒店的“品茗三绝宴”和金陵大酒店的“茶宴”被评为太湖名宴,香溢大酒店的“古银杏风情宴”被评为太湖优质宴,紫金大酒店的“蟹粉汤包”被评为中国名点。同年,长兴县尝试举办农家乐菜肴大赛。2005年,长兴县开始发展旅游特色餐饮。2007年,长兴县旅游局举办首届农家乐特色菜肴大赛,让众多的农家乐烹饪高手成为“土菜名师”,之后此比赛每年举办一次,并评选推出桃花鸡、银杏竹筒鸡、稻香仔排、素丸子汤等众多名菜,成为长兴县农家乐的知名菜肴。2008年,长兴县文广新局在和睦塘公园建成和睦塘小吃街。

2010年,长兴县举办“中国·太湖明珠——长兴美食节”,历时半年,对100家参赛单位(40家名小吃和60家风味名菜店)上报的200只菜品(小吃)进行评比。评选出长兴十大风味名菜、20道长兴风味菜，十大名小吃和8大特色小吃。雉城小乔面馆的特色小锅面、雉城香香小吃店的阿香干挑面、雉城方方烧卖店的方方烧卖、雉城王记水饺店的王记水饺、雉城育才点心店的小张青团子、雉城仓桥小笼包店的仓桥小笼包、雉城大草包餐饮店的大草包，和平雪凤食品厂的阿平粽子、雉城谈记生煎包子店的谈记生煎包子、雉城许记小吃店的许记馄饨等10种小吃，被评为"长兴县十大名小吃"。同年9月3日，长兴县风景旅游管理局根据长兴县旅游特色餐饮出台管理办法，印发长旅发〔2010〕38号文件，推荐万家灯火、阿郁煲两家餐饮店为长兴县旅游特色餐馆。同年，洪桥镇在太湖滨湖大道两侧开发太湖风情街，建成"小沉渎餐饮街"。

2012年12月28日，长兴县旅游局推荐南山（芭提雅）农家乐参加"秋梅食品杯"浙江省第四届农家乐特色菜大赛。2013年1月13日，浙江省农办公布获奖名单（浙农办〔2013〕5号），长兴县南山芭提雅农家乐获得展台奖银奖（站台名"大唐遗风，茶宴飘香"）、菜点奖：金牌奖，菜名"顾渚药膳煨牛排"、顾渚南山风情（冷菜）；银牌奖：菜名"金沙脆皮茶香鸡"，点心"紫笋抹茶年年糕"；厨师范伟宏获金勺奖的铜勺（奖）。

2013年7月，长兴县人社局联合长兴县风景和旅游管理局、县总工会，在新紫金大酒店5楼多功能厅举办首届"金蓝领杯"餐饮技能大赛（长人社发〔2013〕67号），比赛项目包括（团体）主题创意摆台、食品果蔬雕刻、中式热菜花式冷拼、中式面点等，共六项。2014年4月16日，长兴县风景和旅游管理局联合水口乡在水口茶文化旅游景区举办"2014长兴县水口八大碗评选活动"。时间4—5月，有60余家农家乐参加比赛，奉献各种鲜、土、野，特农家名菜，形成了"长兴八大碗"。截至2015年，长兴县有特色小吃街5个，依次是护城河餐饮风情街、水木花都农家乐特色餐饮街、新塘口湖鲜街、小沉渎特色美食街、吕山湖羊美食街等，以及特色餐饮15种、名点1种。

二、长兴县特色餐饮街店简介

和睦塘小吃街　在龙山街道龙山大道与画溪大道交叉口东北侧。2008年，长兴县文广新局响应长兴县人民政府倡导的发展"月光经济"号召，在和睦塘公园搭建小木屋10余间，创办夜晚餐饮小吃。由于位置有利，经营有方，小吃街经营获得成功，生意红火，迅速发展至20余家。经营时间由原先的18时至22时，扩展至16时至23时。2011年，因环境评估提升，小吃街停业，部分摊主迁长水港东侧紧邻明珠路继续营业。

护城河餐饮风情街　在雉城街道解放中路护城河边，西邻望春南路，东邻护城河，长约500米。小吃街2010年后逐步成型，有经营餐饮店与摊位近20家。主要服务对象长兴主城区市民，营业时间夜晚17时至22时，特色菜肴太湖特色水产。

水木花都农家乐特色餐饮街　在雉城街道水木花都社区，县前西街北侧、五峰山南麓。2006年，长兴县城西郊五峰村随着城建向西拓展逐渐融入城区，当地部分农民利用自家的庭院创办农家乐，后逐渐形成规模。至2015年，餐饮街有各种经营户20余家，成为特色餐饮一条街,代表如梅花庄、春满园等。

新塘口湖鲜街 位于太湖街道新塘村莫鸭湾自然村。1980年,原新塘乡在长新线出口太湖湖滨的莫鸭湾自然村兴建农贸市场,之后,原新塘乡的商贸逐渐转移至莫鸭湾自然村。1990年后,莫鸭湾自然村沿路餐饮业迅速兴盛,成为游览太湖游客品尝太湖水产的主要餐饮一条街。餐饮街主打太湖水产,形成特色。2000年后,每到太湖捕鱼季节,新塘口湖鲜街日接待游客超千人,成为长兴县重要特色餐饮街。

小沉渎特色美食街 又名太湖风情街。位于洪桥镇小沉渎村小沉渎街。2010年,长兴县人民政府在沿太湖的滨湖大道两侧建造西太湖休闲旅游示范带"太湖风情带"。政府鼓励民间因地制宜,兴办各种旅游实业。原小沉渎村利用小沉渎老街、河港为基础设施,创立美食一条街。整个餐饮街仿水乡古镇建筑风貌,河港小桥,古建筑与古树临河绵延,古色古香。截至2015年,整个老街有专营太湖水产的餐饮店20余家,年接待游客2万人次,成为太湖水产美食的重要餐饮街。

吕山湖羊美食街 位于吕山乡集镇上。2012年,吕山乡为发展地方农特产业"吕山湖羊",在集镇临吕山港地段,创办湖羊美食街。为扩大影响力,同年吕山乡在美食街举办"湖羊美食节",通过政府宣传与业主经营,湖羊美食街渐成规模。截至2015年,整个美食街有专营湖羊美食的餐饮店20余家,年接待游客3万人次,成为长兴县著名特色餐饮一条街。

三、长兴县特色农家名菜

长兴县传统特色农家名菜,2008年徐永芳主编《走进长兴》收录16种,依次是一味飘香鸡、银杏蜂涌、酥皮银鱼盅、蟹黄汤包、茶圣千张、清蒸咸蹄、松仁黑蚬、椒盐鲫鱼串、长兴爆鳝丝、洪桥河蟹、夹浦大肠、红烧青鱼头尾、稻草肉、银杏竹筒饭、白岘驴肉火锅、李家巷白切鹅肥肝等。其他非名菜美食还有泗安酥糖、泗安小混沌等。

一味飘香鸡 选用农村山区农家散养的竹林鸡作原料,用盐锅传热,配以秘制调料煨制。成品肉质酥烂,香味四溢,得名"一品飘香鸡"。菜肴因食材用鸡生长于野生环境,主食杂虫野果,故肉质酥嫩香滑,营养丰富,滋补养生。

银杏蜂蛹 长兴银杏属长兴"四宝"之一,质冠全国,营养丰富,有"延缓衰老,润滑皮肤"的营养功效。菜肴制法:选取野生成熟杏仁,制成蜂蛹形状,以一定比例搭配,配以作料蒸熟。菜肴特点美味可口,造型美观,配合蜂蛹的高蛋白,口味轻柔香软。菜肴2003年被中国饭店协会评为"中国太湖名菜"。

酥皮银鱼盅 食材主料太湖银鱼。太湖银鱼是太湖"三白"之一,肉质细嫩,营养丰富,无鳞、无刺、无腥。长兴县地方志记为"银鱼细如玉簪,形圆而透明,无骨无肠,长不过三寸,色明莹如银。"菜肴做法:选取大小一致成年银鱼干,采用西菜中式制法,合理配料,烹制完成。2003年,菜肴被中国饭店协会评为"中国太湖名菜"。

蟹黄汤包 食材太湖蟹。制法:采用肥美太湖蟹为主料,放入配好的秘制作料清蒸1小时,至熟透止。菜肴具有口味纯正,鲜嫩味浓,皮薄汁多,汤清不腻,稠而不油,回味无穷。2003年,菜肴被中国饭店协会评为“中国太湖名点”。

茶圣千张 菜肴相传出自茶圣陆羽。传说陆羽初到长兴时,因水土不服、操劳过度常患哮喘,后以茶汁煨豆腐作菜治痨,形成秘方。现菜肴从茶圣的豆腐制法悟出,做法:选用洪桥千张、木耳等原料,配以秘制的茶汤煨制便可。菜肴特点:香醇可口,全无酸腐之味。

清蒸咸蹄 食材新鲜猪蹄。制法:精选上乘新鲜猪蹄,暴腌入味后细研文炖,其味咸淡轻重要恰到好处,火候力透蹄背,汤汁浓缩精华,尽入体内,色泽饱满油亮,皮光肉鲜。菜肴润肠胃,健腿力,丰肌体,滋皮肤,有美容养颜功效。

松仁黑蚁 食材包括长白山黑蚁、长兴山产松子仁、绿色本芹三种。制法:菜肴摆盘,黄瓜玉盘,绿片围边,镂纸白垫撒上松仁颗颗饱满,脆泛嫩黄,堆成珍珠米粒状,芹丁透绿,黑蚁浇面,黄绿黑相间,色彩鲜明,犹似群蚁搬米,情趣生动。菜肴功效:蚂蚁烘干醅酒入药,补阴阳,调气血,治疗风湿关节有特效,松仁含丰富的亚麻酸,有健脑益智功效。

椒盐鲫鱼串 属“韩国烧烤风味”。菜肴制法:选取大小合适野生鲫鱼,椒盐串烧。优点鲫鱼金黄松脆,鱼香扑鼻,皮酥肉松;鱼骨钙质丰富,利人吸收。又长兴县属江南水乡,野生肥美鲫鱼遍布,食材丰富。

长兴爆鳝丝 是长兴县最具盛名菜肴。选取野生成熟鲜活鳝鱼,放在沸水速焯,捞出去骨,掏去内脏,切成5厘米长丝条洗净,炒锅至旺火,下菜油,烧至八成熟,锅中留底油,投入鳝丝煸炒,并先后几次加入熟菜油,直至水分炒干,鳝丝起酥,放入多种配料熟透起锅,菜盘装成塔形,点缀姜丝和熟腿丝。菜肴色香味俱全,相传乾隆下江南曾经品尝,并赞为“江南第一味”。

洪桥河蟹 洪桥河蟹是高营养、高形态、高趣味的“三高”食品。制法:选取洪桥镇产甲壳明亮、青背白肚、个体肥大、品质新鲜河蟹,放入调配好作料的色汤蒸煮。菜肴风味独特,鲜美可口,营养价值很高。

夹浦大肠 是夹浦名店“记琴饭店”招牌菜,1992年推出,后不断改进,成周边名菜。做法:选用优质大肠洗净放入大锅,不加水,加秘制调料,温火焖烧2小时左右。制作过程由饭店老板王树根掌勺烹调,配料祖传,秘而不宣。菜肴特点,油而不腻,软糯香滑。

红烧青鱼头尾 是夹浦仙根饭店的招牌菜。制法:选用环境美、河水清洁、无污染鱼塘的上等鲜活青鱼,取其头和尾,锅里放油烧烫,将青鱼头尾放入锅中,加水、黄酒、糖、姜、味精等配料,温火闷煮25分钟左右开锅,放上胡椒粉、葱末便可。菜肴特点,首先兆头好,“有头有尾、清清爽爽”;其次肉嫩、味鲜、香辣可口、油而不腻;再次营养丰富。

稻草肉 菜肴曾获长兴县农家乐菜肴比赛一等奖。制法:精选当地黑猪条肉下面的五花肉,即民间所说夹层肉,切成大块,用自家稻草捆结实(稻草需筛洗干净并用开水烫过),直接放入柴灶锅中盖好,用微火慢炖3小时左右开锅食用。菜肴特点:香气扑鼻,肥而不腻。

银杏竹筒饭 制法:选取糯米、银杏、咸肉丁,用新鲜洁净的粽叶包好,放入新鲜毛竹制作的竹筒中封口,放在土灶里蒸60分钟。菜肴特点:清香无比,营养丰富。

白岘驴肉火锅 菜肴融合火锅吃法与川菜药膳法。制法:将火锅锅贴配好作料烧沸,选取新鲜驴肉,配合其他食材下锅,三五分钟捞取食用。菜肴特点:驴肉本身具有补气血、益脏腑等功能,此法能剔除驴肉的疝涩,肉美味鲜。

李家巷白切鹅肥肝 制法:将鹅肝放入干净的砂锅,加入清水,再加少许黄酒、葱姜,用小火煮30分钟至熟,待冷却切片装盘,放入调料食用。菜肴特点:色泽淡黄,入口即化,含丰富的不饱和脂肪酸,人体易吸收且不会长胖。

泗安酥糖 长兴著名土特产,属名点类,早在清康熙年间已驰名湖杭、皖南地区。泗安酥糖属小吃、茶食类名点,分荤、素两味,以素为主,以"玫瑰酥糖"最为有名。制作过程:选料以黑芝麻、白糖、细面为体,糯米饴糖、油料为浆,玫瑰香料实其心、缀其表。整个工艺流程复杂繁复,制作考究,故成品素而不俗,甜而不腻,脆而不粘,其色乳白,闻之香气扑鼻,尝之松甜可口,具有香甜松爽,四者皆备之妙。且泗安酥糖营养丰富,易于消化,作为茶点,男女皆宜。20世纪50年代,泗安酥糖曾被奉作北京人民大会堂南方细点之一。

第四节 旅游商品与商店

一、概况

1996年,长兴县旅游局成立,通过参加上级旅游主管部门安排的业务培训,以及观摩学习其他旅游景点经营模式,长兴县旅游业逐步形成旅游商品概念。2004年,长兴县提出利用长兴县独特的旅游商品资源,打造中国古银杏之乡、中国贡茶之乡、中国青梅之乡、中国鳄鱼之乡、中国吊瓜之乡,希望通过开发旅游商品,树立旅游品牌。2006年7月8日,长兴县人民政府办公室印发《长兴县促进旅游业加快发展的优惠政策的通知》(长政办发〔2006〕110号),其中涉及旅游商品的优惠政策三条:1. 开发一批旅游商品。重点扶持和开发"品茗三绝""太湖四珍""长兴三宝""古生态"纪念品等,形成一批旅游商品。2. 引导和扶持旅游商品店建设。制定旅游商品示范店标准,并出台相关奖励措施,在景区和城区设立旅游商品示范店7家,以后逐年增加。3. 规划建设旅游商品(土特产)一条街。鼓励企业开发地方特色商品,对开发并生产附加值高、市场份额大、工艺精致、携带便利、游客喜爱、影响力大的旅游商品企业,给予4万元奖励。鼓励开设适应旅游发展需求和规划的旅游特色商品店,视规模、档次分别给予0.5万至3万元奖励。之后,此文件在2008年、2009年、2012年、2014年四次修改,但旅游商品一直作为优惠政策给予重点鼓励。

2008年，长兴县旅游局制定开发旅游商品规划：提出未来五年引导发展2家特色旅游商品店，筹建旅游商品特色街1条，引进6家旅游商品店入驻特色商业街等。2010年6月24至27日，"2010中国国际旅游商品博览会"在义乌市国际博览中心举办，长兴县旅游局组织本地旅游企业精心布展，被授予"2010中国国际旅游商品博览会"最佳参展奖。

2012年，长兴县旅游和风景管理局积极开发特色旅游商品，组织东方梅园、城山沟桃源山庄等企业赴义乌市参加第四届中国国际旅游商品博览会，以提升长兴县旅游商品的知名度。同年9月18日，长兴县旅游和风景管理局认真组织长兴县企业参加湖州市首届旅游商品大赛，夺得2金、1银、2铜、1创意奖的优异成绩，具体奖项与获奖单位名称为金奖，中国香·香薰系列（长兴东方梅园有限公司）、微刻《吴兴赋》紫砂壶（长兴冶陶居紫砂工艺美术工作室）；银奖，富硒饼茶（长兴富硒谷农业科技有限公司）；铜奖，手工跑步绣真丝睡衣（浙江中帛服饰有限公司）、桃花酒（长兴县和平镇城山沟桃源山庄）；创意奖，土鸡蛋包装（长兴金乐田旅游商品有限公司）。

2013年1月11日，湖州市旅游局发布《关于命名湖州市"天下湖品"旅游商品示范企业（基地）的通知》（湖旅〔2013〕4号），长兴县金乐田栝楼开发有限公司、浙江长兴东方梅园有限公司、长兴雉城金陵陶坊、长兴县荣耀鹅业有限公司、长兴顾渚茶文化旅游发展有限公司、浙江中帛服饰有限公司等6家企业被评定为湖州市旅游商品示范基地。长兴扬子鳄景区管理有限公司、长兴顾渚茶文化旅游发展有限公司、长兴好和堂食品有限公司、浙江超威创元实业有限公司、紫砂壶长兴郑家统紫砂美术工作室、中国香系列长兴东方梅园有限公司、紫笋红茶长兴绿野仙踪生态农业发展有限公司、长兴漾荡牌河蟹专业合作社、万缕锦绣、长兴浙江中帛服饰有限公司、手工绣品、长兴兰红手工绣品厂等13家公司被授予旅游商品示范企业（基地）。同年，长兴县风景和旅游局推荐东方梅园研制的车载香水获"浙江省旅游商品大赛铜奖"。

2014年6月，东方梅园开发的"中国香"尊爵系列获"2014年浙江省旅游商品大赛"优秀奖。同年，长兴县风景和旅游管理局联合县农办、农业局、林业局等共同举办长兴县首届旅游商品大赛，经过3个月的征集。12月28日，长兴县旅游和风景管理局印发《关于表彰首届长兴旅游商品大赛获奖名单的通知》（长旅〔2014〕68号），长兴泰明食品有限公司的曼曼的爱吊瓜子、长兴虹星桥如兴养殖场的忘不了太湖花鳖、浙江长兴古银杏食品科技有限公司的银杏果粉（古银杏）、浙江金巴开植物制品长兴基地有限公司的金巴开麦绿素，长兴晨旭食品有限公司的钱家香（休闲食品）、长兴百叶龙纺织贸易有限公司的百叶龙长款丝巾、长兴丰收园茶叶专业合作社的紫笋饼茶、长兴开口香食品有限公司的红薯干系列、长兴金棠冷冻水产批发部的太湖三白、长兴禧乐食品有限公司的荷叶茶等获奖。同时入长兴旅游商品名录的"十佳旅游商品"及选送企业为长兴扬子鳄景区管理有限公司的扬子鳄吉祥物系列、长兴顾渚茶文化旅游发展有限公司的茶乡饼系列、长兴好和堂食品有限公司的银杏果粉、浙江超威创元实业有限公司的超威移动电源、长兴郑家统紫砂美术工作室的紫砂壶、长兴东方梅园有限公司的中国香系列、长兴绿野仙踪生态农业发展有限公司的紫笋红茶、长兴漾荡牌河蟹专业合作社的漾荡牌河蟹、浙江中帛服饰有限公司的“千丝万缕,锦绣长兴”、长兴兰红手工绣品厂的兰红手工绣品。另有创意奖与优秀奖各5项。2015年5月9日,浙江省旅游局发布《关于公布2015年浙江省旅游商品大赛获奖名单的通知》(浙旅政法〔2015〕138号),长兴天使之旅兰红手工绣品系列(长兴兰红手工绣品厂生产)获得银奖。

二、旅游商品简介

品茗三绝 长兴县三种品茗特产紫笋茶、金沙泉、紫砂壶的合称。“茶是水神,水是茶体,器益茶功”。紫笋茶,原产长兴县水口乡顾渚村。顾渚山东临太湖,西倚天目山,气候温和,雨量充沛,山属乌沙土,又厚又肥,适宜茶叶生长。所产茶叶唐陆羽撰《茶经》称赞:“紫者上……笋者上”,得名“紫笋茶”,并被尊为第一。1979年,紫笋茶获北京农博会金奖,成为国家级名茶。金沙泉,水口乡顾渚山地层鹅卵石缝隙间渗出的泉水,唐代作为贡泉,因“碧泉涌沙,灿若金星”得名。《品茗》称赞:“金沙水泡紫笋茶得全功,他水泡紫笋茶仅得半功。”用金沙水冲泡紫笋茶,色泽翠绿,馨香味甘,齿颊留爽,口感浓郁。唐代诗人杜牧《题茶山》称赞:“泉嫩黄金涌,芽香紫璧裁。”2000年,金沙泉通过国家级品鉴,被定为含氡偏硅酸优质矿泉水,被开发出“大唐贡泉”“金沙泉”“金沙贡泉”等系列矿泉水品牌出售。紫砂壶,明朝兴盛的一种用紫砂陶土烧制的茶具。长兴县紫砂陶土同陶都宜兴市丁蜀镇所产陶土同一矿脉,泥色紫而不姹,红而不嫣,黑而不墨。原料经过制作者研磨调配,采用堆、捏、塑的手法,以松竹梅、瓜果、走兽为艺术造型,集哲学思想、茶人精神、自然韵律、书画艺术于一身,成为集品茗功能与艺术创造的珍贵瀹茶器皿。

长兴四宝 是长兴县四种农特产品——银杏、青梅、栝楼、板栗的合称。长兴银杏年产量400多吨,出口量占全省的70%左右,主产地小浦镇八都岕。长兴杏仁因野生原产,质冠全国,营养丰富,有“延缓衰老,润滑皮肤”的药效。青梅,属绿色水果,含枸橼酸、单宁酸、酒石酸等多种酸。生食生津止渴,开胃解郁。加工成果脯和蜜饯后,腌梅能解热祛风寒,乌梅有敛肺涩肠,止久咳,消肿等功能。长兴县梅花种植,清同治《长兴县志》“卷二·城池、坊巷”记载:“梅花街在县西北二十里,地多老梅,袤延二十里。”另“卷十七·物产”也有乌梅一条。长兴县用青梅烘焙的乌梅干历史悠久,史称“合梅”,在东南亚各国享有盛名。1980年后,青梅成为长兴县农业主导产业,种植面积达3.5万亩,是浙江省青梅第一县。栝楼,俗名吊瓜籽,既可食用,又可入药。籽粒大肉多,含丰富的脂肪、蛋白质。籽炒制后味香适口,是“天然、野生、绿色”保健食品。长兴县是栝楼主产地,2000年前后泗安镇曾建万亩栝楼园。板栗,是一种干果,含有丰富的蛋白质、脂肪、淀粉,以及多种维生素,有“干果之王”美誉。果实既可鲜食、炒食,也可制成各种精美食品。长兴县是中国板栗重要产地,县西北山区有大面积种植区。

太湖四珍 是太湖所产银鱼、白虾、鲚鱼、太湖蟹等四种水产品合称。长兴县东临太湖,太湖四珍是长兴县重要渔业特产。银鱼,淡水鱼,长约7～10厘米,体长略圆,以细嫩透明,色泽如银得名。太湖出产银鱼历史悠久,《太湖备考》考证,吴越春秋时太湖已盛产银鱼。太湖银鱼有四个品种:短吻银鱼、寡齿短吻银鱼、太银鱼和雷氏银鱼。太湖银鱼营养丰富,肉质细腻,洁白鲜嫩,无鳞无刺,无骨无肠无腥,含多种营养成分。冰鲜银鱼大部分出口,远销海外,人称“鱼参”。经过曝晒制成的银鱼干,色香味形,经久不变。白虾,以通体透明、晶莹如玉得名。太湖白虾生长在太湖开阔水域中,据《太湖备考》记载:“太湖白虾甲天下,熟时色仍洁白,大低江湖出者大而色白,溪河出者小而色青……”太湖白虾营养价值丰富,肉嫩味美,壳薄新鲜,制成菜肴,色香味形俱佳。太湖白虾加盐煮熟晒干,可制成虾干,去皮即成虾米,大的称“湖开”,小的称“湖米”。古代5月到7月是白虾产卵期,也是捕捞旺季,此时白虾腹籽饱满,渔民称“蚕子虾”,肉味鲜美(2000年后,由于资源锐减,改在每年9月开捕)。鲚鱼又称梅鲚,太湖鲚鱼常见为梅鲚和刀鲚,头大,尾小而尖,体形侧扁似竹刀,骨嫩鳞细,银光闪闪,肉质肥嫩,一般长6~12厘米,隔年刀鲚可长到30厘米左右。明《万历野获编》记载:“洪武初年,太祖命岁贡梅鲚万斤”,故又称“贡鱼”。梅鲚细嫩鲜美,营养丰富,含有人体所需多种元素,被视为席上珍品。梅鲚大部分晒成梅鲚干或制成罐头食用,远销海内外。太湖蟹,中国著名淡水蟹之一,肉嫩味美,膏多脂肥,历来被誉为蟹中珍品。太湖蟹体形大,青背白肚,黄毛金钩,一般净重200~250克左右,肉质细腻,营养丰富,含有丰富的蛋白质、脂肪、钙、磷、铁、维生素A、核黄素、硫胺素等。药用价值甚高,能散瘀血,舒筋接骨,解毒去腐。

太湖石 中国古代四大玩石之一,以产于太湖流域命名。太湖石是一种玲珑剔透的观赏石,又名窟窿石、假山石等,是由石灰岩遇水长时间侵蚀缓慢形成(广义太湖石指岩溶作用形成的千姿百态碳酸盐岩石统称)。太湖石分水石和干石两种,水石是在河湖中经水波荡涤,历久侵蚀缓慢形成。干石则是石灰石在酸性红壤,经地质作用历久侵蚀形成。太湖石形状各异,姿态万千,通灵剔透,有“皱、漏、瘦、透”特质。其色泽以白石为多,少有青黑石,黄色更为稀少。太湖石适宜布置公园、庭院景观,有很高的观赏价值。太湖石工艺唐代开始盛行,唐相牛僧孺酷爱收藏太湖石,白居易曾撰《太湖石记》。北宋末期闻名的“花石纲”既指进贡太湖石。浙江省太湖石产于环太湖的湖州市一带,主要位于长兴县滨湖的弁山一带。长兴县的古地理位处印度洋至北太平洋通道的下杨子煤山海槽区,约在中古石炭世(大约3亿年前)地壳下降,沉积为石炭系黄龙组与船山组厚层状灰岩、白云岩、白云质灰岩。这些石灰岩都是形成各种太湖石的物质基础。长兴县太湖石水石产区位于弁山北麓,现资源已开采枯竭。干石分布于煤山盆地四周,以原白岘乡为主,总面积达77平方千米,可供开采量约7000万吨。2013年,原白岘乡利用太湖石旅游商品资源建成白岘太湖石博览园。

吕山湖羊 湖羊属世界唯一的多胎白色羔皮羊种,以生活于太湖流域得名。湖羊体型头面狭长,鼻梁隆起,耳大下垂,公母羊均无角,适宜圈养。湖羊出生后3日龄内宰杀剥取羔皮,具有轻薄、洁白、花纹波浪起伏,如流水行云特点,是制作翻毛女式大衣的上等原料,国际市场享有盛誉,被誉为“羔皮宝石”。吕山乡是湖羊的主产地之一,拥有自主品牌,称“吕山湖羊”。吕山湖羊另有肉食价值。肉食制作:选用当地优质湖羊作为食材,采用红烧、冷冻等传统烹饪手法，肉质鲜美、香味浓郁、营养丰富，被医学界公认有滋阴补肾、御寒保温功效。2000年以来，吕山乡重点发展湖羊产业，全乡1/3农户饲养湖羊，有标准化规模养殖场8家，年出栏2万余头。2014年，吕山乡湖羊生态养殖精品园获“湖州市十佳现代农业园区”称号。

胥仓雪藕 产于吕山乡胥仓村，又称长兴雪藕，以藕体细腻、洁白似雪命名。雪藕特点肉质鲜嫩，清脆爽口，汁多味甘，名闻遐迩，为长兴县一大特产。胥仓雪藕形体比普通藕长一半以上，全株分3节，中段藕身品质尤佳。最奇特的是胥仓雪藕比普通藕多生1孔，其他品种莲藕只生9孔，最多10孔，而胥仓雪藕至少10孔，多数为11孔。形成原因专家分析缘于胥仓地区土肥水美，适宜雪藕生长。

渚山杨梅 杨梅在长兴县具有悠久的种植历史。《湖州府志》曾记，相传三国时名将太史慈卒葬弁山，三州来祭，从余姚引种杨梅，号“弁山杨梅”。现长兴县各地均有杨梅种植，比较闻名的地方三处：分别是洪桥镇陈湾村一带的弁山杨梅、龙山街道渚山村的夹山杨梅、夹浦镇父子岭村的斯圻杨梅。全县杨梅种植面积将近10平方千米，渚山、斯圻两地会在每年杨梅成熟时候举办杨梅节，成为长兴县重要旅游农特产品。

其他旅游商品 2000年以来，长兴县通过发展现代农业，形成的其他农特旅游商品还有城山水蜜桃、吕山芦笋、吴山雪梨、二界岭樱桃、洪桥大闸蟹、虹星桥火龙果、槐坎黄牛肉等。

三、旅游商品店

长兴县旅游商品专卖商店起步很晚，由于旅游商品属于小而散业态，所以2005年以前，全县一直没有形成规模的旅游商品专卖商店。2007年，长兴县规划以龙山大道为中心，筹建龙山特色街作为旅游商品街。2007年12月29日，长兴县旅游局颁布《关于首批旅游商品示范店的通知》(长旅发〔2007〕41号)，同意紫鑫茶行、长兴佳美土特产直销中心、扬子鳄惺惺茶楼为长兴县旅游商品示范店。2009年，水口乡顾渚村创办农特产品农贸市场，成为全县最大的以农特产品销售为主的旅游商品特色街。2010年，和平镇创建“白茶一条街”。2013年，原白岘乡创建太湖石博览园，成为专卖太湖石的旅游商品一条街。2014年11月18日，浙江省旅游标准化技术委员会依据浙江省质监局制定的《旅游商品购物点质量划分与评定》(DB33/T527—2004)颁布〔2014〕5号文件，认定长兴县大唐贡茶院为浙江省三星级旅游商品购物点。截至2015年，长兴县建成或在建的旅游商品特色街有和平镇“白茶一条街”、煤山镇太湖石博览园、东鱼坊等，季节性旅游商品街市有龙山街道的渚山杨梅一条街、太湖街道的新塘鱼市等。

白茶一条街 白茶是长兴县2000年后逐步推出的特色农产品，以主产地位于长兴县南部和平镇命名，俗称和平白茶。2010年后长兴县的水口乡、龙山街道、泗安镇也始大面积种植白茶，统称长兴白茶。长兴白茶系列品种全部育自“白叶一号”，即俗称安吉白茶。茶叶一芽一叶，芽叶成朵，大小均匀，轻采轻放，用竹篓盛装、竹筐贮运，防止重力挤压鲜叶，确保鲜叶质量。长兴白茶色、香、味、形俱佳，氨基酸含量是一般绿茶的2倍，茶多酚含量是一般绿茶的1/2，产品香气鲜爽馥郁，滋味鲜美甘醇。2010年，和平镇为促进白茶销售，在集镇南部建造茶叶专卖市场，称“白茶一条街”。截至2015年，整个街市有专业经营户50余家。

茶乾坤　公司总部位于泗安镇，全称长兴茶乾坤食品有限公司，是一家专业从事各类袋泡茶研制以及茶叶生产的企业。公司成立于2006年11月，为地方农业龙头企业。公司产品有各类袋泡茶、乌龙茶、绿茶、花茶、普洱茶、花草干制品茶等30多个品种。其中袋泡茶产量及出口量均居湖州市首位，产品主要销往日本、美国及欧盟等发达国家，属重要外贸农特产品。

佰味农　公司总店位于龙山街道龙山大道59号（滨河大道与龙山大道交汇处），全称长兴农产品营销有限公司（佰味农特产连锁店），由长兴县农业局下属长兴蚕种服务站和浙江省长兴泰明食品有限公司共同出资组建。公司充分利用长兴县丰富的农副产品资源，以佰味农特产连锁店为平台，将长兴的各类农产品全面整合，以打造一流农产品“佰味农”为目标，将长兴县的农特产品推向周边市场。公司注重品牌建设和市场开拓，相继开发出吊瓜子，白果、紫笋茶、笋制品、山核桃等系列农特产品。公司的特色旅游装，礼品装，组合大礼包等系列产品得到社会各界广泛认可，是长兴县农特产品行业的领军品牌。

白岘太湖石博览园　也称中国太湖石博览园，位于煤山镇西北部访贤、白岘两行政村。长兴县是太湖石主要产地之一，北宋范成大《石林记》记载长兴县太湖石情形，后太湖石成为贡品，称“花石纲”。中华人民共和国成立后，太湖沿岸的水生太湖石资源因过度开采基本枯竭，长兴县西部原白岘乡成为太湖石旱石的重要产地。2010年，长兴县为开发旅游产业，在白岘乡筹建“中国太湖石博览园”。2014年12月28日，太湖石博览园建成对外开放，总投资1亿元，当日举办中国太湖石文化节暨太湖石博览园开园仪式。博览园以白岘乡访贤村为中心，紧沿301省道建造，形成总长度约8千米的“太湖石文化长廊”，长廊中心是太湖石展览馆。现博览园不仅是高端太湖石的贸易集散地，且具有旅游景点功能。博览园主营旅游商品太湖石，兼营游览观光，主要景点有太湖石博物馆、太湖石长廊等，属免费参观景点。2015年，博览园年接待客商与游客2万人次。

长兴县紫砂店　紫砂是长兴县特产，与江苏省宜兴市紫砂齐名，但从旅游商品开发知名度以及经营销售的体量规模等各项数据比较，长兴县远落后于宜兴市。截至2015年，长兴县还没有形成专业集中统一的紫砂市场，仍以各紫砂经营户独立开店，单个经营为主。

东鱼坊　位于雉城街道解放中路南侧，以古为长兴县城区的卖鱼场所东鱼巷命名。2015年，长兴县改造此地块建造长兴县历史文化街，俗称步行街。规划占地面积20亩，以长兴县特色历史文化为核心，建造富有魅力与活力的城市历史文化休闲旅游商业街（区），形成一个集观光、娱乐、休闲、购物、餐饮于一体的综合性休闲步行街。截至2015年年末，步行街各区间的旅游商品店仍处规划建设中。

第二章 休闲、文博、娱乐、运动、交通设施

除景区与酒店等主要旅游产品外，长兴县辅助性的旅游设施还包括各种休闲、文博、娱乐、健身、交通等基础设施。休闲旅游设施包括剧场（书场）、电影院、文化馆、图书馆等。剧场属最古老休闲场所，明清时期，长兴县城乡有很多露天剧场（戏台）。1958年，长兴县组建自己的电影放映队，之后至1980年前后，电影代替剧场成为百姓主要的休闲、娱乐方式，电影放映场（电影院）成为主要的休闲场所。1983年，长兴县群文馆改制一分为三，分建文化馆、博物馆、图书馆，群众文化娱乐、阅读休闲、文物古迹展览开始进入普通百姓生活，文化馆、图书馆成为市民重要的休闲场所。1990年后，随着物质条件充裕，百姓生活水准提高，健身的体育场所，养生休闲的足浴、茶吧、咖啡馆，娱乐的歌舞厅、KTV（音乐室）等逐步普及，成为市民的日常休闲场所。文博设施包括各类博物馆收藏的展品以及举办的各种展览。运动设施包括各类体育场馆、体育学校，2000年后康体健身成为重要旅游休闲方式。娱乐设施包括各类的游乐场。交通设施包括铁路、公路、航空等各种交通运输设施，它们是现代旅游六要素“行”的基本条件。

第一节 休闲设施

一、剧场

剧场是古代普通市民最主要的娱乐休闲场所。明清时代，长兴县城以及部分交通中心市镇均建有露天剧场。民国时期，县城的剧场与书场集中在龙湾抖一带。中华人民共和国成立后县城内最著名的剧场是大众剧场，后被收归国有。之后，随着电影兴起，政府极“左”文化政策对古典戏剧的批判禁止，剧场与古代戏剧演出基本消亡。1978年改革开放后极“左”政策解禁，剧场和剧团虽经历短暂繁荣，但终因题材陈旧及表现形式单调落后，迅速萎缩，全县只有两大中心集镇雉城镇的长兴剧院与泗安镇的泗安影剧院保留营业。长兴剧院有席位960个，基本业务有戏曲与歌舞团演出，其次电影与录像的放映，同时担负长兴县内所有大型会议，尤以一年一度的两会举办。2001年，长兴剧院与泗安影剧院执行中共长兴县委关于全民所有制事业单位改制政策，停止营业。2005年，长兴县建成长兴大剧院，之后成为长兴城区主要的戏

剧表演场所。长兴大剧院设座位1130座，能接待各种艺术门类团队演出。截至2015年，长兴大剧院接待的国内外知名演出团体有东方歌舞团、中央民族歌舞团、中国杂技团、总政歌剧院、美国管乐团、法国巴黎交响乐团、俄罗斯国立芭蕾舞团等。同年，大剧院共接待国内外演出团体22个，进行大型文艺演出32场，举行大型会议30场。此外，长兴大剧院是长兴百叶龙艺术团驻地，负责国家非物质文化遗产长兴百叶龙的演出传承。2010年，中共长兴县委为提高丰富百姓文化娱乐生活，在全县多村建成100多座乡村大舞台，形式类似露天剧场。

二、电影院

1958年4月，长兴县成立电影放映队，1959年2月，长兴县电影管理站成立，电影迅速成为普通百姓最主要的休闲方式。至1978年，全县共有各类电影放映队102个，其间共放映电影104676场，放映形式主要属露天夜晚放映。1975年，长兴电影院建成，成为全县第一家室内电影院，标志电影放映开始转入室内。1976年，林城影剧院建成，成为全县建造最早的农村影剧院；之后，全县各乡镇、甚至部分有市集的行政村都迅速建成营业性室内电影院。长兴县室内电影院的代表是长兴电影院和泗安影剧院，长兴电影院位于雉城街道人民路与解放路交叉口西南侧，1975年建成，占地面积4896平方米，设席位1315个，1988年前后，长兴电影院事业达到鼎盛，日放映五场，加录像放映，同年电影院放映1500多场次，观众162.9万人次。泗安影剧院位于泗安集镇，设席位970个。至1995年，长兴县在册农村影剧院基本不再营业。2001年，长兴电影院与泗安影剧院改制。2003年，长兴县人民政府在龙山新区兴建长兴大剧院，内附电影城，该标志电影院开始向精品化转化。2006年7月1日，按国家五星级影院标准建造的长兴大剧院影城正式运营。影城建筑面积2000平方米，设5个影厅、532个座位。2008年，大剧院影城加盟浙江时代电影在线。2012年8月，长兴百叶龙演出有限公司在老城区八佰伴商贸中心七楼投资“长兴百叶龙电影大世界”，设6个影厅、693个座位。2014年10月，位于龙山新区海洋城的长兴海洋城影院对外营业，设7个影厅，内含1个巨幕影厅，成为重要的室内电影院。

三、文化馆

文化馆是群众文化活动场所，具有现代旅游休闲功能。长兴县此类场所包括长兴县文化馆，以及各乡镇（街道）的文化站（室）等。明清时期长兴县的民间文化丰富多彩，均属民间自发行为。中华人民共和国成立，政府开始修建公共文化设施。1954年，泗安镇建成文化站，后各乡镇开始筹办文化站。1983年，长兴县的34个乡镇相继建成文化站（部分称文化中心）。1989年后，各文化站执行浙江省文化厅的发展群众文化精神，实施以评促建，开展文化站的基础设施建设。至2015年，长兴县有乡镇文化站17家，均设有独立站舍，所有村（社区）均建有文化室，成为百姓休闲娱乐的重要场所。长兴县县本级文化站（舍）称长兴县文化馆，位于雉城街道台基山路南侧，2012年1月1日建成对外开放。馆舍建筑面积11048平方米，共三层，其中一楼展览大厅、小培训室、舞蹈房、排练厅等场地对外开放，属于市民休闲娱乐的重要场所。

长兴县文化馆内设长兴县非物质文化遗产保护中心，2008年创办，承担长兴县非物质文化遗产的普查申报任务。2010年，县文化馆的“非遗”保护中心完成普查任务，共搜集、整理各种“非遗”项目2000余条，成功申报国家级“非遗”项目名录2项（长兴百叶龙、紫笋茶制作技艺）、浙江省级“非遗”项目7项（林城狮舞、紫砂烧制工艺、长兴旱船、陈霸先的传说、熊知县的故事，以及国家级2项）、湖州市“非遗”项目34项（含浙江省级7项）、长兴县级“非遗”项目75项，县级以上“非遗”名录均属人文活动主类旅游资源。

四、图书馆

长兴县阅读式休闲娱乐的基础设施是公共图书馆。公共图书馆的前身是古代的私人藏书楼，长兴县古代有很多著名私人藏书家与藏书楼，最早的是南宋叶梦得修建的石林别馆藏书楼，之后明学者吴琉的环山楼，民国藏书家、学者王修的诒庄楼，金子长的面城楼等。

中华人民共和国成立后，长兴县各乡镇配合历次政治运动与乡镇文化站建设评估，数次创办乡镇图书馆，但常常是一旦运动结束，图书馆便迅速萎缩消亡。1983年，长兴县图书馆从群文馆分离独立建制，成为市民主要的阅读休闲场所。2006年9月1日长兴县图书馆迁植物园路2号对外开放，新馆占地面积120亩，有1000多个阅览座位。同年，县图书馆藏书26万册（总馆16万册，乡镇流通10万册）。2006年，长兴县印发《长兴县新农村文化信息网络建设实施意见》，全面启动以县图书馆为总馆、乡镇图书馆为分馆、村（社区）图书室为基层网点的三级文化信息服务网络（简称“公共图书馆三级网络”）建设。截至2009年，长兴县分三批完成16个乡镇分馆及220个村（社区）图书室的创建。同年，长兴县图书馆藏书超30万册，藏书重点新版古籍和地方文献。2015年，县图书馆到馆人数96.2万人次，外借书刊30.6万册次，成为全县市民主要阅读休闲场所。此外，1990年前后长兴县总工会曾建有规模型图书馆，2000年后，县内几家重点中学与大专院校、长兴县人民医院等单位创办的图书馆，也有一定阅读休闲功能。

五、其他休闲娱乐场所

长兴县其他休闲娱乐场所主要有茶馆、休闲足浴、咖啡店、KTV与酒吧等，共四大类。茶馆，长兴县历史上名茶辈出，饮茶成风。民国时期县城曾有7家大茶馆，即四面厅、玉壶春、清香亭、朝阳楼、访卢阁、三箸居、问陆轩。时茶馆休闲功能远高于喝茶行为，茶馆中设置书场、评弹、供点心、设花市，开展斗鸟、斗蟋蟀等各种娱乐，且顾客入茶馆休闲的目的各不相同，包括诉讼、商务、下棋、谈天、赏花弄鸟、赌博听戏等。中华人民共和国成立，茶馆被禁绝。改革开放后，再次复苏，功能除品茶休闲外，商务、修行、养生也是重要功能。1990年，全县有各种茶馆40余家。2000年经过市场淘汰，长兴县城茶馆开始向精品特色化方向发展。至2015年，特色茶馆有清风茶楼、南方嘉木、茶人之家、忆江南、天福茶楼、龙山茶楼等。休闲足浴，1990年后出现，2000年长兴县城有洗浴（足浴）店30余家。2010年后，长兴县休闲足浴店开始向精品与高端发展，配备各种高端时尚服务。后经市场淘汰，至2015年，长兴县城足浴代表场所有外山门、水立方、蓝海、巴厘岛等。咖啡店，2000年，长兴县开始出现咖啡店，代替部分传统经营方式的茶馆。至2015年，城区主要的咖啡店有遇见、咖啡陪你、领域咖啡厅、望日莲、迪欧咖啡等。KTV和酒吧，属于现代娱乐康体类休闲场所。2000年，长兴县出现KTV和酒吧，代替1995年出现，经短暂繁荣便告萎缩的舞厅，成为城市休闲主要场所。2008年县城KTV和酒吧达到鼎盛，出现一代佳人、欧洲城等代表场所。后经市场淘汰，至2015年，县城主要场所有音尚量贩式KTV、潮歌时尚量贩KTV、8090 BAR、苏荷演艺吧、好乐迪娱乐城、帝国公馆、欧洲城娱乐总会等。

第二节　文博设施

一、概况

长兴县最早的博物馆是1976年1月成立对外开放的新四军苏浙军区文物保管所；最主要的博物馆是1983年从长兴县群文馆分离独立建制的长兴县博物馆，主要职责全县文物的保管与收藏。2000年，长兴县适应社会潮流，部分乡镇部门，甚至民营企业开始兴建各种小型专业博物馆，展出相关物件，如2006年，民营企业家吴晓红在金钉子远古世界景区兴建的古木化石博物馆，2007年泗安镇上泗安村兴建的农具博物馆等。至2015年，长兴县比较重要的博物馆有长兴县博物馆、长兴县新四军苏浙军区纪念馆，以及长兴县城市展览馆、长兴县紫砂馆、长兴县古木化石博物馆、长兴县农耕博物馆等。

二、长兴县主要博物馆简介

长兴县博物馆　1983年，长兴县博物馆从长兴县群文馆分离独立建制，主要职责全县文物的保管与收藏。1989年，长兴县博物馆开设《长兴文物史迹展》，当年接待观众5000人次。2001年11月，县博物馆整体迁长兴县会展中心，次年开设《物阜长兴——长兴文物史迹展》等4个陈列，展陈面积1200平方米，展品包括自旧石器时期的石器至民国以前的清瓷等各种文物350余件。2012年，县博物馆迁雉城镇台基路9号，租借县文化馆场地办公，同时开设《长兴一百万年》等史迹展。2015年，规划的长兴县博物馆馆舍在太湖街道新塘口开工兴建。长兴县博物馆是长兴县不可移动文物的主管单位，负责全县所有具有旅游价值的野外文物保护工作。截至2015年，长兴县博物馆管理全国重点文物保护单位3处（顾渚贡茶院遗址及摩崖、七里亭遗址、城山古城遗址），浙江省文物保护单位12处（江家山遗址、台基山遗址、空山遗址、新安遗址、张家桥遗址、龙山窑址、西峰坝画像石墓、九龙山窑址、下箬圣井、五里渡抖门群、长兴孔庙　、白溪朱氏宗祠），另有县级文物保护单位57处，以及重要文保点400余处。此外，截至2015年，长兴县博物馆馆藏可移动文物1万余件，内含已鉴定属国家珍贵文物609件，计一级24件、二级65件、三级520件，重要藏品有几何纹青铜钺、夹砂陶鬶、刻划纹陶纺轮、仿青铜原始瓷甬钟、青白瓷、木耜、石手镐等。

长兴县新四军苏浙军区纪念馆　1974年10月，浙江省文物管理委员会、嘉兴地委考察长兴县温塘的新四军苏浙军区革命旧址，决定在原槐坎乡温塘自然村设立"长兴县新四军苏浙军区司令部旧址陈列筹备小组"作为临时管理机构，负责征集革命文物、史料和旧址保护。1976年成立新四军苏浙军区文物保管所，对外开放。1989年9月，经长兴县人民政府批准，文物保管所独立建制，称"长兴新四军苏浙军区纪念馆"。2001年旧址主体被国务院公布为全国重点文物保护单位。截至2015年，长兴县新四军苏浙军区纪念馆管理"新四军苏浙军区旧址"全国重点文物保护单位（含15个点）1处，县级文物保护单位4处（新四军苏浙军区政治部旧址、新四军苏浙军区供给部旧址、新四军江南银行旧址、中共长兴县委秘密交通站旧址），馆藏文物近2000件（基本属革命文物），其中珍贵文物285件，分一级文物4件（新四军苏浙军区对日本驻军通牒、新四军苏浙军区兵工厂用的大风箱、抗战时期《苏南报》社石印板、抗战时期中国共产党党证）、二级文物16件，三级文物265件。类型包含衣物、票证、生产生活用具、武器弹药、地图、公文、通告、字画等各种实物。

长兴县城市展览馆　位于长兴县行政中心南侧文化广场地下室，是对原地下民防工程的改造利用。2009年7月1日建成开馆，建筑面积8000平方米，展览面积6200平方米，设序厅、3个主展厅、一个临时展厅，合5个展厅，以"纪年"方式展陈长兴县历史。分过去"望县源琛、钟灵毓秀"、现在"改革开放、鲲鹏展翅"、未来"山水园林、新兴城市"3个展块。展馆布置结合传统与现代艺术，集高科技智能化、生态化于一体。2010年，展览馆接待参观群众10.2万人次。之后，展览馆改为接待外宾参观为主，平常谢绝群众参观。

长兴紫砂馆　位于长兴县北门桥南堍东侧古城墙遗址内，经营单位全称长兴百汇紫砂文化发展有限公司。公司创于2010年10月，负责长兴紫砂馆、紫笋馆的管理与运行。场馆建筑面积1000平方米，为城堡内二层建筑，一层紫笋馆是茶文化交流中心，二层紫砂馆是紫砂工艺名作展示场所。

长兴县古木化石博物馆　1994年，长兴县民营企业家吴晓红将收集的古木化石在扬子鳄度假村展览，称中国古木艺术博物馆。2006年，随着扬子鳄度假村拆迁，金钉子远古世界景区建成，原博物馆物件移至金钉子远古世界景区展览，称古木化石博物馆。数年后，该古木化石移至湖州市南太湖度假区重建，称湖州市古木化石博物馆。2015年，吴晓红将部分物件移至龙山街道川步村白岕（现称梅花谷或花溪谷）兴建古木化石博物馆。现博物馆展出以金丝楠木化石为主的各种古木化石100余件。

长兴县农耕博物馆　位于水口乡顾渚村，2014年由长兴地方民营企业家兴建。至2015年博物馆仍处建设中。博物馆规划占地面积120亩，主题古典农耕文化时代的全方位器件，预计展出各种藏品物件1万余件。

第三节　游乐场所

一、概述

长兴县最早的游乐场是1990年古城公园内建成的小型游乐场。1999年，有民间资本投资在龙山街道的川步村桃花岕建造“桃花岕水上乐园”。2000年，长兴县文化局利用人民广场边角空余地块建成游乐场。2008年，欧尚超市在室内建造小型儿童游乐场。2009年，长兴县文广新局在文化广场修建游乐场。2014年，南太湖马场建成对外营业，马场的跑马、卡丁车等项目属游乐场项目。2015年5月，南太湖海洋城游乐场建成对外营业。截至2015年，长兴县主要游乐场有海洋城游乐场、天居寺(陈武帝故居)游乐场、中心广场游乐场等。

二、主要游乐场简介

桃花岕水上乐园　在龙山街道西北部川步村桃花岕，1999年始建，2000年建成对外开放，以位处桃花岕及主题旅游与嬉水命名。整个水上乐园占地面积2.7万平方米，内设游泳池、水上滑梯、跳水台等水上娱乐休闲设施。另游乐园附属骑马、碰碰车等娱乐项目。此外，游乐场周边旅游资源优越，其位于桃花岕森林公园中间，周边环境优美，空气清新，上游有美丽的桃花岕水库，可为水上世界提供清洁的用水，区位优势明显。水上乐园开放初期门票15元/人次，后改为20元/人次，营业时间每年5月至10月。2007年，游乐场因经营困难停业逐渐废弃。

文化广场游乐场　位于龙山街道龙山大道北侧的文化广场。2009年10月，长兴县文广新局响应长兴县人民政府提出的促进消费，发展“月光经济”指示，创办游乐场。游乐场最初管理模式是文广新局主导管理，个体私人业主自主投资游乐设施并自主经营。游乐场占地面积2000平方米，设有旋转木马、手摇船、袋鼠转、充气宝、5D动感电影、极限蹦极、云霄飞车、小火车、小飞机、快乐宝等游乐节目。2014年，长兴百叶龙演出有限公司通过招商引资方式，投资980万元，统一更新游乐项目，5月31日重新开业。更新后的游乐园开设大摆钟、太空漫步、迷你穿梭、逍遥水母、自控飞机、激情鲨鱼岛、碰碰车、豪华转马、森林探险、充气楼、7D动感馆、游船码头、宝马滑车、亲子乐园、欢乐旅行、皇明未来屋等游乐项目。2015年，游乐场接待以儿童为主的参与游客8000人次。项目法人黄华丽。

天居寺(陈武帝故居)游乐场 在太湖街道杨湾居民区陈武帝故居景区遗址广场内,属景区内设游乐园,占地面积8亩。2014年,长兴长胜游乐有限公司投资1600万元创建,同年10月1日建成开业。开设转马、摇头飞椅、幽谷探险、碰碰车、激光战船、滑行龙、海豹戏水、狂呼、体能乐园、太空漫步、立环跑车、海盗船、喜洋洋飞机、充气堡、森林战斗车、蹦蹦床、手摇船等游乐项目,基本属少儿游乐范畴。游乐场营业时间:每天9:00—16:00。同年,游乐场接待游客5000人次。2015年,接待游客2.2万人次。法人代表:陈学先。

海洋城游乐场 位于龙山街道忻湖路与画溪大道交叉口东北侧海洋城游乐街内,又名双鱼游乐街。游乐场2014年7月建造,2015年5月1日建成正式对外营业。室内游乐项目设碰碰车、海盗船、豪华木马、古堡惊魂、室内小火车、魔幻旅程、立环跑车、电玩、儿童乐园、亲情列车、乐吧车等,室外游乐项目设手划船、嘉年华中奖游戏、摩天轮、游园火车、电瓶车等,合计16个项目,全部项目总占地面积3900平方米。游乐场为促进经营,所有项目均承租给不同个体业主经营,营业时间:每天8:30—21:30,全年无休。各游戏项目价格不一,一般为10~30元不等,仅摩天轮最高,为35元/人次。2015年,游乐场共接待游客2万人次。企业总法人,彭光余。

第四节 运动场馆

一、概况

体育是现代旅游休闲康体的重要方式之一,其设施是各种体育场(馆)。改革开放前后,长兴县境体育设施属政府主导下的公共设施,比较简陋,主要场所有人民体育场,以及各乡镇、部门、学校自建的简易运动场。运动场的功能仅限体育训练与举办体育比赛。1990年后,随着物质财富的积累,体育健身成为时尚休闲,各种室内健身球馆、健身房、保龄球馆等体育休闲设施逐步建立。1995年,国务院颁布《全民健身计划纲要》,现代体育设施建设逐步展开。1997年6月,长兴县体育馆建成并投入使用。2008年,长兴县成功创建"浙江省体育强县",全县220个行政村、社区均有体育场所,配备相应体育设施。截至2015年,长兴县有县级以上体育场所3家(长兴县体育馆、长兴县体育场、浙江省体育训练基地暨国际射击中心),体育旅游示范基地1个(湖州市清泉文武学校);全县成功创建国家级社区多功能运动场1个,浙江省体育先进社区10个,省级社区体育俱乐部4个;同时县境学校与企业的体育设施建设均有长足发展。

二、长兴县主要体育场所简介

长兴县体育馆 位于龙山街道太湖中路170号,1997年6月建成开放,占地面积16458平方米,建筑面积8375平方米,场地面积756平方米,设2274个座位,总投资2264万元。体育馆主体采用大跨度网架结构，馆顶双层彩钢板压面。灯光采用高压钠灯，双侧面对照，无影形。两侧配有大型电子屏计时计分装置。可承办篮球、排球、乒乓球、体操、摔跤、拳击等比赛。截至2015年，长兴县体育馆共承办美国篮球明星对抗赛、“爱立信”中国乒乓球比赛、全国女排联赛等多项国际、国内重大体育赛事。

长兴县体育场 位于龙山街道太湖中路170号，紧邻长兴县体育馆，1999年4月建成投入使用，占地面积3.31公顷，建筑面积210平方米，场地面积1.68万平方米，有8条400米标准跑道及看台设施，底层材料初为煤渣，2009年全部改为塑胶。设观众席1600席，中间为草坪足球场。长兴县体育场的功能有全民休闲健身、青少年运动员高级训练，以及承办县内重大体育赛事等。

浙江省体育训练基地（国际射击中心） 又名浙江省体育职业技术学院长兴分校。位于龙山街道画溪大道803号，由浙江省体育局投资建设并管理，始建于2007年，至2010年完成自行车馆、射击馆、竞赛馆、飞碟靶场、运动员公寓、食堂、综合训练馆室，综合教学大楼、新闻中心等设施建设，总投资3.6亿元，总建筑面积71562平方米。基地可完成射击、飞碟、射箭、击剑、自行车、小轮车、铁人三项、轮滑、女足、曲棍球等10个项目体育训练、比赛。截至2015年，基地多次举办国家级自行车与射击赛事。

湖州市清泉文武学校 位于夹浦镇父子岭村斯圻自然村104国道西侧。学校创办于1994年，总占地面积560亩，建筑面积6.2万平方米，招收小学、初中、综合高级中学三个年龄段学生，学生正常人数3000人左右。学校办学特色是将中华武术合理引入课堂教育，每日开设三节武术课程，通过武术技术教习作为道德修养的手段，在教学上针对学生天性好动的特点，采用动静结合、文武搭配的学习方法，激发学生才智。学校年接待数万名国内外同仁、来宾和专家参观。建校10余年来，学校获得“浙江省体育训练先进集体”“全国十大武术名校”等众多荣誉称号，有数百名学生参加省级、国家级，以及国际性武术、散打、跆拳道等比赛，获得奖牌100多枚。2014年，学校获得“浙江省体育旅游示范基地”称号，学校的武术表演项目获得“浙江省级运动休闲旅游优秀项目”称号。

第五节 交通设施

一、概况

长兴县位于长三角腹地，环太湖都市圈的西侧，与上海、南京、杭州、苏州、无锡、常州、芜湖等大中城市距离均在200千米以内，区位地理优越。县境交通由铁路、公路、水路、航空等多种运输方式组成。铁路有杭宁高速铁路专线与宣杭铁路过境（又新长、长牛两条货运铁路过境）。公路有高速公路、国道、省道、县道以及乡村道路，组成系统的公路网络。水运有滨太湖水系构成星罗棋布河网，主要过境航道长湖申线、梅湖线、李湖线、泗湖线等。航空方面，长兴县距长三角主要机场均在2小时车程以内。全方位的交通优势促进了长兴县旅游业态的迅速发展。

二、铁路

1922年，长兴县煤山地区为将煤炭运出山区修建长牛铁路，成为长兴县史上最早的简易铁路。1991年宣杭铁路修建，1997年新长铁路修建，2009年，杭宁高铁客运专线开始修建，2013年7月1日建成通车。截至2015年，长兴县过境客运铁路2条，杭宁高铁客运专线，连接江苏省南京市与浙江省杭州市，长兴县境设有线站（高铁）长兴站；宣杭铁路，连接皖、浙两省，属客货两用复线，长兴县境设有线站长兴火车南站，另有新长、长牛两条货运铁路。

三、公路运输

1929年，杭州至南京的京杭简易公路建成经过长兴，长兴县始有公路概念。2002年，杭宁高速公路建成通车，长兴县境有了第一条高速公路。截至2015年，长兴县有过境高速公路3条、过境国道2条、过境省道3条。过境高速公路3条，长深（G25）、沪渝（G50）、杭长（S14）。长深高速公路（G25），全路南起广东省深圳市、北止吉林省长春市，长兴县过境段2002年建成通车，地方俗称杭宁高速公路，南起李家巷镇青草坞村界牌岭入境，北止夹浦镇父子岭村父子岭自然村出境，长约30.35千米。沪渝高速公路（G50），东起上海市、西止重庆市，长兴县过境段2005年建成通车，东起洪桥镇碧岩村弁山隧道入境，西止泗安镇东村村界牌自然村出境，长50.94千米。杭长高速公路（S14），南起杭州市、北止长兴县泗安镇，长兴县过境段9000余米。过境国道京福线（G104）沪聂线（G318）2条，京福线（G104）起点北京市、终点福建省福州市，长兴县过境段北起夹浦镇父子岭村父子岭自然村入境，南止李家巷镇青草坞村界牌岭出境，长33.76千米。沪聂线（G318）东起上海市、西止西藏自治区拉萨市聂拉木，长兴县过境段位于长兴县境南部，东南起李家巷镇青草坞村界牌岭入境，西止泗安镇东村村界牌自然村出境，长37.63千米。过境省道3条，孝泗线（S204），孝丰至泗安；长牛线（S301），长兴至牛头山；鹿塘线（S306），湖州鹿山至安吉唐舍岭。此外，县内还有遍布城乡的县道、乡道、村道多条。

连接公路网络的节点是汽车站，1929年杭宁公路在长兴县设立线站，此为长兴县最早汽车站。中华人民共和国成立，长兴县在两大中心集镇雉城镇设长兴汽车站，泗安镇设泗安汽车站。1988年，长兴县实现县城至乡镇的班线全覆盖。至2015年，全县主要汽车站点有长兴长途汽车总站，城区建成画溪、中心广场、水木花都、龙山、高铁站、火车南站等6处公交枢纽站，乡村集镇全部建成汽车站点，初步建成城乡汽车公共交通网络。

主要景区（景点）公路　2002年，为发展旅游，长兴县对通达重要旅游资源与景点的公路进行专项提升改造。截至2015年，长兴县建成通达主要旅游景区（景点）的特色旅游公路8

条。具体为滨湖大道，又名太湖景观大道，在长兴县东部，长22.26千米，连接旅游资源环太湖旅游开发带。图影大道，在长兴县东部，西起长兴城区，东止滨湖大道，长15千米，连接旅游景区西太湖图影省级旅游度假区。何吴线，在和平镇东部城山村，长约8千米，连接旅游景区城山沟风景区。陈仙线，在泗安镇西部仙山、长丰等村，长6千米，连接景区仙山湖国家湿地公园。小柏线，在小浦镇西部，全长14千米，连接景区八都岕十里古银杏长廊。槐仰线，在煤山镇西北部东风、仰峰二村，长约2千米，连接新四军苏浙军区旧址群景区（部分景点）。水顾线，在水口乡西北部水口、顾渚二村，长7.5千米，连接水口茶文化旅游景区。牛川线，在龙山街道西北部川步村，长9.2千米，连接景区龙山森林养生小镇。

四、航运

长兴县境三分之一为平原河网地貌，自古水运发达，航道众多。1988年匡保兴主编《长兴县水利志》收干线航道7条、支线航道34条。2006年，因国家航运管理部门颁布新政，对航船的吨位给予提升，同时县内河道淤塞严重，全县可通航河道大幅缩减。截至2015年，全县具有旅游价值的可通航航道有长湖申线、梅湖线、李湖线、泗湖线，合溪新港、长水港、洪山港等。长湖申线是长兴县经湖州，至上海市的航道简称，长兴县境全长27千米，等级为五级。航道腹地矿产资源丰富，航运繁忙，有“东方小莱茵”美誉。梅湖线航道西起安吉县梅溪镇，东止湖州市区，航道全程与西苕溪长兴段重合，长18.09 千米，航道等级四级，非枯水季可通行1000吨级以下内河航船。李湖线在李家巷与洪桥两镇，以及湖州市吴兴区之间，长兴段23千米，等级六级。航道沿途非金属矿产资源丰富，是长兴县外销石灰石的主产区，运输繁忙。泗湖线在长兴县南部，航道起点泗安镇，在吕山乡杨吴村钮店桥自然村汇入梅湖线，基本等同泗安塘干流吕山乡至泗安集镇段，长31.7千米。合溪新港线环绕长兴城区北部，长14千米，等级六级。长水港在长兴县西北部龙山街道、水口乡之间，长14千米，等级七级。洪山港在和平镇西部横涧、红山等村，主流长8.9千米，等级五级。

五、民航

长兴县境没有民用航空机场，距离在200千米，且车程在两小时之内的近距离民用航空机场有5处：依次是上海浦东机场、上海虹桥机场、杭州萧山机场、南京禄口机场、无锡机场等。2015年，长兴县开通长兴汽车总站至杭州市萧山机场的汽车班线。每日两个班次，时间为每天7时、13时从长兴汽车站发车，11时、15时从萧山机场返回。游客使用其他机场需先乘车抵达机场所在城市，再转机场，或直接自驾往来。

六、其他交通工具

长兴县其他交通工具包括自行车、徒步等。自行车是传统交通工具，2012年，长兴县在城区主要地段设置自行车网点，倡导骑行自行车，绿色环保出行。2014年后，长兴县一些面积较大景区，如水口茶文化旅游景区、城山沟风景区、龙山森林养生小镇、仙山湖国家湿地公园等都配制自行车，倡导骑行环保旅游。

徒步 2012年，长兴县开始提倡徒步旅行，在市区主要公园，如花姑山公园、龙山森林公园、齐山植物园等建造慢行步道。2013年，长兴县户外徒步协会整理长兴县境山区古道作为徒步旅游线路，提出“十大古道”概念。同年，长兴县提倡全民健身，在龙山街道渚山、川步二村修建龙山绿道20千米，供户外自行车骑行者与徒步者休闲之用。

附：长兴县古代交通简史

长兴县位于浙江省西北角，苏浙皖三省的接壤点，古代是浙江省向北进退中原的门户，陆路与水路交通都很发达。明湖州府《劳府志》记明朝及以前长兴县境道路，陆路四：东入乌程县界，西入广德州界，南入安吉州界，北入荆溪县界；水路五：东沿苕溪入乌程县界，西至泗安镇，西南溯苕溪入安吉县界，西溯箬溪入合溪，东北入太湖。清长兴县境交通，光绪年间朱镇纂《长兴县志．拾遗》记陆路干道七（条）、水道径流四（条）。陆路干道七：一自北门外雉山北，出徐家圩桥，东北经康济桥、夹山东麓，西北沿顾渚溪，过水口，北行董家村、前塔村，至啄木岭，入江苏荆溪界。一自小东门外金莲桥，东北过曲塘桥、新桥渡、夹浦，北出香山嘴，至浮渚岭，入江苏荆溪界。一自大东门外杨湾桥，东经下箬寺，沿溪出，至界桥向新塘港，东南绕太湖至图影桥，入乌程界。一自大东门外仓桥，东南出五里桥、朱砂桥，沿吕山塘向尹村，至太平桥，入乌程界。一自南门外盟门桥，南行虹星桥、和平，东南经山下村，西南由杜岭，入归安界。一自小西门外紫金桥，西南经画溪桥，沿小港出东前桥，向大雄寺、昆山冈，达四安镇，西行塔水桥、大环桥、小环桥，西南至大界牌岭，入安徽广德界。一自大西门外南头村，西出朱砂岭，过合溪、槐花磡，西南至南青岘岭，入安徽广德界。水道经流四：一箬溪，在县前，发源西北义乡山，南绕窑头山，迤东合溪、画溪，进西水门，出东水门、仓桥，又东出上莘桥，至界桥，跨北横塘，注新塘港，入太湖，向小雷山，南乌程界、北江苏震泽界。一顾渚溪，在县北，发源顾渚山，东南出水口、艺香山，注包洋湖，转东北，由环沉溪、乌桥，至夹浦港，入太湖，向大雷山江苏吴县界。一四安溪，在县西南，发源朱湾岭，南旋大界牌岭，东北小环桥，转大环桥，东流塔水桥，循四安镇，出管埭、天平桥、林城桥、午山桥、虹星桥，跨西仓塘，至钮店桥入乌程界。一苕溪，在县南，发源孝丰广苕山，由安吉小溪口入境，东流经小溪桥、陈村、西仓桥、葛径村、下殷村，至目山渡入乌程界。

第三章　服务机构

旅游服务机构分广义、狭义两种，广义旅游服务机构包括与旅游六要素“吃住行、游娱购”相关的所有旅游企业、公司；狭义的旅游服务机构仅限“游”一项要素，仅指旅游公司与旅行社两种旅游业态（本章取狭义旅游机构概念）。个体旅游服务者包括导游、司机、志愿者等。

第一节　旅游公司

一、概述

1984年，长兴县旅游发展中心成立，是最早专门从事旅游服务业态的企业。1996年，长兴县旅游局成立，旅游业开始作为一种产业被政府与社会普遍接受。长兴县境的铁路、交通、建设、粮食、商贸等部门，以及民营资本开始投资旅游业的“吃住行、游娱购”各领域，包括景点、酒店、旅行社、游乐场等，形成专门的旅游企业公司。[①]2006年后，长兴县建成的规模收费景点相应成立经营管理景区的发展有限公司，如金钉子远古世界成立的金钉子旅游发展有限公司，大唐贡茶院成立的顾渚茶文化旅游发展公司，仙山湖国家湿地公园成立的仙山湖旅游发展有限公司等。2008年9月，长兴县旅游局成立长兴县旅游发展有限公司，成为旅游业的小型国有股份制有限公司。同年11月，长兴县旅游局以长兴县旅游发展有限公司为主要控股公司，联合县内其他8家旅游企业参股，成立长兴县旅游营销公司，成为全县第一家专业旅游营销推介的企业。2013年7月，长兴县人民政府整合县内主要旅游资源，成立长兴旅游集团有限公司，成为全县最主要的旅游服务机构（见本章第二节，专题记述）。

二、长兴县主要旅游公司简介

长兴县旅游发展中心　1984年成立，是长兴县人民政府创建的全民所有制国有企业，由长兴县城乡建设环境保护局代为管理，职能长兴县境旅游接待、旅游资源开发等，属长兴县最

① 广义的旅游公司泛指所有从事旅游业态企业，如旅游公司、饭店、景区等，狭义的旅游公司仅指服务游览观光的公司企业，仅限“游”一项业态。本章旅游公司取狭义的旅游公司概念。

早从事旅游服务业态的企业性质机构。1996年，长兴县旅游局成立，长兴县旅游发展中心负责长兴县旅游接待、规划、市场营销等多项任务，下属旅游企业有长兴宾馆等。1998年，因负责人交接问题影响，长兴县旅游局另行成立长兴县旅游开发中心接替其主要业务工作，公司因缺乏基本业务和管理体系，自动注销。

长兴县旅游开发中心 1998年7月30日，因原长兴县旅游发展中心的管理人员交接出现问题，为促进长兴县旅游事业发展，长兴县旅游局经系统研究，颁布《关于建立长兴县旅游开发中心的批复》(长旅〔1998〕第15号)，成立长兴县旅游开发中心。文件具体规定：一、企业性质全民所有制。二、企业注册资本叁拾万元。三、总经理朱建清。四、业务范围：招徕、安排、接待旅游者在县内的各种旅游活动，联系安排交通、饮食、购物、娱乐、代订(售)国内票务、旅游工作人员培训、旅游资源开发等。五、经营地址长兴县建设大厦。之后，长兴县旅游开发中心接替原长兴县旅游发展中心，成为长兴县旅游局的主要直属企业，承担县内涉及旅游业的各项经营管理工作。2001年，企业执行中共长兴县委制定的国有企业改制政策，公司改制注销。

长兴县旅游发展有限公司 2008年9月4日，长兴县人民政府为整合县内主要旅游景区资源以及促进旅游推介营销企业化，批准长兴县旅游局依据长政办〔2008〕第95号文件，成立长兴县旅游发展有限公司。文件规定，公司董事会由长兴县旅游局班子兼任，局长兼任董事长与总经理以及法人代表，局班子成员为董事会成员，实行一套班子、两块牌子。公司下属2家子公司，顾渚茶文化旅游发展公司(管理经营大唐贡茶院的旅游开发)、金钉子旅游发展有限公司(管理经营金钉子远古世界的旅游开发)。长兴县旅游发展有限公司成立后，将全县旅游景点的宣传推介市场化作为中心任务，为实现目标，由长兴县旅游发展有限公司牵头，作为主要控股公司，联合县内其他8家旅游景区和企业，成立长兴县旅游营销公司，专门负责县内景区的市场推介营销。2011年，长兴县旅游发展有限公司为加强全县旅游景区项目建设，开拓新的旅游业态，剥离总公司的景区建设职能，再成立长兴城市旅游有限公司。同期，公司在古银杏天泉、仙山湖国家湿地公园投资参股，成为此两家公司的股东。2013年7月，中共长兴县委、县人民政府对国有旅游资产进行整合提升，公司执行中共长兴县委文件精神，被作为主要班底组建长兴旅游集团有限公司，原公司注销。

长兴县旅游营销公司 2008年11月，长兴县旅游局为统筹管理长兴县不同性质旅游企业的推介营销，由长兴县旅游发展有限公司作为主要控股企业，联合县内8家旅游景区、企业参股，组建长兴县旅游营销公司。由其负责全县所有景区、企业的对外推介营销。同年年末，长兴县旅游营销公司推出长兴景点联票特惠价，同时执行长兴县旅游局的任务，向游客邮寄5000套、总价值185万元的新年贺卡推介，游客凭贺卡可免费游览长兴景点。2009年，公司主要任务是联系国内旅行社推介营销长兴县旅游产品。当年，旅游营销公司与以长三角为主的1000余家重点旅行社建立业务关系，邀请650余家旅行社到长兴考察，有500家旅行社组团至长兴县旅游观光，接待团队28万人次，内含20多个国家和地区的入境游客7000余人，大型自驾游54次，带动散客游100余万人次。此外，旅游营销公司积极在长三角主要旅游客源城市开展定点推介，举办各种旅游推介会30余场，承担长兴县旅游局推出的5000万元优惠券游派送任务，在上海、常州、无锡、南京等主要城市派送优惠券。2010年，营销公司推介营销重点是世博会的长兴县旅游线路与产品。2011年5月，因管理体系问题，营销公司业务基本停滞。2013年，公司随同母公司长兴县旅游发展公司一起，被并入新成立的长兴旅游集团有限公司（经营管理部）。

长兴城市旅游有限公司 2011年4月13日，长兴县旅游发展有限公司为进一步提升全县景区建设，方便县内景区建设的市场化运作，联合数家旅游企业参股，成立长兴城市旅游有限公司。公司属股份制企业，主要持股单位为长兴旅游发展有限公司，公司法人与董事会即长兴县旅游发展有限公司成员，主要业态为县内旅游项目的投资开发。公司成立后不久，即因管理体系出现问题，基本未能开展业务。2013年，公司并入长兴旅游集团有限公司，原公司注销。

第二节 长兴旅游集团有限公司

一、概况

公司总部位于太湖街道明珠路1258号明珠商务大厦7楼。2013年，中共长兴县委、县人民政府为实施全县国有旅游企业专业化、规模化管理提升，增进全县国有旅游景区的基础配套设施、服务质量，决定整合全县旅游资源，通过整体管理与经营，全面推进县域旅游产业的规模化、效益化、产业化、品牌化，最终建成转型升级的现代服务性质的综合性旅游龙头企业，由此组建长兴旅游集团有限公司。企业隶属长兴县人民政府直管，级别正科级单位，性质全民所有制国有企业。

长兴旅游集团有限公司组建实施方案，为深化旅游发展体制改革，理顺旅游运营管理机制，促进旅游投资、建设、经营主体由政府主导向市场主导转变，努力把旅游业培育成现代服务业的支柱产业，加快实现“长三角生态休闲度假首选区”的目标，根据《中共长兴县委、长兴县人民政府关于优化旅游发展体制改革的意见》（长委〔2013〕22号）文件精神，“集团化、市场化、效益化”的方向，组建长兴旅游集团有限公司，

二、组建过程

2013年2月，按照中共长兴县委、县人民政府的工作要求，长兴县成立长兴旅游集团有限公司筹建小组，开展集团筹建准备工作。17日，经中共长兴县委决定，组建长兴旅游集团有限公司党委，卢国华任党委书记。25日，根据长兴县委提议，经长兴县人民政府研究决定，卢国

华任长兴旅游集团有限公司董事长兼总经理，陈国群任长兴旅游集团有限公司副总经理。

按照中共长兴县委、县人民政府的工作要求，7月8日，长兴旅游集团筹建小组根据长兴县旅游实际情况，以长兴县旅游局所属2008年成立的长兴县旅游发展有限公司及其子公司为基本班底，打破原先县内国有旅游企业的部门隶属关系和界限，通过划拨、托管、兼并、参股等形式，重组原先隶属文化、林业、水利、商务部门的其他数家国有旅游企业①，对全县所有国资旅游企业资产进行统一优化整合，构筑旅游“一体化”经营服务体系，注册成立长兴旅游集团有限公司。旅游集团与原属各部门、单位的旅游企业，采用总公司、子公司分级管理模式，总公司对下属子公司统一直管，下属子公司在接受总公司的统一调配下各自独立经营。2013年7月26日，长兴旅游集团有限公司根据《中共长兴县委、长兴县人民政府关于优化旅游发展体制改革的意见》（长委〔2013〕22号）文件精神确定的旅游“集团化、市场化、效益化”的方向，组建长兴旅游集有限公司，在龙山街道金莲桥路355号正式揭牌成立。卢国华任公司董事长，与甘友法、陈国群、徐明学、许慧等组成公司董事会。公司性质长兴县人民政府全资国有企业，正科级县直属单位。注册资本2.51亿元，总资本7.0232亿元。

三、组织机构

长兴县旅游集团实现总公司与子公司分级管理体制。2013年8月，总公司内部完成组织机构建设，组织框架一室三部，办公室、计划财务部、项目建设部、经营管理部，有员工28人。下属7家子公司：仙山湖景区经营管理有限公司、顾渚茶文化旅游投资发展有限公司（陈武帝故宫合并到大唐贡茶院统一管理）、金钉子旅游投资发展有限公司、水口天地酒店管理有限公司、江南红村景区旅游发展有限公司、中国扬子鳄村景区旅游发展有限公司，参股子公司1个，浙江省中国旅行社长兴分公司。总公司与子公司合计员工280人。

公司成立之初的主要工作是对子公司的收购。8月，集团总部完成内部组织架构的建设。9月，长兴旅游集团有限公司与林业局、文广新局完成中国扬子鳄村景区和江南红村景区的经营管理移交。2014年1月3日，经中共长兴县委决定，原农丰源股份有限公司并入长兴旅游集团有限公司，成为长兴旅游集团的全资子公司，两家公司一套班子。6月24日，长兴县人民政府与杭州开元酒店集团有限公司就水口天地酒店合作项目举行签约仪式，由杭州开元集团注资租赁管理经营水口天地酒店。2014年7月，长兴旅游集团有限公司投资创办长兴乐悠游电子商务有限公司，注册资本50万元，成为长兴旅游集团旗下全资子公司。10月16日，长兴旅游集团有限公司总部正式搬迁至明珠大厦7楼，与农丰源股份有限公司合并办公。11月，长兴旅游集团有限公司完成对原长兴城市旅游发展有限公司、长兴旅游营销公司、长兴仙

---

①文化部门所属企业为江南红村、陈武帝故宫部分，林业部门所属企业为中国扬子鳄村，水利部门所属企业为仙山湖国家湿地公园（水利部门仅占部分股权）、商务部门所属企业为水口天地酒店。

山湖景区经营管理有限公司等三家单位的注销。2015年5月14日，经中共长兴县委研究决定，调整长兴旅游集团领导班子。陈亦祥接替卢国华出任长兴旅游集团有限公司董事长兼党委书记，严江任长兴旅游集团有限公司党委委员、副总经理。

长兴旅游集团有限公司组织人事表一览表

表3-68

序号	姓名	职务	任职时间
1	卢国华	党委书记、董事长兼总经理	2013年7月—2015年5月
2	陈国群(女)	党委委员、副总经理	2013年7月—2015年5月
3	徐明学	党委委员、副总经理	2013年7月—2015年5月
4	毛煜庆	党委委员、副总经理	2013年7月—2015年5月
5	许　慧	党委委员	2013年7月—2015年5月
6	陈亦祥	党委书记、董事长兼总经理	2015年5月—
7	严　江	党委委员、副总经理	2015年5月—

经过3年发展，至2015年，长兴旅游集团有限公司旗下拥有1家全资公司，农丰源股份有限公司；7家全资子公司，依次是仙山湖景区经营管理有限公司、顾渚茶文化旅游投资发展有限公司（陈武帝故宫合并到大唐贡茶院统一管理）、金钉子旅游投资发展有限公司、水口天地酒店管理有限公司、江南红村景区旅游发展有限公司、中国扬子鳄村景区旅游发展有限公司；参股子公司1个，浙江省中国旅行社长兴分公司。其中，AAAA级景区5家：金钉子远古世界、中国扬子鳄村、仙山湖国家湿地公园，以及两家AAAA级景区主要构成部分大唐贡茶院与江南红村。企业发展为注册资本2.02亿元，总资本近10亿元，有员工510余名（其中总部50人，各景区、酒店有460余人）的企业集团。

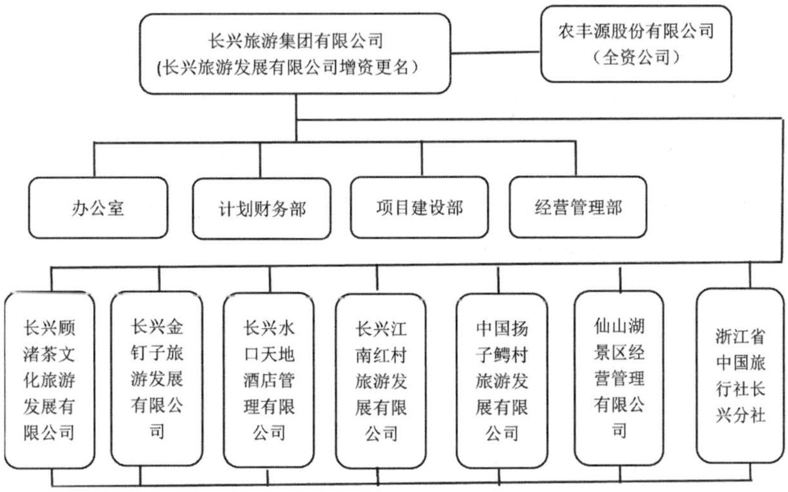

图3-1　长兴旅游集团有限公司组织结构图

四、建设发展

依据文件，长兴旅游集团有限公司的经营范围：旅游产品开发、旅游线路策划、旅游客源组织、旅行社业务拓展、旅游商品开发销售、景区经营管理、旅游商品店经营管理、旅游电子商务、旅游交通开发、旅游项目建设投融资、市镇基础设施建设等，同时、承担县旅游局委托的相关旅游衍生公共职能。截至2015年，除组织机构建设方面完成对子公司统筹管理、注销废弃公司外，长兴旅游集团有限公司的主要业务表现在项目建设与旅游营销两方面。

项目建设 长兴县旅游集团成立后，全面开展子公司的基础设施建设。金钉子远古世界景区，2014年建成景区三期项目工程书画展览厅，同时对2006年建成使用近十年的地质博物馆展陈进行改造。江南红村，继原先“江南小延安”基本陈列后，2015年1月，投资80万元，再建爱国主义展览公园永毖馆，主题南京大屠杀。中国扬子鳄村，2014年建成小动物园、鳄作剧场，增加游客的参与体验。仙山湖国家湿地公园，2015年8月，“一路五园”建设取得重大进展，建成环北湖道路，荷博园、古潮观渔两个新园建成正式对外开放。大唐贡茶院，2014年9月，完成三期项目的回收经营。11月，大唐贡茶院皇家茶厂竣工投入使用，项目总投资300万，是融全自动化制茶工艺及传统制茶工艺于一体的仿古制茶作坊。陈武帝故宫，2014年5月19日，景区完成各项筹备工作，正式启动开园仪式。水口天地酒店，2014年7月，集团与开元酒店集团签订协议，杭州开元酒店集团有限公司注资租赁水口天地酒店经营管理，旅游集团完成向开元集团的移交。其他，2014年，旅游集团租赁长兴海厦大酒店经营，更名华辰大酒店，同年12月31日，饭店被评定为三星级旅游饭店。

旅游营销 长兴旅游集团有限公司成立致力旅游产品的宣传推介。2013年8月11日至9月30日，长兴旅游集团有限公司为庆祝集团成立，特推答谢惠民活动，长兴市民游览集团管理的景区可享受为期两月的门票五折优惠。9月，针对中秋、国庆黄金周市场，长兴旅游集团连续在南京、上海、长兴本地举办3场秋季旅游产品及优惠政策发布会，同时邀请苏州、杭州、嘉兴地区重点旅行社到长兴进行深度考察。同月，为配合开发区企业文化建设，旅游集团推出“新长兴人游长兴”长兴一日游活动。12月，长兴旅游集团在长兴高铁站设置旅游咨询服务中心，提供旅游咨询，自助游、专题旅游、团队旅游等各项旅游服务，并可代订长兴县各大景点门票、酒店、机票等，实现乘坐高铁的游客与长兴旅游各要素之间的无缝对接。至2013年年末，旅游集团成立仅半年，接待游客量达60万人次，旅游经营收入达到1610万元，同比增长10%以上。

2014年7月，长兴旅游集团注资成立长兴乐悠游电子商务有限公司，启动运行淘宝网乐悠游特产专营店经营旅游商品销售，与同程、携程、驴妈妈、去哪儿、大家网、美景天下、领航假期等知名网络平台进行深度合作，与同程、驴妈妈各签订10万元营销活动宣传费和6000旅游人次的风险合作协议。2015年1月1—3日，长兴旅游集团有限公司在陈武帝故宫举办“2015

长兴首届陈武帝故宫文化庙会”。9月7日,长兴旅游集团有限公司在杭州举办“2015长兴(杭州)旅游推介会”,10月15日活动再赴南京市举办,推介以“四季诱惑.乡村度假”为主题的长兴县乡村“精品线路”旅游产品。

五、子公司简介

农丰源股份有限公司 是长兴旅游集团有限公司全资子公司。2009年,中共长兴县委、县人民政府为加快经济转型升级、统筹城乡发展、整合盘活国有资产、拓宽建设投资与融资渠道,将原属国资委的部分资产进行重组,组建国资控股股份有限公司,取名农丰源股份有限公司。同年8月10日,公司正式挂牌成立,注册资金4.47亿元,企业性质长兴县人民政府直属的国有股份制企业,下设长兴富美好新农村建设有限公司、长兴仙山湖旅游投资开发有限公司、长兴县水利水电建筑工程有限公司,共3个全资子公司,以及长兴县农业发展担保有限公司1个控股子公司。

2011年,农丰源股份有限公司在长兴县委、县政府指导下重组。公司按照“政府主导、市场化运作、企业化经营”的原则运行,主要业务范围:农业基础设施建设、休闲旅游开发、水资源开发与利用、土地开发利用、城乡基础设施建设、房地产开发经营、仓储服务、实业投资等。规划发展为全县新农村建设、仙山湖生态旅游开发、水利工程建设和农业担保等领域的县域龙头企业。同年,公司主要工作负责仙山湖生态旅游开发与经营管理,下设办公室、建设科、经营管理科等3个科室,有工作人员16人。

农丰源股份有限公司组织人事一览表

表3-69

序号	人物	职务	任职时间
1	陈 峰	董事长兼总经理	2009年—2010年任,2010年免
2	杨福成	董事长	2010年任
3	甘友法	总经理	2011年任
4	毛煜庆	副总经理	2011年任
5	钱初生	财务总监	2011年任
6	卢国华	董事长	2013年1月—2015年5月
7	甘友法	党委副书记、农丰源总经理	2013年1月—2015年5月
8	徐明学	党委委员、副总经理	2013年7月—2015年5月
9	陈亦祥	党委书记、董事长兼总经理	2015年5月任
10	严 江	党委委员、副总经理	2015年5月任

2011年4月26日，根据长兴县委、县政府要求及相关规划，农丰源股份有限公司计划投资10亿元，重点开发建设仙山湖国家湿地生态旅游度假区，充分依托仙山、仙湖、地藏王祖庭、浙大基地的资源优势，高品位设计、高标准建设，规划将仙山湖景区建设成集休闲观光与生态农业相结合、湿地保护与高端开发相结合、宗教礼佛与乡村风情相结合的国家级生态湿地旅游示范区。重点建设完成仙山湖景区旅游配套工程、环湖市政基础设施配套工程、七大主题公园、星级酒店及会所、水上游乐等项目，使得景区旅游品质、基础配套设施、接待服务能力、经营管理体系大幅提升。

长兴乐悠游电子商务有限公司　2014年7月成立，是长兴旅游集团有限公司投资创办的全资子公司，注册资本50万元。主要业务通过网络平台经营茶叶、花茶、炒货、茶饼等长兴县旅游特产，形成长兴县旅游农特产品的销售平台。公司希望通过创建平台、做好宣传、多方合作、扩大发展，最终成为长兴旅游农特产品对外销售的主要窗口平台。

水口天地酒店有限公司　位于水口乡徽州庄村平峰山自然村，公司成立的主要业务为经营水口天地酒店。水口天地酒店是长兴县人民政府投资建造的高端乡村酒店，2011年开建，2013年建成，初属长兴县人民政府公务接待酒店，兼营民间私营个体业务。2013年，长兴旅游集团有限公司组建，酒店被划拨给长兴旅游集团有限公司作为子公司统一管理。2014年，长兴县人民政府与浙江开元酒店集团有限公司签订合作协议，由开元集团注资2.2亿元控股，长兴旅游集团有限公司将酒店租赁给开元集团经营管理，并更名开元芳草地乡村酒店。

第三节　旅行社

一、概况

1993年5月，长兴县商业局投资成立长兴旅行社，成为长兴县第一家正规旅行社。1995年3月，长兴县交通局投资成立长兴交通旅行社。1997年5月，长兴县驻北京外事办投资成立长兴京兴旅行社；6月，长兴县铁路机务段投资成立长兴铁路旅行社；9月，长兴县旅游局出资成立长兴旅游开发中心，机构含有旅行社的职能。同年，全县有旅行社5家，依次是长兴旅行社、交通旅行社、铁路旅行社、京兴旅行社、长兴县旅游发展中心。1999年6月，华能国际电力股份有限公司控股长兴京兴旅行社。同年，长兴县举办“1999长兴—中国陆羽茶文化旅游节”，长兴旅行社首次地接众多嘉宾，开始系统学习业务知识。年末，长兴县旅行社发展到7家，均属国有企业。

2001年，长兴县推进国有企业体制改革，实行政企分离，长兴县原属各部门创办的旅行社相继改制成为私营企业。长兴旅行社和长兴旅游开发中心部分员工合资创办长兴天马旅行社，长兴交通旅行社改制更名为长兴万宏交通旅行社。2002年，长兴县有京兴、天马、万宏交通、铁路4家国内旅游社，经营总收入1568万元，纳税27.8万元。其中，长兴京兴旅行社进入浙江省旅行社50强，成为长兴县首家进入浙江省50强的旅行社。2003年8月，浙江新世纪康辉国际旅行社控股长兴京兴旅行社，组建长兴京兴康辉旅行社有限责任公司。2004年5月，长兴阳光旅行社成立。2005年2月，杭州大厦旅行社长兴分公司成立(2012年更名为长兴山农旅行社)，3月，长兴假日旅行社成立。2007年2月，长兴京兴康辉旅行社有限责任公司法人变更，再次更名为长兴京兴旅行社。2007年2月，湖州新国际旅行社长兴分社成立，同年5月长兴光大旅行社成立。2008年5月，长兴新世界旅行社、长兴信天旅行社成立。2009年6月，湖州交通旅行社长兴分社成立。2010年2月，长兴五一旅行社成立。2011年3月，长兴国信旅行社成立。2012年2月，长兴天宏旅行社、长兴锦绣旅行社、中国旅行社长兴分社成立。同年，长兴县国内旅行社达到13家，年组织游客158323人次，年接待游客12583人次，实现国内旅游营业收入12583.7万元，上缴税收190.59万元。2013年，原国信旅行社加盟浙江省中青国际旅游有限公司，并将旅行社名称变更为长兴中青旅旅游有限公司。2014年5月，长兴旅游集团有限公司接受浙江省中国旅行社集团注资控股，联合成立浙江省中国旅行社集团长兴分社。截至2015年，长兴县有旅行社共28家(含县外旅行社在长兴县设立的分社、服务网点)。

2015年长兴县主要旅行社名录一览表

表3-70

名称	许可证号	负责人	地址	成立时间	备注
长兴京兴旅行社	L-ZJ01036	蔡　景	雉城街道解放西路77-79号	1997.5	2003年8月重组
长兴天马旅行社	L-ZJ00744	吴月萍	雉城街道县前街20号	2001.11	
长兴万宏交通旅行社	L-ZJ01005	许俭明	雉城街道县前中街49号	2003.6	
长兴阳光旅行社	L-ZJ00951	周晓伟	龙山街道花菇山路5号	2004.5	2015年未上缴材料，缺简介
杭州大厦旅行社长兴分社	L-ZJ-GN1912	李加俊	雉城街道解放西路87号	2005.2	2012年更名长兴山农旅行社。[①]
长兴春秋假日旅行社	L-ZJ01035	沈明良	龙山街道金陵北路22号	2005.3	

① 2012年更名长兴山农旅行社，2015年因未按时交付旅游质量保证金，被湖州市旅游局行业监管部门吊销营业许可证。

续表3-70

名称	许可证号	负责人	地址	成立时间	备注
长兴康辉旅行社	L-ZJ00187	陆　静	雉城街道金陵中路450-452号	2007.5	2014年3月更名，原名长兴光大旅行社
长兴新世界旅行社	L-ZJ01056	程玉琴	雉城街道县前中街299-301号	2008.5	
长兴信天旅行社	L-ZJ01067	徐　敏	雉城街道县前西街497号	2008.5	2011年注销
长兴恒星旅行社	L-ZJ00955	陈　悦	雉城街道解放东路73号	2008.9	2010年注销
湖州交通旅行社长兴分社	L-ZJ01066	金晓霞	雉城街道县前西街537号	2009.6	2012年注销
长兴五一旅行社	L-ZJ01524	黎来凤	龙山街道龙山大道215-217号	2010.2	
浙江省中青国际旅游社长兴分社	L-ZJ01729	许江红	龙山街道龙山大道269号	2011.3	2013年由长兴国信旅行社更名
长兴天宏旅行社	L-ZJ01801	沈汉民	雉城街道明珠二路14-16号	2011.5	
长兴锦绣旅行社	L-ZJ02027	蒋晓萍	龙山街道金陵北路188号	2012.5	
浙江省中国旅行社有限公司长兴分公司	L-ZJ02437	何兴龙	龙山街道龙山大道211-213号	2011.10	2014年12月被注销
长兴美景旅行社	L-ZJ02034	丁潘虹	雉城街道仓前一街212号	2012.5	
长兴光大旅行社	L-ZJ30270	康雅丽	雉城街道绿城广场5幢2号	2015.10	
长兴山水假期旅行社	L-ZJ02462	陈　亮	雉城街道解放西路87号	2014.7	

二、星级品质旅行社

2009年，长兴县天马与万宏交通两家旅行社同期申报，被浙江省旅游局评定为长兴县首批三星级旅行社。2012年2月，长兴万宏交通旅行社被评为四星级旅行社，成为长兴县第一家四星级旅行社。2013年12月31日，湖州市旅行社品质评定委员会发布文件，批准长兴天宏旅行社有限公司为三星级旅行社（湖旅行社评委〔2013〕7号）。截至2015年，长兴县有四星级品质旅行社4家(天马、万宏、国信、康辉),三星级旅行社三家(京兴、春秋假日、天宏)。

2015年长兴县星级品质旅行社名录一览表

表3-71

旅行社名称	成立时间	星级评定时间	当年国内旅游营业收入(万元)	当年游客人数(人次)	星级
天马旅行社	2001.11.19	2013	1600.37	9850	四星
万宏交通旅行社	2003.6.4	2012.12	2560	10269	四星
国信旅行社	2011.3.14	2012.12	1252	6598	四星
康辉旅行社	2007.6	2015	348(2013年)	3700	四星
京兴旅行社	2003.8.6	2010.12	1028	7846	三星
春秋假日旅行社	2005.3.28	2012.12	1889.1	14978	三星
天宏旅行社	2011.5	2013.12.31	缺	25000	三星

三、发展运营

长兴县旅行社在发展运营过程中的主要事件为改制,同时淘汰、重组、更名现象严重。改制发生于2001年,之前全县的旅行社主要为建设、交通、铁路等政府强势职能部门兴办,基本属国有企业。2001年,全县旅行社执行中共长兴县委、县政府的国有企业改制政策,全部转为民营。之后,长兴县旅游社基本属于民营,少数虽然仍隶属国企,但也实行企业化管理。

长兴县旅行社在发展过程中新创与淘汰的更迭现象频繁。由于创办旅行社的准入门槛较低,任何私营业主只需缴纳一定的保证金(一般为20万至100万元),拥有一定面积门市,通过湖州市旅游局和工商部门审批并获得两部门颁发的执照即可开业,所以2005年后,长兴县每年都有私营业主开办旅行社,或湖州市、杭州市等地旅行社到长兴开设分社。但企业的生存与发展靠的是顾客与业务,每年总有旅行社因缺少顾客与业务,经营不善而关闭,长兴县旅行社的淘汰频率很高,许多仅存数年便告歇业,少数甚至开业不到半年即告关闭。

2005年后,长兴县旅行社的重组与变更现象严重,一般此两种现象并存。旅行社重组原因主要是新的股东注资参股,分社独立组建公司,原股东分离各自组建公司等,一般每次重组都会相应发生更名现象。长兴县旅行社行业更换名称最频繁的是京兴、康辉、光大三家,在近20年内,这三个名称因股东的分合、职工怀旧、品牌效应等原因,每个名称都至少发生了三次以上更名重新注册。长兴县旅行社严重的淘汰、重组与更名现象,致使旅游主管部门很难精准地理清全县旅行社的沿革。

县旅游局对旅行社的管理主要三项。1.业务指导，县旅游局指导各旅行社规范业务，如何填写台账与各种旅游合同，组织学习如何应对各种顾客投诉、布置规范布置门市等。2.组织年审，长兴县旅游局每年组织旅行社参加湖州市旅游局的年审，包括材料的先期培训、规范、审核，后期对不能通过的给予通报、整改等。如2005年年检，县旅游局对年审暂缓通过的长兴县万宏交通旅行社给予培训整改，促使二次补审通过。2006年，经县旅游局培训，年度业务年检通过的旅行社有长兴京兴康辉旅行社、长兴天马旅行社、长兴万宏交通旅行社、长兴阳光旅行社、长兴假日旅行社等。2007年2月8日，长兴县旅游局发布2006年度全县旅行社经营年检状况，全县参与年检的五家旅行社共实现营业收入4681.8万元，其中超千万3家（长兴京兴康辉旅行社、长兴天马旅行社、长兴万宏交通行社），净利润22.7万元，实缴税金43.2万元，组团3.8万人次，地接2.5万人次，全年没有发生旅游安全事故，没有出现较大违纪违规情况和重大游客投诉。3.行业监督。对旅行社依法监管经营是长兴县旅游局的基本职责，县旅游局对旅行社的监管执法的典型案例有，2010年对未经备案就开始装修的宁波五一旅行社长兴分社给予取缔；2011年对没有办理营业执照的上海祈鸿实业有限公司长兴办事处非法从事地接给予取缔；2012年，对春秋假日旅行社私自设立营业网点给予取缔。2014年协助湖州市旅游局对自2011年10月，一直未在国务院旅游行政主管部门指定银行的质量保证金账户缴纳旅游服务质量保证金的长兴山农旅行社，2013年9月25日，湖州市旅游局下发了责令改正通知书，仍不缴纳保证金，违反《旅行社条例》第十三条的规定行政处罚决定书，给予吊销营业执照处理（湖旅罚字〔2014〕第2号）。

四、长兴县主要旅行社简介

长兴中青旅旅行社　位于龙山街道龙山大道269号，企业性质民营股份制。门市面积300平方米（另金陵中路营业网点有门市分店）。2011年3月，原长兴信天旅行社与湖州新国际旅行社长兴分社合并组建长兴国信旅行社，2012年被认定为浙江省“四星级品质旅行社”。2013年，旅行社加盟浙江省中青国际旅游有限公司，更现名。2015年，旅行社组织结构分计调、财务、导游、营销等部门。有员工20人，其中初级导游12人、中级导游1人。投资总额100万元。2014年，旅行社接待游客12794人次，2015年接待15800人次。旅游产品包括入境旅游、国内旅游等。公司文化口号“心意互通，传递感动”。2012年，旅行社曾获湖州市第二届游客喜爱的“十大品牌旅行社”称号；2014年，旅行社导游获“湖州市十佳导游称号”。2015年，旅行社获“湖州市金牌导游领军后备人才”称号。法人许江红。

长兴万宏交通旅行社　位于雉城镇县前中街355号（中心广场枢纽站内），企业性质国有股份制，门市面积360平方米。旅行社前身是1995年3月长兴县交通局创办的长兴交通旅行社，2003年6月4日合并重组，更名长兴万宏交通旅行社，是长兴万宏运输公司的下属企业，注册资金300万元。旅行社组织机构分为计调、财务、导游、业务等部室，有员工19人，其中初级导游6人。主要经营国内旅游、航空售票、旅游包车等服务业务。2014年接待游客9700人次，2015年4500人次。公司文化口号“让您放心而来、满意而归!”。2009年，旅行社被认定为浙江省三星级品质旅行社，2012年被评定为浙江省四星级品质旅行社。2012年，公司营业额突破2000万元，被评为浙江省百强旅行社和长兴县旅游业龙头企业。

长兴县天马旅行社 位于雉城街道解放西路53号。旅行社前身是1997年成立的长兴旅游发展中心，属长兴县人民政府直属国有旅游公司，由长兴县旅游局代为管理。2001年长兴县属公有制企业执行中共长兴县委改制决策，长兴旅行社与长兴旅游发展中心合并改制，原公司5名职工以自然人入股形式成立长兴县天马旅行社有限公司，企业性质转为民营股份制。截至2015年，公司办公场所及门市5次搬迁，现营业地址为雉城街道解放西路53号，门市面积120平方米。组织结构分计调、财务、导游、营销、门市等，有员工16人，其中初级导游9人。旅行社2009年被认定为浙江省三星级品质旅行社。2013年12月30日，被湖州市旅行社品质评定委员会评为浙江省四星级品质旅行社(湖旅行社质委〔2013〕3号)。2014年旅行社接待游客15960人次，2015年32860人次。国内旅游产品有“爷爷年逛北京”六日游、休闲海南双飞五日游等，地接旅游特色产品有长兴品茶赏梅一日游、长兴职工疗休养五日游等。此外，旅行社还为游客提供订车、订房、订票、会议后勤、公务考察等服务。公司文化口号“天马旅游、游遍天下”，营业网点有夹浦营业部。旅行社2006年、2011年、2012年，共三年被列为浙江省百强旅行社;2008年、2009年、2010年，共三年被评为长兴县旅游龙头企业。法人吴月萍。

长兴康辉旅行社 位于雉城街道金陵中路450号，企业性质个体，门市面积460平方米。2007年成立，初名长兴县光大旅行社，2014年更现名。组织结构分计调、财务、导游、营销、地接、总经办等部门，有员工13人，其中初级导游7人，投资总额30万元。2015年。旅行社接待游客3000余人，主要旅游产品国内旅游、入境旅游、地接等。公司文化口号“高素质的员工、高质量的服务、高水平的旅游”。2014年，旅行社员工获长兴“农丰杯”十佳旅游之星导游大赛优胜奖、“德华杯”湖州市旅游行业职业技能带头人称号。2015年旅行社被评为浙江省四星级品质旅行社。法人陆静。

浙江省中国旅行社集团长兴有限公司 位于龙山街道金莲桥路355号，是长兴旅游集团有限公司下属子公司，企业性质国有，门市面积458.9平方米。旅行社2014年5月成立，组织结构分办公室(导游部)、计调、门市、营销等部室，有员工40人，其中初级导游20人，中级导游3人，投资总额50万元。2014年，旅行社接待游客8.1万人次，2015年接待游客10.8万人次。旅游产品包括周边短线、国内长线、长兴县地接等。公司文化口号“品质服务，品牌经营”。旅行社2014年获“湖州市十大游客喜爱品牌——品牌地接社”“2015年度长兴县旅游业优强企业”等称号。法人崔建如。

湖州春秋旅行社 位于龙山街道金陵北路22号，又名湖州春秋国际旅行社，属民营股份制企业，门市面积200平方米。2005年3月28日成立，原名春秋假日旅行社，投资总额50万元，2015年7月20日更现名。组织结构分计调、财务、导游、营销、门市、办公室等部室，有员工32人，其中初级导游11人。2014年旅行社接待游客4830人次，2015年6360人次。旅游线路包括北京五日游、上海一日游、南京一日游、桂林四日游、云南六日游、海南五日游、九寨沟五日游、呼伦贝尔大草原六日游等。此外，旅行社兼营出境旅游，是长兴县唯一一家可代为办理出境旅游的旅行社。特色旅游产品有横店二日游。公司文化口号“春秋在手，说走就走”。下设有洪桥、新槐、和平、广场等4个营业网点。荣誉：2010年被评为浙江省三星级品质旅行社；2010—2012年连续3年被评为长兴县旅游业重点企业，2013年获“横店影视城旅游合作商年会金奖”。法人沈明良。

长兴京兴旅行社　位于雉城街道解放西路77-79号，旅行社前身是1995年长兴县驻京外事办创办的京兴旅行社。1997年5月，华能国际电力股份有限公司注资参股，2002年改制。2003年8月，浙江新世纪康辉国际旅行社控股长兴京兴旅行社，组建长兴京兴康辉旅行社有限责任公司。2007年2月，更名为长兴京兴旅行社。组织结构分计调、营销、办公室等部室。2001至2006年，旅行社连续6年被浙江省旅游局授予“浙江省旅行社五十强”荣誉称号。2010年被认定为浙江省三星级品质旅行社。法人蔡景。

长兴天宏旅行社　位于雉城街道明珠二路东润名邸14-16号，企业性质民营股份制，门市面积100平方米。2011年5月30日成立，组织结构分计调、财务、导游、营销等部门，有员工8人，其中初级导游4人，投资总额30万元。2014年旅行社接待游客2.5万人次，2015年3万人次。2013年12月30日，湖州市旅行社品质评定委员会（湖旅行社评委〔2013〕7号），认定旅行社为浙江省三星级旅行社。2014年获长兴县重点旅游企业称号。法人沈汉民。

长兴锦绣旅行社　位于龙山街道金陵北路184号，企业性质个体，门市面积8平方米，2012年成立，投资总额50万元。组织结构分计调、门市、财务等部室。有员工10人，其中初级导游3名。2015年，旅行社接待游客5000人次，法人蒋晓萍。

长兴美景旅行社　位于龙山街道太湖中路168-1号，企业性质个体，门市面积103平方米。成立时间不详。组织结构分计调、财务、导游、营销等部门，有员工15人，其中初级导游9人、中级导游1人。2014年，旅行社接待游客约800人次，2015年1300人次。旅游产品含国内旅游、入境旅游等。公司文化口号“一路风光，尽在美景”。旅行社曾获湖州市“最佳诚信合作旅行社”称号，获奖时间不详。法人丁潘虹。

长兴五一旅行社　位于太湖街道陆汇路60-86号，2010年2月8日成立，企业性质民营股份制，门市面积300平方米。组织结构分地接、计调、财务、技术、导游、营销等部门。有员工10人，其中初级导游2人，投资总额30万元。2015年接待游客5万人次。旅游产品涉及国内旅游、入境旅游、职工疗休养、会务会展服务、机票、车辆，签证、网上电子商务等。旅游特色产品横店二日游、象山二日游、湖州一日游等。营业网点有南浔、雷甸、武康、八里店、广场、太湖中路、泗安等合7个门市。法人王华斌。

长兴光大旅行社 位于雉城街道绿城广场5幢2号,企业性质个体,门市面积60平方米。2015年10月12日成立,组织结构分计调、财务、导游等部门。有员工10人,其中初级导游5人,投资总额100万元。2015年旅行社接待游客1500人次,旅游产品国内旅游(组团、地接)、旅游包车、航空票务、会务等。公司文化口号:“不求最好,只求更好。”法人康雅丽。

湖州新国际旅行社长兴分社 位于雉城街道县前西街497号,2007年创办,属湖州新国际旅行社在长兴县所设分社,后注册成个体独资企业。门市面积60平方米。组织结构分计调、财务、导游等部室,注册资金50万元,有员工6人,其中初级导游2人。主要经营国内旅游(组团、地接),兼营旅游包车、航空票务、各类会务等。公司文化口号“一路风景一路游”。

第四节 导游

一、概况

1993年长兴县第一家旅行社创办时,全县没有专业导游概念。1996年,长兴县旅游局成立,接受上级安排,经过理论学习与业务培训,逐步形成职业导游与导游管理理念。导游管理包括注册登记、政策鼓励、业务培训(详见第十四章服务管理第三节行业监管)三个方面。

长兴县导游职业起步较晚,1996年长兴县旅游局创立前后,县内几家国营旅行社均没有持证职业导游。1999年,长兴县旅游局组织培训业余导游,同时租借职业导游担任首届陆羽茶文化研讨会的旅游讲解,首次正式引入导游概念。2000年,长兴县出现导游,但行业素质总体不高,服务接待还未形成专业的人才队伍,行业内部缺乏带头示范作用。2002年。湖州市旅游局对导游进行年检,长兴县参加年检的导游24名[①],其中多人后来发展成长兴县旅行社与导游的骨干力量。2003年3月,湖州市旅游局开展“2002年导游人员年度审核”,长兴县旅游局组织43名导游参加年检,并正式建立导游人员档案资料库。依湖州市旅游局发布湖旅〔2005〕43号文件,2004年全市导游注册251人,长兴县24人。

2005年,全市导游注册343人,长兴县有40人。同年,湖州市旅游局成立湖州市导游管理中心,开始正式执行每年对全市三县两区的导游年检。长兴县旅游局负责全县导游前期初审,以及每年年检前期的资料准备工作。2008年,长兴县旅游局对全县92名导游员的IC卡进行年检。2009年,长兴县旅游局组织全县旅行社、景区的导游115人参与湖州市导游管理中心的年检,合格人数76人,新办导游证34名。2010年9月7号,长兴县风景旅游管理局印发

①24名导游姓名为吴月萍、孙斌、章华、濮丽萍、陈婕、董萍、施琴芳、戴秋秋、张霞、孙小文、吴云、朱立萍、张满琴、付卫红、夏云华、陆静、包伟军、方玲玲、缪晓颜、戴松丹、沈建妹、钱洪英、钟静萍、赵新芬。

《关于对2009年全县导游人员年检的通报》(长旅发〔2010〕41号),通过的90人,暂缓通过的12人,不予通过的27人。2010年,长兴县在县风景和旅游管理局登记注册持国导证导游140名。2015年,长兴县各旅行社有登记注册导游162人,另有少数工作于县内景区(景点)导游未计入内。

2015年5月30日年审长兴县各旅行社导游一览表

表3-72

序号	旅行社名称	导游姓名	人数
1	长兴春秋假日旅行社	吴银香、曹玲飞、王澹、陈彩莲、李静、郭婧婷、徐利娟、朱虹、钦鸿、张国琴、杨晶、章艳、杨彦、朱元元、王飞、周玲、汪霞、黄晶晶、凌丽兰、徐建凤、袁蕾、佘雯倩、贺梦婷、桂飞飞、汤明强、张文喆、林倩秀、郭文文、张静静、孙丹、周娇娇	31
2	长兴光大旅行社	朱立萍、陆静、冯红霞、张云雅、许蓓、陆晓、朱雪云、张丽丽、陈敏、曹美玲、向飞飞、余水	12
3	长兴国信旅行社	吴瑶、高华、金悦、汤芸、吴萍、沈倩宸、沈佳艳、焦叶益	8
4	长兴恒星旅行社	沈滨	1
5	长兴锦绣旅行社	张霞、黄雪	2
6	长兴京兴康辉旅行社	包伟军、沈建妹、钱洪英、钟静萍、何宁、钱敏、赵金平、蔡景、付利敏、洪小琴、刘毓华、钱欢、卢琴琴、周吉云、江悦	15
7	长兴京兴旅行社	丁利梅、孙伟、伊微微、邱丽、沈馨懿	5
8	长兴康辉旅行社	董玲	1
9	长兴美景旅行社	丁潘虹、温淑贤、阮风萍	3
10	长兴山农旅行社	王帆、李军军	2
11	长兴天宏旅行社	陈婧、臧萍、吴楠舫、李晨岑、潘双、严信蓉	6
12	长兴铁道旅行社	李娟	1
13	长兴万宏交通旅行社	姚晓敏、王燕、沈洁、吴锡婷、许诺、陈舒、叶丽萍、姚云峰、吴燕、章敏、孙佳、杨芳芳、王璐、王婷、王晶舒、刘露、钱佳、叶丹	18
14	长兴五一旅行社	俞利芳、陈洁、孙琪、钱彩凤、徐雨洁	5
15	长兴县天马旅行社	吴月萍、孙斌、章华、俞学俊、董萍、施琴芳、孙小文、吴云、许杰、韦利丽、章慧、严俊、王秀娟、毛燕、王晓燕、陶海琴、薛飞、陈双双、戴惠良、吴恋、赵丽婷、张旖真	22
16	长兴新世界旅行社	郑叶叶、强峦芳、叶伟林、吴彩萍、沈吉花、陈丹丹、鲍丽丹、周利利、王玮、李倩睿、聂智文	11

续表3-72

序号	旅行社名称	导游姓名	人数
17	长兴信天旅行社	徐敏	1
18	长兴阳光旅行社	殷尧、卢勤、陆恋	3
19	长兴中青旅	周飞飞、王丽丽	2
20	浙江省中国旅行社长兴公司	卢佩昌、余鑫瑗、俞婷、丁洁、陈攀、杨海琴、余鑫珏、陆雪梅、桂学锦、谢鸿瑜、杨丽姣、周文娟、王蓓蓓	13
21	合计		162

二、行业发展

导游作为旅游行业最主要的人才之一，长兴县旅游行政管理部门对导游发展给予一定的政策支持。2006年，长兴县人民政府办公室印发《关于印发长兴县促进旅游业加快发展优惠政策的通知》，第十条属针对导游优惠政策（后虽整个优惠政策多次改版，但导游行业均属优惠政策重要条目之一，基本性质不变）。为提高导游水平，长兴县旅游局组织导游参加各种培训与竞赛（详见第四编第三章行业管理第一节行业竞训）。

经过系统管理，2002年至2015年，长兴县导游发展迅速。至2012年，长兴县有国家持证导游170余人。但长兴县导游队伍呈现三大明显缺点：1.整体执业证件等级较低。2015年长兴县各旅行社登记注册导游162名，其中中级导游仅4名，其余全属初级导游，没有高级导游，更没有能承担涉外交流的外语导游。2.拥有国家导游证的导游从业岗位严重偏重旅行社。至2011年，长兴县境十大景区建设已初具规模，但是全县导游，基本属于旅行社带团导游，县境景区（景点）的持国导证的导游寥寥无几。3.导游流失严重。因职业特点、薪金、从业环境、发展前途等多重影响，全县导游队伍很不稳定，导游常因婚嫁、晋升至领导岗位，或重新择业等原因离开本职岗位，优秀人才流失严重。

三、讲解员

2005年，长兴县执行国家旅游局与浙江省旅游局规定，在景区设置讲解员。长兴县景区讲解员证书考核条件比较宽松，一般由长兴县旅游局组织合乎条件的景区工作人员集中培训，再参加浙江省旅游局统一举办的文化理论知识与实践知识双重考试，成绩合格者发给浙江省旅游局颁发的浙江省景区导游资格证，简称省导证①，持有"浙江省景点景区导游员资格

① 浙江省景区导游资格证简称省导证，与之对应的是国家旅游局颁发的导游证，与"省导证"相比，后者简称"国导证"。

证书”(IC卡注册登记地在湖州市),在旅游景区(景点)中担任导游工作的称作讲解员。取得特定景区从业资格的讲解员,其基本资格是在设定的景区执行导游讲解活动,但其一切活动仅限景区内部,不能至其他景区讲解,更无离开既定景区至各地带团旅游的资质。另持有“中华人民共和国导游证”(IC卡注册登记地在湖州市),景点景区从事讲解服务的人员也称讲解员,此类讲解员可以在非工作景区带团。长兴县每个景区(景点)均配备数名专职讲解员,以及一定数量的兼职讲解员[①]。2009年,长兴县旅游局为提高县内景区讲解员水平,颁布《长兴县旅游景区讲解员水平考核标准》,首先在大唐贡茶院与金钉子远古世界两个景区执行实施。至2015年,长兴县新四军苏浙军区旧址群、中国扬子鳄村两景区因隶属国家事业单位,讲解员因薪酬稍好,队伍比较稳定,其他景区因工作单位性质上属于自负盈亏企业,讲解员队伍很不稳定,优秀讲解员离职频繁,缺乏基本数据统计。

第五节　其他服务者

一、司机

长兴县旅游业态其他服务者包括司机、志愿者两类。1996年,长兴县旅游出行服务由游客自行解决,集体旅游联系长兴县交通运输局。2005年,长兴县旅游局为统筹安排全县旅行社,以及其他出境旅游,与长兴县万宏汽车运输有限公司签署合作协议,全部出境旅游由长兴县万宏汽车运输有限公司统一调配汽车运输。万宏公司组织一支由50名司机组成的车队担任用车任务。

2008年,水口茶文化旅游景区农家乐业态兴盛,旅游用车频繁。景区在水口乡农家乐协会领导下,创办了一支由20名司机组成、具有营运资质的农家乐客运车队,统一调配景区游客用车。2011年,从安全角度考虑,长兴县交通运输局对水口乡农家乐车队进行整治,统一管理。2015年,水口乡农家乐协会车队发展到30余辆,分为4个小组,分别对应以上海市为主的上海、南京、常州、无锡四条旅游线路,拥有司机30余人。

二、志愿者

在重大旅游活动中,长兴县旅游局组织志愿者协助参加活动。志愿者来源长兴县职业技术教育中心学校学生、湖州市旅游学校学生,以及长兴县各公益协会成员等。

---

① 2008年,3名及以上的讲解员是AAA级景区的基本要求。

第四章　信息资讯服务

信息资讯是旅游管理部门以及旅游企业为扩大市场营销，向游客提供的各种信息服务。长兴县旅游管理部门及旅游企业向游客提供的旅游信息资讯服务，综合举措内容，可分为推介营销、旅游线路、旅游宣传品、旅游品牌，共四大类。

第一节　推介营销

长兴县旅游推介营销举措与载体包括召开旅游推介会、媒体宣传、专题讨论会、网站与微信，共四种。

一、推介会

长兴县旅游局最直接的推介营销方式是参加或自我召开旅游资源产品推介会，在行业内推介旅游产品。至2015年，长兴县通过推介会的旅游营销大致可分三个阶段：1996年至2007年的学习探索阶段，2008年至2012年的主动推介阶段，2013年至2015年的市场化阶段。

第一阶段：1996年至2007年的学习探索

1996年至2007年是长兴县旅游局从参加旅游推介会到自我举办旅游推介会的探索阶段。1995年，长兴县的旅游主管部门长兴县城乡建设和环境保护局携带旅游宣传材料参加浙江省在杭州市举办的旅游博览会，是全县最早的旅游推介(会)参与。1996年，长兴县旅游局成立，因县境缺乏大型成规模稍有名气景区(景点)，没有向县外游客作旅游营销推介的需求，同时旅游管理部门因工作人员少，所以没有旅游营销推介。

1999年3月18—19日，长兴县参加湖州市举办的“1999看湖州——接轨上海”大型旅游推介；同年4月4日在无锡市、5月19日在昆明市两次参加旅游促销推介会。2000年，长兴县旅游局参加在杭州市举办的浙江省旅游交易会①，以及温州市旅游交易会、浙东南旅游招商促销等。2002年，长兴县旅游局参加在上海市举办的国际旅游交易会，以及在南京市举办的国

①2000年以后，浙江省旅游交易会每年举办一次，长兴县旅游局均会组织本县旅游企业参加。

内旅游交易会。会后，长兴县开始思考本地旅游特色产品开发，提出“西太湖主题山谷游”的旅游产品。2003年，长兴县旅游局先后赴香港、上海参加旅游产业招商推介会。9月，县旅游局参加在无锡市太湖广场举行的长三角旅游交易会，推出“中国古银杏生态园”旅游产品。伴随县内景区建设、农家乐的发展，长兴县旅游局开始策划向潜在的旅游市场举办旅游推介会，首选上海市。同年10月至12月，长兴县旅游局积极同上海市的虹口、黄浦、杨浦等旅游局联系，促成天马旅行社与上海老年旅行社签约合作，迎来上海老年旅行社、南国旅行社等至长兴县旅游的首发团队。

2004年，长兴县开始确立上海市为主要旅游客源市场，积极至上海市参加各种旅游节，以及湖州市在上海市举办的“接轨上海周——湖州市旅游推介会”，精心包装推出长兴县的“古生态二日游”和“茶文化一日游”两条特色旅游线路。同时长兴县旅游局积极加强同上海市旅游企业往来，增进合作，在巩固同上海市虹口、黄浦、杨浦三区旅游局友好关系基础上，加强同上海市多家旅行社联系，当年与上海市的现代、实华、上海老年、南国等30多家旅行社建立密切合作关系。2005年，长兴县旅游局在县委宣传部的帮助下拓宽营销渠道，与上海市的政府机关、社区、高校及教育系统合作，邀请部分实力、信誉好的上海市旅行社分批到长兴踩线，直接进入上海市客源一级市场。经过联系和接洽，同年成功接待由上海市委组织部组织的厅局级干部休养团共7批次300余人到长兴疗休养。

2006年，长兴县旅游局提出“地接十万过夜纯游客”的旅游推介任务目标，以上海市为主要客源地，通过加强与上海市旅行社合作，开展接轨上海市旅游推介，在巩固原有上海旅行社组团基础上，又有上海安莎、新金桥、紫荆花等20余家旅行社新开辟长兴旅游线路。长兴县旅游局与上海市各区友好旅游局联合，筹划开通上海至长兴的散客班车。其他，同年长兴县旅游局组织县内旅游企业参加杭州市世界休闲博览会，会上举办长兴古生态月系列活动；参加在南京举办的长三角旅游交易会，以及宁波市的专题旅游推介会。

2007年，长兴县旅游局仍以上海市作为主要客源市场开展旅游专题推介。年初，长兴县旅游局分别在黄浦区南京路和虹口区鲁迅公园举行以“金猪旺旺，农家过年”为主题口号的长乡村旅游推介，吸引近10万上海市民观看参与，为长兴县农家乐吸引了大量客源。之后，县旅游局总结经验开始组织农家乐业主多次赴上海、杭州等地进行推介。其次在继续巩固与上海市的黄浦、杨浦、虹口等区旅游局友好关系基础上，新拓展嘉定、金山、青浦等区旅游局的友好合作，举办上海旅行社与长兴以金钉子远古世界景区为主的新景点恳谈会等。其他，同年长兴县旅游局以“杭州双千长者游长兴——长寿之旅活动”为主题，在杭州举办多场推介；同时与安徽省广德县、江苏省宜兴市共同推进“长广宜金三角”旅游区域合作；赴江苏淮安、徐州以及安徽马鞍山、芜湖等进行专题推介。

第二阶段：2008年至2012年的主动推介

2008年初，长兴县旅游局在上海市静安、徐汇、嘉定等区举办“浙江长兴旅游新年推介会”,同时与崇明县、长宁区、卢湾区、闵行区旅游局签订友好协议,开拓新的客源市场,组织有针对性的推介活动10余次,近300家旅行社代表参加,有60余家旅行社新开辟了线路,加深了对长兴旅游的认知。与常州市旅游集散中心签订友好合作协议,至浙江萧山、义乌、江苏丹阳、昆山等举行旅游推介会;组织县内旅游企业赴南京参加旅交会,参加《钱江晚报》组织的旅游进社区活动。同年11月,长兴县旅游局以长兴县旅游发展有限公司为主要控股,联合县内8家景区、企业成立长兴县旅游营销公司,以上海市为重点,专门开展旅游营销。长兴县专业营销公司的成立,标志全县旅游推介进入全面主动推介阶段。

2009年是长兴县旅游营销公司的工作年,长兴县旅游局以县旅游营销公司为主平台开展旅游产品强势促销。公司在上海、杭州、常州、苏州、无锡、宁波、南京等地设立营销办事处,通过目的地营销、组合营销、驻点营销的有机结合,有效运用政府“地接”奖励等政策,调动各层面营销主体的“地接”积极性,使长兴县旅游线路产品销售迅猛增长。具体举措,一是策划推出长兴旅游奖励券,在上海、杭州、苏南城市群推介发放,极大地提高了县外旅行组团到长兴县的积极性和成功率。二是以上海市“世博会”为契机,长兴县旅游局与世博会组委会签署战略框架合作协议,组织县内旅行社签署接轨世博,成立咨询服务中心代销上海世博会门票,并主动对接,将长兴茶文化、魅力乡村体验之旅纳入世博游精品线路,全力打造“世博在上海,休闲到长兴”的专项旅游产品。县旅游局联合县交通局开通长兴县至上海、杭州、南京、常州四大旅游集散中心的长兴旅游班车。

2010年,长兴县风景旅游管理局以接轨世博为重点,实现旅游市场拓展的量质并举。县风景和旅游管理局借助世博会平台,通过行政推动与市场运作有机结合,推介长兴县旅游产品,在长三角主客源市场,举办了近30场旅游推介(说明、恳谈、联谊)会。

2011年,长兴县风景和旅游管理局以整体营销为目的,加大对外宣传力度,在苏浙沪三地分别举办了8次旅游推介会,参加2011年度浙江省国际旅游交易会、上海(国际)自驾游博览会等推介会。此外,为充分拓展县内旅游资源市场,5月25日,长兴县风景和旅游管理局印发《长兴县旅游年卡(畅游卡)实施方案》(长旅发〔2011〕2号),首次对全县市民实施年卡制度,此举措既方便了普通市民游览县境旅游景点,也提高景点的利用率。

2012年,县风景和旅游管理局组织旅游企业赴上海举办旅游新产品和政策发布恳谈会暨直通车开通启动仪式。在上海市黄浦区举办以“远古生态、醉美长兴”为主题的2012浙江·长兴(上海)旅游恳谈会,推介活动通过现场茶艺表演、旅游官方微博展示、穿插互动抽奖的形式向游客进行推介。赴南京市举办长兴乡村旅游展示“高校行”“社区行”旅游推介;赴苏州、余杭举办旅游答谢恳谈会;赴山东参加国内旅交会暨杭州都市圈国内联合促销推介会等。

第三阶段:2013年长兴旅游集团成立后的市场化推介

2013年,长兴旅游集团有限公司成立,长兴县风景和旅游管理局不再全面承担全县旅游推介的基础业务,转为主要负责组织督促与引导,而新成立的长兴旅游集团公司成为旅游推介的主要单位，长兴县的旅游营销推介向市场化、多元化发展。同年，长兴县旅游和风景管理局围绕新开通的高铁做市场推介，注重在高铁沿线城市开展旅游宣传推介，借助省、市旅游部门“看晚报·游浙江”“乘高铁·游湖州”等平台，赴济南、郑州、上海、北京等地旅游促销，分别举办“2013乡村品质之旅嘉年华(杭州)巡展活动”“中国旅游日·长三角百家重点旅行社游长兴活动”“浙江长兴(上海)会务旅游活动”，“乘高铁·游长兴”高铁沿线城市(杭州、南京)旅游宣传推介系列活动，在上海市高端社区开展“乘高铁·游长兴”旅游推广暨长兴(上海)生态乡村文化节专题推介，组织旅游企业参加“2013年浙江省旅交会”、国内旅交会以及长三角自驾游产业博览会。同年8月，新成立的长兴旅游集团有限公司针对中秋、国庆旅游黄金周市场，大力实施“引进来、走出去”战略，连续在南京、上海、长兴本地举办3场秋季旅游产品及优惠政策发布会，邀请苏州、杭州、嘉兴等地重点旅行社到长兴进行深度考察，同时与上铁文广集团合作，在南京高铁站进站大厅设置宣传广告，进一步搭建长兴与周边地区的旅游交流合作平台。9月，为配合开发区企业文化建设，推出“长兴一日游”“新长兴人游长兴”休闲旅游，与多蒙佳乐等多家长兴本地大型企业合作，接待企业员工1300多人。

2014年，长兴县风景和旅游管理局成功举办长兴国际贸易投资洽谈会休闲旅游产业推介会。利用浙江省中旅及浙江友好合作旅行社平台，策划举办“浙江人游长兴”宣传推介，组团赴济南参加浙江(山东)旅交会、中国(上海)国际旅交会。长兴旅游集团有限公司与《湖州晚报》合作，推出系列亲子游活动；在安徽省芜湖市鸠兹广场举办“长兴旅游，走进芜湖”广场推介，参加宁波、南京、扬州等地的旅游推介会。

2015年，长兴县旅游委员会精心策划推介活动，组团赴杭州举办2015长兴(杭州)旅游推介会及广场咨询展，发布长兴十大乡村最美摄影点和十大经典徒步古道；赴南京举办2015长兴(南京)旅游推广活动月暨“南京市民游长兴”特惠活动启动仪式，策划长兴(南京)旅游推介会、长兴旅游进南京六大沃尔玛超市、驾校和4s店以及知名媒体、南京网络大V游长兴等系列活动；组团参加浙江省(江西)旅交会、中国国际旅交会等。

截至2015年长兴县旅游委员会举办或参加的旅游推介会一览表

表3-73

时间	推介会名称	内容简介
1999.3.18	1999湖州接轨上海大型旅游促销活动	组织全县10余家旅游企业参加
1999.4.8	无锡市民周末旅游好去处	组织全县10余家旅游企业参加
1999.5.19	99全国国内旅游交易会	作为湖州市一部分参加昆明市旅游交易会，获优秀展台奖
2003. 4	旅游产业招商推介会	赴香港、上海等地参加旅游产业招商推介会，并与县建设局共同筹办旅游和基础设施专题洽谈会

续表3-73

时间	推介会名称	内容简介
2004	湖州旅游周	参加杭州市举办的国内旅游交易会,宣传长兴旅游资源,加强与外地旅游界的交流
2004	湖州旅游周	赴扬州参加旅游交易会,宣传长兴旅游资源
2004	接轨上海周湖州市旅游推介会	接轨上海周,湖州市旅游推介会等活动
2006	长三角旅游交易会	参加杭州世界休闲博览会,会上举办"长兴古生态月"系列活动
2007.1	长兴乡村旅游推介展示	在黄浦区南京路和虹口区鲁迅公园举办长兴乡村旅游概念推介
2007.8	金秋浙江长兴旅游推介会	举办"金秋浙江长兴旅游推介会""杭州双千长者游长兴——健康长寿之旅活动"
2007.9	上海旅行社与长兴新景点恳谈会	在上海市黄浦、虹口两区举行恳谈会,交流推介长兴县旅游产品
2008.3	长兴旅游2008年嘉定答谢恳谈会	长兴县旅游局、嘉定区旅游局、嘉定区旅游协会、长兴旅游企业、嘉定区13家旅行社参与
2008.4.3	2008杭州旅游答谢恳谈会	开辟长兴县旅游业务,20余家杭州市旅行社参加
2008.10	长兴旅游接轨上海活动月	举办"浙江长兴—上海长兴岛"旅游互动恳谈会,内容包括"风尚自驾到长兴,健康财富一日游"启动仪式、旅游推介会、"上海记者(著名高校和各区党报)长兴采风游"等主题活动
2008.10.14	上海市杨浦区旅游推介会	推介长兴县旅游产品和优惠政策
2008.10.15	上海市奉贤区旅游推介会	推介长兴县旅游产品和优惠政策,促进奉贤区旅行社与长兴县旅游营销公司及旅游企业合作
2009.1.10	长兴乡村旅游上海市(静安)旅游推介活动	在上海市静安、杨浦、徐汇等区组织以"金鼠闹春,农家过年"为主题的特色旅游推介
2009.1.12	上海市长宁区新年旅游推介会	长宁区70余家旅行社参与,增进长宁区旅行社与长兴县旅游营销公司及七大景区之间的合作
2009.1.13	上海市静安区新年旅游推介会	静安区60余家旅行社参与,增进静安区旅行社与长兴县旅游营销公司及七大景点之间的合作
2009.3.6	神游长兴旅游券新闻发布会暨派送启动仪式	在上海市举行首批500万元旅游券派送,派送给200多家旅行社。长兴县与上海市旅游局相关领导、新闻媒体、旅行社代表等100余人参加活动

续表3-73

时间	推介会名称	内容简介
2009.3.7	长兴(苏南片)旅游推介暨旅游券派送会	在常州市向苏南片区推介长兴县的旅游产品和优惠政策，与当地旅行社签订长兴旅游券派送协议，派送长兴旅游券，促进苏南片区旅行社与长兴县旅游营销公司及七大景区之间的合作
2009.3.24	长兴(无锡)旅游推介暨旅游券派送会	无锡市39家旅行社、5个社区、5个工会、5个自驾车俱乐部参与现场派送长兴旅游券活动
2009.3.31	长兴(杭州)旅游券派送暨合作恳谈会	与杭州市相关旅行社互动恳谈，签订长兴县旅游券派送协议，促进杭州市旅行社与长兴县旅游营销公司及主要景区之间的合作
2009.4.8	长兴(南京)旅游推介暨旅游券派送会	与南京市相关旅行社(集散中心)、自驾游俱乐部签订长兴旅游券派送协议，现场派送，促进了南京市旅行社(集散中心)与长兴旅游企业景点的合作
2009.9.1	长兴(昆山)旅游推介会	昆山市25家旅行社参与活动，达成与长兴县旅游营销公司的业务合作
2009.9.8	长兴(萧山)金秋旅游推介会	萧山区26家旅行社及12家营业部参加活动，达成与长兴县旅游营销公司的业务合作
2009.9.28	长兴(卢湾)旅游推介会	上海市卢湾区30家旅行社参与活动，增进卢湾区各旅行社与长兴县旅游营销公司的业务合作
2009.11.11	长兴县丹阳市旅游推介会	丹阳市18家旅行社(总经理计调)、2家自驾游网站参与活动
2009.12.10	长兴(崇明)旅游推介会	举行长兴县旅游局与崇明县旅游局友好关系签约仪式，崇明县10家旅行社、10家营业部参加活动
2010.1.21	长兴乡村旅游(常州)展示推介会	在常州市举办“今年就到长兴农家过大年”的主题推介活动
2010.2.4	长兴(宁波)新春旅游推介会	宁波市城区及所属(区)县50余家旅行社参加活动
2010.3.16	长兴(金山)旅游推介会	上海市金山区30家旅行社、15家门市参加活动
2010.3.25	长兴(义乌)旅游推介会	义乌市16家、东阳市7家旅行社参与活动
2010.3.30	长兴(扬州)旅游推介会	扬州市36家旅行社参与活动
2010.4.10	长兴迎世博南京路大型旅游咨询活动	在南京路世纪广场发放长兴县旅游宣传资料，举行民俗表演，接受市民咨询，推介长兴旅游产品
2010.6.22	湖州市世博旅游城市形象展	作为湖州市一部分，展示推介长兴县旅游形象、旅游线路、民俗表演以及世博旅游产品销售等
2010.7.7	长兴(南通)旅游推介会	南通市50余家旅行社参加活动

续表3-73

时间	推介会名称	内容简介
2010.7.14	长兴(松江区)旅游说明会	松江区36家旅行社、15家门市部参加活动
2010.7.18	《钱江晚报》首届清凉避暑节	受浙江省旅游协会及《钱江晚报》邀请,参加浙江省首届旅游避暑节活动,推介长兴县旅游景点
2010.7.27	长兴(台州)旅游推介会	台州市60余家旅行社参与活动
2010.7.28	长兴(嵊州)旅游对接会	嵊州市11家旅行社参加活动
2010.8.12	长兴(南京市)旅游对接恳谈会	南京市20家重点合作旅行社参加活动
2010.8.18	长兴(芜湖市)旅游推介会	芜湖市及周边70多家旅行社参与活动
2010.8.26	长兴(常州)旅游合作恳谈会	常州市20余家重点合作旅行社参加活动
2010.8.31	长兴(崇明)旅游合作恳谈会	崇明县20余家重点合作旅行社参加活动
2010.9.1	长兴(奉贤)旅游合作恳谈会	向奉贤区旅游界推介长兴县最新旅游产品及优惠政策,当地20余家重点合作旅行社参加活动
2010.9.2	长兴(嘉定)旅游合作恳谈会	嘉定区20余家重点合作旅行社参加活动
2010.9.8	长兴(青浦)旅游答谢恳谈会	青浦区30余家重点合作旅行社参与恳谈
2010.9.15	上海市金山区赴长兴旅游考察暨合作恳谈会	邀请金山区旅游局及20家重点合作旅行社至长兴县实地考察
2010.9.16	无锡市环太湖疗休养院推介会	至无锡市参加推介会,向环太湖10多家疗休养院推介长兴县旅游产品
2010.9.21	长兴(常熟市)旅游推介会	常熟市27家旅行社参加活动
2010.11.8	长兴(黄浦区片)金秋旅游政策说明会	上海市黄浦、闵行、徐汇、卢湾等区近70家重点合作旅行社参加活动
2010.11.9	长兴(虹口片区)金秋旅游政策说明会	上海市虹口、杨浦、静安、长宁等区近70家重点合作旅行社参加活动
2010.12.16	长兴(吴江市)旅游推介会	吴江市20家旅行社参与活动
2010.12.26	长兴乡村旅游(杭州)广场展	宣传以"青菜萝卜鲜,长兴乐兔年"为主题的乡村旅游,以增强杭州市民对长兴县乡村旅游认知
2011.2.25	2011浙江(江苏)旅游交易会	参加浙江省旅游局在南京市国际展览中心主办的2011浙江(江苏)旅游交易会。县风景和旅游管理局获省旅游局颁发的优秀展台奖
2011.3.15	长兴(余杭)新春旅游推介会	余杭区50余家旅行社(营业部)参与活动
2011.3.31	长兴(江阴市)旅游推介会	江阴市45家旅行社、3家企业工会、3家社区、靖江市10余家重点旅行社参与活动
2011.4.14	长兴(闸北)旅游推介会	闸北区66家旅行社(营业部)参与活动

续表3-73

时间	推介会名称	内容简介
2011.4.19	长兴(普陀)旅游合作恳谈会	普陀区30家重点旅行社负责人参与活动
2011.5.18	走进上海、服务社区—“吃住游购新湖州”系列推介暨长兴旅游恳谈会	展示长兴县“古生态奇观、茶文化圣地”的旅游品牌，播放长兴县旅游专题片
2011.5.31	长兴(浦东)旅游推介会	浦东新区70家旅行社(营业部)负责人参与活动
2011.8.24	长兴(蚌埠)旅游推介会	蚌埠市及周边50家旅行社负责人参与活动
2011.9.27	长兴旅游广场咨询展示活动	在县人民广场举行县境旅游信息咨询，全县所有旅游景区参与活动
2012.1.7	长兴乡村旅游(南京)广场展	在南京市湖南路狮子楼步行街广场组织以“春暖长兴行、农家乐龙年”为主题的旅游特色推介
2012.1.19	长兴(余杭)新年旅游答谢恳谈会	答谢余杭区风景和旅游管理局及旅游企业对长兴县旅游的关心与支持
2012.3.23	“2012浙江(江苏)旅游交易会”	参加浙江省旅游局在南京市国际展览中心举办2012浙江(江苏)旅游交易会，时间3天，长兴旅游局获省旅游局颁发的优秀展台奖
2012.9. 12	2012浙江·长兴(上海)旅游恳谈会	推介长兴县旅游新产品、新政策，迎接新的旅游旺季，加强沪长两地旅游业交流与合作
2013.8.11—9.30	庆祝长兴旅游集团有限公司成立答谢惠民活动	长兴旅游集团特推大型门票优惠活动。湖州市居民、到长兴务工人员、外地游客(凭高铁票)、中高考生等可享受为期两月的景区门票五折优惠
2013.8.30	南京市旅游产品推介	长兴旅游集团推介集团的秋季旅游产品及优惠政策，南京市旅游局、各大旅行社及社区等代表等共100余人出席发布会
2013.9.6	2013浙江·长兴旅游集团秋季旅游产品及优惠政策(上海)发布会	长兴旅游集团介绍长兴旅游产品、精品线路及优惠政策，播放长兴旅游专题片、PPT演示和旅游企业现场推介等
2013.9.13	长兴旅游集团秋季旅游产品恳谈会	邀请苏州、杭州、嘉兴90余家合作旅行社及6家重点媒体到长兴县考察景区；旅游集团公布秋季旅游产品及相关优惠政策
2014.1.26	长兴“我是状元”学子祈福活动亲情旅游节	长兴旅游集团联合《湖州晚报》推出“我是状元”学子祈福活动，20组经《湖州晚报》报名筛选的亲子家庭至大唐贡茶院参加学子祈福仪式体验

续表3-73

时间	推介会名称	内容简介
2014.8.30	2014长兴旅游走进芜湖文艺展示	在芜湖市鸠兹广场风景区举办,芜湖市旅游局及重要合作旅行社出席推介会,现场签订战略合作协议
2014.9.27	2014中国·太湖明珠—长兴国际投资贸易洽谈会休闲旅游产业推介会	向香港中旅国际投资有限公司、上海景域集团、成都文旅集团等大型旅游集团推介长兴县重点休闲旅游投资项目,通过《中国旅游报》、《浙江日报》、"浙江交通之声"等12家媒体给予报道
2015.9.7	2015长兴(杭州)旅游推介会	长兴县旅委赴杭州市以"四季诱惑 乡村度假"为主题,推介长兴县乡村旅游产品
2015.10.15	2015长兴(南京)旅游推介会	长兴县旅委赴南京市,以"四季诱惑 乡村度假"为主题,推介长兴县乡村旅游产品
2015.11	长兴(小浦)银杏风情节推介会	长兴旅游集团与小浦镇人民政府联合打造"古银杏长廊+景区"的特色秋季旅游产品,在江浙沪市场推介长兴县旅游产品亮点

二、媒体宣传

2000年开始,长兴旅游局开始与媒体签约合作,有针对性的宣传推介长兴旅游,合作媒体包括报纸、电视、广播、网络、杂志等,借助与媒体合作,整体宣传长兴旅游形象,重点推介旅游产品和线路,塑造旅游品牌,扩大旅游知名度。长兴县借助媒体推销旅游产品宣传旅游分为2000年至2005年的政务手段初步探索,2006年至2012年的全媒体深度营销,2013年至2015年与媒体专业化个性化合作,共三个阶段。

第一阶段:2000年至2005年政务手段初步探索

1996年长兴县旅游局成立之初,没有形成利用媒体推介旅游产品的概念。2000年3月11日,长兴县旅游局为开发假日旅游,由长兴铁路旅行社牵头,组织全县5家旅行社成功开通至诸暨、义乌、泰山和温州雁荡山的假日旅游专列。其中,义乌专列载着700名游客前往义乌中国小商品城、西施故里诸暨购物旅游,收到众多媒体关注报道,一时成为新闻媒体报道热点。2002年,针对出境游组团多、入境游接团少,县内旅游景点建设逐步开展却缺乏关注的困境,长兴县旅游局提出"西太湖主题山谷游",开始萌发利用报纸、电视等媒体宣传长兴县旅游资源的营销思路。

2004年,长兴县人民政府为了宣传需要,与南京电视台、浙江卫视旅游频道、湖州电视台等电视传媒签约,通过电视插播对长兴县的旅游景点进行报道;同时邀请《旅游时报》《江南游报》《华东旅游报》《旅游之声》等媒体记者到长兴采风,举办知名作家看长兴活动,宣传推介长兴县的旅游景点，目的通过旅游资源宣传，扩大长兴县在周边地区的知名度。2005年，长兴县旅游局通过各种有效载体，如报刊、电台、电视台、网站、宣传折页进行旅游推介，邀请有影响的媒体到长兴县采风，共同推介长兴旅游线路。同年，长兴县旅游局在南京电视台投放半年广告，整体宣传长兴旅游资源；在东方航空公司的航空杂志投放长兴县古生态旅游产品，在上海市主要报纸《新民晚报》《文汇报》上刊登长兴县农家乐的宣传材料。

第二阶段：2006年至2012年的全媒体深度营销

2006年，长兴县旅游局与南京广播电视台、扬子晚报、华东旅游报、旅游时报、江南游报、浙江电台旅游之声等新闻媒体紧密合作，通过邀请采风、策划专项活动、参与梅花节、樱桃节、杨梅节活动等多种形式，借助媒体，宣传旅游产品，不断扩大长兴县的旅游影响力。

2007年，为加强主要客源市场的宣传促销，长兴县旅游局与钱江晚报、华东旅游报、江南游报、旅游时报、浙江电视台、南京电视台、东方卫视等多家新闻媒体合作。同年，长兴县旅游局在县境杭宁高速公路设置高炮广告，在县城主街设置一批灯箱广告，在通往主要景区的公路边设置大型广告牌，在公交上播放长兴旅游风光片。

2008年，长兴县旅游局继续与南京广播电视台合作，对主要客源市场上海市加大宣传力度，合理整合资源，有计划地进行宣传，与《报刊文摘》《旅游时报》《华东旅游报》等多家新闻媒体合作；聘请著名笑星阿庆为长兴县旅游荣誉市民，增设申苏浙皖高速公路高炮广告，并在上海市骨干线路设置公交广告，发送旅游小区短信，在公交车、公众视频网及长兴电视台播放长兴旅游风光片。

2009年，长兴县针对几个主要客源市场，按地区选择长三角地区30家知名媒体进行宣传。上海方向包括报刊文摘、新闻晨报、申江服务导报、上海劳动报、上海电视台虹口频道；苏南地区包括现代快报、南京电视台《旅游真好》栏目、华东旅游报、常州晚报、姑苏晚报、镇江京江晚报、无锡日报、常州日报、常州晚报；浙江省内包括杭州日报、杭州今日早报、都市周报、浙江电台旅游之声、范大姐帮忙、钱江晚报、江南游报；湖州地区的湖州电视台和湖州晚报等；嘉兴地区的嘉兴广播电视台；强势宣传推出长兴旅游产品线路。在上海市的骨干线路投放18辆公交车车身广告，利用小区短信平台进行宣传，并在22辆省际客运电视车载媒体及公众视频网投入广告，滚动播放长兴县旅游风光片。

2010年，长兴县风景和旅游管理局利用上海市“世博”海绵效应，加强与《报刊文摘》《新民晚报》《钱江晚报》《扬子晚报》《旅游时报》、南京电视台等以上海市为中心的长三角地区、近40家媒体的合作，进一步强化长兴旅游主题形象宣传。上海方向包括旅游时报、上海劳动报、新民晚报、报刊文摘、新闻晨报、申江服务导报、东方早报、上海旅游蓝页、老年报、上海电视台、青浦报等；浙江省内包括绍兴晚报、绍兴旅游杂志、金华晚报、都市快报、江南游报、浙江电台旅游之声、宁波商报、义乌商报、义乌浙中新报、南湖晚报、嵊州电视台、萧山日报、萧山旅游生活、钱江晚报、悠游浙江；安徽省包括芜湖晚报；江苏方向有所加强，包括扬子晚报、南京电视台、南京晨报、金陵晚报、常州日报、常州晚报、镇江电视台、镇江扬子晚报、丹阳报、姑苏晚报、苏州城市商报、无锡江南晚报、无锡广播电视报、宜兴日报、南通江海晚报、华东旅游报、扬州晚报、泰州晚报、现代快报等。

2011年，延续上一年媒体推介思路，长兴县风景和旅游管理局继续以地区为单位针对主要客源市场进行旅游资源宣传推介。上海方向包括旅游时报、新民晚报、报刊文摘、新闻晨报、东方早报；安徽方向包括合肥晚报、蚌埠日报；江苏地区包括苏州城市商报、华东旅游报、常州日报、常州晚报、扬子晚报、南京晨报、无锡江南晚报、南京电视台、现代快报、金陵晚报；浙江地区包括浙江电视台、江南游报、都市快报、浙江日报、绍兴晚报、台州晚报、金华晚报、钱江晚报等。

2012年，长兴县旅游和风景管理局加强与中国旅游报、报刊文摘、新闻晨报、南京晨报、东方卫视、浙江电视台、南京电视台等受众面广的长三角重点媒体的固定合作，并根据各主客源市场及长兴旅游产品的季节特点，适时集中推出特色鲜明的主题口号及产品线路。同年，长兴县风景和旅游管理局将与浙江省内媒体的合作适度提高，以吸引更多周末游和周边游客。浙江地区包括浙江电视台民生休闲频道《休闲江南》、悠游浙江杂志、浙江老年报报业有限公司(印象长兴特刊)、嘉兴南湖晚报等。

第三阶段：2013年至2015年与媒体合作的专业化、个性化营销

2013年，针对全国各地旅游市场利用主流媒体推介的强烈竞争已完全市场化、常态化现状，长兴县风景和旅游管理局逐步调整思路，采用针对不同游客(长兴县客源地分为上海、苏南、省内杭州、绍兴等)制定不同宣传方案，做到个性化精准营销。同时利用新开的高铁制作宣传策划，网络实施网络营销，形成与媒体合作的专业化营销。

2014年，长兴县风景和旅游管理局继续融入浙江省旅游局“看晚报·游浙江”及杭嘉湖绍都市圈新春优惠月活动，利用长三角地区的全国25家知名晚报宣传；加强与《中国旅游报》、浙江之声、浙江交通之声、上海第一财经广播、盘石网盟、腾讯等媒体合作，做好“春·花醉人”“夏·果迷人”“秋·色诱人”“冬·食暖人”系列活动及旅游产品的宣传推广，积极参与新华网系列评选活动，并荣登2014旅游业最美中国榜。同时深入挖掘长兴旅游文化资源，并积极与央视四套《快乐汉语》栏目、纪录片《红色地标》摄制组对接，借助优势媒体平台做好旅游宣传。

2015年，长兴县旅游委员会着力塑造“茶文化圣地，乡村游天堂”的旅游主品牌，以及“四季诱惑”“上海村”等特色子品牌，统筹宣传资源，制定《2015年长兴旅游宣传推介工作方案》，深化与周边省市媒体的深度合作，同时整合草莓、桃花、樱桃、清风游园会、自行车速降赛、薰衣草、蓝莓、葡萄、银杏、水口民宿节·微电影大赛、“上海村”过大年等专题活动，在国家级媒体刊播宣传报道25条，在省级媒体刊播57条。同年，与浙江省党报系列的《浙江老年报》合作，刊登《印象长兴》系列散文及“茶文化圣地，乡村游天堂”征文比赛。同年，县旅委策划“浙江省最优哉工作”旅游达人招募活动，录取63名长兴首批旅游达人，制定《长兴旅游达人稿件评定方案》《长兴旅游达人基本待遇及补贴办法》充分调动旅游达人的积极性和主动性，让旅游达

人宣传推介长兴。2015年，长兴县旅游被国家级主流媒体专题报道20余次、被省级媒体专题报道100余次。

截至2015年长兴县旅游业部分重要媒体报道摘要

表3-74

题名	刊号与内容
浙江长兴推出经济型农家旅游	见2002年6月19日《浙江日报》：2002年4月，上海绿源旅行社总经理专程赶到八都岕考察后同王献春商定，从5月份起，每周双休日组织上海游客来这里游玩。大笔业务到手，王献春信心足了。王献春动员本村及邻村王小苟、吴建汉等30多户农民，分别投资2000多元，重新装修自家小院，办起了吃、住一条龙的小旅馆。他又联系20多户农民上山放养本地鸡、种野菜，以本地特色菜肴接待外地游客。农家休闲旅游引起了上海、杭州等地旅行社的兴趣
长兴古银杏长廊：乡土旅游倾倒上海客	见2003年1月3日《浙江日报》："十一黄金周"，古银杏长廊村民通过县旅游局牵线，已和上海的近十家旅行社挂了钩，"十一黄金周"期间精心安排特色"农家乐"旅游"套餐"，有6批近500名上海游客慕名前来参观旅游，采摘银杏果。古银杏长廊旅游业像银杏果一样赢得"大丰收"
中国扬子鳄—浙江长兴村成旅游新热点	见2004年10月5日《新华网》：十一黄金周期间，中国扬子鳄村的落成开放。长兴县推出"古生态旅游在线"线路，景区推出逗鳄楼、观鳄长廊、垂钓休闲台、湖心岛、九曲桥等观赏景点，吸引江、浙、沪游客
长兴有个"上海村"	见2005年9月19日《人民网》：从水口乡集镇向北，朝着顾渚山进发，一路修竹夹道，满目苍翠欲滴，茶园、良田、溪流、村居交错，一派初秋的田园风光。……"上海村"果真不虚，随后走访的"农家乐"不仅大多住满了上海客，而且多是"长住客"，一家名叫"紫藤阁"的农家乐住了50人。上海市血液中心退休干部洪卫夫妇说，他们已是第三次来这里，每次都要住上两个多月，这次带来了一大帮老年朋友……周佰民说，水口素有敬老、爱老、扶老的传统，纯朴的民风更是吸引都市老年人"情感回归"。"近两年，上海客的回头率达到了30%，通过以客带客、一批带一批，'农家乐'越办越红火，带动了就业、客运、土特产销售，活了一方经济"
长兴，打造中国古生态之乡	见2006年12月27日《浙江在线》：长兴旅游发展较晚，2002年开始正式起步。从2003年开始，旅游主管部门重点开展景点建设，打造了"古生态"和"环太湖"两大旅游品牌，其中"古生态"作为长兴的第一大品牌，逐步走进了游客的视野。至2006年，"金钉子"国家地质遗迹自然保护区、中国扬子鳄村和十里古银杏长廊三个古生态文化基地成为长兴旅游的拳头产品……中国扬子鳄村依托全国扬子鳄繁育基地，成为科研教育、旅游观光和生态保护为一体的景区，在一期建设下挖掘游客参与性和休闲性需求，完善景区建设的品牌提升。全县旅游创新依靠了多种手段和立体式宣传，通过申请举办第十届国际茶文化研讨会……

续表3-74

题名	刊号与内容
长兴县旅游产业“三产”彰显活力	见2006年9月7日《新华网.浙江频道》:2005年以来,长兴县委、县政府按照第三产业“调活提速”的工作目标,狠抓《关于进一步加快发展第三产业的若干意见》的落实,以三产龙头企业、重点项目、新兴行业为对象,用好三产财政引导资金,加大扶持力度,营造三产发展氛围,促进我县第三产业的快速发展……旅游产业发展加快。长兴县按照“政府主导、市场运作、精品启动、依法监管”的要求,合力推进旅游景点建设,出台了《关于加快全县旅游经济发展的若干意见》和促进农家乐发展的一系列配套优惠政策。中国扬子鳄村、金钉子国家级地址遗址自然保护区、古银杏长廊三大古生态景点日益完善,水口顾渚茶文化景区建设开发已经启动,陈武帝故宫重建工程已立项,新四军苏浙军区司令部旧址群被定为全省5个重点红色旅游经典景区和6条经典旅游线路之一
栽下梧桐树,自有凤凰来——浙江长兴县打造“长三角生态休闲区”	见2007年5月11日《搜狐新网》:据记者了解,今年“五一”黄金周是浙江长兴县提出打造“长三角生态休闲度假新选区”目标后的第一个黄金周。记者在采访中发现,无论是接待人次、旅游收入、门票收入、客房入住率、农家乐接待数等指标都比往年大幅提升……县委、县政府对旅游业的发展高度重视,成立了各旅游景点建设领导小组,出台了《关于促进全县旅游经济发展的若干意见》《关于促进农家乐发展的若干意见》《长兴县促进旅游业加快发展的优惠政策》等系列政策,加快推进旅游景点建设等各项工作,为乡村旅游的快速发展创造了前提条件。根据对游客的抽样调查显示,绝大部分游客是被浓郁的“古生态”旅游奇观吸引来的
明年30万“阿拉”游长兴	见2008年12月1日《浙江在线》:针对越来越多的上海人到长兴旅游。11月28日,长兴县旅游局在长兴县金钉子远古世界景区同上海市奉贤区旅游局联合主办“迎世博走进长三角”的开游仪式。据悉,此次活动也拉开了“长兴旅游接轨2010年世博”的序幕。奉贤区旅游局蒋局长告诉记者,长兴的茶文化、古生态等,在整个长三角地区具有自己特有的优势,随着世博会的临近,区域内的旅游互动和合作将会越来越紧密,根据双方签订的一系列合作协议,仅奉贤区就组织了10万人次到长兴旅游。明年,被吸引来长兴的上海游客将达到30万人次
品二界岭樱桃,感悟山乡风情	见2009年4月30日《江南游报》:浙江长兴二界岭第三届樱桃节4月26日隆重开幕!樱桃节期间游客不仅可以采摘到肥美的红樱桃,而且可以参与最佳樱桃评选、樱桃采摘比赛、推独轮车、花鼓戏表演等丰富多彩的活动……四月的长兴,山清水秀,春意融融;四月的二界岭,绿树葱葱,红樱点点。每年四月底的樱桃节是人们云集二界岭的最好理由。今年,二界岭乡第三届樱桃节又如期而至,人们在品尝樱桃的同时,还领略到了生态旅游带来的新感受

续表3-74

题名	刊号与内容
“三个到位”为乡村旅游保驾护航——长兴乡村旅游探索之三	见2010年7月19日《中国旅游报》:自2002年以来,长兴县乡村旅游出现了一幅喜人的景象,农家乐如雨后春笋般在美丽山乡迅速发展……围绕乡村旅游业的发展,长兴县处处为农家乐经营户着想,不断完善每个细节,建立和完善销售、运输、洗涤、保险、景区合作等公共服务平台,逐步形成以市场化为方向,以一体化服务平台为支撑的乡村旅游服务体系……为进一步推进乡村休闲旅游业转型升级,促进农家乐走精品化发展道路,长兴县制定了《长兴县农家乐服务质量等级评定实施细则》,对全县农家乐旅游服务质量,采用“星”级方式进行等级评定,确定星级农家乐经营户,评定结果作为政策扶持、宣传推介、奖励对象的主要依据。通过精品示范工程,充分发挥精品引导、以点带面作用,真正打造出具有一定特色的精品农家乐示范户……
长兴:提升内涵,让乡村旅游源头之水清澈甘甜	见2010年8月15日《中国旅游报》:作为后起之秀的长兴乡村旅游,在发展之初就提出打造休闲乡村旅游基地的定位目标。为此,长兴县委以标准化规范产业、以精品化提升档次、以特色化寻求创新突破,在规范管理、提升品质、打造精品上做文章。标准化让农家乐迈出整齐“步伐”……为进一步推进乡村休闲旅游业转型升级,促进农家乐走精品化发展道路,长兴县制定了《长兴县农家乐服务质量等级评定实施细则》,对全县农家乐旅游服务质量,采用“星”级方式进行等级评定,确定星级农家乐经营户,评定结果作为政策扶持、宣传推介、奖励对象的主要依据。通过精品示范工程,充分发挥精品引导、以点带面作用,真正打造出具有一定特色的精品农家乐示范户……
“创强”,长兴旅游发展的一次新跨越	见2010年11月10日《中国旅游报.诗画浙江》:可以说,从发展旅游业的第一天起,长兴就已经在为争创全省旅游经济强县筹谋……如今的这座国际花园城市,处处充满着生机,长兴秉持着“处处都是旅游资源、人人都是旅游环境”的发展理念,不断完善旅游配套功能,提升旅游服务水平,实现旅游惠民,真正让这座城市成为“宜居”“宜游”“宜学”“宜创”的生活家园……
浙江长兴:霞幕山开茶节暨知名媒体采风之旅昨日举行	见2010年3月28日《新浪网》:3月27日浙江长兴霞幕山首届白茶开茶节举行,来自全国各地的客商、嘉宾、媒体、当地干部群众数百人云集霞幕山,共同参加此次盛会。此次开采节由浙江长兴县茶叶龙头企业百岁爷茶业承办,作为第二届中国和平白茶节重头戏的霞幕山开茶节采风之旅吸引了来自上海《文汇报》《新民晚报》《解放日报》、上海文广传媒、湖州电视台等十多家媒体的共同关注
长兴旅游营销跑出加速度	见2012年4月28日《新浪网》:长兴当地运用多种宣传促销手段,不断创新旅游市场营销方式,大范围、全方位、多形式地开展旅游宣传营销。如利用报纸、电视、电台、网络等多种媒体开展形式多样的宣传活动;建立“长兴农家乐旅游网站”,与各家农家乐设置链接,并开展网上预订业务,进一步扩大了长兴农家乐的知名度和美誉度……

续表3-74

题名	刊号与内容
600万人玩转长兴	见2011年1月11日《杭州日报》:600多万人次,40多亿经营收入！2010年,通过创建省级旅游经济强县,长兴旅游交出了一份傲人的成绩单:接待国内游客和实现旅游总收入同比均增长32%以上。长兴,这个位于浙北太湖之滨的美丽城市。其旅游产业在短短几年内从无到有,从有到优,从长三角休闲度假新选区发展为长三角休闲度假首选区,成为都市人群出游的"理想国"……去年,长兴乡村旅游全年共接待游客225万人次,实现经营收入3亿元。樱桃节、桃花节、杨梅节、梨子节、"新塘一尺红"茄子节、采桃节、葡萄节、古银杏节、大闸蟹节等近10个乡村旅游节庆活动,在长兴呈现出"月月有节、乡乡有节"的新景象,也牢牢抓住了喜欢美食的自驾游爱好者……
长兴建十大景区促旅游业提档升级	见2012年12月26日《杭州日报》:2012年,长兴县围绕建设"长三角生态休闲度假首选区"的目标,全县全面推进景区建设135行动和旅游131工程,重点抓好十大旅游景区建设,计划年度投资16亿元。到目前为止,二界岭休闲旅游区完成投资1.108亿元,完成年度任务的100.7%,现代农业观光园、柔仕玫瑰文化产业园等项目也在稳步建设中;中国扬子鳄村已完成投资512万元,完成年度任务的170.7%,通过完善景区功能,成功创建国家AAAA级景区,成为集生态旅游观光、科普教育、互动体验和农事休闲等功能为一体的旅游景区;太湖图影旅游度假区完成投资近10.4亿元,完成年度任务的92.9%,基础设施建设、生态湿地修复等工作在加快推进中。与此同时,顾渚山茶文化风景区、城山沟风景区、八都岕古银杏长廊、江南红村旅游区、金钉子远古世界景区、太湖景区等也在齐步并进。"截至11月底,全县十大旅游景区已完成投资14.5亿元,完成年度投资任务的89.2%"……
长兴县旅游局微博营销成效显著	见2012年12月25日《长兴新闻网》:长兴县旅游局去年5月注册了新浪官方微博,当年6月开始正式运营。长兴旅游官方微博以宣传"古生态奇观,茶文化圣地"旅游形象为宗旨,设置了旅游资讯、人文长兴、美丽乡村、美食播报等十大板块,主要介绍长兴吃、住、行、游、购、娱等旅游相关信息,着重于景区景点介绍、旅游产品与旅游项目的推介等,并采取图文并茂形式,不间断发布长兴旅游最新动态,与广大游客进行互动交流,并策划大家来找茬、有奖竞猜等多个互动环节,吸引粉丝的关注和参与。此外,还与浙江省旅游微博、玩转安吉、县内知名旅游景点微博及媒体之间形成日常互动……
浙江长兴举办民宿文化微电影大赛	见2015.1.26《中国旅游报》06版:近日,第二届中国长兴(水口)民宿文化微电影大赛新闻发布会在长兴水口乡大唐贡茶院举行。据了解,本次大赛组委会将通过大众投票与专家评选的方式,选出7部优秀微电影并为其颁发7大奖项,即特别奖、最佳导演、最佳编剧、最佳男主角、最佳女主角、最佳摄影、最佳制作等奖项。同时这7部作品还将进行展播……本次大赛旨在通过拍摄微电影来宣传水口乡优质的自然资源和独特的人文资源

续表3-74

题名	刊号与内容
长兴乡村旅游探索转型之路—民宿，农家乐的新选择	见2015.1.29《浙江日报》03版……经过多年发展，这里的农家乐发展趋于同质化，客源也多为长三角地区老年群体，较为单一。不再满足于档次较低的农家乐传统经营模式的村民，意识到转型的重要性。为此，水口乡农家乐小老板，纷纷做起了“民宿梦”……目前，包括芭堤雅农庄、紫茗山庄在内，水口有16个农家乐即将完成庭院改造和民宿提升。张宇华告诉记者，今后景区将鼓励更多有条件的农家乐进行改造提升，走精品民宿的发展之路
幸福年味绕浙江长兴，“上海年”打造乡村旅游新内涵。	2015.2.4凤凰网数字版吧：腊肉味、水果香味……踏进浙江长兴会展中心的大门，就陆续闻到了长兴首届年货节现场浓浓的各种“年味”。为了进一步提升长兴“上海村”的影响力，繁荣长兴乡村旅游春节前后的消费市场，丰富长兴“茶文化圣地，乡村游天堂”的旅游品牌内涵，3日，长兴县旅游委员会举办“春节来‘上海村’过大年”的活动……据悉，在“上海村”附近可欣赏京剧样板戏、十番锣鼓、百叶龙、舞狮、泗安旱船等三十场民俗表演以及万亩梅花盛开的美景。大年初一至正月十五在陈武帝故宫可观赏花灯展。本次活动持续至3月5日
长兴小沉渎的美丽嬗变—太湖风情满渔村	2015.2.25《浙江日报》09版……小沉渎村历史悠久，一直是太湖水产交易最为繁忙的商埠之一。昔日太湖渔民捕鱼归来，要在这里完成“太湖三白”的交易。然而，这里以前因为地理位置偏僻、大路不通，家家户户出门只能靠船摆渡。……如今漫步小沉渎，我们却找不到陆勤方口中所说的脏乱差的景象。农房一律是白墙黑瓦，路边绿化见缝插针，或盆栽，或建小花坛，行道树当然更不可省，澄澈的河边垂柳依依，间或还有一株株大香樟。整个村庄草长莺飞、花红柳绿，景色分外迷人
长三角：绿水青山美景重现	见2015.5.22《人民日报》01版：10年前，矿山多、水泥厂多、喷水织机多、蓄电池企业多，南太湖之滨的浙江省长兴县，一度成为环境差的代名词。如今群众“下太湖游泳”、“河港里淘米洗菜”的景象重现，空气质量优良率从77.8%升到90.7%，森林覆盖率达到51.3%，2014年摘得“国家生态文明建设示范生态县”称号
《浙江长兴水口打造乡域大景区》	见2015.5.27《中国旅游报》08版：近日，好消息传到了浙江长兴。有着“浙江省最佳宜居示范乡镇”，“首届浙江最美乡镇”的长兴水口茶文化景区一开年就成功创成国家4A级旅游景区……长兴水口吸引了花间堂禅茶精品酒店、开元旅游度假村、天喔、农耕园等休闲项目的落户，以及土特产购物中心、山间休闲绿道、茶园屋舍、水口“八大碗”等美食的入住。快速发展的旅游业让水口乡实现了从“美丽乡村”到“美丽景区”的华丽转变，成为全省乃至全国最有影响力的生态型乡村旅游度假休闲目的地

三、专业研讨会

专业研讨会是长兴县对外宣传推介地方特色旅游资源的重要方式之一。该类旅游资源必须在全国具有一定影响力，具有独占性。长兴县此类特色旅游资源包括水域风光主类旅游资源太湖，生物景观主类旅游资源银杏、扬子鳄，旅游商品主类旅游资源太湖石、紫笋茶，人文活动主类旅游资源陈霸先、陆羽、茶文化等。

1999年，长兴县举办第一届陆羽茶文化节，开始利用专业研讨会推介地方特色旅游资源。2001年8月18日，长兴县承办二叠纪至三叠纪界线层型及重大事件国际学术研讨会，会议期间，长兴县金钉子纪念馆举行揭牌仪式。同一天，“全国第十次银杏学术研讨会暨银杏研究会2001年年会”在长兴召开，有来自全国的专家学者300余人参加会议。2002年，长兴县人民政府举办太湖明珠长兴环太湖旅游资源开发研讨会。2003年11月27日，长兴县人民政府举办“纪念陈武帝诞辰1500周年国际学术研讨会暨文化经贸系列活动”。其后，长兴县利用文化名人举办研讨会促进旅游推介成为常态。2007年，长兴县举办全国银杏研讨会。2008年5月27—30日，长兴县人民政府举办“第十届国际茶文化研讨会暨浙江湖州（长兴）首届陆羽茶文化节”。2010年5月21日，长兴县人民政府举办“第二届中国·湖州（长兴）陆羽国际茶文化节暨中国县域金融论坛”。同年，长兴县人民政府在大唐贡茶院举办世界禅茶大会。2011年，长兴县民宗局再次举办世界禅茶大会。2014年，长兴县人民政府举办“2014中国·太湖明珠——长兴国际投资贸易洽谈会休闲旅游产业推介会”，针对性邀请开元旅业集团等24家国内及港台大型旅游集团董事长、总经理及《中国旅游报》《浙江日报》等12家重点媒体单位参加活动。同年12月，白岘乡举办太湖石文化研讨会。2014年，长兴县风景和旅游管理局与水口乡策划承办“超威杯”第六届中国·湖州国际生态（乡村）旅游节暨首届中国（长兴）民宿文化节及“台湾·长兴”海峡两岸民宿高峰论坛。2014年4月，长兴县文化局举办纪念陈霸先诞生110周年暨陈武帝故居建成陈氏宗亲纪念大会。2015年，长兴县人民政府举办纪念新四军苏浙军区成立70周年大会。同年，水口乡举办“第二届长兴民宿文化节暨微电影大赛”，拍摄水口乡村微电影。

截至2015年长兴县涉旅游业重要专业研讨会选录一览表

表3-75

会议名称	内容简介
“1999长兴—中国陆羽茶文化旅游节”	1999年长兴县人民政府举办。活动包括广场文艺、祭陆羽、茶会、茶文化研讨、寻觅茶圣踪迹、摄影书法比赛和招商会等
纪念陈霸先诞生1500周年研讨会	2003年，长兴县人民政府举办，有来自国内以及日本、韩国、台湾地区著名院校的史学专家、学者，全国各地陈皇后裔代表，以及工商、文艺、新闻界代表、市民，共2000余人参与活动。活动分学术研讨会与经贸联谊会两个板块

续表3-75

会议名称	内容简介
第十届国际茶文化研讨会暨浙江湖州(长兴)首届陆羽茶文化节	2008年5月27—30日,长兴县人民政府举办。以“弘扬茶文化、发展茶经济”为主题,内容包括中国国际茶文化研究会成立15周年纪念大会、大唐茶都国际摄影大赛、紫砂工艺作品大赛、大唐贡茶院落成典礼、追忆茶圣陆羽生平的电影《茶恋》首映式、国际茶道表演、古茶山寻踪、“茶道与商道”、东方智慧与现代经济管理国际论坛等
第二届中国·湖州(长兴)陆羽国际茶文化节暨中国县域金融论坛	2010年5月21日,长兴县人民政府举办,活动包括开幕式以及茶事、金融、经贸、旅游、文化五种论坛,共“一式五板块”,主题“弘扬茶文化、发展茶经济”,目的推进茶文化和茶产业交流合作,打响“大唐茶都”品牌。中国农事节庆影响力指数排行榜显示“中国湖州(长兴)陆羽国际茶文化节”以69.4的影响力指数位列第10位
“超威杯”第六届中国·湖州国际生态(乡村)旅游节暨首届中国(长兴)民宿文化节。	2014年5月16—18日,长兴县人民政府在水口乡大唐贡茶院举办。期间举办“台湾·长兴”海峡两岸民宿发展研讨会暨中国乡村度假“湖州模式”高峰论坛。参与代表有台湾民宿协会理事长钟凤芳、秘书长李青松教授等台湾民宿代表,国家旅游局规划财务司副司长王润华,以及景区代表、乡村民宿代表、媒体记者。研讨会期间举办水口农家菜肴“八大碗”、长兴县“十佳旅游之星”颁奖;以及“优美民宿优美庭院”设计改造、花间堂项目、两岸乡村民宿交流合作等签约
纪念新四军苏浙军区成立70周年	2015年1月12日至13日,中共长兴县委、长兴县人民政府在煤山镇新四军苏浙军区纪念馆举办。活动包括:1.新四军苏浙军区成立70周年座谈会,畅谈新四军苏浙军区在长兴成立的历史背景、战略地位,以及在抗日战争中的历史作用。2.召开纪念新四军苏浙军区成立70周年暨大型系列纪录片《红色地标》走进浙江开拍仪式。会上中国新四军研究会学术委员会主任徐君华讲话,新四军后代代表陈昊苏(陈毅之子)、粟戎生(粟裕之子)讲话;中国红色文化研究会影视委员会副会长顾辉介绍大型系列纪录片《红色地标》基本情况并宣布开拍。3.观看浙江省新四军历史研究会合唱艺术团纪念新四军苏浙军区成立70周年文艺演出。4.瞻仰新四军苏浙军区司令部旧址

四、网站与微信

概况 长兴县旅游官方网站为长兴旅游网,隶属长兴县旅游局,约2004年开通,成为长兴县最主要、最权威的旅游信息资讯平台。2008年,长兴县旅游营销公司为拓展业务,创办长兴旅游营销网,作为推介营销的主要资讯平台。2009年,长兴县旅游局为增加旅游营销力度,开通旅游信息短信发布,向入境游客发送短信,全年发送160万条,以提升智慧旅游服务水平;同年,因在旅游网站建设、电子政务、电子商务、网络营销等方面成绩显著,长兴县旅游局被浙江省旅游局授予“2009年度旅游信息化工作先进单位”(全省共30家)。同年,长兴县农家乐协调小组创办长兴农家乐网,由水口乡农家乐协会负责日常管理。2011年,长兴县旅游局致力于促进信息技术与旅游产业融合,重视网络建设,在官网、官方微博、网络营销、智慧旅游平台等领域做了大量卓有成效探索,被浙江省旅游局授予“2011年全省优秀旅游网站”(全省28家)。2012年,长兴县风景和旅游管理局开通微信平台,称“长兴旅游”,提供线上咨询。同年,县风景和旅游管理局微博在旅游信息化成绩显著,被浙江省旅游局授予“2012年度全省优秀旅游微博”(全省20家)。2013年,长兴县旅游协会创办自己的网站,称“长兴县旅游协会”。

2014年,长兴县风景和旅游管理局完成长兴旅游网改版,实现管理与资讯两个版本,同期,实现网站、微信、微博的一体化运营管理,并结合微信平台举办刮刮卡、摘银杏果等特色信息推广,做好移动小区短信科学布点及宣传,推送旅游宣传信息150余万条。同年,长兴县旅游集团有限公司创办自己的网站,称长兴旅游集团。长兴旅游集团有限公司积极探索网络营销推介,与同程、携程、大家网、美景天下、驴妈妈、领航假期、去哪儿等网络平台建立合作。与同程、驴妈妈各签订10万元的营销活动宣传费和6000旅游人次的风险合作协议;在同程、驴妈妈2个网站首页以幻灯片的形式出现25天;悬浮、搜索等形式各用10~30次不等;与同程网合作“一元风暴”;与驴妈妈合作“自驾游特惠活动”等。

2015年,长兴县旅游委员会积极探索智慧旅游,与携程加强合作,包装策划线上产品,推出长兴“四季诱惑”宣传专题,并利用微信平台按主题推出春日赏花地图、城山沟赏桃花一日游推荐、清明踏青攻略、长兴品茗休闲之旅、长兴采摘地图、古银杏摄影等多条旅游线路。截至年末,长兴旅游微信平台用户突破5万人。同年,长兴旅游集团有限公司继续加强同同程、携程、大家网、美景天下、驴妈妈等主要旅游营销网站的合作,利用网络平台宣传营销。同年,长兴县最著名的网络推介是,4月18日长兴县旅游委员会、长兴旅游集团有限公司、长兴传媒集团联合策划的“浙江知性女县长隔空喊话顾老师”,该事件通过网络发布会迅速发酵,数百家国内大型门户网站及微信、微博相继转发推送,多达300万次,取得良好的宣传推介效果。

至2015年,长兴县旅游业态的网站除长兴旅游委员会、长兴旅游集团有限公司、长兴县农家乐协会等的官网外,很多景区与私营企业也开通有自己的网站。2009年,新四军苏浙军军区旧址群开设网站,网址http://www.cxxsj.org/。2011年,城山沟风景区开通网站,网址http://www.hpcsg.com/。2012年,中国扬子鳄村景区开通网站,网址http://cxyze.yundar.com。此外,长兴县四分之一的农家乐经营户开通了自己的小型网站。

长兴县主要旅游网站简介

长兴旅游网 属长兴县旅游委员会的官方网站。2004年创办,2014年改版,改版后通过链接建成旅游管理与资讯两个版本。旅游管理板块的一级栏目设有:首页、政务公开、旅游质监、旅游规划、市场推广、行业管理、旅游新闻、网上办事、印象长兴、公众服务、资讯版等。资讯板块一级栏目设有：快速导航（该栏目链接游览体验、景点景区、住宿预订、旅游商品、休闲娱乐、交通出行）、首页、印象长兴、旅游线路、视频欣赏、旅游惠民等。网站是长兴县旅游业最权威网站，年访问数约20万人次。

长兴旅游集团 属长兴旅游集团有限公司的企业网站，2014年4月创办开通投入使用，分政务版、资讯版两个版本。政务版的一级栏目设有：首页、集团介绍、政务公开、集团新闻、集团文化、重大项目、商务合作，人力资源等。资讯版的一级栏目设有，网站首页、概况介绍、新闻资讯、旅游线路、旅游景点、节庆活动、在线咨询等。2015年，网站年访问量约10万人次。

长兴农家乐网站 注册性质属于在长兴县农家乐协调小组办公室指导下，由水口乡农家乐协会创办的民间网站。2009年创办，2011年改版，主要栏目设有主页、长兴农家乐、旅游景点、旅游指南、交通指南、美食娱乐、旅游资讯、印象长兴。二级栏目有推荐农家、好评农家、热门农家，车队接送、自驾指南、坐车指南、旅游指南、旅游线路、旅游游记、旅游常识、农家美食、农家娱乐。长兴概况、历史人文、节庆活动、长兴特产、景区景点、酒店宾馆等。附游客咨询电话。网站加盟长三角农家乐联盟网站，同时与水口乡三分之一农家乐个体经营户创办的小型网站建立链接。2015年，网站年访问量约10万人次。

第二节 旅游线路

旅游线路是旅游的重要资讯信息，给游客提供旅游产品的线路、走向、基本要素等。广义的旅游线路包括旅游地图、旅游标示，甚至旅游咨询、旅游厕所等。

一、概况

1996年长兴县旅游局成立前，县内没有旅游线路概念。1999年，长兴县编制旅游规划，首次提出在县内设计旅游线路。2001年，长兴县举办《茶经》问世1220周年纪念活动，首次编制“长兴问茶”一日游，属最早的旅游线路。2004年，为打造长兴县“中国古生态之乡”旅游形象，长兴县精心包装推出“古生态二日游”，连同旧的“茶文化一日游”，成为长兴县两条特色旅游线路。2005年，长兴县旅游局深度分析县境主要旅游资源，推出“赏古生态奇观，走长寿之旅”，“顾渚品茶，享受绿色人生”，“稀奇古怪看长兴”（稀：扬子鳄；奇：金钉子；古：银杏长廊；怪：陈霸先钓鱼台）等三种特色旅游线路产品，向“长三角”客源市场推广。

2007年5月4日，浙江省农办发布《关于公布浙江省休闲观光农业精品线路及优秀线路的通知》（浙农产发〔2007〕10号），“长兴县竹乡生态品茗游”被公布为精品线路。2010年，长兴县创建浙江省旅游强县，作为基本要求，长兴县所有景区均规划建成旅游线路，并挂牌标示。

2012年,长兴县编制推出乡村旅游线路。2013年,长兴县风景和旅游管理局联合县交通局串联全县主要旅游资源产品推出旅游公交专线。同年,长兴县户外徒步协会提出长兴县“十大古道”休闲健身旅游线路。2013年,长兴县风景和旅游管理局为打响全县“休闲旅游”新名片,包装“慢休闲”新线路,设计8条旅游精品线路,策划以“新名山名水,慢休闲长兴”为主题的系列精品旅游线路,并积极在杭州中旅、中青旅等重点旅行社摆架宣传。2014年,长兴县风景和旅游管理局综合全县主要旅游资源产品以乡村旅游为重点推出“四季诱惑”旅游线路。同年,新四军苏浙军区旧址群景区推出“红色之旅”旅游线路。2015年12月,龙山街道为促进龙山森林养生小镇景区建设,推出“龙山步道”徒步旅游线路。

二、长兴县主要旅游线路简介

“长兴问茶”一日游　2001年,长兴县旅游局举办“纪念《茶经》问世1220周年”文化节,为服务活动,县旅游局设计推出“长兴问茶”一日游。线路口号,“游茶乡长兴,品紫笋贡茶,购品茗三绝”。线路安排:上午,金沙泉(忘归亭)—霸王潭—陆羽山庄(中餐)。下午,金山摩崖石刻—古茶山—陆羽山庄品茶。该旅游线路属长兴县第一条规划旅游线路。

古生态之乡二日游　2004年,为宣传推介长兴县特色旅游产品,长兴县旅游局综合全县主要旅游资源“三大古生态奇观”,设计推出“古生态之乡二日游”旅游线路。具体设计:第一天,长兴县城接站,上午游十里古银杏长廊,古银杏天泉景区用中餐,餐后参观金钉子远古世界景区(新四军苏浙军区旧址群),县城酒店住宿。第二天,上午参观城山沟景区,在农家乐中餐,餐后参观中国扬子鳄村,乘车参观太湖美景,结束旅行。

“茶文化”一日游　2004年,长兴县旅游局为推介县境特色旅游资源水口乡的茶文化,修改原“长兴问茶”一日游旅游线路,提升设计为“茶文化”一日游。具体路线:上午,霸王潭、忘归亭、陆羽山庄品茶、农家乐中餐;下午,寿圣寺、摩崖石刻(白洋山或者五公泉)、返程。

旅游公交专线　2013年,长兴县风景和旅游管理局串联全县主要旅游资源产品,与县交通局所属万宏汽车运输有限公司联合推出五条城乡公交旅游专线,特称旅游公交专线①。专线①,长兴至寿圣寺、大唐贡茶院。运行路线:大自然花园公交站—万宏旅行社—人民医院—体育馆—金临小区—北门菜场—龙山初中—技师学院—西峰坝—士林—川步—渚山村—罗家屋—水口—南山—金山口—前塔场—寿圣寺—尧王庙—苗山—大唐贡茶院(顾渚)。班次时间:大自然花园:6:10至16:00;大唐贡茶院:7:10至17:00。每天11个班次,每隔1小时一班。票价:单程3~4元,刷“城市一卡通”IC卡为2元。

专线②,长兴至陈武帝故宫、图影生态湿地文化公园。运行路线:大自然花园公交站—凯

① 2014年,公交旅游专线因效益低下,导致长兴县万宏汽车运输有限公司方运营成本调高,年终线路取消。

悦电子—杨湾西—杨湾东—陈武帝故宫—上莘桥西—外浜头村—金陵中学—董家垛桥—钮家浜—三湾头—新塘街—新塘—杨家浦村—福元港—邹家港—傅家浜村—东王村—小沉渎村—金家浜—图影生态湿地文化园—太湖山庄。班次时间:大自然花园:6:30至16:30;太湖山庄:7:30至17:15;每天8个班次,每隔1小时20分钟一班。票价:单程4元。

专线③,长兴至金钉子国家地质公园、新四军苏浙军区纪念馆(江南红村)。运行路线:客运中心—经贸小区—立交桥—画溪桥—五庄—小浦—合溪—光耀村—大园—煤山—金水苑—金钉子远古世界—新槐—新四军苏浙军区纪念馆(江南红村)。班次时间:客运中心:5:45至16:35;新四军苏浙军区纪念馆(江南红村):7:30至17:00。金钉子远古世界:7:30至17:00,每天22个班次,每隔半小时一班。票价:单程6元。

专线④,长兴至中国扬子鳄村、仙山湖国家湿地公园。运行路线:画溪公交枢纽站—三星圩—长桥—姚家桥东—姚家桥西—下寺—环桥—方中—大云寺—石狮—贺家岗—太傅庙—阳光山—中国扬子鳄村—澄心寺—和尚桥—玉泉—七里亭—白莲村—泗安镇—浙大农科院—仙山—仙山湖景区。班次时间:客运中心至泗安:6:00至17:30;泗安至客运中心:6:00至17:30;途径中国扬子鳄村,每天66个班次,每隔10分钟一班。客运中心至仙山湖景区:8:00至16:00;仙山湖景区至客运中心:9:30至17:30,每天5个班次,每隔2小时一班。票价:单程4至7元。

专线⑤,长兴至十里古银杏长廊。运行路线:客运中心—经贸小区—立交桥—画溪桥—五庄—小浦—小浦中心小学—塘渚村—银杏公园—礼家村—南俞村—方岩村委—大岕口村—古银杏天泉景区。班次时间:客运中心:6:40至17:00;十里古银杏长廊(天泉景区):6:30至17:00;每天10个班次,每隔1小时一班。票价:单程4.5元。

四季诱惑　2014年,长兴县风景和旅游管理局统筹全县旅游资源,依据乡村旅游资源不同季节不同产品的旅游现状,推出“四季诱惑”旅游线路。线路分春、夏、秋、冬四条,依次是“春·花醉人”五日游、“夏·果迷人”五日游、“秋·色诱人”五日游、“冬·食暖人”五日游。

“春·花醉人”五日游　D1:上午赴“大唐贡茶院”,登陆羽阁,品紫笋茶,看古典茶艺表演,闻八百年茶香,体验长兴特色精品农家乐。餐后前往景区观看山中绿茶、白茶基地,观看满山的油菜花、桃花等盛景,入住特色民宿。D2:上午赴“林城万亩梅园”摄影、探奇,陶醉梅园花海间,农家乐用中餐。餐后前往“中国扬子鳄村”与鳄鱼亲密接触,观极限刺激的人鳄表演,入住星级酒店。D3:上午赴“金钉子远古世界”,观4D电影,玩真人CS野战,模拟体验地震、火灾。中午前往“江南红村”品红色主题餐饮,餐后走一趟红色革命旧址,当一回新四军战士,尝试一下打靶、打草鞋等,入住星级酒店。D4:上午前往湖州“古木化石博物馆”品鉴世界奇珍楠木化石,感受号称“东方迪拜”世界第二、中国第一座水上白金七星级指环太湖明珠月亮酒店。中餐在太湖会民宿品尝太湖湖鲜、太湖三白,下午参观太湖会微电影基地、江南全木雕清代四合院古宅,返回;也可入住太湖会民宿,或前往附近南太湖马场跨马奔腾。D5:上午前往“仙山湖国家湿地公园”乘生态画舫,感受野趣、清幽、闲逸。景区附近用中餐,餐后登仙山,入仙境,俯视苏浙皖三省，返程。

“夏·果迷人”五日游　D1：上午赴“金钉子远古世界”，观4D电影，玩真人CS野战，模拟体验地震、火灾。中午前往“江南红村”品红色主题餐饮，餐后走一趟红色革命旧址，当一回新四军战士，尝试一下打靶、打草鞋等，入住星级酒店。D2：上午赴“大唐贡茶院”，登陆羽阁，品紫笋茶，看古典茶艺表演，观赏采茶、制茶工艺，闻八百年茶香，体验长兴特色精品农家乐。餐后前往“水果种植基地”采摘、品尝时令水果（杨梅、葡萄、水蜜桃等），入住特色民宿。D3：上午赴“太湖图影生态湿地文化园”荡舟水乡，观湿地风光，零距离接近水鸟，登白鹭洲与农耕岛参与农耕种植、水乡捕捞。中餐在太湖会民宿品尝太湖湖鲜、太湖三白。下午参观太湖会微电影基地，江南全木雕清代四合院古宅，返回，也可入住太湖会民宿。D4：上午赴“中国扬子鳄村”，与鳄鱼亲密接触，观极限刺激的人鳄表演，中午农家餐。餐后前往八都岕“十里古银杏长廊”，探访百岁老人，体验岕里婚庆习俗，享用当地特色农家餐，入住星级酒店。D5：上午乘车赴“太极洞风景区”体验“天下四绝”溶洞奇观。中餐后“南溪皮筏漂流”挑战重力加速漂流，河水时静若处子，时奔若野马，有惊无险、回味无穷，结束后返程。

“秋·色诱人”五日游　D1：上午赴“中国扬子鳄村”与鳄鱼亲密接触，观极限刺激的人鳄表演，中午农家餐。餐后前往二界岭薰衣草风情园观赏薰衣草、向日葵等花卉，品植物花茶，入住星级酒店。D2：上午赴“金钉子远古世界”观4D电影，玩真人CS野战，模拟体验地震、火灾，中午前往“江南红村”品红色主题餐饮。餐后走一趟红色旧址，当一回新四军战士，尝试一下打靶、打草鞋等，入住星级酒店。D3：上午赴“大唐贡茶院”，登陆羽阁，品紫笋茶，看古典茶艺表演，闻八百年茶香，体验长兴特色精品农家乐。餐后前往“水果种植基地”采摘、品尝时令水果（杨梅、葡萄、水蜜桃等），入住特色民宿。D4：上午赴“太湖图影生态湿地文化园”，荡舟水乡，观湿地风光，零距离接近水鸟。登白鹭洲与农耕岛参与农耕种植、水乡捕捞。中餐在太湖会民宿品尝太湖湖鲜、太湖三白，下午参观太湖会微电影基地、江南全木雕清代四合院古宅，返回，也可入住太湖会民宿，或前往附近的南太湖马场感受策马奔腾，或开一回卡丁车。D5：上午赴八都岕“十里古银杏长廊”寻找中国醉美秋色，探访百岁老人，体验岕里婚庆习俗，享用当地特色农家餐。餐后返回，结束旅行。

“冬·食暖人”五日游　D1：上午赴“金钉子远古世界”观4D电影，玩真人CS野战，模拟体验地震、火灾。中午赴吕山湖羊美食街体验湖羊美食，下午参观“吕山湖羊基地”，与湖羊亲密接触，入住星级酒店。D2：上午赴“中国扬子鳄村”与鳄鱼亲密接触，观极限刺激的人鳄表演。中餐后前往八都岕“十里古银杏长廊”，探访百岁老人，体验岕里婚庆习俗，享用当地特色农家餐。入住县级酒店。D3：上午赴“太湖图影生态湿地文化园”，荡舟水乡，观湿地风光，零距离接近水鸟，登白鹭洲与农耕岛参与农耕种植、水乡捕捞。中餐在太湖会民宿品尝太湖湖鲜、太湖三白，下午参观太湖会微电影基地、江南全木雕清代四合院古宅，返回，也可入住太湖会民宿，或前往附近的南太湖马场感受策马奔腾，或开一回卡丁车。D4：上午赴“大唐贡茶院”，登陆羽阁，品紫笋茶宴，看古典茶艺表演，闻八百年茶香。餐后赴千年古刹寿圣寺体验佛塔、佛境、佛寺，感受佛文化，享用当地特色农家餐，入住特色民宿。D5：上午赴“江南红村”，走一趟红色革命旧址，当一回新四军战士，尝试一下打靶、打草鞋等，餐后返回。

（附注：住长兴县，周边可以旅游的重要景点有苏州园林、无锡灵山、安吉竹海、德清莫干山、新市古镇、南浔古镇、宜兴张公洞、广德太极洞、溧阳天目湖等）

红色旅游线路 2006年，浙江省规划全省红色旅游，将新四军苏浙军区旧址群列入红色旅游线路。2013年，新四军苏浙军区旧址群景区串联18处革命旧址，编成红色旅游线路。线路两种：1. 全线路，具体行程：新四军苏浙军区纪念馆（江南红村）、江南银行—新四军苏浙公学—新四军苏浙军区司令部旧址—和芥口被服厂（修枪所）—茅山后方医院旧址。2. 精品线路，具体行程：新四军苏浙军区纪念馆（江南红村）、江南银行—新四军苏浙军区司令部旧址—茅山后方医院旧址。

长兴县十大古道 2010年左右，长兴县的城市化进程建设基本定型，半数农村人口进入城市成为市民，新生市民对徒步及康体类休闲旅游需求迫切。2013年，长兴县户外运动协会针对市民普遍的猎奇、怀旧、养生等旅游需求，以王安石《游褒禅山记》中名言，“世之奇伟瑰怪非常之观，常在于险远”作为理论基础，在县境崇山峻岭间开展户外探奇，经过多次探路归纳，提出县境山野间步行休闲旅游线路——“十大古道”概念。2014年，“十大古道”被长兴县官方宣传部门逐步接受并全面推广。2015年，长兴县旅游委员会在旅游宣传中正式定为旅游线路，基本情况如下①：

碧岩古道 以途经碧岩禅寺得名。东北起洪桥镇太湖图影省级旅游度假区碧岩寺，越弁山主峰，西南止李家巷镇龙华寺，全程15千米。古道起洪桥镇碧岩村碧岩寺下院，登800余级石阶，沿途经中碧岩与上碧岩（金鼎），古迹众多。明清时期相传有“碧岩十二景”，今多保存。越上碧岩，行3千米台阶至弁山主峰云峰顶，沿途遗迹传有项王走马埒、饮马池、系马木、磨剑石等，今皆不存。云峰顶海拔高521.5米，俯瞰太湖，三万六千顷，烟波浩渺，远帆山影，如在膝前，沿湖七十二溇港，隐约可见。云峰顶下山道路四通八达，西北向行5千米至李家巷镇龙华寺。宋苏轼有诗称赞：具区（太湖别名）吞灭三州界，浩浩荡荡纳千派。今朝偶上法华巅，纵观如觉人寰隘。

城山古道 以位于和平镇城山得名。北起城山北麓，南止城山沟景区，长约5千米。古道北起和平村官庄自然村，行2千米，经寺院山门、清凉禅寺下院，登古道，沿途景点有前哨亭、摩崖、元代石刻雕像群。行1千米，抵古道核心“城山古城遗址”。遗址包含土城墙、弩台、烽火楼、

---

① 长兴县十大古道初为长兴县民间户外休闲爱好者首创。因户外运动爱好者普遍缺乏系统的地方文史知识、精准的地理方位素养、严谨的治学习惯，初期的文本描述粗俗简单，方位杂乱，线路模糊，与古代县志等文献记载以及长兴县地理现状诸多不符。后长兴县民间学者为宣传需要，非但未能更正初创时的大量错误，反而变本加厉，增添更多无稽文史知识，以讹传讹，错误丛生。此次《长兴县旅游志》编纂，执行主编从地方文史与地理实情出发，在命名、旅游线路走向、沿途旅游资源描述等多方面给予修订。

走马埒、清凉禅寺等。清凉禅寺附属清代舍利石塔、明清碑刻、银杏与朴树丛、吕祖观、灵泉、清泉池、山田等景点遗迹。出清凉禅寺向南,过马道、山门,下山行2千米至城山沟景区。

飞云古道　以途经新建的煤山镇飞云寺得名(寺院古名祇园寺,详见本章第四节旅游品牌的"帝乡佛国"飞云寺条)。西南起煤山镇新源村大干岕,北止水口乡顾渚村古茶山,全程约24千米。古道起点煤山镇大干岕,经过飞云寺、杨岭,抵水口乡江排村施家自然村。道路需绕过乌头山,分为东西两条,西经江排头、乌头岕,东经施家村、八角庙、短岕,均抵古茶山。沿途景观飞云寺、大干岕古村落遗址、乌头山、八角庙、古茶山等。乌头山海拔500.1米,原名碣石山,其颠如峭壁。清周昱诗:晓云漫漫白苍苍,绝壁难跻万仞岗,为是此山名碣石,却疑河口是吾乡。

回龙古道　以途经小浦镇回龙山得名。古道南起小浦镇光耀村,北止水口乡顾渚村寿圣寺,全程约30千米。古道在南端起点小浦镇光耀村里窑自然村便分为两条,主路经回龙山水库、回龙山、杨坞岭,越凤凰山,次路折向东,经岳飞场、土地庙,两路汇合于水口乡江排村岭脚底自然村。再越九龙山、石马头,抵寿圣寺。沿途景点有光耀古陶器遗址、迴龙山水库、岳飞练兵场、九龙山古村落遗址、九龙山窑址、章惇墓、圣寿寺等。

金山古道　以起点金山村命名①。南起水口乡金山村外岗自然村,北止江苏省宜兴市邵武村青口自然村,长约15千米,沿途景点:白洋山摩岩石刻、苏浙界碑、廿三湾,核心景点啄木岭(岭头有白云庵、摩崖石刻),入江苏界。啄木岭右转沿山脊行3千米,向东下山入夹浦镇北川村南川岕。啄木岭最著名故事是境会亭,属唐朝修贡时,湖、常两州刺史相会地点。唐白居易有诗《夜闻贾常州崔湖州茶山境会亭欢宴》。

岩山古道　以登岩山得名,或称先峰岭(仙风岭)古道②。西起煤山镇六都岕岭脚底自然村,东止小浦镇八都岕大岕口村柏家村自然村,全程长15千米。古道从六都岕岭脚底自然村起,经四方堂,达先峰岭(也作仙风岭,以登上岭头,凉风习习,犹如仙风吹拂命名),折向北,绕行至岩山北侧,达山巅振天寺,再返回至先峰岭,向东入小浦镇八都岕古银杏长廊,止柏家村。核心景点为岩山之巅的振天寺,海拔525.2米,可俯瞰周边群山。

三洲古道　以起点煤山镇三洲山得名。古道起于煤山镇三洲山村茅山自然村,止于煤山镇罗岕村,全长35千米。古道从三洲山村茅山村登山,经新四军后方医院、登山、三洲山(三洲山古代为浙江省湖州、江苏省常州、安徽省宣州的三州交界点,一脚踏三省,得名三洲山。海拔521.9米,今山顶竖有三省界碑)。折向东,一直沿苏浙两省界岭的山脊东行,山岭海拔均

① 该条古道长兴县户外协会初以属于唐宋时期紫笋贡茶的运送官道,称贡茶古道,且起点定在霸王潭,至啄木岭后并不进入江苏省宜兴市界,而是折向,转入夹浦镇北川岕。考虑水口茶文化旅游景区内古道甚多,且专门输送贡茶出浙江省的就有三条;此古道名称指代不明,今以具体地名修订。

② 此古道长兴县户外协会初命名为"六八古道",以连煤山镇六都岕与小浦镇八都岕命名,名称非常粗俗,并有严重歧义。今以清同治《长兴县志》所记的古地名仙风岭更正。

在400米以上，沿途越襄王岭、横岭、大尖峰、白石岭（此处可直接下山至罗岕）、茗岭、黄塔顶、黑龙潭等，山峰众多，有长兴县第一、第二高峰黄塔顶、黑龙潭。黄塔顶也是苏南第一高峰。至黑龙潭下岭，抵煤山镇罗岕村。

乌龙古道 以途径林城镇周吴岕村方山之巅的乌龙寺命名。东起小浦镇八都岕的潘家村，西止泗安镇长潮岕的范家村，全程约30千米。古道从八都岕的潘家村分岔，越龙王岕，抵方山之巅乌龙寺，前路两种选择，一条沿山脊向西北行10千米抵长岭，一条下山向南，经乌龙寺山脚的下院龙泉寺，经三岔口、吴家头等自然村，折向西北，汇于长岭。再向西经张岭，达泗安镇长潮岕范家村。沿途主要景观，乌龙寺、周吴岕古树丛、竹海等。

乌石古道 以途径煤山镇尚儒村的乌石浪奇观命名。古道起点煤山镇尚儒村，止点煤山镇五通山村，全程约50千米。古道自煤山镇尚儒村乌石岕（又名乱石岕）登山，抵达晴阴山顶，沿着山脊向西，经白猫山、老虎山等，行约15千米，抵天荒山后向南下山，穿西川岕与涧省线，在旋子里自然村登五通山，再行7千米，越山顶毛降庵，再下山抵洞山[①]。沿途景观：乌石阵、竹海、雷达所、洞山洞穴群等。

霞幕古道 以穿越和平镇霞幕山命名。古道西起和平镇滩龙桥，东止吴兴区妙西镇，全程约15千米。古道从滩龙桥叉头坞自然村起，向东途经霞幕泉、天湖庵遗址、贞女石碑、云林禅寺、中韩友谊亭、金灵千佛塔、万寿亭、稍康古道等。沿途主要景点霞幕山，明万历《湖州府志》记载："霞雾山，在城西四十里妙西镇，由高径崎岖上登，可见太湖，群山皆在下，每有云霞复幕，故名。"元时，高僧石屋清珙来到霞雾山，在山顶天湖庵结庐30余年。至正七年（1347），高丽国太古普愚慕名前来参谒石屋清珙，后太古禅师带走石屋亲授的"蒙授正印，传衣法信"袈裟与禅杖，成为临济宗二十世的高丽国第一位祖师。因此，霞雾山被朝鲜半岛佛教临济宗奉为祖庭。山上有云林禅寺、中韩友谊亭、金灵千佛塔、万寿亭等众多建筑或遗迹。

龙山绿道 2010年，长兴县提出创建龙山森林养生小镇概念，在龙山街道西北渚山村杨梅园中修建休闲步道。2012年，龙山新区为创建"浙江省级森林养生特色小镇"，在新区北部修建穿过绿树丛林的步道，步行其中，犹如置身天然氧吧。2013年，龙山新区为修建休闲农业观光园，将连接渚山杨梅山基地、茶园、东方梅园等生态农业园的绿道贯通。2015年5月，龙山街道从雉城街道北部分出始置。同年，原森林中步行绿道贯通，称龙山绿道。龙山绿道跨渚山、川步两行政村。分为外环线及多条内支线。

外环线：渚山村委会—牛步墩—绿野仙踪—山岗庙—黄金屋—长桥涧桥—土地庙自然村

① 此条古道长兴县户外协会最初的设计极不合理，其将两座毫无联系的高山老虎山与五通山强行捏合一处，行程极长，达50千米，根本不适宜户外穿越。建议以西川岕的旋子里自然村分为两段，分别称作乌石古道，长30千米；五通古道，长15千米。

—李家—上山—四姑基—黄珠珠山—南山—玻璃桥—陈墓岭—渚山村委会,长20千米。内支线:龙山绿道环抱山岭森林面积宽广,内有很多支线,主要三条:1.渚山—白岕—东方梅园。2.渚山—桃花岕—桃花岕水库—桃花岕林区茶厂—外环线等。3.牛步墩—绿野仙踪—青稞岕。

三、旅游地图

概况 1999年,长兴县旅游局针对全县新的行政区划调整,首次编制长兴县旅游地图,此地图图示简单,仅标示全县10余种主要旅游资源的地理位置。2002年,长兴县旅游局联合县交通局编制《长兴县交通旅游图》,此为长兴县第一张正式旅游地图。2004年,长兴县旅游资源普查小组在完成长兴县旅游资源普查资料统计的基础上,编制《长兴县旅游资源普查图》,地图逐一标注长兴县境270个旅游资源单体的名称与地理位置,是长兴县旅游资源的第一张全面系统旅游资源信息地图。2008年,长兴县旅游局策划制作《长兴乡村旅游指南》,地图以折页形式,正面重点介绍长兴县乡村旅游的概况、星级农家乐、乡村农事节庆、乡村特产、农家特色菜等,反面以地图的方式展示长兴县各景点地理位置分布,并作乡村旅游线路推荐。旅游指南以折页方式展现,方便游客携带,共印刷3000份。2009年6月,长兴县旅游局以"古生态奇观,茶文化圣地"为主题,制作《长兴导游图》,首次在长兴地图上标注顾渚茶文化景区、仙山湖景区、图影旅游度假区、十里古银杏长廊等景区,以及周边交通路线,并在地图边角重点推荐长兴县星级酒店和旅行社,以及主要旅游农特产品,当年印制1万份,置于各星级宾馆、旅行社,免费发放给游客。2012年,长兴县风景和旅游管理局策划制作《忆长兴》手绘地图,以卡通方式展示长兴县主要旅游景区和旅游元素。整个地图分游览、特产、风情、民俗、食宿五大部分,分类展示长兴县的旅游吃住行,游娱购六大元素。为方便游客获取信息,地图附属长兴县星级饭店、旅行社,以及主要农家乐服务点,印数2000份。2013年,为打响长兴县"休闲旅游"新名片,长兴县风景和旅游管理局包装"慢休闲"新线路,策划以"新名山名水,慢休闲长兴"为主题,设计出8条旅游精品线路,制成地图,并积极在杭州中旅、中青旅等重点旅行社免费上架推介。同年,长兴县风景和旅游管理局联合县交通局编制《长兴旅游交通图》。2015年,长兴县旅游委员会编制《消耗你的卡路里——长兴城区导游图》。

与县本级旅游地图编制同期是各景区的地图制作。2005年后,长兴县各景区开始编制各自的景区导览图。其后,各新建景区均依据旅游管理部门要求编制导览图,同时旧的景区随着旅游业态提升相应提升导览图。2010年,长兴县创建浙江省旅游经济强县,旅游导览图是景区建设的重点考核要素,长兴县境景区均按规范设置导览图与标示,并在显要位置竖立上墙,自此景区导览图设置步入正轨。截至2015年,金钉子远古世界、中国扬子鳄村、新四军苏浙军区旧址群(江南红村)、仙山湖国家湿地公园、水口茶文化旅游景区、太湖图影生态湿地文化园、城山沟景区、十里古银杏长廊、陈武帝故居、龙山森林养生小镇等长兴县主要景区,均编制、张贴有景区导游(导览)图,全县旅游景区(景点)基本实现旅游地图全覆盖。

长兴县主要旅游地图简介

西太湖主体山谷游 2002年长兴县旅游局编制,版面大小A1。地图正面:利用中国长兴卫星影像制作的卫星地图,将长兴县境旅游资源分为扬子鳄山谷、古银杏山谷、清空世界山谷、古地质山谷、茶文化山谷、原生态山谷(范围夹浦镇北川、麒麟山、香山),以及长兴太湖旅游度假区。背面是文字部分,用中英文两种语言对西太湖主题山谷游、六大山谷,以及长兴太湖旅游度假区等8处旅游资源逐一简介。边框附当时长兴县的主要5家饭店、4家旅行社联系方式。

长兴县旅游资源单体分布图 全称“湖州市旅游资源普查长兴县旅游资源单体分布图”,2004年5月长兴县旅游资源普查工作小组编制。地图附于《长兴县旅游资源普查报告》尾页,仅正面,将全县270个旅游资源单体分为五级,用五种不同级别图标形式,辅以蓝(自然)、红(人文)两种颜色,将全县旅游资源逐个标示。此地图属长兴县旅游资源的最翔实图录资料。

中国古生态之乡长兴导游图 又名浙江长兴(简明)导游图,编制单位与时间均不详,从地图中标示的旅游服务设施名称出现时间,推测约为2007年前后编制。地图正面为长兴旅游图,左下角插入8家旅行社名录。背面为5条景点介绍、24家农家乐、10家星级酒店联系电话,以及浙江皇冠假日大酒店简介等。

长兴县商务投资旅游交通图 2008年1月浙江省煤炭测绘局编制,版面大小A1,正面:长兴县旅游地图,内容为长兴县主要旅游资源,边框列举中国古银杏长廊、新四军苏浙军区纪念馆、中国扬子鳄村、陈武帝故宫、太湖、太湖泉生态园等长兴县六大景点的宣传图片辅以文字简介,背面是长兴城区图。

中国古生态之乡长兴导游图 2008年长兴县旅游局编制,版面大小A2。正面为长兴县旅游资源分布,两侧边框列举12张景区(点)图片,依次是中国古银杏长廊、太湖泉生态园、中国扬子鳄村、金钉子、忘归亭、寿圣寺、太湖日出、新四军苏浙军区纪念馆、周坞山景区、陈武帝故宫、仙山湖景区、齐山植物园;背面为长兴县7家旅游饭店,金陵大酒店、香溢大酒店、紫金大酒店、国际大酒店、华达大酒店、华兴大酒店、红泥大酒店的图片附加文字简介,以及部分旅行社、旅游特产简介等。

古生态之乡、茶文化圣地——长兴 2011年8月,长兴县风景和旅游管理局编制,板式完全等同《中国古生态之乡长兴导游图》,大小A2。正面:长兴县旅游图,边框录12张长兴县经典景区(景点)图片,依次是十里古银杏长廊、天泉景区、金钉子、大唐贡茶院、中国扬子鳄村、城山沟、“江南小延安”、清泉自然科普探索园、碧岩禅寺、清凉禅寺、寿圣寺。背面文字部分为长兴县境11家主要饭店,国际、紫金、红玫瑰、金陵、华达、维多利亚、兴悦、凯丽、长兴凯旋门澳门豆捞、华辰、皇冠假日等简介,以及长兴特产(长兴四宝、品茗三绝、太湖四珍)、长兴旅行社概览、自驾游旅游线路列表介绍等。

忆长兴—古生态奇观、茶文化圣地 约2012年编制，编制单位长兴县风景和旅游管理局，板式大小A1。地图卡通模式。正面，长兴县旅游地图，上标全县八家主要收费景区(景点)简介，边框6张是县境主要景点图：顾渚山、古生态想象图(融合茶文化)、八都岕古银杏长廊、大唐贡茶院、仙山湖国家湿地公园、新四军苏浙军区纪念馆，以及精品旅游线路推荐。背面：旅游特产(长兴三宝、品茗三绝)、民俗风情(含13个农事节庆、百叶龙、龙舟两大民间艺术)、星级酒店一览表、旅行社一览表、农家乐重要服务点一览表等。

长兴县乡村旅游导游图 2013年，长兴县风景和旅游管理局编制，板式A2。正面：长兴县旅游地图，边框录全县10处主要景点图片，依次是中国古银杏长廊、金钉子远古世界、新四军苏浙军区旧址群，大唐贡茶院、陈武帝故宫、朱氏宗祠、太湖、四座文化名山，以及5种乡村旅游线路。背面文字部分，含8种农事节庆、7种民俗、15种长兴旅游特产、10种农家菜肴、5个旅游商店，以及星级农家乐名录等。

四、旅游咨询服务中心与游客集散中心

1996年长兴县旅游局成立之初，未设立游客咨询中心与游客集散中心。2005年，长兴县旅游局在局办公室设立游客咨询服务中心。2008年，金钉子远古世界申报国家AAAA级景区，景区设置游客服务中心，属长兴县最早设置的游客服务中心。之后，长兴县的主要景区均设立游客服务中心与游客咨询服务中心，提供相应的信息资讯服务。2010年，长兴县创建浙江省旅游经济强县，旅游咨询服务中心与游客集散中心是旅游经济强县的基本考察项目，长兴县成立长兴县旅游咨询服务中心，设于长兴县风景和旅游管理局。同时，长兴县在长兴汽车总站设立游客咨询服务点与游客集散中心；在客运中心、火车站、主要商业街区和星级酒店分别设置游客咨询服务点，提供旅游触摸屏、宣传资料，同时为旅游者提供代办服务，对外提供旅游咨询电话24小时接听。2013年，长兴风景和旅游管理局在县城主要交通中心设置8处旅游咨询点；12月，长兴旅游集团有限公司在长兴高铁站设立游客咨询服务点与游客集散中心。截至2015年，长兴县的主要景区均设有游客服务中心。

五、旅游标示

1999年，为举办第一届陆羽茶文化节，长兴县旅游局在通往顾渚山与仙山的道路上设置旅游交通指示牌，在顾渚山的忘归亭、陆羽山庄设置旅游景点标示牌，此属最早的旅游指示牌。2005年，为解决旅游线路的指示系统缺位给外来游客带来的不便，长兴县旅游局联合县交通局，制作标准旅游指示牌37块，竖立于全县各主要交通路口，初步建立全县旅游标识系统。2006年，长兴县旅游局在全县主要交通节点处，增设旅游交通指示牌45块，基本解决因旅游标示缺失给游客带来的不便。

2010年，长兴县创建浙江省旅游经济强县，全县所有景区，以及火车站、长途客运站、客运中心等主要游客集散地均按照标准化设置中英文以及第三种语言文字的地图广告牌(一般为日、韩、俄、法、德等国语言中的一种)，并完善旅游导览标示系统。2015年，长兴县的主要公路节点以及景区均建成包括旅游导览图在内的系统化旅游标识系统。

六、旅游厕所

1996年，长兴县旅游局成立之初，由于没有规模化旅游景区(景点)，全县没有建造旅游厕所概念。2006年，随着中国扬子鳄村、金钉子远古世界等景区建成开放，长兴县开始确立旅游厕所概念。2008年1月17日，湖州市旅游局印发《关于同意安吉竹博园等旅游厕所为市首批三星级旅游厕所的通知》(湖旅〔2008〕2)号，长兴县的城山沟桃园山庄、中国扬子鳄村两景区旅游厕所入选。同年，金钉子远古世界景区建成三星级旅游厕所。2009年，长兴县旅游局编制在全县主要景区建设三星级旅游厕所的规划。2010年，长兴县创建浙江省旅游强县，按照创强标准，全县规划建立旅游厕所65个。同年，长兴县有10个旅游厕所被湖州市旅游局命名为三星级旅游厕所。至2015年，长兴县有专门旅游厕所70余个，其中三星级旅游厕所占半数以上。

第三节　旅游宣传品

长兴县服务旅游信息资讯制作的宣传品可分为工作简报、宣传折页、书刊画册、明信片、视频、旅游券，以及其他宣传材料，共七类。

一、旅游工作简报

2005年，为能及时报道县内景区建设信息，设于长兴县旅游局的长兴县旅游发展领导小组办公室开始编辑《旅游工作动态》，至2007年7月16日刊印第六期(总第九期)。2007年6月30日，长兴县旅游发展领导小组办公室另编《十大旅游景点建设通报》，6月30日出第一期，同年12月30日出第四期。

2009年，长兴县旅游局为能在宣传中及时公布信息，尝试由局办公室负责，创办一种旅游信息简报《旅游工作参阅》，共办两期(第二期5月5日刊印)。2010年，长兴县申报创建浙江省旅游经济强县，从2010年6月30日至2011年11月16日，由“长兴县创建浙江省旅游经济强县领导小组”办公室负责，编写《长兴县创建浙江省旅游经济强县工作简报》，简称《工作简报》，每月1期，及时报道全县旅游创强期间的工作进展及取得成果，共编辑18期。2011年6月16日，长兴县风景和旅游管理局创办《长兴旅游简报》(第一期)，性质内部刊物，约出四期。同年，长兴县人民政府开展“长兴县景区建设135行动”，根据工作需要，由县风景和旅游管理局创办《景区建设135行动简报》，具体编辑期数不详。同期，长兴县旅游业发展（景区建设）领导小组办公室编纂工作简报《长兴旅游》，2011年6月16日刊印第二十二期。2013年9月12日，长兴县风景和旅游管理局办公室为迎接浙江省旅游经济强县复核，成立长兴县迎接省级旅游经济强县复核工作领导小组办公室，再次创办《长兴旅游（工作简报）》（领导专报），共出10期。2014年，长兴县风景和旅游管理局继续编辑《长兴旅游》（领导专报），1月15日刊印第23期（刊号是否连载不详）。同年，长兴旅游集团有限公司编辑工作简报《旅游简报》，共出4期。2015年，长兴县旅游委员会开始编辑《旅游工作简报》。

二、宣传折页

2002年，长兴县编制“旅游长兴”宣传折页，“西太湖主题山谷游”宣传画。2005年，长兴县旅游局为引导和鼓励农家乐发展，制作宣传折页进行推介，以扩大长兴县农家乐的知名度和美誉度。2008年6月6日，长兴县旅游局在全县旅游系统中全面启动“旅游安全生产月”活动，为提高旅游企业和广大游客的安全与自我保护意识，共建全县旅游安全和谐环境，编辑印刷“旅游安全小常识”宣传折单5000份，在中心广场免费发放。同年，长兴县旅游局策划制作《长兴乡村旅游指南》，印数3000份。指南附带旅游地图，以折页形式介绍长兴县乡村旅游的概况、星级农家乐、乡村农事节庆、乡村特产、农家特色菜等。

2009年，长兴县旅游局为统一推介营销长兴旅游发展公司所辖的景区（景点），以独立折页形式编制印刷各景区宣传折页，景区（景点）包括古银杏天泉景区、金钉子远古世界、大唐贡茶院、新四军苏浙军区旧址群景区、城山沟桃园山庄、仙山湖生态旅游度假区等。同年，为宣传长兴县旅游品牌，长兴县旅游局印制“茶文化圣地，乡村游天堂”宣传折页，印数一万份，图文并茂介绍全县主要景区，以及乡村节庆，并推荐“一日游”和“二日游”等旅游路线。2010年，长兴县风景旅游管理局以“古生态奇观、茶文化圣地”为主题，策划将县境主要景区大唐贡茶院、仙山湖等合一制作宣传折页。折页正面中文、反面英文，双语介绍长兴县旅游资源，以方便外籍游客了解认知长兴旅游产品，印数1万份。同年8月24日，根据“第五届中日韩旅游部长会议”活动安排，为方便日韩考察代表了解长兴旅游，熟悉大唐贡茶院，长兴县旅游局特别印制《对日本嘉宾宣传资料》和《对韩国嘉宾宣传资料》各1000份。宣传资料以“大唐茶都长兴欢迎您”为主题，分走进长兴、佛缘茶道、友好交流、神奇长兴四大部分，双语介绍以大唐贡茶院为主的全县主要旅游资源。

2012年，林城镇策划制作《中国长兴（林城）第七届梅花节》宣传折页，详细介绍梅花节相关信息以及周边到长兴观赏梅花的交通线路，图文并茂的介绍以春日踏梅旅游线路为主体的长兴县梅花节旅游信息。同年，大唐贡茶院三期建成，长兴县风景和旅游管理局对大唐贡茶院宣传折页改版，以高清图片配以文字说明，展示大唐贡茶院鸟瞰图以及陆羽阁、吉祥寺、东廊、西廊、燕乐园、御羁园、鸿渐楼等组成部分。2013年，杭宁高铁客运专线长兴站开通，长兴县风景和旅游管理局为充分利用高铁开发旅游，精心设计《乘高铁·游长兴》专题宣传手册，牵头旅游企业推出“乘高铁，游长兴”优惠措施19条，发放各类宣传资料5000余份。2014年，长兴县风景和旅游管理局为突出宣传长兴县乡村旅游品牌，策划“四季诱惑”主题，设计制作“四季诱惑”、《悦城——长兴特刊》资料专辑、“四季长兴”等宣传折页，推介长兴县乡村度假。2015年，长兴县旅游委员会对“四季诱惑”宣传折页进行改版更新。

三、书刊画册

长兴县服务旅游宣传资讯的书刊画册，依据编纂单位（编纂者）大致可分为，长兴县旅游局的直接编纂、非旅游管理单位部门的间接编纂、服务主要旅游景区的专题编纂，共三种类型。

长兴县旅游局编写的书刊画册　2002年，为配合旅游招商，提高效率，长兴县旅游局精选全县最具特色的15个旅游项目，编制成旅游招商推介书。同期，长兴县人民政府就环太湖乡镇的旅游开发，精选近20个项目，编制《长兴环太湖开发带投资指南》，用于招商宣传。2008年12月，长兴县旅游局编订第一本以“古生态奇观，茶文化圣地”为宣传口号的《旅游指南》，整体介绍长兴县的地理位置、文化历史、旅游资源等（此宣传册2009—2011年，针对旅行社、农家乐、景区等最新发展状况，基本信息多次修订更新）。2010年10月，长兴县风景旅游管理局印发《长兴旅游门票指南》，介绍县内主要景区的门票价格，交由各旅行社与景区向游客免费发放。2010年，长兴县风景旅游管理局编纂《长兴休闲产业招商项目》，全书约40页，介绍长兴县主要景区（景点）、休闲农业观光园、旅馆酒店等，以服务招商引资的宣传推介。

2011年，长兴县风景和旅游管理局编纂《神韵长兴》画册，系统介绍长兴旅游业态，被誉为一本值得收藏的旅游休闲宝典。2012年12月，长兴县风景和旅游管理局与《浙江省老年报》联合编写《印象长兴》，书籍作为长兴县旅游特刊出版，发行量3万份，在全省老年报读者群、省直机关在职和退休人员等读者群体、杭州市主城区的街道社区，以及星级酒店、咖啡厅等休闲服务场所免费发放。

2013年，长兴县风景和旅游管理局联合江苏省常熟市、无锡滨湖区、武进、溧阳、宜兴等长三角环太湖沿线的10个县（市）区，以“环太湖”共同形象开展宣传，共同编印出版《长三角自驾游指南》，9月在上海举办图书首发仪式，首次发行量30万册，长兴县分发1万余册。2015年4月，长兴县旅游委员会编纂《长兴县旅游产业导向目录》；年末，县旅委编撰大型宣传画册《遇见长兴》，拟于2016年出版。

截至2015年长兴县旅游局编纂书刊画册一览表

表3-76

书名	基本信息
长兴环太湖开发带投资指南	2002年，长兴县人民政府为加快环太湖旅游开发，精选环太湖地区的可供开发的20个旅游项目，编成旅游招商推介书
旅游指南	长兴县旅游局2008年12月编制，是第一本以“古生态奇观，茶文化圣地”为宣传口号，整体介绍长兴县地理位置、文化历史、旅游资源，以及主要景区、餐饮住宿、工艺品及农特产品、一日游及二日游线路推荐、旅行社等的宣传画册
长兴旅游门票指南	2010年10月，长兴县风景旅游管理局编。书籍介绍长兴县古银杏天泉景区、金钉子远古世界、中国扬子鳄村、大唐贡茶院、仙山湖景区、城山沟景区等主要景区的门票挂牌价、团队价、学生优惠价等
长兴县乡村旅游（农家乐）工作资料汇编	2010年5月长兴县风景旅游管理局编。全书115页，围绕乡村旅游建设，分组织机构、管理办法、转型升级，共三章，是了解长兴县乡村旅游前期发展的重要文献
长兴休闲产业招商项目	2010年长兴县风景旅游管理局编，约40页，介绍长兴县主要景区（景点）、休闲农业观光园、旅馆酒店等的建设现状，给招商引资提供参考
神韵长兴	2011年长兴县风景和旅游管理局编纂，王文忠主编，以图片为主，图文并茂，铜版纸彩印，约110页。内容共8章，依次为：探远古生态、品唐代贡茶、访帝乡佛国、赏太湖风光、享农家乐趣、寻红色记忆、览自然风光、看新兴城市。画册被誉为一本值得珍藏的长兴县旅游休闲宝典
印象长兴	2012年，长兴县风景和旅游管理局与浙江省老年报合编。属《浙江省老年报》特刊，57页。画册图文并茂，围绕长兴旅游优势和各景点特色，从旅游的角度，介绍长兴县的自然风光、人文风情、美食餐饮以及配套旅游线路、宾馆饭店等，包含吃住行、游娱购等诸多旅游信息
乡村旅游长兴之路	长兴县农家乐发展综合协调小组办公室编。画册47页，分荣誉、关怀、支持、历程、产业、模式、展望7个篇章，系统介绍长兴县乡村旅游的基本概况与发展之路
周末乐悠游环太湖自由行	2013年，由无锡市滨湖区牵头，联合环太湖地区的青浦、常熟、武进、溧阳、宜兴、长兴、广德、嘉兴、海宁等10城市旅游局合写，韩志中主编，凤凰出版社出版。全书125页，是11个县市的旅游资源汇编，给环太湖旅游尤其自驾游游客提供便捷的旅游指南
长兴县旅游重大休闲旅游项目简介	2013年，长兴县风景和旅游管理局编。全文43页，介绍长兴县正在兴建的图影湿地生态文化园、海洋城、美和房车营地、二界岭现代休闲农业观光园、中国太湖石博览园、水口星级酒店等22个旅游项目

续表3-76

书名	基本信息
环太湖最后的静谧栖息地—长兴	2014年5月，长兴县风景和旅游管理局编，64页，分民宿酒店、主题体验、名镇古村、休闲农业、旅游街区、运动休闲、养生度假、品牌引进、优惠政策，共9章，以图为主，图文并茂展示长兴县的特色旅游资源产品
长兴县旅游产业导向目录	2015年4月长兴县旅游委员会联合复旦大学编纂。全书71页，分基本原则、旅游招商重点产业与业态、旅游产业空间布局，共三章，后有附录
遇见长兴	2015年末长兴县旅游委员会编，何杰雄主编。画册131页，图片插配文字，分“来水口、心自由”、梦幻岕里、红色记忆、花样年华、新泗安、山图水影，太湖风情，休闲采摘、魅力城南、欢乐长兴城、乡村节庆、四季联播、职工疗休养、四季精品线路推荐、十大徒步古道等，共15篇

非旅游管理单位部门间接编纂的旅游资讯书刊画册 长兴县的非旅游管理部门单位，时常间接编纂部分涉及旅游资讯的书刊画册。政府部门主要是县委宣传部与政协文史研究会，中共长兴县委宣传部为了宣传需要会定期编辑各种宣传资料，如《农事节庆》。编辑出版地方文史资料是长兴县政协文史研究会的基本任务职责，截至2015年，长兴政协文史研究会编纂涉及旅游的资料有《品味长兴》《走进长兴》《长兴古桥集锦》。其他有长兴县文广新局编撰的《文化长兴》，长兴县民族宗教局编写《花香散处》等。此外，长兴县部分乡镇为服务招商引资以及旅游开发，也积极编纂以介绍地方旅游资源为主的书刊画册，如《和平》《煤山》《吕山》等。

服务主要景区的专题书刊画册 长兴县主要景区因拥有丰厚的旅游资源，多年来一直是整理发掘编纂地方文史资料的主要对象。此类书刊画册的创作编撰缘由，既有景区管理者的目的性编撰，也有文化旅游爱好者的即兴文创，内容上均属专题书刊。这其中，以相关水口茶文化旅游景区的专题书刊最多，计有《顾渚山志》《顾渚山传》《历代紫笋茶诗文集》《紫笋茶诗文集》《长兴茶文化碑刻集》等。其他景区，新四军苏浙军区旧址群景区有《新四军苏浙军区成立四十周年纪念册》、杂志《仰峰》、连环画《仰峰》等；中国扬子鳄村有《亲亲鳄鱼》《湿地科普手册》；仙山湖国家湿地公园有《印象仙山湖》《湿地保护手册》；图影生态湿地文化园有《山图水影》；陈武帝故宫有《陈朝演义》《图说陈霸先》等；龙山森林养生小镇有东方梅园编辑的画册《东方梅园》等。

截至2015年非旅游主管部门以及个人编纂涉旅游资讯的书刊画册一览表

表3-77

书名	基本信息
新四军苏浙军区成立四十周年纪念册	1985年，长兴县纪念新四军苏浙军区成立四十周年领导小组办公室编，上海中华印刷厂印刷。前为图片，后为文字。图片部分收100余张珍贵照片，文字部分131页，收各种历史文献40余篇

续表3-77

书名	基本信息
长兴紫笋茶文化概览	2002年吴建华主编，191页，以文献体记载长兴县紫笋茶、岕茶、金沙泉的综合历史，兼及现代茶业生产
品味长兴	陈源斌主编，2004年大众文艺出版社，是14名以浙江籍为主的作家群撰写的描写长兴县经典山水、历史文化的14篇散文汇编
陈霸先研究文集（长兴卷）	2003年出版，为纪念长兴县地方文化名人陈霸先诞辰1500周年，由长兴县文联与长兴县龙山新区文史咨询组联合编纂。全书181页，分5章，收长兴籍民间学者撰写的论文36篇
文化长兴	约2004年由长兴县文广新局编，陈亦祥主编，文体画册，22页，以图片形式展示长兴县经典历史文化遗产
茶恋	2006年张加强编著，文体电影剧本，71页，述陆羽与顾渚山的紫笋茶及著名女冠李冶的相识相恋
顾渚山传	张加强著，2007年上海人民出版社出版，文体散文集，201页，以散文笔法述以顾渚山茶文化为主，兼及整个长兴县的重点历史文化
顾渚山志	谢文柏编著，2007年浙江古籍出版社出版，文体地方志，153页，记水口乡顾渚山的历史地理及贡茶文化全史
长兴茶文化碑刻集	张梦新主编，2008年西泠印社出版，文体文集，175页，装帧线装，收相关水口茶文化旅游景区的碑刻释文以及考辨20余条
历代紫笋茶诗文集	张全镇、吴茂云主编，长兴县政协文史资料委员会编，2008年中国文史出版社出版，文体诗文集，235页，收相关紫笋茶的诗文400余篇
大唐茶都，茶缘天下	2008年5月，长兴县人民政府为举办“第十届国际茶文化节”专门编纂。文体画册，约50页，精选经典图片，以图为主，配以文字说明，展示长兴县作为大唐茶都的文化积淀
走进长兴	徐永方主编，政协长兴县委员会编，2008年中国文史出版社出版。文体文集，147页。全书共六篇，其中第四篇专述长兴旅游
花香散处	张加强主编，2008年中国文联出版社出版，文体散文集。151页，收描述长兴县作为“帝乡佛国”，县内16家主要寺庙的17篇散文
东方梅园	约2009年编，龙山街道东方梅园景点编，文体画册，选取景点经典图片汇编成册
“江南小延安”	2009年陈亦祥主编，新四军苏浙军区纪念馆编。文体画册，28页，以经典图片形式推介新四军苏浙军区旧址群景区的主要参与体验
仰峰	约1994年试刊，2011年重刊，长兴县新四军苏浙军区纪念馆与县新四军研究会联合编辑，共出5期，是景区文史及馆藏文物综述
陈朝演义	李玉富著，2012年作家出版社出版，文体长篇历史小说，335页。述长兴籍帝王陈霸先的建国史及整个陈朝的兴亡史
长兴农事节庆	王庆忠主编，2012年中国文联出版社出版，文体资料汇编，139页，综述长兴县12种现代农事节庆的基本情况

续表3-77

书名	基本信息
山图水影	金鸣霞著,2014年现代出版社出版,文体现代诗集,共121页,以现代自由诗形式描画西太湖图影旅游度假区的山水风光、民俗风情
印象仙山湖	甘友法主编,2014年杭州出版社出版,文体文集,101页,分胜景奇观、风物传说、诗文华章、物华览胜,4个篇章,综述仙山湖国家湿地公园的旅游资源、山水风光
“江南小延安”	田家村著,2014年红旗出版社出版,文体报告文学,325页,以报告文学形式追忆抗战后期新四军苏浙军区的抗日斗争历史
图说陈霸先	蒋伯良著,2014年北京时代华文书局出版,113页,以图为主,辅以文字,用文献档案形式追述陈朝开国皇帝陈霸先的历史功绩
长兴古桥集锦	长兴县政协编著,2015年中国国际图书出版社出版,163页,以文字为主,配以图片,简介长兴县现存古桥现状,收录条目120余条

四、明信片

2008年,长兴县旅游局首次向游客邮寄5000套新年贺卡,总价值185万元(由各景点承担,计入门票核算),游客凭贺卡可免费游览长兴景区(景点)。2012年,长兴县风景和旅游管理局策划制作贺年邮政明信片,印数2000份,于2013年春节前派发给各乡镇、旅游企业等,通过用明信片拜年方式推介长兴县的生态风情游、乡村品质游、美食购物游等旅游路线。2014年,长兴县风景和旅游管理局定制明信片,开展“支付一分钱·长兴美景任你邮”的旅游营销,派送给各机关单位、酒店、旅行社等,推介长兴旅游产品。

五、视频

长兴县旅游视频宣传材料载体有电影、专题片、微电影等多种形式,制作单位包括长兴旅游管理部门、各景区,以及文化传媒部门借助景区旅游资源拍摄制作的各种视频资料。1984年,上海电影制片厂在原白岘乡洞山风景区取景,拍摄电影《西游记》盘丝洞一节。2005年,为教育全社会关爱保护扬子鳄,长兴县人民政府在尹家边扬子鳄保护中心拍摄电影《亲亲鳄鱼》。2006年12月,长兴县制作首部长兴旅游形象片“古生态奇观,茶文化天堂”,通过视频的方式直观展现长兴县旅游的优美自然风光、生态环境与丰富深厚的人文底蕴。2008年,长兴县人民政府拍摄电影《茶恋》,以影视的手法表现陆羽与长兴紫笋茶的不解情缘。2008年,有佚名旅游爱好者利用新四军苏浙军区旧址群景区的18处文物保护点,以及景区的革命历史素材,自我编导制作微电影《江南小延安》。2009年5月,中央电视台在长兴县拍摄《长兴端午节》,作为地方特色民俗推介,并在中央电视台生活567栏目播出。2010年10月,为创建浙江省旅游经济强县,长兴县人民政府拍摄《长兴县创建浙江省旅游经济强县专题宣传片》,宣传长兴县旅游的自然资源与人文资源、历史遗迹与红色资源，以及以“农家乐、休闲农业观光园、农事节庆活动”三位一体的乡村旅游产品。2011年，为发展乡村旅游，长兴县风景和旅游管理局以休闲度假旅游和乡村旅游为发展重点，拍摄“十二五”时期发展专题片。2012年12月，浙江电视台钱江频道《薇薇生活家》栏目，拍摄赏梅踩点之旅“长兴特辑”脚本，宣传长兴县的两处梅花景点。2014年，水口茶文化旅游景区举办微电影摄影大赛，用影视的手法宣传推介景区旅游特色。

长兴视频类旅游资讯，除以上主管部门为宣传推介需要拍摄的视频外，各景区独特的旅游资源也经常成为电影、传媒、影视制作的重要摄影取景场景，代表有新四军苏浙军区旧址群景区的红色旅游资源、水口茶文化旅游景区的茶文化旅游资源、仙山湖国家湿地公园的湿地生态资源、中国扬子鳄村的扬子鳄旅游资源等。

长兴县主要旅游视频资讯一览表

表3-78

题名	内容简介
亲亲鳄鱼	2004年，长兴县人民政府摄制，目的宣传保护国家珍稀动物扬子鳄
长兴旅游形象片	2006年12月，长兴县旅游局摄制，展现长兴县旅游优美的自然环境与深厚的人文历史底蕴，题名“古生态奇观、茶文化天堂”。经典台词：她镌刻了二亿五千万年前超级生物大灭绝的永恒精彩，让地球恢复了史前的记忆，5000年历史的绿色植物以文化内涵，让茶成为精神产品……
“江南小延安”	约2008年，由民间摄影爱好者（佚名）摄制，以新四军苏浙军区旧址群景区的18个文保点为点，以根据地的抗战历史为线，采用游客参观旧址，讲述历史的回忆方式，制成微电影
茶恋	2008年，长兴县人民政府摄制，电影根据张加强的电影剧本《茶恋》摄制，述茶圣陆羽与长兴紫笋茶贡茶之恋，与女冠李冶的姐弟之恋
长兴端午节	2009年5月，中央电视台摄制，宣传长兴县端午节包粽子、龙舟比赛等特色民俗。节目在CCTV-7《生活567》栏目播出，播出时间：5月27日（上集）、5月28日端午节（下集），18:05—18:30首播，次日23:15—23:40重播
《长兴创建浙江省旅游经济强县专题宣传片》	2010年10月长兴县人民政府摄制，宣传长兴县旅游事业取得的成绩。其中经典台词：站在烟波浩渺的太湖之滨，凝视西天目余脉这片山水相间的土地，一幅神奇秀美的江南画卷扑面而来，这就是被誉为“古生态奇观，茶文化圣地”的长兴。今天，伴随着旅游产业的发展，这块土地丰富的潜在资源又重新迸发出新的生机与活力，孕育着无数的精彩与神奇。长兴，地处长三角的中心，是吴越历史和茶文化的主要发祥地……

续表3-78

题名	内容简介
长兴县乡村旅游	约2011年长兴县人民政府摄制，宣传“十二五”期间长兴县的旅游规划。规划目标：全县以休闲度假旅游和乡村旅游为发展重点，逐步建成以县城旅游集散地为中心，顾渚茶文化旅游区、西太湖旅游度假区等六大区块相互环抱，以“绿色经济廊道”为链接的“绿色经济环”，致力打造“长三角生态休闲旅游度假首选区”，让长兴成为“宜居”“宜游”“宜学”“宜创”的生态家园
赏梅踩点之旅长兴特辑脚本。	2012年12月，浙江电视台钱江频道《薇薇生活家》栏目组摄制。主持人经典台词：“大唐贡茶院丰富的茶文化，让长兴吸引了世界各地的游客”……太湖明珠美誉的浙江长兴，我身旁的就是太湖，里面有各种鱼虾鳖蟹，想到这我都不禁流口水了。下面的时间，我带大家一起饱览长兴的美景，尝遍长兴的美食……
长兴旅游	2015年，长兴县旅游委员会制作，以长兴县主要景点为主体，乡村旅游为特色，通过吃住行、游娱购等旅游六要素的描述，宣传长兴县的旅游发展现状

六、旅游券

2009年，长兴县旅游局为提升旅游产品营销，策划“赠你一券，穿越亿年”的神游长兴旅游券派送活动，选择在上海、无锡、常州、杭州、南京等重点客源市场举办旅游产品发布会，宣传推介长兴县的旅游产品和优惠政策。

旅游券分A、B两类，A类旅游券为旅行社专用券，主要用于长兴县旅游景点门票的消费；B类旅游券则供外省市游客用于景点、星级宾馆、认定的挂牌农家乐、茶室等场所的消费。旅游券面额统一为20元，每套100元。根据约定，游客持旅游券到指定景点消费，景点门票满40元可用旅游券抵用20元，到指定宾馆、农家乐等进行消费，满60元可抵用20元。旅游券有效期止2009年12月31日。参与定点消费的旅游企业，届时凭旅游券到长兴县财政局结算兑付，兑付额为旅游券额的80%，旅游券额的20%由参与企业承担。派送规模：总规模为5000万元，首期印制3000万元。

派送过程：2009年3月6日，长兴县首批500万元旅游券在上海市发放，后依次前往杭州、常州、南京等主要旅游客源城市发送。各城市依据客源分析数据确定派送份额：上海市：派送首期总量的40%，即1200万元，其中旅行社、游客集散中心派送960万元，占80%；社区和高校工会等派送240万元，占20%。杭州市：派送首期总量的20%，即600万元，其中省级机关、市级机关、事业单位、省属企业派送420万元，占70%；旅行社派送180万，占30%。无锡市：派送首期总量的15%，即450万元，其中社区派送270万元，占60%；旅行社派送180万，占40%。湖州市：派送首期总量的5%，即150万元，主要派送市级机关、事业单位和旅行社。长三角其他大中城市（南京、苏州、常州、镇江、昆山、江阴、常熟等），合计派送首期总量的20%，即600万元，主要派送对象为市民及与长兴有长期业务往来的旅行社。

营销结果，至2009年年末，总共回收派送券金额1600万余元，全年相比上一年，游客总人数增长近两倍，全县旅游景点、参与活动农家乐的营业收入均增长一倍还多。

七、其他宣传品

其他宣传品包括环保袋、纸袋、旅游土特产包装袋等。2010年，长兴县创建浙江省旅游强县，创强期间，制作并发放印有长兴旅游元素的环保袋2000多个。2011年8月24日，长兴旅游推介团到蚌埠市举办"2011浙江长兴（安徽蚌埠）旅游推介会"，推介团精心制作各种土特产宣传品印刷在包装袋上。2015年，长兴县旅游委员会制作旅游宣传书签，在水口茶文化旅游景区投放，向来长兴观光的上海游客推介长兴旅游产品。

第四节　旅游品牌

一、概况

1996年长兴县旅游局成立，全县没有旅游品牌概念。1999年，长兴县旅游局策划参与"1999长兴—中国陆羽茶文化旅游节"获得成功，开始萌发通过开发特色旅游资源创建长兴县旅游品牌的想法。2000年，长兴县旅游局为提高县域知名度与影响力，以纪念"陆羽《茶经》问世1220周年"为主题，继续举办茶文化节，活动设置"长兴问茶"一日游，向国内外游客宣传长兴县的特色旅游产品。2002年，长兴人民政府统筹全县旅游资源的等级、特色，明确提出"太湖西岸古生态之乡"口号，此属长兴县第一次提出全县旅游品牌。2005年，长兴县提出打造"中国古银杏之乡""中国贡茶之乡""中国青梅之乡""中国鳄鱼之乡""中国吊瓜之乡"等，试图利用开发地方独特的旅游商品形成旅游品牌效应。同年，长兴县旅游局推出诸如"赏古生态奇观，走长寿之旅""顾渚品茶，享受绿色人生""'稀奇古怪'看长兴"等旅游线路，归纳长兴县的旅游品牌为"中国古生态之乡"。此外，县旅游局还制作长兴旅游形象系列宣传画册、旅游地图、旅游指南、"红色之旅'江南小延安'"宣传画册等，多方探索旅游品牌创建。

2007年3月1日，长兴县旅游局通过《中国旅游报》《浙江日报》《江南游报》《华东旅游报》等省内外十几家主流媒体，公开征集"长兴旅游形象标识和主题口号"。同年11月9日，长兴县旅游局邀请来自上海、杭州两地旅游界和广告界的7名专家、长兴县15家单位的分管领导及公证处公证人员，在国际大酒店举办"长兴旅游形象标识与主题口号评审会"，对征集到的

7000条信息进行评审。最终，评选结果公示，金奖一条：古色古乡古生态，好茶好湖好风光。银奖一条：中国古生态之乡，江南茶文化圣地——浙江·长兴古生态家园，新休闲胜地。铜奖七条：原汁原味原生态，好山好水好长兴；长兴游一天，寻梦亿万年；太湖之畔的古生态画廊！——中国·长兴。远古生态，自然长兴；浓缩远古生态精华，演绎太湖山水神韵；长兴远古生态美，常伴天堂太湖水；悠悠古生态奇观，浓浓茶文化圣地！最终确定长兴县旅游主题口号为"古生态奇观、茶文化圣地"。

2010年，针对乡村旅游逐渐成为长兴旅游的特色与亮点，长兴县及时调整过去仅仅关注古生态的传统思维，开始进一步推进将乡村旅游做特做精做优做强，探索树立乡村旅游品牌。2011年，长兴县加强与知名旅游市场营销策划机构的合作，强化旅游品牌的策划，利用"沪长""天目山生态旅游联盟""宁杭旅游合作带""长广宜旅游金三角"等长三角地区旅游联盟的各种合作平台，将长兴县旅游精品线路融入长三角黄金合作线路及新型特色线路中。2012年，长兴县风景和旅游管理局加强与《中国旅游报》《报刊文摘》《新闻晨报》《南京晨报》、东方卫视、浙江电视台、南京电视台等受众面广的长三角重点媒体固定合作，并根据各主要客源市场及长兴旅游产品的季节特点，适时推出特色鲜明的主题口号及产品线路。

2013年，针对乡村休闲旅游成为全县旅游业主流现状，长兴县风景和旅游管理局再次开展长兴旅游形象口号征集，收到全国各地热心市民提供的口号1000余条，并以此将乡村旅游作为新的品牌加以推广。2014年，长兴县着力塑造"茶文化圣地，乡村游天堂"旅游主品牌以及"四季诱惑"之旅、"上海村"等特色子品牌的统筹宣传推介。截至2015，长兴县旅游形成的主品牌为"茶文化圣地、乡村游天堂"；特色子品牌有帝乡佛国、"江南小延安"、古生态奇观、四季诱惑之旅、禅茶福地、太湖滨湖度假、仙山湖、水口农家乐、上海村、八大碗，合计10个子品牌。

二、"茶文化圣地，乡村游天堂"

2015年，长兴县旅游业态确定"茶文化圣地，乡村游天堂"作为主要旅游品牌。品牌的形成经历三个发展阶段：依次是2002年至2007年的"古生态之乡"，2007年至2012年的"古生态奇观，茶文化圣地"，2013年至2015年的"茶文化圣地，乡村游天堂"。

第一阶段：古生态之乡

2002年，长兴县人民政府召开专题会议研究全县旅游业的发展，提出将"古生态""环太湖"两大品牌作为未来旅游业的发展目标。2004年，长兴县旅游局根据全县主要特色旅游资源为"古地质、古扬子鳄、古银杏"的三古特点，提出"古生态之乡"的旅游形象口号。2005年，长兴县旅游局开始推进"古生态之乡"旅游品牌宣传，初步建成金钉子远古世界、中国扬子鳄村和十里古银杏长廊三大景区，包装推出长兴县"古生态二日游"的特色旅游线路，向"长三角"客源市场推介。2007年10月29日，《解放日报》以《长兴"三石"拉动旅游》为专题，报道长兴县通过开发扬子鳄、金钉子、古银杏长廊“三块化石”拉动旅游产业的成绩。2007年11月9日，长兴县旅游局公开征集“长兴旅游形象标识和主题口号”，经过半年征集，最终确立，“古色古乡古生态，好茶好湖好风光”为金奖。2008年5月30日，《钱江晚报》刊登图文，总结归纳长兴县的十里古银杏长廊、中国扬子鳄村、金钉子远古世界三大景区，合称“中国古生态之乡”。

第二阶段：古生态奇观，茶文化圣地

“古生态奇观，茶文化圣地”是长兴县两类主要旅游资源融合。“古生态奇观”见上文所述，是古自然地质遗迹、古银杏、古扬子鳄的三结合。“茶文化圣地”则是长兴县另一特色旅游资源茶文化的归纳。两类旅游资源虽然统一于2007年，但事实长兴县茶文化源起唐朝，人文历史更为久远。

长兴县的顾渚山是中国茶文化的发祥地之一。唐朝中期，茶圣陆羽至长兴著中国第一部茶学专著《茶经》，并于公元765年荐长兴产紫笋成为贡茶。大历五年(770)，中国历史上第一座皇家贡茶院在此兴建，后顾渚山紫笋修贡至清顺治三年(1646)，历唐宋元明清五代800余年，为长兴县积淀了灿烂悠久的茶文化。1979年，紫笋茶被重新恢复，参加农业部举办的农特产品评比获得金奖。1984年后长兴县人民政府逐步保护恢复各种贡茶文化遗址。1999年，长兴县举办“1999长兴—中国陆羽茶文化旅游节”。2001年，长兴旅游局整体向外推介长兴茶文化，承办纪念陆羽《茶经》问世1220周年“长兴问茶”一日游活动。

2007年，长兴县旅游局通过《中国旅游报》等主要媒体公开征集“长兴旅游形象标识和主题口号”，后经层层筛选评定，确定长兴县旅游品牌为“古生态奇观，茶文化圣地”，并对外宣传。2008年5月长兴县人民政府，以“弘扬茶文化、发展茶经济”为主题举办“第十届国际茶文化研讨会暨浙江湖州(长兴)首届陆羽茶文化节”。2009年4月29日，新华网浙江频道刊登《浙江长兴：古生态奇观，茶文化圣地》，称长兴旅游围绕打造“长三角生态休闲度假新选区”目标，主打“古生态奇观，茶文化圣地”的旅游品牌形象。2010年5月21日，长兴县举办第二届中国·湖州(长兴)陆羽国际茶文化节，有来自国内外的600余位茶学专家、文化名流、经济学者参与活动。“茶文化圣地”成为长兴县主要旅游品牌。

第三阶段：茶文化圣地，乡村游天堂

2011年，长兴县风景和旅游管理局通过加强与旅游市场营销机构合作，努力推广“古生态奇观，茶文化圣地”旅游品牌形象，具体措施包括加入“天目山生态旅游联盟”“宁杭旅游合作带”“长广宜旅游金三角”“长三角旅游联盟”等旅游营销平台，促成茶文化圣地成为长三角旅游亮点。2014年，水口茶文化旅游景区被评为国家AAAA级景区。但至2012年，长兴县的另一旅游业态“乡村旅游”迅猛崛起，无论游客体量、影响力、经济效益都远超“古生态之乡”的旅游影响。对此，2013年，长兴县旅游局在《华东旅游报》《钱江晚报》《新民晚报》等媒体刊登消息，再次公开征集“长兴旅游形象标识和主题口号”，之后综合征集的信息与全县旅游业现状，长兴县风景和旅游管理局迅速调整品牌宣传，提出“茶文化圣地、乡村游天堂”的品牌推介，而将原先的“古生态之乡”降为一种子品牌。

长兴县乡村旅游的发展源头可追溯至2002年农家乐的出现。2004年，长兴县为促进农特产品销售，在龙山新区渚山村举办第一个现代农事节庆“渚山杨梅节”，获得巨大成功。2005年，长兴县农家乐达到500余家，长兴县出台各项政策加以鼓励引导。2007年，长兴县征集旅游形象口号，已涉乡村旅游。2008年，长兴开始重点发展以农家乐、休闲农业观光园、农事节庆为主的乡村旅游。2007年至2009年，长兴县连续三年获得浙江省休闲农业旅游工作一等奖。

2010年，长兴县旅游局认定发展乡村旅游符合长兴县旅游业发展客观实际，决定进一步推进乡村旅游发展，努力做特做精做优做强。同年，长兴县抓住“后世博”旅游机遇，凸显长兴特色，策划乡村旅游形象口号和精品线路，根据资源分布特点，以水口乡为中心，同时结合乡村美景、采摘、农家菜品尝等参与体验，推出乡村旅游节庆，形成“一乡一品，一月一节”的长兴乡村旅游特色“景区建设＋农家乐”。2013年，长兴县正式提出“茶文化圣地，乡村游天堂”的旅游品牌。2014年，长兴县策划“四季诱惑之旅”乡村度假旅游品牌，设计制作“四季诱惑”主题卡册、《悦城——长兴特刊》、“四季长兴”等乡村旅游度假推广资料，重点发展水口乡、泗安镇两个农家乐产业集聚区。同年，水口茶文化旅游景区以“茶文化与乡村旅游”的完美结合，成为长三角最具特色的乡村旅游目的地，并被国家旅游局批准为浙江省第一个全域开放的AAAA级景区。

三、长兴县旅游十大特色子品牌

(一)帝乡佛国

概况　长兴县是南朝陈开国皇帝陈霸先的出生地。陈朝时，长兴县(时名长城县)地位显赫，被尊为“帝乡”，这种尊号至陈亡很久的隋唐仍被传诵。如中唐著名诗僧皎然《题报德寺清幽上人西峰》称：“陈世凋亡后，仁祠识旧山。帝乡乔木在，空见白云还……”诗歌即尊长兴县为“帝乡”。同期，陈霸先的陈氏立国后，承南北朝社会习俗，崇信佛教，在自己的家乡大兴寺院。天嘉元年，文帝陈蒨舍故宅为生母侯氏祈福，创立报德寺(今大雄教寺)。光大元年，太皇太后章要儿舍陈霸先故宅，建天居寺(今陈武帝故宫景区)。在皇家推动下，有陈一代，长兴县建造寺院风气浓厚，如曲水寺、青果寺、大云寺等均为官宦舍宅或捐资兴建。唐宋长兴县承陈朝余风，寺院仍然兴旺。元朝时，湖州人赵孟頫结合“帝乡”与“寺庙兴盛”两概念，为长兴县下箬寺题“帝乡佛国”匾额。清同治《长兴县志》记县境寺观名称多达200余条。

“文化大革命”时期，长兴县境寺院基本焚毁。改革开放后，长兴县史上一些重要的古寺被逐步恢复开放，1994年8月15日，长兴县人民政府批准重建广惠教寺，并更名陈武帝故宫。2003年，长兴县旅游局开始挖掘整理“帝乡佛国”历史文化资源，对外宣传推介。2008年，长兴县提出建设长兴县四大名山、四大名寺(天居寺、清凉禅寺、碧岩寺、显圣寺)概念规划，作为十大景区之一给予建设。同年，长兴县人民政府在原陈武帝故居遗址建造陈武帝故宫景区。景区占地面积8.4公顷，由陈武帝故宫陈列馆、天居寺、遗址公园三部分组成。2012年，长兴县正式提出“帝乡佛国”旅游品牌。2015年，长兴旅游集团有限公司结合天居寺、吉祥寺、显圣寺等设计“帝乡佛国”宗教祭拜旅游线路。

长兴县广义的“帝乡佛国”还包括道教与基督教，是一种全方位的宗教概念。道教是中国传统宗教，古代县志一般用“坛庙”一节记录道教祭祀场所。古代长兴县道教祭祀场所主要有天坛、地坛、城隍庙、文昌阁、吴王夫概庙、关帝庙、李王庙、王二相公庙、太乙殿等。“文化大革命”时期，长兴县的道教场所基本焚毁，改革开放后又被逐步恢复。基督教是改革开放后的新生事物，1996年，长兴县民宗局批准每个乡镇、街道可建一座基督教堂，基督教在长兴县开始逐步推广。

截至2015年长兴县主要宗教祭拜场所一览表

表3-79

名称	历史简介
天居寺	在太湖街道杨湾居民区，又名陈武帝故居，详见第五章第九节“陈武帝故宫”。
海安寺	在太湖街道新塘村新塘老街大桥北堍，是长兴县新塘口一带湖滨渔民出太湖捕鱼的祈福场所。清同治《长兴县志》记：“海安庵在县东新塘，庵有巨石，形如碑，上方下纵，面镂观自在像，传是太湖浮来。想亦石佛涌川、石鹅浮湖之意耳”。今寺庙占地面积3亩，院内有古银杏两株，东侧有王二相公庙
大雄教寺	在龙山街道西峰坝居民区太湖山（大和山）。寺院旧在城中，南朝陈天嘉元年（560）文帝陈蒨为太妃侯氏所立，初名报德寺，唐大中元年县令喻凫奉敕重建，宋治平中改今额（大雄教寺），元至正十六年毁于兵火，明洪武二年迁县治东南隅，二十四年立为丛林。新中国成立后“文化大革命”期间拆除，2011年移现址重建，占地面积10亩
横玉山寺	在夹浦镇丁新村横玉山，详见后文“长兴县重要宗教祭祀场所简介”
碧岩寺	在洪桥镇碧岩村碧岩风景区，详见后文“长兴县重要宗教祭祀场所简介”
觉成禅寺	在洪桥镇图影村独姥山，古名别峰教庵。清同治《长兴县志》记为：“别峰教庵在县东六十五里独姥山，宋淳熙（1174）间建，元末废，明洪武四年重建，并大雄教寺。相传吴孙皓葬父于此（顾志）”。寺院清朝数毁数兴，同治十二年重修。现寺院2000年左右恢复，占地面积3亩
龙华寺	在李家巷镇李家巷村弁山西麓，详见后文“长兴县重要宗教祭祀场所简介”
正觉寺	在李家巷镇青草坞村。旧名白莲庵，清同治《长兴县志》记为：“正觉寺在县东南弁山之云岩，宋淳熙间建，旧名白莲庵，明天顺（1457）间请今额，嘉靖中毁于兵，隆万间僧明坚重建”。2008年，寺院被地方恢复开放，占地面积5亩

续表3-79

名称	历史简介
天圣禅寺	在李家巷镇西北部章浜村，寺院建筑以及周边古树彰显悠久历史，但清长兴县志对寺院并无明确记载，疑为湖州古天圣禅寺迁此重建(存疑)。寺院2003年被恢复开放，占地面积3亩。
清凉禅寺	在和平镇和平村城山之巅，详见第二编第一章第七节
法海禅寺	在和平镇吴村村别家里自然村，详见后文“长兴县重要宗教祭祀场所简介”
云林禅寺	在和平镇滩龙桥村霞幕山。古名天湖庵，清同治《湖州府志》记为：“天湖庵在府城西四十里霞幕山顶，元石屋禅师创(李志)”。寺院1995年左右被地方恢复开放，占地面积10亩
龙泉寺	在林城镇北部周吴岕村方山之巅，详见后文“长兴县重要宗教祭祀场所简介”
大云寺	在林城镇大云寺村小街自然村。清同治《长兴县志》记为：“大云教寺在县西南四十里方山市，(南朝)齐永明元年创建，名方山寺。宋熙宁中有僧折竹丝织为佛，号竹佛寺，后改今额。元末废，明洪武十六年重建，立为丛林。有清泉池”。2010年寺院被恢复开放，占地面积1亩
法音寺	在林城镇新华村贺家自然村。相传明崇祯三年(1630)创建，清康熙年间鼎盛，民国初毁于战火。2000年，寺院被逐步恢复开放，占地面积3亩
净梵寺	在林城镇泥圩村。相传寺院原名集云寺①，创建于唐咸通年间(780)，宋治平二年(1065)更名梵惠教寺。寺院“文化大革命”时毁，1995年被恢复开放，占地面积2亩
显圣寺	在泗安镇上泗安村，详见第二编第一章第四节
石佛寺	在泗安镇塔上村狮子山北麓，寺院以山崖间石洞中的石佛命名。相传寺院初建于唐初，僧皎然曾为题记。清朝时更名狮子山庙。“文化大革命”时寺院焚毁，1998年后被恢复逐步对外开放，占地面积5亩
云峰禅寺	在泗安镇西北云峰村太阳岕自然村。寺院古代历史不详，院内的古柏树彰显应有数百年历史。“文化大革命”时寺院被毁，2008年恢复开放，占地面积5亩
振天寺	在小浦镇大岕口村岩山之巅，寺院因海拔很高，得名振天寺，民间俗称岩山寺。2000年寺院被恢复逐步开放。又岩山西南麓有小庙名四方堂，属其下院
空王教寺	在小浦镇大岕口村大岕口自然村，详见第二编第一章第八节
飞云寺	在煤山镇新源村大干岕，详见后文“长兴县重要宗教祭祀场所简介”
应山寺	在煤山镇新安村大安自然村，古名饶益教院。清同治《长兴县志》记为：“饶益教院在县西北六十里应山，梁开平间僧法通建，名应山寺，宋治平二年改今额，元末毁于兵火，明洪武二十一年重建”。1995年，寺院被地方恢复重建，占地面积10亩

① 长兴县西自称源起唐朝集云寺的寺院有三座，依次是泗安镇的显圣寺、云峰寺，以及林城镇的净梵寺，各寺院起源集云寺均为传说，皆无文献依据。

续表3-79

名称	历史简介
玉泉寺	在煤山镇十月村下泉自然村，原名下泉寺，以古青东岭下旧有山泉，寺院紧邻山泉命名。清末寺院从岭头移现址重建，2000年寺院被逐步恢复开放，2013年更名玉泉寺，占地面积3亩
圆觉禅林	在煤山镇尚儒村悬脚岭岭头。古名关帝庙，旧在悬脚岭岭头，1994年迁现址重建，2000年逐步恢复对外开放，2001年更现名，占地面积20亩
寿圣寺	在水口乡顾渚村，详见第二编第一章第五节
吉祥寺	在水口乡顾渚村大唐贡茶院内，详见第二编第一章第五节
文昌阁	在雉城街道钮店湾居民区龙湾坼自然村，属古代专门祈福科举文运昌达的场所，得名文昌阁。清同治《长兴县志》记载："文昌阁在县城嘉会门内，旧为五显灵官庙，国朝康熙年改为文昌祠，嘉庆六年列入祀典。"现文昌阁1995年被逐步恢复开放，占地面积7亩
太乙殿	在小浦镇方一村八都岕至白阜集镇的排旗岭岭头，详见第五章第八节"十里古银杏长廊"的太乙殿条
杨府庙	在画溪街道三新村朱城自然村。杨府庙是清末太平天国战后，温州籍（主要是平阳县）移民初至长兴县垦荒兴建的宗教祭拜场所。粗略统计，现长兴县由平阳移民兴建的杨府庙有10余座，被称作杨府庙的自然村有4个，朱城杨府庙是其建筑代表
城隍庙	在龙山街道高山岭居民区灵山冲，详见后文"长兴县重要宗教祭祀场所简介"
都家太平庙	在龙山街道西北6千米川步村都家自然村，以山民祈福太平的宗教祭拜场所得名。庙宇坐南朝北，清末建筑，原有二进，现仅存正殿
五福庙	在夹浦镇北川村五福庙自然村，以拜祭传说专治瘟疫的五显灵官得名。现庙宇2000年左右修复清末残存建筑重建，占地面积3亩
临水宫	在水口乡徽州庄村雪花山自然村，属道教祭拜场所，以座山临水环境幽静得名。宫观相传历史悠久，"文化大革命"时毁，2013年后恢复重建，占地面积10亩
艺香庙	在水口乡后坟村胡林山自然村。湖陵山古名艺香山，庙以山名。艺香庙源于民间相传的美女西施在艺香山种香故事，主祭西施、范蠡。现庙宇坐北朝南，主体属清代建筑，占地面积3亩
萧太子庙	在泗安镇东北8千米长中村山门口自然村，以供奉昭明太子萧统得名。庙为当地富户祈求文曲星萧统保佑地方科举有成创建。庙宇"文化大革命"时毁，且"太子"身份被地方愚民讹成刘秀，编出太子茶、太子妃、太子刘秀逃难等诸多无稽故事。现庙宇2000年后恢复，主建筑属独栋两层楼阁
头天门	在泗安镇上泗安村杨家自然村。相传古时自下泗安集镇前往仙山显圣寺烧香，沿途共有十座庙宇，犹如攀登天庭。此庙位处最前头，称头天门。庙属清末建筑，1995年重修，占地面积1亩

续表3-79

名称	历史简介
罗岕土地庙	在煤山镇罗岕村下村自然村。罗岕土地庙一带古为岕茶主产地,明陈贞慧《秋园杂佩》记载:“阳羡茶数种,岕茶为最,岕茶数种,庙后为最”。此“庙后”即指土地庙后面。土地庙1995年恢复,名祭土地,实祭古隐士刘汉
祠山庙	在煤山镇西8千米祠山村长牛公路北侧,以拜祭宋元时期苏浙皖边相传的著名治水大神祠山大帝张渤命名。旧庙“文化大革命”时毁,存古银杏数株,现建筑2000年后逐步恢复
东门基督教堂	在雉城街道钮店湾居民区,2001年10月,经长兴县民宗局批准对外开放,占地面积1亩
长兴基督教堂	在龙山街道画溪湿地公园内,详见后文“长兴县重要宗教祭祀场所简介”
洪桥基督教堂	在洪桥镇集镇。1996年10月,长兴县民族与宗教局依据全县各乡镇基督教信仰实情,批准每一乡镇民间可建教堂一座,以方便民间基督教徒修行礼拜,洪桥基督教堂就此设立开放,占地面积1亩
李家巷基督教堂	在李家巷镇集镇。1996年10月经长兴县民宗局批准设立对外开放,占地面积1亩
和平基督教堂	在和平镇集镇长桥头。1996年10月经长兴县民宗局批准设立对外开放,占地面积2亩
虹星桥基督教堂	在虹星桥镇集镇,1996年10月经长兴县民宗局批准设立对外开放,占地面积1亩
林城基督教堂	在林城镇集镇。1996年10月经长兴县民宗局批准设立对外开放,占地面积1亩
泗安基督教堂	在泗安镇集镇。1996年10月批经长兴县民宗局批准设立对外开放,占地面积1亩
煤山基督教堂	在煤山镇集镇。1996年10月经长兴县民宗局批准设立对外开放,占地面积1亩
水口基督教堂	在水口乡集镇。2001年10月经长兴县民宗局批准设立对外开放,占地面积1亩
吕山基督教堂	在吕山乡集镇东侧。2001年10月经长兴县民宗局批准设立对外开放,占地面积1亩

长兴县重要宗教祭祀场所简介

截至2015年,长兴县具有旅游资源价值的宗教祭拜场所很多,部分属主要景区直辖,是主要景区的重要构成,如寿圣寺、清凉禅寺、显圣寺等,简介分见第五章的十大景区各节。其他比较重要的宗教祭拜场所简介如下：

碧岩寺 古名碧岩禅寺，在洪桥镇碧岩村碧岩风景区。清同治《长兴县志》记为："宋淳祐初(1241)华亭僧如莹创立，僧智仁重葺，自山址为石凳八百三十级至庵前，下瞰太湖，为一方胜景。元至正十六年毁于兵火，明洪武十年重建。"现寺院为1998年后逐步恢复，有山脚、山腰、山顶三处禅院，以近千级台阶相连，合计占地面积30余亩。

横玉山寺 在夹浦镇丁新村横玉山，又名观音庵。清同治《长兴县志》记载："观音庵在县西北横玉山，旧传山形类石鼠窃食于田，元大德间皋塘巡检杜朴立祠其上"，称横玉山神庙。后地方善士顾福慧重建，更名观音庵。1995年，寺院被恢复开放，占地面积20亩。

龙华寺 又名澄照禅寺，在李家巷镇李家巷村弁山西麓。旧在县南二十里吕山，名圆觉禅庵，明洪武十一年重建，更名龙华禅寺，明崇祯初迁弁山今址重建，后经瑞白明雪主持，发扬光大。康熙四十六年(1707)赐额澄照禅寺。"文化大革命"时寺院焚毁，1997年恢复开放，占地面积20余亩。

法海禅寺 在和平镇吴村村别家里自然村。清同治《长兴县志》记："法海禅寺在县南嘉会乡报德山，唐时僧黄蘗建，明正统(1436)中僧无碍戒舟重修，蔚为丛林。天顺间赐今额。"明僧道深有《法海禅寺记》①。2007年，寺院被逐步恢复对外开放，占地面积50亩。

龙泉寺 在林城镇周吴岕村方山，古名普济禅院，民间俗称乌龙寺。清同治《长兴县志》记为："普济禅院在方山麓，国朝(清)康熙十年(1671)僧江练建"。寺院前有龙潭，不盈尺，大旱不竭，明清时是长兴县大旱时节主要求雨场所，明归有光、清鲍钤等为长兴县令时均曾亲至乌龙寺求雨，各撰《求雨记》。2000年，寺院被恢复逐步开放，初为上、下两座寺院，上面称乌龙寺，下面称龙泉寺，2012年合并，统称龙泉寺。

飞云寺 在煤山镇新源村大干岕。寺院古在小浦镇合溪村合溪水库大坝北堍，是长兴县史上著名寺院，曾用名广福教寺。清同治《长兴县志》记为："广福教寺在西三十里合溪，宋元徽五年(477)建，名飞云寺，旧《图经》云'寺侧有风穴，故云雾不得翳'。宋治平二年改今额(广福教寺)，崇观间僧元礼作飞云堂、振玉轩。元末废，明洪武十年重建，并空王寺(顾志)。国朝乾隆五十六年重建大殿、观音殿、山门各三间。(邢志)"。2007年，有地方民间人士申请在原址恢复寺院。2008年，煤山镇新源村大干岕内古祇园寺恢复，向县民宗局申请寺名对外开放，民宗局指定飞云寺为其名。今寺院占地面积10余亩，为煤山镇一带重要宗教祭拜场所。

---

①长兴嘉会乡报德山，唐黄蘗祖师创立之道场也。正统中僧戒舟依栖其遗址，得邑士周逵、潘景春、毛淑宗、吕淑安等施地，请无碍鉴禅师随山形势重建山门三间，两翼凡三十间，及砌双池桥路，天王殿三间，左右钟楼，大殿七间，毘卢宝阁三间，高广五丈，层檐迭拱，金碧交辉。阁下为法堂，东西为僧寮，内为观音殿，总百数十间，并伽蓝堂、祖师堂、禅堂、斋堂、庖廪厨库数十间，外置井泉、蔬圃、茶园、果园，树木甚繁。不数岁，成大丛林矣。天顺纪元敕赐额，曰法海禅寺。礼部文札命鉴禅师钦度僧数百余员，内官韦公萧辈喜舍白金买诸瑱石立碑以传悠久，则亦不负灵山咐嘱之善根矣。

城隍庙 在龙山街道高山岭居民区灵山冲。清《长兴县志》记为："城隍庙旧址在县治东南二百步，明洪武二年创建灵佑坊(考为今长春花园小区内)，后毁损。明中期，知县归有光重修，并亲为之记"。史上城隍庙屡废屡修，解放后原城隍庙被收归国有，建成长兴县文化馆。2000年9月，经长兴县人民政府批准，迁今址重建。至2010年，庙宇已成规模，为三进倚山庭院，占地面积10余亩。

长兴县基督教堂 位于龙山街道画溪大道东侧画溪湿地公园内，是长兴县境规模最大的基督教堂，1996年10月经政府批准开放，初在解放西路长兴港边，2013年迁现址新建，占地面积5亩。

(二)江南小延安

此旅游子品牌是长兴县"新四军苏浙军区旧址群景区"的又一称号，属红色旅游资源。

长兴县是革命老区，1943年至1945年抗日战争后期，新四军六师十六旅及新四军苏浙军区曾经在此开展抗日斗争，创建(浙西)抗日根据地。中华人民共和国成立后，原新四军苏浙军区进行抗日斗争的革命旧址基本保存完好。1961年4月15日，浙江省人民委员会公布长兴温塘革命旧址为第一批浙江省重点文物保护单位。同年5月20日，长兴县人民委员会公布新四军苏浙公学、江南银行、兵工厂、后方医院疗养所、煤矿、粟裕司令员住所、方司令谭司令住所、被服厂、修枪所等一批革命旧址为第一批长兴县重点文物保护单位。1974年10月，浙江省文物管理委员会、嘉兴地委、长兴县委等联合至旧址考察，审定旧址保护维修计划，决定定温塘为旧址接待处，并设立"长兴县新四军苏浙军区司令部旧址陈列筹备小组"临时管理机构，负责征集革命文物史料和旧址保护工作。1976年，温塘筹备小组对外开放，利用部分国有房屋举办小型陈列展览，展陈新四军苏浙军区抗日斗争史料、照片及革命文物。1984年4月26日，粟裕部分骨灰由粟寒生护送，在南京军区有关领导陪同下，撒于温塘旧址广场，并建立"粟裕骨灰敬撒处"纪念碑。1989年12月12日，浙江省人民政府重新公布革命旧址名称，统一称："新四军苏浙军区革命旧址(含温塘及沈家大院)"。

1995年前后，原新四军苏浙军区坚持抗日斗争的旧址被逐步从当地农民手中征收保护。统计旧址规模，在长兴县西北槐坎、白岘两乡，共有18处革命旧址，形成江南地区保存最完整、规模最大、内涵最丰富的革命旧址群。长兴县开始逐步对外宣讲，称赞新四军苏浙军区旧址群是"江南小延安"，"江南小延安"作为旅游宣传品牌被首次提出。2001年6月25日，国务院公布新四军苏浙军区旧址为第五批全国重点文物保护单位。2002年1月21日，浙江省旅游局命名旧址群为国家AA级旅游景区(点)。2005年10月11日，楚青赠送长兴县的粟裕铜像被纪念馆收藏。同年，新四军苏浙军区旧址群被确定为浙江省红色经典旅游景区。2008年10月，新四军苏浙军区旧址群被浙江省旅游局命名为国家AAA级旅游景区。2009年5月，新四军苏浙军区纪念馆被中宣部命名为第四批全国爱国主义教育示范基地；同年11月，被国家国防教育委员会命名为首批国家国防教育示范基地；当月，长兴县文广新局编制"江南小延安"宣传画册。2011年7月，服务新四军苏浙军区纪念馆的旅游配套设施"江南红村"建成对外营业，同时“江南小延安”陈列展对外开放，满足游客对红色旅游“吃、住、游、娱”需求。2012年1月，旧址群通过国家旅游局AAAA级旅游景区验收，正式被命名为国家AAAA级旅游景区。2014年，田家村著报告文学《江南小延安》正式发行，“江南小延安”品牌被旅游宣传部门普遍接受。

（三）古生态奇观

是长兴县三个主要旅游资源及建成景区，金钉子远古世界、中国扬子鳄村、十里古银杏长廊的归纳统称。2002年至2012年，曾被作为长兴县主要旅游品牌对外推介宣传。2013年后，伴随长兴县乡村旅游崛起，该品牌被乡村旅游替代，降为一种子品牌（详见上文长兴县主要旅游品牌“茶文化圣地，乡村游天堂”）。

（四）太湖滨湖度假

在长兴县东部，是长兴县环太湖旅游资源与产品的综合称谓。长兴县有34千米的环太湖沿线。由于区位优势，1996年长兴县旅游局成立时，其属环太湖地区唯一没有开发的处女地。2000年，长兴县开始启动西太湖旅游开发，2001年，长兴县人民政府成立长兴县环太湖旅游开发办公室，全面启动太湖滨湖度假开发，后因建设目标转移而停滞。2008年，长兴县规划在沿太湖洪桥镇建造西太湖图影旅游度假区，同时在环太湖沿线乡镇修建滨湖大道，大道两旁修建太湖风情带。2011年，长兴县依托图影一带的湿地资源，修建图影生态湿地文化园；同期各种政府、民营资本开始修建各种旅游业态。2012年，长兴县图影高级旅游休闲度假区被浙江省批准为省级旅游休闲度假区。截至2015年，度假区内主要旅游业态有国家AAAA级景区图影生态湿地文化园，太湖会综合旅游度假村、小沉渎餐饮一条街、南太湖跑马场、滨湖公园、芦圻漾湿地公园、七圩漾湿地公园，滨湖大道景观带等，形成一个沿太湖，吃住行、游娱购，完整的休闲度假旅游业态体系，成为长兴县一个重要的旅游子品牌。

（五）仙山湖

在泗安镇集镇西侧3千米，是长兴县最主要的景区之一，由仙山、仙湖两个区块组成。景区占地面积50平方千米，核心区域10平方千米。景区又属重要的湿地保护区，是华东地区最重要的湿地公园，2009年被批准为国家级培育湿地公园。同年，景区注册“仙山湖”品牌。2014年景区获得国家AAAA级景区称号。景区已建成为集风光旅游、宗教祭拜、湿地保护为一体的大型综合性景区，属长兴县景观旅游的重要子品牌。

（六）四季诱惑之旅

2014年，长兴县风景和旅游管理局综合全县旅游资源产品特色，提出“四季诱惑之旅”乡村旅游线路。此旅游线路依时间顺序，将长兴县的乡村旅游资源产品按春、夏、秋、冬设置成四季经典旅游线路，每季均设为5日游。具体旅游线路为“春·花醉人”五日游：重点长兴县林城镇“林城万亩梅园”以及龙山街道白岕的东方梅园，其他和平镇桃花、泗安镇毛家村的樱花、二界岭村的杜鹃花、罗家地村的薰衣草，以及满山遍野的油菜花等。“夏·果迷人”五日游：重点果园采摘，品尝时令鲜果，有龙山街道渚山村与夹浦镇斯圻村的杨梅、和平镇的水蜜桃与蜜梨、画溪街道的葡萄等。“秋·色诱人”五日游：重点小浦镇十里古银杏长廊的最美金黄杏叶秋色，其他二界岭薰衣草、向日葵等。“冬·食暖人”五日游：重点吕山湖羊美食，以及太湖湖鲜、太湖三白等。

“四季诱惑”之旅的宣传材料包括“四季诱惑”主题卡册、《悦城——长兴特刊》等。2014年，长兴县旅游委员会与南京电视台合作，策划组织长兴“四季诱惑之旅”南京推广活动月。2015年，长兴县旅游委员会继续组织长兴县旅游企业至南京、杭州等周边城市宣传推介，“四季诱惑”成为长兴县利用乡村旅游资源创办的重要特色子品牌。

（七）禅茶福地

是长兴县两种旅游资源佛教禅宗文化与茶文化在水口乡的机缘结合，合称禅茶福地。追溯历史，长兴县应属禅茶的发祥地。唐朝时候，茶圣陆羽在长兴顾渚山完成《茶经》，同时陆羽的好友兼导师高僧皎然将禅与茶结合，成为中国禅茶文化的创始人，水口茶文化旅游景区自然成为世界禅茶文化的发祥地。

改革开放后，长兴县逐步恢复禅茶文化。1990年左右，浙北著名寺院寿圣寺被逐步恢复对外开放。2006年，长兴县古代著名寺院吉祥寺在大唐贡茶院内建成，同时传统禅道与茶道文化被逐步发掘。2010年，长兴县在水口茶文化景区规划建造禅茶养生度假区，度假区规划位于顾渚公路以南区域，总占地面积222.9公顷，依托寿圣寺的南部山林、茶田，打造个性化的禅茶养生度假胜地。2010年4月29日，大唐贡茶院举办“禅茶千秋·寿圣吉祥”禅茶大会，来自全国各地寺院的40多位大德高僧，在寿圣寺主持界隆法师引领下，将“禅茶一味”演示的淋漓尽致，使观礼的“茶人”与“游人”叹为观止。2012年6月23日，（清新·禅悦·感恩）吴越吉祥茶会在大唐贡茶院举行。2013年，长兴县人民政府举办第八届世界禅茶文化交流大会。之后禅茶大会成为水口茶文化旅游景区的重要特色研讨会。2015年，花间堂禅茶精品度假酒店落户水口茶文化旅游景区，浙江省禅茶学院落户水口茶文化旅游景区寿圣寺。禅茶福地成为水口茶文化旅游景区的别称，也成就长兴县旅游的一个子品牌。

（八）水口农家乐

水口农家乐是水口茶文化旅游景区的一项特色旅游体验，也是长兴县乡村旅游的重要子品牌。水口农家乐前身是上海市民至顾渚山的疗休养。1999年，顾渚村张松林引进上海退休老军医吴瑞安先生在顾渚村创办申兴康复疗养院，有床位30余张，专门接待上海地区中老年群体的康复疗养。疗养院创办后通过《新民晚报》《扬子晚报》等媒体广泛宣传，在上海市形成效应。2001年，张松林联合村民采取众筹合股方式改造租赁陆羽山庄，同时疗养院周边村民纷纷将自家空余房间改造成客房出租给疗养院游客，收费为每晚5元/床，形成游客吃在疗养院、住在农户、游玩在周边的乡村旅游格局。

2002年，长兴县八都岕村民创办农家乐，县旅游局和水口乡组织顾渚村部分村民前往观摩学习，之后依据参观模式改原疗休养客房为农家乐，当年形成5户。2005年，水口乡农家乐发展至34户，并在此基础上成立水口乡农家乐协会，制定农家乐接待标准，开始行业监管和规范管理。该阶段水口农家乐基本集中于顾渚村的王塔、龙头自然村。2006年至2010年，水口乡农家乐迅猛发展，至2010年全乡注册农家乐经营户达250余家，既解决了农户的劳动力，也方便了农副产品，如茶叶、竹笋、水果等销售。2011年，水口乡农家乐从集中于顾渚村向水口村、金山村拓展，经营形式也从单纯的包吃包住，发展成一批省市级精品农家乐，如毛草屋、紫笋、木家庄等。2014年，水口乡农家乐开展精品提升，举办第六届中国·湖州国际生态（乡村）旅游节暨首届中国（长兴）民宿文化节。至2015年，水口乡有各类农家乐经营户500余家，床位数20000余张，餐位数22000多个，直接从业人员2000多人，全年共接待游客310万人次，实现旅游收入5.8亿元，成为长兴县重要旅游产业与子品牌。

（九）上海村

是水口茶文化旅游景区依托农家乐创办的乡村旅游子品牌。品牌名称最早见于2005年的《人民日报.华东新闻》，当年9月19日再被《新民晚报》转载。通讯报道长兴县顾渚村兴办体验式农家乐，村中转转家家都有上海客，似乎到了上海的某个郊区，得名“上海村”。2010年，顾渚村的农家乐发展到300多家，接待客源主要为上海的中老年群体，因为来这里游玩住宿的大部分游客是上海人，农家乐业主为了拉近与游客的距离，更好营造“家”的氛围，在日常交流中，尝试着学说上海话，因为长兴话和上海话都属“吴语”语系，所以学起来更为简单。在四季更迭中，顾渚村的大部分农家乐业主都会说上海话，每一个到顾渚的上海游客，听到满村的上海话，就好像到上海郊区的某个村落一样，游客们便把长兴水口顾渚村亲切地称为“上海村”。2013年，水口农家乐针对上海游客群体，举办“上海年”，邀请上海游客大年除夕在顾渚村过年，当年有1万余名游客在景区度过农历除夕，称作“上海年”。

2015年，长兴县年接待游客量超过1600万人次，其中60%以上来自上海。随着到长兴县旅游上海游客数量的激增，久而久之，游客们把整个长兴也亲切地称为“上海村”。长兴县旅游委员会根据全域旅游的发展理念提出“上海村”这个旅游子品牌。

（十）八大碗

是长兴县水口乡农家乐推出的特色菜系，属长兴县乡村旅游“吃”的要素中一种子品牌。2014年，水口茶文化旅游景区为提高景区农家乐经营户的菜肴加工水平，举办水口“八大碗”菜肴评比大赛，组委会参赛者从浙菜、川菜、粤菜、沪菜等各种菜系，合计96种菜谱中归纳推出新的八种菜谱，合称八大碗。2015年，水口“八大碗”菜肴评比大赛继续举办，终于确定八大碗的名称。菜名依次为，一、春江水暖：十里稻香鸭。色泽酱红、皮肉酥香，食之口齿生香，回味无穷，且具有行气健脾，强生健体之功效。二、凤凰涅槃：水口农家土鸡煲。鸡肉酥而烂，味道清新自然而鲜美，开胃又养生。三、年年有余：番茄鱼。用番茄和鱼炖制而成，鱼肉鲜美，汤汁酸酸甜甜，绿色健康又美味。四、环肥燕瘦：农家红烧肉。红亮诱人，肥而不腻，入口酥软即化，具有润肠胃、生津液、补肾气、解热毒之功效。五、团团圆圆：笋干元宝蛋。水口特色笋干，有“节节高”的吉祥之意，本土鸡蛋又象征着“元宝”，整道菜富有寓意。六、山农素烧：芥菜金竹。芥菜味道独特而清甜，搭配水口特色金竹笋，口感绝赞。七、鲜汤甜羹：小鱼元地衣汤。清新小鱼元口感鲜嫩油滑，与地衣搭配，汤汁清爽而鲜香，营养价值高。八、水果点心：茶香饼。色泽鲜艳，层次清晰，脆而不碎，油而不腻，辅以绿茶点缀，唇齿留香。

水口八大碗取材于水口顾渚山的上好食材，采用秘制烹饪方式，更在色、香、味等方面充分展示水口农家乐的乡土气息，给人以返璞归真、唇齿留香的味觉体验。

第四编

旅游管理

第一章　管理机构

长兴县的旅游管理机构分旅游行政管理机构与民间旅游自律组织两类。旅游行政管理机构主要是代表长兴县人民政府的执行管理权责的长兴县旅游委员会，以及其他特殊管理机构，如牵涉农村旅游工作的县农业与农村工作办公室，分管长兴县图影省级旅游度假区的长兴县图影省级旅游度假区管理委员会等。民间旅游自律组织即旅游行业协会。

第一节　旅游行政管理机构

一、概况

长兴县的主要旅游管理机构是1996年成立的长兴县旅游局，现更名长兴县旅游委员会（后文单立一节专题记述）。其他重要管理机构有中华人民共和国成立以前即已设立的（长兴县）农业和农村工作办公室。2000年，长兴县成立长兴县假日旅游协调小组。2001年，长兴县设立的长兴县环太湖旅游开发区管理委员会，执行机构是长兴县环太湖旅游开发办公室。2005年，长兴县针对农家乐的迅猛发展设立长兴县农家乐发展综合协调小组。2010年，长兴县成立长兴县图影省级旅游度假区管委会。2012年，长兴县成立长兴县旅游协会，以上均属长兴县的主要旅游管理机构。

此外，为了方便管理旅游业中的不同业态、不同景区，或为了某种特殊需要，也会成立临时管理机构。业态管理机构有长兴县A级旅游景点评定委员会、长兴县星级饭店评定委员会、长兴县农家乐星级评定委员会。专门景点管理机构有2005年水口乡成立水口乡顾渚山景区管理委员会，2013年小浦镇成立小浦镇旅游管理委员会。临时管理机构很多，如2007年长兴县创建十大景区，为方便统一管理，每个景区都曾成立景区建设领导小组，由县主要领导统筹负责开展建设工作；2010年长兴县创建浙江省旅游经济强县，曾成立长兴县创建浙江省旅游经济强县领导小组；2012年，中共长兴县委对水口农家乐开展整治，曾设立水口农家乐整治领导小组等。至2015年，各临时管理机构任务结束后即撤除。

二、长兴县旅游行政管理机构简介

(中共长兴县委、长兴县人民政府)农业和农村工作办公室 单位前身为中共长兴县委农村工作委员会。2001年12月,长兴县根据中共湖州市委、湖州市人民政府《关于长兴县机构改革方案的通知》(湖委发〔2001〕25号)精神,将农村工作委员会改名为中共长兴县委农业和农村工作办公室,和长兴县经济体制改革办公室、中共长兴县委政策研究室合署办公。2007年7月30日,根据湖州市机构编制委员会《关于调整长兴县委政研室和农办机构设置的批复》(湖编〔2007〕46号)精神,长兴县机构编制委员会下文《关于调整长兴县委政研室和农办机构设置的批复》(长编〔2007〕33号),同意将与原中共长兴县委政策研究室合署办公的中共长兴县委农业和农村工作办公室调整为单独设置,同时挂"长兴县人民政府农业和农村工作办公室"牌子,机构规格为正科(局)级。全称为"中共长兴县委、长兴县人民政府农业和农村工作办公室",简称"县农办"。

长兴县农办的主要职能:贯彻落实中央、省委、市委关于农业农村工作和社会主义新农村建设的方针政策和法律法规,落实县委、县政府关于全县"三农"工作的决策和部署。具体关于旅游业,县农办的管理对象是农村的乡村旅游,即农家乐、休闲农业观光园、农事节庆三个方面的负责指导,检查和督促长兴县旅游局具体执行省市,以及长兴县委对长兴乡村旅游制定的各项方针、政策。相关农家乐、休闲农业观光园、农事节庆的考评、奖惩都由县农办决策执行。

长兴县假日旅游协调小组 2000年9月,长兴县人民政府为强化旅游行业节假日的安全监管及突发事件临时处理,成立长兴县假日旅游协调小组。协调小组领导机构由县四套班子领导共同组成,县委主要领导担任组长,小组成员由县内涉及旅游业态安全的旅游、公安、消防、建设、交通、卫生、林业等部门领导(一般为副职),以及旅游业相对发达的乡镇领导共同担任。假日旅游协调小组下设办公室,办公室设在旅游业的直接管理部门长兴县旅游局,由旅游局局长担任办公室主任。同年,县四套班子领导带领全组成员开展假日安全大检查,联合各部门排查安全隐患,对各旅游点动态监管,掌握旅游点安全情况,处理各类投诉,及时处理掌控各类安全问题。此后,每逢"黄金周"前夕,长兴县假日旅游协调小组均会召开假日旅游工作会议,发布节假日旅游安全检查通知,开展"黄金周"旅游安全大检查,排除各类安全隐患,限时整改。节假日期间,县假日办组织协调"黄金周"面上工作,加强值班,掌握各旅游点情况,处理游客投诉,进行旅游统计,加强巡查,分赴各旅游点动态监管,及时处理各类问题,确保假日旅游安全有序。截至2015年,长兴县旅游业在长兴县假日旅游协调小组领导下,节假日期间没有出现重大安全事故。

长兴县农家乐发展综合协调小组 2005年9月2日,中共长兴县委办公室为加强对全县农家乐的管理,颁发《关于促进农家乐发展的若干意见》(县委办〔2005〕18号),其中一项决定,成立“长兴县农家乐发展综合协调小组”。协调小组由县委、县政府分管领导任正、副组长，成员单位包括涉及农家乐经营发展、安全卫生的旅游、工商、公安、环保、交通、安监等各相关职能部门，由每个部门分管领导共同担任小组成员。协调小组下设办公室，办公室设于农家乐业务主管部门长兴县旅游局，由旅游局局长兼任办公室主任。协调小组负责“农家乐”发展过程中重大问题的决策，以及“农家乐”管理中涉及全局性、政策性问题的协调和处置。截至2015年，长兴县农家乐发展综合协调小组对长兴县农家乐的发展进行多次管理整治，代表有2005年长兴农家乐发展规范管理，2007年、2010年两次农家乐精品改造，2012年的水口乡农家乐集中整治，2014年的农家乐整改与提升为精品民宿，以及农家乐网站的创建、农家乐的星级评定等。

长兴县环太湖旅游开发办公室　2000年，为统一管理长兴县环太湖地区的旅游开发与招商引资，长兴县合并原夹浦镇经济开发区、雉城镇经济开发区、洪桥镇经济开发区三家所有涉及旅游业的基础设施建设项目，统筹成立长兴县环太湖旅游开发管理委员会。2001年9月，机构正式成立，委员会下设办公室，为正科级单位，直属长兴县人民政府领导，具体负责开发区的基础建设、招商引资等各项工作，确立以雉城镇新塘口与洪桥镇的图影村为开发办公室的主要建设区块。2002年，长兴县环太湖旅游开发区办公室完成环太湖旅游规划，编写《长兴县环太湖旅游示范带布景规范草案》，同时积极开展招商引资，引入数十个旅游服务建设项目。2003年9月8日，为加快长兴县环太湖旅游开发建设，中共长兴县委印发《关于成立县环太湖旅游开发筹备组的通知》(县委办发〔2003〕100号)，任命熊全龙兼任县环太湖旅游开发筹备组组长，沈彬兴、朱建清、杨光祥三人任筹备组副组长。但至2004年，因长兴县启动县内主要旅游景区建设，以及环太湖旅游设施建设后继乏力等因素，环太湖旅游开发办公室撤销，相关建设项目被分解到各驻地乡镇继续建设。

长兴县图影省级旅游度假区管委会　位于洪桥镇横山桥村，单位前身是1990年前后成立的太湖工程管理办公室，隶属长兴县建设局，2005年，更名西太湖管理委员会。2008年，中共长兴县委第十二次党代会通过“建设长三角生态休闲度假新选区，开发太湖图影旅游‘处女地’”建设规划。长兴县人民政府为落实县委会议精神，启动长兴县环太湖旅游资源开发建设工程，规划以图影为中心，设置长兴县西太湖高级旅游休闲度假区。2010年6月，长兴县分洪桥镇东部的横山桥、大荡漾、图影、小沉渎、陈湾、碧岩、水产七村，以及横山居委会组建度假区，成立长兴西太湖图影旅游度假区管理委员会。下属7个行政村、1个居委会，总人口约1.2万人，面积20平方千米。管委会内设机构7个，核定编制20名。2011年3月，管委会更名为浙江太湖图影旅游度假区管理委员会。2012年4月26日，浙江省人民政府印发《关于设立长兴太湖图影省级旅游度假区的批复》(浙政函〔2012〕69号)，批准成立长兴太湖图影省级旅游度假区。2013年3月，度假区原管理机构更名为长兴太湖图影旅游度假区管理委员会。截至2015年，管委会建成景区(景点)有图影生态湿地文化园、七㘰漾湿地公园、芦圻漾湿地公园、小沉渎特色美食街、碧岩风景区等;在建重大旅游项目有颐和会议会展及旅游房产项目、颐兴置业酒店项目、朗诗绿色建筑研发基地、美合房车营地项目、隐居精品酒店等。同年年末,管委会与上海长峰集团就旅游综合体项目签订正式合作协议,上海长峰集团的太湖龙之梦大型娱乐综合体项目落户度假区。

长兴县A级旅游景点评定委员会　2007年,长兴县旅游局为规范管理和提升县内星级景区(景点)建设,成立长兴县A级旅游景点评定委员会。委员会设于长兴县旅游局,由旅游局班子成员与主要业务科室工作人员组成,职责包括县境A级景区(景点)的日常管理,国家AA级景区的评审与认定,指导推荐景区申报浙江省、国家旅游局参评AAA及以上级别景区等。

长兴县星级饭店评定委员会　2007年12月18日,为完善长兴县旅游饭店星级评定管理体系,全面推进旅游饭店星评工作,提升全县饭店业的管理水平,长兴县旅游局印发《关于成立长兴县旅游饭店星级评定委员会的通知》(长旅发〔2007〕39号),成立长兴县旅游饭店星级评定委员会,全面负责全县旅游饭店星级评定及日常管理。长兴县旅游饭店星级评定委员会组织成员,主任由旅游局局长兼任,成员为分管副局长及主要业务科室工作人员以及社会专家2~3名共同组成,一般7名。县星级饭店评定委员会办公室设于长兴县旅游局行管科。职责:评定审核县内二星级旅游饭店,指导推荐县内精品酒店至湖州市、浙江省旅游主管部门参加三星及以上级别旅游饭店的申报评审等;具体指导星级饭店的评定和复核,并以明查、暗访形式对星级旅游饭店进行常态化监管,对不具备星级条件的二星及以下旅游饭店进行摘星处理。截至2015年,长兴县星饭店评定委员会先后指导推荐国际大酒店、新紫金大酒店参评四星级酒店,指导推荐华辰大酒店、浙江皇冠假日酒店参评三星级及银叶酒店,评审授予长兴华兴宾馆、长兴兴悦大酒店、长兴新世界大酒店等3家酒店为二星级酒店;取消三星级酒店1家长兴香溢大酒店,以及二星级酒店2家。

长兴县农家乐评定委员会　2006年6月14日,长兴县旅游局在长兴县农家乐协调小组办公室的领导下,成立长兴县农家乐评定委员会。长兴县农家乐星级评定委员会主要负责长兴县农家乐星级标准的设定及星级农家乐的评定工作,一般设三星、二星两个级别,每年评定一次;同时指导推荐县内农家乐经营户参加湖州市、浙江省的星级农家乐评定。截至2015年,长兴县评定县本级星级农家乐50余家,同时推荐评定浙江省五星级农家乐4家、四星级农家乐11家、三星级农家乐45家。

第二节　长兴县旅游委员会

1996年,根据长兴县编办长编〔1996〕8号文件,成立长兴县旅游局。2001年,旅游局从长兴县建设局分离独立建局,2010年,长兴县旅游局更名长兴县风景和旅游管理局,2011年再更名长兴县风景和旅游管理局，2013年，长兴县旅游局剥离全县风景区的经营管理职能交予新成立的长兴旅游集团有限公司。2015年，长兴县风景和旅游管理局更名长兴县旅游委员会。

一、概况

长兴县旅游委员会是长兴县的旅游业态责任管理机构，单位曾用名长兴县旅游局、长兴县风景旅游管理局、长兴县风景和旅游管理局，俗称长兴县旅游局。现单位办公地点设于龙山街道行政中心D座7楼。单位的沿革与更名分为三个阶段。

第一阶段：长兴县旅游局　1996年以前，长兴县没有专门行政管理机构负责旅游业，相关职能由长兴县建设环境保护局承担。1996年8月，根据长兴县编办长编〔1996〕8号文件《关于建立长兴县旅游局的通知》成立长兴旅游局，隶属长兴县人民政府，属正科（局）级全民事业单位，定编10名。时长兴县旅游局近似县建设局所辖的二级局，旅游局与长兴县建设局合署办公，共用一个党组，局长与书记由建设局相应领导兼任，财务、人事、办公室工作也由县建设局代管。长兴县旅游局具体负责长兴旅游业的规划建设、招商、行业管理和市场开发等工作。2001年1月，国务院召开全国旅游发展工作会议，下发《关于进一步加快旅游发展的通知》（国发〔2001〕9号），要求各地重视旅游业的发展。同年8月15日，长兴县人民政府召开第23次常务会议，专题听取全县旅游产业发展的情况汇报，明确独立组建长兴县旅游局。同年12月19日，长兴县人民政府办公室印发《关于长兴县旅游局职能配置、内设机构和人员编制方案的通知》（长政办发〔2001〕194号）明确规定长兴县旅游局为正局级事业单位，单独设立党组，具体负责旅游资源普查、旅游规划制定、行业规范管理、旅游市场宣传、旅游人才培养等工作，编制6名，内设综合科和市场开发科，以及办公室，合计3个科室。人员编制6名（事业编制），领导职数3名（局长1名、副局长2名）。

第二阶段：长兴县风景和旅游管理局　2010年3月12日，长兴县积极创建浙江省级旅游经济强县，对长兴县旅游局进行改革，长兴县机构编制委员会发布《关于县风景旅游管理局职能配置、内设机构和人员编制方案的通知》（长编〔2010〕05号），长兴县旅游局更名为长兴县风景旅游管理局。内设机构调整为一室4科，事业编制6名、领导职数3名（局长1名、副局长2名）。2011年6月，经长兴县机构编制委员会批准，长兴县风景旅游管理局更名为长兴县风景和旅游管理局。2013年7月，长兴县设立长兴县旅游集团有限公司，将原隶属长兴县风景和旅游管理局经营管理县内国有主要景区的职能剥离，交给新成立的长兴旅游集团有限公司经营管理。

第三阶段：长兴县旅游委员会　2015年5月19日，长兴县人民政府办公室根据《中共湖州市委办公室、湖州市人民政府办公室关于印发〈长兴县人民政府职能转变和机构改革方案〉的通知》（湖委办〔2015〕4号）精神，颁布长政办〔2015〕58号文件，《关于印发长兴县旅游委员会主要职责、内设机构和人员编制规定的通知》，设立长兴县旅游委员会，县旅游委员会是主管全县旅游发展、统筹协调、产业促进和行业管理的县政府工作部门。人员编制：县旅游委员会行政编制8名，其中主任1名、副主任3名、兼职副主任若干名（分别由县农办、县规划局、县交通运输局等部门分管领导兼任），中层职数4名。

二、基本职能

长兴县旅游委员会的职能随着旅游业态的发展逐步增加。1996年长兴县旅游局初设，基本职能具体负责全县旅游业的规划建设、招商、行业管理和市场开发等工作。2001年，长兴县旅游局独立建制后，根据《长兴县县级党政机关“三定”工作的实施意见》（县委办〔2001〕45号）精神，旅游局的主要职责：宣传、贯彻落实国家和省市关于发展风景旅游业的方针政策、法律、法规；研究拟定长兴县风景旅游业的规范性文件，经审核批准后组织实施；编制全县旅游业发展的中长期规划、发展战略、产业政策和年度工作目标，并组织实施和检查；指导全县各类旅游企业的发展，积极培育开发旅游市场，完善旅游经营管理体制；负责全县旅游业的宏观管理，制定行业管理规范；负责全县旅游资源的普查、规划，协调旅游资源的开发利用和保护工作；负责旅游开发建设项目的管理；负责全县风景旅游业的行业管理工作；负责旅游区（点）质量等级划分与评定的管理工作；指导乡镇风景旅游发展管理工作；负责全县旅游业的统计和信息、咨询、服务工作；负责编制申报全县旅游发展资金的投资计划，引导旅游业的社会投资和利用外资工作；配合县财政局做好专项资金分配、使用审核和旅游发展资金的使用监管工作；研究提出全县旅游市场规划和年度旅游活动方案并组织实施；统一组织全县旅游整体形象的宣传工作和重大促销活动；组织指导重要旅游产品的开发；负责收集研究国内外旅游市场的动态信息，向旅游企业发布市场信息；归口管理旅游涉外事务；负责对旅游涉外饭店及星级评定的审核报批工作；负责国内旅游经营单位许可证的颁发和年检工作；指导全县旅游业的精神文明建设；管理和指导全县旅游教育培训和岗位资格考试认证工作；指导旅游行业的人才资源开发工作；监督、检查旅游市场秩序和服务质量；保护旅游消费者和旅游经营者的合法权益；承办旅游行政执法工作；负责指导和管理旅游娱乐工作；抓好旅游业安全生产工作；承办县委，县政府交办的其他事项。

2010年，长兴县旅游局更名为长兴县风景旅游管理局，基本职能增为十项。2015年5月19日，根据长政办〔2015〕58号文件《关于印发长兴县旅游委员会主要职责、内设机构、和人员编制规定的通知》。县旅游委员会是主管全县旅游发展统筹协调、产业促进和行业管理的县政府工作部门。主要职责十一项，依次为：（一）贯彻执行国家和省、市关于发展旅游业的法律、法规和方针，政策；研究拟订全县旅游产业发展中长期规划、发展战略、产业政策、规范性文件和年度工作目标，并组织实施。（二）负责旅游经济强县建设的综合协调和推进工作。（三）参与旅游资源开发、旅游基础设施建设等方面的规划立项和报批工作。（四）推进旅游信息化建投，负责全县旅游行业信息发布，建立健全旅游官方网站等旅游公共信息和咨询平台，指导建立旅游集散中心等旅游公共服务体系，提升旅游公共服务功能。（五）负责全县旅游产业综合协调工作；负责对全县旅游企业综合考核和乡镇（街道、园区）旅游经济工作考核。（六）组织开展旅游资源普查、规划和保护工作，指导全县旅游目的地、旅游景区景点的规划、建设，指导监督旅游业统计工作。（七）组织协调全县旅游环境和基础投资建设，优化配置旅游交通、商贸购物、餐饮住宿、乡村民宿、旅游文化娱乐、休闲运动等各项资源，强化旅游休闲综合服务功能。（八）组织旅游形象和品牌、重大旅游节庆活动的宣传推广。（九）负责全县旅游行业规范管理和标准化推广工作；负责专项旅游经营业务的审批工作，负责旅行社设立的前期审核工作，组织实施饭店、旅行社的星级评定及申报工作，负责旅游景点A级评定及申报工作，制定旅游人才培养规划和培训计划，抓好旅游人才引进和人才培养工作，指导旅游行业协会工作。（十）负责旅游安全的综合协调和监督管理，指导旅游应急救援工作；监督检查旅游市场秩序和服务质量，监督指导旅游产业安全生产；受理旅游质量投诉，依法维护旅游消费者和旅游行业经营者的合法权益。（十一）承办县委、县政府和上级相关部门交办的其他事项。

三、主要业绩

1999年，长兴县旅游局被长兴县人民政府评为“1999年中国陆羽茶文化旅游节承办工作先进集体”。2007年，长兴县旅游局在展示乡村旅游魅力，提升乡村旅游品质，推动乡村旅游经济发展，促进新农村建设为主题的展示评选活动中，被浙江省旅游局评为“2007年度浙江美丽乡村旅游展示评选活动优秀组织奖”。同年，浙江省农办印发《浙江省农家乐休闲旅游工作业绩考核和奖励办法》（浙农办〔2007〕64号）并实施评定，长兴县旅游局荣获2007年度全省农家乐休闲旅游工作考核一等奖（之后2008年、2009年、2011年，县旅游局又三次获得一等奖）。2009年，长兴县旅游局在领导县属旅游企业与浙江旅游职业学院合作，创办企业学院、开展订单式人才培养、旅游课题研究、行业员工培训、送教下乡（企）、干部教师挂职锻炼等方面积极探索，取得很好合作效果，被评为“2009年度校企校地合作工作先进单位”。同年，长兴县旅游局在旅游标准研究、制定、培训、推广、评定等方面取得显著成绩，被评为“2009年度浙江省旅游标准化工作先进单位”（2010年度再获此项荣誉）。2010年，长兴县经过半年的辛苦创建，被浙江省人民政府授予“浙江省旅游经济强县”，同年，因网络领域的信息工作成绩优异，被评定为“2010浙江省旅游信息化工作先进单位”。2012年，长兴县因乡村旅游的巨大成绩，在北京被农业部及国家旅游局联合授予“全国休闲农业与乡村旅游示范县”（农企发〔2012〕9号）。2015年，长兴县旅游委员会被浙江省旅游局授予“浙江省旅游统计改革试点县”。

长兴县旅游委员会主要成绩一览表

表4-80

序号	奖项名称	内容与意义
1	浙江省农家乐休闲旅游工作考核一等奖	2007年长兴县获浙江省农办授予“浙江省农家乐休闲旅游工作考核一等奖”。之后2008年、2009年、2011年，长兴县旅游局再三次荣获一等奖
2	中国十大文化休闲旅游县	2009年，被国际休闲产业协会认定
3	浙江省旅游工作先进单位	2008年被浙江省旅游局评为“浙江省旅游工作先进单位”。之后，2009年、2010年、2012年又三次获此荣誉
4	浙江省旅游信息和标准化工作先进单位	2009年，浙江省旅游局评定
5	浙江省旅游经济强县	2010年12月，浙江省人民政府认定长兴县创建“浙江省旅游经济强县”，2013年11月通过复评
6	全国休闲农业与乡村旅游示范县	2012年12月1日，在北京被农业部及国家旅游局授予(农企发〔2012〕9号)
7	全国十佳生态休闲旅游城市	2015年，在北京举行的“2015全国生态文明建设高峰论坛暨城市与景区生态文明成果发布会”上，长兴县获“全国十佳生态休闲旅游城市”称号
8	浙江省旅游十佳县	2015年4月15日，浙江旅游局发布“新常态下，乡村旅游魅力浙江”总评榜与颁奖仪式，长兴县获“年度旅游发展十佳县(市、区)”
9	浙江旅游电子商务领军单位	2015年2月7日，中国电子商务协会数字服务中心和杭州市电子商务协会联合授予长兴县旅游委员会“浙江旅游电子商务领军单位”称号
10	浙江省旅游统计改革试点县	2015年，浙江省旅游局与省统计局联合发布《关于同意长兴县、天台县为浙江省县域旅游改革试点县的批复》(浙旅政法〔2015〕170号)，长兴县获首批“浙江省旅游统计改革试点县”称号

五、内部组织机构

1996年，长兴县旅游局成立，内部组织机构不分科室。2001年12月19日，长兴县人民政府办公室印发《长兴县旅游局职能配置、内设机构和人员编制方案的通知》(长政办发〔2001〕194号)，明确长兴县旅游局为正局级事业单位，具体负责旅游资源普查、旅游规划制定、行业规范管理、旅游市场宣传、旅游人才培养工作，内设综合科和市场开发科，以及办公室，合计3个科室。人员编制6名(事业编制)，领导职数3名(局长1名、副局长2名)。

2007年5月，为进一步加强旅游市场监管，强化旅游监督管理职能，根据浙江省旅游局统一要求，以及长兴县机构编制委员会发布的《关于设立长兴县旅游质量监督管理所的批复》

(长编〔2007〕12号),中共长兴县委、县政府同意设立长兴县旅游质量监督管理所,隶属长兴县旅游局。2010年3月12日,长兴县积极创建浙江省级旅游经济强县,对长兴县旅游局进行改革,长兴县机构编制委员会发布《关于县风景旅游管理局职能配置、内设机构和人员编制方案的通知》(长编〔2010〕05号),长兴县风景旅游管理局内设机构调整为办公室、规划建设科、行业管理科、市场开发科,合4个科室,事业编制6名、领导职数3名(局长1名、副局长2名)。2014年1月2日,长兴县机构编制委员会印发《关于同意设立县乡村旅游事业发展中心的批复》(长编〔2013〕39号),同意设立长兴县乡村旅游事业发展中心,隶属长兴县风景和旅游管理局。2015年,根据《中共湖州市委办公室、湖州市人民政府办公室关于印发〈长兴县人民政府职能转变和机构改革方案〉的通知》(湖委办〔2015〕4号)文件精神,长县旅游委员会成立,设4个职能科室:办公室、产业规划科、行业监管科、市场推广科。

长兴县旅游委员会的党组机构沿革基本等同长兴县旅游委员会。1996年9月26日建立局党组,党组书记由长兴县建设局党组书记兼任。1996年11月22日,长兴县旅游局设立纪检组。1998年4月29日,长兴县旅游局党组、纪检组撤销,其组成人员自行免去。2001年12月17日,长兴县旅游局正式设立局党组。2011年7月18日,长兴县风景和旅游管理局党组、纪检组曾被短暂撤销,2012年5月重建。

长兴县旅游委员会历任领导名单(1996年—2015年)

表4-81

姓名	职务	任期
郑博光	局长(兼)	1996.10.8—1998.1.19
吴树民	局长(兼)	1998.1.19—4.1
顾吉生	局长(兼)	1998.4.1—2001.12.21
韩张达	党组副书记、副局长	1996.9—2001.12
	纪检组长	1996.11—1998.4
朱建清	党组成员、副局长	1996.9—2012.5
蒋文彬	党组书记、副局长	2001.9—2005.4
钱丽琴	党组书记、局长	2001.12—2002.6
陈　炜	副局长	2002.8—2002.12
虞利民	局长	2002.6—2003.5
严耀良	党组成员、纪检组长、副局长	2003.1—2011.6
钱慧明	局长	2003.5—2003.9①
盛国贤	党组成员、副局长	2004.1—2008.9

① 2003年9月至2005年4月,长兴县旅游局局长岗位缺职。

续表4-81

姓名	职务	任期
沈彬兴	党组书记、局长	2005.5—2011.6
吴利平	党组成员、纪检组长	2005.12—2007.4
	纪检组长	2006.12—2007.4
战兴虎	党组成员、纪检组长	2008.11—2015.4
	党委委员、副主任	2015.5—
孙书文	党委委员	2009.12—
徐明学	党组成员、副局长	2011.7—2013.12
王文中	党组书记、局长	2011.8—2013.3
盛宏伟	党委委员、副主任	2012.5—
陈国群	党组成员、副局长	2012.5—2013.7
许　慧	党委委员	2012.5—2015.12
何杰雄	党委书记、主任	2013.3—
吴建忠	党委委员、纪委书记	2015.5—
黄文娟	党委副书记、副主任	2015.5—
魏　燕	党委委员	2015.5—

六、长兴县旅游委员会所属科室简介

2015年，长兴县旅游委员会所属科室有办公室、产业规划科、行业监管科、市场推广科，以及长兴县旅游质量监督管理所、长兴县乡村旅游事业发展中心，合计6个科室。

办公室　2001年12月随长兴县旅游局独立建局后设立，主要职能：办理机关日常政务，协调各科室工作，办理领导交办事项，负责重要会议的组织及决定事项的督办；组织有关重要文件、文稿的起草；负责局机关文秘、财务、档案、信息、机要、保密、社会治安综合治理、信访、后勤服务等事务；配合党组织做好党务、纪检监察工作。

产业规划科　2001年12月，长兴县旅游局设立综合科，包含产业规划职能。2010年3月12日，随旅游局更名长兴县风景旅游管理局，始置规划建设科，简称规建科；2015年随长兴县风景和管理局更名长兴县旅游委员会，始置产业规划科。主要职责：负责制订并组织实施全县风景旅游业发展的中长期规划、年度计划和产业发展政策；负责风景旅游资源保护及开发利用工作，组织、指导风景旅游资源调查；负责全县各类风景旅游区（点）、乡村旅游区（点）、农家乐、旅游宾馆饭店、旅游商品定点生产企业和旅游定点商店的规划管理工作；负责政府性旅游项目的建设实施，负责重要旅游项目的策划包装；引导旅游业的社会投资和利用外资工作，做好风景旅游专项资金和风景旅游发展资金的使用；会同当地政府负责做好项目开发的政策处理等前期准备工作。负责制定风景旅游项目开发计划，组织旅游项目论证、审核、评价工作，组织、指导风景旅游区的规划论证；负责风景旅游区（点）质量等级推荐报批工作，负责风景旅游项目的审定报批工作；负责非城区风景名胜区的基本建设项目立项前的审核工作。

行业监管科 2001年12月，长兴县旅游局设立综合科，包含行业管理职能。2010年3月12日，随旅游局更名长兴县风景旅游管理局，始设行业管理科，简称行管科。主要职责：负责全县旅游行业的管理和行业标准、服务规范的推广实施，监督检查旅游市场秩序和服务质量；组织、协调重大旅游安全事故的救援和处理；协同有关部门做好旅游交通、旅游价格、旅游安全工作，负责指导和管理旅游娱乐工作；负责风景旅游行业队伍建设和形象建设，指导全县旅游教育培训和岗位资格考试认证工作，归口管理旅游涉外事务，负责审核旅游企业、宾馆饭店、特种旅游项目和核准旅游推荐单位工作，旅游饭店的星级评定、审核报批工作；其他由本单位承办的旅游行业行政审批和行政复议事项。

市场推广科 2001年12月，随长兴县旅游局独立建局设立，初名市场开发科。2015年随长兴县风景和旅游管理局更名市场推广科。基本职能：研究制定旅游市场开发战略，指导旅游市场体系培育；负责全县旅游形象的定位和策划；负责旅游客源市场的分析、调研及市场开发思路、步骤的提出并实施；组织、指导重要旅游产品的开发和旅游商品的生产销售，负责风景旅游资源的宣传推介工作，负责各类大型促销活动和旅游节庆活动的组织工作，负责行业咨询、网络的建立和管理工作，负责新闻媒体的接洽工作。

长兴县旅游质量监督管理所 2007年5月30日，为进一步加强旅游市场监管，强化旅游监督管理职能，根据浙江省旅游局统一要求，长兴县机构编制委员会印发《关于设立长兴县旅游质量监督管理所的批复》（长编〔2007〕12号），设立长兴县旅游质量监督管理所，隶属长兴县旅游局。管理所主要职责：1. 负责对全县旅游行业的生产经营进行监督管理；2. 受理、审理对本辖区旅行社、旅游车船公司、景区、景点，星级宾馆等旅游单位的旅游投诉和理赔案件；3. 受县旅游局委托，开展旅游市场检查，查处各类旅游违法案件。管理所人员编制：核定事业编制3名，其中领导职数所长1名。经费来源：财政拨款。

长兴县乡村旅游事业发展中心 长兴县乡村旅游发展中心是长兴县旅游业发展的特色产物。为统筹发展管理乡村旅游此长兴旅游特色支柱产业，2013年11月15日，长兴县风景和旅游管理局向长兴县人民政府申请《关于要求设立长兴县乡村旅游事业发展中心的请示》。2014年1月2日，长兴县机构编制委员会印发《关于同意设立县乡村旅游事业发展中心的批复》（长编〔2013〕39号），同意设立长兴县乡村旅游事业发展中心，简称乡旅中心，隶属长兴县风景和旅游管理局。长兴县乡村旅游事业发展中心主要职责七项：1. 组织协调全县乡村旅游改革与发展工作；2. 负责指导落实上级乡村旅游发展政策、发展规划和实施计划；3. 研究拟订并落实全县乡村旅游发展与改革政策措施；4. 指导乡村旅游产品质量提升和转型升级，提高乡村旅游品牌市场影响力；5. 推行乡村旅游标准化建设，加强质量等级评定工作；6. 指导全县旅游商品品牌的开发和推广;7. 承办县委、县政府以及上级部门交办的其他事项。乡旅中心人员编制核定事业编制2名,单位类别公益一类事业单位,经费形式,财政拨款。

第三节 旅游行业协会

一、概况

2000年,长兴县旅游局为便于旅游业态的协调管理,预备筹建旅游协会。长兴县旅游行业协会最早是2005年成立的长兴县水口乡农家乐行业协会与长兴县小浦镇农家乐行业协会。2008年长兴县成立农家乐协会。2012年,长兴县旅游协会成立。截至2015年,长兴县有注册旅游行业协会4家。此外,许多休闲业态也各有自己的协会,如长兴县户外运动协会、长兴县驴友协会、长兴县骑协等。

二、长兴县旅游业态主要协会简介

长兴县旅游协会 2012年6月20日,由国际大酒店、紫金大酒店、金陵大酒店、红玫瑰大酒店、万宏旅行社、天马旅行社等6家单位共同发起筹备,向长兴县旅游局申请,经批准后成立长兴县旅游协会。9月28日,长兴县旅游协会召开成立大会,55家会员单位参加会议。协会根据长兴县旅游局提名,推举长兴县人大常委会原主任朱根山担任会长,同时推举王文中、秦伟、施建国、战兴虎等10人担任协会副会长,王文中担任常务副会长、秦伟担任执行副会长、战兴虎兼任秘书长,朱根山、李志云等47人为理事会理事。协会下设旅游景区、旅行社、农家乐、旅游饭店、旅游商品,共5个分会,分别由5位副会长担任。依据2013年长兴县旅游协会印发的长旅协发〔2013〕11号文件,协会主要职能6条,依次是加强自身建设、发挥协会作用;抓好行业培训,提升旅游业软实力;抓好协调服务,强化行业凝聚力;规范经营行为,强化行业约束力;开展调查研究,发挥参谋作用。截至2015年,长兴县旅游协会广泛开展旅游行业调研工作,帮助会员单位解决实际问题,推进行业自律发展,为长兴县旅游工作的协调服务做出众多工作。

长兴县农家乐行业协会 2008年11月6日,由长兴县水口乡农家乐协会、长兴水口竹楼农家乐、长兴县城山沟桃源山庄生态农业开发有限公司3家单位共同发起,筹备成立长兴县农家乐行业协会。同年12月18日,长兴县农家乐行业协会召开成立大会,45家会员单位参加会议。协会成立后致力开展全县农家乐规范管理、行业自律,以及农家乐从业人员的培训。截至2015年,长兴县农家乐行业协会会员增加到72家,其中单位会员1家,个人会员71人。

长兴县水口乡农家乐行业协会 2005年5月20日，水口乡村民郑本良、章国平、周伯民、计卫星、陈树棠、陈玉良、谢利平等7人，向长兴县旅游局申请筹备成立长兴县水口乡农家乐行业协会，申请获得批准。12月30日，水口乡农家乐行业协会召开成立大会，32名会员参加会议。协会成立后全面推进水口农家乐规范发展，调解游客纠纷，开展农家乐服务质量提升、建立行业自律。截至2015年，长兴县水口乡农家乐行业协会会员发展到50余家。

长兴县小浦镇农家乐行业协会 2005年7月1日，小浦镇村民张建华、吴掌珠、蒋明堂、柏成兴、高月华、潘应同等6人向长兴县旅游局申请，筹备成立长兴县小浦镇农家乐协会，申请获得批准。10月28日，长兴县小浦镇农家乐行业协会召开成立大会，50名会员参加会议。协会成立后致力负责小浦镇农家乐经营户的对外宣传、促销，规划指导和监督农家乐经营户的接待，组织对农家乐经营户的培训，提高服务质量，并配合旅游部门做好农家乐规范管理。至2015年年底，长兴县小浦镇农家乐行业协会有会员36家。

长兴县户外运动协会 长兴户外运动协会诞生于2000年，于2014年2月正式注册成立长兴县户外运动协会，有注册会员500多人。作为AAAA级社会组织，协会一直致力于体育志愿者、文化志愿者、环保志愿者、公益志愿者等各项志愿服务工作，积极投身于爱心公益事业，组织实施“十大古道”“行走的温暖”等多项自创品牌，在长兴县取得一定的社会成效及影响力。协会现有专职工作人员7人、国家二级心理咨询师2人、拓展培训师2人、国家资质急救员2人、社会工作师3人。协会会长姚云峰。

第二章 规划管理

长兴县的旅游规划依据规划的目的、内容、时间长短等因素综合界定,可分为长远总体规划与中短期概念性规划两类。长远总体规划属长兴县旅游局定期编制的县本级旅游长期综合总体规划,中短期概念性规划是县内各单位、部门、旅游企业等自己编制的旅游项目,或单个景区(景点)的建设规划。1996年,长兴县旅游局成立,确立"总体规划、分步实施、突出重点、以点带面、外引内联、多方结合"的工作方针,积极编制旅游规划。1999年,长兴县旅游局编制完成第一部长远总体规划《浙江省长兴县旅游发展总体规划(1999年—2010年)》。截至2015年,长兴县旅游业编制具备一定规模、等级的旅游规划200余种。

编制规划的目的是依据规划推进旅游项目建设。从2005年至2015年,长兴县旅游部门将各项旅游规划作为项目执行目标,通过政府自建、扶持、监督,或旅游企业自建的方式,多方推进规划的实施,形成长兴县旅游规划在具体执行过程中的自身特色,称作(旅游)项目推进。

第一节 长远总体规划

一、概述

旅游业的长远总体规划是指导特定地域旅游产业发展的总纲。自1996年长兴县旅游局成立至2015年,长兴县旅游业共4次编制长远总体规划,依次是1999年制定的《浙江省长兴县旅游发展总体规划(1999年—2010年)》,2011年编制的《长兴县旅游业发展"十二五"规划(2011—2015)》,2015年编制的《浙江省长兴县旅游发展总体规划(2015—2020)》;另2014年12月,中共长兴县委办公室、县人民政府办公室联合编制的《长兴县旅游发展三年行动计划》,也具有县本级旅游长远总体规划的功能性质。

二、长兴县长远总体规划简介

《浙江省长兴县旅游发展总体规划(1999年—2010年)》 1998年1月,长兴县旅游局委托华东师范大学编制全县旅游发展总体规划。县旅游局与华东师范大学联合组成总体规划编

纂课题组。课题组成员构成，组长：华东师范大学旅游学系教授苏文才；副组长二人：长兴县旅游局副局长韩张达、华东师范大学旅游学系副教授张文建；组员：长兴县旅游开发中心主任朱建清，以及华东师范大学旅游学系研究生4名。规划编定时间一年。1999年1月，《浙江省长兴县旅游发展总体规划（1999年—2010年）》编制完成。2月7—9日，长兴县旅游局邀请省市主管部门，以及上海市、杭州市等旅游科研单位及大专院校相关学科专家共9人组成专家评审组，在雉城镇建设大厦举行规划专家论证会。专家评审小组综合会前的考察和参会代表的各方观点审议，规划被稍作修改审核通过。同年，湖州市旅游局发布《关于同意〈长兴县旅游发展总体规划〉的批复》（湖旅〔1999〕第93号），肯定规划："基础资料翔实，指导思想明确，内容具体全面，布局基本合理，符合长兴县旅游业发展实际"，批准通过。

规划内容。《浙江省长兴县旅游发展总体规划（1999年—2010年）》系统设计未来11年长兴县旅游发展的总目标和区域布局。正文15页，包括8章、17节，1万余字，附地图5份。八章的题名依次是概述、规划总则、规划目标旅游资源评价和开发重点、旅游产品开发区域布局、客源市场分析与预测、旅游开发保障体系规划、旅游可持续发展对策选择等。重点第五章旅游产品开发与区域布局，确定了长兴县以雉城镇为游客集散地的三山、三区、一中心的多层次、多功能发展格局，简称"六区一中心"。六区依次为顾渚山风景区（茶文化旅游区）、仙山风景区（宗教文化旅游区）、弁山风景区（水乡风光旅游区）、长城生态文化旅游区（长城为五代以前长兴县古县名，此处借指尹家边扬子鳄自然保护区、八都岕十里银杏长廊自然保护区、长兴灰岩地质剖面保护区三种古生态旅游资源，它们是长兴县旅游资源古生态奇观的代表，被比喻为古代的长城）、西太湖旅游度假区、周坞山城郊游憩型旅游区、雉城镇观光、休闲、购物、娱乐综合旅游集散中心等。此外，规划还对未到长兴县旅游业的基础设施建设、旅游商品开发、旅游品牌、旅游人才队伍建设等诸多方面，都提出了基本规划。

《长兴县旅游业发展"十二五"规划（2011—2015）》 2010年年初，长兴县旅游局根据国家旅游局颁布的《旅游发展规划管理办法》第二十条和《浙江省旅游管理条例》第九条相关规定，按照"五年一调整，十年一修编"的总规编制要求，针对1999年编制的《浙江省长兴县旅游发展总体规划（1999年—2010年）》实施十年，已科学有效地指导全县旅游业发展，基本完成规划目标的现实情况，以及长兴县委、县政府提出"两年大跨越、再创新辉煌"，打造长三角生态休闲度假新选区战略目标，和长兴县正在争创浙江省旅游经济强县，长远总体规划是入选的基本条件等综合情形，向长兴县人民政府递交《关于要求修编长兴县旅游发展总体规划的请示》（长旅〔2010〕第34号），请求启动新一轮旅游业发展总体规划的编制。请示即获长兴县人民政府批准，长兴县人民政府指示，由长兴县发展改革与经济委员会、长兴县风景旅游管理局联合编制。同年10月，规划编制完成，以长发改规划〔2011〕61号文件印发。

规划内容。《长兴县旅游业发展"十二五"规划（2011—2015）》由长兴县旅游局"十二五"规划课题组完成。全文共6章、1.7万字。各章题名依次是"十二五"的现实基础和发展环境，"十二五”旅游业发展指导思想、目标和思路，“十二五”旅游空间发展布局和产品建设，“十二五”旅游业主题形象定位与市场发展，“十二五”旅游要素支撑体系，“十二五”旅游发展保障措施。重点第三章“十二五”旅游空间发展布局和产品建设，该章提出未来5年长兴县旅游业发展以休闲度假和乡村旅游为发展重点，以“长三角生态休闲度假首选区”为发展目标，以“一心六区一廊”①为空间发展布局，实施“四五六”旅游发展战略②。加快“绿色经济廊道”建设。未来通过建设从兰香山经顾渚、金钉子、二界岭、仙山、和平至太湖景区的旅游观光道路，将各组团串联起来，形成乡村休闲观光绿色廊道，同时形成环长兴县城为中心的“绿色经济环”和“旅游观光交通圈”。

《浙江省长兴县旅游发展总体规划(2015—2020)》　2014年，长兴县风景和旅游管理局启动《浙江省长兴县旅游发展总体规划(2015—2020)》修编工作。规划由长兴县风景和旅游管理局委托复旦大学旅游系完成。编写组成员，组长：复旦大学旅游系副教授沈祖祥，组员：复旦大学旅游系教授曹振威、上海师范大学旅游系教授张帆、上海城管学院讲师何春萍，另复旦大学及同济大学学生4名。规划完成期限2015年5月。

规划内容。《浙江省长兴县旅游发展总体规划(2015—2020)》全文分17章、66节，以及2个附件。17章的题名依次是规划总则、概况综述、旅游发展背景分析、旅游资源禀赋分析及适宜性开发评价、客源市场分析与预测、现状解读与问题研判、区域竞合分析与案例经验借鉴、战略目标和战略部署、空间布局、分区规划及重点项目策划、旅游产品设计、品牌形象塑造与市场营销、旅游产业要素与服务系统策划、旅游相关产业与旅游业融合发展规划、旅游环境保护与可持续发展规划、实施安排及效益评估、旅游发展支持与保障体系。规划的实质内容暨重点是第八至第十一章，核心第十章[详见本志附录——《长兴县旅游文件资料选编》的“浙江省长兴县旅游发展总体规划(2015—2020)”(节选)]。规划确定长兴县未来五年的发展目标是“一轴、两翼、一区”的新格局。“一轴”，旅游中轴：由北至南构建水口、城区、城南为一体的发展中轴线，重点打造江南茶文化旅游区、城市休闲文化旅游区以及城南的休闲农业采摘区。“两翼”，太湖风情旅游带(东翼)、仙山湖田园风光旅游圈(西翼)。东翼按照国家级旅游度假区目标，构建以滨湖景观大道为轴线，太湖图影旅游度假区、太湖风情旅游区及太湖新城三个区块

---

① “一心六区一廊”空间发展布局：“一心”即以长兴县城城区为中心，以建设旅游经济强县为标准，将雉城镇打造为旅游服务和旅游集散中心；“六区”即太湖图影旅游度假区、顾渚山茶文化风景区、古生态旅游区、二界岭—仙山湖生态休闲旅游区、城南农业观光旅游区、江南红村旅游区；“一廊”即乡村休闲观光绿色廊道。

②“四五六”旅游发展战略，即突出“四”个转变：景点建设向景区建设转变，单一投入向多元化投入转变，单调旅游产品向旅游综合体转变，旅游资源小县向旅游经济强县转变。塑造“五”大主题：探远古生态、品唐代贡茶、访帝乡佛国、赏太湖风光、享农家乐趣。建设“六”大区块：太湖图影旅游度假区、顾渚山茶文化风景区、古生态旅游区、二界岭—仙山湖生态休闲旅游区、城南农业观光旅游区、江南红村旅游区。

为核心的太湖旅游风情带。西翼以仙山湖国家湿地公园为核心，整合二界岭乡村旅游集聚区、中国扬子鳄村、上泗安古村为一体的仙山湖田园风光旅游圈，启动培育国家AAAAA级景区。“一区”，为长兴历史文化旅游区：整合合溪水库及其上游的小浦、槐坎、煤山、白岘等乡镇的“古生态、红色文化、乡村旅游”等资源，打造集长兴历史文化展示及乡村休闲度假为一体的长兴历史文化旅游区。

《长兴县旅游发展三年行动计划》 2014年12月25日，中共长兴县委办公室、县人民政府办公室联合编制发布，文件号〔2014〕94号。因该行动计划重在旅游项目建设，所以详见本章第三节项目推进，此处从略。

第二节　中短期概念性规划

一、概况

长兴县旅游资源开发的中短期概念性规划最早可上溯至民国时期。1935年前后，长兴县国民政府曾邀请专家对太湖香山一带考察，编制旅游规划。1978年，原白岘公社对辖区的洞山风景区尝试开发编制旅游规划。1991年，长兴县城建局编制完成“西太湖—兰香山旅游开发区规划”。1995年，长兴县城建局委托浙江省规划设计研究院编制完成《顾渚山茶文化风景区总体规划暨陆羽山庄中心景区详细规划》。1996年，长兴县旅游局成立初期，旅游规划的编制及监管是旅游局主要工作。1999年2月，长兴县旅游局委托华东师范大学旅游系编制第一部全县长远总体规划。同年，县旅游局指导原仙山乡完成《仙山旅游区规划》。2000年，长兴县按照《浙江省长兴县旅游发展总体规划（1999年—2010年）》的总体设计，开始实施对县内主要旅游资源编制旅游建设规划和招商引资，完成重要旅游资源顾渚山茶文化的《顾渚山景区旅游规划》。2001年，长兴县旅游局指导雉城镇完成《新塘集镇旅游规划》。2002年，长兴县旅游局围绕全县旅游资源开发两大重点“太湖”与“古生态”，开展“长兴环太湖开发带规划国际咨询”和“古生态产品策划”，委托美国KOLL公司编制《环太湖开发带概念规划》，指导小浦镇完成《古银杏长廊总体规划及重点地区（方一村）建设规划》。

2003年，长兴县旅游局指导泗安镇完成《泗安镇旅游产业发展规划》。2004年，长兴县旅游局编制完成顾渚山旅游景区总体规划（2004—2015），并对长兴灰岩地质公园、扬子鳄繁殖中心区域、新四军苏浙军区司令部旧址等规划进行跟踪，同时指导小浦古银杏山庄、水口九龙山生态旅游村、金沙泉山庄、林城空隐寺、和平诚功山庄等旅游项目编制规划。同年，长兴县旅游局开始严格执行旅游项目规划的例会审批制度。2005年，长兴县旅游局努力提升旅游规划质量。同年，指导泗安镇完成《泗安镇旅游产业发展规划（2006—2008年）》《仙山湖旅游区总体规划》，同时对全县主要旅游资源编制规划，完成《长兴环太湖图影旅游度假区控制性详规及城市设计方案》《长兴八都岕银杏山谷（长廊）旅游区建设控制规划》《大唐贡茶院规划方案》《陈武帝故居规划方案》《朱氏宗祠规划方案》等。

2006年至2008年三年间，除2007指导长兴县林业局编制《扬子鳄二期放归项目规划》外，长兴县旅游局旅游规划工作主要是执行中共长兴县委的农村工作精神，配合县农办的农村旅游工作，工作重点转移至以休闲农业观光园为主的乡村旅游上。2006年，长兴县旅游局委托浙江大学编制《长兴县乡村旅游发展总体规划》，规划依据长兴县乡村旅游资源分布，将未来乡村旅游建设分成重点区域、次重点区、一般区域，以及限制性区域四个等级（约2011年，此规划根据数年后长兴县乡村旅游发展现状，提升更名为《长兴县新乡村旅游发展总体规划》，原来的三个板块更改为“五区四带”乡村旅游发展布局）。2007年至2008年，长兴县旅游局指导10余家休闲农业观光园完成规划，重点有龙山新区的《渚山杨梅观光园总体策划》、李家巷镇的《丁工农庄发展规划》。

2009年，长兴县旅游局指导和平镇、林城镇、槐坎乡、吴山乡完成乡镇旅游规划。2010年，长兴县旅游规划工作重点是县本级《长兴县旅游发展“十二五”规划》编制，其次是吴山梨园、和平神塘甲鱼基地、顾渚村富硒谷等休闲农业观光园的规划编制指导。2011年，除编制《八都岕古银杏长廊旅游总体规划》外，长兴县风景和旅游管理局开始对县境尚未关注的新生旅游资源系统编制规划，主要有《长水港水上旅游项目策划》《合溪水库旅游总体规划》等。

2012年，长兴县风景和旅游管理局配合县委、县政府的景区建设，指导完成《长兴海洋城主题公园旅游规划》《长兴太湖图影省级旅游度假区总体规划》《长兴仙山湖国家湿地公园荷博园、古潮观渔景区景观方案设计》等重要旅游项目规划。2014年，长兴县风景和旅游管理局围绕长兴县委制定的“县—乡镇—景区”长兴旅游发展三级旅游规划体系，深入发掘，编制完成《顾渚山茶文化景区创建国家AAAA级景区提升方案》《古银杏长廊景区创建国家AAA级景区提升方案》《白岘乡旅游总体规划》《泗安镇旅游总体规划》《泗安镇二界岭乡村旅游集聚区规划》《上泗安村古村漂流景区提升策划方案》等众多旅游项目规划。

2015年5月，长兴县旅游委员会编制完成《浙江省长兴县旅游发展总体规划（2015—2020年）》。同年，指导煤山镇人民政府完成红色旅游景区《长兴县“江南小延安”红色旅游景区提升方案》，指导水口乡完成《水口特色小镇规划》，指导龙山街道完成《龙山新区长水线重要景观区域旅游规划》。

截至2015年长兴县例会审批的规划一览表

表4-82

名称	规划简介及政府例会审批意见
长兴县旅游发展总体规划（1999年—2010年）	1998年长兴县旅游局编制，1999年2月通过审核，详见本章第一节“长兴县旅游发展总体规划（1999年—2010年）”
长兴县国际大酒店建筑设计方案	编制单位不详，2000年11月24日审批通过。审批建议：同意项目选址，要求酒店按高起点、高品位、高要求建设，定位为四星级，造型美观、环境幽雅、功能完善。18层的大楼设计建议增加三层，建成长兴县地标性建筑
新四军苏浙军区司令部旧址保护规划	2002年，长兴县新四军苏浙军区纪念馆编制，规划内容不详
环太湖开发带概念规划	2002年，长兴县人民政府委托美国KOLL公司编制，详见本节下文“环太湖开发带概念规划”条目
长兴十里银杏度假村建设规划	长兴县旅游局指导小浦镇编制，2003年11月27日审批，结论要求明确市场定位、确定消费对象，进一步深化方案设计后再做汇报
顾渚山风景区规划	2003年完成，规划具体内容不详
林城空隐寺生态旅游景区规划设计方案	林城镇编制，2004年4月13日审批通过。审批建议：旅游开发地块的建筑设计要体现时代感、现代感
长兴县国家级地质遗迹博物馆	长兴县国土资源局编制，2004年6月4日审批通过。修改建议：补充设计体现金钉子地质文化的标志或标牌（中英文形式）
顾渚山旅游景区总体规划（2004—2015）	水口乡编制，2005年1月18日审批通过。修改建议：规划定位立足于弘扬特色，挖掘茶文化，开发生态旅游。对景点命名应体现茶文化内涵，如野生茶山改名为唐代古茶园。旅游景点建设与保护恢复相结合（如贡茶院），点要做精，线要做美，充分考虑现代人运动休闲需求特点，主景点步行到达。景区内外道路交通按功能特点规划设计，景区与外围交通干道畅通，预留景区内部休闲步道或古驿道
金沙泉山庄详细规划	水口乡编制，2005年1月18日审批。结论：规划方案待顾渚山旅游景区总体规划审议通过后再议，规划必须提供项目投资概算，要求主题鲜明，策划到位，充分结合地方旅游发展现状
长兴十里银杏长廊度假酒店	小浦镇编制，2005年1月18日审批通过。修改意见：1.提供投资概算、扩充设计及环境评估意见书。2.消防、给排水、垃圾处理、停车场地等各项配套设施必须在设计中充分考虑。3.酒店设计定位必须符合当地实际
仙山湖风景旅游区总体规划	长兴县旅游局指导泗安镇编制，2005年4月16日审批通过，内容不详

续表4-82

名称	规划简介及政府例会审批意见
泗安镇旅游产业发展规划(2006—2008年)	泗安镇编制,2005年完成,详见本节下文“泗安镇旅游产业发展规划(2006—2008年)”条目
水口寿圣寺寿圣宝塔设计方案	长兴县民宗局编制,2005年8月4日审批。结论同意该方案,修改建议:建议设计两层地下室
长兴环太湖图影旅游度假区控制性详规及城市设计方案	长兴县城乡建设局编制,2005年8月4日审批通过,具体内容不详
长兴八都岕银杏山谷(长廊)旅游区建设控制规划	小浦镇编制,2005年12月21日审核通过。修改方案:组织专家再次论证,作专题汇报。方案确定后,先建几个景点,形成一定氛围后,利用社会资金力量,进行市场化运作
大唐贡茶院规划方案	长兴县永兴公司编制,2005年12月21日审批通过。修改建议:建筑用材、铺装用材、进一步明确。关于历史故事的文字材料进一步推敲完善,并请专家审核
陈武帝故居规划方案	长兴县永兴公司编制,2005年12月21日审批通过,县四套班子听取规划方案后再做专题汇报
朱氏宗祠规划方案	长兴县文广新局编制,2005年12月21日审批。结论:补充朱氏宗祠维修方案效果图,报例会审核
长兴古银杏度假山庄初步设计方案	小浦镇编制,2006年4月11日审批。结论不予通过,重新设计
浙江皇冠假日大酒店环境景观设计方案	浙江皇冠集团有限公司编制,2006年6月5日审批。结论不予通过,规划方案重新设计
浙江长兴梅花公园景观规划方案	编制单位不详,2006年8月23日审批通过。修改意见:1.方案设计应创造一种梅林渐融于龙山的意境,梅园设计应体现梅文化特色。2.充分考虑水面与梅园的关系,选择合适的水生植物,营造适宜鸟类、昆虫生息的生态环境。3.考虑梅花花期短及病虫害防治需要,梅林应设计为混交林,从审美及生态学角度选择混交植物品种
长兴显圣寺、城山寺、碧岩禅寺设计方案	长兴县民宗局编制,2006年8月23日审批。结论:1.原则同意显圣寺、城山寺、碧岩禅寺的设计方案。2.要求按照佛教规范研究设计佛教场所。3.要求在方案设计中体现寺庙所在地历史文脉。4.建筑设计应与周围环境和谐融合
环太湖旅游度假区图影新村安置规划方案	编制单位不详,2006年8月23日审批通过。修改意见:1.景观大道北移,道路以北不得建房。2.重点考虑户型设计,做到经济、实用、美观、符合住户心理需求。3.各项技术指标必须符合设计要求

续表4-82

名称	规划简介及政府例会审批意见
长兴菱山生态湿地公园规划方案	长兴县林业局、园林局联合编制，2006年9月22日审批。修改建议：1.原则通过方案。2.设计进一步明确湿地公园的功能定位，充分考虑休闲方式与内容。3.结合区域环境，对湿地公园的整体风格准确定位。4.对水系要深入研究，一方面尊重地势现状与审美需要，自然组织水域大小；另一方面尝试从画溪引水，作为湿地公园水源。5.植物配置以乡土树种为主，尝试运用片林种植的绿化形式。6.方案设计应结合当地人文历史，融入人文景观，增加湿地公园的历史文化底蕴。7.进一步梳理路网，设计公园主、次两级道路，减少硬质、木质铺装。8.缩减园内配套建筑体量，进一步明确园林小品式样
长兴古银杏长廊生态旅游度假山庄建筑设计方案	小浦镇编制，2007年1月11日审批通过。修改建议：整体建筑体量按比例缩小10%到20%
长兴金陵大酒店改建工程设计方案。	长兴县金陵大酒店有限公司编制，2007年3月16日审批。结论：1.原则通过方案一。2.建筑顶部外立面材质用花岗岩，与裙房一致，更显稳重大气。3.停车泊位要达到70个以上
长兴县地质公园接待中心设计方案	长兴县国土资源局编制，2007年8月10日审批。结论：1.原则同意设计方案。2.建议建筑适当镂空，将外部岩壁肌理引入室内景观；设计中增强粗犷简约风格。3.建筑外立面用材需重点处理，要求自然、质朴，同时要求与周边已建建筑协调
长兴碧岩禅寺规划设计方案	长兴县民宗局编制，2007年9月6日审批通过。修改方案：1.取消管理用房，大殿采用重檐，建筑整体色彩、风格应统一。2.上山道路改为宽1.5米，局部2米
浙江扬子鳄放归自然建设项目详细规划	长兴县林业局、旅游局联合编制，2008年3月14日审批通过。建议：1.规划应分期实施。2.入口体现生态化和野趣，取消入口广场的瞭望塔
渚山葡萄观光园总体策划	雉城镇编制，2008审批，具体内容不详
长兴县水口人防疏散基地工程景观设计	都林国际设计公司编制，2010年5月17日审批通过。补充建议：景观采用桂花、草坪和木质铺装
长兴人民广场文化馆及商业街景观深化设计	中建国际设计顾问有限公司设计，2010年5月17日审批通过。提示：建筑风格应与周边环境相协调
浙江长兴陈武帝故宫及遗址公园景观规划设计	长兴县永兴公司设计，2010年5月31日审批通过。修改建议：道路轴线与故宫轴线对齐，南侧道路用旧石条，沿经三路入口处遍植水杉、榉树及石榴等

续表4-82

名称	规划简介及政府例会审批意见
江南红村建筑设计方案	中国美术学院风景建筑设计研究院编制，2010年7月27日审批通过，修改建议：牌坊位置重新调整，1#楼体量缩小1/3
长兴县旅游发展“十二五”规划	长兴县风景旅游管理局编制，2010年10月评审通过，详见本章第一节“长兴县旅游发展‘十二五’规划”条目
长兴归园田居雅趣谷规划设计方案	东南大学建筑设计研究院设计事务所编制，2011年1月24日审批通过
长兴仙山湖旅游区景观设计方案	杭州市城建设计研究院编制，2011年8月31日审批通过。修改建议：主入口要适当后退，留出足够视野；服务中心与售票处合二为一，停车场和服务中心减少硬质铺装；建筑设计应厚重；停车场面积适当加大；长堤树种考虑用桃柳间植；桥梁设计应体现文化性；亲水栈桥考虑采用仿木混凝土或室外硬塑，换乘点根据游客需求简化
长兴恒盛温德姆至尊豪庭酒店项目设计方案	华东建筑设计研究院有限公司编制，2011年9月19日审批通过。修改建议：容积率须满足规划设计要求，考虑两幢楼的协调性，公寓式酒店建筑高度须降低20米左右，沿经一路绿化带设计由开发商和项目业主进行对接，可做少量公共停车位，但不得计入酒店停车率
仙山湖国家湿地公园荷博园景观方案设计	汉嘉设计集团股份有限公司编制，2012年1月11日审批通过。修改建议：1.提升荷博园主题，增加不同花期荷花，延长赏花时期。2.植物配置要体现季相分明、四季有景。3.场地设计要充分体现休闲亲水性。4.生态农田观光区设计细化，色块要成片大气，品种不宜过多。5.配套设施要按照20年一遇的防洪标准设计。6.雨污水收集系统要符合环保要求。7.可适当减少建筑量，体现以生态为主。8.房屋体量、道路设计与国土资源局对接，尽量规避土地指标问题
仙山湖国家湿地公园古潮观渔景观设计方案	北京多义景观规划设计事务所编制，2012年3月15日审批通过。修改建议：方案设计要满足环保、水利等部门提出的专业技术要求，定期换水，保证水质，取消沙滩，景区道路宽度适当压缩，按旅游步道的标准设置，鱼宴馆整合成一幢建筑
仙山湖环湖公路工程设计方案	中交远洲交通科技集团有限公司编制，2012年5月4日审批通过。修改建议：环湖公路的定位要兼容交通与景观，必须突出景观；道路线型体现临水、亲湖；断面路宽设计为11米，在造价成本允许的情况下，建议按照断面方案二优化，人行道和非机动车道置于临湖之侧，宽3米，机动车采用柏油路面；沿路考虑人或车的停靠点、休息点以及局部小景；桥梁按照20年一遇过水断面设计；1号桥尽可能考虑与其他桥风格一致

续表4-82

名称	规划简介及政府例会审批意见
太湖大酒店建筑设计方案（含金莲桥综合楼）	北京三似伍酒店设计顾问有限公司编制，2012年5月31日审批通过。修改建议：严格按照原规划例会通过的建筑方案设计；消防与部分民居拆除问题须同步进行；取消地下商场，地下两层空间全部用于停车，沿太湖路两个出入口合并成一个，并与国际大酒店现有出入口错开，外立面用材体现大气、庄重感。方案修改完善后报分管副县长审查
银杏长廊游人中心建筑设计方案	汉嘉设计集团股份有限公司编制，2012年7月25日审批通过。修改建议：压缩土地面积；整体建筑东移，缩小广场并适当减少建筑体量，减少铺装，停车场改为生态停车场，三个出入口合并成一个；绿化树种尽量采用银杏树
长兴图影生态湿地文化园一期设计	汉嘉设计集团股份有限公司编制，2012年10月15日审批通过。修改意见：1.建筑单体须进一步优化，如售票中心屋顶过于简单，屋檐不够凝重，售票入口不够大气等。2.道路材质不需高档，改为石板或透水混凝土，做到防滑、大方即可。3.游船线路沿途林景改造、驳岸改造以及环卫设施的设置等均须充分考虑。4.观鸟塔的体量须减小、高度须降低。5.亮化设计以及无障碍设施均须考虑
长兴太湖图影省级旅游度假区总体规划	上海奇创旅游景观设计有限公司编制，2012年10月15日审批通过，详见本节后文“长兴太湖图影省级旅游度假区总体规划”条目。修改建议：1.深入研究生态湿地特点。2.进一步体现太湖风景。3.健康养生、宗教文化等内容须充分体现。4.突出特色项目的布局和定位。5.充分考虑用地空间因素
长兴太湖石博物园景观设计方案	杭州园林设计院股份有限公司编制，2013年3月6日审批通过，具体内容不详
长兴仙山湖旅游综合服务区总体策划	长兴农丰源有限公司委托上海奇创旅游景观设计有限公司编制，2013年4月13日审批通过。修改建议：1.总体策划要进一步明确主题，突出长兴特色，总体以佛教文化为主题，彰显水文化。2.投资总额要严格控制，降低容积率，提高建筑品位及档次。3.与两规衔接，复核后修正。4.农丰源公司按此总体策划招商
长兴仙山湖烟雨滩、仙柳湾设计方案	浙江农林大学园林设计院有限公司编制，2013年4月13日审批通过。修改建议：1.景区总体方案通过后，具体的绿化实施方案须进一步细化，并考虑后期维护、保养等问题。2.建筑设计（如水上餐厅等）须考虑设置1至2个适合重要贵宾接待的客房，面积适当做大，档次做高。3.从生态设计角度考虑景区的污水排放处理、灯光设计等问题
浙江仙露茶业茶文化休闲园规划建筑设计	上海经纬建筑规划设计研究院编制，2013年5月31日审批通过。补充建议：项目须在土地出让被审批后才能动工，实施过程由水口乡把关，确保与方案效果一致

续表4-82

名称	规划简介及政府例会审批意见
太湖新城酒店设计方案	悉地国际设计顾问(深圳)有限公司编制,2013年5月31日审批通过。修改意见:1.增加建筑沿河道后退距离,保证沿河有不少于15米的绿化宽度。2.环形车道4米宽度不足,须扩大至6米以上。3.太湖新城应结合水利、防洪、河岸利用和景观等做水系专项规划
长兴国际大酒店宴会厅方案设计	浙江天和建筑设计有限公司编制,2013年7月24日审批通过。修改意见:1.新建宴会厅须与原国际大酒店建筑整体效果相符。2.停车按照机械式停车设计考虑。3.交通的有序组织及出入口设置由公安交警部门再把关。4.土地问题原有土地新增容积率部分由国土部门测算后补交土地出让金,报土地例会审议,新增约270平方米的土地按规定办理相关出让手续
图影旅游度假区房车营地建筑规划方案	浙江恒欣建筑设计有限公司编制,2013年10月22日审批通过。修改建议:1.接待中心设计依方案一,建筑高度由太湖图影管委会同建设局邀请专家再论证,尽量降低。2.别墅部分以点式为宜,单体栋数再减少,商业和住宅的容积率可适当降低。3.拖挂式房车形态、结构及内部功能要再细化。4.自驾式房车的位置和用地空间再增加,接待中心可适当减小。5.山边小路只需考虑步行,宽度不大于1.5米
朗诗长兴基地规划建筑设计调整方案	上海几禾建筑设计有限公司编制,2013年10月22日审批通过。修改意见:基地内临滨湖大道一侧的变电房须用绿化遮挡
长兴雨润中央广场、长兴雨润星雨华府项目方案	上海东方建筑设计研究院有限公司编制,2013年10月22日审批通过。修改建议:增加商业综合体距明珠路的后退距离,形成公共小广场;增加综合体与北侧沿河建筑间距,综合体的屋面设计须结合停车、建筑立面,景观设计进一步细化等
龙山泰景项目泛光照明设计	上海华灯照明科技有限公司编制,2013年11月15日审批通过。修改建议:1.B区商业全顶亮化,功率再适当增加。2.C区公寓再增加山墙、线脚的亮化设计。方案修改完善后由规划局把关
长兴图影生态湿地文化园二期区块设计	汉嘉设计集团园林规划设计研究院编制,2014年1月14日审批通过。修改建议:1.水生植物的配植需充分考虑净化水质的作用。2.园路等公共建筑用材要充分考虑造价和后期维护,尽量不采用木质材料
仙山湖景区配套辅助用房改造工程设计方案	杭州城境景观设计有限公司编制,2014年1月14日审批通过。修改要求:1.待房屋质量安全检测后再定实施方案。2.整个项目的造价须再核算,必须准确。3.充分考虑水、气、电的综合配套,取水点、排污点须符合环保要求。4.农丰源公司须精确测算项目的经营、管理和成本收益等问题

续表4-82

名称	规划简介及政府例会审批意见
长兴·白岘中国太湖石博物园会展中心室内装饰设计方案	浙江工业大学建筑规划设计研究院有限公司编制，2014年4月25日审批通过。修改建议：1.充分融合另一方案优点，适当开放空间。2.采用一些现代设计手段，安排一些互动参与。3.注重节约，部分空间如办公、卫生间等可再简化，整体装修材料的档次尽可普通
长兴县"农园新景"实验示范带建设总体规划及局部节点详细规划	浙江茗苑旅游规划设计研究中心编制，2014年4月25日审批通过。修改建议：1.方案须把现代农业园区建设放在重点。2.村庄的标示标牌应简单、实用、大方。3.入园的标识牌高度考虑在3.5米左右。4.管理用房的用地性质按农业设施用地处理，建筑色彩应统一，面积再压缩。5.对沿线农房的改造要简单，相对统一协调即可。6.318国道沿线绿化的提升须在方案中明确。7.分期建设要与既定的2014年美丽乡村创建计划对接
长兴东方梅园研究所及东方古木博物馆规划与建筑设计方案	湖州诚信建筑设计有限公司编制，2014年6月9日审批通过方案二。完善建议：1.功能布局要求更加合理化，突出展示、展览、研究的主题。非本项目直接关系的辅助用房面积尽量压缩。2.绿化景观方案须进一步优化，充分考虑古梅古树，并体现艺术感。3.外立面色彩应再厚重。4.水、电、气等基础设施配套须充分考虑。5.土地的出让、政策处理须与龙山新区进一步对接
长兴开元度假村建设设计方案。	浙江工业大学建筑规划设计研究院有限公司编制，2014年9月17日审批通过。完善建议：要深化完善休闲步道、内部交通、节点景观等相关内容
浙江省长兴县旅游发展总体规划（2015—2020）	长兴县旅游委员会编制，2015年5月完成，详见本章第一节"浙江省长兴县旅游发展总体规划（2015—2020）"
长兴县"江南小延安"红色旅游区提升方案	煤山镇委托浙江省旅游学院编制，2015年11月审批通过，详见本节后文长兴县"'江南小延安'红色旅游区提升方案"

二、长兴县部分中短期概念性规划简介

浙江长兴环太湖旅游开发概念规划　2002年9月，长兴县环太湖旅游开发办公室发布《长兴环太湖开发带概念规划暨滨湖重点区块土地利用规划方案国际咨询》，委托美国EDSA事务所、澳大利亚HRP集团、美国HHCP公司、北京达沃斯景观设计研究院、美国ECGIUTERNATIIONAL公司等五家公司提供咨询服务。之后长兴县环太湖旅游开发办公室综合五家的规划，经细致讨论，决定以美国KOLLCONTRUCTION，L.P和美国ECGIUTERNATIIONAL国际工程顾问公司编制的规划为基础，整合其他方案优秀成果，编制《浙江长兴环太湖旅游开发概念规划暨重点地区空间形态规划方案》。新规划提出将长兴县环太湖旅游开发带建成一个面向长江三角洲，延伸至海内外市场，太湖沿岸最具魅力、最宜人、具有世界影响力、可持续发展

的，集度假、观光、居住、娱乐、商务、会议、教育、科研、运动于一体的综合型旅游度假区和居住带。

浙江省长兴县"金钉子"地质遗址保护区总体规划　2004年5月，龙安—泛华建筑工程顾问有限公司编制，规划负责人沈之翰教授。规划分前言、正文、附录(主要为图片)三部分。主体是正文部分，分7章、27节，1万余字。各章题名依次是浙江省长兴县"金钉子"地质遗址概况，浙江省长兴县"金钉子"地质遗址保护区范围及建设保护区的意义，遗址的地质研究现状及区域地质概况，浙江省长兴县"金钉子"地质遗址总体规划，地质遗址规划设计，浙江省长兴县"金钉子"地质遗址基础设施建设，浙江省长兴县"金钉子"地质遗址效益评价及规划实施。重点是第四章浙江省长兴县"金钉子"地质遗址总体规划。

泗安镇旅游产业发展规划(2006—2008)　2005年编制，编制单位不详。全文共六节，题名依次是规划背景、泗安镇概况、泗安镇旅游业发展现状、泗安镇旅游业发展目标定位、旅游总体布局规划，后附《泗安镇旅游发展目标工作措施实施计划表》。规划设计泗安镇旅游业未来发展的总体布局为"一带三点、三区"。"一带"，以318国道、申苏浙皖高速公路、宣杭铁路为轴线带；"三点"，扬子鳄生态园、泗安镇、仙山湖景区为三个节点；"三区"，建设长岗岭万亩花卉苗木园区、泗安特色瓜果园区、长潮青梅茶叶园区，合三大农业生态园。初步设想，将泗安镇建成以观光、休闲、度假为主体，其他农特产品开发与销售相配套的，集旅游、休闲、购物为一体的乡村旅游基地。

长兴县乡村旅游发展总体规划　2006年，长兴县旅游局委托浙江大学编制。全文分八章，2万余字。规划依据长兴县乡村旅游资源分布以及土地、环境要素，将未来乡村旅游建设分成四个等级：重点区域、次重点区、一般区域，以及限制性区域等。重点区域包括水口茶文化乡村游、八都岕健康休闲游、和平休闲农业观光游等三大板块，是全县最富特色的农家乐发展区。规划为引导农家乐区域性发展，实现农家乐的有序规范管理，以及有序发展奠定了良好基础。约2011年，该规划根据数年后长兴县乡村旅游发展现状，提升更名为《新乡村游发展总体规划》，原来的三个板块更改为"五区四带"乡村旅游发展布局："五区"即环太湖旅游度假区、合溪水库生态保护区、顾渚茶文化旅游度假区、仙山湖旅游度假区、二界岭旅游度假区；"四带"指江南茶乡实验示范带、岕里人家实验示范带、太湖风情实验示范带和希望田野实验示范带。

长兴城山桃园风情小镇旅游开发规划　2010年8月，浙江名苑旅游规划设计研究中心编制。全文分9章、29节，附地图10份。各章题名依次是总论、背景分析、资源与开发条件、战略思路与目标、总体布局与项目策划、产品与营销策划、分期建设与投资估算、支持系统、保障措施。重点第四、第五两章。总体布局是"一带四区"，一带：城山沟乡村景观带。四区：1.桃文化体验区，桃花坞的桃园休闲。2.乡村度假区，桃源村。3.乡村垂钓区，桃花湖的滨水休憩。4.康体养生区，清凉寺的参禅礼佛。总体定位：以山水、桃园、幽谷等乡村风貌为背景，以水蜜桃、白茶等农林产品为旅游产品，依托城山沟乡村度假为目标，清凉禅寺宗教文化为灵魂，建成长兴县继水口、八都岕之后，湖州市乡村旅游的又一重要示范区、长三角著名的乡村旅游目的地。

长兴八都岕十里银杏长廊概念性规划 2011年8月，汉嘉设计集团股份有限公司编制。全文以图示为主，配以少量说明文字，分四章：1. 现状分析、(区位及交通、现状分析、现状景观资源)。2. 思考(问题与思考、保护、延续，保护规划、有机更新)。3. 总体规划[功能分区、景观结构、交通分析(车行、慢行)]。4. 分区规划(旅游服务区、创意休闲区、生态体验区、民俗体验区)。景区总体规划为"一轴连四区，一带嵌十园"。轴与带均指小柏公路，四区指八都岕内四行政村，十园包括四大主题村落(民俗体验古村、生态体验古村、创意体验生态村、美食体验生态村)、三大主题公园(太湖泉公园、溪涧公园、银杏公园)，以及三大旅游集散点(紧邻三大主题公园的方一、大岕口、柏家村三个村口广场)。

长兴太湖图影旅游度假区总体规划 2012年8月，奇创旅游规划咨询机构编制。全文分五章，题名依次是基地分析、项目定位、规划研究、规划布局与经典规划、专项规划。该规划将太湖图影旅游度假区定位为AAAAA级景区标准的国内一流康体休闲主题度假天堂，国家级旅游度假区。规划设计将景区(度假区)以太湖滨水度假轴、田园湿地体验轴、乐活山地休闲轴等三条轴线，分度假区为北部度假片区、南部旅游片区，合两个板块、七个分区。北部度假片区由综合服务片区、生态产业片区、集镇生活片区三个小片组成；南部旅游片区由康疗养生片区、运动娱乐片区、宗教文化片区、生态湿地片区，合四个小片组成。景区定位：国际滨湖高端休闲旅游度假区，长三角高端休闲旅游度假第一目的地，现代康体休闲、高端运动休闲、秀美生态观光、国际会议会展景区。

长兴顾渚山茶文化旅游景区(核心区)创国家AAAA级旅游景区提升方案 2014年2月由浙江旅游科学研究院编制。全文5章、20节、156页，5万余字，文字间插入大量指示性图片。五章题名依次是规划总则、现状分析、景区标准化提升方案、景区旅游产品推升、规划保障等，重点第三、第四两章。规划将整个景区分解为贡茶文化体验核心区、金沙涧滨水休闲带、山地休闲运动带、入口综合服务区、观光农业体验区、禅意文化体验区、深山体验养生区，合七个功能区块。规划原则上依据景区现有旅游资源，通过各种硬、软件提升，促进景区综合水平达到国家AAAA级标准。第四章结尾附有总表，列举景区需要提升的十大功能类型及每一功能所辖的小类数，依次是旅游交通(4小类)、游览(8小类)、旅游安全(8小类)、卫生(6小类)、邮电(2小类)、旅游购物(4小类)、综合管理(9小类)、资源和环境保护(3小类)、景观质量(2小类)、游客意见调查等。

长兴县"江南小延安"红色旅游区提升方案 2015年11月，由煤山镇人民政府委托浙江省旅游发展中心与浙江省旅游学院联合编制。全书分九章，题名依次是设计总纲、功能分区与项目策划、旅游产品体系设计与策划、旅游营销体系策划、旅游公共服务体系策划、旅游资源保护规划分期规划与实施的保障措施、红色旅游资源分析、目标客源市场分析。核心第二章“功能分区与项目策划”。末尾附文章两篇:《国内红色旅游景点发展经验报告》《国内红色旅游景区经营管理调研报告》、地图17份。规划依据景区的资源分布与自然环境条件将景区的发展设计为“一小镇、一网络、两片区”的发展格局。“一小镇”,原新四军活动的槐坎集镇。“一网络”,以红色小镇为交通中心构建内外交通网络(涵盖杭宜高速、两省道、县乡道,以及村道与山涧小径与水道);“两片区”,以原槐坎乡的仰峰村、东风村、新槐村为中心,设计为政经军事体验区;以原白岘乡五通山、和尚口、白岘、三洲山为核心,设计为后勤生活体验区。规划目标,将景区建成以研学体验与教育培训为核心功能,以旅游新型业态为核心群体,兼顾红色朝圣、廉政教育、生态游憩、康体养生、乡村度假、亲子体验等功能于一体的综合性红色主题旅游景区。

第三节　旅游产业项目推进

一、概况

长兴县旅游产业项目推进以2012年为时间节点,大致可分为前、后两个阶段。以2012年为节点,前期是政府主导、以景区(景点)建设为主的旅游项目推进;后期是社会资本注入、各种旅游项目市场化的全面推进。

(一)2012年以前政府主导、以景区(景点)建设为主的项目推进

1996年以前,长兴县旅游业没有规模景区(景点)项目建设,旅游业态主要集中于酒店、旅馆类服务业领域,而且规模小而散。项目责任主体隶属各部门乡镇,或者民营私企以及个体。1996年,长兴县旅游局成立,因人员资金严重不足,除对一些小型旅游项目建设作规范指导外,没有规模型旅游项目建设,旅游业态称作“长兴县有景色,无景点”。2001年,长兴县旅游局独立建局,开始依据新编的旅游规划招商引资,预备开发旅游项目。2002年,长兴县旅游局第一次确立9个可以重点建设的旅游项目,上报长兴县人民政府统筹安排建设。长兴县人民政府明确牵头部门与配合部门,当年重点建设金钉子地质公园(一期),此属长兴县政府主导、以景区建设为主的项目推进萌芽。2004年,长兴县重点建设金钉子二期工程、中国扬子鳄村、太湖泉生态园3个旅游项目,此初步形成长兴县在旅游项目推进方面的基本模式:“政府主导,部门联动。”年末,太湖泉生态园建成对外开放。

2005年,长兴县出台《关于加快全县旅游经济发展的若干意见》,确定在全县建设8大景区(景点):名称依次是中国扬子鳄村、金钉子自然保护区、古银杏长廊、顾渚茶文化景区、陈武帝故宫、朱氏宗祠、图影旅游度假区、仙山湖景区等,且每个景区再成立独立的项目领导小组,分别以县委、县政府主要领导担任组长领导负责工作,开展政府主持、部门联动,全面推动建

设项目。同年6月,长兴县旅游局召开全县旅游景点建设培训班,对有关乡镇旅游分管领导、相关村负责人,以及重点旅游企事业单位负责人进行业务培训,努力提高干部领导服务景点建设的能力。2006年,长兴县旅游项目推进工作模式与2005年完全相同,景区名录除上年的八大景区外,新增"四座文化名山"(顾渚山、仙山、弁山、城山)建设。

2007年,长兴县旅游局邀请专家调研把脉,启动红色旅游景区建设,增添新四军苏浙军区旧址群作为县域重要景区,正式确立全县十大旅游景点建设任务,由中共长兴县委办公室以〔2007〕43号文件发文,将全部旅游景区建设的任务落实到有关部门与乡镇,同时将乡村休闲农庄与星级宾馆也置入项目名录。同年,陈武帝故宫、滨湖景观大道、古银杏山庄等一批项目启动建设,古银杏天泉景区启动设施改造,清泉武校科学探索园被纳入旅游建设框架,扬子鳄二期放归湿地项目启动征地,城山沟旅游区列入全省十家创建AAA级景区行列。之后,每年年初,中共长兴县委办均会以文件形式将全年的景点建设任务细化分解,落实到相关部门和乡镇,并列入年度综合考核,此成为长兴县旅游项目建设的独特模式"县委、县政府全面主导的建设大景区模式"。

2009年,长兴县确定全年"景区质量管理年",全县主要景区质量管理均有大幅提高。2010年,长兴县申请创建浙江省旅游经济强县,中共长兴县委举行十二届九次全体(扩大)会议,重点讨论推进旅游景区建设"135行动",改组旅游业发展(景区建设)领导小组办公室,第一次系统提出"长兴县十大景区概念",印发《2011年长兴县旅游景区建设任务分解表》,全年投资11亿元,完成金钉子远古世界、大唐贡茶院的提升,指导新四军苏浙军军区通过AAAA级景区初审,配合太湖图影旅游度假区管委会开展省级旅游度假区申报,开展国家休闲农业与乡村旅游示范县的申报,初步实现长兴县旅游景区(景点)从无到有,从有到优的巨大转变。

2011年长兴县旅游景区(景点)项目建设任务分解表(略有删节)

表4-83

项目名称	建设内容	项目进度	主体建设单位
浙江省扬子鳄放归自然建设项目	列入县重点基础设施建设项目。新征土地343亩,改造和恢复扬子鳄自然栖息地,重建扬子鳄野生种群,科研监测设施设备及旅游配套设施建设	12月底完成游客服务中心、大型停车场、绿化、桥梁及相关旅游配套设施建设	林业局,支持单位林城镇、泗安镇
中国扬子鳄村景区提升及配套完善	结合创AAAA级景区及接待需求,建设鳄鱼表演场所,科普展馆,观鳄长廊、餐饮设施,购置观光游船,并对一期项目给予提升	9月底完成一期项目提升,12月底完成鳄鱼表演场所、观鳄长廊、科普展馆主体工程建设和观光游船购买,为2012年创AAAA级景区打好基础	同上

续表4-83

项目名称	建设内容	项目进度	主体建设单位
浙江归园田居项目	列入县重点基础设施建设项目。一期土地征用、租用和会所、琴庄、弈舍等度假设施建设	6月底前完成一期征、租地及拆迁工作,12月底基本完成会所、琴庄、弈舍和部分度假庄园建设	二界岭乡,支持单位交投公司
二界岭现代农业观光园	旺湖杜鹃园、樱桃园、大地说书园、休闲茶园等	旺湖杜鹃园5月招投标,12月底前完成入口、风情索桥等工程量的80%。樱桃园9月底前完成园区道路硬化6千米和水系改造工作。大地说书园5月招投标,12月底完成极目楚天阁、入口广场、山门等设计工程量的80%。休闲茶园4月底完成原有建筑改造,10月底完成景观设施改造	同上
艳阳果圣山庄	阳光生态餐厅、移动木屋、开心农场、水岸别墅改建等	9月底完成阳光生态餐厅、部分开心农场建设;12月底基本完成100栋移动木屋和3000平方米水岸别墅改建	同上
二界岭农业观光园基础配套设施项目	连通园区间的道路,标识系统等	启动园区间的道路、标识系统等建设	同上
大唐贡茶院三期	列入县重点基础设施建设项目,建筑面积约5000平方米	9月底完工并对外开放	顾渚山陆羽茶文化风景区管委会,支持单位永兴公司
大唐贡茶院片区整理提升	完成贡茶院片区提升方案论证并启动实施,启动贡茶院内部提升、贡茶院北侧山林租用及林相改造	5月底完成提升方案论证并启动实施,6月启动贡茶院内部提升,9月底完成贡茶院北侧山林租用及林相改造	同上
水口人防工程(徽州庄会所)	会所装修及入口景观道路、停车场、绿化等基础配套设施	6月底完成会所装修,8月底完成入口道路、停车场、绿化等配套设施建设	同上
水口风情小镇	民国特色街建设	7月底完成方案设计,启动建设	同上
水口茶文化旅游景区旅游配套设施	建设旅游集散中心,五星级酒店,贯通古茶山、金沙泉、霸王潭、贡茶院等景点之间的休闲步道等	7月完成贯通古茶山、金沙泉、霸王潭和贡茶院之间休闲步道方案设计,启动建设。9月底完成旅游集散中心建设,10月底完成星级酒店土地征用,启动建设	同上

续表4-83

项目名称	建设内容	项目进度	主体建设单位
水口乡创建全国乡村旅游示范区(点、村)	争创全国乡村旅游示范区(点、村)	完成创建准备工作,迎接验收	同上
滨湖景观大道	列入县重点基础设施建设项目,北起夹浦镇西104国道,沿太湖大堤往南,止图影村小梅山接吴兴区,全长22.5千米	8月底完成,全线通车	太湖图影旅游度假区管委会,支持单位旅游局
滨湖大道景观工程	列入县重点基础设施建设项目。桥梁亮化、道路亮化、景观绿化	景观绿化6月底完成,7月底基本完成景观工程(除节点外)	同上
西太湖图影旅游度假区基础设施建设	列入县重点基础设施建设项目。图影区块1-4号道路、长洪公路延伸线图影段、图影大道工程、夹浦滨湖大道连接线工程、拆迁安置房及配套工程、湖泊清淤、土地征迁等	图影区块1-4号路、长洪公路延伸线图影段10月完成,夹浦滨湖大道连接线工程12月基本完工,图影大道完成路基工程60%;陈湾石矿安置房完成一期70%;图影安置房完成550户房屋建设,配套工程完成地基处理;湖泊清淤完成水面回收、水面设施及作物清理,完成清淤工程50%,部分地块完成真空固结,土地征迁完成	同上
西太湖图影省级旅游度假区创建	根据省级旅游度假区申报要求,开展创建	3月上旬完成市政府向省政府上报,7月底前召开省级部门联席审批会议,力争年内获得省级旅游度假区批复	同上
金钉子景区提升	完成景区提升策划方案论证并启动建设	5月底完成方案论证,并根据方案启动建设	国土局,支持单位旅游局、槐坎乡
金钉子剖面保护、清理	用柔性钢丝网将D剖面罩住,对剖面的杂草、浮石进行清理,碑牌除锈	9月底完成	同上
金钉子景区土地回收	收回金钉子远古世界景区被占土地	8月底完成与槐坎乡、长广公司对接,11月底完成土地回收	同上
金钉子AAAA级景区复核	相关设施设备维护完善,迎接上级部门复核	9月底完成设施设备维护,10月底迎接复核	同上

续表4-83

项目名称	建设内容	项目进度	主体建设单位
金钉子创建国土资源部科普基地	争创第二批国土资源部科普基地	4月底完成项目申报资料准备,8月迎接考核验收,12月完成整改,力争创建成功	同上
银杏长廊景区规划完善	制定景区提升规划方案并通过论证	7月底完成方案制定和论证	小浦镇,支持单位城投公司
银杏山庄续建项目	古银杏山庄装修、入口道路、休闲步道、涧滩景观等配套设施完善	9月底完成山庄装修、入口道路、休闲步道、涧滩等配套设施建设,10月1日对外开放	同上
银杏长廊涧滩整治	完成长廊涧滩整治方案设计,启动建设	7月底完成方案设计,启动建设	同上
银杏长廊主要节点整理、景观改造	选择好银杏长廊3-5处主要节点,拆除30~50户农房,进行环境整治、景点提升、景观改造、增设休闲设施	7月底完成方案设计,12月底完成建设	同上
银杏长廊配套设施完善	沿途步行系统、停车场、休闲设施、公共厕所等建设	6月底完成方案设计,9月底完成停车场、公共厕所、步行系统建设	同上
银杏长廊旅游集散中心	选点建设旅游集散中心	10月底完成方案设计,启动建设	同上
白茶街道路延伸工程	白茶街道路向南延伸,长约4.5千米	5月底完成征地拆迁,12月完成路基工程	和平镇,支持单位旅游局
城山寺藏经楼及厢房	新建藏经楼一座及两侧厢房	12月底藏经楼及厢房主体工程完工	同上
亿丰生态农业观光园	阳光餐厅、接待设施等	12月底完成	同上
城山沟桃源山庄内部提升	索桥、游客接待中心、阳光会议中心、休闲广场、商品店、茶馆二期、环湖道路、文化园等	11月完成索桥建设;12月完成游客接待中心、商品店、文化园及休闲广场建设,启动阳光会议中心、茶馆二期、环湖道路等建设	同上
仙山湖景观大道	列入县重点基础设施建设项目5.8千米二级公路(12省道至仙山湖景区)	6月底前完成通车	农丰源公司,支持单位泗安镇、水利局

续表4-83

项目名称	建设内容	项目进度	主体建设单位
仙湖长堤美化工程	仙湖长堤方案设计及美化	7月底完成设计论证，今冬明春完成建设	同上
仙山湖清淤	仙山湖清淤、水生植物补种	今冬明春完成水库清淤，12月底完成水生植物补种	同上
仙山湖旅游中心	旅游集散中心建设	6月底完成方案论证，9月底完成	同上
仙山湖景区形象入口	景区入口形象大门	6月底完成方案论证，9月底建成	同上
仙山湖休闲会所	选址完成设计，启动1～2个高端休闲会所建设	8月底完成设计，年内启动建设	同上
新四军江南红村	列入县重点基础设施建设项目。新建餐饮中心、会展中心、宿舍营房等配套设施，总建筑面积7722.6平方米	6月底完成主体工程建设及部分布展并对外开放，12月底全面完工	文广新局，支持单位槐坎乡、白岘乡
新四军苏浙军区旧址群启动国家AAAA级景区创建	按照AAAA级景区标准要求，完善内部道路、标识系统等配套设施，启动国家AAAA级景区创建	8月底完成配套设施建设，力争完成AAAA级景区创建	同上
新四军苏浙军区旧址群景观大道建设	金钉子桥至幼儿园段景观道路	5月份完成道路设计工作，9月份完成路基工程。11月份完成路面铺设，12月份完成相关配套工程	同上
陈武帝故居配套及布展工程	陈武帝故居配套工程、天居寺和故居布展	5月底完成天居寺以及陈武帝故居布展方案设计，7月中旬完成配套工程建设，10月底完成布展	文广新局，支持单位永兴公司、民宗局
太湖公园	新塘口420亩的公园规划设计	完成规划设计、启动征地拆迁	太湖新城管委会，支持单位：旅游局

(二)2012年后社会资本注入、各种旅游项目市场化的全面推进

长兴县社会资本注入旅游业态与长兴县旅游业的招商引资联系紧密。2002年，长兴县提出“古生态”与“环太湖”两种旅游品牌。长兴县环太湖旅游开发办公室编制《环太湖开发带投资指南》，收录20条重点旅游项目，用于旅游项目招商引资。2004年，长兴县旅游局在完成旅

游资源普查基础上包装19个精品项目用于招商。2010年，长兴县风景旅游管理局编制《旅游投资项目库》用于招商，希望通过社会民营资本全面推进旅游业态的发展，但因缺乏良好投资环境，除酒店建设稍有成绩外，整个旅游业态建设基本是政府直接投资景区占主导。

2012年后，长兴县转变政府主导的大景区建设发展模式，开始制定各种旅游业态招商名录，利用社会资本与招商引资模式实行项目推进。2013年，长兴县风景和旅游管理局编制《长兴县重大休闲旅游项目手册》，以海洋城主题公园、图影生态湿地文化园、仙山湖国家湿地公园为代表的22个重点旅游项目展开招商。当年旅游业投资21.9亿元，其中半数为民间社会资本。2014年，长兴县风景和旅游管理局包装27个旅游招商项目，编印旅游招商手册开展对外招商，其中24个项目列入省级重点旅游招商项目及乡村旅游休闲项目，并入浙江省级招商平台。

2015年，长兴县旅游委员会为指导旅游业态布局以及乡镇旅游项目招商，编制《长兴县旅游产业导向目录》，目录涵盖休闲度假、乡村旅游、文化旅游、健康养生、研学休闲、新业态旅游等6大旅游重点产业、33个主要业态。同年，经过市场化运作，社会资本大量注入，众多旅业知名品牌被作为项目招引，签约重大项目10个。名称为太湖龙之梦乐园、开元森泊、弁山文化旅游项目、隐居影上精品酒店、龙山尚隐酒店、上泗安隐居乡宿、银杏山庄、香境河谷薰衣草玫瑰旅游主题园、洞山石文化旅游项目、同程营销合作等。其中，11月签约、落户太湖图影旅游度假区的龙之梦大型旅游综合体项目，成为最大的社会资本旅游项目。

二、部分旅游项目推进简介

浙江省旅游经济强县创建　2010年，长兴县向浙江省旅游局申请，创建浙江省第三批旅游经济强县，简称“创强”。

长兴县创建浙江省旅游经济强县由长兴县人民政府负责。6月28日，长兴县举行全县“创强”动员大会。会上县长章根明提出“志在必得、重在创建”的工作目标和要求。会议根据创强标准和评分细则，制定《长兴县创建浙江省旅游经济强县实施方案》以及3个附件〔《长兴县创建浙江省旅游经济强县工作任务分解表》《长兴县创建浙江省旅游经济强县窗口行业服务质量提升工作方案》《长兴县创建浙江省旅游经济强县景区(点)整治提升任务分解表》〕，具体细致分解“创强”任务。会后全县建立三级创强领导机构：第一级“长兴县创建省级旅游经济强县工作领导小组及办公室”，由县主要领导担任组长，县分管领导担任副组长，46个相关职能部门和乡镇、街道的主要领导作为小组成员，共同组成创建省级旅游经济强县领导小组，小组成员单位向小组领导签订工作目标责任书。第二级，设立“长兴县创建省级旅游经济强县工作领导小组办公室(简称”创强办”)，办公室设于长兴县风景旅游管理局，下设指导组、台账组和综合组，明确各小组的职责分工，并落实专门的办公场所、设备和经费。第三级确定联络员。根据创强任务分解，各有关部门、乡镇(街道)成立专门的领导小组，明确领导、科室的工作,确定专项联络员,专职负责创强工作。

经过细致安排,长兴县“创强办”形成多项工作机制:一是内部分工协调,创强领导小组与相关责任部门、乡镇签订46份创强目标责任书,建立一对一联络对接和指导机制。二是制定内部每周五例会制度。三是责任单位阶段例会制度。四是旅游局各科室工作一周一报制度。五是各责任单位进度半月一报制度。六是创强工作任务倒计时推进制度。七是不定时督查制度,各项制度的建立和完善有效地推进的各项工作的落实,全县围绕创建“浙江省旅游经济强县”形成发展旅游业的大联动、大提升、大拓展的工作体系。

截至12月末,整个“创强”期间,全县召开2次“创强工作推进会”和19次“创强工作例会”、组织8次现场督查和指导、编发19期创强简报、发放各种宣传资料4000余份、收集整理创强台账6大类130盒、完成各种资料汇编9份、制作并发放环保袋2000多个。创强期间,长兴县府办起草出台《长兴县旅游安全应急预案》,建立健全旅游项目评估制度。宣传部门有选择性地与《报刊文摘》《新民晚报》、南京电视台等近40家媒体合作,在《中国旅游报》《环球旅游报》《华东旅游报》《浙江日报》《钱江晚报》等十余家媒体上刊登反映长兴县旅游和“创强”的信息500多条,强化长兴旅游主题形象。县风景旅游管理局营销部门加强与“沪长”“宁杭旅游合作带”“长广宜旅游金三角”等旅游联盟合作。县发改委、建设、交通、二界岭、水口等部门、乡镇陆续出台支持旅游业发展的配套政策;建设、交通等部门共同推进县城内外旅游配套基础设施的建设与完善。通过全县各部门、乡镇的共同努力,长兴县的“创强”工作实现“旅游大联动、产业大提升、市场大拓展”的三大硬性成绩。12月3日,长兴县迎来浙江省旅游局的评估验收,不仅获浙江省旅游经济强县“奖牌”基本目标,更实现了全县旅游业态基础设施全面提升,以及全县上下合力兴办旅游的浓厚氛围。

浙江省旅游经济强县创建是对长兴县旅游业态建设一次全面检验与教育。经过创建,长兴县旅游业的整体经营与日常管理水平获得巨大提升。2013年5月23日,长兴县开展浙江省旅游局对第三批旅游强县的复核,从5月23日启动复评,经过半年考核,至11月14日,浙江省旅游局发布旅政法〔2013〕号文件,同意长兴县通过浙江省旅游经济强县复核。

《长兴县旅游发展三年行动计划》 该行动计划既是县本级旅游规划,更属于项目推进。2014年12月25日,中共长兴县委办公室、长兴县人民政府办公室联合印发《长兴县旅游发展三年行动计划(2015—2017年)》(县委办〔2014〕94号),以推动全县旅游大发展。行动计划总基调“项目为王”“改革创新”。希望通过大项目、改革创新,三年内实现长兴县旅游的大突破。基本模式:全县组成由县委主要领导亲自抓,分管县领导强推进,部门、乡镇(街道、园区)主要领导齐抓共推的工作机制,围绕“构建旅游大格局、建设旅游大项目、培育旅游大产业、打响旅游大品牌、优化旅游大环境”的任务目标,每年年初,由中共长兴县委制订当年旅游计划,并将计划指标分解落实到各乡镇部门,确保完成当年项目建设任务,以及三年的全部总体任务。完成目标任务的措施主要两种,一是招商,二是项目推进。

招商。2015年，中共长兴县委主要领导，及政府分管主要领导亲自负责招引旅游项目，旅委主要领导每月招商5天以上，并专门安排一名班子成员担任服务产业招商组组长专职招商，乡镇(街道、园区)领导全力以赴执行旅游项目招引。当年，总投资200亿元，包含中高端及精品酒店5个、太湖印象城、野生动植物园、户外拓展园、大马戏等的龙之梦乐园项目落户图影，实现特大项目的突破。龙之梦乐园建成后将形成“南有长隆，北有长峰”的全国休闲度假新格局。其次，针对全县旅游度假酒店缺乏现状，招商组整理全县可利用地块、民营企业资源，通过锁定目标，取得休闲度假业态招商的重大突破，取得花间堂、开元、隐居酒店以及景域、同程等知名旅业品牌落户长兴。

项目建设推进。2015年，长兴县采用市、县领导“一对一”联系机制，跟踪掌握项目进展，挂图作战，按照时间节点抓推进，有效提高服务水平。全年完成项目有开元芳草地乡村酒店等7个项目开工建设；海洋城等4个项目竣工运营；新争取省重点建设项目2个、省服务业重大项目1个、省扩大有效投资“411”重大项目2个、市“大好高”项目4个、市重点建设项目5个、市服务业双百项目6个。同时，全县重点发展乡村旅游，着力推进农园新景、休闲农业园区景区化发展，成功创建全国休闲农业与乡村旅游示范点1个、浙江省果蔬采摘基地2个、浙江省非物质文化遗产经典景区2个、浙江省运动休闲旅游优秀项目1个。另国家研学旅游示范基地、浙江省生态旅游区、浙江省文化旅游示范基地、浙江省工业旅游示范基地等均有项目完成创建，等待上级旅游主管部门审核批复。

《长兴县旅游发展三年行动计划》2015年任务分解表

表4-84

<table>
<tr><th>序号</th><th colspan="2">类别</th><th>项目名称</th><th>备注</th></tr>
<tr><td>1</td><td rowspan="12">旅游项目建设</td><td>谋划大产业大项目(1个)</td><td>太湖龙之梦乐园</td><td></td></tr>
<tr><td>2</td><td rowspan="7">开工建设项目(7个)</td><td>开元芳草地乡村酒店</td><td rowspan="7"></td></tr>
<tr><td>3</td><td>“花间堂”禅茶文化精品酒店</td></tr>
<tr><td>4</td><td>美合房车营地</td></tr>
<tr><td>5</td><td>梅朵朵</td></tr>
<tr><td>6</td><td>图影慢行系统</td></tr>
<tr><td>7</td><td>上泗安隐居乡宿</td></tr>
<tr><td>8</td><td>太湖欢乐水岸</td></tr>
<tr><td>9</td><td rowspan="4">竣工运营项目
(4个)</td><td>农耕文化园一期</td><td rowspan="4"></td></tr>
<tr><td>10</td><td>海洋城</td></tr>
<tr><td>11</td><td>仙山湖“一路两园”</td></tr>
<tr><td>12</td><td>好山好水休闲农庄</td></tr>
</table>

续表4-84

序号	类别		项目名称	备注
13	旅游项目建设	浙江省重点建设项目（2个）	绿野仙踪	已下文
14			弁山药师文化园	
15		浙江省服务业重大项目（1个）	太湖欢乐水岸	已下文
16		浙江省扩大有效投资“411”重大项目（2个）	图影高端休闲度假区	已下文
17			海洋城	
18		市大好高项目（4个）	长峰酒店及会议中心项目	已下文
19			开元芳草地乡村酒店	
20			龙山尚隐酒店	
21			梅朵朵	
22		湖州市重点建设项目（5个）	长兴中建材城市综合体项目	已下文
23			雨润城市综合体	
24			美合房车营地	
25			海洋城	
26			颐和商贸会展项目	
27		湖州市服务业双百项目（6个）	开元芳草地乡村酒店	已下文
28			仙山湖景区建设项目	
29			花间堂禅茶文化精品酒店	
30			浙江颐兴置业酒店	
31		湖州市服务业双百项目（6个）	颐和会议会展	
32			美合房车营地	
33		浙江省级旅游招商（重大）项目（8个）	图影慢生活世界、太湖之弧、禅缘小镇、仙山湖仙境天堂、南山度假村、桃花岕、长兴历史文化街、银杏屋	已下文
34		浙江省级旅游招商（民宿）项目（2个）	小茶姑娘、岕里老宅	已下文
35	产业融合发展	全国休闲农业与乡村旅游示范点	城山沟桃源山庄	已公示
36		浙江省果蔬采摘基地	城山沟桃源山庄	已下文
37			绿野仙踪	
38		浙江省非物质文化遗产经典景区	上泗安村	已下文
39			水口乡	
40		浙江省运动休闲旅游优秀项目	城山沟山地速降	已下文
41		国家研学旅游示范基地	煤山镇“江南小延安”	待验收

续表4-84

<table>
<tr><th>序号</th><th colspan="2">类别</th><th>项目名称</th><th>备注</th></tr>
<tr><td>42</td><td rowspan="4">产业融合发展</td><td>浙江省生态旅游区</td><td>中国扬子鳄村</td><td>待批复</td></tr>
<tr><td>43</td><td rowspan="2">浙江省文化旅游示范基地</td><td>大唐贡茶院</td><td>待验收</td></tr>
<tr><td>44</td><td>陈武帝故宫</td><td>待验收</td></tr>
<tr><td>45</td><td>浙江省工业旅游示范基地</td><td>金巴开</td><td>待批复</td></tr>
<tr><td>46</td><td>景区品牌创建</td><td>国家AAAA级旅游景区</td><td>太湖图影生态湿地文化园</td><td>待验收</td></tr>
</table>

太湖龙之梦乐园 位于长兴县西太湖图影省级旅游度假区内，是一个集旅游、休闲、科研、娱乐、会议为一体的超大型综合游乐场所，2015年11月通过招商引资落户于长兴县。项目位于洪桥镇东南部弁山脚下，总占地面积约11600亩，计划总投资200亿元。规划建成一处集星级酒店群、养老院、野生动物园、植物园、观光果园，以及养殖基地、马戏城、游乐场、水上乐园、自然博物馆、老街、运动场、湿地生态公园等于一体的世界级旅游休闲观光度假区。项目分三个片区：宴会会议中心片区，包括龙之梦钻石酒店、国际会议中心、雅仕酒店等酒店群，从白金酒店至三星级酒店的各级酒店群，客房总数约20000间。文化演艺片区，包括太湖古镇，以及特色酒店等。游乐中心片区：包括动物世界、海洋世界、欢乐世界、嬉水世界、大马戏、斗牛场、快乐农场等。项目建设投资方上海长峰（集团）有限公司，预计建造时间3～5年。建成后项目将在满足多样化、多层次旅游消费需求基础上，推动长兴县旅游业的全面腾飞。

第三章　行业管理

1996年长兴县旅游局成立以前，全县没有旅游服务的专职管理机构，相关职能由工商、质监等部门承担。1996年至2000年，长兴县旅游局成立之初，由于局机关工作人员很少，全县旅游业刚刚起步，行业素质不高，旅游服务未能形成专业人才队伍，行业内部缺乏带头示范性企业等因素，仍未设置专业管理机构。2001年，长兴县旅游局独立建局，下设一办两科，其中综合科的主要职能，如旅行社许可证的颁发和年检，指导全县旅游业的精神文明建设，管理和指导全县旅游教育培训和岗位资格考试认证，指导旅游行业的人才资源开发，星级旅游饭店评定的审核报批，监督、检查旅游市场秩序和服务质量，保护旅游消费者和旅游经营者的合法权益，承办旅游行政执法，负责指导和管理旅游娱乐等，都属旅游服务管理。2008年，长兴县设立旅游质量监督管理所，专门负责旅游服务质量、市场秩序。2010年，长兴县旅游局更名长兴县风景旅游管理局，撤综合科，增设行业管理科，作为专职旅游服务管理机构。2015年，长兴县设旅游执法队，从执法的角度加强对旅游服务的管理。

长兴县的旅游服务管理，依工作内容与方式，可分为行业竞训、质量监督、安全监督、旅游统计、游客管理，合计五个板块。

第一节　行业竞训

长兴县旅游行业的日常审核、培训包括业务培训、技能比赛两大类。前者属于行业全体员工的基本业务技能培训，后者是行业内部业务精英的选拔与提升。

一、业务培训

1996年，长兴县旅游局成立前，全县没有旅游服务的专门行业培训。1996年至2003年，全县旅游业的各项领域尚未形成规模，缺乏专职工作人员与专业技术人员，没有开展行业培训。其间主要的培训活动是星级酒店员工的技能培训，以达到星级饭店要求的服务水准。

2003年后，长兴县旅游局全面开展地方与高校合作，借助浙江省旅游职业技术学院、湖州市旅游职业技术学校等高校教学资源，组织旅游企业总经理、部门管理人员、讲解员、导游、农家乐业主等参加服务质量提升培训[①]。

2005年，长兴县旅游局组织有关乡镇及农家乐经营户到安吉、杭州、成都学习交流，组织农家乐经营户互相学习交流。同年长洽会前期，县旅游局邀请旅游专家对会务服务人员进行大型会议的接待培训，并模拟实况演练，为长洽会练兵。2006年，县旅游局指导精品农家乐创建，多次组织乡镇领导及农家乐业主到安吉、富阳、桐庐等地学习考察，学习成功经验。在小浦、水口，举办农家乐业主培训班，教导卫生、安全问题。2007年，长兴县旅游局先后举办导游、星级饭店从业人员、景点管理人员、农家乐从业人员培训。2008年，县旅游局举办两期农家乐技能培训班。2009年，长兴县旅游局制定《长兴县旅游景区讲解员等级考核及评定总则（试行）》，对景区讲解员开展服务技能等级考核。同年，为提高农家乐精品提升，县旅游局聘请4名土专家对全县农家乐业主进行乡村旅游精品化、可持续发展业务指导。

2010年，以创建浙江省旅游经济强县为载体，以提升品质和素质为重点，长兴县风景旅游管理局开展旅游从业人员培训教育30余次。2011年，长兴县风景和旅游管理局举办星级饭店经理人、旅游质检员、旅行社导游等5期培训，举办旅游系统消防安全大演练及专题培训。同年，为提高星级饭店对外交流和服务接待水平，县风景旅游管理局组织星级饭店服务员开展外语培训。

2012年，县风景和旅游管理局开展农家乐培训3次，邀请省农办、卫生、消防的专业人士前来授课。同年，县风景和旅游管理局举办旅行商品品质提升培训班，组织相关企业负责人与乡镇分管旅游领导学习培训。2011—2012年度，长兴县风景和旅游管理局连续两年获得“湖州市旅游人才培养工作优秀单位”。

2013年，长兴县风景和旅游管理局先后组织培训5期，培训人数310人。其中，主要培训有与县委党校联合举办“现代旅游业高级人才研修班”，组织部门乡镇旅游分管领导参加培训；与县农办联合举办《台湾休闲农业发展讲座》，组织休闲农庄业主、农家乐、乡镇旅游工作人员参加培训；与县组织部、浙江大学联合举办星级农家乐特色经营及管理提升研修班。同年，为做好《旅游法》宣传贯彻，强化市场监管，县风景和旅游管理局组织全县旅游企业至湖州市旅游局集中统一培训；邀请浙江省旅游质监所副所长黄恢月到长兴县做专题授课。

2014年，长兴县风景和旅游管理局组织全县乡镇分管旅游领导、旅游商品企业参加培训座谈会，邀请旅游商品专家讲课，启发旅游商品开发思路。同年，为加强人才队伍建设，长兴县旅游局再次举办乡镇、部门分管旅游业领导参加“现代旅游业主题研讨班”。另为提高安全知识技能，县风景和旅游管理局联合公安部门举办全县消防安全现场演练教学，开展旅游企业安保人员专业培训。2015年，长兴县旅游委员会对预备参加全市金牌导游大赛、宾馆技能

① 此项活动截至2015年一直持续。2010年，长兴县风景管理局的此项举措获浙江省旅游协会表彰，荣获高校与地方合作培训优秀单位。

大赛、安全知识竞赛的参赛队员给予赛前专项培训；同年，组织各乡镇部门分管旅游的干部、农业园区负责人参加“现代旅游主题培训班”，并外出学习考察旅游产业发展新业态、新产品。

截至2015年长兴县旅游行业主要培训摘录一览表

表4-85

培训对象	培训内容
导游	2004年3月，为提高全县导游总体素质，根据湖州市印发的《关于开展2003年全市导游人员年度审核工作的通知》（湖旅〔2004〕18号），长兴县旅游局组织全县导游参加培训
导游	2005年，长兴县旅游局对导游进行系列培训，包括邀请专家授课，选派到上海全国百强旅行社实习，至浙江省旅游职业学院专门培训，实地模拟演练等
旅游工作者	2005年，为提高景区建设能力意识，县旅游局举办“全县旅游景点建设培训班”，组织乡镇、部门的分管旅游领导与专业技术人员参加培训
服务人员	2009年，长兴县旅游局开展景区讲解员讲解技巧、旅行社导游讲解技巧、营销人员营销策略、质监员处理投诉技巧等培训，全年共培训7次
旅游管理人员	2010年，县风景旅游管理局依据《长兴县“十二五”加快旅游业发展研究》提出的目标，采用“送出去”的形式，安排旅游管理人员至浙江旅游学校培训，以提高管理人员的综合素质和业务能力
服务人员	2010年，县风景旅游管理局借助校地合作平台，利用浙江旅游职业技术学院、湖州旅游职业技术学校的教学、场地资源，建立旅游系统教育培训基地，强化行业人员培训，以提升从业人员的整体素质
农家乐业主、从业人员	2010年7月23日，为进一步提高农家乐服务质量，创建浙江省级旅游经济强县，县风景旅游管理局印发《关于开展全县农家乐管理服务理念提升培训会的通知》，组织全县农家乐业主、从业人员进行服务技能理念培训提升
旅游管理人员与导游	2010年7月27日，县风景旅游管理在紫金大酒店举办“创建旅游经济强县，提升景区管理质量”培训班，全县各景区总经理、部门经理、讲解员50余人参加培训
乡村旅游从业人员	2010年7月28日，县风景旅游管理局邀请浙江省旅游职业技术学院教授到长兴县开展乡村旅游管理服务理念提升培训，全县挂牌农家乐、休闲农业观光园从业人数70余人参加培训
质检员	2010年8月4日，县风景旅游管理局集中全县29家旅行社、景区、星级饭店的旅游质检员在红玫瑰大酒店进行质监员培训，就如何提高投诉能力处理、规范行业操作给予培训
农家乐从业人员	2010年10月13日，县风景旅游管理局组织农家乐业主到先进地区学习交流，定期对农家乐从业人员开展包括厨师、客房服务技能等各种教育培训

续表4-85

培训对象	培训内容
安保人员	2010年10月19日，县风景旅游管理局印发《关于举办旅游系统保安人员培训的通知》(长旅发〔2010〕34号)，联合县公安局，组织全县各旅游景点、酒店60多名保安人员进行专项系统学习，强化保安人员的业务技能和安全意识
服务人员	2010年10月，县风景旅游管理局为服务外国游客，提高星级饭店涉外交流和接待水平，对星级饭店工作人员进行外语培训
旅游安全员	2011年，为贯彻落实旅游安全生产相关法律法规，全面提高全县旅游安全员的整体素质，县风景和旅游管理局联合安监局印发《关于举办全县旅游安全员培训班的通知》(长安监发〔2011〕50号)，举办全县旅游安全员培训班
质检员	2011年5月，县风景和旅游管理局邀请省、市旅游专家对全县29家旅行社、景区、星级饭店的旅游质监员进行集中授课，针对以往发生的投诉事件及处理情况进行现场分析，以提高质检员处理投诉的业务能力
安全员	2011年8月，县风景和旅游管理局联合县安监局，对县内星级酒店、旅行社、景区(景点)等单位60多名安全员开展旅游安全培训
农家乐业主	2012年3月，县风景和旅游管理局邀请浙江旅游职业技术学院郎富平到长兴县就乡村旅游服务、经营管理、农家乐管理等3个方面的提升授课，水口农家乐50多名业主接受培训
农家乐服务人员	2012年11月，湖州市旅游职业技术学院教师熊友平以农家乐的整体经营为主题，以提高农家乐从业人员必备素质为目标，以餐饮服务的质量为主要内容，对和平镇农家乐的服务人员进行技能培训
景点管理人员	2012年11月，县风景和旅游管理局在紫金大酒店举办"提升景区管理质量"培训班。邀请浙江省旅游职业技术学院王方教授作"旅游为本，服务为先——景区如何实现服务和管理提升"讲座。全县旅游景区员工50余人参与培训
旅行社经理、计调	2012年，为学习贯彻《国务院关于加快发展旅游业的意见》，提升旅行社服务品质，县风景和旅游管理局印发《关于组织开展旅行社服务品质提升辅导培训会的通知》，组织全县旅行社的经理、计调参加学习培训
安全员	2012年，县风景和旅游管理局开展"安康杯"安全知识竞赛、安全演讲比赛和旅游景区水上安全应急救援演练，以指导景区、酒店开展消防疏散演练，增强企业的应急处置能力
旅游分管领导	2013年，县风景和旅游管理局联合县委党校，举办《现代旅游业高级人才研修班》，组织各部门、乡镇旅游分管领导参加培训
农家乐业主	2013年7月4日，县风景和旅游管理局联合县农办举办《台湾乡村休闲旅游发展讲座》，由台湾神农科技协会理事长廖树宏主讲，全县休闲农庄业主、农家乐业主，以及乡镇旅游工作人员参加培训

续表4-85

培训对象	培训内容
星级农家乐业主	2013年，县风景和旅游管理局与县组织部、浙江大学联合举办“星级农家乐特色经营及管理提升研修班”，全县30余位星级农家乐业主参与培训
旅游企业负责人	2014年，县风景和旅游管理局组织全县乡镇旅游分管领导、旅游商品生产企业负责任人参加培训座谈会，邀请浙江省旅游商品专家做专题讲座，启发旅游企业开发旅游商品的思路
乡镇部门旅游领导	2014年，为加强人才队伍建设，县风景和旅游管理局举办“现代旅游业主题研讨班”，组织乡镇、部门的旅游分管领导参与培训
讲解员	2015年，县旅游委员会组织全县景区（景点）讲解员，进行专项培训
旅游企业业主	2015年，县旅委举办现代旅游业干部培训班，组织各乡镇旅游分管领导、农业园区负责人参加培训，并外出学习参观旅游业发展的新业态、新产品
旅游安全员	2015年，县旅游委员会组织承办湖州市2015年水上安全演练培训，长兴县涉及水上工作的安全员参与培训

二、技能比赛

技能比赛是业务培训的提高。长兴县旅游局为提高旅游行业服务人员技能，经常举办行业技能比赛，或组织推荐员工参加省、市更高级别的业务技能比赛，以进一步提升服务水平。长兴县旅游行业技能比赛主要集中于导游、餐饮两个行业。

1996年，长兴县旅游局成立之初，因为旅游业态刚刚萌芽，没有旅游技能比赛。2003年，湖州市旅游局围绕“烹饪王国游”，组织全市星级宾馆举办“太湖名菜、名点、名宴”比赛。长兴县推荐的紫金大酒店的“品茗三绝宴”和金陵大酒店的“茶宴”被评为太湖优质酒宴，紫金大酒店的“蟹粉汤包”被评为中国名点。为长兴县最早旅游业态比赛。

2004年，长兴县推荐导游参加浙江省导游大赛，一人获“浙江省优秀导游员”称号，二人获“出色导游员”称号。2005年，长兴县旅游局组织旅游饭店厨师参加湖州市饭店服务技能赛，长兴县获前厅操作第一名、餐饮操作第三名。同年，湖州市导游赛，天马旅游社导游获三等奖。2007年，长兴县旅游局联合长兴农家乐协调小组举办长兴县农家乐餐饮大赛（之后，赛事每年举办一次）。2008年，长兴县旅游局推荐紫金大酒店参加全省旅游饭店烹饪大赛，获得七金三银的优异成绩。2008年10月16日，长兴县旅游局在红玫瑰大酒店举办“2008年长兴县首届优秀导游员大赛”，评选出6名优秀导游。2009年9月27日，长兴县旅游局在紫金大酒店举办“2009年长兴县首届星级饭店服务技能大赛”，以提升全县旅游从业人员服务技能。2010年4月9日，长兴县万宏交通旅行社吴彩萍、天马旅行社许戴菁参加湖州市导游比赛，被授予“湖州市金牌导游员”称号（湖旅〔2010〕42号）。同年12月23日，县风景和旅游管理局联合总工会、劳动和社会保障局共同举办“长兴县第二届讲解员（导游）技能大赛”，6名讲解员获“优秀讲解员”称号；12月28日，县风景旅游管理局推荐导游参加湖州市旅游局举办首届金牌导游大赛，2名导游获“全市十佳金牌导游称号”。

2011年7月县风景旅游管理局举办湖州市金牌导游大赛长兴县预选赛；12月15日，县风景和旅游管理局在浙江皇冠假日大酒店举办“长兴县第二届星级饭店服务技能大赛”，推选出3家优秀星级饭店及12名优秀从业人员。

2012年，县风景和旅游管理局举办“紫金杯”星级饭店与农家乐结队服务大赛。同年3月，湖州市旅游局举办第二届全市金牌导游大赛，长兴县风景和旅游管理局推荐参赛的导游孙佳获大赛第一名，另2名导游获“全市十佳金牌导游”称号。10月，孙佳由湖州市旅游局推荐代表湖州市参加浙江省导游大赛获全省二等奖。同月，县风景和旅游管理局、县人力资源和社会保障局共同举办“长兴县第三届导游（讲解员）服务技能大赛”，选出旅行社与景区两组的优秀导游（讲解员）各3名。

2013年，县风景和旅游管理局与人力社保局联合举办星级饭店服务技能大赛，举办“我为节能减排做了什么”主题演讲比赛。同年，长兴县星级饭店代表参加湖州市星级饭店服务技能大赛，获得团体三等奖1名，单项三等奖2个，局本级获优秀组织单位称号。

2014年，县风景和旅游管理局启动首届长兴县旅游商品大赛，通过筛选，有60余个旅游商品入围决赛。当年3—6月，县风景和旅游管理局联合长兴传媒集团举办“长兴县十佳旅游服务之星比赛”，评选出星级饭店服务人员、厨师、旅行社导游人员、景区讲解员各10名。5月，为打造农家美食品牌，县风景和旅游管理局联合水口茶文化旅游景区在水口乡举办水口农家菜肴“八大碗”大赛，邀请美食专家从八大系列96道菜品中评选出最具长兴特色的“八大碗”菜肴，培育本土菜肴“八大碗”品牌，丰富乡村旅游内涵。9月，湖州市举办第三届金牌导游大赛，县风景和旅游管理局推荐参赛的郭文文获大赛第一名，另有4名选手获“全市十佳金牌导游”称号。10月，县风景和旅游管理局选送新四军苏浙军区旧址群景区讲解员史佳璐参加全国红色景区讲解员大赛，作为全市唯一代表入选省前十名并被推荐到国家旅游局参赛。
2015年，县旅委举办全县景区（景点）讲解员服务技能大赛。同年10月，组织培训导游员、饭店服务人员参加湖州市金牌导游员大赛、宾馆技能大赛。

长兴县旅游行业部分技能比赛摘录一览表

表4-86

参赛职业	竞赛内容
普通游客	2004年，针对“百姓旅游”主题，长兴县旅游局组织游客开展书画比赛、业余导游讲解比赛，以营造长兴旅游氛围
导游	2004年，长兴县旅游局推荐的导游参加浙江省导游大赛，一名导游获“浙江省优秀导游员”称号，两名导游获“浙江省出色导游员”称号

续表4-86

参赛职业	竞赛内容
厨师	2007年12月16日，县旅游局在和睦塘公园举办首届“宣酒杯”农家乐菜肴大赛，全县19个农家乐，分三组比赛，最终方苑、毛竹屋两农家乐获一等奖
厨师	2008年10月，县旅游局、长兴广播电视台联合组织开展以“展示美食魅力，打造餐饮名片，倡导健康饮食”为主题的“2008长兴县十大农家菜评选”
讲解员	2009年，县旅游局、总工会、劳动和社会保障局联合印发《关于举办2009年度第二届讲解员技能大赛的通知》(长旅发〔2009〕44号)，举办“第二届讲解员技能大赛”
厨师	2009年，为更好进行乡村旅游推介，县旅游局举办“第三届农家乐特色菜肴”技能大赛，以提高全县农家乐对外服务接待能力
厨师	2009年12月7日，为提高全县农家乐从业人员餐饮技能，县旅游局在和睦塘公园举办农家乐菜肴比赛，评选长兴县“十大农家菜”。和平城山沟桃源山庄的“桃源三宝”获最佳特色奖，夹浦良缘农家乐的“竹筒扎肉”获最佳风味奖、二界岭果圣山庄的“特色鱼饼”获最佳创意奖
酒店服务员	2009年，为开展旅游星级饭店优质服务示范点创建，提升星级饭店整体服务品质，县旅游局举办“长兴县首届星级饭店服务技能大赛”
讲解员	2010年1月，为检验讲解员队伍建设，县风景和旅游管理局、总工会、劳动和社会保障局联合举办“长兴县第二届讲解员(导游)技能大赛”
厨师	2010年，为扩大长兴县乡村旅游品牌，县风景旅游管理局举办第四届农家乐菜肴大赛和“长兴县十大风味名菜评选”
讲解员	2010年7月，为提升旅游行业服务质量，县风景旅游管理局在贡茶院、金钉子等景区开展讲解员等级考核，建立竞争机制，促进讲解员水平提升
安全员	2010年，为提升旅游行业服务质量，县风景旅游管理局举办“旅游安全伴我行”演讲比赛、旅游系统首届行业(安全)知识竞赛，以赛促训，全面提升从业人员专业知识水平
饭店服务员	2010年，县风景和旅游管理局举办第二届星级饭店服务技能大赛，以促进行业服务品质提升
厨师	2011年11月，县风景和旅游管理局携浙江皇冠假日大酒店，以及赞助单位三狮酒业金樽坊共同举办星级饭店服务技能大赛，3家优秀酒店以及12名从业人员获“优秀技能奖”
厨师	2011年，为挖掘特色乡土餐饮资源，丰富农家菜肴，提高农家乐从业人员餐饮技能，县风景和旅游管理局联合长兴传媒集团举办“2011长兴十大农家菜肴”大赛，共15家农家乐厨师参加比赛
导游	2012年3月，新四军苏浙军区旧址群景区导游孙佳参加湖州市金牌导游大赛，获得第一名
厨师	2012年7月，为增进全县餐饮业同行之间相互交流，提升餐饮业整体服务质量和技能，县风景和旅游管理局、人社局、总工会联合举办长兴县首届“金蓝领杯”餐饮技能大赛。比赛共决出6名团队奖、6名单项奖

续表4-86

参赛职业	竞赛内容
导游	2012年9月29日，新四军苏浙军区旧址群景区的导游孙佳由湖州市旅游局推荐参加浙江省导游大赛，获省二等奖
导游	2012年10月，为提高导游人员素质和服务质量，提升本县旅游形象，县风景和旅游管理局、人社局联合举办"第三届导游(讲解员)服务技能大赛"，评选出旅行社组和景区组优秀导游各3名
厨师	2012年12月17日，县风景和旅游管理局举行第六届农家乐菜肴大赛。经前期筛选，有18家农家乐35道原汁原味的农家菜肴进入决赛。决赛评选出最佳特色、最佳风味、最佳创意奖各1个，以及10大农家菜肴
安全员	2012年，县风景和旅游管理局举办"安康杯"安全知识竞赛、安全演讲比赛，以及旅游景区水上安全应急救援演练，增强旅游企业应急处置能力
厨师	2013年7月，县风景和旅游管理局、人社局、县总工会联合举办首届"金蓝领杯"餐饮技能大赛暨湖州市餐厅技能大赛选拔赛
农家乐厨师	2014年，为打造农家美食品牌，县风景和旅游管理局联合水口茶文化旅游景区在水口乡举办水口农家菜肴"八大碗"比赛
旅游商品业主	2014年，县风景和旅游管理局启动首届旅游商品大赛，通过筛选，有60多种旅游商品入围决赛
导游	2014年，县风景和旅游管理局推荐导游参加湖州市举办的第三届金牌导游大赛，春秋假日旅行社导游郭文文获大赛第一名，另有4名选手分获"全市十佳金牌导游"称号
导游	2014年，县风景和旅游管理局选送新四军苏浙军区旧址群景区讲解员史佳璐参加全国红色景区讲解员大赛，成为湖州市唯一代表
导游	2015年7月，县旅游委员会联合县传媒集团、县旅游协会共同举办全县景区(景点)讲解员服务技能大赛，比赛分13日的预赛、24—25日的决赛两个阶段，共决出优秀讲解员7名

第二节　质量监管

一、概述

1996年长兴县旅游局成立前，长兴县旅游业的质量监管由工商部门负责。1996年旅游局成立后，开始承担旅游饭店的质量监管。2001年，长兴县旅游局单独设立，下设综合科，承担旅游市场质量的监督管理。2007年5月30日，随着旅游业发展壮大，根据浙江省旅游局统一要求，在省市依次成立旅游质监专门机构的前提下，依据长兴县机构编制委员会颁布的《关于设立长兴县旅游质量监督管理所的批复》(长编〔2007〕12号),长兴县旅游质量监督管理所成立,简称旅游质监所,属长兴县旅游局直辖的正股级事业单位。

2008年,长兴县旅游质量监督管理所联合工商部门,首次开展旅游市场超范围经营和旅游合同规范化专项整治检查,全年调解游客投诉1件。同年,长兴县旅游局公布游客投诉举报电话,电话号码:0572-6039770,24小时接听。2009年,长兴县旅游质量监督管理所在旅游系统中组建旅游质监员队伍,并举办旅游企业服务质量及质监员业务培训班。同年,县旅游质监所联合工商、交通、卫生部门开展旅游质量检查12次,重点加强旅游黄金周,以及节前、重要活动前的旅游服务质量监管,全年处理旅游投诉19件。2010年,长兴县旅游质量监督管理所每季度印发《长兴县旅行社专项检查情况通报》,对旅行社游客档案管理、旅游合同签订、内部管理制度存在问题给予公开曝光,全年处理旅游投诉4件。

2011年至2012年,长兴县旅游质量监督管理所不定期编制《长兴旅游质监工作简报》,对旅游企业超范围经营、虚假广告、违规用车、未签订旅游合同等违法行为进行通报,组织典型案例学习,提升企业内部服务质量和质监员投诉处理能力。2011年处理旅游投诉8件,调解补偿及赔偿金额3600元。2012年,处理旅游投诉23件,调解补偿及赔偿金额6898元。同年,县风景和旅游管理局完成一项重要旅游质监,即配合中共长兴县委成立的水口乡农家乐专项整治小组,对水口乡农家乐的集中整治(后文专述)。

2013年,中共长兴县委为了提高景区服务质量和管理水平,实现景区整治提升,编制印发《长兴县乡村旅游集聚区、度假区、旅游景区标准化方案》,全面推进旅游景区长效协调管理机制,推进全县乡村旅游集聚区、度假区、旅游景区的硬件设施建设,提升软件服务水平,促进全县旅游环境提升。当年,为促进新颁布的《中华人民共和国旅游法》贯彻实施,长兴县旅游质量监督管理所组织全县旅游企业参加湖州市旅游局统一组织的集中培训,邀请浙江省旅游质监所副所长黄恢月到长兴做专题授课;同时邀请湖州市假日旅游协调小组"专家"到长兴县以《中华人民共和国旅游法》为准绳,对50余家涉旅企业、农家乐开展全面"体检"。10月28日,为推进旅游行风监督,县风景和旅游管理局印发《关于聘任秦伟等二十二位为长兴县旅游服务质量社会监督员的通知》(长旅〔2013〕50号),聘任秦伟、蒋文彬、许俭明、王金海、顾新强等22人为长兴县第一届旅游行风临时督导员。同年,长兴县旅游质量监督管理所受理旅游投诉、信访19起,涉案金额1万余元,结案19起,结案率达到100%。

2014年,为抓好《中华人民共和国旅游法》宣传贯彻,长兴县风景和旅游管理局联合工商部门开展旅游市场"两黑一低"专项整治,对2家旅行社违规现象给予曝光,开展旅行社服务质量暗访监督工作,配合湖州市旅游局吊销山农旅行社的经营许可证。同年,长兴县旅游局开展诚信机制创建,成立旅游诚信体系建设小组,建立投诉案例档案库,与市场管理局共同创建旅游企业信用信息管理平台。全年,县风景和旅游管理局受理旅游投诉及"12345"热线26起,结案率及游客满意率均为100%。

2015年，长兴县旅游质量监督管理所印发《关于开展长兴县旅游市场秩序专项整治工作的通知》，持续开展旅游合同签订、旅游广告专项检查，并利用媒体开展问题曝光；调解旅游投诉30起、12345县长热线9起，办结率达到100%。同年，县旅委与发改委联合开展诚信价格旅游企业评比活动，配合全国文明城市创建，指导旅游企业开展诚信旅游、文明旅游创建。12月24日，县旅游委员会印发《关于聘请秦伟等二十二位为长兴县旅游服务质量社会监督员的通知》（长旅〔2015〕55号），继续运用社会力量协助旅游质量监督管理。2007年至2015年，长兴县旅游质量监督管理所处理旅游投诉139件，调解补偿及赔偿金额10498元，结案率100%。

长兴县旅游质量监督管理所历年投诉处理登记表

表4-87

年份	投诉件数	处理件数	满意率
2008	1	1	100%
2009	19	19	100%
2010	4	4	100%
2011	8	8	100%
2012	23	23	100%
2013	19	19	100%
2014	26	26	100%
2015	39	39	100%
合计	139	139	

二、2012年水口乡农家乐整治提升

属长兴县旅游质量监管重大典型案例。2012年，针对水口乡农家乐在大规模井喷无序发展过程形成的四大问题：1.整体档次较低、旅游产品单一。2.管理不规范。整个集聚区有500余家农家乐，其中仅115家办有相关证照，半数以上的无证照经营户存在卫生、消防、治安等各方面安全隐患。3.生态环境压力大，山泉溪流、森林土壤破坏严重。4.公共服务设施滞后，市场、交通、给排水等公共服务设施远不能满足农家乐日益增长需求。长兴县委经过认真调研，决定专门成立水口乡农家乐整治提升领导小组，以县委主要领导为组长，以长兴县风景和旅游管理局牵头，联合食品药监、卫生、公安、消防、环保、工商等部门，以及水口乡、水口乡农家乐协会多方共同组成成员单位，各单位都被专门抽调专业人员作为成员，组建水口乡农家乐专项整治小组，从7月开始，开展对水口乡农家乐进行专项整治提升。

整治过程持续时间3个月，分调查摸底、宣传发动、综合整治、巩固提升，共四个阶段。首先，调查摸底。7月初，整治小组成立调查组，对整个水口乡农家乐现状进行全方位登记摸底。其次，宣传发动。在调研基础上长兴县人民政府办公室印发《长兴县水口乡农家乐整治提升方案》（长政办发〔2012〕125号），规定7月15日，在龙山中学（时名长兴一中）会议室召开水口乡农家乐整治提升工作动员会。会上整治小组对农家乐业主分析水口乡农家乐在发展中存在的问题，并将农家乐整治提升规范手册和农家乐业主告知书分发到每位农家乐业主手里，明确水口乡农家乐整治的目标、步骤以及整治要求。再次，综合整治。这是整个整治活动的中心环节。在水口乡农家乐整治提升领导小组领导下，小组各成员单位紧密配合协作，开展对景区所有农家乐经营户的集中整治。经过整治，共有266户农家乐验收合格（自愿关停农家乐12户，5户农家乐正在拆房建房当中，暂不纳入统计），6户农家乐被依法取缔，整治验收合格率达到97.9%。整治期间，专项整治小组充分利用电视、网络、广播电台等信息平台宣传，通过悬挂横幅、设立光荣榜、曝光一批典型案件等有效手段，宣传整治规范农家乐市场秩序的重要性和紧迫性，增强农家乐第一责任人的自律意识和洁净意识，营造公平、安全、有序的乡村旅游市场环境。

最后，巩固提高。通过整治，水口乡整个农家乐集聚区增强了生态意识，完善“农家乐”有关环保审批验收手续，实现“农家乐”污水、油烟达标排放，生活垃圾规范处置；树立了卫生习惯，形成整个餐饮过程的卫生达标。治安方面，农家乐游客入住须执行身份证查验并进行严格登记，农家乐住宿区域通过消防、安全达标，极大地减少了安全隐患。

第三节　安全监管

1996年长兴县旅游局成立，开始会同工商、公安部门共同执行旅游安全监管。1997年5月7日，为推动全县消防安全，促进经济建设快速发展，中共长兴县委、县人民政府对全县企业进行消防安全表彰，长兴县旅游局推荐的金陵大酒店陈小根荣获“先进个人”荣誉称号。6月15日，为配合全县开展消防安全大检查，县旅游局对本部门管理的景区、星级酒店、旅行社等旅游企业进行安全大检查，确保旅游企业安全健康发展。9月29日，县旅游局、安监局、公安局、市场监督管理局等相关单位组成联合检查组，开展安全隐患大检查，排摸旅游企业存在的安全隐患，督促落实各类安全措施，确保“十一”黄金周期间旅游市场安全、有序、平稳。10月1—30日，长兴县旅游局组织开展以“强化红线意识、促进安全发展”为主题的“安全生产月”活动，加强安全生产宣传教育。

1998年春节前夕，县旅游局联同卫生、质监、工商、交通等部门对饭店、景区（景点）等旅游企业开展旅游安全大检查。4月25日，为强化旅游局工作人员的安全意识和事故责任意识，将安全生产责任落到实处，县旅游局制定并通过《长兴县旅游局关于安全生产责任制内部考核实施办法（试行）》。

2000年9月，长兴县人民政府把安全作为重点以强化旅游业管理，建立长兴县假日旅游协调小组，协调小组由县四套班子主要领导组成，成员由与旅游业安全相关的公安、消防、安监、工商等部门组成；下设办公室，办公室设在旅游业的主管部门县旅游局。当月，协调小组成员由四套班子领导带队开展假日安全大检查，联合各部门排查安全隐患，对各旅游点动态监管，掌握旅游点安全情况，处理各类投诉，及时处理掌握各类安全问题。之后，每逢“黄金周”前夕，县假日旅游协调小组都要召开假日旅游工作会议，印发“关于旅游黄金周安全大检查通知”，开展“黄金周”旅游安全大检查，排除各类安全隐患，限时整改；黄金周期间安排值班巡查，组织面上工作，及时处理各类问题，确保假日旅游安全、有序。

2004年，长兴县旅游局首次执行“以人为本，安全第一”思想，与旅游企业、乡镇旅游办分别签订安全生产责任状，强化安全责任意识（之后，该措施成为惯例，每年年初长兴县旅游局均会与县内旅游企业及各乡镇旅游办签订安全责任书），同时结合春节、“五一”“十一”等旅游黄金周，对人口密集场所进行消防安全整治、安全生产大排查。同年，县旅游局首次建立健全重大旅游安全事故紧急处理应急预案及报告制度，每月以及黄金周期间定期向湖州市旅游局、长兴县安监局报送重大安全隐患检查情况。

2005年，长兴县旅游局实施四种举措努力营造旅游环境安全稳定：一是加强宣传教育，如发放安全生产知识挂图，上门宣传，组织旅游企业开展消防安全技能培训、特种岗位安全操作培训等。二是开展安全生产大检查，县旅游局结合春节、“三八”妇女节、清明节、“五一”“十一”黄金周，以及“全国安全生产月”，浙江省统一安全生产检查等，多次开展安全生产大检查，及时督促旅游企业强化安全生产管理，消除安全隐患，并积极做好防御台风“麦莎”“泰利”“卡努”“龙王”等工作。三是在县安监局的指导下出台《长兴县旅游安全事故处理应急预案》，实行安全生产例会制度和每月报告制度，县旅游局要求旅游企业每月上报安全生产情况，并编辑印发《安全生产月报》，及时掌握安全生产动态，确保全县旅游系统安全生产无事故。四是落实领导责任制，强化组织领导。年初，县旅游局重新调整长兴县旅游系统安全生产工作领导小组成员，实行领导重心下移，把旅游企业主要负责人补充进领导小组，以增强企业的责任感。

2006年，为有效防范和处置旅游突发公共事件，提高旅游安全保障和处置突发旅游公共事件的能力，高效、有序的做好旅游突发公共事件的预案和救援，避免或最大限度减少旅游安全突发事件造成的损失，长兴县人民政府编制《长兴县旅游突发公共事件应急预案》（其后，该应急预案每年发布一次，并多次修改）。

2007年，为进一步规范全县旅游市场安全管理，经长兴县假日旅游协调领导小组研究决定，设立旅游市场联动管理工作小组，确保旅游市场安全有序。

2008年12月，按照市、县“三抓两防保平安”百日行动领导小组的统一部署，长兴县旅游局制定长兴县安全生产百日行动专项工作方案。重点检查主要公路和通往景区（景点）道路的路况及安全防护设施，检查旅游运输车辆状况、运营证照是否齐全，旅游饭店是否存在安全隐患。同年，长兴县旅游局编印《旅游安全小常识》手册，向游客发放。

2008年，长兴县人民政府修订《长兴县旅游突发公共事件应急预案》，在预案中首次设置旅游应急救援机构，并将救援机构纳入全县社会服务联动机构中，对外公布救援电话，依托110、120等救援平台，以便及时有效地做好全县旅游应急救援工作，保障旅游者的人身与财产安全。

2009年，为提高应对和处理农家乐经营时突发公共事件的能力，及时、高效、有序地做好农家乐相关公共突发事件的救援，长兴县农办印发《关于印发长兴县农家乐突发事件应急预案的通知》（长农协调办〔2009〕2号），以应对农家乐业态公共突发事件造成的瞬时危害。同年，为总结经验，表彰先进，县旅游局对在2008年度安全生产考评中取得较好成绩的单位与个人予以奖励和表彰。

2010年，长兴县风景旅游管理局牵头消防、卫生、环保等主管部门，在清明、“五一”“十一”黄金周，以及“世博会”等重要时段，对挂牌农家乐开展安全检查，联合各相关部门专题开展卫生、环保等知识“安全套餐”送书下乡培训。

2012年，县风景和旅游管理局为健全《旅游系统安全事故上报制度》与《旅游安全生产“三同时”制度》，全年召开安全生产例会4次，开展“安康杯”安全知识竞赛、安全演讲比赛，以及旅游景区水上安全应急救援演练，指导景区、酒店开展消防疏散演练，增强企业应急处置能力。同年8月8日，强台风“海葵”来临期间，县风景和旅游管理局全力做好防范准备，通过短信平台发布预警信息24次，积极开展自救，尽力降低损失。

2014年，县风景和旅游管理局召开季度安全生产会议，与旅游企业负责人签订安全生产责任书，落实责任主体；4次联合卫生、工商、安监、环保、乡镇旅游办等单位开展节前安全检查，举办全县消防安全现场演练教学，联合公安部门开展旅游企业安保人员专业培训。联合运管部门重点检查旅游包车安全、安全应急预案、旅游用车规范操作等；制作旅游客车安全提示物品系列包，包含导游专座椅套、旅游乘车安全警示光盘和安全提示卡，在万宏公司的所有旅游大巴车上投放。

2015年，长兴县旅游委员会承办湖州市2015年水上安全演练，联合相关部门开展全县旅行社团队旅游安全用车专项检查、星级饭店和景区（景点）消防安全检查、企业特种设备专项检查、防台风安全检查等。

第四节 旅游统计

一、概述

长兴县的旅游统计伴随旅游业的发展逐步展开。1996年长兴县旅游局成立，开始对县内旅行社进行管理，粗略统计旅行社的业务数据。1998年，县旅游局为了对外宣传需要，尝试非规范严格的游客统计，统计入县游客总数31万人次。2004年，长兴县完成第一次旅游资源普查报告，对全县的旅游资源完成最原始的旅游统计。同年，长兴县在八都岕古银杏长廊建成第一个规范景点太湖泉生态园，开始在景区（景点）执行游客统计。2013年，长兴县风景和旅游管理局联合浙江大学饭店管理研究所编制《长兴县住宿业现状调查及发展对策》，全方位统计旅游饭店，是长兴县乡村旅游管理中心成立前首次系统统计全县农家乐的经营状况。

2014年，长兴县风景和旅游管理局申报浙江省旅游统计试验县，旅游数据统计分析成为全局重点工作之一。县风景和旅游管理局采取三项举措规范提高旅游统计：1.委托宁波中经科技公司设计开发出“长兴旅游统计系统网”，每月由旅游企业专人进行翔实填报数据，在平台试运行，对全县旅游产业经济运行情况进行智能化、系统化分析。2.开展旅游统计人才培养。同年4月，长兴县风景和旅游管理局出台《长兴县旅游统计调查管理办法》，对专职统计人员按实际统计量进行奖励，调动旅游企业对旅游统计工作的积极性。3.落实数据统计分析，1—6月，旅游数据显示全县接待游客537.98万人次，同比增长8.88%；旅游总收入43.15亿元，同比增长8.93%。旅游数据的应用提高了统计的积极性。2015年，长兴县旅委会同县统计局开展旅游系统核心层企业、关联企业等名录库的梳理完善及统计调查，完成“浙江省旅游统计改革试点县”材料评估，并通过验收。9月9日，浙江省旅游局、浙江省统计局印发《关于同意长兴县、天台县为浙江省县域旅游统计改革试点县的批复》（浙旅政法〔2015〕170号），批准长兴县为浙江省旅游统计改革试点县。

截至2015年，长兴县的旅游统计包括游客（数量）统计、景区（景点）游客统计、旅行社统计、住宿设施统计、乡村旅游等五种旅游业态统计。

二、游客统计

1996年长兴县旅游局成立，之前全县没有游客统计行为。1998年，县旅游局为了对外宣传需要，尝试非规范严格的游客统计，统计入县游客总数31万人次。2004年，长兴县在八都岕古银杏长廊建成第一个规范景点太湖泉生态园，开始在景区（景点）执行游客统计。同年,长兴县完成第一次旅游资源普查报告,对全县的旅游资源完成最原始的旅游统计。

2006年,长兴县旅游局开始根据各景区的台账统计全县旅游人数。2007年,金钉子远古世界景区预备申报国家4级景区,因游客人数统计属主要数据,长兴县旅游局开始严格要求各景区认真执行游客人数统计,规范台账制度。2008年至2010年三年间,由于全县主要景点相继建成开放,县旅游局组建长兴旅游营销公司至以长三角为主的县外地区推介长兴县旅游产品,各民营景区景点,如城山沟景区、霸王潭、清泉武校科普生态园等开始纳入长兴县旅游游客统计数据,以农家乐为特色的乡村旅游蓬勃发展,多重利好致使长兴县入县游客统计量呈井喷式增长。截至2015年11月,全县接待游客1186.68万人次,同比增长8.06%,旅游总收入109.44亿元,同比增长23.91%。同年,长兴县接待游客总人数1290.56万人次,达到历史最高值。

截至2015年长兴县历年游客统计表

表4-88

年份	游客统计(万人次)	年份	游客统计(万人次)
1998	31	2008	316
2001	22.2	2009	460
2002	67	2010	607
2003	62	2011	755.28
2004	78	2012	948.12
2005	127	2013	1045.37
2006	146.6	2014	1156.31
2007	220	2015	1290.56

三、景区(景点)游客统计

2004年,长兴县建成第一个规范景区古银杏天泉,开始对县境景区(景点)进行游客统计。2008年,金钉子远古世界景区申报国家AAAA级景区,第一次正式执行游客统计制度,每日填写台账,实行台账制度,每年形成总结上报主管部门长兴县旅游局。2010年,长兴县创建浙江省旅游经济强县,景区(景点)旅游统计正规化。2011年,长兴县新四军苏浙军区纪念馆、中国扬子鳄村申报AAAA级景区,开始规范台账。之后,长兴县所有景区开始严格执行旅游台账制度,实行游客统计。

2011年至2015年长兴县主要景区(景点)游客人数统计表

表4-89

年份 单位	2011	2012	2013	2014	2015
金钉子远古世界	83000	82657	78217	974784	501772
新四军苏浙军区纪念馆	60300	31715	28259	505000	569622
中国扬子鳄村	54600	100988	427930	605076	612400
大唐贡茶院		62384	43192	308557	156946
陈武帝故宫				3542	108961
仙山湖国家湿地公园				76835	602905
八都岕古银杏长廊				320000	710000
城山沟景区				301200	424725
太湖图影湿地文化园				268040	525763
水口茶文化旅游景区					2870573
海洋城主题公园					34257

四、旅行社统计

长兴县旅行社游客统计与县境第一家旅行社创办同时开始。2000年,长兴县5家旅行社共组团游客出游4800人次。2002年,湖州市旅游局开始执行所属旅行社的年审制度,2004年,长兴县天马旅行社的台账得到湖州市旅游局表彰,被作为范本在全市推广。2008年,长兴县旅游质量监督管理所成立,旅行社的数据统计被纳入重要业务规范管理,各旅行社的旅游合同、年组织游客人数、营业额、上缴利税,以及全县总的业务数据开始系统统计。2013后,长兴县旅游集团成立,旅游集团组建浙江中国青年旅行社长兴分社,开始统计入境游客人数。

2008-2015年长兴县旅行社经营数据表

表4-90

年份	年旅游组织人次数	年旅游接待人次数	年营业额(万元)	年上缴税收(万元)
2008年	50540	59578	4198.64	49.06
2009年	199849	59783	15465.44	232.19
2010年	399698	119566	30930.88	464.37
2011年	232564	658790	19365.45	290.51

续表4-90

年份	年旅游组织人次数	年旅游接待人次数	年营业额（万元）	年上缴税收（万元）
2012年	158323	43364	12583.70	190.59
2013年	99857	68403	7592.63	320.15
2014年	90666	119631	930183.97	456.11
2015年	112160	111869	1129000	566.23

五、住宿设施统计

长兴县的住宿设施因为隶属管理单位而统计复杂。星级酒店隶属长兴县旅游局管理、普通饭店隶属长兴县商业局管理、而农家乐则隶属县农办与县旅游局的双重管理。

1998年，长兴县旅游局编制《浙江省长兴县旅游发展总体规划》（1999—2010年）统计全县以雉城镇为主的饭店业态发展现状。长兴县主城区的精品商务饭店金陵大酒店、紫金宾馆、烟草宾馆、长兴宾馆、花园宾馆等6家饭店有客房550套，另扬子鳄度假村、陆羽山庄有各类客房200余套。城区其他商务饭店如汾阳楼宾馆、金都大酒店、祥达大酒店、钟楼饭店、稻香村饭店、煤炭招待所等，计有客房700余套。2007年，长兴县旅游局完成《2007长兴县酒店发展调查调研》。调查报告引用全县饭店在长兴县公安局登记备案数据，全兴县有规模登记酒店316家，共有房间3428间，位居乡镇的105家，共有房间1922间。

2013年7月，长兴县风景和旅游管理局联合浙江大学饭店管理研究所编制《长兴县住宿业现状调查及发展对策》，调查统计全县的住宿业态数据。2013年，长兴县10家星级（标准）饭店拥有客房总数1086间，床位1712个，餐位9000个；其中，两家四星级饭店拥有客房487间，餐位3000个，三星级饭店拥有客房650间、餐位4300个。两家准四星级饭店共拥有客房287间，餐位1700个。此外，乡村其他住宿设施果圣山庄、金缘大酒店、江南红村、水口天地酒店、百翠山居、古银杏山庄共有床位830个。

2013年长兴县旅游业住宿设施登记表

表4-91

名称	床位数	住宿设施	总床位数
长兴国际大酒店	300	四星	17201
新紫金大酒店	187	四星	
皇冠假日大酒店	171	四星	
天悦豪廷大酒店	116	四星	
红玫瑰大酒店	161	三星	

续表4-91

名称	床位数	住宿设施	总床位数
金陵大酒店	172	三星	
维多利亚大酒店	114	三星	
华达和平宾馆	72	三星	
紫金大酒店	131	三星	
兴悦大酒店	49	二星	
农家乐	14695	农家乐	
经济连锁店	203	连锁店	
其他	约830	社会饭店	

六、乡村旅游统计

乡村旅游统计是长兴县旅游的特色。长兴县乡村旅游的特点是“景区＋农家乐”，景区统计计入游客统计，农家乐经营户统计随业态发展逐步完善。依据长兴县旅游局所编《2007年度长兴县农家乐休闲旅游工作总结》。2007年，全县农家乐有180多家经营户，床位数4500张，餐位数8000多个，从业人数1200人，全年接待游客52万人次。2010年，全县共有注册农家乐经营户330家，全年接待游客225万人次，实际经营收入3.1亿元。2013年，长兴县乡村旅游发展中心成立之后，全县的农家乐经营以及乡村旅游数据逐步规范化。

2013—2015年长兴县农家乐经营数据表

表4-92

年份	累计农家乐户数	床位数	从业人员数	营业收入
2013	420家	14492个	1700人	4.9亿元
2014	510家	18000个	2100人	6.3亿元
2015	530家	21150个	2200人	8.3亿元

第五节　游客管理

游客管理包括制定游客管理规则、游客事件处理等。2003年，长兴县旅游局开始要求县内各旅行社严格遵守旅行社合同。2008年，长兴县旅游质量监督管理所成立，开始严格执行旅游质量管理，登记处理游客投诉。同年，长兴县旅游局公布游客举报电话，电话号码是游客投诉电话0572—6039770。同年，长兴县旅游局要求在主要景区与游客咨询中心公布举报电话，开始重视游客管理。2010年，长兴县旅游质量监督所编写《游客便民手册》《旅游消费维权折页》等，在3·15消费者维权日免费发放。2015年，长兴县旅游局颁布《游客维权手册》折页，规范旅行社的合同。从2008年至2015年，长兴县旅游局共处理游客投诉139件。

截至2015年，长兴县游客投诉典型案例摘录一览表

表4-93

投诉事件简介	处理结果
2008年7月31日，游客卢某某电话投诉。2008年7月22日，长兴天马旅行社孙小文，带团从长兴出发经杭州萧山机场至香港，在孙某文疏忽未替卢办好湖州市公安局出境签证的情况下，上车前也未能按照业务流程核对随行人员的身份证与签订合同，后在车上发放旅游物件时导致物件数与人数不符，仍未警觉，及到机场才发现多出卢一人。此时，导游态度很不好，给卢造成心理伤害，卢投诉要求旅游局给卢满意的答复	责成旅行社赔礼，并帮助补办游客下一个自选班次
2008年8月23日，游客汪某某电话投诉湖州春秋假日旅行社。2008年8月21日汪等一行六人与旅行社联系去芜湖旅游，可到接送点后，旅行社说只有5个座位，必有一人去不成了。但后面我们发现旅行社路上临时收别的散客，回来后汪和旅行社协商没有结果，针对投诉事由，旅行社只愿退还预订费用，且只愿开出收据，不愿开正式发票，汪等因此投诉	责成旅行社退还订金、赔礼道歉
2008年10月23日，南京游客彭某某通过湖州市长热线投诉，当月18日南京市30余名游客在长兴县人民政府行政中心参观拍照，受到保安拦阻驱逐	回复投诉人，解释缘由
2009年5月，游客龚某某投诉。5月4日，龚参加春秋假日旅行团，旅游途中有客人要求半途下车，司机不同意停靠，还辱骂客人并动手打人，车牌号浙EB7655	调查属实，给予司机相应处理，并电话回复游客
2009年7月，某游客投诉，恒星旅行社组织至山西五台山旅游，签订的合同不规范，未按合同带团，并不与游客商议私自降低饭店星级标准，服务质量较差	县旅游质监所调查事件属实，责成赔付5080元
2010年9月13日，上海全联旅行社投诉。9月11日该旅行社组织上海团队游览古银杏长廊，当地村民喝醉酒撕扯导游，讹诈游客摘了他们的银杏果，强行索取300元钱。晚上入住长兴华辰大酒店、红翎大酒店，根据长兴县旅游营销公司传真，两酒店均有住十免一优惠，而两家都说是住11间免1间，因此向长兴县旅游局投诉，请给旅行社一合理说法	调查属实，责成酒店对游客解释错误缘由并协商解决

续表4–93

投诉事件简介	处理结果
2010年11月16日，游客王某某来信投诉。前几天慕名至古银杏长廊游玩，找不到指示牌和路标，问路又语言不通，找不到媒体所宣传的银杏林，故请求做些醒目的旅游标示和地图，以方便游客游玩	电话回复，提议指明旅游线路，并提供帮助热线电话
2010年11月18日，匿名电话投诉，八都岕景区的溪涧某河段垃圾成堆、污水横流；方一村凤凰山山顶两颗银杏树枯死，上凤凰山路上有养鸡场，臭气熏天。请旅游主管部门注意保护地方环境	请旅游局调停处理，11月26日报县长热线办
2012年4月，嘉兴神州铁道旅行社导游方某某投诉长兴杜仲农家乐。4月10日，其带团至杜仲农家乐，原先约定好为50元/间，第一天12时之后入住，第二天12时之前离开，结账后变成100元/间，后经长兴县旅游局协调，变成80元/间，对此方作为导游很不满意，请解释	调查基本属实，向带团导游道歉
2012年4月20日县长热线，谢某电话投诉。有上海游客反映，水口顾渚村新市场脏乱差现象严重，严重影响市容，要求改造	要求水口乡与县风景和旅游管理局联合处理
2012年，李某等12人网络投诉长兴香斌农家乐。2012年5月1日，长兴香斌农家乐多收了其100元钱，老板也承认确有此事，但却以各种理由一再拖延，就是不给其打回款项	调查属实，责成水口乡农家乐协会协调解决
2012年5月，上海市民吴某某网络投诉水口顾渚农家乐接送大巴驾驶员。2012年5月8日，该大巴从顾渚送三批游客同回上海，分别停靠航华新村、动物园、人民广场。在动物园站，有游客要求提前下车，驾驶员不予理睬，引发争吵。及到动物园站下车后，吴向驾驶员解释和气生财，驾驶员突然冲动，当即骂人且动手打人，特此投诉	调查属实，对车队给予罚款，责成司机个人向游客赔礼道歉
2012年9月16日，杭州蒋女士向县长热线投诉。在仙山湖游玩见到部分村民在寺庙周围擅自摆放佛像，并强行要求游客拜佛，并高价收费，请求查处	要求县旅游局9月25日前处理，并报县长热线办
2014年元月5日，上海市闸北区八方社区游客高某某等16人致信长兴县风景和旅游管理局，感谢长兴尧王农家乐。当天上午他们乘坐的大巴车在顾渚公路两车相撞，尧王农家乐的江平全家热情接待，免费提供吃住，协助人生地不熟的游客到交警队处理事故，在此感谢	调查属实，电话表彰
2014年1月，县信访局转〔2014〕0042群众来信。邱某某等1人向县委书记章根明反映。2013年9月，其与老伴参加长兴春秋假日旅行社组团至泰国六日游，在未签订相应旅游合同条件下，每人被迫消费1800元，投诉多次，未能解决，要求旅行社退还强制消费的每人1800元，并作相应补偿	经调解协商解决，同时责成旅行社必须规范旅游合同

续表4-93

投诉事件简介	处理结果
不参加旅游购物旅游者如何安排:2015年5月1日,徐某和家人参加长兴山农旅行社组织的北京5日游,每人报价为1800元。在北京游览期间,在全团大多数人都同意自费购物的情况下,导游将游客带到北京大型购物场所,徐某和家人不同意参加自费购物,就在路边等待了4个多小时。徐某因此直接向长兴县旅委投诉	责成旅行社对游客进行赔礼道歉,并规范执行合同,游客表示接受
农家乐预订生效的法律关系及产生后果:2015年5月7日,游客王某一行9人从江苏常熟到长兴水口农家乐游玩,此前均与水口茶花香农家乐联系。及到达后发现,该农家乐周边有民居正在施工,游客认为施工声音过大影响休息,萌生了取消预订想法。农家乐业主认为是游客随意取消预订,且自己已产生晚餐原材料购买费用,房屋已被预订,无故取消,要求游客赔付1000元损失费。双方产生口角。经水口农家乐协会调解,游客赔付400元后离开。此后,游客因此向县旅委投诉	农家乐给游客退款400元,游客表示满意
游客投诉万宏公司同团不同价:2015年7月30日—8月3日,高女士一行参加万宏公司组织的丽江、香格里拉旅游团。在旅游时当地地接导游强制购物,旅行社未签订旅游合同,不满28岁再多缴300元。团费每人价格为3300元,同团的浙江其他地区才仅980元,差距太大。高女士要求退还每人2320元	同一旅游行程旅行社应提供相同服务。责成万宏旅行社补偿游客每人1500元。游客表示满意撤回投诉
携程电子票在景区使用的时间:2015年9月某日,有何女士投诉长兴仙山湖景区,她带家人到景区,看到景区挂牌价后觉得高,就从携程上购买了电子票。购买后,游客看到携程使用的最后限定时间是下午1点30之前,就在该时间内将电子票交给窗口售票处工作人员验票。工作人员提出,景区和携程之间协议清楚写明,网络购票需在6小时后才能使用,因此拒绝何女士的电子购票使用	游客以全票购买进景区,携程全额退票,景区应严格遵守法规,并向游客解释缘由
汪先生投诉水口王家大院农家乐事宜:投诉人汪先生2015年11月一行多人入住水口大唐贡茶院景区附近的王家大院。入住期间,汪先生发现自己的房间缺少衣架,且晚上因电压不稳,停电8次。次日,汪先生在与周边农家乐游客交流中得知自己入住的农家乐有20免1优惠。汪先生遂向王家大院老板提出要免去自己两天的费用,王家大院老板提出可以赔礼道歉、并做相应补偿,但不能给予20免1的优惠。投诉人遂向省旅游平台投诉	12月22日经调解,农家乐业主向汪先生所领团队退还费用250元,并赠送当地土特产以示赔礼道歉。投诉人表示满意

第四章　旅游“地方意见、办法”管理

长兴县旅游业执行的法律法规、规章制度，既包括国家、省市制定颁布的各项旅游法律法规，也包括长兴县地方党委、政府，以及旅游管理部门根据长兴县地方旅游业的实际发展现状及需要，编制颁布的各种地方性相关管理办法、意见、标准等。国家、省市的旅游法律法规，如2010年国务院颁布的《关于加快旅游业的意见》、2013年全国人民代表大会颁布实施的《旅游法》等，以上法律法规虽然重要，但它们是国家或某一地区通用规则，不属地方志记载范畴，本志从略。本志仅记录长兴县编制的相关旅游的地方意见、办法。

第一节　“地方办法、意见”的制定颁布

一、概况

1996年，长兴县旅游局成立，全县没有专门针对旅游业的意见、办法。2003年，针对全县农（渔）家乐发展不规范现象，长兴县旅游局在县质量技术监督局的指导下编制《长兴县农（渔）家乐服务规范地方标准》，属长兴县旅游业最早的管理办法。2005年，长兴县人民政府开始重视旅游业，出台《关于加快全县经济的若干意见》涉及旅游业。同年，针对全县乡村农家乐迅猛发展、亟须规范管理形势，长兴县人民政府颁布一系列政策、办法、标准，如《长兴县农家乐管理暂行办法》《长兴县农家乐服务质量通用要求》《长兴县农家乐星级评定标准》《长兴县农家乐星级评定实施细则》等。同年，为强化安全管理，长兴县旅游局出台《长兴县旅游安全事故处理应急预案》。

2006年7月8日，长兴县人民政府办公室编制印发《长兴县促进旅游业加快发展的优惠政策》（长政办发〔2006〕110号），对县境旅游企业给予全面扶持[该政策随长兴县旅游业的快速发展后期多次调整修改，依次是2008年4月25日长政办发〔2008〕58号、2012年4月10日长政办发〔2012〕22号（详见附录）、2014年2月12日长政办发〔2014〕9号]。同年，中共长兴县委出台《大力推进农业产业化的若干意见》，“意见”中相关休闲农业的部分属于旅游业态。2007年，根据中共长兴县第十二次党代会精神，长兴县旅游局制定《关于打造长三角生态休闲度假

新选区实施意见》，明确未来五年长兴县旅游业的发展方向。

2008年，长兴县人民政府印发《长兴县加快发展高端星级酒店的优惠政策》，出台专项政策鼓励星级饭店旅游业态的提升发展。2009年，长兴县旅游局制定《长兴县旅游景区讲解员登记考核及评定总则(试行)》，以促进景区讲解员的素质培养。2010年，长兴县人民政府围绕创建"浙江省旅游强县"，成立创建省级旅游经济强县工作领导小组及办公室，编制印发《长兴县创建浙江省旅游经济强县实施方案》以及3个附件。同年，长兴县人民政府办公室出台《长兴县旅游安全应急预案》，县风景旅游管理局、县公安局联合出台《长兴县农家乐消防、治安管理办法》。县风景旅游管理局专门出台《长兴县旅行社导游服务标准》对县内旅行社的导游员试行星级评定；出台《长兴县旅游景区公共场所清洁保养标准》，以规范提高景区卫生保洁质量。2011年，为配合全县景区大项目建设，县风景和旅游管理局、县财政局联合出台《长兴县旅游发展公司旅游建设项目及建设资金管理办法》。2012年，县风景和旅游管理局与相关部门联合出台《水口乡农家乐整治规范要求》。

2013年，县风景和旅游管理局成立宣传旅游法律法规的中心工作室，专门宣传贯彻最新颁布的国家《中华人民共和国旅游法》。2014年，县风景和旅游管理局编制《长兴县乡村旅游集聚区、度假区、旅游景区标准化方案》。2015年，长兴县委出台《长兴县加快县域休闲旅游经济提升发展实施方案》《长兴县旅游景区提升方案》。同年，长兴县旅游委员会为加快乡村旅游提升和农家乐整治，编制《长兴县民宿规范管理暂行办法》《长兴县乡村民宿星级服务质量评定标准》。

截至2015年长兴县颁布的地方旅游"意见、办法"一览表

表4-94

旅游"意见、办法"名称	内容简介
长兴县农(渔)家乐服务规范地方标准	2003年，长兴县旅游局在县质监局指导下编制，具体内容不详
关于加快全县经济发展的若干意见	2005年长兴县人民政府制定，意见是长兴县人民政府首次将旅游作为重要经济产业写入全县主要经济政策
长兴县农家乐管理暂行办法	2005年9月1日，长兴县人民政府办公室编制，以长政办〔2005〕130号文件公布。全文24条，近2000字，详细规定农家乐的管理细则
关于促进农家乐发展的若干意见	2005年9月2日，长兴县委办〔2005〕18号文件印发。法规分科学规划、合理布局，明确职责、规范管理，政策引导、合理扶持，提升素质、打造精品，共4节、28个条目，明确长兴县对农家乐的鼓励发展、规范管理措施

续表4-94

旅游"意见、办法"名称	内容简介
长兴县农家乐服务质量通行要求	2005年，县旅游局在县质监局指导下编发，属长兴县地方标准(DB330522)，是年9月1日实施。标准含基本设施、餐饮设施、住宿设施、配套设施、业务技术要求、安全防范要求、环境卫生要求、农家乐协会要求等多个领域
长兴县旅游安全事故处理应急预案	2005年，长兴县旅游局在县安监局指导下编发。预案规定安全事故处理的基本程序与措施(此预案之后数次修订)
长兴县农家乐星级评定实施细则(试行)	2005年9月28日，长兴县旅游局以长旅发〔2005〕12号文件印发。全文15条、2000余字，规定星级农家乐的评定细则。此细则2011年曾修订重新印发
长兴县特色精品农家乐规范标准(试行)	2005年9月1日长兴县旅游局编发。标准从外围环境、设施布置与卫生、特色餐饮、农事体验、服务质量、安全管理等6方面设立标准。2008年8月27日长兴县农家乐协会协调办公室以长农协调办〔2007〕1号文件重新编发
长兴县促进旅游发展的优惠政策	2006年7月8日长兴县人民政府办公室印发(长政办〔2006〕110号)，后数次修订，详见后文《长兴县促进旅游发展的优惠政策》条目
农业观光节庆和休闲农业观光园协调会议纪要①	2007年7月27日，长兴县人民政府以长政发〔2007〕42号文件印发。纪要包括农业观光节庆(休闲农业观光园)管理机制、建设条件与原则、管理、建设资金补助、配套设施建设用地、享受优惠政策等，共六部分
关于打造长三角生态休闲度假新选区实施意见	2008年长兴县旅游局制定，意见提出长兴县休闲旅游业态的未来发展思路，是长兴县旅游未来五年发展的纲领性文件。另文件具有县本级旅游总体规划性质
四座名山佛教景点配套功能建设导则	2008年长兴县民宗局、县旅游局联合印发。导则规定长兴县内四大寺院顾渚山的寿圣寺、仙山的显圣寺、弁山的碧岩寺、城山的清凉禅寺的佛教建筑基本建设原则
长兴县加快发展高端星级酒店的优惠政策	2008年，长兴县人民政府办公室印发，政策从土地出让、资金、利税等诸多条款，明确规定对引进的新建星级酒店给予的各项政策与奖励
长兴县旅游业龙头企业评选办法	约2009年长兴县旅游局编制，办法参照浙江省旅游业态发展现状，对星级酒店、景区、旅行社、旅游商品等四种业态的旅游企业发展规模给予评定与奖励(2011年曾修订)
长兴县旅游景区讲解员等级考核及评分总则(试行)	2009年长兴县旅游局编制，标准从专业知识、基本技能、地方文化、仪表礼仪、语言表达等多方面给予考察，初在大唐贡茶院与金钉子两景区实施。

① 题名全称《长兴县人民政府关于举办农业观光节庆和建设休闲农业观光园有关事项协调会议纪要》。

续表4-94

旅游“意见、办法”名称	内容简介
长兴县农家乐突发事件应急预案	2009年5月15日，长兴县农家乐综合发展协调小组办公室印发(长农协调办〔2009〕2号)。全文分总则、适用范围、突发事件应急处理程序、善后处理、附则，共五部分，约2000字。
长兴县旅游安全应急预案	2010年，为创建浙江省旅游经济强县，长兴县人民政府办公室根据考评细则编制出台，基本等同长兴县旅游局2006年印发的《长兴县旅游安全事故处理应急预案》
长兴县农家乐消防、治安管理暂行办法	2010年，为创建浙江省旅游经济强县，县风景和旅游管理局、县公安局联合编制，具体内容不详
长兴县旅行社导游服务标准	2010年，为创建浙江省旅游经济强县，长兴县风景旅游管理局编制实施。标准提出导游的基本服务职能，及星级导游员的评定标准
长兴县旅游景区公共场所清洁保养标准	2010年，为创建浙江省旅游经济强县，长兴县风景旅游管理局制定。标准目的提升景区的形象，共20条、1000余字
长兴县旅游发展公司旅游建设项目及建设资金管理办法	2011年，县风景和旅游管理局、县财政局联合编制。办法具体规定县拨旅游项目资金的具体用途和管理标准
长兴县风景和旅游管理局旅游信息稿件奖励规定	2011年，县风景和旅游管理局编制。办法具体规定任何个人(包括组织)发表宣传推介长兴县旅游信息的奖励标准与细则
长兴县信息工作考核办法	2011年，县风景和旅游管理局编制。法规颁布目的是奖励社会上个人撰写发表宣传推介长兴旅游信息，考核办法分为国家、省市、本县等多个等级
水口乡农家乐整治规范要求	2012年，中共长兴县委针对水口乡农家乐开展联合整治，成立长兴县水口乡农家乐整治规范小组编发。要求是农家乐治安、消防、卫生、排污等各方面的具体整治标准
长兴县旅游业发展专项资金使用管理办法(试用)	2013年12月8日，县财政局、县风景和旅游管理局联合编制，以长财预〔2013〕197号文件印发。共7章、20条，分总则、使用方式、使用范围、使用管理、预决算、拨付、检查等。目的是保障合理有效使用县人民政府下拨的旅游发展专项基金
长兴县深化旅游发展体制改革实施意见	2013年，县风景和旅游管理局根据中共长兴县委精神制定。意见的基本精神是如何实现国有旅游资产的经营与管理权分离，实行市场化运作，主要目的成立长兴旅游集团有限公司
长兴县乡村旅游集聚区、度假区、旅游景区标准化方案	2013年，县风景和旅游管理局编制。方案为申报省市乡村旅游集聚区、度假区、旅游景区确立标准，具有县本级旅游总规性质
长兴县加快县域休闲旅游经济提升发展实施方案	2014年，县风景和旅游管理局编制。方案为实现长兴县委提出的打造《长三角首选休闲旅游度假区》出台，具有旅游规划性质

续表4–94

旅游"意见、办法"名称	内容简介
长兴县旅游统计调查管理办法	2014年,县风景和旅游管理局为申报"浙江省旅游统计改革试点县"编制,办法详细确定各旅行社、景区、酒店、农家乐的统计规则
长兴县旅游达人稿件评定方案	2015年长兴县旅游委员会编制,方案规定50余位签约旅游达人撰写发表宣传长兴旅游稿件的评定细则
长兴县旅游达人基本待遇及补贴办法	2015年长兴县旅游委员会制定,办法详细规定了签约旅游达人的基本待遇及其津贴
长兴县民宿规范管理暂行办法	2015年12月2日,长兴县人民政府办公室编发,详见后文《长兴县民宿规范管理暂行办法》
长兴县特色民宿星级评定标准(试行)	2015年12月2日,长兴县人民政府办公室编制印发(长政办发〔2015〕60号)。标准包括总体要求、评定条件、评定程序、复核方法、长效管理,共五部分,约2000字
长兴县旅游景区提升方案	2015年长兴县旅委编制。方案根据长兴县旅游景区的发展现状设计,用于指导各景区的未来发展,具有一定旅游规划功能

二、长兴县旅游管理地方意见、办法选介

《长兴县农家乐管理暂行办法》 2005年9月1日,为规范全县农家乐的经营管理、提高农家乐的经营质量,促进农家乐快速、持续、健康发展,长兴县人民政府办公室编制印发《长兴县农家乐管理暂行办法》(长政办〔2005〕130号)。办法共24条,约2000字。其中,第二条对农家乐给予严格定义"以农民家庭为接待单位,农业、农村、农事为主要载体,利用农村环境资源,以旅游经营为目的的旅游项目"。其他条款对农家乐的规范管理、建筑结构、经营方式等都做了细致规定。

《长兴县促进旅游业加快发展的优惠政策》 2006年7月8日,长兴县人民政府办公室印发《长兴县促进旅游业加快发展的优惠政策》(〔2006〕110号),以全面扶持县域旅游企业。全文共12条,前七条列举优惠对象,依次是旅游景区(景点)建设、星级饭店建设、旅行社发展、旅游配套设施建设、旅游市场开发、重点旅游项目、县外资金投资旅游业等。后五项是优惠条款的解释。该政策随长兴县旅游业的快速发展后期多次调整修改[依次是2008年4月25日的长政办发〔2008〕58号、2012年4月10日的长政办发〔2012〕22号(详见附录)、2014年2月12日的长政办发〔2014〕9号],但总体的优惠扶持原则不变。

长兴县特色民宿发展暂行办法 2015年12月2日,为鼓励全县民宿旅游业态发展,提升乡村旅游管理水平,长兴县人民政府办公室编发《长兴县特色民宿发展暂行办法》(长政办发〔2015〕60号)。办法分7章、21条,约3000字。各章题名依次为总则、具备条件、申报程序、规范管理、扶持政策、法律责任、附则等。办法属长兴县民宿发展与管理的系统性文件。

第二节 文书、档案管理

长兴县旅游类文书、档案可分为长兴县旅游委员会的存档档案、各旅游企业的自存档案两类。

一、长兴县旅游局档案

1996年，长兴旅游局成立初期，因工作人员只有4人，未设立独立办公室，包括文书档案管理的办公室基础工作也由长兴县建设局办公室代管，没有独立设置档案卷宗。2001年长兴县旅游局单独设立，设办公室，开始建立文书档案管理制度。2002年后，长兴县旅游局开始将每年的档案分类立卷，建立档案资料库，并将1996年至2001年合为一卷(约数10页)。

2008年3月，长兴县旅游局制定《长兴县旅游局档案管理办法》，设立综合档案室，归属局办公室负责，有兼职文书、档案员1名，业务上受湖州市旅游局、长兴县档案局的双重监督指导，档案业务工作进入正轨。同年4月，县旅游局制定《长兴县旅游局档案文件材料归档范围和保管期限表的规定》等系列管理规则。

长兴县旅游局档案管理规则一览表

表4-95

序号	规章制度名称	主要内容	制定时间
1	长兴县旅游局档案管理办法	共7章、24条	2008年3月
2	长兴县旅游局档案文件材料归档范围和保管期限表的规定	共8条、31则，附件《长兴县旅游局文书档案保管期限表》	2008年4月
3	长兴县旅游局档案室岗位工作职责	对档案室、分管档案工作领导、档案室负责人、各立卷归档部门档案员、档案有关人员等五种岗位明确职责	2009年3月
4	《长兴县旅游局档案室工作人员岗位职责》	共10条，其中第二条明确工作职责	2009年3月
5	《长兴县旅游局文书档案立卷归档管理制度》	共6条，其中第五条分9条细则明确档案员立卷归档的具体要求	2009年4月
6	《长兴县旅游局档案鉴定销毁制度》	共7条，第3条详细规定档案案卷的鉴定销毁原则与程序	2010年3月

续表4-95

序号	规章制度名称	主要内容	制定时间
7	《长兴县旅游局档案借阅制度》	共10条，第二条规定，外单位人员可在档案室查、借阅非密级档案，非密级档案在档案员登记后方可借出使用	2010年4月
8	长兴县旅游局档案安全保密制	共12条，第三、四条严格规定档案工作人员和档案借阅摘抄、复制人员需要遵守的保密规定及控制范围	2011年5月

长兴县旅游委员会档案起始为2002年(1997年至2001年合为一本，内容很少)。初期每年依据档案发文单位及内容粗略分类归档，装订为10本左右，设永久、30年、10年三个级别类型。2010年后，随着业务范围扩大，每年增至15卷左右，一般永久类5卷、30年类5卷、10年类5卷。截至2015年，累计档案册数200余卷。

长兴县旅游委员会的档案由于早期缺乏专业人员管理，档案的收录、分类、归档存在众多问题。主要是档案价值主次颠倒：无数具有重要文献价值的资料，如长兴县旅游局的基本管理工作，重要景区规划，地方旅游“意见、办法”，全县旅游业态的日常业务资料，如各种统计数据、培训、竞赛、旅游线路、地图等严重缺失。相反，永久和长期档案却大量收录中共长兴县委、政府的人事管理、重要政务经济会务，以及与旅游业态基本无关的县本级大事材料。其次档案的分类、归档杂乱，未能严格按照发文单位、基本内容准确分类。其他，档案材料大量重复，缺少宗卷目录等，各种问题严重影响着档案的质量价值。

二、旅游企业档案

长兴县旅游企业档案建设分为两类。一类是国有企业保存档案，此类企业因管理相对规范，档案建设相对完整规范，企业自成立时起即确立规范的档案建设。截至2015年，长兴县主要的旅游公司、景点、旅行社都有严格的档案管理。一类是民营以及个体企业档案，此类企业在创建之初，一般规模很小，主要精力全放在企业的盈利、生存、发展上，基本没有档案建设意识，所存档案仅仅是必需的台账与财务账。多数企业在发展过程中淘汰消亡，再无档案可查，少数存活或者壮大的企业因前期缺乏档案建设，也是卷宗缺失严重。

截至2015年长兴县主要旅游企事业单位档案情况登记表

表4-96

单位名称	档案管理基本情况
长兴旅游集团有限公司	2013卷首次立卷，有专门的档案室，无专职档案员，由办公室代管。现存档案数不详，收有景区的长远规划，日常工作时常借鉴

续表4-96

单位名称	档案管理基本情况
金钉子远古世界景区	2007年首次立卷，有专门的档案室，无专职档案员，由办公室代管。现存档案120卷，未收录景区的长远规划，日常工作时常借鉴
新四军苏浙军区旧址群景区	1976年首次立卷，有专门的档案室，无专职档案员，由办公室代管。现存档案851卷，未收录景区的长远规划，日常工作时常借鉴
中国扬子鳄村	2014年5月首次立卷，有专门的档案室，无专职档案员，由办公室代管。现存档案15卷，未收纳景区的长远规划
仙山湖国家湿地公园	2013年首次立卷，有专门的档案室，无专职档案员，由办公室代管，现存档案120卷，未收纳景区的长远规划，使用情况良好
水口茶文化旅游景区	2013年首次立卷，有专门的档案室，无专职档案员，由办公室代管，现存档案不详，未收录景区的长远规划，使用情况良好
大唐贡茶院	2008年9月首次立卷，有专门的档案室，无专职档案员，由办公室代管。现存档案363卷，未收纳景区的长远规划，日常工作时常借鉴
城山沟风景区	2007年首次立卷，有专门的档案室，无专职档案员，由办公室代管。现存档案100余卷，未收录景区的长远规划，日常工作时常借鉴
陈武帝故宫	2015年首次立卷，有专门的档案室，无专职档案员，由办公室代管，现存档案3卷，未收纳景区的长远规划
浙江省中国旅行社集团长兴有限公司	2014年首次立卷，有专门的档案室，无专职档案员，由办公室代管，现存档案2卷

第五编

旅游人物艺文

第一章　旅游人物

长兴县旅游人物以时间可分为古代旅游人物和现代旅游人物两类。古代旅游人物入选标准为曾经在长兴县境从事旅游行为，或逝后对长兴县现代旅游业有着重大影响，被《长兴县志》记载的人物。现代旅游人物，因现代旅游业形成发展历史较短，仅二三十年历史，主要人物基本都未盖棺定论，所以暂不立传，仅作概述。

第一节　古代旅游人物

一、概述

长兴县古代旅游人物事件，相传最早是三皇五帝夏禹游夏家山立石鼓故事。春秋时期，长兴县先为吴楚，后为吴越的接壤地带，诸侯将相争霸，无数历史名人给长兴县留下众多的遗址与传说。如夫概修长城与三城三圻，命名顾渚，建上概村、下概村；伍子胥建胥仓，逃难无胥渡，太湖溪边失落玉环成就环沉；范蠡游五湖，修蠡塘，西施艺香山种香等。

沉寂千年后，至南朝梁，著名文学家吴均游历家乡，状写山水，可称作长兴县史上真正的旅游人物。其后南朝陈朝，长兴县下箬里人陈霸先开创陈朝，为长兴县创建“帝乡佛国”的旅游资源。中晚唐时候，作为茶文化的发祥地，长兴县(时名长城县)成为文人荟萃之地，具有旅游经历的人物有陆羽、皎然、钱起、颜真卿、袁高、杜牧、张文规、裴汶、皮日休、陆龟蒙等。宋朝长兴县具有旅游资源价值的历史人物有苏轼、刘涛、范成大等。元末，沈贞、杨维桢两位著名文人在长兴县留下很多歌咏山水的旅游诗文。明代长兴县因为经济富足，文化昌盛，人事机缘等，所以旅游人物宦游题咏很多，代表人物如“苕溪五隐”、顾应祥、归有光与吴承恩、徐中行、臧懋循、游仕任、熊明遇等。清代长兴县著名酷爱旅游的文人是鲍鈖，其他王豫、魏星杓、丁瑀、钱珏等。民国时期，长兴县著名藏书家王修收集编纂大量长兴县地方文史资料，题“长兴十景”，为长兴县古代旅游人物画上句号。

二、古代旅游人物简介

吴均(469—520)　南朝梁吴兴郡故鄣县[①]人。吴均故居的准确地址,古代《湖州府志》与《长兴县志》均称在长兴县和平镇韦山村青山。如清同治《长兴县志》"卷十四·古迹"载。"吴兴主簿吴均故宅在县西南六十里青山",考为今长兴县与安吉县接壤的和平镇韦山村青山脚下佛川寺。吴均描写长兴乡村美景、具有旅游价值的诗文很多,代表作如《与施从事书》《山中杂诗》等。

陈霸先(503—559)　字兴国,南朝陈开国皇帝,吴兴长城(今浙江省长兴县)下箬里人。南朝梁太平二年(557)禅梁称帝,建立陈朝,是为陈武帝,在位三年,谥曰武皇帝,庙号高祖。陈霸先是长兴县第一历史文化名人,他留给长兴县"帝乡佛国"的人文活动主类旅游资源。相关旅游资源主要有"陈武帝故居",又名天居寺,以及众多文化遗址与传说。

陆羽(733—804)　字鸿渐,唐朝复州竟陵(今湖北省天门市)人,著名茶学家,世称"茶圣"。陆羽一生嗜茶,上元初年(762)受长兴籍名僧皎然邀请,寄旅湖州,后长期寓居长兴县顾渚山中植茶、焙茶,并荐长兴县顾渚紫笋为贡茶,在顾渚山撰世界上第一部茶叶著作《茶经》以及《顾渚山记》两篇。陆羽对长兴县旅游的贡献是促使长兴县成为世界茶文化的发祥地。

皎然(730—约799)　俗姓谢,字清昼,长兴县人,唐代著名诗人、茶僧,吴兴杼山妙喜寺主持,在文学、佛学、茶学等多方面均有造诣。皎然中年与颜真卿、灵澈、陆羽等唱和,作品有诗歌理论《诗式》、诗集《杼山集》。皎然对长兴县旅游事业贡献诸多,他是茶圣陆羽的心灵导师与挚友,正是因他的邀请照顾,陆羽才能寓居湖州,与顾渚山和紫笋茶结缘,成就水口茶文化旅游景区的茶文化圣地。同时他本人也是佛学禅宗与茶文化的集大成者,开创禅、茶一体的禅茶文化。另他的诗集《杼山集》包含大量描述长兴山水的优美诗篇。

杨维桢(1296—1370)　元末明初著名诗人、文学家、书法家,字廉夫,号铁崖、铁笛道人等,浙江诸暨人,著有《东维子文集》《铁崖先生古乐府》行世。元至正四年至六年(1344—1346),杨维桢受长兴北乡大族蒋姓邀请,至长兴县东湖书院担任山长三年。寓居长兴期间,杨维桢酷爱长兴山水,喜好旅游题咏,"长兴山水题咏殆遍(顾志)",为长兴县现代旅游留下众多优美诗文。

沈贞(约1355年前后)　字元吉,自号茶山老人,长兴人,生卒年不详,约元惠宗至正前后在世。沈贞博通经史,尤长于诗,性介笃学,安贫乐道,酷爱长兴山水。元末隐居横玉山中多年,是长兴县史最著名的隐逸诗人,作品存《茶山老人遗集》二卷,内含描写长兴山水诗文200余篇。

---

①故鄣县属古地名,汉朝设,隋朝废后不再设,存约800年,地域在今浙江省西北与安徽省东南接壤地带,今长兴、安吉、广德三县之间。

苕溪五隐 是明正德年间(1506—1521)隐居西苕溪北岸吕山一带的五位著名隐逸文人孙一元、刘麟、龙霓、陆昆、吴琉的合称,也称“吕山五隐”。《明史·隐逸·孙一元传》记载:“时刘麟以知府罢归,龙霓以佥事谢政,并客湖州,与郡人故御史陆昆善。而长兴吴琉隐居好客,三人者并主于其家。琉因招一元入社,称‘苕溪五隐’”。“五隐”寄情山水,诗歌多咏吟山水景色,笔调清闲自然。孙一元一生好游,所写山水诗悲壮激越,颇有特色,时称“小李白”;刘麟诗作天趣盎然,自然有味;吴琉是五隐领袖,长于学术,著《三才广志》300卷,被誉为“中国古代最大的私纂类书”;其他二人诗文成就不大。

顾应祥(1483—1565) 字惟贤,号箬溪,长兴人,王阳明弟子,思想家、数学家,明弘治十八年(1505)进士,累官南京刑部尚书。顾应祥勤奋好学,手不释卷,百家九流,无所不窥,作品有《惜阴录》《测圆海镜分类释术》《测复算术》《弧矢算术》《勾股算术》《南诏事略》《人代纪要》《重修问刑条例》《律解疑辩》等10余种传世。顾应祥居乡期间除修纂《长兴县志》一部外,还遍游县境山水,题诗歌咏,如“吴山八景”,为长兴县留下丰富的旅游资源。

吴承恩和归有光 吴承恩(约1506—1582),明代小说家,号射阳山人,淮安山阳(今江苏淮安)人。吴承恩自幼聪慧,《淮安府志》对其赞曰:“性敏而多慧,博览群书,为诗文下笔立成”,但科考不利,至中年才补“岁贡生”入监。嘉靖四十五年(1566)出任长兴县丞,任内缉捕盗匪,改革税制,入县志名宦之列,后因被诬去职,长兴县丞是其一生唯一历官。归有光(1506—1571),明朝著名散文家,字熙甫,别号震川,江苏昆山人。嘉靖十九年(1540)举人,嘉靖四十四年(1565)时方中进士,委长兴县令,恰好与吴承恩共事。归有光在长兴任上著有大量珍贵文献史料,与吴承恩共治长兴县,两位名人合作为长兴县留下数条重要人文活动主类的旅游资源。

熊明遇(1580—1650) 字良孺,号坛石,江西南昌进贤人,明万历二十九年(1601)进士,授长兴知县,在任7年。任内熊明遇修建箬溪书院、桥梁,撰写《罗岕茶疏》《盗贼课》等,为长兴县留下众多旅游资源。虽熊明遇勤于政事,但后世在长兴县民间,却正话反说,熊明遇成为一位品性恶劣、心胸狭窄、嫉贤妒能、专事破坏风水的恶人,形成系列“小熊县令破长兴风水”故事。2008年,此类故事被长兴县非物质文化遗产保护中心收集整理,申报并获批为浙江省非物质文化遗产名录,成为长兴县重要的旅游资源。

鲍鈖(1690—1748) 清藏书家、诗人,字冠亭,别号信目堂主人,山西应州(今应县)人。鲍鈖生平喜作诗文,自号:宁可三日无茶,不可一日无诗。王士祯《诗综》评其作品:“深沉好古,丰赡流丽。”鲍鈖曾于康熙五十四年(1715)、乾隆十二年(1747)两度出任长兴县令。任内对长兴山水名胜、风物民俗题遍。清同治《长兴县志》收其题写长兴山水的诗歌200余篇,属长兴县重要旅游资源。

王修(1898—1936) 民国藏书家、书画家,字季欢,号杨龕,一号诒庄楼主人,长兴人。王修曾留学日本,回国后任北京政府财政部佥事、总统府参议。王修宏识博闻,著作极富,嗜好收藏，尤于乡邦先贤书籍、字画、文物之类，建有藏书楼“诒庄楼”。夫人温匋也好学工画、嗜书。二人辑有《长兴志胜》《长兴诗存》《长兴词存》《箬溪艺人征略》《长兴先哲遗书征》《杨盦集》等，对长兴县地方文史资料的编纂整理做出巨大贡献。此外王修还搜罗长兴县地方山水资料，整理筛选，嘱托民国大画家胡佩衡“写意”创作长兴山水风光画卷10张，题名“长兴十景”，名称依次为碧岩观瀑、下箬寻诗、顾渚吟茶、子山塔影、艺香避暑、故宫春晓、隔山夕照、静昼秋棹、弁峦烟雨、崇雅怀旧。王修所题“长兴十景”是长兴县第一次对县域景点的总结概括。

第二节　当代优秀旅游工作者

旅游业属第三产业服务业的新兴业态。长兴县自1996年长兴县旅游局成立，旅游才开始作为一种部门与产业被社会普遍接受，整个历史才20年。且前期因未能独立建局，缺乏大的业态，管理机构与人员薄弱等原因，2005年以前业态基本空白。所以旅游业因发展时间短，缺乏积淀，行业起点低，企业更新迅速，员工流动性大等众多因素，致使相比其他行业部门，若以相同标准考评，旅游业几乎没有达标的优秀工作者。但人物是志书的重要章节之一，不可省略，所以依据实情，《长兴县旅游志》预设“当代优秀旅游工作者”一节。入选名录拟设定标准为当代在景区（景点）、旅游星级宾馆、旅行社、农家乐、休闲农业观光园等主要旅游业态创办建设做出一定贡献的企业创始人与建设者；以及从事旅游服务的个人，如政府旅游管理部门的工作人员、导游、厨师、星级宾馆服务人员、旅游司机等，获得省及以上级别表彰，或从事旅游业10年以上，为长兴旅游业做出突出贡献，事迹鲜明的人物。依据上述标准，长兴县备选的当代优秀旅游工作者如城山沟景区的创办人陈小究，东方梅园的创办人吴晓红，北汤七彩花卉的创办人陈英，几位星级大酒店创办人等；在浙江省级导游比赛获得优秀成绩的导游孙佳、郭文文等。但由于旅游业刚刚起步，所有人物还未最终定论，所以只能预设标准，留待下一轮修志完成。

第二章　旅游艺文

旅游艺文依据产生时间、题材、内容等因素，可分为古代旅游艺文、现代旅游艺文，以及导游词三类。

第一节　古代旅游艺文

一、旅游诗歌

山中杂诗(梁)吴均

家住青山下，时向青山上。青山不可上，一上一惆怅。

天际见来烟，竹中窥落日。鸟向檐上飞，云从窗里出。

(选自《吴朝请集》)

钱湖州以箬下酒李苏州以五酘酒相次寄到无因同饮聊咏所怀(唐)白居易

劳将箬下忘忧物，寄与江城爱酒翁。铛脚三州何处会，瓮头一醆几时同。倾如竹叶盈樽绿，饮作桃花上面红。莫怪殷勤醉相忆，曾陪西省与南宫。

(选自《白居易集笺校》)

《洛中送韩七中丞之吴兴口号五首》之四　(唐)刘禹锡

骆驼桥上蘋风急，鹦鹉杯中箬下春。水碧山青知好处，开颜一笑向何人。

(选自《刘禹锡集》)

题报德寺清幽上人西峰(唐)释皎然

陈世凋亡后，仁祠识旧山。帝乡乔木在，空见白云还。双塔寒林外，三陵暮雨间。此中难战胜，君独启禅关。

合溪水涨寄敬山人(唐)刘商

共爱碧溪临水住，相思来往践莓苔。而今却欲嫌溪水，雨涨春流隔往来。

水口草市(唐)杜牧

倚溪侵岭多高树，夸酒书旗有小楼。惊起鸳鸯岂无恨，一双飞去却回头。

茶中杂咏·茶人(唐)皮日休

生于顾渚山，老在漫石坞。语气为茶荈，衣香是烟雾。庭从颖子遮，果任獳师虏。日晚相笑归，腰间佩轻篓。

罨画溪(宋)刘涛

竹林深处杜鹃啼，两岸青青草色齐。欲识人间真罨画，朱藤倒影入清溪。

香山篇(元)杨维祯

放舟诣塘曲，盘游湖上雷。雷鸣湖雨作，还泊香山隈。美人斗香草，上有九畹栽。美人在何所，搴芳招归来。露下荆棘草，鹿上姑苏台。

白石山怀古(元)沈贞

艮岳当年事，冤深花石冈。国亡人已尽，峦岫谩如霜。

吕山十二景之一“蒙山峙翠”(明)吴琉

古戍云屯事已遥，声名犹寄此山椒。飞来苍弁龙孙远，奔向清溪凤羽飘。一水萦回流古迹，数峰迤逦记丰标。从来此地多征战，草木如兵气未消。

登吕山吴氏池亭(明)沈周

君家四山秀相傍，亭馆依山起池上。画栋飞云天影虚，日映棂窗摇波浪。美人清歌行玉觞，碧藻出鱼风澹荡。驾鹅鸂鶒似江湖，花径临流紫丝障。屋阴垒石更学山，意未足真翻假尚。掌上芙蓉百垒青，李怪牛奇知摒挡。主人去后我却来，物是人非激悲怅。浮生岁月耐有期，富贵役心无尽藏。老客重游恐未缘，惟拟缄书问无恙。

吴山八景之八“乌鱼有信”(明)顾应祥

巨鳞潜深溪，传言枯鱼化。扬鬐时一来，风雨自叱咤。曾受祖师记，不敢逾上下。胡不附飞龙，为霖泽中夏。

(以上选自清同治《长兴县志》)

长兴六首(选三)(明)吴承恩

细雨飞花燕子，清波浅草鹅雏。贴树藏身啄木，穿林劝客提壶。

栖乌团风择木，游云渡水还山。落日行人自急，孤城韵角偏闲。

骑火茶香入焙，生春酒熟明船。门院暗暗蚕月，烟波澹澹鱼天。

(选自《吴承恩诗文集笺校》)

秋日同王元美兄弟游顾司寇西郊别墅分得山吹二字是日招宴城居(明)徐中行

仙台寥廓白云间，谢传回来此闭关。斗下著书深紫气，窗中飞瀑满青山。薜萝秋老堪裁服，松柏年多好驻颜。不是主人开阁待，高天日落讵能还。

(选自《徐天目集》)

赠熊明府子良(明)臧懋循

顾渚山头五色霞，使君行部到山家。胜游端自兼公事，春雨年年采贡茶。

(选自《臧懋循集》)

四安山(清)鲍鈖

乱石杂沓一枝峰,石戴山椒寺绕松。一自窃名标九子,年年香火赛吴侬。

梅花街(清)谭肇基

合溪溪上梅花街,清梦依稀不计年。一棹夷犹入图画,濛濛香雪嫩寒天。着花无丑见风棱,寂历空山伴老僧。邓尉栖贤休例视,从前过访记谁曾。

(以上选自清同治《长兴县志》)

苕溪十景之"金斗朝霞"(清)蒋价

卓立东南竞插天,烟消日出景尤妍。峰如斗样钟输万,署以金石镒值千。辉映赤城标采起,模糊苍壁字痕镌。地邻西塞无多路,泛宅浮家此放船。

(选自《长兴诗存》)

游应山寺(清)徐贡金

一路闻吟缓步来,应山佳景胜蓬莱。绀宫结构高峰麓,碧涧迴流古磴隈。石径盘旋通竹坞,云屏环绕护莲台。数声钟磬留清听,梵悟全空万劫灰。

(选自《长兴诗存》)

二、旅游散文

《与施从事书》(梁)吴均

故鄣县东三十五里有青山,绝壁干天,孤峰入汉;绿嶂百重,青崖万转。归飞之鸟,千翼竞来;企水之猿,百臂相接。秋露为霜,春罗被径。风雨如晦,鸡鸣不已。信足荡累颐物,悟衷散赏。

(选自《吴朝请集》)

《茶经·八之出》 (唐)陆羽(略)

山南:以峡州上(峡州生远安、宜都、夷陵三县山谷),襄州、荆州次(襄州生南郑县山谷,荆州生江陵县山谷),衡州下(生衡山、茶陵二县山谷),金州、梁州又下(金州生西城、安康二县山谷,梁州生褒城、金牛二县山谷)。

淮南:以光州上(生光山县黄头港者,与峡州同),义阳郡、舒州次(生义阳县钟山者与襄州同;舒州生太湖县潜山者,与荆州同),寿州下(寿州生盛唐县霍山者与衡州同),蕲州、黄州又下(蕲州生黄梅县山谷,黄州生麻城县山谷,并与金州、梁州同也)。

浙西:以湖州上(湖州生长城县顾渚山谷,与峡州、光州同;若生山桑、儒师二寺、白茅山、悬脚岭,与襄州、荆州、义阳郡同;生凤亭山、伏翼阁、飞云、曲水二寺、啄木岭,与寿州同。生安吉、武康二县山谷,与金州、梁州同),常州次(常州义兴县生君山、悬脚岭北峰下,与荆州、义阳君同;生圈岭善权寺、石亭山,与舒州同),宣州、杭州、睦州、歙州下(宣州生宣城县雅山,与蕲州同;太平县生上睦、临睦,与黄州同;杭州临安、于潜二县生天目山,与舒州同;钱塘生天竺、灵隐二寺，睦州生桐庐县山谷，歙州生婺源山谷，与衡州同），润州、苏州又下（润州江宁县生傲山，苏州长洲生洞庭山，与金州、蕲州、梁州同）。

剑南：以彭州上（生九陇县马鞍山至德寺、堋口，与襄州同），绵州、蜀州次（绵州龙安县生松岭关，与荆州同，其西昌、昌明、神泉县西山者并佳，有过松岭者不堪采；蜀州青城县生八丈人山与绵州同；青城县有散茶、末茶），邛州次，雅州、泸州下（雅州百丈山、名山，泸州泸川者与金州同也），眉州、汉州又下（眉州丹棱县生铁山者，汉州绵竹县生竹山者，与润州同）。

浙东：以越州上（余姚县生瀑布泉岭曰仙茗，大者殊异，小者与襄州同），明州、婺州次（明州鄞县生榆荚村，婺州东阳县东白山，与荆州同），台州下（台州丰县生赤城者与歙州同）。

黔中：生思州、播州、费州、夷州。

江西：生鄂州、袁州、吉州。

岭南：生福州、建州、韶州、象州（福州生闽方山之阴也）。

其思、播、费、夷、鄂、袁、吉、福、建、韶、象十一州未详，往往得之，其味极佳。

（选自陆羽著《茶经》）

湖州石林记（宋）范成大

雪川有两玲珑山，石林为大玲珑。又有小玲珑在长兴县界路口，闻其尤胜石林，遂过之。小玲珑今属之沈氏，此山石色微黄而更奇古，一丘悉空，中洞穴千数，皆旁相通贯，故名玲珑。泉声泻三磴中，窈如深谷。前小池，石如牛马飐隤其中，池后山屏上洗出之石，襞积嵌岩，巧怪万状。缺罅清泉泓泓，丛桂覆其上。亭馆既无人居，亦渐荒废，雪川特无好事能捐厚资买之。沈氏虽不得仙，亦足以豪矣。玲珑山即石林，小玲珑晚出而加胜。

（选自清同治《长兴县志》）

长兴县城隍神灵应记（明）归有光

凡他郡县城隍之神，民奔走赛祀特盛，长兴则否。余至之日，像塑剥落，侍从跛倚壁间，祠门外右即为溷湢。前有司月朔望一至，未尝问焉。然神俨然靓居，无淫渎者，则余以为长兴城隍之神独尊于他县也。

余颇为葺神居之圮坏，绘饰塑像，除前之秽。然神像特伟丽尊严如王者。祠前古柏二株，苍翠挺直可爱。其左一株，右纽如绞索尤奇，真栖灵之地。余于县数决大狱，即心开，类神有以告之。每闾里有奸，辄不时发。故余于事神尤虔。

会大旱，自五月至于六月不雨。县有方山，自太湖西南望，最为雄高。上有黑龙湫，冬夏水不竭。民言先时祷雨多应。余遂往，至山下，欲上山。民皆叩头言："山陡险不可上，先至此祷雨，皆望祀，无登者"。余曰："为祷雨来，畏险，非诚也。"又曰："赤日烈甚，无草木之蔽。徒步上下，近三四十里，暍不可登也。"余曰："为祷雨来，畏暍，非诚也。"遂披荆棘而行。或侧径仅置半武。过小龙洞，洞亦有湫。又上，乃至大龙洞。两石罅上阖下开，如佛龛，高可四五丈。湫广数尺，其中甚清凉。因拜祭，有物蜿蜒俎间。山既益高，则尽见阳羡诸山，涌出如层波迭浪。而东北望太湖如镜，隐隐见姑苏之台。已下，方盛暑烈日，天无纤云。还至神前，拜致所取龙洞之水，方出庙，大雨如注。四境沾足，绿畴弥望。万众欢呼，以为神之报答如响也。至秋中，又旱。余复至山祷，已下半山，即雨。虽不能如前沾足，而玄云叆叇，四野时有雨至。是岁竟免旱灾。

会余改官，欲去县，明日将辞于神。幼子夜梦神与之言："吾黻与胡靴敝，又无船。"时余绘神像，盖圬者以神下体近几，故仍前漫漶，欺余不见也。至明，问之道士，果然。又吾乡神祠上常有画船悬梁。余问："此神庙何不类吾苏州有画船悬？"道士对曰："故有之，今坏不悬也。"余遂捐赀令复绘神下体与悬画船。

余寻往临安。而郡倅有恶余者，计得县篆。即日以两戈船冒风雨夜至县，欲捃拾以为罪。见人辄搒掠，县中大惊。一日，倅忽梦神指其胸。明日，疡发于胸，死矣。

余欲为勒石于庙，会行不果。然自离县，常往来于怀。噫！使人皆得逞其一时之凶暴以害人，则人道灭矣；赖神明之昭然者如此！君子之守道循理，遭世之汹汹，其亦犹有所恃也耶！余既书此，因贻后之代者。倘与余，必为勒石于祠下，以着神之灵验焉。

（选自《震川文集》）

罗岕茶疏　（明）　熊明遇

罗岕主人尝浮慕卢、蔡诸贤嗜茶之癖，间一与好事者致东南名产而次第之，指必首屈罗岕云。主人每于杜鹃鸣后，遣小吏微行山间购之，不以官檄致。即或采时，晴雨未若，或产地阴阳未辨，甘露肉芝，艰于一构，亦往往得佳品。主人舌根多为名根所役，时于松风、竹雨，暑昼、清宵，呼童子汲水吹炉，依依觉鸿渐之致不远。至为邑六年，而得洞山者之产，脱尽凡茶之气。偶泛舟苕上，偕安吉陈刺史啜之。刺史故称鉴赏，不觉击节曰："半世清游，当以今日为第一碗，名冠天下，不虚也。"主人因念不及遇君谟辈一品题，而吴中豪贵人与幽士所购，又仅其中驷，主人得为知己，因缘深矣。旦暮行以瓜期代，必不能为梁溪水递，爰授之笔楮，永以为好。它时雨后花明，夏前莺老，展之几上消渴，庶几乎神游明月之峡，清风两腋生也。因为之歌，歌曰："瑞草魁标，幽芳瑯玕，质琼叶浆，名为'罗岕'，问其乡，阳羡之阳。"

疏九则

今人多以阳羡即罗岕，岕有茶不上百年，山不数陇，似于阳羡有名之时未合。按志乘，唐、宋、元贡顾渚茶颇郑重，毗陵、吴兴二刺史亲为开园。考唐诗，有"牡丹花笑金钿动，传奏吴兴紫笋来"之句，陆龟蒙茶园亦在焉。意者顾渚即古所谓阳羡产茶处耶？今人谓义兴为阳羡，顾渚、罗岕俱在义兴南，只隔一岭，二山东西相距八十里而遥。

凡茶以初出雨前细者佳。惟罗岕立夏开园。吴中所贵，梗粗叶厚，微有萧箬之气，还是夏前六七日，如雀舌者佳，最不易得。每岁只宜廉取，多则土人必淆杂为赢，无复真者。

两山之夹曰"岕"，俗止云"岕茶"，则山尽"岕"也。"岕"以"罗"名者，是产茶处。山之夕阳，胜于朝阳，庙后山西向，故称佳；总不如洞山南向，受阳气特专，称“仙品”；然只数十亩而已。凡茶产平地，多受土气，故其质浊。罗茗产高山岩石，浑是风露清虚之气，故为可尚。

茶之香重、色重、味重者，俱非上品。松罗香重，六安味苦而香与松罗同；天池亦有草莱气，龙井如之；至云雾，则色重而味浓矣。尝啜虎丘，色白而香似婴儿肉，真精绝。然产不数亩，无蹊悬购，即谓之虎丘无茶，可也。

蔡君谟谓“黄金碾畔绿尘飞，白玉瓯中碧涛起”，二句当改“绿”为“玉”，改“碧”为“素”，以色贵白也。然白亦不难，泉清瓶净，叶少水浣，旋烹旋啜，其色自白。然真味抑郁，徒为目食耳。若取青绿，则天池、松罗及岕茶之最下者，虽冬月，色亦如苔衣，何足为妙？莫若余所制洞山，自谷雨后五日者，以汤薄浣，贮壶良久，其色如玉。至冬则嫩绿，味甘色淡，韵清气醇，嗅之，亦有虎丘婴儿之致。而芝芬浮荡，则虎丘所无也。有以“木兰坠露、秋菊落英”比之者。木兰仰萼，安得坠露？秋菊傲霜，安得落英？莫若李青莲“梨花白玉香”一语，则色味都在其中矣。

凡烹茶，水之功居大，择水则惠泉称尚。如长邑之金沙泉，唐宋涌处，今亦湮塞，其下流为紫花濑，澄泓有致，不能久停。东有光竹潭，妙甚甘洌，如惠泉，而淡亚之。然惠泉自梁溪纤挽而来，必逾数日，比光竹之新汲者，亦难辨淄、渑矣。无泉则用天水，以布盛秋雨、梅雨，淀而封诸瓮中，愈久愈妙。秋雨冽而白，梅雨白而醇。雪水，五谷之精也，然旋煮，色不能白，久淀亦自莹然。若用井水，灵芝亦浊醪矣。养水须置石子于瓮底，不惟可以久贮，白石清泉，悠然见水帘瀑布，会心亦不在远。

藏茶宜箬叶而畏香药，喜温燥而忌冷湿。收藏时，先用青箬以竹丝编之，置罂四周。焙茶俟冷，贮箬中，以生炭火煅过，烈日爆之令灭，置茶中，糊封罂口，覆以新砖，置高爽近人处。霉天雨候，切忌发覆。须于晴明皎洁，取出少许，别贮小瓶，仍行封置如故。空缺处，即以箬叶满之，方为可久。或夏至后一焙，秋分后一焙，亦可。

凡煮茶，银瓶最佳，而无儒素之致。宜以磁罐煨水，而以滇锡为注。活火煎汤，候其三沸，如坡翁云：“蟹眼已过虾眼生，飕飕欲作松风声”，是火候也。取茶叶细者，用熟汤微浣，粗者再浣，置片晌，俟其香发，以汤冲入注中方妙。冬月茶气内伏，须于半日前浣过，以听时取。亦有以时壶代锡注者，虽稚朴，而茶味稍醇，损风致。

岕有秋茶。取过秋茶，明年无茶，土人禁之。韵清味薄，旋采旋烹，了无意趣。置磁瓶中，旬日，其臭味始发。枫落梧凋，月白露冷之后，杯中郁然，一种先春风味，亦奇快也。诸茶惟岕茶轻清，能受众香，先以时花宿锡注中良久，随浣茶入熟汤。气韵所触，滴滴如花上露也。梅兰第一，茉莉、玉兰次之，木樨则浊矣。梨花、藕花、豆花，随意错置，都自幽然。

（选自熊明遇著《绿雪楼集》）

第二节 当代旅游艺文

当代描写长兴县旅游的艺文主要是长兴本地以及外来游客抒发游兴的游记，作品水平参差不齐。其次是宣传部门为推介地方旅游而撰写的新闻报道、专题散文、旅游资源推介等，此类文章一般发表于各种媒体，或汇编成册，水平较高。其他还有诗歌爱好者，以及政府部门、各种协会集会时创作的诗歌，此类作品仓促成文，属应景之作，一般水平较差。下文选择分写四个景区的游记四篇。

长兴十里古银杏长廊游记

11月10日下午，我们一行7人，自驾车游览了长兴十里古银杏长廊。金秋的天气变化多端，11月的气温仍然很高，大家虽然穿得不多，还是大汗淋淋，真似一个“小阳春”。一入景区，大伙儿立即被那高大银杏树的黄金美色深深吸引，一路欣赏，一路拍摄，真想把自己融入这美丽的银杏十里长廊之中。

十里古银杏长廊位于长兴县西部小浦镇的八都岕中，内有4个村、10来个小自然村，沿路种着大小不一的银杏古树，将近30000多棵，构成了世界上绝无仅有的古生态奇观。其中，百年以上的老树2700多棵。每年11月的深秋，那种“满村尽戴黄金甲”的感觉，让你真正明白什么才是“金秋”！

这连绵十几里的大大小小银杏树像是秋日神工巧匠画作上的一笔亮丽黄金色。十里银杏长廊，山路蜿蜿蜒蜒，两边是那高大的银杏树，镶嵌在村民的新宅旧院旁，仿佛走入幽静的世外桃源。景区占地1000多亩，区内有一条潺潺的溪涧，不时汇成清澈翠绿的深潭。山谷中有座深潭特别出名，名叫丝沉潭。此潭流传着两位“天子”的传说，其灵气滋润了古老银杏，因而得名“天泉”，又因潭水注入太湖，成为碧水辽阔、烟波浩渺的太湖的源头之一，也叫“太湖泉”。

由于银杏属落叶乔木，5月开花，10月成熟，果实为橙黄色的坚实核果。农历白露之后，银杏叶子慢慢开始由青变黄，银杏十里长廊也从绿色变成了黄绿色，再到黄金色，色泽让人们感到万分的惊叹。银杏又称白果，距今已近2.7亿年历史，被誉为植物中的“活化石”。它是一种“孑遗植物”，与它同门的其他植物早已灭绝。

随着时间临近傍晚，我们一起带着玩的喜悦，乐的开心，依依告别了这片幽静的世外桃源，心中总是有点恋恋不舍的感觉。临别，我轻声对着银杏祈祷：“明年再来领略你的身姿，可要等着俺啊。”

（选自《老猫猫的博客》）

醉美仙山湖

偷得浮生半日闲。深秋去仙山湖，放松一下心情，两个多小时车程十点多就到了长兴仙山湖。下了车，行走在幽静的山间林荫小道，空气清新，两侧落杉红，银杏黄，松柏绿，黄红绿相间，山色绚烂。悠然走在自己的世界中，世间的烦是自己想出来的，恼是与人比出来的，病是嘴巴吃出来的，好心态才会快乐每一天。古人云："山不在高，有仙则名，水不在深，有龙则灵。"好奇此山为何得名仙山，一定是哪位仙人来过。导游介绍：这里是长兴西部重镇泗安镇的仙山，山上有座古寺叫显圣寺，寺院历史悠久，声名远播，相传"仙山"出过一个"洋"仙人，唐开元年间，新罗国王子金乔觉曾在山顶的显圣寺修行成佛，变成地藏王菩萨，得名仙山。

改革开放后，仙山先后建成了天王殿、无量光殿、大雄宝殿等，山顶建有地藏塔，东侧还建有五百罗汉堂，大佛殿等，主奉地藏王菩萨，也是浙北佛教名山。清长兴知县鲍鈖曾题诗："路转山凹望上方，翠微松顶出红墙，林深只道无人觉，已有方袍迓道旁。"

跟着导游安排的行程，我们先游仙湖，过了检票口，进入景区，转弯来到一处石台，台上矗立一座高大的石像，拾级而上细看，原来是著名"治水大神"大禹。仙湖当地水利部门称作泗安水库，当地为保一方平安，请来治水英雄大禹坐镇。顺山道而下，山脚下枯黄的草坪上七、八个穿着时髦的上海老阿姨正摆着PS拍照。人生步入暮年，对生活、对生命的意义都有深刻的认知，夕阳无限好，出来旅游是对生命的升华。转过竹林，眼前瞬间出现一片宽阔的水域，湖面广阔，明静如镜，一阵秋风，吹皱一湖清水，令我心情豁然开朗。与西湖媲美，仙湖多了份天然野趣。

我们从游船码头上船，坐在画船上悠闲地向四周望去，风景秀丽，山水相映。仙山湖湿地公园以浑然一体的名山名湖、江南少有。湖水清澈，湖底渔产丰富，湖滩平坦，风平浪静，波光粼粼。四季的轮换，深秋的湿地显得有些荒凉。水上柳林成排，酷似迷宫的港叉苇荡，瑰丽迷人的水乡。仙山湖湿地是浙北最大的湿地公园，栖息着200多种鸟类。冬去春来，此时鸟儿们已经返回南方过冬。湖边横七竖八的枯树倒搁在浅滩边，诉说岁月的年轮，演绎生命的生老枯朽。在岁月里跋涉，每个人都有自己的故事，看淡心境才显秀丽，看开心情才会明媚。仙湖的湖水经历了春天的灵动，夏天的闹腾，回归秋天的宁静。湿地有凹岸、曲流、湖心岛、浅滩、沙洲与深潭的交替，这种地形地貌和植被为各种生物繁衍创造了适宜的环境。湖上的湿地植被广茂，种植了100多种古树名木，树木高低错落，搭配协调。水由深到浅，依次种植挺水植物、浮叶植物和沉水植物，沿岸边缘地带种植了姿态优美的耐水植物，柳树、水杉、水松、木芙蓉、迎春等，以低矮的灌木和高大的乔木相搭配，给人清静、幽静、安静、干净的直觉。让追求完美的人，在淡然中生活，在静默中守心，醉心大自然，随意而思，随情而感。

船到湖心岛，沿路两岸的玫瑰基本凋谢，三三两两留存余香。远处一座九曲长桥横卧在白茫茫的湖面上，桥下升起的雾气飘飘欲仙，如人间仙境。时令深秋，平静的荷花池已没了生机，昨日还屹立池中“出淤泥而不染，濯清涟而不妖”的莲花不见踪影，剩下一池凌乱的枯荷，在秋风中相拥，似一群大妈手拉手在跳广场舞，老了仍有气质。悠悠岁月，她们依然演绎着它的更替，生命长河，依然诠释着它的精彩；岁月交替，不变的是对生活的那份执着。蓝天白云下，站在观鸟亭上向远处遥望：形貌奇特的仙山，孤山独耸，四周地广平坦，酷似日本富士山。山上的显圣寺梵音袅袅，云雾层层。仙山和仙湖唇齿相连，相得益彰，仙湖依山得名，仙山因湖秀美。

离开湖心岛，踏上游船，旁边四位戴着格子头巾的老太太挤在窗口眺望仙山、仙湖叹息：“仙湖游好了，可惜不能去山上寺庙里烧香，格里是地藏王菩萨的道场啊！”出于好奇我多事地问：“阿姨，这里景色好看吗？”“好看！好看！你们也舍得出来旅游啊？”她们却齐声说：“我们靠自己卖蔬菜挣钱出来白相的！再说人老了，吃没啥胃口，穿没了身材，趁着现在身体还硬朗，老姐妹一道出来走走，看看外面的花花世界！”世界这么大，我要去走走！

世外桃源城山沟

城山沟的花海美景绝对是江南数一数二的！去过的人都说，这里是现实版的“世外桃源”。这里有着漫山遍野的立体式花海，但不用担心人潮汹涌；这里有一片湖泊比西湖更素雅宁谧，却低调地令人心疼；这里藏着一座千年古寺，禅意幽幽，却因深林而不为人知。记忆里的土灶、美味的农家菜、欢乐的水上拓展、开满春花的山峦、翠竹掩映的茶楼、苍凉通幽的古道……上天赐予的好山好水，通过城山沟人二十多年的耕耘织梦，终于自成一派桃源仙境。

由于气温低、阴雨多，今年的春天姗姗来迟，江南的桃花也都延迟晚开。目前城山沟的桃花大半还是花骨朵的状态，预计接下来几天将会大面积盛放。今天，导游丫头就带大家走进这个鲜为人知的山野踏春地。清明小长假，不如避开人潮，去探寻城山沟的绝美花海。

三生三世桃花开，十里春风不如你。一眼望去，漫山遍野是花的海洋，宛如《西游记》中王母娘娘的瑶池仙境。最为奇特的是，这里的花海高度参差起伏，色调相映成趣，黄色的青菜花最密集，其中点缀着星星点点的萝卜花，还有满坡的映山红相继开放，但最惹人关注的，当属别样娇嫩的桃花了。长兴城山沟，之所以形成这般花海奇景，是因为山庄以种植水蜜桃起家，给桃林松土后撒下的青菜和萝卜种子。到了春天，菜籽便生根发芽，簇拥在桃树下，与桃花先后盛开，争奇斗艳，形成城山沟一道独特的风景。

城山沟虽是“世外桃源”，但也食人间烟火。景区内有一处“鱼米之乡”庭院，一排茅草屋、一口池塘、一轮水车、一叶小船、一架石磨，是许多人梦里老家的场景。一家几口人来玩，只需承包一口土灶，亲自动手，拾柴生火，就能做出一桌地地道道的土灶饭，绝对是令人难忘的回忆。如果手艺实在欠佳，还可以租个“厨娘”代劳，都是当地的厨艺大神，丫头认证，杠杠的！四溢飘香的柴火饭，吃起来别有一番滋味。也许只有那来自大自然的人间烟火，才能烧出这最美味的饭菜。

城山沟不仅可以观光美景，也可户外拓展。这有一片极具挑战性的区域，有吊木、独木、五环等，都是孩子们最爱的游乐项目，可以锻炼体能和胆量，提高手脚协调敏捷度。成年人游走其中，恐怕也会心惊胆战，一步踩歪，吓得尖叫连连。还有迷宫。进去后真的迷路了，怎么都走不出来，智商着急啊，还好后来有个帅哥带着绕了出去。

城山沟山峦起伏，有一处占据绝佳方位的山谷，便是九脉龙茶馆和水上舞台的所在地。你也可以专门包个茶座，坐着一边品茶，一边欣赏表演。身边的竹林就是最好的遮阳伞，环境清雅幽静，十分惬意。到长兴城山沟，一定要品一品"桃源三宝"之一的"九脉云雾茶"，入口清香，回味悠长，沁人心脾。

城山沟与"桃"有着不解之缘。明朝时，《西游记》作者吴承恩在长兴担任县丞，就曾到过城山沟。在景区里，可以看到很多以"猴子偷桃"为原型的壁画元素。如今又有一部历史神话舞台剧《城山沟奇缘》，也是围绕"桃源"主题，讲述桃花仙子与凡人的缠绵爱恋，由当地演艺团自编自导自演，演员们表演得如痴如醉。

长兴城山沟，千年古道·参禅礼佛。清凉禅寺所在的山体，最为僻远。人们大多贪恋花海的美艳，而放弃攀爬这信仰的灵山。从景区上山，需要沿着城山古道，爬一段又陡又长的石阶，经过层层叠叠的茶园，再穿越大片竹林，半小时后抵达，大汗淋漓，浸湿了衣裳。古树掩映下的清凉禅寺，黄墙灰瓦，禅意幽深，顿觉身心宁静。相传寺院始建于南朝刘宋时候，已有1600多年的历史。也许正因为它远离尘嚣，躲避了世态炎凉，才添几分的清幽韵味。绕至寺后，有口泉眼，据说是"佛喝水的地方"。香客到此，可以自主舀水饮用。

好山好水好生态，孕育太多好味道。城山沟甘甜的自酿桃花醉，美容养颜的桃胶、土生土长的桃花鸡、鱼丸、泥鳅、清水虾，……丫头最后带大家去桃源山庄尝一尝农家的美味。

古茶山游记（记第七次长兴农家乐之行）

4月15至17日三天，我们一班初中同学，总共33人，在浙江长兴顾渚村农家乐度过了愉快的踏青春游，策划这次行程是三个月前春节里同学们聚餐时的提议。

已是暮春时令，油菜花谢了、杜鹃花开了、红叶石楠点缀在公路两旁；顾渚村五千米长的山坳里，漫山遍野的竹林里正是春笋萌发的季节，翠绿的林间，黑褐色的春笋争先恐后地钻出地面，有的居然从石头缝里钻出来，那是一股无比顽强的生命力，令人折服。和"雨后春笋"同样兴旺的还有山坳里一家又一家新建和扩建的农家乐。去年就听当地介绍说，已有五百家农家乐，眼下又发展出这批新的，而且大有"雨后春笋"般的态势。你从进进出出的大巴车就可以看得出来，已经有来自东北吉林辽宁的游客。我们到达的当天下午，闲游到山坳的最后面，遇到一辆小车一路找进来，居然没有哪家有空闲的房屋接待，实在是太过火爆。

我已是第七次来这里，也就是去年一年里，前前后后来了六次，今年算是第一次，如此高的频率尚且没有厌烦的感觉，对于绝大多数今天第一次来的同学自然倍感新鲜。三天里，大家丢下家务劳动，暂时脱离城市的喧嚣，来到山坳里大口地呼吸新鲜空气，低廉的价格提供了吃得好、休息的好、放松心情共叙友情的机会。“开心”成为分别时的共同感受。这期间，第一天刚到达时虽然是早就预订了客房，却出现了标准间太少，不得已“合并同类项”，却也意外地安排出“兵哥哥同室回忆军旅生活”“军嫂”邻居一室的场景。晚餐时频频举杯，觥筹交错打开话匣子，畅叙过往，甚至喝酒喝出“小姨子”的场面。就连第二天下午去“寿圣寺”游览，出门前还是风雨交加，可等我们到达大庙门口，却又阳光灿烂、蓝天白云。半小时参观结束，又是雷雨倾盆。最后那天上午，雨后初晴，山坳里一碧如洗，大唐贡茶院门口的合影，阳光给足了面子……只能这么说，这趟长兴农家乐之行，好像一切都是“最好的安排”，也换来了大伙愉快的心情。古人诗云“春风得意马蹄疾、一日看尽长安花”，我们算是真正体验了一回。

我来了七次，知道顾渚村有个“古茶山”，是个长达一千五六百年的历史遗迹。是它奠定了长兴农家乐的历史底蕴，而且大唐贡茶院、国家级的文保景点“顾渚村摩崖石刻”等都与此相关，所以一直想去探访。

第三天清晨天刚亮，我五点下楼，顺着山坳路标一路往南走，五点半来到水泥路的尽头，路旁是最后几家茶山脚下的农家乐。也许是太早的原因，周围一片安静，两只狗狗一大一小朝我好一阵狂吠，继而又跑过来围着我一边叫一边嗅，绕了好几圈。我停下来拍了几张照片，继续往山里走，那是一条进山的古老石路，高低错落，崎岖难行。奇妙的是，那两只狗狗跟上来跑到我的前面，在前面保持着十来米的距离给我带路。两只狗狗一边走还一边抬腿撒尿做记号，就是这个动作让我对这两只狗狗又相信又怀疑，因为走过这条山路的狗狗是不会做记号的。因为不知道前面的路，清晨的山里就我一个人，心想顺着脚下的路、跟着狗狗往山里去，应该问题不大。来到一个三岔路口，左边的路较陡，小狗狗率先跑了上去；右边的路较缓，大狗狗却跑向右边。稍作迟疑，我决定从左边的路上山，大狗狗也跟了过来。拐过一个山嘴，满山坡苍翠的竹林、成片的茶园一直延伸到山顶。只是脚下的路更陡，左手边出现了钢管护栏防止坠崖。继续往上爬，护栏修在了右边，两只狗狗继续在前面带路，也都爬得气喘吁吁了。爬到最高处，一转弯一座“烂石亭”建在山顶。东边的山坳里一轮朝阳冉冉升起，山林里朝阳处和背阴处出现大片的明暗色彩。一看手表，6点10分。已到山顶了，原路下山吧，刚要转身，奇怪的一幕出现了：那只小狗穿过亭子往另一边走去，大狗狗却跑过来蹭我的右腿，然后也往小狗狗走的方向走去。我明白了，这是要我跟着它们下山，呵呵！好忠诚的狗狗。跟着它俩，走过一段陡崖，跨过一条小溪和一座小桥，顺着小溪来到上山时犹豫不决的三岔路口，接下来的路已经认得。下山路上遇到好几批带着工具上山采茶的中年妇女，听口音明显是北方人。

路旁有两块景点介绍，一块提示：飞云古道的终点，东北方向就是顾渚村的顾渚山。另一块是简介，大意是：顾渚古茶山是长兴县的旅游名胜地，顾渚山海拔355米，面积2平方千米，西倚天目山，东临太湖，气候温和湿润，所产“紫笋茶”自唐代中期至今均列入贡茶之列。古茶山是保留至今完好的稀珍自然遗产，唐朝茶圣陆羽和陆龟蒙在此置茶园并从事茶事研究，陆羽曾经于此撰写《顾渚山记》和《茶经》。顾渚山下的后人一定要让这座飘扬千年茶香的江南之山继续竹林通幽、鸟鸣溪潺、清茶碧莹。

想到今天清晨早起，一人独闯古茶山，往返一个半小时，了解到一处顾渚村农家乐的景点，很值！当然，也不能忘了感谢一下那两只带路的狗狗，哈哈！

（选自《西祠胡同.太乙0824的微博》，略有改动）

第三节　讲解词

一、金钉子远古世界

接下来在我们脚下可以看到一块岩石标本，叫长兴灰岩，是做灰水泥的原材料，后面有两块化石（鳄鱼头骨、乌龟）。这两种化石都是开馆时候一些友好的科研院校赠送的。我们这里的岩层经科学家研究，是属于距今2.5亿年前古生代时期形成的。那个时期是没有这种爬行动物的，这里有一个地震体验仪（一元硬币两人可体验一次），主要是模拟地震时的震幅（上下、左右、前后）。现在在我们脚下有一块鹦鹉螺化石，它是生活在地球上5.4亿年前的古老生物。它是通过吸水增加重量下沉，排水逆冲力上浮在水中自由游动的。1954年，美国研发的核潜艇就是运用了这个原理制造的，因此叫“鹦鹉螺”号。

参观完第一个厅后，下面我们进入第二个厅“地球生命进化厅”。这个厅主要展示地球历史上生物的起源、爆发、进化的各个重要阶段，以及标志性的代表性化石。这边左上方是地球历史生命进化的螺旋图，地球形成于46亿年前，开始形成的时候地球上火山作用频繁，因此大气中恒定氧气含量只有现在大气层的1%，以致只有细菌和少量藻类能够生存，直到距今5.42亿年前的时候，地球上发生了一次生物大爆发，地球上开始出现大量可见性生物。从那个时候起，科学家把地球的年代划分为三个年代阶段：古生代、中生代和新生代，见下面的图表。每个时代所对应的年代都写在表下。寒武纪—二叠纪属于古生代，三叠纪-白垩纪属于中生代，古近纪-第四纪属于新生代。我们可以在这幅图的左边看到两条金钉子分界线，大金钉子和小金钉子，大的是划分古生代和中生代的分界线，级别最高。小的是属于古生代末期二叠纪中最下面的两个时期的分界线，级别较低。

现在展现在大家面前的是古生代的生物化石，主要以海洋无脊椎软体生物为主，中间橱窗里面陈列的有一部分是我们长兴煤山当地发现的化石，中间这块名为“煤山扁体鱼”化石。它是全球首次在我们煤山发现的，因此用煤山这个地名命名。当时有50多种生物化石，都是全球首次发现的。这旁边我们看到的这块化石叫叠层石，它是我们这里最古老的化石。形成于25亿年到5.42亿年间，是大量蓝藻和细菌共同组成的同心藻，大量叠加在一起形成。这块也是开馆时各大院校赠送。

接下来是中生代的鱼龙和海百合化石。中生代是爬行动物的时代，也叫恐龙时代。这里有两具恐龙化石，第一具叫许氏禄丰龙，后面一具叫甘氏四川龙。这边大家可以看到八枚恐龙蛋化石，它的时代是白垩纪，现已证明白垩纪其实就是恐龙灭绝的那个时期。恐龙在中生代末期遭受了一次大灾难，从地球上消失了，接下来登上地球舞台的则是我们的新生代物种，以胎生哺乳类为主。

现在这里是我们长兴县旅游的资源长廊。我们长兴有“四古奇观”：一古毫无疑问就是金钉子，金钉子分界线的实物，我们在这个图片上可以看到，就是这条红线，红线以下是古生代时期的岩层，以上是中生代时期的岩层。这条界线有个代表性化石就是这种牙形石，它是现在海洋中已经灭绝的生物牙齿化石，只有0.1到0.5毫米之间，大小只有显微镜可以看清。第二古是银杏，被称为“活化石”，这种物种出现在古生代末期。长兴的第三古就是扬子鳄，它的出现比恐龙还要早，所以也有“活化石”之称。第四古是茶文化，这是我们水口乡顾渚茶文化景区，当年茶圣陆羽撰写《茶经》的时候，就在我们顾渚考察，所以顾渚山成了世界茶文化的发祥地。

现在大家进入的是第三展厅金钉子厅。这个厅主要来剖释两枚金钉子落户长兴的奥秘，阐述金钉子的研究历史进程及其重要意义，展示研究长兴“金钉子”专家的风采，“金钉子”界线标志性化石—牙形石以及地球史上六次生物大灭绝的历史进程。

在大家面前的，是我们景区的地形沙盘。整个保护区呈现6个自然剖面—ABCDEZ，这六个剖面是世界科学家到这里来考察命名的，由于D剖面的岩层出入比较完整，隐藏的化石比其他剖面丰富。科学家在研究的时候，是想从这六个剖面当中寻找出一块最标准、最权威的一个断代点断代层型。这个断代层型最终是被找到了，它就在D剖面上。大家看到正前方的这条红色的界线，它就是我们大“金钉子”的点位，它是划分古生代和中生代的一条地层界线。除了看到这枚大金钉子之外，边上还可以看到一颗小金钉子，就是斜边的这条红线。所以这样，在我们同一个D剖面上，同时拥有了一大一小两枚金钉子，这在全世界都是独一无二的。

这边的图示是地球历史上的六次生物大灭绝，最大一次是古生代末期，也就是二叠纪末期的那次。我们等会观看的4D动感电影，就是以这次大灭绝为题材编排的。这边题板中，介绍的全部是为我们“金钉子”做出巨大贡献的科学家。首次发现这里的是这位美籍科学家葛利普先生。1929年，他受北京地质大学邀请，到中国来任教，进行科研，当年途径长兴这里。我们这里早在1860年开始就开矿了，所以使得这里的岩层显露出来，被他发现了。之后他就开始研究，在1931年就以长兴灰岩命名，竖立了一块保护碑。

在这个地图上面标注了全世界重要的金钉子，重要岩层分界线的分布。那么我们刚才看到的长兴这枚大金钉子，它是划分古生界和中生界的标准岩层分界线，同时又是一个二叠系和三叠系的标准岩层分界线。这样的最高级别岩层分界线，全世界共有三个，一个在我们中国长兴，一个在加拿大，一个在意大利。加拿大这枚大金钉子是划分最早的两个时期形成的两个岩层，划分古生界和新远古界的一个岩层分界线。中国长兴是作为中间这枚，是第二枚。第三枚是在意大利，它是距离我们现在最近的两个时期形成的一个岩层，作为一个标准岩层的分界线，划分中生界和新生界的一个标准界线。

科学家们经过46年的研究，到2001年之后，一手资料整理成册，提交给最高机构国际地质科学联合委员会。经过复审后，在2001年3月，它终于被评为全世界最高级别的三颗金钉子之一。至此，长兴煤山金钉子的国际地位正式确立（“小金钉子”是2005年9月确立的）。

二、新四军苏浙军区旧址群

欢迎来到新四军苏浙军区纪念馆参观。在大家的右手边是新四军苏浙军区纪念碑，N4A是新四军New Forth Army的英文缩写。在大家左手，是粟裕的一部分骨灰敬撒处。粟裕是中国现代杰出的军事家、战略家、革命家，1955年被授予大将军衔，1984年2月5日因病逝世于北京，享年77岁。他生前留下遗愿，希望自己的骨灰能够撒在他曾经战斗过的地方，能和他的战友们长眠在一起，所以遵照他的遗愿，将他的骨灰撒在了全国各地，共十三处他主要战斗过的祖国大地上。我们这里的这一部分骨灰，是由他的小儿子粟寒生，在1984年的4月26日护送来到长兴槐坎，敬撒于此的。下面请各位跟随我进入展厅内参观。

六师十六旅来到长兴后，战役十分频繁，并且主动出击。其中杭村缴大炮就是他们来到长兴之后与日伪军展开的第一次大规模正面交锋，地点是离这里不远的安徽省广德县新杭乡。时间是1944年3月29日，十六旅伏击日本小林中队，当时只用了一个小时就打了一个漂亮的伏击战，击毙敌人100多名，其中日军70多人，最令人高兴的是缴获了一门日式九二步兵炮。这门大炮在当时可是最先进的武器，所以日军恼羞成怒，调集了3000多名日伪军对郎广长地区展开疯狂的“扫荡”，妄图夺回大炮。为避免与敌人正面决战，新四军16旅跳出敌人的包围圈，把大炮拆卸，化整为零，依靠留守的被服厂和当地民兵模范队员，以及群众的支持，将大炮零件埋藏在白岘罗岕的一座山上，敌人扫荡了20多天，并悬赏法币20万元，结果连个炮的零部件都没找到，最后只有把小林中队长枪毙了事。这门大炮在抗日战争乃至解放战争都立下了汗马功劳，后被称为功勋炮，现陈列于北京军事博物馆。军爱民，民拥军，军民团结一家亲，这是几十年来我区军政、军民关系的生动写照，是我们战胜千难万险、克敌制胜的法宝。

这门功勋炮第一次派上战场是长兴战役，新四军是利用了这门大炮很快攻克了敌伪的重要据点—合溪据点，因此根据地流传着一句顺口溜：“杭村缴大炮，合溪炸碉堡”……

1944年12月26日，党中央命令新四军一师主力部队由师长粟裕率领从苏中仪征渡江南下，于1945年1月6日到达长兴槐坎乡仰峰岕与十六旅会师。这里我们看到的就是当时会师的地点—仰峰岕土地庙。1945年2月5日,苏浙军区成立大会在槐坎温塘村练兵场上隆重召开,也就是我们现在看到的这张照片。大家在展板上看到的这五位就是当年新四军苏浙军区的主要领导人,粟裕任司令员、谭震林是政治委员,由于他在淮南工作,战时的需要并没有来到长兴就职,所以政委由粟裕亲自兼任,叶飞为副司令员,刘先胜任参谋长,钟期光任政治部副主任。

当年苏浙军区下属是由四个纵队和两个军分区组成,这里我们看到的就是苏浙军区的战斗序列表,其中第一纵队就是由新四军六师十六旅改编而成,司令员是十六旅旅长王必成,政委江渭清;第二纵队是由浙东余姚四明山的游击纵队改编而成,司令员何克希,政委谭启龙(谭启龙继谭震林后,中华人民共和国成立后曾任浙江省第二任省委书记);第三纵队是由一师主力部队改编,司令员陶勇,政委阮英平;第四纵队由叶飞率领的一师教导旅改编而成,司令员廖政国,政委韦一平。

展柜里大家看到的这些文物,有新四军服装、臂章,有战士们使用过的汽油灯,以及战士们自制的竹饭碗等,虽然看上去都是坛坛罐罐,不怎么起眼,但是它们留给我们的却是巨大的精神财富。

1945年1月6日,粟裕率领着部队从苏中渡江南下到达槐坎仰峰岕,老百姓得知又有一支新四军部队要来长兴,他们和十六旅战士们纷纷等候在山路两旁迎接部队,点燃了事先准备好的竹篾,高举火把,为踏雪急行的大部队照明。黑黝黝的夜空中蜿蜒着一条长长的火龙,那火龙蠕动着,伴随着亲切的问候和激动的泪水,把崎岖的山道照得一片赤红。

粟裕到了仰峰岕后经常抽空来到溪边,和山里人交朋友,边了解民情,边宣传抗日。如"穷人翻身解放""老百姓会打仗,才能保住家乡"等等。粟裕说得简单明了,乡亲们听得津津有味。时间久了,乡亲们和粟裕熟了,有时遇到难事就来请教粟裕。有一次,老乡告诉粟裕,田里的庄稼病虫害多,没法治。粟裕就亲自赶到田头,仔细观察,想出了许多治虫的办法。

住在粟裕楼下的长工侯阿狗,那年23岁,目不识丁,是位憨厚朴实的庄稼汉,在偏僻山村过着"日出而作,日落而息"的封闭循环生活。靠山吃山,为了生计,侯阿狗每隔一天要赶着骡子驮着山货,翻山越岭到日伪军占领的江苏省宜兴市张渚镇出售。日久了,有心的阿狗对张渚一带的情况也了解了不少。一天夜里,机要科想找侯阿狗代买一些白纸,阿狗想到给新四军买东西,鬼子捉住了要杀头的,有些踌躇。当他听说是粟司令办公用的,灰暗油盏灯下那双淳朴的双眼流露出坚毅的目光,"行",阿狗爽快地答应了。从此,侯阿狗经常为新四军秘密采购东西,阿狗与新四军的心贴得更近了。

1944年,长兴遭受严重秋旱,地上庄稼几乎绝收。老百姓普遍无米过年,而部队需从苏南运粮,民夫经过100多千米长途跋涉,一担粮食边挑边吃,到了目的地也所剩无几了。粟裕到了仰峰岕,看在眼里,记在心里。于是他带头响应毛主席关于"自己动手,丰衣足食"的口号,利用战闲时间,在槐坎开垦荒地,种了不少元麦、马铃薯等粗粮蔬菜。沈家大院背后是一个小山坡，杂草丛生，粟裕从老乡家借来锄头等生产工具，经常迎着朝霞，同夫人楚青以及他的警卫员们一起掘地、种菜、除草、浇水，种上了辣椒、黄瓜、西红柿等各种蔬菜。后来，支架上挂满了红红的果子，从未见过西红柿的山里人纷纷前来看新鲜。从此，仰峰岕的乡亲就有了种西红柿的习惯。

在艰苦卓绝的革命战争岁月里，老区人民怀着对党的无比忠诚，对人民军队的无限深情，一切为前线，一切为胜利，一口饭缴军粮，一块布做军装，最后一个儿子送战场，老区母亲谱写了一段可歌可泣的军民鱼水情。

三、中国扬子鳄村

扬子鳄这种古老的物种是我国特有的珍贵淡水鳄类，起源于中生代，距今已有2.3亿年的生存史，它是人们研究和揭示自然奥秘的“活化石”。与我国举世闻名的大熊猫一样，是国家一级保护动物，也是世界七大珍惜、濒危物种之一，是中国的“国宝”。

迎面而来的是一条刚刚从鳄蛋里探出头的小鳄鱼，张开嘴巴，好像在呼喊妈妈一样。而在鳄蛋身上那黑黑的一堆，是因为扬子鳄喜欢把它的蛋产在树下，所造出来的一个树桩。在鳄蛋这里面聚集了全球全部23种鳄类的石雕，能使大家更加细微地了解鳄类，右边是扬子鳄的整个繁衍过程。接下来大家可以自由参观。

各位游客，接下来我们要通过这座桥走进我们的一期，寻一寻扬子鳄的踪迹。首先，大家所看的就是美国扬子鳄。1990年，中国和美国共同开发让鳄鱼重生的项目，当时作为友好国家，我们赠送了美国一批扬子鳄，在2006年，经过50多个小时的行程，出生在美国的扬子鳄作为“华侨”回归故里。一开始这些“华侨”不进食，这让我们的饲养员百思不得其解，这是为什么呢，难道它们想念自己的家人了？没有办法，我们只好请美国的专家过来，让人啼笑皆非的是，原来他们给扬子鳄喂的食物是狗粮。之后，经过我们饲养员非常耐心、细心的照顾，终于让它们适应了这里的生活环境。你们可以看到它们悠闲地在水中游憩，慵懒地趴在岸上享受着阳光浴。现在因为美国扬子鳄习惯已经完全改变过来了，所以回来的11条扬子鳄至今还有6～7条存活着，并与中国的扬子鳄一起饲养，不过本来就是一家人，何必给它们分家呢！

各位游客，在这里有没有感受到风生水起的意境了？现在我们进入的是水起亭，这里也有一副对联：“共和共荣为苍生佳道所推，相亲相惜乃世人好德以崇。”意思是说，在这里人和扬子鳄是共和共荣、相亲相惜的，这种美好的品德将被世代流传。那边的“风声亭”则与这里遥相呼应。

在这池内生活了六七十条扬子鳄，它们年龄都在20～30岁左右。这就是喂鳄台，每隔2～3天，我们的饲养员会投放食物。它们的食量大得惊人，一次的食量相当于自己体重的10%左右。扬子鳄曾经广泛生活在长江中下游地区，长江原名扬子江，故取名扬子鳄。它们是全球23种鳄类中体型偏小，性格最温顺的。其实，一提到鳄鱼，人们心中就会想起它们张开血盆大口食人的模样，把它们称为“恶鱼”。事实并不尽然，扬子鳄们就抗议说：“我们很丑，但我们很温柔”。

扬子鳄在享用食物时，就像钳子一样钳住食物，囫囵吞下去。看它们的样子迟钝，但它们非常聪明，动作也很敏捷。当有猎物出现时，它们会以“迅雷不及掩耳之势”捕捉。在食用鱼时，它们会调整鱼的位置，最终把鱼头对准自己的喉咙，免得自己的胃被尾部的刺所伤。捕到水生动物时，会将其拖上岸，让其缺氧而死；捕到陆生动物时，将其拖入水中，让其窒息而死；食物太硬，会将其弄腐烂后再食用。可见它们不是一般的聪明!

我们的景区最早是在1979年正式成立的扬子鳄繁殖基地。当时把野外的11条野生扬子鳄圈养保护起来，这11条扬子鳄有个共同的名字，叫“七九”，被称为“光荣妈妈”。为了不让这个种族灭绝，它们付出了很多，经过这么多年的努力，可喜可贺的是扬子鳄的种群数量在增加，目前已有5000余条。每年5—9月是扬子鳄的繁育期，这围墙内就是扬子鳄的繁殖中心。快到交配期，雌鳄和雄鳄都会发出不同的求偶叫声，然后聚在一起。有趣的是，它们也会为了自己心仪的对象而大打出手。等角逐结束，配对成功，它们“夫妻”间很是恩爱，成双成对地趴在岸上晒太阳，在水中嬉戏，整个交配过程在水中进行，体内受精。快到产蛋期，它们会用前爪、嘴、尾，钳些枯枝竹叶来营造巢穴。当雌扬子鳄一次性把蛋产完，它们还会在上面用枯枝竹叶进行掩盖。一条雌鳄产蛋20至30枚，为了让扬子鳄保持野性，整个孵化过程全部是自然孵化。而在这个时候，扬子鳄往往特别凶猛，它们会发出声音来警告你们，“不要靠近”，不经意间就会被它们吓到。7月底，阳光很强，直射到蛋窝上，枯枝竹叶开始腐烂，此时鳄卵也正在悄悄孵化。神奇的事情也正在发生，小扬子鳄的雌雄就是由蛋窝的温度来决定的。在28至29℃，大部分是雌性；在29至32℃，雌雄的比例是相等的；在33至35℃，大部分为雄性；但不能低于26℃，更不能高于36℃。天气太热，它们会将身体浸湿后趴在蛋窝上为其降温，看来动物与我们人类是一样的父母心啊！经过60天的漫长等待，幼鳄会迫不及待地探出小脑袋，它们的体长一般在18至25厘米，体重在20至30克，外形酷似壁虎，身上有黑黄色条纹相间，又喜欢在水里游来游去，所以当地人们把它称为“水壁虎”。

四、仙山湖国家湿地公园

仙山湖国家湿地公园由仙山和仙湖两部分组成的。您现在游览的就是仙湖部分，游程大约50分钟。仙湖的水域面积约10平方千米，湖中一条长堤（金堤）将整个湖分成南、北两部分，南湖占1/3，您现在游的是北湖，占2/3。

仙山湖湿地是鸟的天堂，蓝天碧水，绿树红花，吸引着一群群野鸟来此栖息。它们或梳洗打扮，或亲昵嬉戏，或掠水低飞，或不动声色地静静站在树枝上。仙湖里最多的水鸟，属鸭科和秧鸡科的。现在大家能看到的一对对小水鸟在湖中窃窃私语、卿卿我我，这就是仙山湖中的神仙眷侣——水鸭或是黑水鸡。每当船只经过它们身边时，他们就像受了惊吓的小情侣，噼噗噼噗从水面滑翔而过，身姿机灵，而又曼妙。

在我们眼前的就是仙山湖湿地的中心区—芦苇荡，整个芦苇荡大约有1.5平方千米。这是纯自然原生态的芦苇荡，不少珍稀鸟类都在这里安家。看，远处水草间亭亭玉立、悠闲散步的是灰鹤，在天水之间纵横跳跃的是白鹭。到了秋天，成千上万只野鸭会飞到这里来过冬，黑压压的一大片，很是壮观。

傍晚时分，落日霞光中，可见白鹭扇动着双翅向日边飞去，渐渐融入彩霞之中，"落霞与孤鹜齐飞，秋水共长天一色"的意境在这里得到淋漓尽致的展现。白鹭，被称为"大气和水质状况的监测鸟"，是评价环境质量的指标之一，享有"环保鸟"的美誉。白鹭的羽毛价值高，羽衣多为白色，也用作衣帽的配饰。还有不少灰鹤，也是仙山湖的常客。灰鹤是国家二级重点保护动物，身体大部分为石板灰色，在背、腰处灰色较深，胸、翅灰色较淡，背常沾有褐色。喉、前颈和后颈为灰黑色，它们来到仙山湖后，特别喜欢住在芦苇荡里，饿了就到附近的农田觅食，然后再飞回仙湖夜宿。

仙湖的芦苇荡，密密匝匝的芦苇，连绵不断。一年四季，风景各异。春天，灰白的芦苇和湖边金黄色的油菜花形成鲜明的对照；夏日，绿油油的芦苇荡和水中艳红的菱角藤仿佛是一幅生动的水彩画；秋天，苇叶渐白，苇穗裹实，整个苇荡犹如待检阅的千军万马，素洁齐整。待饱满的苇穗由淡紫转为粉白，芦花盛放，蓬蓬松松白花花的一片，风乍起时，苇絮随风在天空悠悠飘舞，洋洋洒洒，弥天盖地，如天空普降瑞雪，形成一幅精美绝伦的剪影画，令人叹为观止。冬日，走进这曲曲折折、宽宽窄窄、深深浅浅，被芦苇密密簇拥的水道，聆听每一枝芦苇沙沙作响的低语，如诗，如画，如歌。

在行船的左前方，还可以看到形似芦苇的植物，仔细看里面有像"蜡烛"的果实，这种植物叫"水蜡烛"，又名蒲草。花粉可以消炎、止血，果实晒干，粉末燃烧后可以驱蚊。古人有诗"蒲草韧如丝，磐石无转移"，用来形容忠贞的爱情。

现在游船的右侧就是荷花博览园。园内栽培有各类观赏荷花、睡莲，共200余种。公园内建筑风格古朴典雅，楼台亭阁错落有致，小桥流水环境优美，是一处集赏荷、品荷、采荷，以及荷花文化展示为一体的荷花博览园。盛夏时节，游客到此游园赏景，可以欣赏到"十里荷花百里香"的仙湖美景。

介绍到这里，我们眼前看到这片绿树环绕的地方就是仙湖中的生态岛——白鹭岛。每当清晨或傍晚，常有白鹭齐飞的壮观景象。小岛占地面积80余亩，上面植被丰富，都是原始野生的。在这个小岛上，有新石器时期的遗址，还有一处商周时期的凉亭遗址。考古工作人员在岛上找到过秦砖汉瓦，印证仙山湖悠久的历史。在岛的南侧，通过保护性开发，建有仙山湖湿地科普馆，主要是介绍湿地科普知识以及展示仙山湖各种动植物标本。

现在我们已进入了仙山湖的水中森林。唐代王之涣的《凉州词》："羌笛何须怨杨柳，春风不度玉门关。”杨柳与春风，总是被文人用来形容阳春三月的景致。在这里，面积3.3公顷的三蕊柳林集中分布于水陆交界处，在仙山湖丰水季节，形成自然的“水上森林”景观。如此大面积的水上天然树林，为江南地区罕见。每当春季来临，泛青的柳芽迎着春风成长，枝长丝软，随风摇动，别有风致；夏秋清晨，雾起湖面，水烟袅绕，垂下无数条柳枝，如烟，如影。杨树开花比较早，每年的二月底或三月初就开花了，花形非常小，古人诗云“杨花榆荚无才思，唯解漫天作雪飞”。每当开花时节，水中漂满了白色的絮状花朵，美不胜收。自然景观也可用一句话形容：树在水中长，舟行碧波上，鸟在枝头叫，人在画中游……

现在游船已驶出了水中森林，可能大家对这奇观异景意犹未尽。稍后导游还会带大家穿越小河道，让大家再次感受仙山湖给大家带来的新奇。眼前这片水中小树林面积略小，但是更加枝繁叶茂，轻柔婉约。看，那一棵棵树形似蘑菇，所以称之为“蘑菇丛林”。

现在我们的船即将驶出水上森林，往回行驶。抬眼，大家看前面的山峰，孤峰独立，那就是仙山。仙山原名尖山，也叫四安山，亦称小九华，海拔162米，为长兴县的名山。山上有座显圣禅寺，相传始建于唐朝天宝年间，唐玄宗李隆基“帝闻空中语，因敕天下建寺”，初名“空隐教寺”，后成“地藏王菩萨祖庭”。清顺治十三年，地藏菩萨发光显圣，高僧孤标大师重建地藏宝殿于山巅，更寺名为显圣寺。当时建筑宏伟，有大殿三进，全部房屋计九十九间半（实际超百间），可容千人之大殿隐于参天古树中，殿、阁、亭、堂、房、池、井均以回廊相衔，融于一体。雕有荷花的青石筑成上山香道，自山脚直达山顶三里有余。有僧众三十余人，置寺田五百余亩。清·周昱曾经题诗《仙山》：“破碎玲珑干髻鬟，高低围绕九华山。此中形势差相似，只隔称名大小间。”不仅写出了仙山与九华山的形似，更突出了仙山与九华山的特殊历史渊源。现在寺庙有建筑面积一万多平方米，殿宇雄伟，晨钟暮鼓，香烟缭绕。仙山虽不高，却能俯仰三省；仙山虽不广，却满山苍翠，充满仙气。

五、水口茶文化旅游景区（大唐贡茶院）

大唐贡茶院始建于唐大历五年（770），其间经历了唐宋元明清五代，修贡时间长达876年，其规模之大、历史之早、累贡之久，堪称世界之最。我们现在看到的大唐贡茶院，是在遗址上重建的，是长兴县委、县政府为了弘扬茶文化，斥资一亿多元、历时三年打造了全新的贡茶院。新建后的贡茶院总占地面积10公顷，2008年5月建成开放。木结构仿唐朝建筑，由陆羽阁、吉祥寺、东廊、西廊、御羁园、燕乐园、鸿渐楼、桑苎台等8幢建筑组成。各位嘉宾请随导游去感受一下大唐贡茶院的唐风遗韵。

这幅铜雕表现的是“陆羽荐茶”的故事。在唐永泰二年（766），常州刺史李栖筠在宜兴督造阳羡贡茶时（阳羡茶早在汉代即闻名于世，在唐朝前期已被列入贡茶），得知陆羽在湖州一带考察茶事，就邀请陆羽前往宜兴品尝阳羡贡茶。这时，顾渚山中有僧人得知此事，就泡了一壶采摘于顾渚山中的野茶，请陆羽品尝。陆羽品后连声称赞说：此茶芳香干辣，可荐于上。同时询问僧人，这茶叫什么名字？生于何地？山僧告诉陆羽，这茶是生于顾渚山岕里的野茶，没有名字。陆羽听了，立即让山僧领自己亲往茶地探访。陆羽看到阴岭乱石中，有茶树的嫩芽微微发紫，形若笋芽，便以茶叶的形状与颜色合起来，命名为紫笋茶，并建议常州刺史李栖筠，将他推荐的紫笋茶连同阳羡贡茶一起修贡，李栖筠答应了陆羽的请求。后来当时的代宗皇帝品过紫笋茶后，非常喜欢，便颁布圣旨，将紫笋茶列为贡茶。唐大历五年(770)，朝廷降旨，在顾渚山建造了中国历史上第一座皇家贡茶院。从此，便开启了紫笋茶作为贡茶，长达876年的贡茶历史。

第六幅铜雕名叫“历经沧桑”，讲述的是大唐贡茶院的兴废历史。贡茶院最早建于唐大历五年(770)，贞元十七年(801)，李词任湖州刺史时，从武康迁移吉祥寺至顾渚山中，扩建贡茶院。在唐代，在贡茶院两侧还分别建有清风楼、忘归亭、枕流亭、息躬亭、木瓜堂等众多建筑；在金沙泉旁建有金沙亭；在长兴、宜兴两地茶山分界处还建有境会亭。宋、元、明三朝，大唐贡茶院一带重修和新建过很多建筑。20世纪40年代，贡茶院毁于一场大火。2006年5月，“贡茶院遗址”及周边唐宋摩崖石刻，作为中国茶文化的历史见证，被国务院命名为“全国重点文保单位”。现在大家看的这座贡茶院，是2006年长兴县人民政府出资，在原址上重新修建。

六、太湖图影生态湿地文化园

现在游船的两侧就是我们景区的芦苇荡，芦苇是我们景区的守护神。这些芦苇都是原生态的，没有经过人工打理。在《诗经.秦风》里有“蒹葭苍苍，白露为霜，所谓伊人，在水一方”的诗句，其中的蒹葭指的就是芦苇。芦苇的作用非常多，欣赏芦苇的最佳的季节在深秋时节，其他草木纷纷凋零的时候，唯独芦花似雪，随风舞动，是景区内最靓丽的一道风景。

太湖图影生态湿地水域与太湖连通，属太湖水系，景区由大荡漾、陈湾漾、周渡漾、鸭兰漾，共四个漾荡组成，纵横交错，组成了独特的湿地景观，是典型的湖泊型湿地。现在我们游船所在的位置叫鸭兰漾，是四个漾荡中面积最小的一个。在游船的左侧，有我们景区现在唯一一个没有开发的漾荡—陈湾漾，附近有陈湾石矿的遗址。陈湾石矿在二十世纪六七十年代非常出名，当时上海很多建筑使用的都是陈湾石矿开采的石头，可以说，陈湾石矿为上海浦东的建设做出了重要贡献。现在陈湾漾一带，正在兴建开元森泊酒店，酒店主体镶嵌在山体内，与山体浑然一体。在酒店选址的边上还有一个以前采矿时留下的天坑，天坑里积满了泉水，清澈见底，开元酒店就是利用这些自然因素，修建室内水上乐园、大型中央服务设施等项目的。欢迎大家到时候有空前来参观游览。

说了这么多，大家一定好奇“图影”名字的由来。图影，山图水影，山为图，水为影，这只是字面上的理解。其实图影是我们当地一个行政村名，叫图影村。图影村里有一座桥，相传，当地因濒临太湖，水患严重，当地渔民为预测每年的丰歉，形成了一种独特的民俗：每年清明节前一天的晚上，人们都会在那座桥下的石柱上画图，给水位做记号，(当地方言喜欢把画讲成图)，至清明后第三天的晚上再看水位的变化，就可以预测到当年的雨水、旱涝、年成。若水平面与记号线持平，当年风调雨顺；若水平面比记号线高，当年必有洪灾；若水平面低于记号线，当年肯定雨水少，要发旱灾。久而久之，那座桥被大家称为图影桥，桥所在的村也被称作图影村了。

眺望我们游船的南方，大家可以看见一座连绵起伏的山脉，这就是湖州的主山弁山。弁山是湖州的龙脉所在，素称“吴兴富山水，弁为众峰尊”的说法。它发脉于东天目山，周遭40千米，最高峰云峰顶海拔521.5米。弁山山北多奇石，其中最著名的是太湖石。太湖石的造型十分奇特，以皱、漏、透、瘦四大特色闻名于世，历来是皇家园林不可或缺的一景。弁山上除了盛产矿石之外，还有很多名人轶事，项羽起兵江东的时候，他的驻兵之所就在弁山，这段历史在唐代湖州刺史颜真卿的文章《石柱记》里，就曾清晰记载。

现在大家的右手边可以看到很多岛屿。这边的岛屿就是待会大家上去游玩的五个小岛，五个岛屿全部用浮桥连接在一起，主要分为一期和二期，一期主要是以原生态为主，二期除了原生态之外，还有游客可以参与的一些游乐项目，如草地露营、垂钓休闲、小游船水上迷宫、水上拓展等。在右手边看到的这个岛屿就是一期的农耕岛，岛上按照四季的变化种植有各种不同的农作物与果木，一年四季呈现着不同的风貌。现在上面种植的是五彩水稻，待水稻收割后，这边将迎来“稻草人节”活动。活动时间从11月18日到12月底，特别是家里有小朋友的游客，到时可以过来参加，“自制稻草人，当个小农民”，农事游戏活动的奖品也是非常丰厚的，大家可以踊跃报名。

现在前方就要到达我们上岛的码头。大家上岛之后，穿过上面的小亭子然后沿着左手边的路一直朝前走，整个观光行程大概需要一两个小时，岛上是自由活动，不规定时间，大家可以尽情地游玩，祝大家在岛上游玩愉快！

七、城山沟景区

“当，当，当！”，我们的主角桃林现在闪亮登场了。在我们城山沟最负盛名的就是水蜜桃，按时节有油桃、黄桃、蟠桃、水蜜桃等，从5月末一直可以采到9月初，其中水蜜桃栽培历史悠久，誉满江南。现在景区里有20多个品种，以其果型大、色泽美、香气浓、皮薄肉细、汁多味甜的特点而深受国内外消费者喜爱，产品畅销长三角各大城市。已经注册了“城山沟”牌地方著名商标，获得“绿色食品”证书，和浙江省精品水果展金奖。大家顺着我手指的方向看，你会发现好多的蓝色小屋子，这里面饲养的是我们桃园三宝之一“桃花鸡”。那为什么叫桃花鸡呢，因为这种鸡自小就生长在桃林下，吃桃叶、桃花，还能为桃林除虫除草，属纯天然无污染，不喂饲料，是真正的绿色产品。而端上我们餐桌的更是选用150天左右的桃花鸡，因为超过五个月的桃花鸡肉质就不那么鲜嫩了，而不到5个月的桃花鸡则没有嚼劲。我们这里的桃花鸡因为营养丰富，味道鲜美，曾一举夺得了浙江省农家乐菜肴大赛金奖，菜名“城山沟桃花鸡”，因此也成为我们城山沟的特色佳肴。

现在大家可以跟着导游我往这边走，大家对面的这座山呢，就是石城山了。它是我们长兴四大名山之一，寺内有口井泉，终年甘洌可口，东院现存清代三座高僧舍利塔，北侧山坡有元代十尊石佛像。清光绪年间徐阳真人入寺修行，在庙后建五榴观，住山期间为民治病，分文不取。2013年，寺庙以及周边的古迹遗址，又以深厚的历史积淀和佛道合一的多元文化，被列为全国重点文物保护单位。

大家有没有听到涓涓的流水声，那是从这块大石壁上流下来的，这就是我们的九龙小瀑布。瀑布朝着下方的九龙潭流去，古人云"山不在高，有仙则灵，水不在深，有龙则灵"。九龙潭就是传说"九龙戏涧，一龙下水"的灵潭！已经过了千年岁月洗礼，潭水深处有一个神奇的泉眼，这也是九龙潭一年四季都不断水的奥秘所在。

潭上有座九脉龙茶馆，提供的茶水为独此一家的九脉云雾茶。茶馆为原木结构，粉墙瓦黛，古色古香。分室内茶馆和室外茶廊两部分，大家请进室内来，大厅正中的这张栩栩如生的龙椅是茶馆的镇馆之宝，是由千年樟木的树根精心雕琢而成，龙椅背后是气势恢宏的九脉龙图腾。馆内另一宝当然是九龙云雾茶，因生长在形似九龙山脉的城山之巅云雾之间而得名。种植面积极小，只供我们九龙茶馆的客人饮用。走出茶馆大家可以看到室外茶廊了，茶廊古朴雅致，翠竹掩映。能在这静谧的大自然中，静下心来品一杯九脉云雾茶，聆听溪水叮咚，欣赏这山林风光，感受这份世外桃源的幽静和清凉，不禁会让人深恋其间，宛如身处仙境。

八、十里古银杏长廊

小浦十里古银杏长廊呈东西向，全长12.5千米，岕内溪涧蜿蜒、空气清新，生长在这里的古银杏树，成林成片，可以说是举世罕见，在这生长的银杏树（以及梅树），形成一道"原、野、奇"为特色的风景线。据调查，长廊内100年以上的银杏树有2700多株，300年以上的300多株，500年以上的有11株，1000年以上的有5株。我国共有12大银杏主生产区，但单就银杏文化、古银杏数量而言，长兴银杏堪称"世界银杏的故乡"。概括起来共有六奇：

"一奇"在于银杏是"活化石"。中科院化石专家在考察"长兴灰岩"时，将2亿多年前的"银杏化石"拿来同现在的长兴银杏比较，竟毫无变异，说明远在2.7亿年前地球上就有银杏，因此有"世界上最古老的树"之称，这也证明了银杏"活化石"的美誉名不虚传。

"二奇"在于长兴是世界银杏的主要传播地。中外地质古生物专家考察，地球在25亿年间共有6次生物大绝灭。其中，300万年的新生代第四系（纪）冰川时期银杏濒临绝灭。全世界只有天目山、神农架等个别狭窄地带，有少量野生银杏树保存下来，后传遍全国。宋朝时银杏传入日本，再由日本传到欧洲，由欧洲传到美洲。1996年1月13日，《中国时报》（英文版）以《不怕冰川的银杏》为正题、《从长兴传遍世界》为副题给予报道，之后文章被80多个国家和地区的报刊转载，国际地质古生物协会基本认同这个观点。长兴县百年树龄以上的银杏树共3086株。所以，我们长兴将银杏当作了"县树"，称赞它的"寿、富、奇、神"等特点。

"三奇"在于长兴银杏同三个帝王有关。传说汉光武帝刘秀落难时曾在八都岕内烤食银杏充饥。又史载，长兴人陈霸先当皇帝后，在他的旧宅下箬寺亲手植下一株银杏(这株银杏直到"文化大革命"时候才被砍伐，成为县志都有专门记载的奇树)，并到八都岕丝沉潭钓龙鱼。第三位帝王是八都岕柏家村的柏相甫，他用九块银杏木做了一把龙椅，然后在排旗岭银杏树下起兵，成就一时霸业。

"四奇"是八都岕的"三极"。岕内植物群落呈现"三层楼"景观，远远望去，最高的是银杏树，银杏树下是成片的梅树，梅林下是排列整齐的绿色茶树。这是典型的八都岕三极，都是国内极品：白的银杏，质冠全国；黑的乌梅，药中圣品；绿的紫笋茶，北京农博会上获得金奖。

"五奇"在于长兴银杏独特的药物和保健作用。日本客商多次对中国12个银杏主产区的银杏进行化验，发现长兴银杏中的五碳多糖精氨酸、麦脂固醇、蛋白质等5种营养成分明显高出其他地方，所以长兴银杏对外贸易是"头牌"。复旦大学分析测试中心ESR检测，长兴百年以上银杏树的果实中，含有锗、硒等成分，为其他产区银杏所没有，因此有独特的提高免疫、抑制癌细胞生长、抗衰老等功效。银杏成林后能释放一种氢，通过呼吸道和皮肤进入人体，从而起到抗癌作用。故古银杏长廊内从没有肝癌病人，70岁以上老人脸上很少有老人斑。我们长兴人深知银杏对心脑血管、咳喘、美容的功效，人人爱吃银杏。长兴陈朝出了昭皇后、钱贵妃，张贵妃，唐朝出了徐惠妃、沈妃，她们生长在长兴，从小就吃银杏，所以美丽动人选妃进宫。各位嘉宾到了十里古银杏长廊内不妨深呼吸感受一下。

"六奇"在于银杏是摇钱树。人民公社时代八都岕所在的原白阜乡建成"万亩银杏林"，其中挂果树5千亩，半产林达3500亩，常年产银杏360吨。八都岕内四个行政村，仅银杏一项，人均收入就有近千元。

九、陈武帝故宫

这里我们看到的是陈武帝故居陈列馆的导览图，陈列馆一共分成五个展厅，现在我们所在的位置是正门口(千秋门)。我们游览的顺序是千秋门—太极殿—云龙门—宣福殿—神虎门。整个布局结构以"回"字呈现，左龙右虎守护着整个陈列馆的安全。

接下来我们要去的就是太极殿，进入回廊，在各位的右手边，大家看到一株古梅，这是2009年，著名国际社会活动家陈香梅女士在84岁高龄到长兴寻根问祖时，亲手种下的。

第二展厅：进入太极殿，在大厅当中大家看到的就是陈朝开国皇帝陈霸先的铜像。公元503年，陈霸先出生于长兴，557年禅梁称帝，559年病逝，在位仅三年。在南朝众多皇帝中，陈霸先是一代明君，因此也就有了"江左诸帝，号为最贤"的称号。抬头我们看到"帝乡佛国"四个大字，这是元朝著名书法家赵孟頫亲笔题写。所谓“帝乡”，长兴为陈朝开国皇帝陈霸先的家乡，陈霸先是浙江历史上仅有的开国皇帝，而天下陈姓、湖州地区也以此为荣。所谓“佛国”，长兴为佛教的圣地，天居寺为江南名刹，而陈朝诸帝尊崇佛教，又以扶持天台宗为中国佛教史之大事。长兴是陈霸先的故乡，当年陈霸先以及其建立的陈朝依然保留下来的历史文化遗址有圣井、陈武帝钓台、弹子坞、磨剑池（今小浦陈武帝钓台）、瑞陵与明陵（今龙山街道灵山）、嘉陵（今龙山街道陈墓山）、陈墓岭（今龙山街道渚山村）。因为当年陈霸先喜欢骑着白马打仗，多次击败北齐的进攻，多次平定战乱，后来为了纪念他，就有了民间舞蹈下箬马灯。接下来我们进入的是第三展厅——云龙门。进入云龙门我们首先看到的就是展厅中央一幅油画以及“武帝开国”四个大字。图中骑着白马的将军就是陈霸先，陈霸先戎马一生，直至54岁才建朝称帝。这个展厅主要向大家介绍陈霸先从出生微寒的平民，成长为开国皇帝的人生奋斗历史。这里是一个陈霸先出生的动画模拟场景。据说陈霸先出身那天，天气异常寒冷，大雪纷飞，没有热水。这时他家后院的古井突然冒出热水，井水沸腾。陈霸先出生后，正好用热水擦去身上的血迹。后来，陈霸先长大后很少生病，世人都说是圣井圣水的功劳……

现在我们为进入陈皇塔，这座宝塔高五层，30余米，登塔因为全无遮蔽，可以俯瞰整个长兴城区全貌。东眺太湖，南望弁山，太湖之滨长兴山水，尽收眼底。

现在我们来到的是天居寺的大悲殿，殿内千手观音以站立姿势立于大殿中央，脚踏莲花宝座，佛像身后莲花祥云衬托，象征着观音大士的佛教理念。两侧浮雕供奉诸多菩萨，前摆木质案几礼佛。殿堂四周以红木装饰，结合铜饰、金箔、彩绘等多元材质，顶部莲花造型，内设灯光俯照观音正身。自上而下，光影间显现出观音的微妙和庄严，梁柱间穿插多姿轻舞的飞天，美轮美奂，仿若佛国妙音萦绕于梁宇，让大家亲身感受一场绚丽多姿的视觉盛宴。

……关于观音菩萨的三十三世化身就简单介绍到这。下面我们前往西廊禅茗堂，到这里想必大家口渴了，我们可以品尝长兴当地的名茶：紫笋茶（皇家贡茶），荷叶茶，帝皇菊花茶。

十、龙山森林养生小镇

龙山森林养生小镇有两大主题：森林，养生。现在我们来到景区的边缘，大家向西望，那边连绵的群山与幽深的森林就是我们要参观的景区。龙山森林养生小镇是一个全域开放性景区，辖龙山街道的川步、渚山两村，面积约15平方千米，有近百个山头，夹着大大小小数十个山岕。茂密的森林、竹园、平阔的茶园，森林覆盖率达到80%以上，其中较大的山岕有白岕、桃花岕、青稞岕、南岕等。森林山岕之间藏着众多的特色景点，主要有渚山杨梅休闲观光园、绿野仙踪、东方梅园、桃花岕森林公园、长寿寺、长桥涧滩、云梯栈道、桃源林荫、玻璃桥（在建）、观音庵、轩瑞堂等。

龙山森林养生小镇景区的养生历史悠久。相传吴越王钱镠的祖先钱林的故居就位于川步村徐家桥自然村。景区的“士林”自然村是古代长兴文人重要的隐居之所,代表如元朝的诗人沈贞、明朝的学者丁元荐,都曾在此隐居。

怎样能到达这些景点,秘密就在我们脚下的绿道。这条不起眼的绿道,它的长度将近20千米,将会带着我们走到整个景区的每一个景点,欣赏每一处美景。现在我们的位置就是绿道的起点,也是整个景区的起点。整个绿道是环形的,环绕桃花岕森林公园与渚山杨梅休闲农业观光在园中穿行,山回路转,景观层出不穷。绿道分山顶、山谷两个路段,从这里即可上山探奇,也可入谷寻幽。龙山森林养生小镇景区属开放景区,许多景点季节性很强,代表的如每年三月的“东方梅园”一日游、每年六月末的渚山杨梅采摘一日游。平常则是休闲养生旅游,在山下的林荫道穿行漫步。现在我们的位置就是第一个景点渚山杨梅休闲农业观光园。

长兴县的气候特别适宜杨梅生长,是中国适宜种植杨梅的纬地最北地区,也是杨梅成熟最晚的地区。古代长兴有弁山杨梅、斯圻杨梅、夹山杨梅三大品牌,名扬四方。1995年,渚山村发展现代农业,尝试在村庄的原荒山上种植杨梅,振兴当地的优秀品牌“夹山杨梅”。2004年,渚山村举办长兴县第一个现代农事节庆渚山杨梅节获得巨大成功,品牌效应促进当地扩大杨梅的种植面积。2009年,为了方便采摘,依据规划,渚山村在杨梅种植园中修建绿道。至2015年,渚山村杨梅种植面积发展至3平方千米。景点的旅游旺季是每年6月末的杨梅成熟时节,届时,景点每天能够迎来数万采摘杨梅游玩的游客……

现在我们来到了东方梅园,也叫花溪谷。这个村庄的名字很怪,叫八十亩自然村,山岕叫白岕。东方梅园景点顾名思义就是看梅花,也是一个季节性很强的景点,时间在每年3月。2003年,长兴县本土企业家吴晓红将他的经营观赏梅种植、培育、销售基地迁此白岕,经过数年发展,建成了全球最大的红梅培育基地、梅花观赏点,取名东方梅园。东方梅园景点是一条长1千米、宽约100米的山涧,内含梅文化馆、古木博物馆、梅花研究所、梅花谷等数处小景点,其中梅花谷种植各类优良梅花品种60余种、3000余株。每年梅花开放季节,红梅迎春艳放、白梅漫如雪海,美丽无比,会吸引长三角周边来自上海、杭州、南京、湖州等地的无数梅花爱好者参观。2015年,景点新建古木化石博物馆,预计未来这里将会建成一个大型的综合性收费旅游景区。

再往前,大家看前面那个幽深的山谷,叫桃花岕。相传山岕古代是长兴县最秀美的隐居山谷之一,有滴水崖、响水洞、桃花庵等众多名胜古迹。解放初期,小浦林场在原山岕的荒山上种植各种林木,实施封山育林。1956年,长兴县人民政府又在山中建成桃花岕水库,经过50年封山育林,整个山岕全被森林覆盖,育成原始的森林形貌。群山林海之中有座美丽的水库,桃花岕水库,水质清澈,碧波荡漾;周围湖光山色,秀美异常,山水合成湖光山色的大型森林公园。2008年,公园立碑题名,现属免费限制型生态保护公园。

现在我们来到绿野仙踪。这个山谷原来叫青稞岕,山岕四周都是森林,中间一条清澈的小溪贯穿整个山谷,长约3千米。2013年,浙江省绿野仙踪休闲农业发展有限公司承包此山谷，建成规模景点绿野仙踪。稍后，若各位游客时间充裕，可回头自行参观。

现在我们来到的地方叫长寿寺，相传这个寺庙所在的村庄牛步墩，长寿的人很多，村中八、九十岁的老人有近百位，村庄被称作长寿村。寺庙也得名长寿寺。其实长寿寺古名山岗庙，山岗庙初建，历史记载是桩传奇的故事。依清同治《长兴县志》“卷三十一·杂识”记载，明朝时，当地常有老虎出没伤人，县官老爷指派地方在山岕的入口要路北侧山岗建庙以镇，之后，虎患遂绝。现在的寺庙是2000年之后逐步恢复，寺院前有古树遮蔽，后倚山岗竹林，长桥涧绕行流去，自然天趣。

沿着蜿蜒回环的绿道，穿越弯曲的河道、明媚的茶园、青翠的竹林，现在我们来到一座弯曲开阔的河滩前。我们这条河名叫长桥涧，前面的桥就叫长桥，现在这个涧滩就叫长桥涧滩了，也叫黄金沙滩，因为这边上的村子叫黄金库，传说藏有很多财宝。这里溪水潺潺，古老的水车带我们回到童年的记忆。无数的游人在河滩制作烧烤，孩子们在河滩戏水，自由的心情在这里得到放飞。

今天我们参观了许多景致，但是若要深入体验龙山森林养生小镇的奇特、险峻、幽深，只能上山了。宋朝文学家王安石的《游褒禅山记》说：“而世之奇伟、瑰怪、非常之观，常在于险远”。现在我们若想上山探索景区的奇伟瑰观，就必须走云梯栈道(顺便提一下，南侧的山谷叫南岕，那座巍峨的高山叫岳飞场，相传是民族英雄岳飞抗金的重要战场，现在岳飞抗金的遗址仍然存在)。云梯栈道位于李家自然村，在景区的最西端，是连接山下与山上绿道的登山台阶。台阶的山下与山顶，海拔落差将近200米，因此登山台阶漫长陡峭，攀越如同攀登云梯，得名云梯栈道。栈道长约1千米，常人攀登时间20分钟左右，及抵达山巅，俯视山谷，林壑优美。

桃源林荫，这段绿道位于山顶，长约5千米，其间山峰、沟谷，完全是原始森林形貌，美不胜收。

养生，游览了一天，需要休息了，景区为游客提供精致的民宿。轩瑞茶境、尚隐酒店、绣云里客栈、帐篷客栈、森林树屋，无论是纯粹乡土风情、田园秀丽景观，还是精美别致庭院、温馨舒适环境，热情周到的龙山特色“美宿”，正雕琢打磨着每一处细节，用静待花开的耐心，等待着每一位游客的借宿体验。

附　录

长兴县旅游文件选录

(一)《长兴县旅游发展总体规划(2015—2020)》(节选)

第10章、分区规划及重点项目策划

1 一轴

1.1 江南茶文化旅游区

1.1.1 规划范围

水口乡、龙山新区。

1.1.2 主要问题

以农家乐为特色的发展定位及其运营模式,从根本上制约了水口乡村旅游集聚区的发展。

1.1.3 规划思路

按照打造全域旅游大景区战略,把该区域作为一大景区来规划打造,推动"景村一体",谋划"三化发展",通过旅游全域化、重点乡村景区化、旅游发展产业化,实现由现在的乡村旅游集聚区向长三角一流的乡村旅游目的地转型。

1.1.4 规划定位

以茶文化为魂,以乡村度假为特色,突出贡茶文化内涵,围绕"贡"字,建设江南茶文化旅游区。通过以"茶"为魂的旅游六要素及旅游产业体系的构建,把江南茶文化旅游区打造成融合贡茶文化探索、乡村民宿度假、养老养生和绿色生态农业旅游特色,带有长兴顾渚文化标签的中国贡茶文化主题体验景区,重塑江南茶文化旅游区作为贡茶故乡、长三角一流乡村旅游目的地的崭新形象,打造"贡茶"旅游第一品牌。

1.1.5 主题形象

茶经山水,贡茶故乡。

1.1.6 目标市场

中高端市场、双休日市场、养生养老市场、国际茶文化市场。

1.1.7 规划要点

“布点—连线—成片—构链”：

“布点”：按照大唐贡茶院、顾渚山、紫笋茶小镇和金山养老旅游产业带四大景区进行布点。

“连线”：四大景区连线，结合绿道建设，以茶为线索，设置茶历史文人景观，打造以“中华茶道”命名的全球首条茶文化大道。

“成片”：通过长水线与龙山新区板块连接，打通夹水公路，与太湖板块呼应。

“构链”：致力于三大产业链构建，即茶文化旅游度假产业、养老度假产业和现代乡村休闲度假产业。

1.1.8 景区策划

核心景区1：大唐贡茶院

规划范围：顾渚村颜板桥至规划区北面。

功能定位：探源、朝圣、体验、观光、休闲。

规划设想：围绕“贡”字，进行“扩容·提升·情景化运营”，做大大唐贡茶院景区。大唐贡茶院是世界上建立最早、规模最大的茶叶加工厂，以大唐贡茶院为核心，以“贡”为魂，整合古茶园、金沙泉、摩崖石刻三个景点，构筑大唐贡茶院大景区，打造贡茶第一品牌。

亮点项目1：大唐贡茶院

对大唐贡茶院重新梳理，设置充分反映贡茶历史文化内涵的景观或小品，近期设立贡茶餐厅，装饰突出唐风及茶文化内涵，提供茶宴和泉水宴；丰富茶道表演内容，传授和展示各国茶道表演；开设贡茶体验室，用于体验传统古法贡茶的加工制作；加快大唐贡茶院四期建设，尽快实现贡茶院与金沙泉整合连片。引泉入院，恢复木瓜堂；恢复清风楼，用于茶戏表演，可结合紫笋茶的历史和名人故事精心编排一段茶文化演艺。

亮点项目2：《茶经》文化公园

即茶博园。依托古茶园，打造《茶经》文化主题公园。保护紫笋茶“阳崖阴林”生态环境和野生紫笋茶原产地；修建旅游步道到古茶山，并在古茶山建观茶亭，恢复唐代官员修贡在此观茶品茶、吟诗作画（摄影写生）的情形；在古茶园内设立茶王，谓之紫笋茶母树，并在其周围种植十株紫笋茶树，谓之子孙，并每年对茶王祭祀；整理古茶园外围农家乐，打造集茶加工展示、休闲品茗、书画摄影交流于一体的休闲茶室。并以雕塑、碑林、亭、台、楼、阁等众多载体，演绎《茶经》文化。

核心景区2：顾渚山

顾渚山山清水秀，岗峦叠翠，空气清新，环境幽雅，湖光山色，清丽优美。顾渚山是世界茶文化的发源地。对顾渚山进行规划、开发和建设，营造以茶山、竹海、山乡为主体的旅游、休闲、运动、探险的游览活动区域，让游客进“山”。

核心景区3:紫笋小镇

以大唐贡茶院四期为中心,围绕衍生多种主题休闲旅游产品,构架起具有丰富人文内涵、乡土气息的茶香人家生活方式,打造以乡村生活为核心,在长三角规模最大、具有很高知名度的集创意、休闲、民宿、购物、餐饮等于一体的紫笋小镇。重点建设顾渚村和水口茶镇。

亮点项目1:顾渚村

规划设想:以顾渚村农家乐集聚区为依托,以花间堂、开元项目开工建设为契机,对农家乐提档升级,引导、打造风格不同的民宿,民宿外观古朴典雅,内部现代舒适,生活设备齐全,给人以返璞归真,温馨安逸的家庭之感。

规划以丰富顾渚夜间娱乐及休闲活动为目标,打造集娱乐、休闲、餐饮于一体的特色街区。近期,结合域内小水塘打造4至6幢多功能茶吧,白天以茶吧餐饮为主,晚上经营酒吧,广场以民俗演绎和乡村传统娱乐活动为主。中远期,通过引入长兴特色小吃、茶点,形成高端的精致休闲餐饮区。除长兴本地特色菜肴外,重点推出茶醋、茶点、茶梅、茶餐,让人们在古茶园、贡茶院、金沙泉体验之余,更能细品精致的现代茶食。引入特色茶馆、酒吧、咖啡吧、影音吧、创意店,打造茶酒休闲区。

亮点项目2:水口茶镇

构建水口茶文化旅游度假区的形象窗口、门户、商业中心,以及长兴县旅游第二集散中心。

跳出传统游客中心建设思路,以打造旅游吸引物为出发点,以顾渚山茶文化为背景,打造富有山乡特色贡茶主题的旅游主题小镇。

包括水口老街、紫笋茶广场、游客中心、酒店、国际茶文化中心、紫笋茶演娱中心等,形成一个以茶、水、乡村为核心的主题公园。

支撑项目1:长水线养生养老旅游产业带

规划范围:寿圣寺及金山村区块及长水线、龙山沿线板块。

功能定位:养生养老。

沿长水线沿线,充分利用水口庞大的中老年旅游市场,整合东方梅园、绿野仙踪等项目,积极引进各种著名医疗机构、养老机构,开发针对中老年市场的养生项目,做大养生养老旅游产业,打造长三角首屈一指的健康养生旅游产业带。

项目1:金山村

规划范围:寿圣寺及金山村区块

功能定位:悟禅礼佛、乡村度假

规划设想:针对都市人群,依托寿圣寺知名度和浓郁的佛禅氛围,发展禅宗度假游,让生活在高压力、快节奏中的都市人群感受另一种慢下来的生活方式,缓解都市人焦虑、烦躁的内心,同时借以思考人生和生命的意义。定期举行禅修讲座,推出“禅堂体验、禅宗古今、禅心初悟、禅境减压、农禅并重、禅论得失、禅解诱惑、禅说宽容"等不同主题的禅修活动，争取将寿圣寺景区打造成浙北地区著名的禅修、灵修度假中心。

重点发展子项目1:花间堂禅茶精品民宿

项目位置:寿圣寺北面区域

功能定位:高端禅修体验与休闲度假

规划设想:以水口深厚的禅茶文化为核心，打造精品商旅休闲度假目的地，为高端商旅度假客群提供一个身心全方位深度度假的平台，成为现代人闲暇之余，一种短暂放松与自我回归的理想体验地。

重点发展子项目2:金山禅意度假村

项目位置:金山村

功能定位:大众禅修体验、乡村度假

规划设想:以寿圣寺为依托，针对大众青少年市场，建立"周末去金山禅修"的市场形象。近期，先行试打造2至5家具有浓郁禅院风格的民宿，推出"一日禅修""周末禅修"等休闲度假产品，邀请寿圣寺禅修大师莅临现场，传导人生事业真谛。一方面，提供早课(寿圣寺)、庭院沐浴、素食、答疑解惑(讲经说法的形式为青少年答疑人生)、禅农(耕地、采茶、研茶等);另一方面，引入国学，拓展禅艺，打造琴、棋、书、画、佛教音乐、国学经典解读等活动，丰富禅修文化生活。

支撑项目2:中华茶道

依托绿道，结合乡村、景区路网，以茶文化为主题，串点连线，通过景观、小品、雕塑、指引，突出茶文化内涵，打造中华贡茶第一道。

支撑项目3:绿野仙踪

主要建设设施农业、高科技农业展示、青少年农业实践基地、采摘体验区、生态农业休闲观光区等。

支撑项目4:东方梅园

建设梅文化馆、古木博物馆、梅花研究所、梅花景区等项目及旅游商品研发。

支撑项目5:轩瑞堂

建设成集紫笋茶栽培新技术示范、紫笋茶烘焙新技术推广、紫笋茶文化培训交流、体验式定制新探索、慢生活旅游观光于一体的茶文化旅游休闲项目。

1.2 城市休闲文化旅游区

1.2.1 空间范围

包括画溪、雉城、太湖三个街道。

1.2.2 项目背景

长兴县城是一个依山傍水的滨湖水城，县政府所在地，长兴县的政治、经济、文化、商业、交通和旅游中心。

1.2.3 主要问题

旅游中心功能缺失,特色不明显,核心吸引力不足。

1.2.4 规划思路

服务于城市发展的需要,推进商旅城市建设;服务于产业发展的需要,做好城市休闲服务;服务于旅游发展的需要,打造区域旅游中心。

1.2.5 发展定位

现代休闲旅游城市:与经济强县相对等的商业城市,与旅游强县相适应的休闲城市,与大太湖旅游区相配套的节点城市,长兴县旅游中心。

1.2.6 规划内容

一、加快旅游集散中心建设,建设县级游客集散服务中心

(一)旅游集散中心

1. 完善长兴高铁游客中心

长兴高铁站是长兴县新的重要门户空间,自高铁开通以来,长兴县已投入大量人力、物力和财力,对高铁站周边环境进行了路面和绿化改造,大大改善了该区域的环境,同时也提升了游客中心这一"窗口"的整体形象。但还需增添特有的旅游功能:①设立咨询服务中心,提供各种相关信息资料,配有专门的服务人员;②设立旅游地图广告牌以及规范、醒目的公共信息图形符号,提供旅游信息服务;③设置便利的换乘通道;④制定相应的安全应急方案等。

2. 新建长兴旅游集散中心

南太湖海洋公园附近优势突出,交通便捷,因而在此处设立旅游集散中心具备有利条件。同时在旅游设施与功能的配套方面需加强,设立专门的旅游景区信息指示图、旅游咨询服务中心(提供相关的旅游信息咨询、游客投诉等服务内容)及旅游服务设施(如观光巴士、专线旅游车等),从而为游客提供便捷且个性化的旅游服务。

(二)游客咨询、预订、投诉和便民服务中心

在旅游集散中心以及重要的交通枢纽点以及主要景区设立游客信息服务中心,提供旅游咨询、预订、游客投诉和相关的便民服务,设置专门的区域,配备专门的人员,提供一流的服务。

二、推进主题街区建设,打造城市现代旅游服务业集聚区

(一)旅游餐饮特色街区

长兴要在餐饮设施上有所突破,要通过打造旅游餐饮特色街区形成长兴城区的一个新亮点和新景观。

1. 改造及建设要求

(1)集中统一,形成规模

针对目前餐饮网点相对分散,不利于规模效应的发挥,应将各餐饮点、街区进行整合,统

一集中管理与建设。

(2)特色突出,主题鲜明

充分利用街区中极具特色餐饮点的带动作用,并根据街区本身的特点,结合长兴文化要素,将各餐饮街区打造成具有不同主题的特色街区。

(3)市场细分,形成多层次产品结构

在构建不同主题的特色餐饮街区时,要考虑到产品结构的合理性,要为满足不同需求层次提供相应的产品。

(4)规范经营,打造精品

对于特色餐饮街区要实行科学管理与经营,规范市场秩序,提高服务品质,着力打造餐饮精品街,塑造长兴饮食品牌。

2. 主要策略(具体措施)

(1)进一步提升和规范农家乐特色街

(2)整治与规范现有食品街区,提炼主题,打造特色餐饮,一方面应加强硬件设施的配置(如餐位的增加、接待能力的提高以满足日益增长的游客数量;完善相应的设施设备);另一方面努力营造良好的就餐“软环境”,提高服务质量,实行个性化服务,建立科学、高效的经营管理模式,从整体上改变长兴目前的散、乱、差的局面,创造出一个良好的饮食环境。

(3)修建一个主题鲜明的特色美食城,以突出长兴本土特色,对其中的餐饮场所进行主题化设计,满足中高端市场为主,打造长兴餐饮精品。

(4)充分发挥长兴现有名牌餐饮企业的龙头作用,构建大型餐饮集团,从而带动相关产业发展,塑造长兴全新形象。

(二)旅游主题购物街

1. 发展目标

通过一系列改造和修建工程,建设集购物、娱乐、休闲为一体的大型现代主题购物街区,将其塑造成为长兴城区的主要特色商业街区和商贸中心;同时通过商业点、商业街、商业区的打造,形成能够满足多层次、多方位的立体多面的现代购物中心。

2. 重点建设及改造项目

(1)老街商业功能的提升及街区改造

(2)大型现代购物中心的建立

作为一个现代化城市,长兴应通过在繁华地段建立大型的集购物、餐饮、娱乐、休闲于一体的现代购物中心,增加商品种类,提升产品档次,强化休闲功能,从而带来人气、财气,促进城市经济发展,提升城市品位。

(3)建立专门旅游纪念品一条街或建立旅游纪念品专卖店

针对目前旅游纪念品商店数量严重不足而导致无法满足游客购物需求的现状,设立专门的旅游纪念品店显得十分必要和迫切。出于方便游客和便于管理的考虑，依托龙山大道，建成长兴紫砂壶一条街，将其打造成吸引游客的又一重要元素；同时这也要求加大长兴旅游商品的开发力度，充分应用具有地方特色的资源，树立品牌意识。

(4)着力打造“精品街”“特色街”

依据不同街区的特色与环境，结合相应的内容，形成不同类型的特色街。将滨河大道打造成“茶文化街”“农家乐”等等。在丰富游客选择的同时，又构成了城市一道独特景致。

(三)旅游文化娱乐中心区

开辟长兴专门的旅游文化娱乐区，建成集康体健身、娱乐休闲于一体的具有现代功能的娱乐中心，在为游客开展娱乐活动提供一系列项目选择的同时，有利于延长游客逗留时间。此外，在完善城市功能的基础上，有助于提高城市自身的吸引力。

1. 建立大型游乐场所

应建立大型的游乐场所，同时开展相应的娱乐项目和活动。如可修建游乐场、动物园等游乐场所，既增加了县域内景区(景点)的种类和数量，又为游客的娱乐活动提供了更多选择。

2. 建立休闲街、步行街

研究设立集观光、娱乐、休闲、购物、餐饮于一身的具有综合功能的休闲步行街，形成特色的街区文化，将其打造成重要的文化娱乐中心，使其成为长兴的新景致。

(3)加强市政广场的休闲娱乐功能

对于已有的市政广场，应充分发挥其潜在的休闲娱乐功能，首先增设一些文化休闲设施(如健身器材、娱乐活动设施、建筑小品等)和公众服务设施(座椅、垃圾箱、厕所等)，通过人性化的设计营造良好的娱乐休闲环境；另外还可举办和开展各种户外展览及文化艺术活动等来加强休闲娱乐作用。

(4)不定期举办文娱活动、体育赛事。

开展具有地域特色的文娱及节庆活动，积极创造条件吸引高级别且影响力大的体育赛事活动前来举办，从而扩大城市影响力和知名度。

(四)旅游服务集聚区

1. 旅行社

长兴目前的旅行社数量有限，规模都较小，缺乏大规模且高品质的旅行社，无法满足游客及当地居民的潜在旅游需求。因而在规范现有旅行社经营管理、提高服务质量的基础上，应扩大经营规模与范围，实现品牌经营，通过建立良好的信誉来扩大影响力和知名度。

2. 旅游住宿设施

(1)整治现有的社会旅馆、招待所等住宿设施，以满足中低档市场需求为主，改善硬件设施，改善软件配套，对其经营管理实行一定的标准，提高游客的满意度。

(2)加强酒店、宾馆的星级建设，为满足高端市场需求提供保障。在按照国家星级酒店统一标准的建设中，要突显长兴特色，要充分结合地域文化特征与文化要素，达到个性化、特色化的目标，从而成为弘扬长兴文化、宣传城市形象的一大载体和亮点。

3. 大众休闲服务区

现今的解放路一带已成为长兴城内重要的休闲服务集聚区，晚间的夜市已成为一大特色。因而应充分发挥和突出这一优势。目前针对发展现状，关键是要通过整治市场、规范经营、加强管理来促进其健康有序地发展，成为长兴大众休闲的重要服务区域。

三、依托河道水环境整治，建设城市景观河段与湿地

(一)主要河段整治与开发

应大力加强内河的综合治理工程，加大水域沿岸企业的监督力度，加强水源地保护，保证水质的清洁。通过营造好的水体环境为城市整体环境的改善创造条件。另外在湿地环境改造上注重滨河景观道路、休闲绿地和生态驳岸的建设；在湿地具体功能分区方面可设置湿地保护区和湿地游乐区；在项目设置上新建和恢复一些重点特色项目。

(二)水体景观及项目活动策划

域内水景开发显得越发重要与迫切。应充分发挥其优势，通过沿河两岸堤、梯、坝、码头等设施的建设以及周边环境的改善打造出优美的水体景观，同时加强水上游乐设施及活动项目的配套，形成长兴集水上观光、水上娱乐、水上餐饮于一体的综合休闲度假区。

四、借助市容整治工程，打造花园式旅游社区与街景

(一)创建花园旅游社区

通过旅游社区的创建，改变长兴社区的整体环境。增加社区绿地面积建设与公共服务设施的配套，在改善社区硬环境的同时应强化社区文化的建设，举办各种文体活动传递社区文化内涵，使得不同社区具有不同风格与特色，将长兴的花园社区打造成颇具地域特色且对游客极具吸引力的重要旅游点。

(二)打造特色旅游街景

选出长兴最具特色的街道，通过一定的整治和文化包装，将其打造成长兴城区的一大亮点。不同的街道具有不同的文化内韵和特征，如："文化艺术一条街""现代商业特色街""娱乐休闲街"等。此外，通过硬件设施的改造，如街道的美化、亮化，商业网点的整治等，来创造良好且怡人的街景与商业环境。

五、整合城区主要景点，打造环城游憩带

(一)城内公园

对于公园的建设应具有相应战略规划和发展目标，在选址、主要特色、建设规模和布局等方面应有所考虑，从而使得不同的公园具有不同的特色和风格。

(二)构建环城游憩带

还应重视与城郊旅游点的联动发展，通过构建便捷的道路与交通系统，形成环城游憩

带。可推出“城郊一日游(二日游)”,利用城郊的特色景区(点)来带动县城景点的发展,实现资源、市场的共享。

六、发展城市夜经济,打造城市夜景夜游夜生活

繁荣的夜经济、绚丽的夜生活是凸显一座城市魅力的重要因素,也是完善城市旅游功能不可缺少的组成部分。但目前长兴县在夜游项目、夜间娱乐活动等方面有着明显不足,因而当前应格外重视城市夜景和夜间娱乐产品的打造。

(一)城市夜景观光

1.城市夜景

宜以市政广场为核心打造长兴夜间新景致,通过美化、亮化工程凸显城市夜间风情,但要格外注意主色调的选择应与景观本身相协调。同时还要坚持生态环保的原则。此外还应重视对主要街区夜景的打造,通过灯光及装饰色彩的搭配营造出梦幻般的街景效果,街区本身即是城市中一道道亮丽的景致。

2.水上夜景

在对位于城区的主要河段进行环境整治的基础上,夜景的打造也应充分利用水体资源。对树木、水体、大桥、岸边建筑等景观元素进行组合,通过美饰亮化工程等营造城市的一大特色夜景景观。此外还应结合水上开发项目和活动丰富夜间活动内容。

(二)城市夜间娱乐活动

目前长兴已有的夜间娱乐项目内容单一,因此无法满足大多游客和居民的文化娱乐需求。因而要加强相关场所设施的建设,包括舞厅、KTV、夜总会、健身中心、俱乐部、会所场馆、剧院等。在改善硬件设施的基础上,要增加多项娱乐项目和活动内容,提供不同层级的消费选择,实现规范经营与管理,提供高品质服务。

(三)推出大型旅游演艺产品

总结国内城市旅游发展经验,不难发现,凡是旅游发展走在前列的城市,夜间活动的一大亮点则是大型旅游演艺节目,这对长兴亦有借鉴意义。长兴可以根据当地的文化特色和突出优势,推出一台集多种艺术表现形式于一体的大型夜间演艺活动,如《梦江南》《长兴之夜》等,通过市场化运作,将其打造成长兴县的旅游精品,使之成为塑造城市形象和促进旅游深化发展的一大热键。

七、借助公共信息服务,完善城市旅游标志标识系统

(一)建立完善的道路标识系统

在主要街道及通往主要旅游区的道路应设置有中英文对照的交通指示牌(方向)和旅游景区的指示牌(方向),内容与形式要做到准确与规范。对长兴目前城市道路上已设置的各类导示、导引牌进行必要的整合规范。对现有的路牌灯箱广告进行清理与装饰,保持其整洁美观;同时增加交通标识系统、道路名称标识系统、城市景区景点道路标识等,其中对其设施的

规格、字体要求、高度、距离都应按照国际标准执行。此外在一些重点旅游街区可设置电子导引屏,提供准确的道路信息,方便游人。

(二)建立便捷的信息咨询系统

在游客较为集中的区域应建立以城市信息咨询中心、游客服务中心为主体的旅游服务体系。为游客和居民提供有关城市信息咨询与服务(如有关城市内交通、饮食、购物、娱乐休闲活动等信息的提供与推介),为游客在体味城市的过程中提供便利。

八、推进现代田园风景建设,塑造长兴田园风景旅游城市形象

1.2.6亮点项目

项目1:海洋城

位于龙山新区。以海洋馆为主体并配套休闲娱乐、高端品牌购物、教育、文化等项目的大型旅游休闲综合体。

项目2:百叶龙文化广场

定位于以文化创意为核心的百叶龙主题文化广场。

项目3:陈武帝故宫

以陈武帝故里为核心,打造集名人故里旅游、宗教旅游、文化旅游以及现代休闲旅游于一体的长兴历史文化展示中心。

项目4:城市文化休闲旅游商业街(区)

利用长兴老剧院板块,以长兴特色文化为核心,打造长兴富有魅力与活力的城市文化休闲旅游商业街(区)。

1.3 城南休闲农业采摘区

1.3.1 规划范围

沿新318国道,涉及吕山、虹星桥、和平、画溪等乡镇(街道)。

1.3.2 发展定位

发展以采摘为特色的现代农业休闲旅游。

1.3.3 分区规划

1. 吕山乡

(1)基本概况

地处浙皖二省交界处。交通便捷,318国道、宣杭铁路穿境而过。道路、水电、通讯等基础设施完善,自然生态环境保护良好,山清水秀,景色宜人。

(2)资源特色

湖羊、雪藕。

(3)规划建议

建设湖羊美食街,发展现代农业,规划开发吕山。开展金山村白鹭观鸟活动。

2. 虹星桥镇

(1)基本概况

农业大镇。

(2)资源特色

以现代农业和水乡资源为特色。

(3)发展定位

以江南水乡生态环境为依托,以农业产业为基础,以水乡民俗文化为背景,打造集美食品尝、农业观光、生态休闲、垂钓体验、四季采摘于一体的田园风景旅游小镇。

(4)规划建议

①以农业与旅游业复合化开发为主线,推进传统农业向现代农业、休闲农业转型,充分利用水乡资源,打造特色休闲体验旅游基地。

②利用优美的水系空间,开发特色水域休闲旅游产品,要充分利用虹星桥优美的自然环境以及内部纵横交错的水系,星罗棋布的漾荡等生态旅游资源,开发滨水休闲和水上旅游产品。

③优化农业产业结构,促进农业产业、新农村建设和旅游业的协调发展。规划区旅游的开发要注重与农业产业的提升和新农村建设相结合。农业产业的提升要以优化农业产业结构为突破口,解决旅游开发季节性强的问题,形成有四季美景可看,有农家美食可品,有农副产品可购,有特色活动可玩的系列旅游产品。

④突出农耕主题,注重挖掘当地文化传统,将特色文化内涵融入旅游开发,整体打造江南农耕文化博览园。规划区具有悠久的农耕文化传统,拥有特色的民俗文化、饮食文化,要对这些文化进行选择性的挖掘和包装,并在旅游产品的开发过程中充分结合这些特色文化资源,将文化渗透到旅游开发的方方面面,增强旅游产品的生命力。把虹星桥全镇打造成一个开放式、多元化、复合式的中国规模最大的江南农耕文化博览园,创建江南农耕文明示范区。

(5)主体项目支撑

虹溪休闲旅游长廊:新318国道横穿虹星桥东西,全长9千米,“长廊”拥有良好的乡村生态环境、深厚农耕文化底蕴和“农园新景”现代农业示范资源,规划面积4.5平方千米,以“常年休闲垂钓+四季观光采摘”为主打旅游产品,可开发建设集垂钓休闲、农活体验、耕读会所、特色农产品采摘的乡村休闲旅游长廊。

蠡塘——栖诗小镇:蠡塘,其诗意的名字与历史文化名人范蠡息息相关。相传范蠡与西施泛舟江南至此,在此过着幸福美满的生活。蠡与塘的联姻从而孕育了蠡塘这个美丽的地方。蠡塘栖诗小镇位于长兴虹星桥镇,规划面积3平方千米,以蠡塘老街、刘井村、里塘村及虹星桥特种水产现代园区为核心区域。小镇耕读传家遗风浓、人文故事底蕴深厚、桑基鱼塘风景美,有诗人结社、蠡相公庙遗址、凤凰墩古渔村、“忘不了”特种水产园区等特色资源,适宜开发建设水乡人居、诗园游学、道教修养、农业休闲、水乡特产等旅游项目。

3. 和平镇

(1)基本概况

和平镇，素有长兴南大门之称，东接湖州，南临天目山脉，西近安吉，北靠西苕溪，中贯省道鹿唐线，水陆交通十分便利。农业主产水稻、蚕茧、水产、茶叶、水果、竹木；工业以矿山建材为主，轻纺、竹木加工业蓬勃发展。

(2)资源特色

和平镇历史悠久、文化积淀深厚，拥有良好独特的旅游资源，具体为三大风景区：城山风景区，有1500年的历史，上溯到三国时期。周坞山风景区，青山绿水交相辉映，总面积2200多亩，最高峰九天山海拔450米，适合开发建设集休闲避暑、疗养度假、户外运动等综合性的旅游项目。霞幕山风景区，是韩国佛教国师寻访祖师石屋清拱禅师遗址。三大遗(旧)址：浙北古人类新石器时代文化代表之一“马家浜文化”遗址；国民党元老雷震所建长安小学旧址；当代书画家原浙江书画院潘韵故居旧址。三大宗教禅寺：城山清凉禅寺、吴村法海禅寺、霞幕山云林禅寺。六大旅游观光文体节庆活动：“登山节”“桃花节”“采桃节”“蜜梨节”“乡村音乐啤酒节”“山地速降自行车比赛”。

(3)发展定位

1)发展定位

坚持一个理念：将和平镇旅游开发融入整个长兴县全域旅游格局考虑。围绕一大战略：围绕“生态经济化”战略、“乡村旅游精品集聚区”目标，把和平镇良好的自然资源转为经济效益，提高和平知名度、美誉度。争取一大突破。通过宣传推介招商引资、吸引民资，近两年内要在重大旅游项目进驻上有所突破，与目前的城山沟景区形成良性竞争、优势互补，构建“游娱购吃住行”旅游大产业。

2)发展思路

“树立一个目标，坚持三个突出、三个提升”：树立“一流的乡村旅游精品集聚区目标”，在2015年市县有知名度、2016在省有知名度、2017在长三角有知名度；坚持“突出乡村旅游、节庆旅游、文化旅游”；坚持“镇党委政府对景区规划引领、服务保障水平提升，旅游景区品质提升，景区运营能力提升”。

3)规划要点

整合梳理和平优质的旅游资源，加大宣传、大力推介、提升和平旅游品牌知名度。联合观光农业、美丽乡村、文化礼堂、文体休闲设施等，推动乡村旅游提升，认真做好农事节庆活动，“登山节”“桃花节”“采桃节”“蜜梨节”“啤酒节”“速降车比赛”，并落实旅游安全、旅游食品安全等工作。提升规划引领，规划“一心(和平旅游集散中心)，一带(城山—周坞山—霞幕山景观带)，一城(和平新型化城镇)，三景区(城山为中心的乡村风景区、现代农业采摘观光风景区、明清古建筑风景区）”旅游布局；启动创AAAA景区创建工作，抓好城山沟景区高端客房及会务中心建设；完成城山沟农产品及旅游商品店项目建设；近两年引进新旅游项目1个、引进经营景点的旅游公司1家；2017获省级旅游品牌1个。构建“大旅游”格局，成立专门班子，统筹协调指导全镇旅游规划、景区建设分布等工作，并出台推进鼓励引领全镇旅游工作政策，提高村、企对旅游工作的积极性。

（4）主体项目支撑

城山沟

基本概况：坐落于和平镇。始建于1991年，现为国家AAA景区、全国农业旅游示范点。

提升方案

1）以城山沟景区为核心，整合霞雾山景区，对周边分散景点进行品牌、功能、线路、营销，管理综合整合，构建旅游小镇与周边景区整合联动开发的大旅游系统，打造成长兴县乡村旅游业发展的龙头，成为长兴乡村旅游精品集聚区。

2）充分发挥其毗邻湖州、安吉的特殊区位优势，大力发展休闲旅游产业，配套休闲度假设施、健身设施、娱乐设施，营造滨水休闲景观带，精心打造旅游购物、美食、休闲、娱乐等特色休闲街区，营造高品质的休闲旅游消费环境，逐步形成功能完善、服务一流的休闲旅游体系，将城山沟打造成为湖州至安吉集旅游、文化、景观、产业、生态、休闲于一体的旅游集散中心点和旅游驱动型景区。

3）加快一批项目的升级改造，推进景区的精品化和品牌化发展。

4）深入城山沟历史、民俗与生态文化内涵，做好演艺娱乐、文化商品、文化会展、文化创意、影视制作产品开发，加快推进城山沟现有节庆活动的等级提升。

5）积极创造条件，创建国家AAAA景区。

周坞山度假运动体验区：周坞山水库四面环山，中间碧水，山衬水，水映山，环境十分优美。水库中有一小岛，酷似“龙珠”，岛上鸟类繁多，水库周边漫山遍野开满杜鹃花、紫藤花、牡丹花、玫瑰花、桂花等，可谓鸟语花香，风景秀丽。周坞山水库总面积2200多亩，最高峰九天山海拔450米，目前水库北侧山坡有占地35亩、标准化建筑物8000平方米可开发为高档宾馆，打造建设集休闲避暑、疗养度假、户外运动等综合性的旅游项目。特别是利用周坞山山体坡度相对较缓、山麓间各类车行道已有一定基础，可设计多条山地自行车道，构建周坞山度假运动体验区。

现代农业采摘观光风景区：以白茶街为统领，结合农家乐特色，整合万亩白茶园、亿丰观光农业、城山水蜜桃基地、韦山蜜梨子、庄里红枫、江湾垂钓、特色鱼庄、长和公路观光走廊等农业观光资源，打造精品观光风景区。

4. 农园新景

规划范围：沿新318国道，西起浙皖省界，东至长吕公路交叉口，全长约38千米，涉及吕山、虹星桥、林城、泗安4个乡镇。

总体布局：总体布局为“一轴、二区、多园”：

一轴：以新318国道为轴线；二区：东部农园集聚区，长吕公路以西至中国花木城，主要是新318国道“农园新景”实验示范带中的吕山乡、虹星桥镇、林城镇、泗安镇；西部生态涵养区，新318国道泗安镇（中国花木城）以西至浙皖省界；多园：沿318国道设置若干农业园区，主要项目有泗安现代农业观光园、柳福蔬菜精品园、吕山村果树精品园、螺溪精品水果园、大唐农业综合园，以及蠡塘特种水产园等。

2 太湖之弧——太湖之弧风情旅游区

2.1 空间范围

包括太湖图影旅游度假区、太湖新城，以及洪桥镇、夹浦镇。

2.2 主要问题

长兴太湖旅游没有形成一盘棋、一张牌。

2.3 规划思路

文化为魂，围绕“太湖风情”进行谋篇布局。

2.4 主题形象

太湖风情，美丽乡愁

2.5 总体定位

按照“建设大景区、发展大旅游、形成大产业、打造大品牌”的总体要求，形成“生态支撑旅游，文化提升旅游，产业服务旅游”的全新发展思路。坚持高端精品、绿色生态和渔耕特色的发展定位，突出高端度假，构建以滨湖景观大道为轴线，太湖图影旅游度假区、太湖新城及太湖渔耕风情为核心的太湖风情旅游带，致力打造成融汇“风景·风情·风尚”，涵盖旅游、休闲、体验、度假、养生、娱乐、创意以及特色农业，以休闲度假为核心的太湖深度体验型旅游度假区。

2.6 空间格局

“三景一廊”，构筑“一轴三核”空间格局。以太湖之弧百里艺术走廊为轴，以太湖图影旅游度假区、太湖现代农业示范区以及太湖旅游城三个太湖旅游发展极为核心。

2.7 景区策划

核心景区1：太湖之弧——太湖之弧百里艺术走廊

规划范围：长兴34千米的太湖岸线。

策划思路：发展通道经济，将34千米太湖滨湖景观带作为太湖旅游发展主轴，同时拓展若干支线，高举“艺术”旗帜，打造太湖之弧百里艺术走廊，画出太湖最美的弧线，并与湖州太湖旅游度假区打通，共同打造世界级太湖旅游亮点。

发展定位：主打“风景”。用艺术的方式告别与迎接，从旅游产品和核心吸引物的角度，以艺术为核心主题和创意，以景观为主体，定位为集聚艺术景观、艺术创意、艺术中心、小型美术馆、滨湖主题艺术广场、艺术村、尚品艺术酒店，以健康骑行、旅游休闲、艺术畅想等为主要功能的太湖“艺术”之弧，打造“太湖第一道”，太湖最有艺术气质和艺术品位的滨湖岸线。

策划要点

(1)统一进行策划与规划，强调规划设计的整体性，并通过景观、线路和活动，形成实质性的太湖之弧艺术走廊旅游区。以太湖为脉，凸现地标，着力营造富有长兴地方文化内涵、太湖文化特色和现代艺术气质的城市、生态与旅游景观，使景区成为到太湖必游的旅游区。

(2)建设“太湖之帆”标志性景观，突出艺术特色；将太湖之帆建成文化品位高、旅游活动丰富的“太湖之弧”旅游的核心地带。

(3)以太湖绿道为轴线，加强徒步功能配置，将其打造成徒步休闲旅游的精品荟萃区段。

(4)规划建设文化商业区。形成集商业、文化、旅游、休闲、居住功能于一体的中央游憩区。

亮点项目

项目1：太湖之帆：以太湖为线索，邀请艺术大师，进行艺术构思创作，打造“太湖之帆”世界级地标性景观，吸引全球。

项目2：太湖驿站：贯穿全线，分段进行驿站建设，每个驿站，都是太湖文化艺术精致小品。其建筑造型一驿站、一风格、一主题，一路既是驿站，又是风景，远看如帆影点点。

立足旅游角度，一是进行景点、景区建设，二是服务配套角度，以文化体验、餐饮、娱乐、休闲等复合功能为导向，进行综合开发，设置码头、步行街、酒吧、茶馆、停车场、厕所、自行车停靠点，形成集观湖、赏景、休闲、娱乐、消费、集散于一体的太湖旅游休闲步道。

核心景区2：太湖图影旅游度假区

规划范围：位于长兴县弁山北麓，度假区东接太湖，南临弁山，西近洪桥镇弁山村，北靠洪桥镇东王村，规划总面积约23.8平方千米。

形象定位：山图水影，逐梦太湖

总体定位

立足原生态，以太湖文化为核心脉络。融汇湿地娱乐游憩、高端运动休闲、本土文化体验、现代康体休养、秀美生态观光、国际会议会展等功能，面向长三角高端客群，打造长三角高端休闲旅游度假第一目的地。

市场定位

基础市场：以长兴、湖州、上海为范围，面向以自驾车和自助游为主要出行方式，以休闲旅游为目的的家庭和银发游客。拓展市场：以环太湖流域及邻近的各大中城市为范围，面向以团队出游为主要出行方式的，以户外休闲运动和养生康体为目的的中青年游客。机会市场：

面向转道来湖观光和商务旅游客群，以商务会议和会展会议旅游为目的的游客群。专项市场定位：银发市场、户外运动市场、商务会议市场、康疗养生市场。

亮点项目

主要有图影生态湿地文化园、健康城、太湖梦工厂、稻草人乐园、图影艺术步道、药师文化园、弁山森林公园、太湖山居度假村。

支撑景区1：太湖渔耕风情旅游区

规划范围

夹浦镇、洪桥镇。

发展定位

突出太湖“风情”主题，建设集生态农业观光、创意文化休闲、渔家风情游乐、农耕文化体验等于一体的太湖渔耕风情旅游区。

洪桥镇：

总体形成“一心两带四区”的空间格局：

一心：太湖蟹岛体验中心。

两带：北部太湖风情带，中部滨河游憩带。

四区：创意文化休闲区，渔家风情游乐区，农耕文化体验区，生态农业观光区。

亮点项目

项目1：太湖艺术村落

依托太湖村优美的村庄环境以及具有浓郁地方特色的村落，以景区建设思路，六村成片打造，高起点切入水乡艺术，创建太湖艺术村落景区。

毗邻太湖大道沿线，选择太湖村、金星村、中道村、东王村、潼桥村、橡树下村等众多村庄，按照景区建设思路连片打造，以美丽乡村建设为载体，挖掘太湖水乡的文化资源，鼓励发展以本地特色艺术主题文化为核心的创意设计、文化旅游、民宿客栈、农业体验，一村一品为特色，打造太湖艺术村落。

项目2：太湖蟹博览园

以太湖蟹为卖点，结合溇港文化，打造以“七斗漾”为核心的太湖蟹博览园。

项目3：渔耕休闲博览园

以农业观光和水果采摘为基础，建设集农业生产、旅游休闲、民宿度假为一体的渔耕休闲博览园。

项目4：太湖游泳中心

利用毗邻太湖的资源优势，规划建设大型游泳场。

夹浦镇：

依托成熟的轻纺市场，开展商贸休闲活动。

丁新中心村和长平中心村依托葡萄种植，加大农业发展力度，大力调整农业产业结构，发展农业示范园，创建农业休闲示范村。

支撑景区2：太湖新城

以太湖新城为中心，拓展范围和空间，结合自身产业定位及区域优势，大力发展旅游服务经济，构建集旅游集散、旅游购物、特色街区、文化演娱、休闲度假等于一体的太湖旅游新城。

太湖新城突出现代、时尚、科技。做强旅游配套，构筑水上游览体系，发展高端酒店、主题商业、水上运动，重点做好长兴太湖大景区门户的太湖游客中心——太湖方舟旅游综合体项目的建设。

亮点项目：太湖方舟

项目定位

依托中建酒店项目，打造以“太湖方舟”命名，集文化、旅游、商业、娱乐、休闲、创意等于一体的超级旅游综合体，成为游客进入长兴的第一站和离开长兴的最后一个出口，打造世界级旅游综合体，立志成为世界一流、国内领先，能产生轰动效应和品牌示范效应的旅游综合体典范。

功能定位

以太湖为灵魂，长兴为主轴，旅游为平台，创意为纽带，集中性、浓缩性展示全县文化旅游主要景观景点和民俗风情。

主要项目

主要项目包括长兴旅游集散中心、太湖方舟地标广场、太湖文化创意产业园、商业街以及太湖文化大型主题公园。

3 天籁之音——仙山湖国家假日公园

3.1 规划范围

以泗安镇全域为规划范围，含林城镇。

3.2 发展思路

整合大空间，建设大景区，以仙山湖国家湿地公园为核心，整合二界岭、上泗安村、中国扬子鳄村等旅游资源，创建仙山湖旅游圈。

3.3 主题形象

仙境山水，田园生活

3.4 发展定位

把仙山湖的自然山水、田园风光和泗安的千年古镇文化、仙山湖仙佛文化以及地方特色文化有机融合在一起，积极构建适应国民旅游休闲需求的全方位的假日旅游度假产品体系及高品质的旅游公共服务体系，坚持高端休闲和国民假日旅游的发展定位，围绕“国家AAAAA

级旅游景区、国家生态旅游示范区”的发展目标，致力于创建一个以山水田园生活为特色，集旅游观光、休闲度假、湿地探索、文化体验、科普教育为一体的国家假日公园，长三角假日休闲首选目的地。

3.5 目标市场

主体目标市场为长三角都市白领市场、节假日市场、家庭市场、自驾游市场、康体养生市场。

3.6 规划要点

淡化仙山湖物理空间，深化仙山湖概念，牢牢抓住“仙山湖”品牌。

整体推进仙山湖大景区建设，组建旅游度假区管委会统一对仙山湖湿地公园、二界岭、中国扬子鳄村进行开发、管理和运作。

在整合原有资源的同时，充分考虑新建项目的娱乐、休闲度假功能，推进产品形态升级换代，拓展开发思路。

3.7 景区策划

核心景区1：仙山湖国家湿地公园

项目背景

仙山湖以浑然一体的名山名湖名寺，江南罕见的水上森林，酷似迷宫的港汊芦苇，瑰丽迷人的水乡田园为特色。现为国家级湿地公园、国家AAAA级旅游景区。

主要问题：一是基础设施不够完善，缺少旅游度假所需的住宿、吃饭、购物、娱乐等配套服务场所；二是旅游系统不够健全，风格单调；三是仙山湖湿地个性不够鲜明，产品单薄，需进一步丰富旅游项目，进一步扩大规模，拉长旅游产业链。

主题形象

仙境山水，自然天堂

总体定位

以“仙”为魂，跳出单纯的湿地旅游思维，以“国民休闲”为线索，内扶外引，旨在把仙山湖秀丽的湖光山色、独特的仙佛文化与国民旅游休闲需求有机地结合起来，突出“自然、生态、低碳、绿色、野趣”五个要素，把仙山湖打造成为以仙境体验为核心，集湿地教育、文化休闲、养生度假、山水体验、乡村旅游五大核心功能于一体的仙境湿地公园。

规划要点

(1)全方位谋划假日旅游度假产品体系及高品质的适合假日旅游需求的旅游公共服务体系。

(2)开发多样化、特色化的水上旅游活动，建设仙山湖水上运动中心，继续开发和推广滑水节、捕鱼节等特色节事旅游活动，使仙山湖成为江南地区湿地中最大、最具特色的水上旅游活动中心。

(3)进一步完善旅游设施和旅游服务,增加主题度假设施和旅游活动,加强娱乐、休闲、文艺表演等旅游项目的开发,营造并保持旅游区度假休闲氛围,增加主题酒店、经济型酒店,调整和优化产业结构,提高景区综合效益。

亮点项目

亮点项目1:湿地魔法公园

突出互动、体验、娱乐,围绕自然、野趣、梦幻,打造“仙”的世界,“鸟”的天堂,“花”的王国,“闲”的秘境,“芦苇”的迷宫,“森林”的海洋。

重点项目有古潮观渔、仙鹤渡、荷博园、仙柳湾、烟雨滩。

亮点项目2:仙人阶梯

做足仙的文章,整体营造仙的意境和氛围,通过望仙亭、聚仙台、八仙楼等景观点缀其间,以及环湖仙景步道的建设,打造以仙境阶梯命名的环湖休闲步道。

亮点项目3:星期八小镇

选址黑松林,创建一个多节点、集聚式的假日综合体。

项目包括酒店组团、剧场、自驾车营地、水上运动中心、温泉、养生社区、博物馆、商业街以及特色民宿等。

亮点项目4:上泗安村

空间位置

上泗安村及周边区域。

策划内容

依托上泗安,集聚民宿、购物、集散,打造成为游客中心。

亮点项目5:显圣寺

深度挖掘地藏菩萨文化内涵,通过对仙山的整体开发,打造“小九华山”旅游品牌。

亮点项目6:“王子与公主”乐园

依托阳光体育公园,推动“王子与公主”主题亲子游乐园项目建设。

支撑景区1:普罗旺斯庄园

规划范围

位于太湖流域的浙皖两省交界处,长兴县最西端,距县城35千米。原二界岭乡,规划范围64平方千米,有7个行政村、95个自然村,总人口1.5万人。

资源特色

以乡村为特色,已经建设起了果圣山庄、薰衣草风情园等项目,并计划设置石榴园、玫瑰园、向日葵园等项目。

创意思路

突破高端,创意发展。

发展定位

围绕田园风情做文章，以薰衣草风情园、石榴园、茶园、玫瑰园等为依托，聚焦庄园经济，开拓庄园旅游发展新模式，打造长三角最大的庄园度假综合体公园。

采用园中园模式，普罗旺斯整体就是一个以“花”为主体的超级大庄园，亮点庄园项目主要有薰衣草庄园、葡萄酒庄、归园田居、果圣山庄、玫瑰庄园等庄园示范基地。

策划要点

（1）普罗旺斯庄园定位为向高度工业化、城市化地区市民提供一个人与自然和谐、健康身心、远离尘嚣、回归自然、体验传统、满足人们精神和文化追求的绿色度假天堂，要成为保护传承浙北山村田园意境和传统文化的重要动因。要充分体现“乡村观光+生态休闲+文化体验=乡村旅游”的乡村旅游精髓，形成多元化、多功能、多层次的乡村旅游发展类型，既要有以优美的浙北山村绿色景观和田园风光及独特的农业生产过程作为旅游吸引物，吸引城市居民前往参观游览的观光型乡村旅游；也要有以乡村旅游资源为载体，以形式多样的参与性旅游活动为主要内容，以满足游客休闲娱乐、身心健康、自我发展等需求的休闲型乡村旅游；还要有以乡村民俗风情以及传统文化为主题，深度挖掘乡村旅游产品的文化内涵，满足旅游者文化旅游需求的文化性乡村旅游。

（2）打造具有长兴文化个性的乡村旅游精品。要树立大区域整体开发的理念，整体定位，差异化开发，以生态保护为基础，以文化体验为重点，以休闲度假为核心目标，塑造“生态家园、文化圣地、休闲天堂”的旅游品牌。

（3）着力打造庄园精品。注重旅游产品的参与性、体验性和特色性，力争使普罗旺斯庄园成为长三角一流的庄园旅游示范地、集聚地。

支撑景区2：中国扬子鳄村

空间位置

位于泗安镇尹家边村。“中国扬子鳄村”是在原有长兴扬子鳄保护区的基础上扩建的，包含扬子鳄自然繁育研究中心，分自然繁育、休闲、垂钓、观赏等四大功能区，拥有观鳄楼、垂钓台、休闲亭、绿色长廊、翠竹茶楼等，形成独具一格的“楼台亭阁、廊桥轩舫”等江南古园林景观。是我国第一家扬子鳄自然繁育基地和研究中心，除了拥有大小不等的4398条扬子鳄外，还新增设以暹罗鳄、尼罗鳄为主体的鳄鱼馆。

开发现状

目前为国家AAAA景区，拥有自然扬子鳄和江南古园林建筑，分自然繁育、休闲、垂钓、观赏等四大功能区。

发展思路

突出扬子鳄的“古生态”资源特色，创建以全景式科普课堂、沉浸式梦幻体验、自然式生态休闲为主要内容的“中国扬子鳄乐园”。

主要内容

除二期项目外，重点打造以野生动物散养为特色，集动物野趣观赏、休闲娱乐、科普教育于一体的“长兴动物世界”。

针对中国扬子鳄村的发展现状，建议联合周边村庄开发乡村旅游，增加农家餐饮、住宿等项目。

4 人文馨香——长兴历史文化旅游区

4.1 空间范围

涵盖槐坎、白岘、小浦及煤山。长兴是历史悠久的革命老区，是新四军苏浙军区的根据地中心。新四军苏浙军区18处革命旧址群构成优质红色旅游资源，集中分布于槐坎、白岘，构成红色经典。该集合区又以世界级的金钉子剖面享誉全球，地文景观资源丰富且有特色。

4.2 发展思路

以文为脉，恢宏布局，围绕长兴原乡文化特色做文章，串联成线片发展，整体打造。

4.3 发展定位

以文为脉，彰显历史文化特色，立足长兴，宏弘布局，以红色文化、古生态文化、太湖石文化以及长兴特色的乡村旅游资源为核心，整合合溪水库及其上游白岘、小浦、槐坎、煤山等乡镇，着力实现资源优势到产业优势的转变，形成品牌和产品，从文化引领到产业融合，坚持走文化旅游产业发展新路，打造集体验旅游、优美红村、文化创意、远古文化探索、太湖石博览以及特色乡土民俗体验于一体的长兴历史文化旅游区、中华古生态文化体验式核心旅游目的地、文化旅游产业示范基地。

4.4 目标市场

亲子市场、儿童群体、学校及教育培训机构。

4.5 景区策划

核心景区1：江南红村

资源依托

新四军苏浙军区旧址群与江南红村现为国家AAAA景区、全国青少年爱国主义教育基地。主要包括新四军苏浙军区一纵队司令部、新四军苏浙军区司令部旧址、苏浙公学、后方医院（疗养所）、苏南行政公署、江南红村接待中心等。

发展思路

以江南红村为基础，整合仰峰村，形成红色旅游，新农村建设+乡村旅游新格局，打造江南红村大景区。

发展定位

创建以红色爱国主义教育为核心、乡村休闲旅游为补充，集文化、休闲、度假、娱乐、创意等于一体的以江南红村命名的新四军文化创意小镇、新四军博物馆小镇，江南红村旅游大景区，打造“中国新四军第一村”。

提升方案

一是彰显主题性，江南红村最弥足珍贵的资源、最具特色的旅游价值就是红色精神。重点是打造活动基地，使江南红村成为进行思想政治教育和爱国主义教育的活动基地；打造教育课堂，使江南红村成为党员、青少年、学生、军人等进行励志教育的实践课堂；打造研究中心，使江南红村成为宣传精神、展示成果、内涵升华的研究中心。二是强化功能性，摆脱旧式惯性思维，以新的眼光、新的思维，赋予红色旅游新的定位、新的功能。把江南红村建成休闲家园，让游客在心情愉快中接受教育，在游玩中享受生活，在休闲中感受温馨。把江南红村建成生态花园，使景区植被茂盛，常年桃红柳绿。三是增强开放性，用包容的心态，共赢的举措，搞好江南红村与其他景点之间的合作与共进。增进红色景点之间的互动与串联，使区域内红色景点联为一片，形成一条有价值的红色旅游精品线路。增进与石山竹海、金钉子地质公园等其他景点的互补与融合，相互支持、共同发展。四是突出带动性，在精神上带动，把红色精神作为提振精气神、传递正能量，进行社会主义核心价值体系教育的特殊手段。在品牌上带动，提升江南红村品牌形象，维护品牌荣誉，使江南红村旅游品牌成为地方金色招牌，城市响亮品牌。五是突出建设的精致性和品质性，打造红街、红园、红营、红漂等产品。六是利用新四军苏浙军区革命旧址群丰富的革命遗址，建设系列新四军文化博物馆。

核心景区2：金钉子地质公园

长兴金钉子是世界地质遗迹，是全球最完整的二叠—三叠系界线层型剖面和点位，被誉为世界上最完美的地质遗迹保护区。现为国家地质公园、国家AAAA级旅游景区。已建有金钉子广场、金钉子地质博物馆、植物迷宫、望岩湖、素质拓展中心等。

·创建以科普教育为核心的科普教育基地，将金钉子地质公园内的旅游资源重新定位并凝结成一股力量，形成更大更强的力量向更加广阔的市场推出去。

·利用望岩湖、素质拓展中心等，打造以野营、拓展、户外为主要内容的科普营地。

核心景区3：十里古银杏长廊

资源概况

绵延数十里的活化石古银杏长廊分布着5.7万株的古银杏，百年以上2724株，其中千年以上的古银杏4棵，在全球都极其罕见。

发展定位

聚焦智慧养生，奋力破解交通、空间格局、功能以及产品等诸多瓶颈，实现由银杏观光地向观光与休闲度假相结合的智慧养生目的地转变，大力发展长寿养生旅游业，把十里古银杏长廊打造成长三角长寿养生度假基地。

十里古银杏长廊规划建设五个旅游片区：

一是围绕十里古银杏长廊，依托古银杏公园，规划建设中华古银杏公园景区，立足银杏文化,实现十里银杏景区化,布局银杏文化长廊、银杏摄影基地、银杏创意小品,强化银杏特色文化和旅游元素,让游客深度感受“拜、逛、赏、食、品”等独特的古银杏文化魅力。

二是挖掘花卉养生的文化魅力,赋予十里古银杏长廊花卉养生的绿化特色,规划建设具有养生功能和效用的树木、花卉,建设养生花园。

三是做好乡村休闲养生旅游项目策划。建设岕里老屋,开发艺术阁、民俗园、竹苑、文化杏苑、土屋、禅居等六大主题的民宿项目。

四是建设以运动养生为中心的天泉山景区,天泉山雾气萦绕,竹林茫茫,山道古朴,流水淙淙。漫步山间古道,一种肃静洗染身躯,自然清丽,没有半点虚假。从山里流出来的水,清澈、透明。“山多绿,水便多绿,山养水,水润山”。规划以古银杏天泉景区为依托,开发建设素质拓展、山顶露营、休闲民宿等项目,打造集运动体验、休闲娱乐、住宿茶饮为一体的休闲度假旅游地。建设骑行养生廊道,房车营地。

五是建设太乙观,依托道教资源,形成以道教养生为特色的文化度假村。

支撑景区1:石山竹海

规划范围

以槐坎乡、白岘乡、小浦镇和煤山镇大区域空间范围。涉及30万亩竹海。

规划设想

以旖旎的竹海资源为依托,以资源基底及交通情况设置主题游线,以太湖石为魂,设置不同功能、主题和特色的板块。打造集生态、教育、研修、乡土探索于一体的生态休闲区。

支撑景区2:合溪水库

规划范围

以合溪水库为核心,以分水岭为边界线,约50平方千米。

资源特色

自然生态环境一流,人文旅游资源富有特色。

规划构思

保护为主,适度利用。自然“衣”,现代“骨”,文化“魂”,发展水利经济,打造文化体验与现代休闲交融、游憩娱乐与品位人居统一、历史经典与现代时尚对话的湖泊旅游区,长三角知名旅游综合体。

空间布局

形成山水休闲区、游乐服务区、悬山养生区和水景带。

支撑项目1:新四军小道

项目背景

长兴新四军苏浙军区旧址群分布于槐坎乡、白岘乡以及煤山镇,共18处。

资源依托

新四军苏浙军区旧址建筑群。

主要问题

以保护为主,极大多数缺乏后续利用开发。

点多面广,布局分散。

开发思路

"划破边际"

以"新四军小道"为崭新概念,划破边际,以红色主题为依托进行串联,并集中进行18处红色景点所在地的新农村建设,形成"百里红色走廊",打响"新四军小道"在长三角红色旅游中的知名度。

发展定位

将整体打造江南规模最大、档次最高、内容最为丰富,骑行、休闲等项目最为集中的新四军文化走廊,打响"新四军小道"红色品牌。

支撑项目2:太湖石大道

项目背景

以301省道为基线,全长6千米,其中以煤山康达桥至白岘三号公路为核心路段,长约2.5千米。

资源依托

位于山系的山坳处,地形以平地居多,分布有山林、空闲场地以及多个村落,许多村落沿省道成排建造民居和院落,已有太湖石堆掇,个别区域堆掇范围较广,并且以村户为单位进行的相对自发而分散的太湖石交易产业已具有一定规模。

开发思路

作为太湖石产业与文化展示的融合,结合沿线山林、农田、村落、溪流等景观要素,将其打造一条富有活力又有大自然质朴风格的太湖石主题文化景观带。

功能定位

历史大道、景观通道、慢行绿道、太湖石产业带。

项目设置

根据乡土文化资源,划分5段景观文化走廊,分别为"煤山工业文化走廊""青鸟啼笼文化走廊""岁岕古茶文化走廊""大话西游文化走廊""百年傩戏文化走廊"。并强化五通山、太湖石博物园以及五通山村、白岘村等美丽乡村建设。

(二)《长兴县关于进一步加快旅游业发展的若干政策意见(试行)》

长政发〔2012〕22号

为进一步促进长兴县旅游业的快速发展,着力实现长三角生态休闲度假首选区的目标,根据省市有关文件精神,结合长兴实际,特制定本政策。

一、鼓励加快旅游景区(点)建设

(一)加强用地保障

对符合长兴县旅游发展总体规划要求,经县旅游发展领导小组确认的,确保优先报批,优先供地。

(二)加大财政扶持力度

投资额在500万~1000万元(含500万元,外币按人民币折算,下同)的旅游投资项目,项目自营业年度起,所缴纳的营业税第1~2年由县财政按县得部分奖励20%,第3~5年按县得部分奖励10%。第1~3年所缴纳的企业所得税,县财政按县得部分奖励60%。

投资额在1000万~3000万元的旅游投资项目,项目自营业年度起,所缴纳的营业税第1~2年由县财政按县得部分奖励40%,第3~5年按县得部分奖励20%。第1~4年所缴纳的企业所得税,县财政按县得部分奖励60%。

投资额在3000万元以上的旅游投资项目,项目自营业年度起,所缴纳的营业税第1~2年由县财政按县得部分奖励50%,第3~5年按县得部分奖励40%。第1~5年所缴纳的企业所得税,县财政按县得部分奖励60%。

(三)实行规费优惠

新投资的景区(点)项目,所有行政性规费县得部分按60%给予奖励。

(四)引导民间资本投资建设

凡民间资本在长兴县投资建设旅游景区(点),符合旅游规划,实际投资额在500万元以上的,给予2%的奖励,此项最高奖额为20万元。

(五)支持景区(点)提升等级

积极鼓励景区等级提升,对获得国家AAAAA级、AAAA级、AAA级旅游景区的,一次性分别奖励50万元、30万元、10万元。景区获得国家旅游主管部门设立或国家旅游主管部门与其他部门联合设立的其他荣誉称号的,奖励20万元;获得省旅游主管部门设立或省旅游主管部门与其他部门联合设立的其他荣誉称号的,奖励10万元。

(六)鼓励扩大接待规模

旅游景区(点)年接待5万人次的,奖励2万元;年接待10万人次的,奖励5万元;年接待15

万人次的，奖励8万元；年接待20万人次及以上的，奖励10万元。

二、支持创建品牌饭店

(七)加大财政奖励力度

五星级、四星级、三星级饭店自获得批文后，首次取得星级的有效期内，所缴纳的企业所得税县财政分别按县得部分40%、35%、30%给予奖励。

(八)鼓励星级创建

饭店获得五星级饭店批文和挂牌后，第一年奖励40万元，第二年经认定服务质量未下降再奖励10万元；获得四星级饭店批文和挂牌后，第一年奖励20万元，第二年经认定服务质量未下降再奖励10万元；获得三星级饭店批文和挂牌后，第一年奖励5万元，第二年经认定服务质量未下降再奖励5万元。原四星级、三星级饭店经改造扩建后，分别晋升到五星级、四星级饭店的，获星级批文和挂牌后奖励20万元。

(九)鼓励加强品牌建设

星级饭店获得省级以上政府或旅游管理部门评定的年度“优秀饭店”(或同等级别称号)荣誉的，奖励5万元；获市级“优秀饭店”(或同等级别称号)荣誉的，奖励2万元。对新引进或委托全球酒店集团300强的饭店，正常运行满两年的奖励20万元，正常运行第三年再奖励20万元；对新引进或委托中国酒店业集团20强的饭店，正常运行满两年的奖励10万元，正常运行第三年再奖励10万元。

三、大力支持旅行社档次提升

(十)鼓励旅行社做优做强

本地旅行社进入省100强的，奖励3万元；进入省10强的，奖励5万元；获省“优秀旅行社”称号(或同等级别称号)的，奖励5万元；获市“优秀旅行社”称号(或同等级别称号)的，奖励2万元。

对被评定为省五星级、四星级、三星级品质的旅行社分别一次性奖励10万元、5万元、3万元。原四星级、三星级品质旅行社经改造分别晋升到五星级、四星级旅行社的，获星级批文后分别奖励5万元、2万元。跨星级创建成功的，按星级奖励金额的差额给予奖励。

(十一)加大导游人才的培养与引进力度

获得省级优秀导游员称号(或同等级别称号)后在原单位工作满一年的，奖励所属旅行社0.5万元、个人0.5万元；获得市级优秀导游员称号(或同等级别称号)后在原单位工作满一年的，奖励所属旅行社0.2万元、个人0.2万元；对引进省、市级优秀导游员且在引进单位工作满两年的，分别奖励旅行社0.5万元、0.2万元。

取得高级导游资格证和导游证或外语导游证的，奖励所属旅行社0.5万元、个人0.5万元；取得中级以上导游资格证和导游证的，奖励所属旅行社0.3万元、个人0.3万元。

四、鼓励发展乡村旅游

详见《关于促进农家乐发展的若干意见》(县委办〔2005〕18号)和《关于举办农业观光节庆活动和建设休闲农业观光园有关事项协调会议纪要》(长兴县人民政府专题会议纪要〔2007〕42号)。

五、进一步完善旅游配套设施

(十二)鼓励开发地方特色旅游商品

对开发并生产附加值高、市场份额大、工艺精致、携带便利、游客喜爱、影响力大的旅游商品的企业,经认定奖励1万~5万元。鼓励旅游商品店开展星级创建,对被评定为省五星级、四星级、三星级、二星级旅游商品店的,分别奖励15万元、10万元、5万元、2万元。

(十三)鼓励参与省旅游"百千万"工程创建

对获得浙江省旅游强镇(乡)称号的乡镇,一次性奖励10万元;对获得浙江省特色旅游村称号的行政村,一次性奖励5万元;对获得浙江省旅游特色经营户(点)的旅游经营主体,一次性奖励1万元。

(十四)鼓励发展乡镇旅游特色商业街区

符合全县旅游总体规划,乡镇新建或改建的旅游特色街,经营业态符合旅游消费需求,店面数达到50户以上的,经认定奖励10万元。

(十五)鼓励推进旅游集散中心建设

凡符合旅游规划布局,在县域建设旅游集散中心,达到《旅游集散中心等级划分与评定(DB33/T810—2010)》一级、二级、三级标准且正常运作的,一次性分别奖励30万元、20万元、10万元。同时,参照加快旅游景区建设若干政策给予财政、规费方面的优惠。对在高速服务区、高速出口、旅游聚集区等地建设旅游咨询服务点,正常经营满一年,建筑面积达到20㎡以上的,经认定每个奖励1万元。

(十六)鼓励开设旅游专线

开通县外至长兴县主要景点旅游班车的,每周定时定点发班,对外公布信息,且稳定开通满一年,经认定奖励6万~10万元;开通县城至长兴县主要景点旅游客运专线的,每日定时定点发班,对外公布信息,且稳定开通满一年,经认定奖励3万~5万元。

(十七)鼓励旅游星级厕所建设

鼓励景区、旅游特色街区及有条件的乡镇、村的旅游厕所按照旅游星级厕所标准建设,建成后被评定为五星级、四星级、三星级的,对业主单位分别奖励3万元、2万元、1万元。

六、支持加快旅游市场开发

(十八)进一步加大地接奖励力度

县内旅行社(涉旅企业)年地接达到2000人次的,奖励1万元,每增加1000人次,奖励

0.6万元；农家乐接待以农家乐协会为单位，完成县旅游主管部门下达的地接人次指标，奖励1万～5万元。

县外旅行社组团到长兴，年输送达到1000人次，奖励1万元，每增加1000人次，奖励1万元；对游览两个以上收费景点且在县内宾馆住宿达到500人次以上的，另奖励6元/人次。

县外旅行社（涉旅企业）一次性组织500人以上的汽车大巴或一次性组织50辆以上（人数在150以上）的自驾车车队到长兴旅游（至少游览两个收费景点），每次奖励该旅行社（涉旅企业）0.5万元，奖励不重复，就高不就低。

（十九）支持发展入境游

县内旅行社（涉旅企业）年接待境外过夜游客（含港、澳、台）达到200人次（一日游400人次）以上，过夜游奖励40元/人次，一日游20元/人次；县外旅行社组团境外游客（含港、澳、台）来长旅游，过夜游客全年达到100人次（一日游200人次）以上的，过夜游奖励40元/人次，一日游奖励20元/人次；星级饭店年接待境外旅游者（含港、澳、台）人数达200人次的，奖励0.8万元，每增加100人次，再奖励0.4万元。

（二十）鼓励加强旅游网络宣传营销

对在知名旅游网络平台上宣传推介长兴旅游线路产品的旅游企业，经认定奖励500元/次，累计最高限额为5000元；对在个人网站、博客（微博）、论坛等网络宣传平台上发表长兴旅游的原创作品，作正面宣传且具有较大影响力的，经认定奖励200元/篇，累计最高限额为2000元。

七、星级饭店、旅游景区（点）、旅行社等旅游企业被评为旅游龙头企业的，年终一次性奖励5万～10万元（具体办法另行制定）。

八、对全县旅游业产生重大影响的旅游项目，可采取“一事一议、一项一策”的办法，单独实施优惠政策。

九、企业（单位）当年有不配合政府部门工作以及涉税犯罪和其他违法违纪行为或发生安全生产、食品安全、环境污染、产品质量、侵权等重大责任事故，发生重大群体性劳资纠纷事件的，不得享受本政策。企业（单位）弄虚作假骗取政策资金，有关部门将追回奖励资金，并取消其三年内申报政策资格。

十、以上政策，县委、县政府已出台文件有涉及相同内容的，按原有渠道和原有审核程序执行，不重复享受。凡涉及本政策意见两项以上奖励的，一律从高或从优享受，不得重复享受（地接奖励除外）。

十一、本政策由县旅游局、财政局负责解释。凡符合享受上述政策的单位和个人，政策兑现经县旅游局、财政局审核确认后执行。

十二、本优惠政策自2012年1月1日起执行，原长政办发〔2008〕58号文件同时停止执行。

长兴县人民政府办公室

2012年4月11日印发

(三)长兴县旅游发展三年行动计划(2015—2017年)

2014年12月25日,中共长兴县委办公室　长兴县人民政府办公室〔2014〕94号

加快发展旅游产业,是县委县政府着眼经济社会发展全局、推动旅游产业科学发展的战略决策,是发挥旅游产业带动作用、打造县域经济新增长点的重要举措。为更好地贯彻落实《国务院关于促进旅游业改革发展的若干意见》(国发〔2014〕31号)、《浙江省人民政府关于加快培育旅游业成为万亿产业的实施意见》(浙政发〔2014〕42号)、《湖州市人民政府关于加快建设国际生态休闲度假城市的实施意见》(湖政发〔2014〕30号)等文件精神,结合长兴县实际,特制定《长兴县旅游发展三年行动计划》(2015—2017年)。

一、发展目标

围绕"长三角休闲旅游首选区"总目标,经过3年努力,到2017年,全县接待游客1400万人次,旅游总收入120亿元,旅游业增加值占全县GDP的6%以上,占服务业增加值的比重提高到14.5%以上;培育国家AAAAA级景区1个,创建国家AAAA级景区2个,培育在长三角具有较大影响力的乡村节庆活动品牌5个以上、景区化休闲观光农业园5个以上、文化旅游示范项目3个以上、工业旅游示范项目2个以上、运动休闲旅游优秀项目(示范基地)2个以上,将5个美丽乡村建设成为旅游特色村,打造旅游风情小镇和城市休闲文化旅游商业街各1个,引进国内外知名旅游品牌、旅业集团3家以上;丰富旅游业态及产品,完善旅游产业体系,全面建成"全国休闲农业与乡村旅游发展示范县""浙江省旅游经济强县""浙江省旅游产业发展示范县"。

二、重点工作

(一)构建旅游大格局

未来3年,基本形成"一轴两翼一区"的空间格局。

1.一轴:由北向南构建水口、城区、城南为一体的旅游发展中轴线,重点打造江南茶文化旅游区、城市休闲文化旅游区、休闲农业采摘体验区。

2.两翼:按照国家级旅游度假区目标,构建以滨湖景观大道为轴线,以太湖图影旅游度假区、太湖渔耕风情及太湖街道3个区块为主体的太湖风情旅游带;构建以仙山湖国家湿地公园为核心,整合二界岭乡村旅游集聚区、中国扬子鳄村和上泗安古村为一体的仙山湖田园风光旅游圈,培育创建国家AAAAA级景区。

3.一区:整合合溪水库及其上游的小浦、槐坎、煤山、白岘等乡镇的"古生态、红色文化、乡

村旅游”资源，打造集长兴历史文化展示、乡村休闲度假为一体的长兴历史文化旅游区。

（二）建设旅游大项目

1.加快推进重点项目建设。按照优化结构、建设精品的要求，切实抓好重点旅游项目建设。建立旅游项目推进季度例会、每月督查通报工作机制，推进海洋城、“花间堂”禅茶文化精品酒店、开元度假酒店、南山度假文化创意园、美合房车营地、弁山药师文化园、“橙天地”文化休闲项目、太湖欢乐水岸、太湖渔耕文化休闲博览园等一批新型业态项目尽快建成，并实现经济效益。

2.策划招引旅游重点项目。根据规划空间布局，策划旅游招商项目，重点引进图影陈湾漾区块高端旅游度假综合体、竞舟岛酒店、水口紫笋小镇、仙山湖星期八小镇、“王子与公主”乐园、滨湖大道景观艺术类等重大招商项目，丰富长兴旅游业态，提升休闲度假功能。

3.积极引进战略合作伙伴。分步将全县优质旅游资源推向市场，引进国内外知名旅游品牌、旅业集团，推进优质旅游资源与专业团队的战略合作，民营资本在旅游项目建设中占主导地位，实现由政府主导向市场主导的根本转变，不断增强旅游业的发展活力。

（三）培育旅游大产业

1.做大做强旅游企业。提升大唐贡茶院、陈武帝故宫、图影生态湿地文化园、中国扬子鳄村、仙山湖、江南红村等重点旅游企业的发展内涵，开发体验项目，促进二次消费。加快培育旅游饭店、旅行社、旅游景区、旅游商品、乡村旅游、旅游休闲娱乐等行业的领军企业，支持旅游电子商务企业做强做大，培育发展国际旅行社、地接龙头旅行社。

2.推进与三次产业融合发展。推进与一产融合发展，大力发展旅游观光农业、农事采摘体验和精细包装农产品。加快建设顾渚村、上泗安村、太湖村、小沉渎村、长中村、仰峰村等旅游特色村，推进“农园新景”“岕里人家”等休闲观光农业园区、泗安薰衣草风情园、轩乐诗果园等园区农庄景区化建设。推进与二产融合发展，指导天能、超威等省级工业旅游示范基地不断完善旅游配套设施及工业体验项目，探索利用废弃矿山、工业遗迹、文化遗址等开发建设旅游产品。推进与现代服务业融合发展，大力开发养生养老、运动休闲、文化创意、商贸旅游和露营旅游等新型旅游产品，加快建设长兴城市休闲文化旅游商业街、城山沟景区、长兴轻纺城旅游景区。

3.提高旅游产业经济比重。将旅游产业作为全县重要产业来发展，充分发挥旅游产业对扩就业、增收入、惠民生、促经济发展和改善生态环境等方面的积极作用。进一步加强全县旅游数据监测，完善旅游统计指标体系和调查方法，不断提高旅游业增加值在全县国民经济及服务业增加值中的占比。

（四）打响旅游大品牌

1.挖掘资源优势构建品牌体系。整合长兴历史文化、山水资源，塑造“茶文化圣地，乡村游天堂”旅游形象主品牌及四季诱惑之旅、古生态奇观、禅茶福地、帝乡佛国、太湖滨湖度假、仙山湖、水口农家乐、上海村、“八大碗”美食、江南红村十个特色子品牌，形成以主品牌为统领、子品牌为支撑的“1+10”旅游品牌体系。

2.优化推广渠道放大品牌效应。重点加强与长三角知名媒体、旅游专业网站的战略合作，利用微博、微信、微电影等新媒体平台强化旅游品牌宣传。建立旅游、文化、传媒等多部门、跨区域的联合宣传机制，扩大旅游宣传覆盖面，营造“品牌共推”的浓厚氛围。策划举办乡村节庆、美食体验、休闲养生等系列旅游品牌活动，设计制作品牌宣传物料，持续放大旅游品牌效应和公众影响力。

3.发挥品牌效应提升长兴美誉度。以“塑品牌、展形象”为重点，加强与品牌塑造推广团队合作，提高品牌推广的专业化和市场化水平，扩大长兴旅游形象品牌在长三角及国内市场的知名度和影响力，发挥旅游品牌效应在全县整体形象提升中的催化作用，不断提升长兴在外的知名度和美誉度。

（五）优化旅游大环境

1.加快旅游基础设施建设。编制《长兴县旅游公共服务规划》，指导旅游交通、信息咨询等公共服务体系建设。完成县级旅游集散中心建设，提升城区旅游综合服务功能。完成杭长高速北延工程、夹水公路、龙山新区公交枢纽站和图影公交枢纽站的建设，推进城市公交专线至景区的延伸，完善通往景区、乡村旅游集聚区的旅游交通指引标识等公共服务设施建设。按照AAA级景区标准建设八都岕十里古银杏长廊游客中心及停车场，完善内部交通。

2.完善旅游要素保障体系。鼓励发展特色文化主题酒店、度假村、青年旅社、汽车旅馆、精品民宿等多类型的住宿项目。挖掘长兴特色风味餐饮，培育一批特色餐饮店，推进绿城商业街、浙北商业广场、海洋城等餐饮街区建设。推进水口旅游购物中心建设，培育长兴“十大旅游商品”，指导创建省级旅游商品星级购物点和旅游商品示范基地。逐步实现重点旅游景区无线WIFI的全覆盖，提升景区的智能化服务水平。加强与旅游院校的合作，重点突出旅游管理人才、导游、讲解员等人员的引进与培养；强化旅游行业培训，提升旅游从业人员综合素质和行业整体品质。

3.加强旅游市场诚信监管。加强旅游市场监管，利用报刊、旅游网站等对旅游企业进行监督，加大违法企业曝光力度，引导旅游企业诚信经营规范服务，营造诚实守信的旅游环境。加强旅游服务质量监督管理和旅游投诉处理，保障游客合法权益。指导旅游行业协会完善行业自律机制，推进旅游企业诚信经营。加强文明旅游宣传，引导旅游者文明消费，构建和谐的旅游环境。

三、保障措施

1.加强领导，健全组织。成立旅游发展三年行动计划（2015—2017年）领导小组，由县主要领导任组长，相关部门、乡镇（街道、园区）为成员，统筹全县旅游业发展，协调解决旅游发展过程中的重大事项；领导小组下设办公室，办公室设在县旅游局，全面负责各项具体工作开展。各乡镇（街道、园区）主要领导要高度重视旅游业发展，明确分管领导，加强工作力量，按本区域旅游定位积极推进旅游项目引进及建设，推进旅游事业健康发展。相关部门要明确具体责任，落实分工、紧密协作，在全县形成齐抓共管、合力兴旅的发展局面。

2. 明确任务，强化责任。按照《长兴县旅游发展三年行动计划（2015—2017年）任务分解表》，将工作任务细化分解到具体的部门和乡镇（街道、园区），各责任单位要确保按时完成工作任务，县委、县政府将相关工作纳入对部门和乡镇（街道、园区）的综合考核。

3. 大力宣传，营造氛围。充分发挥报纸、电视、电台、网络等媒体作用，开设专题、专栏，进行多角度、多层次的宣传报道，形成全县齐心协力抓旅游促发展的良好工作氛围。各相关单位也要大力开展旅游宣传工作，充分调动群众参与旅游、发展旅游的积极性和主动性，使旅游的惠民富民作用深入人心，营造全县发展旅游的良好氛围。

索 引

五画

六画

七画

八画

九画

十画

十一画

十二画

十三画

十四画

十五画

十六画

十七画

十九画

二十一画

编后记

2016年，依据长兴县二轮修志的工作指示要求，长兴县旅游委员会启动《长兴县旅游志》的编纂。县旅游委员会严格按照县志办的要求，成立《长兴县旅游志》编纂委员会，由分管副县长陈峰任名誉主任，旅委主任何杰雄任主任，旅委全体党组成员盛宏伟、战兴虎、魏燕、孙书文、朱磊、许慧等组成编委会成员。编纂委员会下设编纂组，主编何杰雄，副主编孙书文、魏燕、朱磊，执行主编李玉富，编辑由县旅委各科室主任蔡茵陶、杨运山、王厚功、池明丽、徐栩、曹杨昱等组成。

确定职责与分工后，编纂组全体成员即投入紧张的志书编修工作。《长兴县旅游志》的资料来源主要是长兴县旅游委员会的历年档案，另一重要来源是旅委办公室所藏的各种非档案材料，包括规划、会议记录、申报材料、宣传册等。其他资料来源还有县图书馆、档案馆中所藏与旅游相关的图书资料，以及全县各旅游企业上报的征用材料，民间走访的口头资料等。这些与旅游业相关的非档案性材料，若经考证属真，均被录用。就这样，全体编纂组成员人尽其力，从2016年至2018年，历时三年，终完成此60万字的初稿。

回忆编纂经历，困难重重，主要原因是原始档案材料不足。面对困难，唯有努力克服。首先拓宽资料来源，编写组仔细阅读旅游局收藏的其他资料，比如规划、宣传册、汇报材料、会议记录等。其次是走访各旅游企业和旅游工作者，获得第一手资料，无数多年奋斗一线的旅游工作者为本志编写提供了很多宝贵的信息。再次查阅其他资料，由于旅游业的宽泛性，现代社会的许多领域，如文物、民俗、建筑、森林、水利等都成了旅游资源，所以编辑大量查阅其他部门行业的资料，以丰富志书。

编写过程，获助很多。首先是县方志办主任吴连意的帮助，作为主管部门，县方志办为志书规范了编纂委员会、编纂组的组成，细致的理论业务指导，检查督促工作进度。其次是无数一线旅游工作者的帮助，如每个景区、多家旅行社都认真配合编辑上缴材料，认真审核与己相关的初稿。

完稿之际，直面志书的质量，愧疚难当。原因首先是编写组成员水平有限，尤其执笔人自感书到用时方恨少。其次志书编修适逢长兴县的旅游业飞速发展，资料的更新远滞后旅游业态的实际现状，造成志书存在诸多疏漏与偏颇。

最后，编者真诚恳求业内专家、学者、旅游爱好者，以及广大读者，在未来阅读检校时，能不吝指正缺点与疏漏，以便未来续修时重新修订。

编者

二〇一九年一月二十日